靈魂學研究

廣義靈魂學

上冊

張開基 著

靈魂

靈魂不是無始之始就自然存在的；

靈魂不是上天賜予的；靈魂不是神創造出來的；

靈魂是人類心智進化後自行發展出來的！

地球物種中，只有人類有靈魂；

人的肉體死亡之後，會以靈魂的型式長久續存！

靈界是一個適合靈魂生存的空間，是人類「先靈」發現之後再逐步構建成型的；

「靈魂論」是所有宗教的教義基石；卻不是宗教專屬的理論！

沒有任何靈魂需要輪迴，除非受到「輪迴觀念」的錯誤制約！

靈魂和任何鬼神都無關，所有鬼神都和靈魂有關！

人類的靈魂發生於四萬多年前；靈界在一萬多年前才被發現！

靈魂不滅關係著人類生命的未來；

「靈魂學」是人類此後最重要的生命研究課題！

「靈魂學」不是哲學，更不是玄學，而是一門科學，即便現在不是，未來一定會是！

靈魂—人類永續生存之道（代序）

人類有「靈魂」或「鬼魂」觀念的年代至少超過四萬年以上，有文字記載的「靈魂觀念」始於「美索不達米亞文明」與「埃及文明」，時間在距今6000年前，因為兩大古文明相距極近，所以，本書不比較先後而同時並列，雖然這兩大古文明都是多神教，對於「靈魂」觀念卻又完全不同，各有自身主流教義：兩者都相信人類在肉體以外還有靈魂的存在，人活著時，靈魂含藏在肉體中，死後，肉體自然腐朽，但是，靈魂卻不滅而能繼續存在，並且有不同的遭遇：「美索不達米亞文明」對於「靈魂」的描述很單純，但是，死後的際遇卻很糟，幾乎只能生活在一個幽暗陰鬱，沒有生氣、沒有希望、也不知道有何意義的境域—「陰間」；而埃及的「靈魂種類」可謂形形色色，但是，綜合來說：至少還有「善人上天堂，惡人化虛無」；對於死後的生命至少還有二分之一的樂觀和希望，同時也是最早「靈魂善惡二元論」的濫觴。

也是由這兩大古文明開始：人類的「靈魂觀念」以及「死後世界的觀念」從來就是和宗教相關連的，也可以說：所有宗教的基本教義都是肇建在「靈魂不滅」這塊基石上，如果抽除掉「肉體死後，靈魂續存」這個主張，沒有一種宗教還能存在。

我們可以看看除了兩大古文明以降：最早的「猶太教」（以及由此開枝散葉的亞伯拉罕系統三大宗教：天主教、基督教、伊斯蘭教加上又細分出來的東正教），以及「印度教」（包括「佛教」、「耆那教」、「錫克教」）、

「廣義的亞洲撒滿教」(「原始撒滿信仰」)、「道教」、「非洲原始信仰」、「中南美洲原始信仰」、「澳洲及大洋洲原始信仰」等等，同樣也是建立在「靈魂不滅」這塊基石上，既是根本，也是骨幹，除了人類的靈魂，還擴及其他鬼靈、神靈、精靈等等，都是「唯靈」的。

如果依照「維基百科」各種宗教信徒的最新統計人數竟然高達「6873010」人；這個人數相較於全世界目前70億的總人口數，顯然是有明顯謬誤的；但是，假設以百分之七十的人們是有宗教信仰的話；那麼全人類也就有七成以上是相信「靈魂不滅」的。

既然以壓倒性多數的人類是相信「靈魂不滅」；那麼，這個所謂的「靈魂」究竟是什麼？從何而來？最後又會有何終極去處？

非常奇怪又弔詭的是：這是一個從來沒有人真正說得清楚的大問題，既然有佔比例3/4的人們相信「靈魂」是確實存在的，那麼怎麼會自古以來就沒有人真正知道「靈魂」到底是什麼？又是怎麼來的？最後會怎樣？以至於有許多科學家或者自命科學的還有「無神論者」、「唯物論者」從來就對「靈魂」一詞嗤之以鼻，甚而刻意的嘲諷，或者認為「相信死後有靈魂存在的人」，是非常不可思議的族群？

然而，我們不能說「相信」與「不相信」是兩個極端，也不能因此就說絕大多數人都是沒有主見，隨聲附和，因此才會「寧可信其有，不可信其無」的選人多的一邊靠攏，其實，那是因為還是一個老問題：因為確實從來沒有人說清楚過；更甚至堅決認為「靈魂不存在」的一邊，同樣也從來沒有說清楚過，也無法確切證明這個觀點，尤其是針對人類以外的生物進行實驗，或者試圖用解剖的方式在人體；特別是腦部找到「靈魂實物」時，從來就沒有成功，也可以說一開始就註定要失敗的。因為還是由於我們對於「靈魂」實在太陌生了。甚至在來源方面的主張也有所歧異：

所有宗教在基本教義中都有對於「靈魂」必然的解說，有些相同，有些相異，但是，在異中求同的歸納之後；可以得到兩個相同的結論：

其一，「所有靈魂都是神創造的」。(「神」本身的「靈」卻是「無始之始就存在的」)。

其二，「不強調神創造與否，靈魂是無始之始就存在的」。

除了「無神論」者、「無宗教信仰者」、「不相信有靈魂」加上「不相信靈魂不滅者」以及「不可知論」者，總括為認定「人死如燈滅、與草木同朽，除了今生肉體生命以外，死後一切都不存在」者以外，只要相信「靈魂存在、死後靈魂不滅」的人，不論信仰的是任何宗教或者沒有正式宗教信仰卻相信「靈魂存在」的。可以說若不是相信「靈魂是神創造的」，就是相信「靈魂是上天賜予的」或者「靈魂是無始之始就存在的」。從來沒有例外，也從來不曾出現任何另類的「靈魂來源論」。

那麼，在人類有文字記載之前的人們是否有不同的見解或者主張，我們無法找到任何證據，至少在人類有文字記載的 6000 年來，對於人類「靈魂」的起源，不論曾經有過多少天馬行空的想法或質疑，但是，總體的結論就是「靈魂是早於人類肉體生命存在之前就已經先行存在的」，這點是有著滿坑滿谷，不可計量的宗教經典或者書籍卷冊；以至口耳相傳的資料中最基本不二的唯一觀點。同樣也是佔人類總人口七成以上的壓倒性多數，一直是這樣相信的，不曾有人質疑，不曾有人提出任何不同的見解。

因此，至少在人類 6000 年有文字記載的歷史中，筆者是第一個提出「靈魂是人類進化之後的產物」論者，直截了當的說：「人類的靈魂既非無始之始就自然存在的，也不是任何神創造或上天賜予，而是由人類自行發展出來的！」

當然，這絕對不是隨意揣測，信口編造的，必然有足夠的理論基礎和證據的。

筆者大半生從事「靈異事件採訪報導」、「靈異現象探索」、「靈魂學研究」，除了本身有過諸多「靈異接觸」，後期能夠有多種方式進出「靈界」，與各層級的「靈民」交流，並且互相印證，由將近二十年前率先創立「實證靈魂學」一詞及科學化、系統化的研究方式，近年來進而再跨越並擴展為「廣義靈魂學」，從原本的客觀蒐證探索研究，進而主觀的親自造訪「靈界」，上窮碧落下黃泉的進出各個不同層級的「靈界」境域去觀察、探索、體驗甚至提問、交談，並與原本對於「理論靈魂學」及「實證靈魂學」的所有認知交互比對，從而獲得更多更重要的發現心得。

其中，最重大的發現就是「靈魂是人類自行進化發展出來的」，這點也是人類6000年來有關「靈魂起源論」以及「靈魂學研究」最重大的革命性、顛覆性的改變；而且也必然會顛覆所有宗教傳統的靈魂觀。

因為，由這個革命性的觀點來重新審視人類的「靈魂觀」；將會發現許多傳統甚至根深蒂固的「靈魂論」都勢必徹底改寫：

第一，「靈魂」不是由外入內的，而是由人類自己身體內部伴隨肉體成長的同時，「靈魂」也逐步成長出來的。所以，「靈魂」不是在男女交媾使得卵子受精的那一刹就開始「由外入駐」的，也不是在母體懷孕後胎兒發育的那十個月中的任何一個時期「由外入駐」的，更不是在母體懷孕臨盆分娩，胎兒呱呱墜地的那一刹「由外入駐」的。

第二，「靈魂」不是任何神創造的，也不是上天的賜予，更不是來自什麼宇宙中一個「亙古」的「大靈團」，當然也不是什麼〇〇老母「放下來」的，所以，「靈魂」是完全屬於人類自身進化的產物，因而，生前死後都不用因為「心存感謝和敬畏」而服事任何神，也不用向上天報到，更不會在死後由誰「收圓」。

第三，所有「靈魂」都是獨立自主的個體，都是獨一無二的，可以互相交流，但是，不能被剝奪，也不能複製，更不會發生兩個「靈魂」融合為單一「靈魂」，或者「一個靈魂」生殖出另一個「新的靈魂」，也不會有眾多個體靈魂互相融合成一個「大靈魂」的事。

第四，所有自古以來人類信仰或虔誠崇拜的「鬼神」，除了蓄意捏造及以訛傳訛虛假的除外，其他的都和人類的「靈魂」有關，相反的，人類的「靈魂」卻與任何「鬼神」皆無關。

第五，「靈魂」的產生是有許多必要條件的，所以，在時間上距今並不太久，最遠不會超過四萬多年前。

第六，因為第五點的理由，所謂的「靈界」存在的時間距今更短，最遠也不超過一萬年左右。

第七，「靈魂」只是人類生命進化史中，因應需要而發展出來一種型態蛻變的「生命型式」而已，也不是一種終極的永恆型式，「靈魂」仍然會繼續進化的。

第八，也因此，「天堂地獄」或者「極樂世界」、「阿鼻地獄」也就不是任何神創造的，而是人類（靈魂）

自行創造出來的，但，不是「虛擬」而是「實境」。

第九，沒有任何人能預言人類「靈魂」的未來，因為沒有任何前例，也沒有鄰居的模式可以參考，人類的「靈魂」生命型態的發展進化仍然只能摸著石頭過河。

第十，「靈魂」也會受傷、死亡或者在地球或太陽系以至銀河系大毀滅時，隨之一起毀滅。

第十一，「靈魂」是有形有體的。

第十二，「靈界」是物質態的空間，並非傳統以為的「純精神態」的，而且並非遠在天邊雲端，而是近在眼前，涵蓋我們現今肉體生命生存的空間。

第十三，「靈魂」和「靈界」一樣要服膺於各種已知和未知的物理定律以及自然律，也絕非獨立自外於宇宙空間。

第十四，地球生物中，目前只有人類可以形成「靈魂」，並且在死後續存更長久的時間，其他任何已知物種都不能也不曾形成「靈魂」。

第十五，地球人類只有在肉體生命的發育中可以形成「靈魂」，在「靈魂態生命」時期不能經由任何方式產生「下一代的靈魂」。

第十六，「靈魂」是符合也服膺於「動態宇宙」形式的，所以，只有「恆動的靈魂」，沒有「恒靜的靈魂」（佛教主張的「不生不滅、寂靜涅盤」態的生命是根本謬誤不可能存在的）。

第十七，只有「主觀的我」，沒有絕對「客觀的我」，所以，只有「主觀的自我靈魂」，沒有「客觀的自我靈魂」。

第十八，「靈魂」形成的要素是經由遺傳基因代代相傳的，所以，至少現代人是都有「靈魂」的，不論相信與否都一樣擁有「靈魂」，唯有重度智障者，無法形成「靈魂」。

第十九，人類的世界不是固定不變的，人類可以改變世界，人類以及「靈魂」也能改變「靈界」。

第二十，「靈魂」是人類基於求生本能與求「永生」（或至少更長久的存在）的渴望；然後在「心智能力」

發展到一個超飽和的高度之後而產生，「靈界」則是人類的靈魂先民為了尋找更佳的生存場所，偶然發現並加以改建才形成的，這點是符合所有生命進化都是趨向對自己更有利，更佳發展期望的欲求的。

關於以上這些全新的觀點與發現，將在本書所有相關章節中詳細論述：在此僅只先提出一個綱要：

再來，就是筆者的認知和推論方式從何得來的關鍵問題：

我是參照地球「生命進化史」和「人類文明發展史」等可信的資料，用正反順逆兩種方式合理的邏輯推理，找到這個交集。

地球的歷史已經有四十六億多年，目前發現的最早的地球生命也有四十億年，我們可以先從人類所有文字或口耳相傳的「鬼故事」來切入，不論那些鬼故事是真是假？或者有多少為真？有多少為假？不過這都沒有關係：至少，所有「鬼故事」都是在談「人的鬼魂」，從來不曾聽聞有「藍綠藻鬼魂」、「草履蟲鬼」、「三葉蟲鬼」、「暴龍鬼」、「迅猛龍鬼」、也沒有什麼「猩猩鬼」、「猴子鬼」。

想想：如果連我們的「靈長類」近親的猩猩、猴子都沒有「鬼」，也就是說都不足以形成「鬼魂」（靈魂）；那麼遑論其他更低等的生物了，同時也證明假設「靈魂」確實存在，也只局限於人類才有（註：就連我們已知最聰明甚至擁有初級「自我認知能力」的海豚、白鯨、大象及猩猩都沒有鬼魂）。

這樣，我們就可以把範圍縮小：只談論到人類這個部份：

人類和其他生物都是進化而來，在生物「進化樹」上可以看到整個進化的枝幹脈絡以及遠近親疏的關係：但是，所有物種的進化因為方式和所處環境的交互關係不同，因此快慢及方向也就大不相同：在這個「進化」的遊戲規則中，進化是絕對需要時間的，甚至是用十萬年或百萬年為單位的，但是時間卻又不是絕對的因素：譬如恐龍在距今六千五百萬年前幾乎悉數滅絕時，已經統治地球一億五千萬年了，但是，在這麼長久的時光中，恐龍當然也是不停地在進化的，卻顯然沒有任何飛躍式的成就，而現今仍然跟我們貼近生活的蟑螂活得更久，甚至超過恐龍的歷史，而且未來也可能再繼續繁衍存在更長的時間，同樣的，幾億年的進化中，同樣也沒有什麼飛躍式的發展，沒有發展出「恐龍文明」和「蟑螂文明」（註：也許原因正是「非常適存」，因為生物進化是被動式的，當必須改變才能適應自然環境的變遷時，生物才會被迫進化改變，那麼既然非常適存，就沒有改變和大幅進化的必要，也無須發展任何物質文明或精神文明，而人類最早的物質文明肯定是被動甚至是被迫的，只是為了適應生存的必須而為，絕對不是先有想要創造的觀念或者遵照任何更高神祇的旨意藍圖，按圖施工的）。

但是，人類的「靈魂」是一種「心靈文明」高度發展之後凝聚的結晶；因此，逆推回去，可以說：沒有物質文明就沒有精神文明，沒有精神文明就沒有心靈文明，沒有心靈文明就不可能產生「靈魂」；也因此，如果從「靈魂發展」的角度著眼，任何生物在「地質年代」的計量跨度中，如果肉體一旦死亡，就徹底消失，那麼活再久也是沒有意義的，因為一旦個體死亡或整體族群碰上「超級火山爆發」、「小行星撞地球」的大滅絕災難時，也就同時灰飛煙滅，除了殘留一些化石證明這個物種曾經在地球上生活過，再沒有任何生命型態可以續存。（註：此處所說的「物質文明」不是指現今可以登陸火星的科技，所說的「精神文明」也不是「存在主義」、「後現代主義解構藝術」，所說的「心靈文明」也不是「新時代運動」或者「靈修加潛能開發」，而是在四、五萬年前舊石器時代晚期那個久遠時代所擁有的「物質、精神、心靈文明」狀態中）。

我們先來看看有關「人類」最古老的歷史：依據考古研究：查德沙赫人（Sahelanthropus tchadensis），又名「查德人猿」，是一種只有化石的猿，相信是生存於七百萬年前。牠被稱為最古老的人屬祖先，是人類及黑猩猩的最近共同祖先。牠是屬於中新世的，與人類及其他非洲的猿有關。此外另一說是：「阿爾迪」（Ardi）。四百四十萬年前生活在非洲衣索比亞的女性原始人骨骼，這是迄今為止人類所知最古老的原始人遺骸。

同樣的，在「地質年代」中，「七百萬年」與「四百四十萬年」，差別並不太大，我們並不需要更深入去鑽牛角尖，只要知道大概是這樣就可以了，因為和「人類靈魂發展」雖然也有關係，但是，直接關係並不大；我們比較需要著眼的是距今大約七萬五千年前發生的事，那時因為「印尼蘇門答臘島」上的「多峇超級火山」大爆發，使得地球陷入「火山冬季」的生態危機，全球人類只僅剩下東非一帶的二千人（另有一說主張不到一萬人左右）；依據DNA的追溯，這群人才是現代人的直系祖先；而且在此時的人類仍然尚未形成「靈魂」；因為條件仍然不足。

要形成「靈」是需要一些必要條件的：

其一，是「智力」條件。

其二，是「環境條件」。

其三，是「想像力」與「創造力」。

其四，是「生活型態」。

因為在本書的主文章節中都會詳細論述這些內容，因此在此簡單來說明：人類要形成「靈魂」至少必須自身擁有「自我認知能力」和「自我感知能力」，有足夠的「心智能力」形成「自我意識」，懂得基本思辨和自我問答，以及基本的「抽象思考想像力」，然後還要有適合的環境條件，至少必須是在半定居的生活型態，譬如半漁獵採集半耕牧的穴居生活；以及擁有部落族群互動必須的基本語言溝通能力，才足以凝聚出「靈魂」；否則如果是居無定所的採集漁獵，近乎四處流浪的生活型態，過度分散，族群人數過少，還在家族為單位的終年遷徙謀生階段，是不容易形成「靈魂」的。

也因此，同樣從考古研究上來回溯，這個關鍵的時間點，應該是在所謂「舊石器時代」晚期，也就是「晚期智人」要跨足進階為「現代人」時期，也就是人類穴居、漁獵採集時期的晚期，語言能力和心智推理能力都有了相當發展之後；如果我們把時間假定在四萬多年前左右，差不多就在這段時間中，開枝散葉在全球各地的人類紛紛先後擁有了基本條件，因此也就先後形成了「靈魂」，但是，「靈魂」的形成及存在與「靈魂觀念」的存在是兩回事；就如同「地心引力」的存在和「發現地心引力存在」是兩回事一樣。

在考古研究上可資證明「人類心智活動」最早的紀錄當然就是「岩洞壁畫」；凡是見過法國「肖維岩洞」(Crauvet Cave)中的那些史前繪畫的人，無不為那細微的明暗變化、運用自如的透視技法和優雅流暢的線條所折服。

這些原始人用炭條、赭石繪製於32000年前的犀牛、獅子和熊，雖經歲月侵蝕，卻依然能夠給人帶來極大的視覺撼動。「肖維岩洞」壁畫被認為是已知最古老的岩洞壁畫（儘管檢測過程在學界還存在著一些爭議），其製作年代比更為有名的「拉斯科」岩洞和西班牙「阿爾塔米拉」岩洞要早上一倍還多。

從牆上火把燒過的痕跡、壁畫、動物骨骼和弄髒地面的木炭痕跡中，考古學家分別得到了80多個碳檢測的日期資料。結果顯示，這些岩畫創作於兩個不同的時間段，分別距今35，000年和30，000年。

我們必須了解在這些古老岩洞壁畫中出現的各種動物，已經是非常寫實的，簡直是栩栩如生的「寫生畫作」，即使在今天，也不是一個未受過繪畫訓練的普通人能畫得出來的，這位（或者這幾位畫家）必須擁有絕佳眼、手、腦配合和適合的繪畫工具加上擬真的色彩顏料，還有就是要有足夠的時間才能畫出這麼令人讚歎的作品；而且以這些作品的水準成熟度，這些畫家肯定不是第一代無師自通的天才，在他們之前肯定還有更早的「老師」，一代一代相傳下來，從最簡單的線條勾勒然後再進步到填色圖案，然後才進步到立體透視，而且既然是畫在岩洞深處，肯定不是現場寫生，而是憑藉良好的觀察力、記憶力和想像力，才能在可能是天寒地凍，不能外出狩獵採集食物的蟄居時期，為了打發漫長的時光，所以，才會在岩洞山壁上，畫圖解悶，當然，也可能不是這樣，而是那時可能已經有部落專職畫家，因為信仰祭祀原因，或者部落領袖交代這位「御用畫家」以畫筆留下他傲人的狩獵紀錄等等可能的原因；

而且在法國與西班牙都發現有人類「手印」噴畫作品，兩地相隔甚遠，在數萬年前交通不便的情況下，又是小族群部落時代，這兩個地區的作品當然不可能是同一人，同一族群所為；而是突然不約而同的發展出這種「畫風」；可以看見當時的古人對自己的身體和其他物種間已經有了非常明確的分野，而且甚至有可能這種將手掌當模型，用混了赭石粉末的液體顏料含在口中噴灑出手的剪影畫，也可能是畫家的「親筆簽名」，就如同後來在一些公文書、契約上蓋上整個手掌印來代替簽名的意思一樣，如果真的如筆者的推論；那麼那個時代的古人已經有著相當強的「自我意識」了，應該足以凝聚出「靈魂」了。

但是，這樣驚人的「心智能力」發展出來的「自我意識」卻還沒有找到比這更早的其他具體證據，因此，我們暫時也只能把「靈魂」最早產生的年代斷代在這個時期前後。為了保守起見：跨度勢必也必然要加大，大約是在距今四萬年前後之間。

然後，我們再來和最古老的「撒滿信仰」相比較，在分布普遍的「撒滿信仰」中，已經有和鬼神以及祖先靈溝通的能力和觀念；因此，「靈魂」的產生當然是早過「撒滿信仰」時代的，而且依照合理的邏輯推理；必然是先在懵懵懂懂，不知不覺時期，因為強大的「自我意識」的覺醒，以及企求個人及摯愛的家人能夠生存的更長久的渴望這種強烈的「心智活動」，凝聚結晶出了「靈魂」，但是，之後還要經過相當漫長的時光，人類才在有意無意的狀態下和過世親友的「鬼魂」有了接觸，所謂「有意」是指可能是在睡夢中夢見明明已逝的親友彷彿還音容宛在；好好的活著，雖然極可能只是在哀傷狀態下思念過度所致，因此，醒來之後當然就開始半信半疑的揣測已故親友是否其實是在另一個「遙遠的地方」去重新生活了？

而所謂「無意」則可能這些一開始產生的「靈魂先民」一時不知何去何從？所以一直待在這些家人親友或部族聚落之中，雖然也一直主動想和仍然存活的親友溝通，但是，卻是一直無法奏效，結果，後來發現「託夢」可能是一條另類的管道，所以在活人這邊來說是「無意」的，在鬼魂來說卻是主動在運用管道；當然，既然人類有了靈魂，在死後竟然還能存在，因此，人類就極可能有了「見鬼」的新經驗（這種現象在世界各地的原始民族中都有幾乎大同小異的傳說，這絕不是「空穴來風、胡扯揑造」出來的，更不是什麼人類害怕死亡的心理作用發展出來的次文化就能解說正確，證諸事實；「鬼魂」是確實存在的，只要是幾萬年以來的現代人，死後都會以「鬼魂」形式存在，那麼，會和仍然存活的陽間親友溝通，或者待在原來的家庭、聚落中「討生活」那也是非常確定的，而所有原始民族甚至現今的大多數亞洲人或非洲、澳洲、美洲原住民祭祀「祖先靈」的觀念也是幾乎大同小異的，認為「祖先靈」會庇佑同時監督後代子孫，也擁有對子孫中的善者賜福，惡者降災的「神力」）。

也因為這類現象或者事後可以獲得證實的事件日漸增加，也就慢慢形成了「靈魂不滅」的觀念，也因為有了這種陰陽溝通的需求，「撒滿」也就應運而生了。

同時，我們也必須了解到：一定是先有「靈魂」的形成，慢慢才有了「靈魂不滅」的觀念（不可以倒因為果，誤以為人類先有「靈魂必定永生」的觀念才產生了「靈魂」），然後，這些「靈魂」（鬼魂）有很長時間是不知道該何去何從？所以自然而然的徘徊在生前的家中或聚落中，也因為這樣有時也鬧得鬼影幢幢，人心惶惶，因此才會需要「撒滿」這種特異人士來溝通處理，而且肯定是經過很久很久之後，才發現了「靈界」，「靈界」雖然是一個原本就存在的特殊空間，但是，裡面除了有取之不盡、用之不竭的「精微物質」，但是，一開始一定是荒無一片，空空如也，什麼都沒有的，千萬不要誤以為所謂的「靈界」或「天堂」從無始之始一開始存在；就有熱心善良的偉大神祇蓋好了各種宮殿園林，備辦了豐盛的錦衣玉食，醇酒美女，仙樂飄飄的在免費提供陸陸續續死後的靈魂前去享受。

沒有這樣的好事；「靈界」原本是什麼都沒有的，而且是在「靈魂」產生之後，經過漫長的「人鬼雜居」的尷尬時期，很晚近才發現了「靈界」是「亡魂」可以更適存的空間，然後有了各民族不同的「亡魂」先驅者，先後前去開疆闢土，努力創造，才形成了逐步完備的「空間」，在筆者的研究和資料蒐集比對中；大概最古早的有埃及、中國和印度三大民族的「祖先靈魂」分別先後做了這個工作，因此也才有了最明顯「祖先靈」崇拜的原始信仰，而比較奇特的，則是同為四大古文明之一的「美索不達米亞」文明卻沒有一般「庶民的靈界」，除了「神祇天界」外，只有幽暗、悲慘的「陰間」。當然，廣義的來說；「陰間」還是一種「靈界」，但是，其他三大文明都有比人間更美好豐足安樂的「庶民靈界」，也有專門折磨罪魂的「地獄」，但是，畢竟「美好的庶民靈界」才是大多數亡魂可以繼續存活的境界。不是只有幽暗、悲慘的「陰間」而已。

「靈魂」和「靈界」的存在，絕對不是宗教的發明或者一廂情願的狹隘本位教義可以獨攬或專制詮釋的，不是有了宗教才有「靈魂、靈界」，剛好相反的是；正因為確實有「靈魂、靈界」，形成所有宗教「靈魂不滅」的基石，然後才形成一個事實，各自表述的狀態，才有人類世界中各種大大小小、形形色色的宗教，而且所有宗教的教義重心都是在宣揚自身可以保證死後「靈魂」得以快樂永生，也可以說沒有一個宗教是捨棄這個重點；只談今生生活的。

而「靈魂」存在的目的也更不是為了「輪迴轉世」；因為「輪迴轉世」機制雖然也確實存在，但是，卻是起始時間更晚近，只有三千年左右人為編造出來的機制；而且只有受到這個機制制約的兩大宗教信徒才會一再墮落在這個封閉型的迴圈之中，但是，「靈魂」發現更美好的「靈界」並且生活在其中的時間卻更久，從一些證據和跡象的推論中，至少也在一萬年以上。而且目前這世界上至少有 5／6 的人口死後的「靈魂」是根本不用再輪迴轉世的。

我們都知道「輪迴轉世」的觀念是源自於印度，而印度三大宗教（印度教、佛教、耆那教）以及八大哲學宗派都是被局限在這個根本錯誤的小框框中不曾真正發現事實真相的，雖然這三大宗教、八派哲學都一致認定「輪迴轉世」是苦的，是不好的，而且無一不是主張人們應當努力修行以超脫「輪迴」的，但是，他們竟然統統不知道所謂的「輪迴轉世」機制本來就不是自然的常態，而是源自印度婆羅門教僧侶在三千年前蓄意捏造出來的，目的是為了鞏固「種姓制度」能長遠留傳；而便於自己與同夥從中上下其手，合法的謀取權力和名利（甚至還為此藉著神祇之名；捏造了一本純屬自肥的「摩奴法典」）；但是，包括世人尊崇景仰的佛教祖師釋迦牟尼都不曾真正參透這個人為陰謀，同樣誤以為「輪迴轉世」是人類生命遠古以來必定的宿命，然而，事實上，「靈魂和靈界」的存在絕對不是為了超脫「輪迴」為終極標的，這種教義和哲學思維是根本謬誤的，但是，印度的宗教從最早的「吠陀信仰」發展到了三千多年前，由於印度政治局勢進入戰國紛爭時期，國君、貴族與武士的「剎帝利」階級都是終年忙於各種互相爭戰兼併，沒有多餘心力過問宗教之際，一些野心勃勃的「婆羅門」僧侶暗中擴張宗教勢力，使得原本「政教勾結」瓜分利益的情況變成「婆羅門僧侶」一教獨大，權勢甚至凌駕於「剎帝利」階級之上，而且蓄意編造各種神話，獨攬各種學問，而且只有「婆羅門僧侶」享有完整的受教育權利，並且擁有解釋各種經典和神話的特權，甚至包攬了各種宗教祭祀活動，因此，不但嚴厲制定了「種姓制度」的鐵律，更以夷制夷、借力使力的將印度原住民「達族」和「澳族」原始的「輪迴觀念」整理編造出了「輪迴轉世」的「婆羅門教靈魂觀」，目的是用於支撐另一個謊言──「種姓制度」。也因為這些條件，使得印度正式進入了「婆羅門教」時期，三千年來，這個騙局謊話何止宣揚了千萬遍？也因此，三千年以來；在絕大多數印度人是信奉「印度教」的情況下，在這樣長期「洗腦」的攻勢中，只要是信奉「印度教」及其他分支流派的，無不相信「輪迴轉世說」；更因此一直誤以爲「輪迴轉世」是自古以來就早已存在的「自然機制」，也因此身陷騙局之中而從來不曾看清真相，甚至即使後來的「婆羅門僧侶」階級一樣是師徒相傳，以訛傳訛，同樣也變成當局者迷的一份子，也才會使得印度的三大宗教、八派哲學從來是「誤中證誤，癡人說夢」的遺誤千古。（詳論請參見筆者近期所著「千古騙局 業報輪迴上下冊」及「釋迦牟尼的惑世任務」二書）。這也是本書定義為「廣義靈魂學」的用意之一，因為，單純「輪迴轉世」的靈魂學認知是狹隘的，而如果把「超脫輪迴」當成今生的目標那更是根本錯誤的。本書遠遠超越了印度宗教與哲學以及其他宗教教義的範疇，另外開闢了一個更宏觀的生命視野，任由讀者瀏覽駐足和運用。

打個比方：在一個廣闊的平原上，有個開放式的運動場；在運動場旁邊有一排臨時廁所，共有八間；有天早晨，運動場管理員聽到這一排臨時廁所中，每一間都傳出乒乒乓乓的撞擊聲，用他的「萬用鑰匙」逐一打開一看；發現每一間都有一個健壯的運動員在裡面奮力的撞擊，似乎是想要逃出來，好奇一問；這八位都是印度奧運金牌的田徑選手：一個用鉛球，一個用鐵餅、一個用標槍、一個用鍊球、一個在跳高、一個在撐竿跳、一個在跳遠、一個在跨欄。管理員問他們到底想幹嘛？他們異口同聲的說：「你是笨蛋嗎？難道看不出來我們都在用自己最拿手的絕活想要逃出這個廁所嗎？」

管理員指指外面又指指腦袋：「你們是不是腦袋燒壞了？外面的空間這麼大，你們不去那邊練習，當初幹嘛非要把自己鎖進小小的廁所裡，然後使出渾身解數又要逃出去？」

八個運動員面面相覷；想了半天也沒想通當初為什麼要把自己關進廁所裡來的？又為什麼竟然沒有發現廁所外面的空間原來是無比廣闊的？？？

其實；印度三大宗教、八派哲學最嚴重的立論錯誤就是統統誤以為「輪迴轉世」是無始之始就存在的；也是所有生命的終極宿命；他們根本不知道所有生命其實都不需要輪迴；因為其他物種根本沒有靈魂，死後就煙消雲散，沒有什麼需要輪迴的，而人類的「靈魂」可以直接進入「靈界」，或者也可以由自主意志決定繼續留連在人間，一樣都是不用「輪迴」的（註：好好思索一下這個重點：如果「輪迴」是所有物種必然的宿命，沒有例外的話，為何人世間又會有這麼多的「鬼魂」？而且是世界各地所有民族都久遠流傳的，這絕對不是莫名其妙的就不約而同形成的虛構「鬼故事」而已，當然有著諸多事實可以佐證，那麼，這些事實不也正好足以瓦解了印度所有的「絕對輪迴宿命觀」？）。印度三千年前的古人編造了一個虛假的「輪迴框框」，然後後世所有三大宗教、八派哲學的大師，就不自覺又眼光狹隘的陷入這個人為陷阱中，雖然他們都知道這個處境是不好的（所以統統主張要超脫輪迴），但是，從來不知道自己當初是怎麼掉進這個陷阱的？所以終其一生，費盡心血在努力思辨甚至互相爭辯的：都是在「如何超脫」的這個議題上，根本是目光如豆的只看到陷阱的四面高牆，有如碰上「鬼打牆」一樣的身陷五里霧中而求出無期。

人類之所以會形成「靈魂」和「發現靈界」，其目的是為了打破地球所有物種「肉體生命死亡就灰飛煙滅」的原始宿命：在「心智能力」的大幅提昇，發展出強大「自我意識」之後，能夠以驚人的方式，將「自我意識」完整的拷貝於「靈體複本」中，然後在肉體死亡之後，能夠以「靈魂」的方式繼續長久的存活，而且可以存活得比短暫的肉體生命持續得更長長久久，甚且可以更進階的凝聚為更精純的「能量態」生命，使得「靈識」再次脫離精微物質的「靈體」，能夠以「純能量態」的生命形式，不再擔心物質的毀滅，而「極其可能」可以基於「能量不滅定律」：因而與宇宙同壽，更自由自在的遨遊在自然天地之間。

因此，今後的「靈魂學」研究絕對不是再局限在有無真假的爭論之中，也不是局限在如何「超脫輪迴」的根本謬誤之中，而是關係到人類生命未來發展和死後續存的方式上，即使不用刻意誇大其詞：平心靜氣的想想：這世界上還有什麼事？什麼發現？什麼研究？什麼努力？什麼樣的奉獻？什麼樣的目標會比人類生命的未來如何延續的更長久這件事更重要的呢？我們難道不能用更宏觀的眼光去看待任何生命型態的可能？為什麼一定非要是「肉體型態」的生命形式而已呢？假設人類的用盡全力來發展科技，而可以使得人類肉體生命延續一倍的壽命，人人可以活到一百五十歲，最後還是難免器官老化衰竭而死；跟致力研究「靈魂的生命型態」，而能發現「靈魂」可以在「靈界」續存幾十萬年（假設或更加長久），而且活得比肉體生命的品質更好，更自在快活，更豐足和樂，更美好喜悅；那麼我們為什麼一定非要堅持「肉體生命」才是絕對的生命型式呢？更何況：肉體生命如何延長，就算最後能延長到一萬年以上，仍然難逃死亡或者地球大滅絕的威脅，兩相比較之下，那種發展會更適切更合理也更合乎人類需求的呢？

這本書沒有任何宗教色彩，也不為宣揚任何理念，單純只是善意的告知；告知所有地球同類的生命；我們人類早就發展出了另類的生命型式，我們可以活得比肉體生命更長長久久，我們如何在好好經營今生的生命同時，也能進一步的了解未來的生命可能。

當然，人類既然是地球物種之一，我們必定是先從父母雙方有性生殖的方式獲得「肉體生命」的，然後，由於遺傳基因中的「靈魂預設網路模式」給予我們一個形成靈魂的基本條件和契機，然後從胎兒開始，伴隨肉體成長的同時，因為以各種方式攝取食物養分來成長「肉體」的同時，也從一般物質中排列原本就含藏的極微量「精微物質」遍布全身各處，然後從胎兒、出生為嬰兒一直到完全成熟長大成人為止，複製出了一個質地極精細，重量極輕的「自我複本」，也就是「靈體」，然後經由學習和經驗、自我認知、自我感知，並且和大自然相處的互動中，也在人類高度社會化的生活型態中，累積培養了「環境認知」、「環境感知」能力，再加上自我問答和不斷的思辨，我們累積培養出了高度的心智能力，也就是「靈識」，然後在超過一個超飽和的門檻之後，就凝聚結晶出了「靈魂」；但是，也因為這個「靈魂」的產生必須先擁有「肉體生命」型態的產生場所，還要有正常的「靈魂預設網路模式」為程式藍圖，然後在和大自然以及人類社會生活型態的各種互動中，慢慢累積到一定的心智能力的高度，才能形成「靈魂」，然後才能在肉體老朽毀壞或意外毀損死亡之後，能夠以「靈魂」的生命形式續存；也因此，不論「靈界」比人間是否更美好自在，人間「肉體生命」的歷程卻是不可免除的，因為這是「靈魂」必要的產生過程，因此無論此生在人間社會中遭遇的貧富貴賤，窮通壽夭，都是必須經歷的過程，我們可以經由個人的智慧和努力經營，而獲得今生較好或更好的生活品質，但是，卻不能因為知曉了「靈界」有更美好的境域，就倒行逆施的輕易捨棄今生的生命，而追求靈界天堂的美好舒適與享受，因為肉體生命不是牌局，並沒有重新洗牌的機會，像一些宗教「輕今生求來世」或者以非自然的方式輕率結束自己今生寶貴的生命而妄圖進入靈界天堂，或者男女因為戀愛婚姻受阻，相約殉情以求死後在靈界永遠廝守的，那都是完全謬誤的觀念和行為，在靈界的處境都只會更糟，不會更好，尤其殉情的情侶根本不會在靈界相遇。也因此本書雖然據實披露了「靈魂續存」和「靈界實有」的事實真相，但是，仍然善意的提醒，切勿誤解筆者的用心，誤以為是在鼓吹靈界美好而可以任意捨棄今生：事實上，唯有真正能夠好好經營今生「個人生命銀行」，儘量在各方面都能獲得成就，才有可能在今生結束之後，直接進入較高層靈界，甚至是非常美好的「智善者天堂」，否則一生渾渾噩噩，持久愚昧無知的虛度時日，就可能在死後落入較低層的靈界，而一生心性險惡，無惡不作的，「地獄」不是虛擬的騙局，而是自掘墳墓的「實境」，隨時是大門敞開在等候的。

本書是筆者一生最花費心力，最努力蒐證、最用心思辨、最勤奮撰寫的一部書：大半生以來從靈異接觸、靈異事件採訪，靈界現象探索而「實證靈魂學」研究，再進而親身劍及履及的進出靈界觀察、交流，同時也進行各種對於「靈魂學」相關範疇中拆穿騙局、駁斥邪說、破除迷信、批判宗教謬論的工作。我曾經向自己許願，也同時向世人承諾，在我今生結束之前，務必竭盡心力，淘砂除魅、去蕪存菁的留下一桶純金獻給我的同類—我一向關心的「世人」。當下，我終於完成了這個工作，我把一生對於人類「靈魂」方面全部研究的心得極盡可能兼容並蓄的濃縮在這部書之中，謹此呈獻給所有今後有志研究「靈魂學」及自然與生命的讀者。

（註：本書中所有用以輔助說明或佐證用的圖片，其中部份為本書作者拍攝或親手繪製，其中部份基於學術研究及評論目的，合理引用自網路，謹此說明。）

感謝：

「廣義靈魂學」這部書終於得以撰寫完成並付梓出版，必須感謝所有一向支持我的讀者及世界各地透過網路經常與我互相交流思辨的網友，因為諸位的鼓勵推動才使我有了不斷精進求知、探索研究的原動力，同時更要感謝「卓聖彬」先生在各方面的鼎力支持、「孫慈慧」小姐長期以來殫盡心力為本書校對和建議。

當然最衷心感謝的是大半生陪伴我走過崎嶇甚至一度死蔭的道路，始終無怨無悔，為我打點所有日常生活細節，讓我沒有後顧之憂，可以擁有最多的時間和最大的自由空間，避開瑣事困擾，得以從容思辨、研究和寫作的吾妻「佳容」！

目錄

人與靈

現今人們對於「靈」的觀念，幾乎都是來自各種宗教；所有宗教沒有不談「靈」的，也可以說，所有宗教的教義都是建立在「靈」的基礎上，譬如「聖經」第一章「創世紀」開宗明義就提到『起初 神創造天地。地是空虛混沌．淵面黑暗．神的靈運行在水面上。』，連「神」都是有「靈」的。但是，談到「靈」最早的卻是「埃及」與「巴比倫」的多神教，談到最多的當屬印度教，尤其是「業報輪迴」的教義，這些宗教中在提到「人與靈」的關係時，「靈」是主體，「人」卻成了虛假短暫的客體甚至被視之爲「幻象」；

基本上，所有宗教都是主張先有「靈」，然後才有「人」的，或者把「靈」當成一個原動力或掌控者，因爲有「靈」進駐了「人體」，人才有思想而進行有意義的活動，特別是精神或心智方面的活動。更甚至主張宇宙天地間有個「靈界」，那是一個超級巨大的「靈魂庫」，「靈」從那裡下降人間投胎進入母體，然後「人」才出生。也或者說；起源自猶太民族的「亞伯拉罕信仰系統」的各種宗教，都是堅信「神創造了天地萬物與人」，而且「人與靈」是同時被創造出來的。

但是，依據筆者的研究和認知，事實上並非如此；其一，「人不是被神或者任何超自然力量創造出來的」。其二，「先有人類然後才有靈，而且『靈』出現成形的時間比人類存在的時間晚了很久很久」。

必須說明清楚的是；本書不是爲了否定「創造論」而寫，所以主題不是著重在否定「創造論」，但是，爲了解說「人與靈」的起源，不得不先開宗明義的定義「地球生命以及人類都是出自偶然，絕非有目的的必然」。

「地球」本身就是出自於偶然，也偶然的恰巧位在「太陽系」中現今這個位置上，與太陽系其他行星的關係位置相比，地球是從太陽向外算來「第三顆」行星，更恰巧的是一顆不是非常堅實卻還算相當活躍的行星，在與太陽的距離上承受到的熱度以及自轉軸心的略微偏斜，形成地球的四季分明，還有足夠的大氣層保護，適度阻擋了太陽各種有害射線的直接照射，以及地心軟質熔岩在自轉中形成的特殊磁場，阻擋了強烈的「太陽風」侵襲；還有大量的水……等等這些幾乎都是「偶然」組合的條件，才使得地球是已知太陽系八大行星中「生命」最活躍的一顆行星；其他行星上是否有生命，目前還沒有定論，但是，即使有，可能也非常低等，更不可能如地球生命如此的活躍（註：人類目前的科技雖然尚無法直接登陸其他行星就近觀察，但是，至少各種觀測儀器對於八大行星的研究報告，確實不曾觀察到任何生命蓬勃或文明發展的跡象）。

談到地球生命的出自偶然而非「神的創造」，其實可以看看太陽系行星、衛星以至其他已知行星；既然都沒有蓬勃的生命活動現象，我們就很難相信「地球人類是上帝唯一的選民」，更何況已知可約略觀察到的宇宙至少有一千億個銀

河系，每個銀河系又有一千億個「恆星系」，而「太陽系」只是一千億乘以一千億中的一個，假設「神創造天地及一切生命」爲真，那麼整個宇宙應該是非常熱鬧而且生機盎然的才對，怎麼可能地球人類連在自己的太陽系中都顯得十分寂寞；連個就近可以「聊天」的左鄰右舍都沒有。

此外，如果「人是神創造的」；那麼又怎麼可能從出生開始就是個相當不完備的「半成品」呢？人類本身也已經相當擅長發明創造各種物件，除非是中途失敗，否則幾乎沒有人會只單純創造毫無用途也沒有任何意義的「半成品」就心滿意足而打烊收工了。

筆者並非主觀的先下定論再來找證據，倒是很理性的將兩種主張同時公平的攤開在陽光下來比較；顯然「自然發生論」要比「創造論」合理得多！

地球是偶然存在的，地球上所有生命是偶然產生的，地球人類當然也是偶然進化而來的，那麼「靈」就不可能是被「創造」的必然生成，同樣也只是人類在逐步進化過程中「偶然形成的」；談到一個初步的論點；相信馬上就會面對許許多多的質疑；就先同時解答：是的！「靈不是比人類存在的更早形成，也不是在人類出現的同時形成，而是在人類心智進化達到一定的高度之後才凝聚結晶出來的。」，因此，不只是遠古的人類沒有「靈」，除了人類以外的其他動植物統統沒有靈。關於這點，正是本書本篇章的主軸，所以，之後會慢慢完整解析的。

我非常清楚這樣的心得和見解是會引發很多反對聲浪的，也是會讓難以數計的人大感失望沮喪的；「爲什麼除了人類，其他動植物竟然沒有靈？」、「那麼如果我的寵物貓狗先往生了，日後我去到靈界豈不是永遠不能見到牠們？」、「你怎麼可以這麼冷血無情，我向來都把寵物當成家人，我一生未婚，寵物就是我相依爲命的伴侶；牠們怎麼可以沒有靈？」、「我家的寵物明明就非常有靈性，我從外面回家，牠們都會有預感的早一步待在門口等我……？」？？？

我當然可以理解這種心情和反應，但是，「靈」的生成以及「靈界」的規則不是我訂定的，我只能告訴大家我所知道「靈與靈界」的實相，我不能左右或更改，更不可能爲了迎合衆人的心理需求而捏造事實、亂編故事；或者我們也可以想一想；從許多被發掘出來的帝王陵寢中，可以看到許許多多陪葬的奇珍異寶，然後終究會安置在各地的博物館中展出，那些肯定是亡者生前最珍愛的收藏，但是，他們死後又何嘗能帶走任何一件？因此關鍵重點不是你喜歡什麼或鍾愛什麼就一定在死後必然跟隨著你；更甚至即使是你一生最鍾愛的情侶、配偶，死後在「靈界」也未必就能從此天長地久的廝守，也許會進入不同層級的靈界，也許即使在同一個靈界，很不幸的是，說不定會發現原來他（她）的心早就另有所屬，人間的婚姻只是爲了種種理由而以假象在維持，但是，在靈界，不再需要這種假象，他（她）可能會和一生內心真正心愛的人（靈）在一起。如果不能事先了解靈界的一些法則，恐怕很難接受這樣的事實，甚至會大失所望或傷心沮喪了。

同樣的，不論你生前鍾愛的寵物是什麼？因爲牠們的「心智能力」不足，不足以凝聚結晶爲「靈」，所以，無法進入「靈界」永生長存，這點，不是你或任何人所能左右的，不論你願意不願意，不論你如何失望和不滿，事實是不會因爲一個人的情感取向而改變。關於這點，必須在之後的內容詳細剖析「靈」的生成中，當你真正了解之後就會獲得解答。

在此，再次整理和強調幾個重點，以便能更順利的接續並深入的來解說「靈的生成」；

一、「靈」是進化而來，不是神「創造」出來的。

二、「靈」不是早於人就先行存在或同時存在的，而是很晚近才形成的。

三、原始人類和其他地球上的動植物是沒有靈的。

四、人類從出生開始就是半成品，迄今尙未真正定型、定位。

五、先有「人」，才有「靈」，然後才有「靈界」。

六、「人」與「靈」的生成只是偶然。兩者既不是「必然」，也不是經過縝密設計和一再改良後而形成的產物，也因此，「人與靈」都有著絕對的自由意志，因而，不論是在人間或者靈界，都有很大的可塑，可變的空間。

前面提過；「靈」不是與人類存在就同時形成的，而且要形成「靈」是需要一些必要條件的；

其一，是「智力」條件。

其二，是「環境條件」。

其三，是「想像力」與「創造力」。

其四，是「生活型態」。

人類的存在及發展迄今都是由諸多的「偶然」促成的，甚至包括人類「智力」方面的快速又奇特的發展也一樣是「偶然」的；假設我們暫時以「直立」做爲人類這個名詞的發軔，那麼合理的邏輯推理；人類之所以從樹叢上爬下來，離開茂密的樹林，走向只有草叢的平地，那是一個偉大的冒險，是因爲環境和覓食條件的變遷，被迫的不得不爾行爲，也幾乎根本沒得選擇；明明平地草叢中的求生方式比擺盪在樹林間採集果實和捕捉小昆蟲的生活方式要危險百倍，但是，當氣候的遽變，使得叢林面積減少，食物採集困難，爲了覓食求生，不得不偶而爬下樹叢，快速的走進平地的草叢中找尋任何可以充饑裹腹的食物，然後有些可能僥倖的再匆匆逃回樹上，躲開蛇吻或猛獸的利爪，但是，可以確定的，有些卻未必這般幸運，無法順利發現或躲開毒蛇猛獸獵殺而成爲食物，然後一方面是不得不因應這種非傳統「靈長類」的覓食

求生方式，一方面是總是必須慢慢適應草原的生活，最後終於長期的離開叢林，正式成爲平地草原艱苦求生的一員；也因爲環境的必須；人類也開始逐漸「直立」起來，在草原上，「直立」有許多的好處；譬如「遠眺」以方便搜尋更多的食物資源，以及發現環伺四周的掠食性猛獸，以及可能必要時的涉水等等；

也因爲「直立」，人類從此和原本那些「靈長類」的近親開始分家，自立門戶，成了「靈長類」中最獨特的一支；從今日回顧；在整個「進化樹」的分枝上，人類真的是非常偶然的例外，甚至變成了「弱幹強枝」，最後反而變成了地球上最強悍，最壯大的「掠食者」，一直稱霸地球至今，而且超過七十億的人口不但佔據了地球上最大最好的生活環境，更擠壓了其他各種物種的生存空間。這也是「進化論」中最奇特的例外，也成爲質疑和攻擊「進化論」者自以爲是的「利器」，其實，那都是因爲人類一直無法爲自身精確的定位，如果承認人類的存在和發展是諸多偶然綜合的結果，那麼在「進化樹」上「靈長類」的主幹上竟然會出現這麼粗壯勝過主幹的分支也就不足爲奇了，也能讓「進化論」變得更爲合理，不會一再被「創造論者」或其他懷疑論者引爲攻擊的標的。

如果，我們把開始長期直立，連骨骼都大幅改變的這支「草原猿類」稱爲「人類」的話；那麼大約七百萬年來，人類的發展有如從高山上滾落的圓形石塊，因爲重力加速度的原理，卻是越滾越快，前五百萬年是起步比較緩慢的，二百萬年前進入舊石器時代之後，速度比之前那五百萬年已經加快了許多倍，而距今一萬多年前進入新石器時代，又比舊石器時代那二百萬年增快了許多倍；而人類進入歷史時代之後，由於物質文明的長足發展以及知識的廣泛傳布，各種資訊傳遞的越來越快速和各種物品發明的分享，與舊石器時代或新石器時代初期的生活樣貌更是無法以道理計了；也或者看看最晚近的這一百年，譬如整個廿世紀；一開始，距離電燈和電話的發明不過廿多年，但是這一百多年間，今天人手一支手機，幾乎可以與全世界任何角落的人士聯絡，可以收看來自全世界各地的即時動態訊息，可以搜尋任何你想要找的資料，可以拍攝自己的即時影像，上傳與全世界的朋友分享……廿世紀開始的十年前，萊特兄弟才剛剛發明可以離地滑翔一分鐘的飛機，而一百年後的今天，我們不但可以搭乘豪華客機迅速的前往世界各地，還能前往太空或月球探險及旅遊。

人類「智力」的發展同樣也是爲了因應草原危險惡劣的生存環境而偶然產生的，人類從採集食物，捕捉小昆蟲充饑求生，再因爲不得已變成最低階的「食腐動物」，敬陪末座的撿拾其他動物的殘羹碎屑來彌補食物的不足；卻「偶然」發現了一種營養豐富的大餐－「骨髓」，不但補充了豐富的熱量，也意外提供了腦部所需的大量養分，然後，智力獲得大量的養分而得以快速發展，增大了人類的腦容量，畸形發展出來的大頭，不但改變了母體的骨盆形狀，拉長了嬰幼兒的成長期，改變了配偶的關係和家族型態，更因爲「智力」的快速發展，使人類有更豐富的想像力與創造力，從原本利用工具，進步到改良工具再到發明創造工具；特別是各種掠食武器；當遠距離拋射武器被發明並善於使用之後，人類就註定要成爲地球日後的掠食霸主。

人類「靈長類」的猿猴近親

當人類能夠登上「掠食霸主」的寶座之後，也就促使人類終究會形成「靈」；

當然，我們絕對不可以誤以爲人類將近七百萬年中智力的發展，其目的是爲了產生「靈」的預備工作（筆者註：「靈」的發生絕非必然，在人類進化的前期也不可能因爲任何「預知」而往這個特定的方向來發展。），因爲人類並不是先有「靈」的想像和意識，然後主動去發展「靈識」的，這點千萬不能本末倒置，而是因爲人類爲了因應在艱困危險的環境中謀生需要而「偶然」發展出驚人的智力，然後當累積到了一定的程度之後，幾乎是一夜之間就自然凝聚結晶出了「靈」。

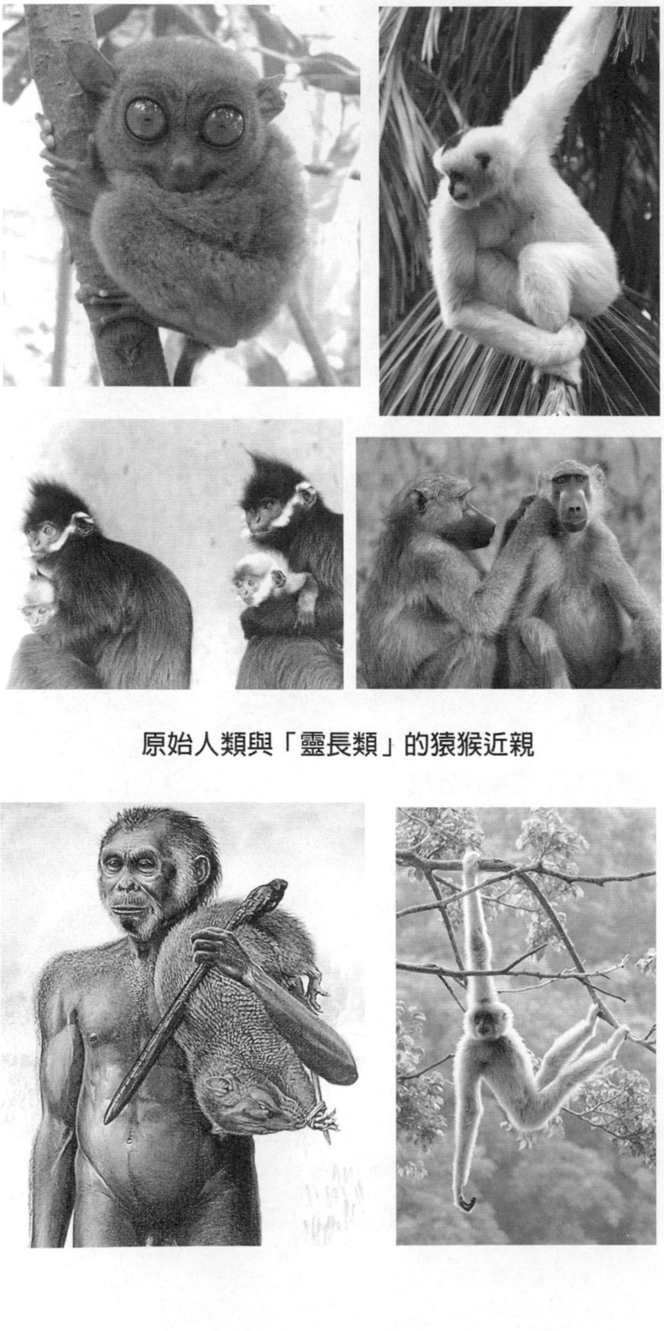

原始人類與「靈長類」的猿猴近親

在此，還有一個重點需要注意：人類不是一開始形成「靈」之後，立即就「意識」到的，反而是又經過一段漫長的時間蘊釀之後，因爲「偶然」的經驗，才慢慢意識到「靈」的存在；就如同人類早就生活在空氣之中，卻不是有人類時一開始就意識到空氣的存在一樣。

在「環境條件」方面；在「直立猿人」出現之後的七百萬年間，人類一直是活得非常艱難困苦的，在先天上，生理條件上是如此的孱弱，我們又不是像牛、羊、駱駝一類草食性動物一樣只要吃草就能過活，否則只要群聚像牛羊一樣，單純逐水草而居即可；在離開叢林之前，這支「猿類」已經形成雜食的習慣，在生理系統上，單純草食可能已經無法提供足夠存活的養分；這可能也是在草原生活時期，除了採集植物類的果實種子爲主食，也捕捉一些小昆蟲或者小型的爬蟲類、兩棲類，如蚱蜢、蟋蟀、青蛙、蜥蜴、無毒的小蛇，或者淺塘小溪中的貝類補充食物的不足，甚至在更艱困的時期，在冰封大地的漫長冬季，那些只在短暫夏季才會採集到的果實或小型昆蟲動物幾乎絕跡時，那麼人類在饑餓難耐甚至面臨死亡危機時，也不得不淪爲「食腐動物」，在石器時代之前那漫長的幾百萬年間，人類的老祖先一天到晚，一年到頭都是在爲找尋食物，塡飽肚子忙碌或互相爭奪，根本不可能有一丁點時間來「思索自我」，更甚至起始之初應該也像絕大多數生物一樣；是沒有「自我認知」能力的。（筆者註：目前已知有最初級「鏡像自我認知能力」的只有猩猩、大象、白鯨、海豚）。也因此，在這樣的環境條件下，人類連自身肉體都照料不及，因爲其他掠食動物的侵害、疾病、一年中酷寒的日子漫長，長期營養不良和居住環境的惡劣，使得人類壽命是相當短暫的，平均可能只有三十來歲而已，因此，在這些條件的影響下，人類是不足以形成「靈」的。

所謂「需要爲創造之母」，人類和其他猿類一樣，原來就有「利用工具」、「簡單改造工具」的能力，譬如黑猩猩會撿拾細長的枯枝或拔取草莖，探入蟻穴誘出螞蟻或白蟻來食用，如果枯枝上有些枝椏，猩猩會一一摘除，只保留單一主枝來使用；這是「利用」和「改造」工具的實例，有些猩猩也會把有過硬外殼的堅果，放在一塊石頭上，再拿另一塊石頭用力砸開堅果外殼，順利取食其中的果仁，連海獺也有這種類似的本事，在海面上，可以保持仰泳的姿勢；把一塊適當大小又平整的石塊放在肚子上，把從海底捕撈的鮑魚或其他貝類放在石塊上，通常是用前肢抓住鮑魚貝類直接往石頭上用力敲擊，只要把硬殼敲破，就能食用其中的肉質部份了；想想；人類當然也一定有這種本事的；看看石器時代早期的一些作品；都是先從敲擊工具開始的，到了後來才有更順手的「杵臼」改良和發明。

人類從利用工具、簡單改良工具，再到真正能夠創造工具，這段時間是出奇漫長的，我們不妨看看人類的「舊石器」時代，單單靠打擊方式製造石器工具的時期就長達二百萬年；竟然在「製作方式」上一直沒有太多的突破和創新；其一當然是「蒙昧」，其二也許有一部份原因是舊石器時代後期「發現」了非常特別的「燧石」材料，然後就「創造」出了鋒利好用的「燧石製品」，從一開始的簡單敲擊到後來發展出來的精湛敲擊製作技巧，可以打造出順手好用、鋒利又美觀的精良級「燧石器」，於是「創新」的需求也就頓時降低了。（筆者註：在許多考古出土的古物中，有些純靠敲擊方式卻製作精良的「燧石刀」，其硬度和鋒利程度甚至不輸現代的金屬刀具，差別只在耐用性而已。）

不論是初級的「改造工具」到後來的「創造工具」都是需要「想像力」的，總是基於不同的需要，在腦中先有一個模糊的基本雛型，然後再將原本天然的材料加以改造，然後大幅的改造則屬於「創造」了，包括將一塊卵石慢慢敲擊削除多餘的部份，最後變成「石斧、石刀」，或者和其他材料；譬如一段堅實的樹幹綑綁起來變成有柄的「斧頭、石矛」，或者將「燧石」打造成爲鋒利又造型流線的刀身，將結合不用材質、色澤的石柄、角柄、並且燒灼動物膠加植物纖維來黏合，並且裝飾上各種五顏六色的半寶石；這些都是需要豐富的「想像力」與「創造力」的；而且，兩者也肯定是相輔相成的，用「想像力」和「創造力」來創作各種工具物件，然後因爲自己在創作過程中激發更多創意來改變和不斷嘗試，

又能大幅增進「想像力」和「創造力」；而人類不同族群中又經由「以物易物」的原始貿易型態，譬如用過剩的食物換取工具，換得工具的族群也必然會受到擅長製作工具族群創造的作品中受到啓發，可以學習並嘗試自行製作……

當這個巨輪一旦開始轉動之後，就勢不可遏了，尤其人類早期發明的大多數工具其實都是「武器」，爲了與其他物種抗爭，爲了捕獵各種動物，犀利好用的武器可以捕獲較多的獵物；以滿足衣食之所需，增加本身族群的生存能力。也或者經常必須與其他族群爭奪生存空間、生活物資，甚至是搶奪異族的女性，武器就是必備的求生工具；擅長製作工具武器的族群當然就會有著優勝的地位，而其他族群如果不能好好發揮想像力和創造力，那麼勢必會在族群的大規模抗爭中落敗，甚至慘遭滅族。

這些，跟「興趣喜好」無關，而是跟殘酷的生存競爭以及整個族群的生死存亡有著密切的重大關係，所以，「想像力」和「創造力」是被迫激發的，而且，武器的材質和殺傷力以及運用方式從來就是決定戰爭型態的主要關鍵；原始族群間，只會使用樹幹、改造木棒的族群一定會輸給擅用石器的族群，一向只使用無柄「手斧、手刀」的族群一定會輸給使用「有柄武器」的族群，而最後勝出的必然是擅長使用遠距離拋射武器的族群，特別是那種進步到使用弓箭，並且能夠敲擊琢磨出鋒利燧石箭鏃的族群……

「想像力」和「創造力」的快速發展，一方面無情的淘汰了弱勢族群，同時也必然大幅提昇了人類的「智力」，人類的「智力」是不會平空產生與增進的，只有在生存的競爭中，不得不被迫努力運用然後逐漸增進。同時，也因爲當人類開始躋身「掠食動物」之列開始，就有了「吃肉」的權利，而懂得用火和熟食之後，更是比其他任何掠食動物更能有效的吸收肉類的養分，又減少了寄生蟲和原本「食腐」和「生食肉類」可能引發的各種致命疾病。也因爲如此，人類大腦也因爲得到充分的養分供應，竟然意外的發展，甚至改變了原始顱型，使得前額突出，增加更大的空間來容納快速增大的腦部……這個奇特的發展卻也反過來促使人類能夠擁有地球物種中最豐富的「想像力」和「創造力」，同時也是日後人類能夠形成「靈」的重要張本。

此外，「生活型態」也是非常重要的；「靈」的形成需要許多必要的條件，其中之一就是「思索」；尤其是「形而上」的思索；這點；在人類還在爲三餐奔忙，充饑裹腹尙且不及的時代是不可能有餘暇發生的；在人類採集食腐時代，甚至漁獵遊牧的不定居時代也都不可能發生的；至少要進入「半定居」的時代才有可能。

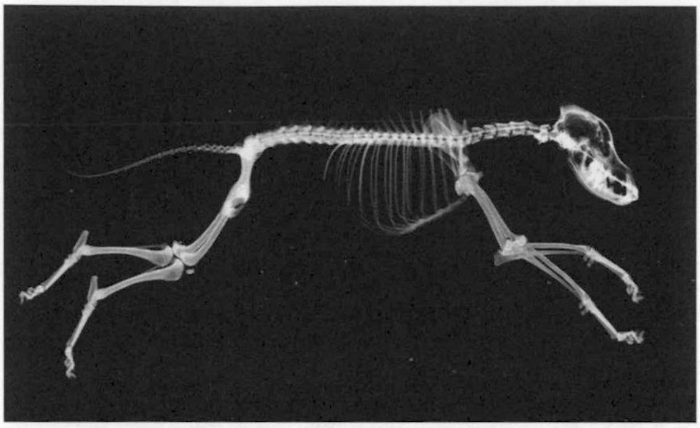

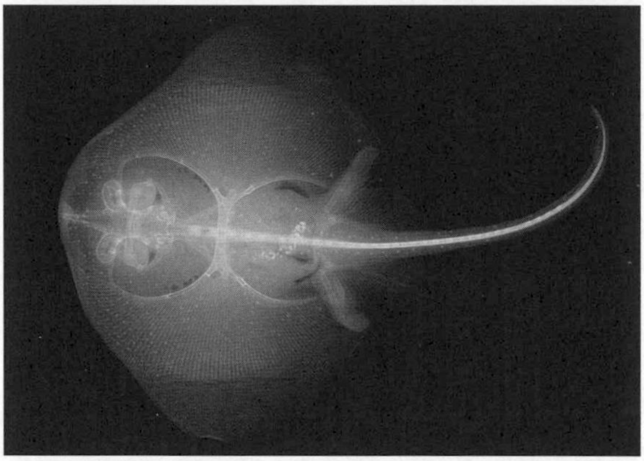

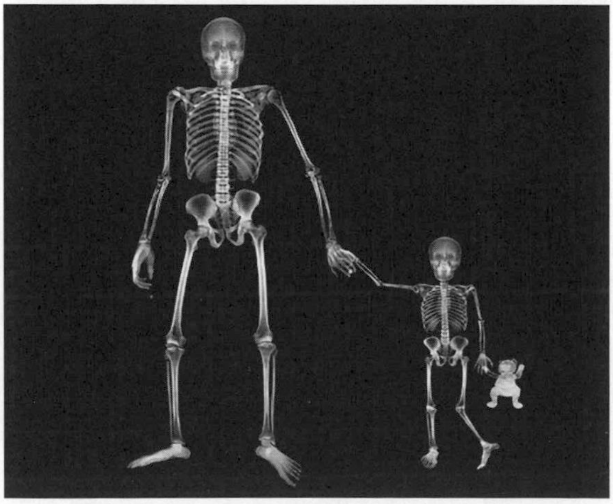

這點，我們可以來看看「不定居」原始民族以及逐水草而居的遊牧民族；他們對於死亡的態度和墓葬形式就能了解；因爲既然這類民族居無定所，四處飄泊，沒有固定的聚落，就不可能有足夠的時間爲任何族中死者舉行盛大又耗時的葬禮，連墓葬形式也是簡單幾近草率的；有些只是以毛氈或皮革包裹，直接埋入不很深的坑洞，正常的覆土，沒有隆起，也不作任何類似墓碑的註記，比較晚近一些的遊牧民族才疊石爲丘，但是一樣不樹立墓碑。關於這樣的墓葬方式，原因大致有二，其一是較久遠的古代，尚未有「靈魂」觀念，所以並沒有長期「祭靈」的習俗，其二，是生活型態的時時變遷，不一定有機會再回返「舊地」，因而做任何墓碑類的標記是沒有意義的。尤其在驅趕牲口遷徙的路途中，族人不幸死亡，只能就地草草掩埋，不可能因此耽擱全族的行程，因此「簡葬」的習俗是可想而知的，因而，當然也就不可能形成大規模的墓葬群。

在這個話題上，還需要注意的就是：爲死者「掩埋遺體」的墓葬，與「靈魂」觀念並非同時發生，所以我們絕不能把古人類的原始墓葬行爲當成「靈魂觀念」發軔的指標；因爲原始人類以「墓葬」來掩埋遺體，也不是一開始就懂得如此的，看看其他「靈長類」近親們，牠們對於同伴甚至親族中的死者容或會有明確哀傷悲痛的行爲，但是，牠們並不會掩埋屍體；

而人類，對於族人甚至親人的死亡，同樣是哀傷悲痛的，但是，在「食腐」的艱困年代裡，遺體提供了豐富的又珍貴的蛋白質和脂肪，爲了活下去，「吃人」或者肢解族人遺體分食是有考古證據的；而「吃人」則是比較常發生在不同部落的戰爭中，俘虜或被殺死的敵人，也會變成食物，一方面用以慶功表彰勝利，一方面其實還是爲了取得必要的養分能生存下去；

也因爲人類有「吃人食屍」的行爲，所以，掩埋族人、親友遺體就有二層意義；一是不忍見其遺體曝屍荒野，自然腐爛或被其他食腐動物啃食的慘狀，其二是不願被敵對部落搶或偷盜回去當作食物，所以，挖坑掩埋並僞裝匿跡就成了後世墓葬行爲的濫觴。也因此，這種行爲一開始和「靈魂」觀念是無關的，而且是早過「靈魂觀念」發生前很久遠的歲月裡。

所謂的「半定居」時期，不是指「半牧半農」的時期，而是在採集漁獵時代，在一年中過半是酷寒氣候時期，一來是天寒地凍，冰雪覆蓋大地的日子，既沒有果實可以採食，也沒有太多的動物可獵捕，尤其是在人類武器還很原始簡陋時期，沒有遠距離拋射武器，在深深的雪地裡，人類是跑不過、追不上任何動物的，更甚至有可能反而被雪地中饑餓的猛獸所掠食；因此，一年中漫長的酷寒冬季，並不適合從事任何活動，在懂得自行架木爲巢之前，人類有過很長一段穴居的生活；從現今世界各地陸陸續續發現的岩洞壁畫來推斷，那些壁畫的技巧已經相當熟練，那當然不會是人類穴居時代一開始就有的作品，至少已經穴居很久了。

因此，我們可以想像出來，原始人類在採集漁獵時期，一定要在短暫的夏季，努力採集各種果實或可食的植物種子，獵捕各種大大小小的動物，作爲漫長冬季的存糧，這點看看現今北極圈內的愛斯基摩人，也可以發現他們還保持部份這種原始的生活方式，在北極短暫的夏季，大量獵捕鮭魚、出海捕殺各種海豹、海象，甚至大型鯨豚，然後將這些獵物細細分切，再用鹽醃過再曬乾、風乾或烘乾，也輔以煙薰來增長保存期限，這樣才能在漫長酷寒的冬季不虞食物的匱乏。

對於極地靠海而居的愛斯基摩人、楚科奇人或其他的民族，大海真的是天賜的豐盛獵場，提供了多樣又豐富的食物來源，除了在短暫的夏天可以盡量捕獵，即使到了嚴寒的冬季，仍然有機會捕獵一些在冰天雪地中活動的各種動物譬如鯨豚、海豹或雪兔雪鳥之類的；以彌補夏季存糧的不足，並提供新鮮的肉食，並因爲從新鮮動物肝臟攝取到較多的維他命等，以防止敗血症、夜盲症等疾病的發生；但是，生活在其他內陸的原始民族，環境和運氣就沒這麼好了，面對一年中漫長酷寒的冬季，來自夏季的存糧並不一定足夠整體族群的所需，而「穴居」是爲了禦寒求生，當存糧不足，營養不良時，必然會有許多老人或嬰幼兒因爲熬不過去而死亡，人口的折損是很大的，有時不得已，分食族人甚至親人的遺體也就成了常態。

當然，如果有必要埋葬死者遺體時，也有可能在洞穴附近形成小規模的墓葬群，但是，我們還必須了解一點；原始的「簡葬」和「靈魂觀念」是無關的，即使是在零散的墓穴中發現有原始工具的「陪葬品」，也不能武斷的認定這樣就是有「靈魂觀念」的證據，因爲，「靈魂觀念」形成的條件很多，如果只是簡單工具類的陪葬品，極可能只是避免睹物思人而已，未必非要和「死後生活」有關。

此外，再來談談「語言」的問題；現代通訊方便，人類可以利用手機等 3C 科技產品長距離、長時間的聊天閒談，但是，原始人類「語言」的產生，一開始絕對不是爲了日後方便聊天閒談之用，仍然是爲了求生而自然產生；這點，我們可以看看「蜜蜂」的行爲，蜜蜂會用跳舞的肢體語言向同伴傳遞食物的訊息，包括有豐富花蜜的地點，以及指示方向和距離；人類也一樣，一開始簡單的發聲外加手勢，必然和在這塊嚴苛的大地上謀生而產生；因爲人類也是群居生物，有許多事必須分工合作，譬如有人發現了一片野生的果樹林，自己採集不完，當然要通知親人甚至族人一起去採集，或者發現了大型動物，或者充沛的水源，都需要大量人力來合作，譬如即使發現一隻落單的長毛象，那也絕非一個人，撿個石塊或者持支石矛就能單打獨鬥的把這龐然大物給撂倒，當然會趕緊飛奔回來，向族人報告，因此「傳訊」和「簡單的溝通」，甚至如何安排不同的任務，攻擊位置等等……以便順利的獵殺大型動物，這些都是「語言」產生的原因；

但是，原始人類在大約七萬五千年遇到的「多峇火山」大爆發，火山灰籠罩了整個地球上空，造成人類的差點大滅絕，大幅銳減到僅剩的數千人，爲了求生不得不從東非一帶出走，遷徙往世界各地；而所謂的「火山冬季」形成的小冰河期，一直延續到舊石器時代的晚期才逐漸退去，在這個環境嚴苛的時代裡，人類不得不在一年中穴居很長的時間來禦寒自保，在這麼漫長又無聊的時間中，沒有太多的活動和作爲，除了睡覺，可想而知的：「聊天」應該是必然的活動之一，而新近的發現；人類「聊天閒談」的活動是有助於腦部發展的；

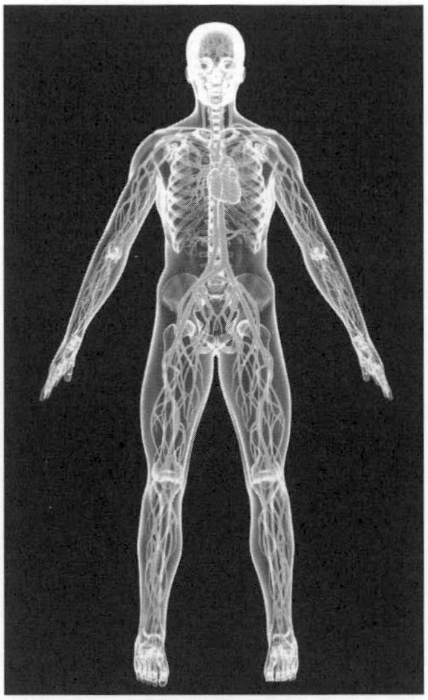

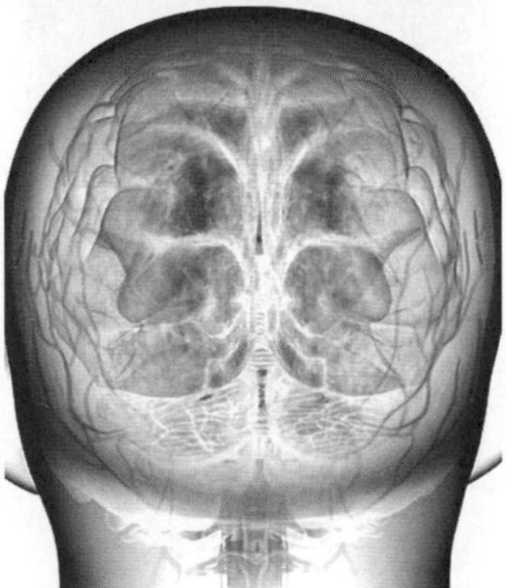

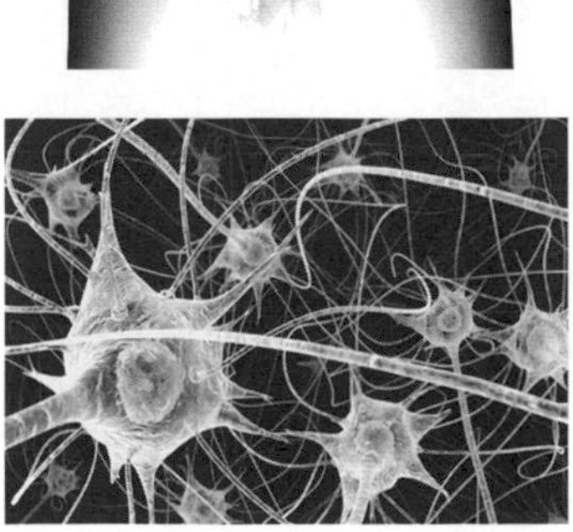

當然，人類豐富又神奇的「語言能力」是和大腦中的「預構模式網路」有關，再配合後天發聲器官的長久訓練，才發展出豐富的辭彙和完善的表意方式，幾乎是相輔相成的，「語言」的發展和進步又反饋於人類腦部的發展，這種良性的互動和增長，也是人類能距今在短短不到一萬年間就發展出驚人的物質文明和豐碩的精神文明。

當然，另外一個重點也是在人類長時間躲避酷寒的「穴居」生活型態中發展出來的，那就是「思考能力」，這點和「語言」也有著密切關係；人類總是要不停創建新的詞彙來更完善的表達內心的想法，以便與他人良好的溝通；「思考」就成爲不得不進行的腦部活動，然後，腦部的長足發展，使得人類的思考能力也因此大幅增進，終究；人類會開始思索一個大問題了：「我是誰？我是什麼？我爲何在這裡？」

只有當人類開始思索這個問題起，才給予「靈」發生的基本契機；但是，這樣還不足以構成所有形成「靈」的條件；

不過，總是一個不錯的開始。

我們可以說：現代人都有「靈」，這也同樣是來自腦部的另一種「預構模式網路」，我們還不知道是否是和「語言的預構模式網路」相同管道，或是另外有一套獨立的「預構模式網路」，但是，和「語言」部份卻有著密不可分的關係。而且同樣是來自遺傳，差別只是「語言預構模式網路」形成的比較早，「靈魂預構模式網路」形成的比較晚，但是，「語言預構模式網路」一定是影響「靈魂預構模式網路」形成的關鍵。

或者，我們也可以反過來說：如果一個現代人，因爲先天聽覺障礙，以至無法學習語言，或者單純是發聲器官障礙，不能說話；只要遺傳而來的「語言預構模式網路」正常，可以藉由手語、文字來表意，甚至可以藉由現代科技來修復聽覺或發聲器官障礙，最後還是可以說話的；但是，一旦是「語言預構模式網路」基因缺陷，如「妥瑞氏症」或嚴重智障，那麼就終生無法說話，如果是這樣，依據筆者長期從事「靈魂學」的研究，這樣的人，也就不可能形成「靈」；這也是筆者認爲「靈」不是神創造的或什麼上天的恩賜，而是人類後天自行形成，然後一代一代遺傳了這個形成「靈」的「預構模式網路」的幾個重要理由之一。

本篇的小結：人類是偶然的機緣由進化而來，並成爲地球食物鍊的最上層，也因爲獲得這個無法取代的「霸主」地位，使得人類有了獨一無二的「物質文明」，進而提昇出「精神文明」，再提昇至「心靈文明」，並從而獲得足夠的「心智能力」，超飽和之後，開始凝聚結晶爲「靈魂」，這個「靈魂」在人的肉體死亡時，仍然可以續存在自然界，這個形成「靈魂」的機制是來自父母基因遺傳，只要是現代的正常人，在腦部都擁有這樣一個「預構網路模式」，因此，一代接一代的相傳下去，每個正常人在成長的過程中和肉體同步在凝聚結晶出「靈魂」，在死後，就得以脫離肉體以「靈魂」樣態的生命型式繼續存在。

「靈魂」一詞二字的重新定義

在中國文字中，「靈魂」是一個名詞，卻也可以拆開成二個單獨的字來使用，或者個別和其它字組成不同的名詞或成語。

但是，「靈」、「魂」二個單字和「靈魂」一詞經常是相當含混難分，不能說「混淆」；而是不容易分辨，甚至有時根本是等同的；譬如「亡靈」和「亡魂」，指的是相同的對象。如果是專指死後的狀況；那麼「亡靈」、「亡魂」和「靈魂」三者一樣也是等同而毫無差別的。

以「靈」和「魂」這二個單字來；有時和其他字組合成名詞或成語，仍然也會發生「等同」的狀況；譬如「靈爽式憑」和「魂兮歸來」，這時的「靈」和「魂」二字是同義的，但是如果合成為「神靈」和「鬼魂」時，「靈」和「魂」的意涵就不是很明確了，好似相同，又好似有些層次高低的差異，但又不全然是本質上的截然不同。

而「靈」和「魂」二個單字在一般使用上，和其它字組合成名詞時，仍然也有範圍上的差異性；「靈」除了一樣涵蓋死後的一些狀況，用在「活人」的部分極廣，意涵也不是完全一樣；譬如：「靈感」、「靈巧」、「靈活」、「靈異」、「靈界」、「邪靈」、「惡靈」、「鬼靈」等等。

至於「魂」這個單字，就幾乎都是用於死亡或死後；譬如：「亡魂」、「鬼魂」、「冤魂」、「招魂」、「魂魄」、「魂轎」、「魂飛魄散」、「魂歸故里」等等。

也因此，「靈」和「魂」是既等同又還是不完全相同的，像「亡靈」和「亡魂」，「鬼靈」和「鬼魂」選用其中任何一詞，都沒有對錯的問題。

不過：「靈魂」不是同義的疊字名詞，會使用二個不同的字來組合成這樣一個名詞，顯然還是不能視爲完全相同的，即使在所有中文字典中，「靈」和「魂」幾乎都被解釋爲：「人死後的精氣」，但是，顯然是不夠精確也難以區別的。指是因循千百年，也不見任何學者專家來予以界定？

既然筆者以研究「靈魂學」爲專業職志，實在不能繼續因循舊慣積習，爲了更精確的釐清，所以，不論往昔如何認知，自當下起，就由筆者率先來加以重新定義：

「靈」專指「意識」部分，爲單純的能量型態，或精確的專指「靈識」（spiritual knowledge），是「一組擁有自主意識的智性能量」（A group with their own sense of intellectual energy），不包含任何物質。

「魂」則專指「靈體」，是由極精緻的「精靈物質」（Subtle quality）所構成。

「靈魂」（soul）則是由「靈」（靈識）和「魂」（靈體）共同組成的，「靈識」依附於「靈體」；並被「靈體」完全包裹。

也因此；「靈魂」就是被「靈體」所包裹的「一組擁有自主意識的智性能量」。

而「活人」（Living）是包括擁有「肉體」（Body）、「靈識」和「靈體」的生物。

而「死人」（Dead）則是指「肉體」死亡，也不再擁有「靈識」和「靈體」的一具冰冷並逐漸腐敗的軀殼而已。

當一個人死亡之後，「靈魂」會離開肉體，姑不論「靈魂」究竟會前往何處？但是，這個包含了「靈識」和「靈體」的「靈魂」卻仍然能保有與生前幾乎完全不變的「自主意識」繼續存活；而且通常會在人間（陽間）逗留一段時間，甚至偶有例外的竟能長期逗留。

這樣的「靈魂」通常會被我們稱之爲「亡魂」或甚至是「鬼」（Ghost），這點在全世界各古老民族抑或現今的世界中仍然是一種共同的文化認知。

「靈」（靈識）主要是源自「自主意識」（Autonomous Awareness）的「智性」（Intellectual），在人活著時，展現出來的就是一種「心智能力」（Mentalability），也是一種「能量」的狀態，而人死後，這種「心智能力」不再指揮驅動肉體，只單純存在爲「能量」（Energy），不同於「自然能量」（Natural energy）的是：「靈」是擁有「自主意識」或個別「自我意識」(Self-awareness)的，而「自然能量」則是屬於「無自主意識能量」(Unconscious energy)。

不過，所謂的「靈」(靈識)在人的肉體死亡時，起始之初是無法單獨存在的，因爲無法「精純的凝聚」，所以，仍然必須依附於「魂」(靈體)，被「靈體」完全包裹而同時存在；而同時的；「靈體」本身是沒有「自主意識」的，所以也不能單獨存在，沒有單獨的「靈體」，因爲那也只是一些「精微物質而已」，沒有差異性，個別性，也沒有任何生命意義。

關於「魂」(靈體)

「靈體」是物質，是在人出生之前的「胚胎」時期，與「肉體」同時長成的，應該是在母體之中，當受精完成，「受精卵」開始分裂，由母體吸收各種養分起，伴隨著肉體的逐日成長，「靈體」也一起成長；

雖然，稱之爲「靈體」，但，並不是來自一般人觀念中虛無飄渺，似有若無的「靈界」，構成「靈體」的物質也不能截然的稱之爲「靈界物質」；應該說只是一種自然界的「精緻物質」，是構成「靈界」的基本物質，卻仍然是存在於我們生活的「現實物質界」；更不是「超自然」(註：「自然」就是最高的存有，此外，沒有任何「超自然」的存在，包括任何鬼神也是自然的產物，並非「超自然」)。

這個認知並非憑空臆想，而是來自「合裡的邏輯推理」：

理由一：人的肉體死亡之後，會以「鬼」(或「靈魂」)的生命形態存在，不論能在「陽間」逗留多久?甚至長期羈留，不單純只是「能量型態」，而且有「體」，如果「靈體」是「非現實界物質」，那麼必然無法存在於「陽間」，更不可能與活人互動或向活人索取一些物質供應(亞洲民族祭祀鬼神除了焚香、燒紙、也同時供奉各種水果，葷素食物，甚至犧牲血食，後者都是一般物質)。由此可以看出；「靈體」是實實在在的物質，可以存在我們生活的現實物質界(陽間)，並且也可以(需要)物質的供應。而如果我們把「物質」大略分爲二類就容易解識和了解了：總括我們現今已知的物質(不包括我們幾乎還一無所知的「暗物質」，但是不排斥任何可能性)分爲二類；其一是一般熟知的「物質」，就是構成地球上山河大地、礦物、植物、動物以及一切人造器物、房舍等等很輕易可見，可接觸，可感覺，可使用，可改造，可生產，可消耗，可轉換爲能量的物質；其二是一種「精微物質」，和一般物質是同時共存的，也許是極精微到平時我們無法感覺或認知其存在，迄今也一樣是一無所知的（也許就是「暗物質」，但是沒有任何證據之前，不能做一丁點的斷言，只能暫時存疑？）。這種「精微物質」不但和一般習見的物質共存，也存在於我們人類的肉體之中，我們活著的時候，「靈體」根本是隱而不現的，但是卻是實存的，並且伴隨我們肉體的成長也同時成長，在我們不論因爲任何原因死亡時，「靈體」和「肉體」就分離了，「肉體」屬於一般物質，在人死亡後開始腐敗分解，又還原爲分子或元素，重新被自然回收。但是「靈體」屬於「精微物質」，並不隨著肉體的腐敗分解也跟著腐敗分解，反而可以繼續存在一段更長久的時間（就竟可以續存多久，目前並無法知道，但是，肯定不是永遠，因爲只要是「物質」，不論存在的久暫，終究會敗壞的）。

理由二：中國人的觀念認爲：「人死爲鬼，鬼死爲䰡」。在古老的說法中，認爲「䰡」只是一股無形無體的「陰風」；由此來推論：「䰡」肯定不是「物質」，有可能是一種「能量」；那麼，人死亡之後，肉體腐敗分解了，但是，生命會以「鬼」（靈魂）的型態存在，而「鬼」也不是永遠的，一樣還是會「死亡」，而「鬼」（靈魂）的死亡，也不是灰飛煙滅，分毫不存，而是以「䰡」的形式存在，由此可見：「鬼」（靈魂）還是有物質性「身體」的，死亡或敗壞的只是這個「物質身體」，也因此或許我們可以繼續推理：活人有兩個「體」，而且都是物質性的；一個是「肉體」，一個是「鬼體」（靈體），二者都會敗壞，差別只是構成的基本物質和存在時間的長短不同而已。

「靈體」既然是物質，其存在是我們一般人平時不能見，不能感覺到，其構成的成分，當然就不是我們平時習見的「一般物質」，應該是一種目前還無法了解或研究的「精微物質」，因爲畢竟我們人類還太過渺小，對整個宇宙自然認知還非常有限，但是，人類的智力和科技發展是從未停止的，今日之所未知，也許日後的將來，終究會日漸明朗而有比較清晰的認知。

也因爲「精微物質」仍然屬於物質的一種，不只是和一般可見物質同時存在，更含藏於一般物質之中，甚至也不特別或特異，所以，一個人從「受精卵」開始，從母體吸收各種養分以供成長之需時，不但吸收了供應肉體成長的一般物質，同時也吸收這種「精微物質」來構成「靈體」並伴隨肉體一起成長，在出生之後，一開始不論是靠母乳或牛、羊乳來供應營養成份，以致後來靠日常各種飲食來供應成長及活動所需的養分，也還是不停的在吸收「一般物質」和「精微物質」，前者形成肉體，後者形成「靈體」。

在地球生物中，人類屬於比較特別的，因爲目前不只是「合理的邏輯推理」可以認知人類有「靈魂」，而「靈魂」在肉體死亡之後，仍然可以繼續存活，這點，在筆者往昔長期從事「實證靈魂學」的研究之中，也有諸多證據可以證明「靈魂」的實存！

但是，不論是在古典的「理論靈魂學」或筆者所起始的「實證靈魂學」研究中，都無法認定除了人類以外的地球其他物種是否有「靈魂」，也不能認定其他物種在肉體死亡之後是否能以「靈魂」的型態繼存；不過同樣是「合理的邏輯推理」；除了人類以外的其他物種，因爲缺乏和人類一樣「自我認知」及「自我感知」的能力，而這二項條件又是形成「靈識」的基本要件，因此，其他物種應該不具備「靈識」，而一旦「靈識」不存在，「靈體」也是必無法形成（關於行成「靈識」的基本要件，另文詳述）。也因此，除了民間傳說或古老信仰所謂的「萬物有靈論」之外，事實上；我們幾乎無法談論或研究「狗的鬼」、「貓的鬼」或「草的鬼」、「樹的鬼」……

而人類之所以能形成「靈魂」，是因爲人類擁有「靈識」，人類的「靈識」源自於先天的「基因模式」，而這種由父母共有的「基因模式」，則是源起於人類這個物種「心智能力」的特殊進化。

基於物競天擇的逼迫，所有物種的進化幾乎都是被動的，除了偶然的突變，漸變式的進化，不論是在生理或智力方面，腳程都是緩慢的，單位是「百萬年」或至少是「數十萬年」，人類既然是地球物種之一，原本進化的腳程也應該是同樣緩慢的；

人類想要存活在這個嚴苛競爭的地球上，必須與自然競爭，與其他物種競爭，與同類的人類競爭，以人類這支猿族，從原始叢林被迫來到缺乏保護的草原上覓食，當周遭都是毒蛇猛獸環伺的險惡環境中，其實根本是非常缺乏競爭能力的；

應該是許多的偶然，人類中的一支在直立後經過一段不算短的時間，運用空出來的雙手，從「使用工具」到「改造工具」，後來超越了這個其它猿類（如猩猩）的極限，開啓了「發明工具」的全新里程碑，其中「語言」、「想像力」等都是和「智力」的發展有關；

我們當然不能輕言這是所有遠古人類的共同發展模式，而極可能只是少部分，甚至只是其中的一支，同樣是在物競天擇的被動進化中，我們的近親各自朝著不同的方向進化，最多最常態的當然是在「生理方面」的進化，可惜基於猿類物種先天生理條件的不足，原本就不適存於草原環境，一旦被迫移居草原，與草原上的原有掠食動物相互「較力」的下場是必然要落敗的，而「生理方面」的進化也肯定是緩不濟急的，許多近親在弱肉強食的競爭之中全面落敗，紛紛淪為其他動物的盤中飧而導致族群的滅絕。

但是我們直系血親的這支人類，卻是因爲「意外」的往「智力」方面進化，懂得發明工具，以及語言上的良好溝通，更密切的合作，當堅硬的石器、鋒利的燧石器大量被運用之後，人類先擁有了「自保」的能力，而火的應用，又使得食物變得容易消化，增廣了食物的多樣化，大量動物性蛋白質又加速了「智力」的進化速度，人類的腦部大幅加大，提供「智力」發展的空間，而「智力」的快速提昇，掠食工具、武器也進步改良得越來越犀利精準，當「拋射武器」發明並被大量使用之後，人類基本上已經擁有了遠距離的掠食能力，而「弓箭」的發明，則奠定了人類終將成爲地球所有物種中「霸主」的地位，而這個地位不但使人類這個物種得以大量在地球上繁衍，並開啓了之後的青銅文化，鐵器文化，以致從漁獵時代進入農業時代之後，定居的生活方式也先後開啓了人類輝煌的物質文明和精神文明世代。

在此同時，人類「心智能力」的進化，也形成了在智力方面大幅領先其他物種的特殊基因模式；

這種基因模式經由父母雙方結合之後的遺傳，使後代擁有了可以容納及繼續發展智力的硬體空間（大腦），也同時下載了相關的韌體程式（預購模式網路），這個「預購模式網路」不但主導了人類的先天語言能力，極可能也是「自我感知能力」及形成「靈識」的一個機制，因爲這個機制是得自於先天的遺傳，所以，現代人類只要一旦受孕成功，下一代就自然擁有相關的「軟硬體」條件，而這也正是人類和其他物種間最大的不同，因爲人類的「靈魂」不是個別突然發生的，也不可能單靠後天的學習或者訓練就能形成。必然是先有了先天的形成條件，而後天的學習，模仿，受教育，認知，感知等等才得以得到發展，「先天條件」和「後天學習」是缺一不可的，如果單有「先天條件」，缺乏後天的學習，「靈識」仍然不足以完整形成，譬如來自「預構模式網路」的語言能力，如果在童年期結束以前，沒有經過學習訓練，即使擁有正常的發聲器官，也勢將終生喪失語言能力，而且這個年齡發展期是不可逆也無法彌補的，如果以現代的電腦語言來形容，應該可以說成「軟體試用期結束」，程式自動關閉了。

同樣；一個足月的嬰兒如果在分娩時不幸難產或其他因素夭折，都將因爲未曾形成「靈識」，所以也就不會有「靈魂」的存在，而且不只是「胎兒」，以人類學習和認知的歷程來看，連二、三歲以前的幼兒，也因爲不具備足夠的「靈識」，一旦夭折，也不會有「靈魂」得以存在。

現代的「認知心理學」認爲：我們主要是依靠「視覺、內耳前庭、自體感受」來認知這個世界以及自我。以「視覺」來說；整體的「視覺認知」主要還是靠後天逐步學習而獲致，「視覺能力」和「視覺認知」之間不是絕對必然的，基本的「視覺能力」是先天基因的遺傳，只要生理正常，有視覺器官（眼睛），視神經，腦內視覺效果整合系統。這三種條件讓我們可以有正常的視覺，但是，「視覺認知」卻是經由逐步學習來嫻熟於「視效果」的判斷；

譬如3D立體視覺認知就是經後天學習來認知獲致的；科學家對嬰幼兒的實驗，在一個約二公尺深，大約三公尺見方的空水池上方鋪上一塊厚厚的透明壓克力板；可以清楚看到深深的池底（池內四周堆疊各種顏色的立方體泡棉，形成明顯的台階狀），大部分剛剛會爬的嬰兒，會因爲受到正前方實驗人員手中的玩具吸引而爬過去，完全無視深度的差別，但是只要稍稍大一點的嬰兒（有些剛剛學走路），他們即使也受到玩具的吸引，可是一靠進池邊，發覺深度就會感到恐懼而裹足不前，由此可以證明3D立體視覺認知並非天生的；同時另外是針對一些天生失明，後來經由手術恢復正常視覺能力的人所造成的觀察紀錄，他們原本是靠視覺以外的感官認知來認識周遭的環境以及自己（聽覺、觸覺）；但是，突然有了視覺之後，這個世界以及他們自身卻突然變得十分陌生起來，譬如自己的容貌，親人的容貌，其他人非視覺以外感覺可以認識的；譬如膚色、髮色、鮮豔色彩的自然物；而原本只靠觸覺已經非常「熟悉」的精密物件，一旦用視覺來認知時反而變得完全陌生，再度閉上眼睛全面摸索之後，才會發現原來是他原本熟知的某物，而且對於遠近、大小、高低等等有比較性的視覺認知也經常是謬誤百出，甚至原本靠觸覺及導盲杖可以安全上上下下的樓梯，改用視覺之後，感覺樓梯的台階只是一些橫線，完全無法認知其主體的3D型態。

而有些腦部病變所造成的「面孔辨識不能症」以及「左右半邊認知不能症」，可能使他們用餐時，只吃某半邊的食物，甚至自己在鏡子前面化妝，卻只化妝半邊的臉蛋。

而「自體感受」能力也是非常重要的，如果失去一部分的能力，會無法感受到自己身體的一部份，譬如四肢或單邊手腳，而且不是單純的痲痺，而是完全不認識那一部分的身體，甚至一直以為那不屬於自己，有些不能認知自己一隻腿的患者，竟然會以為那是一隻鬼腳或死人的腿……最嚴重的一個「斷髓」患者，竟然完全無法感覺自己身體任何一部分的存在，在「認知心理學」專家的長期觀察下，將之形容為「失去靈魂的人」，因為無論如何；這患者還有「自我感知」的能力，她還是確定自己是活著的，是確實存有的；這點也應該是現今科學家，特別是心理學家最尷尬的難題，因為太多的實驗觀察，都證實了一個他們不願也不敢承認的事實：「靈魂」的實存！

其實，他們引用了許許多多的名詞來界定和描述一些目前仍無解的事實，譬如前述有關人類語言能力，在先天部分所謂的「預構模式網路」，這就是一個目前科學非常難以解說清楚的能力，為什麼是「預構」的呢？由那一種機制產生這種「預構模式」的呢？但是，如果將之視為「靈魂」能力的一種時，也許就容易解釋了；

簡而言之；人類除了基本的高階「自我認知能力」（某些智商較高的動物，如海豚、猩猩、白鯨、大象擁有初階的「自我認知」能力），還有另一套認知自我和世界的系統，那就是「自我感知能力」，這個能力加上「高階自我認知能力」才足以構成「靈識」並形成「靈魂」。而前述那位「斷髓」的患者，是中年以後才因為「多發性神經炎」導致完全無法感覺自己身體的任何一部份，但是，奇特的是她「可以看卻視而不見」，「可以聽卻聽而不聞」，「有味覺卻無法分辨味道」……但是，最重要的是她失去對自己身體的感覺而已，她卻確定自己是活著，而且確實有血有肉，也有喜怒哀樂情緒表現的，這正好可以證明她的「自我感知能力」還是存在的，或者更明確的說：她的「靈魂」還是存在的，並沒有離開（離開就是死亡），所以稱她為「沒有靈魂的人」是剛好相反的錯誤。

（2011年10月11日　撰寫於花蓮—高雄來回之火車上）

「靈魂」與「靈魂觀念」的產生

原始人類生存在這個弱肉強食的地球上，日常生活是異常艱困的，生命也是朝不保夕的，這麼孱弱的生理狀態真的沒有什麼可以和其他掠食動物競爭、對抗的條件。但是，人類中的一支另謀出路的發展了「智力」，發明了許多工具，又能夠使用和掌握「火」，反而不但因此得以苟活，更歪打正著的變成了地球生物中最具競爭力的「利器」，更快速的爬上了食物鏈的最高層。

而這個優勢，不但爲人類創造了輝煌的物質文明，更創造了精神文明，而相輔相成的交互影響下，人類的「心智能力」又產生了一個地球生物中最特殊的產物—「靈魂」。

在地球生物演化史中，人類的演化和角色的轉換是異常快速的，與其他任何一種目前還存活的生物相比，人類整個歷史其實是非常短暫的，但是，發展過程卻是非常奇特的，尤其是有語言以後的發展幾乎是跳躍式的，根本不是正常循序漸進的。

「靈魂」也一樣，可以說有些漫長，又有點跳躍式的突然？

我們可以用「海鹽」的結晶作爲比方；海水中是含有大量鹽分的，在開採製造「海鹽」的過程中，最簡便又經濟的方式都是用「日曬法」；把沿海空地，闢劃出一塊一塊的平整方格凹槽；然後導入天然海水；經過長時間的烈日曝曬；水份逐漸蒸發，鹽田中的鹽液就會越來越濃稠……

也許看起來一直是液體狀，但是，只要達到飽合狀態，可能半天一天時間，固體的鹽粒鹽塊就結晶出來了，有些是非常潔白的，有些也許有些灰白，但是，這些都是鹽的結晶，只要用扒子集中起來，就可以一擔一擔的挑到附近的空地堆積，最後甚至可以堆積成高高的一座座「鹽山」。

比較特別的就是：在鹽田中結晶的過程中，鹽水還是存在的，並不需要把海水完全曬乾才會結晶；只要鹽水的濃度達到飽合的狀態，超過一點點臨界，鹽粒或者鹽塊就會在水面以下開始結晶；採鹽工人，是用扒子從水面下把鹽粒「撈」起來的。

「靈魂」的形成也相當類似；是人類「心智能力」漫長的演進和累積；必須累積到「飽合狀態」，然後就會「突然結晶」；

鹽，在原本液態的鹽田中即使接近飽合狀態，並不會互相凝結到肉眼可見的結晶鹽粒，但是，只要超過飽合的臨界點，立刻就會結晶爲肉眼可見的粗粒固體。「靈魂」也一樣；如果不能飽合超過臨界點，是不足以形成「靈體」的。

所謂「靈魂」的形成，也非常類似於「結晶」過程；是來自人類「心智能力」達到一定的發展程度才能達到「超飽合」的臨界點，其一是「自我認知」的高階狀態，然後再從而擁有至少是初階的「自我感知」能力，「靈魂」才足以「結晶」形成固化的「靈體」，才能包裹承載能量態的「靈識」。

在人類的進化史中，「靈魂」的產生可以說是一個意外；因爲在所有地球生物中，這是首例，完全沒有先例樣本可供參考比對。在「靈魂」突然出現的起始之初，一樣也是相當原始蒙昧的。也因此，這些在人們肉體死亡之後居然能夠繼續存活在自然之中的「怪異生命型態」，一開始的遭遇是艱難又尷尬的。

最早形成的「靈魂先民」是無家可歸又不知何去何從的？他們失去了肉體的憑附和庇護，單純的「靈體」是相當脆弱的，白天陽光中有許多射線不但會造成實質的傷害，也會讓「靈體」感到非常難過，因此，本能的，「靈魂先民」只能在陰暗的夜間出來活動。

「靈魂」一樣也是需要依靠能量才能存活下去的，所以也一樣需要經常性的補充能量；人類的肉體生命可以從飲食中獲得能量補充，「靈魂」需要的能量和肉體當然有所不同，但是，卻大部分含藏在人類慣常的食物之中。

也因此，「靈魂先民」一開始是無法離開活人的，通常是指原本的家族或氏族部落；因此他們的活動範圍必須是隱密的；可以在白天躲避陽光，又不會離部落太遠；所以，通常這些「靈魂先民」會隱密的躲藏在墓地、近郊的濃蔭山林、特定的幾種濃蔭的大樹，陰暗的洞穴或者一些廢棄的屋舍陰暗處……

除了害怕白天的陽光，單純的暑熱倒不可怕，相反的是「寒冷」比較可怕，他們會需要適當的「熱能」，而「心智能力」也會造成負面的「虛擬幻冷」，越害怕，「寒冷」就越具象的覺得寒冷，還有就是生前習性的一些需求，特別是食物，但是，「靈魂」是不可能像活人一樣用具體的器官來進食和消化吸收，所以只能用「偷盜」的方式來從家人或族人的飲食中「吸取」能量。還有就是火的餘燼。

「靈魂先民」出現的初期是處境堪憐又蒙昧的，甚至有些「靈魂」竟然不知道或根本不承認自己已經死亡的事實，特別是一些意外遽然死亡的；因此，他們必然會困擾無助於自己突然變得孤單；急需找回一個「肉身」而焦躁不安；或許他們曾經不斷的想要從活人那裡搶奪到一個「肉身」，但是，這顯然是極端困難的，因爲人類的「心智能量」和「自主意識」的強度是大同小異的，在活著的時候，「靈魂」和「肉體」結合的又是這般緊密，根本難以搶到一個可以供自己使用的肉體；因此，基於強烈的需求，不少「靈魂先民」會把念頭轉到其他和動物身上，因爲人類以外的其他動物，沒有像人類這麼強的「心智能力」，憑附在動物身上是一個退而求其次的辦法。（註：這時人類還沒有「靈魂觀念」，也沒有任何與靈魂相關的原始信仰）。

在「靈魂」發展的過程中；一定必須先有「靈魂」的存在，才會慢慢形成「靈魂觀念」，然後再因爲諸多互動和一些普遍的現象，然後才形成「靈魂信仰」的。

在這樣原始的時代；人們「見鬼」的經驗卻並不一定和「鬼魂」（靈魂）有關；因爲「鬼魂」是非常不容易用肉眼看見的，人們以爲「見鬼」的遭遇可能有以下幾種：

一、單純作夢（註：人們對於亡親故友的思念，在夢中的記憶重組）。

二、親友的亡魂托夢（由亡親故友主動的溝通）。

三、偶然見到人類和其他高等動物共有的「魄氣」（「魄體」），人類的「魄氣」非常具體，和此人生前的樣貌一模一樣，但是，沒有自我意識，所以通常不會有任何表情，也不會主動表達任何訊息；這種「魄氣」通常會在人死亡之後殘存一段短短的時間就會自然逸散，沒有害處也沒有特殊作用，只是有可能驚嚇到偶然碰上的人。

四，「附身」，雖然「亡魂附於正常人身」是幾乎不可能的，但是，仍然有成功的案例，一種是人在極度悲傷、沮喪，重病、高燒昏迷、尤其是意外受傷本身靈魂暫時出竅的特殊狀態下，有可能被趁虛而入，不過，這些都是因爲一時「喪失本身自主意識」，「心智能力」無法自持時，才會偶然發生；不論是被親友或者陌生的亡魂附身，通常都是爲了處理一些生前未了的心願，或者抱怨悲歎自己現今的處境，會索取一些物品或者只是單純想和家人團聚的渴望而已。

五，某些天賦異秉的人，因爲具有「陰陽眼」的異能可以「看到」鬼魂，最重要的是他所描述的鬼魂樣貌和一些表述必須非常吻合此人生前的特徵，才會被相信，同時也因爲人類之中自古以來就一直有這類異人，所以，這也幾乎是奠定「靈魂觀念」和「靈魂信仰」的「功臣」（這種異能者所呈現的現象，直到今天都無法解釋，也是近代「靈魂學」一直在研究的重點標的）。

當「靈魂」普遍產生和「靈魂觀念」逐漸形成之後，接著而來的；就會發生一些「人鬼互動」，而「祖先靈」的存在也開始受到重視，但是，人們的心理卻是相當矛盾的，一方面是慶幸「原來生命是可以在肉體死亡後續存的」，一方面又害怕鬼魂的侵擾，甚至即使對於「祖先靈」也是又愛又怕的，人們相信祖先是可以賜福給子孫的，卻又怕祖先太愛某個子孫就會把他帶走，這點應該和家人的傷病有關；如果有「祖先靈」的介入，這傷病者如果能痊癒，人們相信這是祖先的庇佑，但是，萬一一命嗚呼，也會認爲是被祖先帶走；而至於陌生的鬼魂總是來者不善的；因此，「薩滿」也就應運而生，他也許正是那些天賦異秉的人，即使不是天生的「陰陽眼」，並不能實際「看到」，但是，或許他有著超強的感應能力，不論是天生的或者生過一場重病而意外擁有，這個不是很重要，只要他能夠和鬼魂溝通，可以斡旋、調解，可以傳譯鬼魂的需求和用意，那麼，只要能阻止和排除鬼魂侵擾，這樣就足夠了，也因此「薩滿」就在「靈魂觀念」和「靈魂信仰」中擔當了一項新的任務，那就是「驅鬼」。

我們再來整理一下「靈魂觀念」的發展順序：先有人類，當「心智能力」達到一定的強度之後，形成「靈魂」，人在肉體死亡之後，「靈魂」繼續存在，然後「靈魂」越來越多，並且開始與活人有所互動，當人們感覺到「靈魂」的存在之後，產生了「靈魂觀念」，並且因爲發現自己祖先的「靈魂」是可以一直長久存在的，所以開始有了「祖靈崇拜」，而且是相當敬畏的，而對於非自己族群的其他「亡靈」是非常厭惡與害怕的，所以會求助於氏族中的「薩滿」來「解決」（調解或驅逐）；但是，這時，「靈界」尚未存在，所以有很長一段時間都是「人鬼雜處」的。

所謂「人鬼雜處」的時間究竟有多久，應該說從「靈魂」產生之後就開始了，如果廣義的來說；直到今天還是屬於「人鬼雜處」的，雖然後來一些早期的靈魂發現了「靈界」，發現「靈界」更適存，但是，還是有不少的「亡靈」因爲種種原因不肯「移民」，因此，迄今，仍然還是「人鬼雜處」的，只是在比例上大幅減少了非常多。

因此，「靈魂觀念」和「祖靈信仰」以及「驅鬼儀式」，對於原始民族而言；那是一種事實，甚至直到今天，仍然是個還在發生的事實，所以，我們絕對不可以用「古老迷信」就試圖一言以蔽之。

在這裡出現一個重點就是；「靈界」不是自然就完整存在的，也不是人類「靈魂」產生以後就順理成章存在的，否則就不會產生漫長的「人鬼雜處」時期了，「靈界」其實是後來才被發現的；並且經過刻意建構才存在的。

同時，也希望讀者不要有一個針對「名詞」產生先入爲主的負面觀感；一看到「鬼」這個字就感到害怕或者厭惡，其實中國古人對於「鬼」這個字並不是如同現今的詮釋，「鬼」在二、三千年以前的中國古代；是指「祖先」而言，當然就是指「祖先靈」，後來才慢慢被用來泛指所有的「亡靈」。因此，「人鬼雜處」只是一種現象，並不是如此恐怖不堪的，而在後來才出現了一種劃分；但凡有被子孫族人祭祀的稱爲「祖靈」，沒有祭祀的就稱爲「孤魂野鬼」。

但是，我們也必須了解人類的生活進化史是從「漁獵採集」的穴居生活，進化到養殖遊牧生活，然後再進化到種植定居生活，再發展爲商業化的大小都市生活；因此，在「靈界」尚未被發現之前，在農業定居生活也還未開始前，即使有「祖靈信仰」，但是，並沒有固定的奉祀處所；「祖靈」和其他孤魂野鬼的處境並沒有太大差別，一樣是處於「流浪」的狀態；一直要到定居的農業時代之後，人類有了正式的屋宇宮室，然後才有了固定的「神廟」和「祠堂」（中國人應該是最早有大型氏族祖先祠堂祭祀場所的民族），這裡提供了所有歷代祖靈一個正式的庇護場所，享受後代子孫每年固定的祭祀，而且還有專職的人員管理，各種祭典儀式也越來越正式化。

但是，也正因爲「祠堂」的產生以及孤魂野鬼的真實存在，一舉否定了後期「靈魂創造論」以及「印度教」和「佛教」的「輪迴轉世說」，特別是由釋迦牟尼創立的佛教，在他生前非常肯定的強調「因果業報」和「六道輪迴」的絕對性，但是，事實上，在他之前，在他生存的年代，一直到二千六百年之後的現今，孤魂野鬼仍然是實存的，使得「業報輪迴」的絕對性難以自圓其說，因而不攻自破。

也因爲印度教的「三道輪迴」和佛教的「六道輪迴」教義其實都是「靈魂現象」存在很久之後才產生的，所以，純屬人爲的編造，而非事實真相。

靈界的發現

首先，我們必須先了解幾個重點事實：

一，「靈魂」不是某位大神所創造的，而是人類自己產生的。

二，「靈界」也不是自然就完美存在，或者由某位大神所事先創造的。

三，「靈界」也不是人類開始有「靈魂」之後就突然應運而生的。

四，並不是因爲「靈魂」聚集眾多之後，那個場所就叫做「靈界」。

五，「靈界」是古代「人鬼雜處」很漫長的一段時間之後，才被一些較有智慧的「亡靈」發現的。

六，「靈界」在全世界各地，被「發現」的時代有前後不同，而且也不是單一發現的單一「靈界」，應該是先後不約而同的陸陸續續發現的，所以「靈界」有不同的性質和不同的高低層級。

七，「靈界」原來只是一個比我們活人生活的「陽間」更適合「靈魂」生存的空間，單純只是空間，後來經過「靈魂先民」大量移民之後，長期的積極建構，所以才開始有各種建築、器具、園林和可供育樂的美酒美食和一應俱全的所有物件。

在探討主題「靈界的發現」時，有一個印度古老的神話非常值得參考和深入研究；因爲這個神話在所有印度神話中是最可能接近事實真相的；那就是有關「耶摩」的傳說。

首先要了解一下印度的歷史；印度原本就有「達羅毗荼」和「澳族」兩支原住民，他們原來就有「輪迴轉世」的粗淺觀念，但是並沒有形成正式宗教教義，甚至也不算正式的信仰，應該說已經發現了這個「靈魂存在」並可以「重新投胎轉世」的現象，這個當然不是胡亂猜想，必然是有一些事實案例在支撐。

距今三千五百年前，「印伊雅利安人」從現今巴基斯坦西北方入侵到現在的印度河流域，挾著強大的武力統治了原本以農爲生的原住民，並且，強迫他們成爲社會最底層的奴隸階級。後來爲了集權統治，又發展出政教合一的「種姓制度」。

「印伊雅利安人」統治印度之後，最先出現的宗教就是「吠陀信仰」；而在這一時期；一位特殊的神祇已經出現了，那就是「耶摩」。

在最古老的印度神話中，對他的描述是：「耶摩」（Yama，原名是「耶摩羅遮」Yamaraja，中文也有譯爲「耶魔」、「閻魔」、「炎魔」或「琰魔」的，最後才在中國變爲「閻羅」或「閻王」，在中國民間則俗稱爲「閻羅王」甚至「閻羅天子」的）：原本是天神，他是太陽神「蘇利耶」和「薩拉尤尼」所生的雙胞胎兄妹之一，妹妹叫做「耶蜜」（Yami），他們原本是世界第一對男女人類，但是，因爲太過於寂寞，妹妹「耶蜜」突然瘋狂的愛上了哥哥，不停糾纏著要求和他做愛並成親爲夫妻，但是，「耶摩」認爲這根本是亂倫行爲，絕對不可以，所以嚴詞拒絕，結果引發了「耶蜜」的因愛生恨的如火嗔心，竟然親手弒兄，而「耶摩」就成了世界上第一個死亡的人類；他在死後發現了「祖先之路」，可以把自己和往後死者的靈魂引導到這個屬於死者的天堂裡去；這個天堂又稱爲「耶摩天國」，也就是後來佛經中所說的「耶摩天」，「耶摩」有一隻鴿子和一隻貓頭鷹做爲傳訊的使者，還有兩條各有四眼，全身有著美麗斑紋的狗，只要有人死亡了，就由這兩條狗去將死者的亡靈帶到「耶摩天國」來；而且「耶摩」會以盛宴熱情的招待所有進入此間的亡靈。在「耶摩天國」是一片光明美好又快樂的地方，在這裡可以無憂無慮的生活，一切欲望也都能得到滿足，所有亡靈終日都是在鳥語花香、天籟笑聲的花園以及金碧輝煌的宮殿中尋歡作樂。

（註一：以上的神話故事發生的時間很早，「吠陀前期」時已經記載在「梨俱吠陀」之中。註二：「耶摩」原本不被視爲「神」，所以稱他是「第一個死亡的人類」，或者頂多他只是「半人神」而已，到了「婆羅門教」時期才正式將他封爲神祇。）

在本書第 392、393 頁中照片中的神廟雕像完成於西元九世紀，可以看到「耶摩」祂的座騎「水牛」，而且後面左右邊各有一隻狗，後一張照片中的神廟雕像完成於西元十世紀，可以看到「耶摩」左右手各有一隻鳥，這樣的造像是忠於印度原始神話的，雖然有著「骷髏頭」象徵死亡，但是「耶摩」本身的面容卻是和善愉悅的，沒有任何恐怖猙獰的感覺。

但是，這時還是屬於「五火二道」的信仰時期，人類死後的去處只有「天神道」和「祖靈道」；而且並沒有任何和生前心行善惡有關的條件，去處的不同單純只和生前所做過的祭祀有關；也就是說一個人生前不論是大善人或者大奸巨惡，只要完整的做過五種祭祀就能直升到「天神道」，與所有的神祇一起過著永遠快樂的日子，但是，如果少做了最重要一樣針對「火神阿耆尼」的大祭典，那麼就只能進入到「祖靈道」，但是，仍然還是相當美好的，只是不能享有和眾天神一樣的尊榮而已，不過，在這二道生活原來都是永恆的，並不需要重新轉世或者再次輪迴投胎爲人。但是，簡而言之，在這一時期，人們死後的世界都是美好的，和中國古代「生爲徭役，死爲休息」那種「回老家」的觀念是大致相仿的，人活在塵世間是相當勞苦還有病痛及貧困等等的痛苦的，但是，一旦死亡，經過火化之後，靈魂就被釋放並淨化，然後就能永恆快樂的生活在不同的天國中；生前的心性行爲善惡和恩怨情仇從此一筆勾消，再也沒有任何瓜葛。在「吠陀時期」是沒有「地獄」觀念的，也更沒有「善惡罪業」、「因果業報」、「死後審判」以及「輪迴轉世」觀念的。（註：「印度教」後期產生的「業報輪迴」教義是因應社會型態轉變需要，經由人爲蓄意編造出來的，其完整經過和證據敬請參閱筆者另一部作品「千古騙局 業報輪迴」上下冊）。

我們不要先把發現靈界的一定要歸功於「耶摩」一人（或「一靈」、「一神」），所謂的「耶摩」甚至可能是「一群靈」，像探險隊一樣，而且發現的時間也不太可能是在 3500 年前，因爲，這個傳說可能在「印伊雅利安人」入侵印度之前更早更早的時代就已經存在，更甚或是來自其他古文明，譬如伊朗或埃及或者中亞地區至更北方的古老「薩滿信仰」。

首先，我們要了解到一些重要的觀點：「靈魂」是由「靈識」和「靈體」組合而成的，「靈體」是一個容器也是一個載體，承載了能量形態的「靈識」；有如我們正常活人「意識加肉體」的關係。「靈體」是一種「精微物質」構成的，但是，仍然是地球上的物質，既然是「物質」，就一定佔有空間，也有重量，只是目前尚無法用儀器秤計其實際重量（僅能約略推估可能只有幾公克或甚至幾毫克），但是，不論是如何輕得出奇，只要有重量就一定會受到地心引力的吸引，而且一定需要有空間才能存在，「靈魂」又可以自由活動，只要有活動，就必須有持續的「能量」供應。

因此，基於「合理的邏輯推理」，「靈魂」一樣是存活在地球大氣層以內（大氣層最外圈是地心引力所能吸引住地球物質的最遠距離，「靈魂」比空氣重，所以，不可能超出大氣層最外圈，沒有任何外力協助，「靈魂」也不可能前往其他星球，更遑論其他星系）。

因此，「靈界」不論有多少類型或者層級，只有可能存在於「地表」或者「地下」，以單一的「靈界」爲例，如果是眾多「靈魂」存活的空間，集體重量加總之後也不可能是飄浮在空中，所以，假設有「天堂、地獄」，「地獄」在地表以下是可能也合理的，但是，「天堂」卻不可能在飄浮天空中。

在人類普遍產生了「靈魂」，並且在死後脫離肉體繼續存活，原本一直生活在人類的周遭，這種「人鬼雜處」的時間相當漫長，人與鬼之間的好壞互動一直是確實在發生的，不但從各原始民族的口述歷史中就普遍存在，甚至連許多有文字記載的歷史中也明明白白的紀錄下來，特別是一些帝王、王公貴族等等歷史名人的列傳，也不算少見。

「靈界」是後來才被發現的，如果不是如此，那麼迄今恐怕「人鬼雜處」的情況將是更嚴重也更明確，甚至根本不會把「靈魂學」當成邊沿科學或者僞科學，而是所有人從小就必須學習的基本常識。

關於「耶摩」，如果他是確實存在過的一位「原始先民」，那麼，他當然不會是「太陽神」的兒子，那個身份只可能是個穿鑿附會的神話；他生存的年代是很難考證的，但是，如果以人類文字歷史來看；「美索不達米亞」的楔形文字與「埃及」的象形文字，都有「陰間」或「冥界」的記載；那麼，至少在文字上記載的；距今六千年以前，已經有「靈界」觀念了，或者說六千年前，「靈魂」已經有了專屬的生活空間，也就是「靈界」。但是，必須了解的；文字一定是晚過語言很久才發明和使用的；因此「事實」也一定早過文字的紀錄和描述，而且，在「楔形文字」及「象形文字」中，但凡述及「陰間」或「冥界」的記載，都是相當『理所當然』的，而不是當成一種劃時代的偉大發現來大書特書；這種幾乎已經習慣成自然的敘述態度，更證明在這些文字發明以前，「陰間」或「冥界」的觀念已經存在很久了，也許又是更遠上好幾千年的時光。

如果「耶摩」確實存在過，那麼他是絕對值得讚揚和紀念的人物，爲了這點，以下內容都會以這個名稱來當成主角。

在印度神話中所謂的「耶摩天堂」其實正是「靈界」，也是最原始的「靈界」，「靈界」原本只是一個空間環境；而且一定不會超出大氣層以外；這個空間至少要具備以下幾個基本條件：

至少有一個中型國家的面積和領空，不能只是平面的。（註：此處指初發現時期的「靈界」大小）

擁有豐富的精微物質以及自然能源。

外圍有一個適當又堅固的防護罩，足以阻隔或過濾掉一些有害靈體的宇宙射線及太陽風（註：在被「耶摩」發現以前就一直儲藏著豐富的「精微物質」，可見這個空間環境對靈體是安全無虞的）。

與人間陽世有一定的區隔（否則，雙方居民都可能不慎「跌入」對方的世界，不過，活人有肉體，這正是一個限制。），卻又有著相當程度的重疊，所以容易有交流，雖然通常是單向的居多，但是，在極特殊的狀況下，人們也可能經由「出神」的狀態進入此一空間。

那是一個比人間陽世更無虞物資匱乏，不需要爭奪，生活非常輕鬆愜意的境域，因爲沒有肉體生理上的病痛和體重負擔，所以，行動是輕飄飄的，精微物質也是極其輕量的，任何工作都是比人間輕鬆千百倍也容易千百倍的。所有居民都是健康、快樂和富足的。

所有活動所需的能量，可以從環境中獲得自然的補充，或者從一些精微的物質上輕鬆的補足。

「心智能力」在這裡可以不再受到肉體的拘束而盡情的發揮，也許只需要一些訓練，就能掌控念力，創造物件或者傳遞物件，甚而「意念遠距傳輸」或者「自身實體遠距傳輸」。

在起始之初，「耶摩」是因爲自己在肉體死後，以「靈魂」的型態存在，在「人鬼雜處」的情況下備感痛苦，所以誓願去找尋更適合生存的空間，或者偶然發現了這樣的空間，這點沒有任何可供參考的資料；但是，依照合理的邏輯推理，筆者認爲是以前者的可能性較大；因爲，「靈界」並不是一個在地圖上標明清楚的無人荒島，只要願意冒險，人人都能任意前往。

「靈界」是原本根本不存在於任何文字或口頭紀錄，甚至也不存在於想像中的一個空間環境，即使到今天，沒有任何「靈學常識」的人，「靈界」這個概念一樣不會自然出現在腦海中。

當然，也或許「耶摩」一開始也完全沒有「靈界」這個概念，他只是想要找尋一個適合生活的空間而已，甚至不是在找尋「理想國」或者「世外桃源」；也甚至，他不是第一個嘗試找尋的「靈魂先民」，在他之前也可能有許許多多的失敗者，因爲「靈同此心，心同此理」，所有生命都會努力試圖爲自己找尋或打造最好的生存空間，所以，原始處境堪憐的「靈魂先民」如果一直有這樣的嘗試，也不是特別奇怪的事。

沒有地圖，沒有留傳的描述，甚至完全沒有概念的情況下，想要找尋一個更適存的生活空間，簡直就是一種妄想，但是，「靈」的能耐和活人畢竟是相當不同的，也許不是實質的找尋方式，而是用到超大的「心智能力」，伸展出去的許多觸手可能是「念力感知」型態的。

筆者所以會有這樣的觀點；是因爲「靈界」完全不同於我們熟悉的人間陽世，「靈界」只有「靈」的形態才能進入，從來沒有任何人可以帶著肉身進入「靈界」的；像歷史上曾經描述過「靈界遊歷經驗」的人，不論描述的內容如何，只要先看他是以何種形式進入的就知道真假；如「但丁」或「艾曼紐．史威登堡」等，只要宣稱是肉身進入，那肯定是胡謅的。其他宣稱以「意念」或「靈識」進入的，雖然未必就一定爲真，但是，至少在這點上是合乎邏輯的（註：筆者大半生曾經多次以不同方式進出「靈界」，都是以「靈識」形式）。

「耶摩」在找到這個適合「靈魂」居住的靈界空間時，他必定是欣喜若狂的；也或許他不是孤單的，可能是一支探險隊分頭在找尋，結果卻由他拔得頭籌，然後立即告知其他伙伴，於是大家立即移民，並且開始建設；開闢一個更理想的環境；在那裡找到或者創造了一些必須的物件以及食物；然後他就開始大度熱情的力邀；所有他能見到的任何「靈魂」都來移民這個「美麗新世界」。

可以想見的，「靈魂移民」一定是大量湧入的，也許一開始，「耶摩」會親自引領，好讓「新靈魂」能順利的進入靈界，並且每每都是以豐盛的饗宴熱情款待他們，後來，需要引領的「靈魂」越來越多，於是，他自然需要有助手；在印度的神話傳說中說到「耶摩」有一隻鴿子，一隻貓頭鷹，兩條狗，通常這世界上有人即將死亡時，狗兒就會預先來到近旁守候，人一死，靈魂一離體，狗兒就會引領這個新靈魂前往靈界。

這是一個不錯的神話傳說，我無法評論什麼，但是，如果「耶摩」會需要助手或者有許多志願的助手協助他，這也是非常合理和自然的事。

在印度神話中的描述：『而「耶摩」就成了世界上第一個死亡的人類；他在死後發現了「祖先之路」，可以把自己和往後死者的靈魂引導到這個屬於死者的天堂裡去；』，乍看之下似乎出現了一些矛盾；既然「耶摩」是世界上第一個死亡的人類，那麼在他之前沒有其他死者，爲什麼又會出現所謂的「祖先之路」呢？其實這應該是解說和翻譯時的誤解，正確的詮釋是「發現了『後來所俗稱的祖靈道』」，從他自身以及後來的死者靈魂來到這裡之後就成了後世子孫崇拜的「祖先靈」。

關於「靈魂進入靈界」，其實並不是有如印度神話中三言兩語的簡述這麼「理所當然」，否則，如果人一死，馬上就有狗兒或者「耶摩」的助手引領輕鬆容易的進入靈界，那麼自古以來就不會還有這麼多「孤魂野鬼」在人世間四處流竄了。

在希臘神話中，把「靈界」稱爲「冥界」，所有亡靈要進入「冥界」前都要先渡過一條陰森渾濁的「冥河」，不論生前是公侯將相還是尋常的販夫走卒，無一例外；

依據荷馬的史詩，死靈之國位於地底的深處，大地的最西方，希臘神話裏有許多英雄都曾經造訪過，並且與許多先哲有過面對面的接觸……其下與大地有著如天地一般遙遠的間隔之處就是冥界……掌管一切亡靈的最高國度，冥王黑帝斯（又稱「普魯圖」）和冥后蒲賽芬妮所居住的神殿，八獄守以及手下的冥門士們在此執行處罰罪靈的工作。

冥界的入口，湍流著數條冥界之河，第一條河爲阿克倫（關於「希臘冥河」的詳情，請參閱本書中「生死的界限—冥河」篇章）

希臘「冥界神話」中還有「刻耳柏洛斯」（Cerberus，意思爲「黑暗中的惡魔」）是看守冥界入口的三頭惡犬，耳拍洛斯住在冥河岸邊，爲冥王哈得斯看守冥界的大門。「刻耳拍洛斯」允許每一個死者的靈魂進入冥界，但不讓任何人出去（同時也不允許活人出入）。這點和印度神話中「耶摩」有兩條狗似乎有著某些關連，而且希臘文明晚於印度文明，並且地理位置相近，受到印度文化影響也是有跡可尋的。

而更古老的埃及文明也有「冥河」的觀念；埃及古人認爲，在法老死後，他的靈魂會與太陽神一起在天空旅行。這時，「拉」所搭乘的就是太陽船。而太陽船又分兩種：一種是早上由東向西航行的白晝之船「瑪阿瑞傑特」，另一種則是在地下由西向東航行的夜間用船「梅塞凱底特」，每晚太陽神——拉神（Ra）會楊帆在「冥河」裏航行，一路需要經過十二道城門，即十二個鐘點，戰勝各種妖魔鬼怪，直到經過最後一道城門，他成爲早晨的太陽拉·哈拉凱悌（Ra-Horakhty）。

（註：以上資料節選整理自網路「百度百科」）

有一點很特別的就是：很多民族的神話傳說或者許多宗教說法：都會大同小異的把「靈魂進入靈界」稱爲「渡到彼岸」，而且，大多數都是會提到這樣一條類似的河流：像中國所謂的「陰陽河」（註：又稱「楊柳江」或「揚州江」）、埃及的「冥河」、希臘的「冥河」，而且一定必須有渡河的指定途徑，有些是搭船擺渡，有些是橋，在中國是指「奈何橋」，在日本是指「三途橋」。

我們來看看有關「冥河」神話的幾個特點：

這是一條分隔人間陽世和「冥界」（陰間或靈界）的界限。

活人不能渡過「冥河」去到靈界，亡靈也不能渡過「冥河」回到人間。

這是一條有惡犬或者妖魔看守的危險河流，不是可以輕易渡過的。

必須有船隻或者橋樑才能渡過，但是，都是有嚴格條件規範的。

不是所有亡靈都能順利渡過，是有資格限制的，不合格的亡靈若不是被拋進河裡，就是只能在河岸透徘徊歎息。

在「冥河」中浮沉的亡靈會漸漸被侵蝕。

爲什麼筆者要特別關注這條神話傳說中的「冥河」？因爲，依據筆者的研究和「直觀」得到的結果；所謂「冥河」雖然有著象徵性的意義，但是，並不純然只是神話傳說幻想出來的，而是實際存在的；在人間陽世與「靈界」之間確實有一條類似河流的區隔界限；如果要視爲陰森渾濁的大河也不能算錯，因爲這應該是原始先民或者「靈魂先民」實際看到的初步樣貌，筆者無法知曉有多少人曾經看過、想像過或者深入了解過所謂「冥河」的實相？

因此，筆者只能用很中肯的見解寫出自身的觀感；至於真實與否，不需要急於無謂的言詞或文字上的爭辯，且留待後人繼續研究再作定論。

筆者所了解到的「冥河」，應該是一圈包裹在「靈界」外圍的「靈流」，有許多靈界物質和強大的能量在流動，非常狂亂和湍急，但是，並不是「水」，顏色是非常淺的透明藍色，其中有許多「人頭」在浮沉，但是，身體部份和四肢都被湍急的靈流拉得細細長長，形成一縷縷的細絲狀，已經看不出來原來軀體和四肢的原貌；這些其實都是「靈體」，頭部比較完整的是「靈識」尚存的，因爲頭部是「靈識」的核心區域，「執著」和「堅持」使得這一部份比較不容易被「侵蝕」或「消融」，但是，有許多細絲沒有頭部的則是「靈體」被破壞，靈識也消散之後剩下的「殘骸」，還有一些煙霧狀的細微物質則是精微粒子，這些都是一種自然的分解回收。

不論引領者是誰？即使是「耶摩」，在引領新的亡靈時也是有選擇性的，一種是「心智能力」不足的，一種是「靈體」已經嚴重受傷或殘缺不全的，這些都不能進入靈界；因爲他們的條件都無法順利渡過這圈狂亂湍急的「靈流」區。所以，若自行試圖強行渡過，下場就是被「靈流」吞沒拉扯，最後侵蝕消融而完全散失。而有些因爲不能渡過「冥河靈流」，所以若不是在河岸邊徘徊歎息，就是回到人間陽世繼續四處流浪。

而希臘神話中關於「冥河渡者卡戎 CHARON」會向亡靈收取渡資才肯讓他們上船的說法，應該不是指「金錢渡資」，而是指「渡河的資格」。同樣也是不能勉強，否則會被「冥河靈流」吞沒拉扯。即使勉強上船也沒用；筆者看到象徵性的畫面是「冥河渡船」對不夠資格者來說；是沒有船底的，一離岸就會跌落河中。

以下，筆者節選幾段非常關鍵的「靈媒通靈」內容，來補強「靈流」對「人間與靈界」阻隔的嚴密性；一般人所能看到的「冥河」是廣闊而不見彼岸邊際的，筆者看到的「靈流」也是如此，對於「人間與靈界」的通訊充滿了嚴重的干擾和阻隔。在十九世紀末至廿世紀初，美國的「心靈研究學社」正值蓬勃的發展期間，參與的相關學者在針對「靈媒的靈界傳真」研究中獲得許多寶貴的實證成果，因此，互相約定，如果參與研究的成員萬一過世之後，一定要設法從「靈界」傳訊回來，提供更真確的實證來證實和支持這項研究；後來，陸陸續續有幾位成員過世了，也確實都斷斷續續的藉由不同的靈媒傳回訊息，證實「靈魂不滅」和「靈界實存」；但是，卻也不約而同的提到要從「靈界」傳訊回到「人間」其實是非常艱難的，並非有主宰神或任何鬼神干擾限制，而是來自一種屬於自然的限制；從以下他們的敘述中，當可看出應該就是「冥河靈流」的阻隔和干擾：

『……那是一九0五年十二月……「美國靈社」的大將之一「李察・賀吉森」（RichardHodgson）走到船舶公會俱樂部，去做他固定的運動。還沒開始打球，他就因為嚴重的心臟病發，倒在場上死了。

「賀吉森」的葬禮於他過世三天後舉行，告別式的地點選在他最愛的酒館俱樂部。他的棺木飾有長春藤、紫羅蘭、白玫瑰，整個房間堆滿了鮮花。

從那個星期稍早就開始下的雨依然落個不停，灰濛濛、濕冷冷地打在窗上。

派柏太太（註：「蜜諾娃・派柏 MinervaPiper」，與「美國靈社」密切合作接受研究的著名靈媒）的昏睡人格「雷克特」正寫著訊息，鉛筆突然掉落在紙上。她的手指抽搐般顫抖著，別人將鉛筆塞回她手裡，她緊抓得手指都白了。

「怎麼回事？」來客問道。

她用依然顫抖的手，在紙上寫出一個『賀』字，力道之大，連筆尖都斷了。她繼續寫，寫出了「賀吉森」三個字。

「願上帝保佑妳！」來客叫嚷出聲。

「我是……」接下去的字跡就斷了，變成狂亂的塗鴉。

「那是我的朋友嗎？」

「雷克特」是「派柏太太」最專斷霸道的昏睡人格，這時插嘴道：「朋友們，安靜，他在這裡，是他沒錯，可是他不能久留，他被壓制得很厲害。為了回來，他使出了全身的力氣。」

幾天後，賀的魂魄隱隱約約再度閃現：「我是賀吉森……我聽到妳的呼喚……我認識妳，」他對前來請派柏太太召魂的一個年輕女子寫下這些話。

「派柏是工具。我很快樂，回來超難的。我能了解為什麼『邁爾斯』（註：「美國靈社」的另一位大將「亞瑟・邁爾斯ArthurMyers」，早一步過世）很少來。我得走了。我不能留下。我今天不能留下。」

接著，兩週後，元月二十三日，詹姆士的太太艾莉絲帶著兒子比利前來召魂。「啊，是比利！是詹姆士夫人和比利嗎？上帝保佑你們！我已經找到路了，我已經來了，對我要有耐性。我一切都好。不必想念我。威廉在哪裡？請轉達我最誠心的祝福。」（註：「威廉」指「威廉・詹姆士WilliamJames」，美國靈社的主持人）。

……

「親愛的西吉魏克夫人，對未來不必有疑也不必對所謂的死亡恐懼，因為死亡並不存在，因為確實有個屬靈的生命超越了它。」

這是維洛爾太太瑪格莉特寫下的訊息，署名依然自稱是「邁爾斯」。

「是的，這是很大的安慰，」諾拉回覆道。

「沒錯，而我已將它公諸在你們所有人面前，」邁爾斯繼續寫道，解釋他之所以選擇布朗寧那首詩，是因為它最符合他自己人生的寫照：游蕩在群星之間。他還有更多話要說，可是即使要傳達最微小的思緒都令他挫折無比。「邁爾斯生前並不理解，要穿越低垂的死亡帷幕是如此之難，即使是老友之間的訊息傳遞。

「妳一定要盡一切努力，把東西拼湊出來。不要忘記，任何怪字或單字背後一定隱藏著深意，否則我們不會傳來。」

……

若干以「邁爾斯」署名的訊息則是滿紙挫折：「再度嚐試突破重圍─努力想把訊息傳遞過去─我要怎麼做才能讓你的手夠聽話？要怎麼做才能讓他們相信？」

「要表達傳遞訊息的困難，我能想到最近似的比喻是：我彷彿站在一片結霜的玻璃後面，視線被擋住、聲音被遮蔽，軟弱無力地口述一封信給一個滿心不願又魯鈍的秘書。

「可怕的無力感壓在我肩上。」……』

（註：以上此段內容以節選方式引用自「Deborah Blum」所著之「Ghost Hunters」一書中譯本「追鬼人」，台灣商務印書館出版，席玉蘋譯）

（筆者評註：這幾位「美國心靈學會」已故的重要成員，雖然生前許諾「死後會盡力傳達訊息回到陽間」，但是，他們卻顯然遭到無法克服的重大困難及干擾；以筆者的認知：靈界和人間陽世這層「冥河靈流」在某些情形下也好似一大塊透明果凍狀的厚牆，上下左右無邊無界，而且只能單向進入，任何亡靈一旦通過這層如橡膠一樣的彈性厚牆，進入靈界之後，厚牆就會在亡靈的身後一路跟著密合起來，然後變得天衣無縫，沒有反向的出路，但是，這指的是「靈體」的受限，「靈識」的「感知能力」卻可以具有某種程度的雙向傳訊功能。然而「靈識傳訊」是一種能量，而非物質，所以，即使和陽間「高功靈媒」能聯繫上，也只是斷斷續續的充滿雜訊的訊息，除了「冥河靈流」的阻礙和干擾，「靈媒」的收訊發訊能力也是關鍵，還有就是，已經進入靈界的亡靈無法藉由「靈體」來移動或影響陽間的物體，頂多只能靠超強的「念力」來作極輕微的影響，以「自動書記」而言，「亡靈」的「念力」並不足以推動整隻筆，不論是鋼筆、原子筆、鉛筆，頂多只能「借力使力」的讓「靈媒」在完全放鬆專注甚至進入一種半昏睡；盡力放開「自主意志」的情況下，感覺到「亡靈」以「念力」對筆本輕微的「引導」，好的靈媒如果有豐富經驗，能捕捉到這種若有似無的「引導」，順勢而爲，應該會收到比較完整一點的「靈界訊息」。但是，需要用力按壓才能寫字的「硬筆」不是好的工具，「靈媒」執筆的方式也是關鍵，握太緊或習慣用力下壓筆尖寫字的習慣也不容易寫出較完整的訊息。這也就難怪「邁爾斯」會抱怨：『再度嘗試突破重圍——努力想把訊息傳遞過去——我要怎麼做才能讓你的手夠聽話？』；關於這點，筆者依據經驗認知，倒是有比較好的建議；

『最好是選用「軟性筆頭」的自來水筆，譬如中國的「自來水毛筆」或者日本製的「自來水彩色筆」，用最細的「釣魚線」從天花板甚至從屋樑直接懸吊下來，然後筆尖只輕微接觸在紙張上，這樣就可以減去筆的本身重量，靈媒也不需要太用力執握，最重要的是可以給予「筆」最大的活動半徑；加上「軟毛」筆頭和源源不絕的出水量，「亡靈」只需一般的念力來引導靈媒的手，就能展開問答通訊。』

另外「邁爾斯」之所以會抱怨：「要表達傳遞訊息的困難，我能想到最近似的比喻是：我彷彿站在一片結霜的玻璃後面，視線被擋住、聲音被遮蔽，軟弱無力地口述一封信給一個滿心不願又魯鈍的秘書。「可怕的無力感壓在我肩上。」……』

那是因爲像「邁爾斯」這種積極想要傳遞訊息回來陽間的亡靈；他必須非常用力的衝擊和推擠那道彈性的厚牆，非常的靠近「靈媒」，厚牆的彈性極佳，可以延展到極薄，甚至最後薄到像一層「保鮮膜」那樣，但是，這時「回拉」的力道會變得極大，任何亡靈都無法抗拒支撐太久——但是透明牆非常強韌，終究不會因此破裂，不過對亡靈而言卻是非常吃力的；往往人間幾十分鐘至一個多小時的「人靈通訊」，亡靈就可能會精疲力竭，因爲一方面要吃力抵抗透明厚牆往後拉的力道，還要克服透明厚牆被擠壓扭曲的視象，最嚴重的還是那些隨時會出現的「亂流雜訊」，細密的微粒會使得牆壁模糊，而「聲音」更是不可能傳遞到陽間的。「邁爾斯」比喻爲：『我彷彿站在一片結霜的玻璃後面……』，那是非常忠實的寫照。

在本章之中；必須註明幾個特點，以免產生誤解；

活人的「靈識」是有可能進入「靈界」的，譬如「冥想」、「清明夢」、「觀靈術」等特殊儀式，不過，只限於幾個特定的「靈界區域」。

一般「亡靈」只能進入靈界，不能出來回到陽間。只有極少數熟悉「靈界」運作法則的「高靈」才能任意進出靈界，譬如類似「耶摩」等身份及自願擔任助手的，還有各種不同工作性質的引領志工。可以說他們另有一條「公務通道」，這類通道的存在與來往資格和長期訓練後的「心智能力」有關，一般亡靈根本無法在「冥河靈流」的透明厚牆上發現這類通道。

（註：「關於「耶摩」與「冥河」，本書皆有專文篇章詳細探討）

靈的形成條件

首先，最重要的是「我」的意識；

其實不只是人類有「我」的意識，有少部份智商較高的動物也有，經過動物學家的長期實驗證明，包括猩猩、大象、海豚、白鯨等至少這四種動物都有「我」的意識，但是，都只是在「自我認知」中最初級的階層；

關於「自我認知」的能力，可以分為以下幾種由低至高的智力階層：

第一，「圖象認知能力」：

一，「鏡像認知」：從鏡中反射的影像，能夠認出「自我」，可以區別自身與其他同類或異類物種的不同，在動物學家的實驗中，先讓白鯨或大象照鏡子，然後在牠們額頭用顏料畫上明顯的記號，譬如一個圓圈，然後讓牠們再照鏡子，當牠們發現額頭上的記號時，先是有些迷惑，但是，很快就會知道這個自己在鏡中的影像和牠們原來的樣貌有改變，並會試圖拭除自己額頭上的記號，而不是認為那是別隻同類，也不會笨到去拭除鏡中影像中反射出來的額上記號。

二，「靜態影像認知」：與「鏡像認知」能力相比，這裡指的是譬如等身比例的照片，因為是靜態呈現，不像在鏡子

前面，因為藉由自主的各種動作，可以看到反射出來的互動對照關係，而可以因此確定「認知自我」，靜態的照片，除了和鏡中呈現的影像成左右相反的不同效果，而且，無法藉由自身改變位置、動作或姿勢來對照，因此，必須有初級「鏡像認知」能力後並深刻記憶自己的樣貌，而且還要能在腦中靠想像力將左右相反的影像虛擬的顛倒過來，從而「認知自我」，同時，還要能在一堆同類的近似照片中，正確的認出自己的照片，這個能力層級要比「鏡像認知」困難許多。如果，再進一步把大約二百張同類的大頭照片排列組合成一張大圖，每張大頭照以一英吋見方大小顯示，隨機將主角的照片安排其中，測試能否正確認出自己所在？

三，「動態影像認知」：先讓接受測試的動物，放任自由的去進行日常活動，然後以其為主角拍攝一段影片，再分別拍攝幾段同類動物相同活動的影片，然後隔一段時間，隨機調整順序播放給受測者觀看，測試牠是否能從幾段不同主角做相同活動的影片中認出自己？這點牽涉到自己外形特徵及習慣性動作的認知。

四，「剪影認知」：包括靜態的單純黑白對比的「靜態剪影圖片」和「剪影處理的動態活動影片」，讓受測者觀看，測試是否能在這樣簡約化的靜態及動態影像中，經由「自我特徵辨識」中來認出自己？

五，「另類認知」：包括從凹凸鏡、哈哈鏡呈現的扭曲影像、在將五官特徵誇張呈現的搞笑漫畫、只有黑白對比高反差的「拓印畫像」、只有線條的銅版肖像畫（例如鈔票上的名人像）、各種石頭、木頭、金屬材質的雕像等等。還有就是「盲人」能夠單憑手指的觸覺去分別特定的親人或者陌生人。

在以上的進階「自我認知」能力中，猩猩大致可以完成第一項及第二項的前半段，除了人類以外的其他動物，沒有任何一種能擁有以上所有「自我認知」能力的，而且與人類相較，差距非常大，也因此，在這麼初級的「自我認知」能力上，其他任何動物都無法順利跨越這個門檻，因此，也就當然無法形成「靈」。（註：「靈」在基本意涵上就是「自我意識」，沒有足夠的「自我意識」就無法形成「靈」）

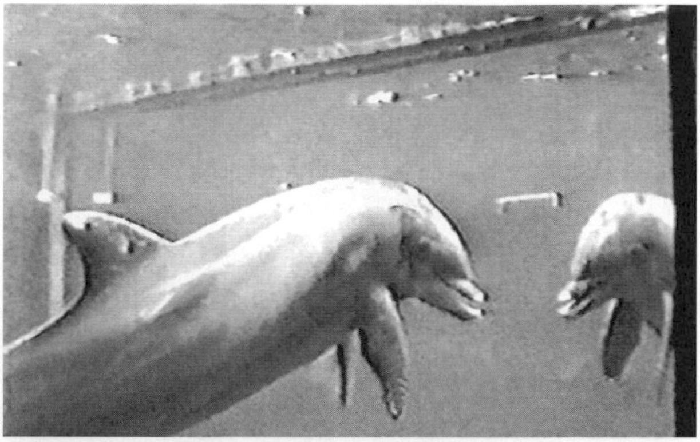

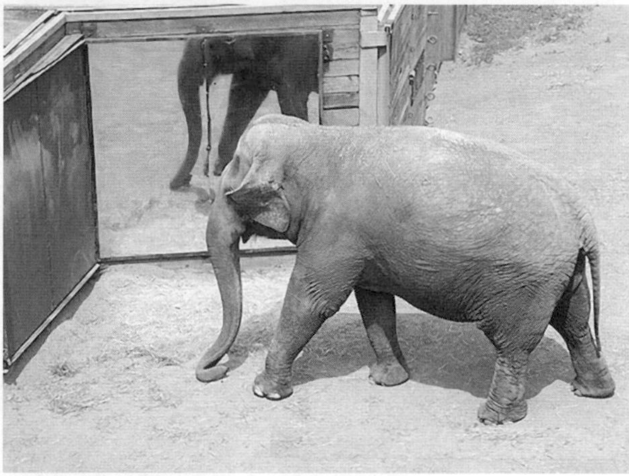

或許，我們還可以再來看看人類另一項驚人的相關能力；那就是警方的嫌犯模擬畫像師，一個被害人或目擊者，憑記憶和單純口述來描述嫌犯的頭部特徵，畫像師必須「心領神會」來自聽覺的描述，然後依靠強大的想像力，在腦中逐漸拼湊出一個虛擬的影像，然後還要有一雙巧手，藉由鉛筆精準的運用，然後在紙上呈現出肖似嫌犯的樣貌特徵，通常只要經過被害人或目擊者認可之後，如果嫌犯就逮並俯首認罪後，比對畫像，通常都相當接近，甚至也有神似度幾近九成的案例發生過；在這方面除了要佩服畫像師的強大想像力和繪圖功力，真正奇特的是人類竟然有這麼驚人的「語言描述能力」，能夠單憑口述，就能將記憶中一個嫌犯的面貌五官特徵描述得讓畫像師幾乎像「從網路或另一台電腦下載圖片資料」一樣，這種陳述表意能力以及畫像師的「想像力」，筆下的表達能力；都在在證明人類的「認知能力」是如何

強大，幾乎是不可思議了。

六，「同類間的外貌認知」：人類不但可以從各種鏡像、照片、動態、剪影等等精準的「認知自我」，對於同類間，譬如親朋好友以及一些名人的鏡像、照片、動態、剪影等等的資訊，也一樣能精準的「認知對方」，這點是其他四種具有初級「認知能力」的高智生物不可能做到的。

第二，「環境認知能力」：

不過，以上部份是屬於「感官認知能力」範疇，連人類強大的「自我認知」能力也還在這個範疇之中；簡而言之，就是我們是運用視覺、聽覺、嗅覺、味覺、觸覺等的接收訊息器官，收訊後在腦部整合並搜尋記憶庫中的相關資料進行飛快的比對，然後作出判別；即使我們現代人可能已經在鏡子前面看過千萬遍自己的影像，但是，下一次再照鏡子看到自己的影像時，仍舊要重複這一套完整的過程，沒有任何一部份可以減省。但是，假設出門走在路上，遇見一個常見的

老朋友，或者一個多年不見的朋友，一個是「一眼認出」，一個是「似曾相識」，後者在進行記憶庫資料比對時會比較多花一些時間，甚至於可能已經「想不起來」，或許經過對方提醒一些往日的相關資料，也能「哦……」的一聲勾起正確的記憶；不過，這些差別只是在時間的差別上，有些屬於常用記憶，有些則因為不常用而通常被放置收藏在「下層」；

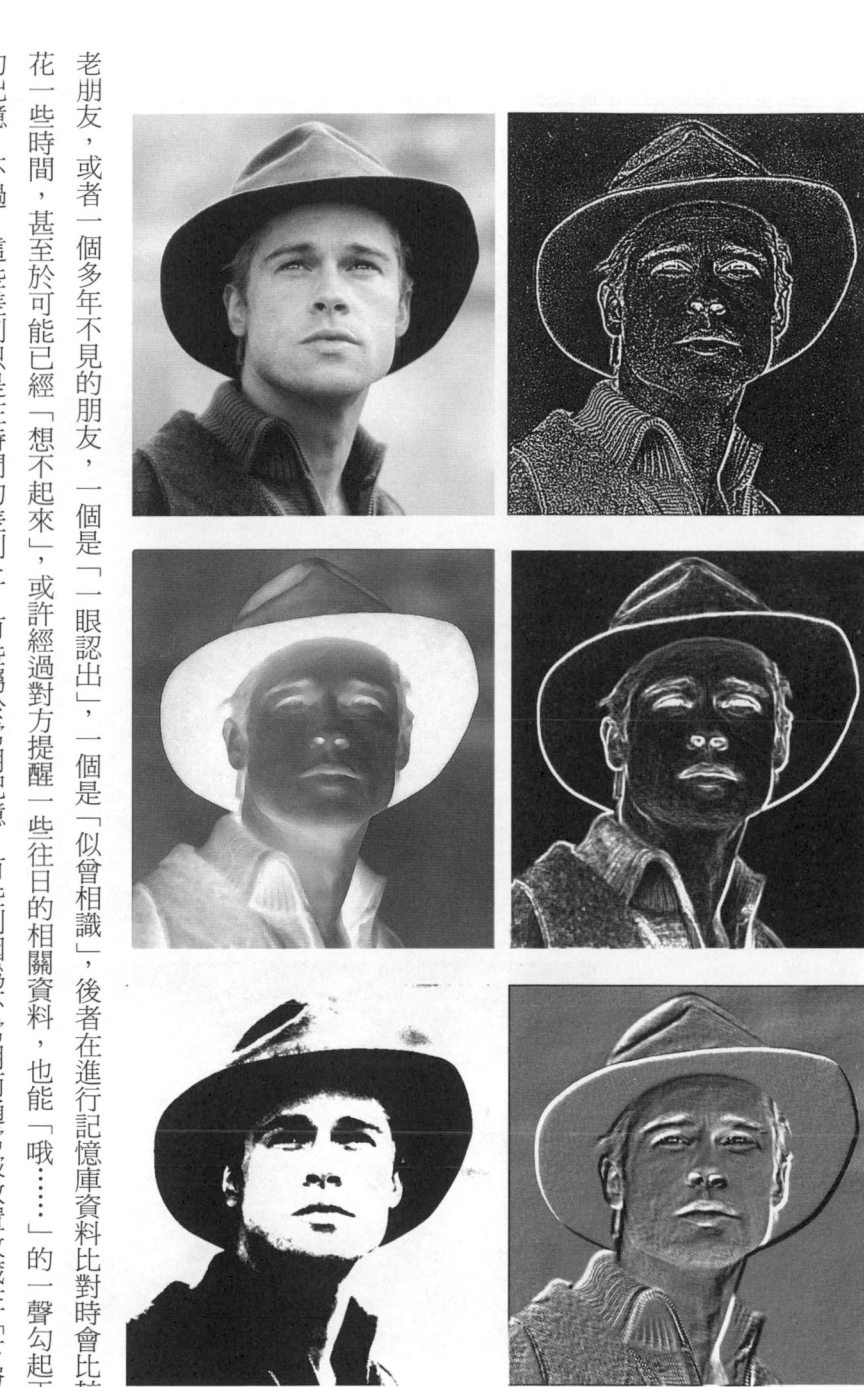

但是，無論如何，時間差並無損於「認知能力」的本身。

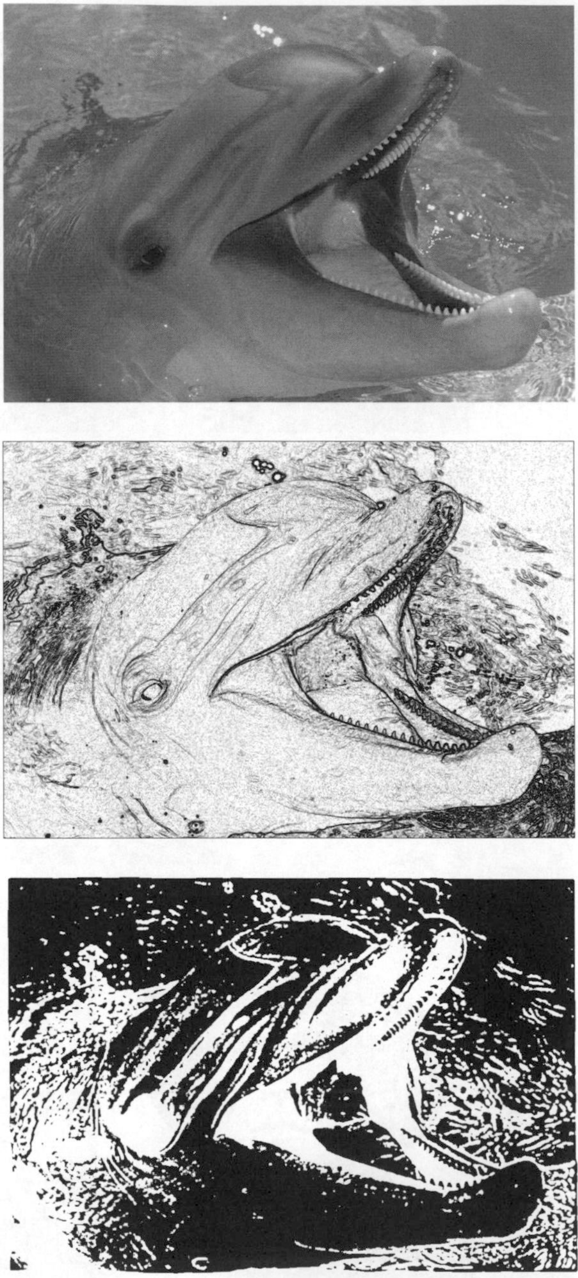

第三，「感知能力」：

一，「自我感知能力」：除了「認知能力」，人類還有一種很特別的「感知能力」，兩者之間的差別在於前者需要靠「感官知覺」來進行，而後者不需要，簡要的來說；就是即使不經由肉體「感官知覺」的收訊、整合和比對等等；或者因爲受傷或疾病，當我們喪失全部「感官知覺」能力時，我們仍然能夠「感覺到」自我的存在以及外界一切事物的存在；這是一種精神和心靈層面的認知，對於「主觀的我」或者「靈魂」的認知，在現今長足發展的「認知心理學」中，已經發掘出不少「自我肉體辨識不能症」的患者，即使無法感覺全身所有肉體的存在，卻還是能感覺「自我」的存在，那個正是「主觀的我」，一種「智性能量」，（或者直接說成「靈魂」的存在）。

這個「感知能力」，我將之稱爲「靈識」或者「內思網路」；

「靈識」是人類（至少目前已知的是地球人類）在「進化」的過程中自行發展出來的一種能量，也是我很早以前曾經用來形容「靈」的名詞：「一組擁有自主意識的智性能量」。

我們可以想想「腦波」和「神經脈衝」是怎麼一回事？以人類來說，在「神經脈衝」方面，基本上會有正反兩向的，一個是從各種感官接受到的訊息會以「電流脈衝」方式經由不同的神經網絡（如視覺、聽覺、嗅覺、味覺、觸覺）傳遞回人腦來處理，而大腦要作出反應或者主動下指令給身體任何部位，如頭部、四肢作任何動作時，同樣也是反向的以「電流脈衝」經由神經網絡來傳達……這些和其他動物並沒有太大的差別，但是，人類和其他動物最大的差別就是在一個「內思」網絡上，人類在這個區域是非常發達的，即使沒有外在的刺激和訊息進入，也不下達指令的情況下，這個「內思網絡」還是可以劇烈活動的，甚至可以形容成有如一個「內在星系」，通常，我們可以稱之爲「思辨活動」，藉由這個「內思」系統的各種脈衝劇烈活動，讓人類能夠擁有非常大的想像力，非常不可思議的創造力，甚至因此可以做各種超現實、超時空的思索以及形而上的思辨，這其中有著幾種不可或缺的基本要件；一是足夠的腦容量，二是觀察力和學習力，三是想像力，四是邏輯思辨能力，五是立體呈像能力（差別有如平面地圖和地球儀）。

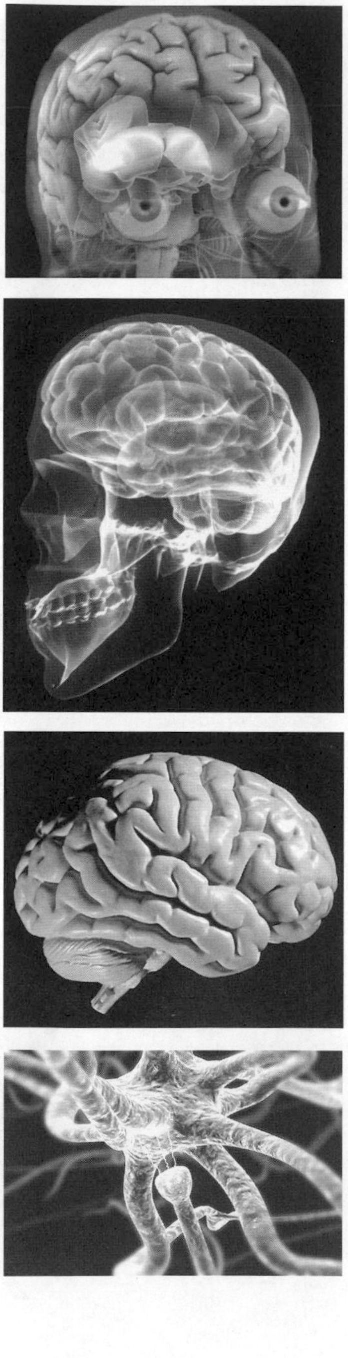

宇宙自然的基礎是「能量」，但是，通常絕大部分的能量都是不具備「自主意識」的，譬如「動能、電能、太陽能」，也所以有一小部份可以爲我們人類所使用；但是，至少，人類的「內思系統」的劇烈活動能力卻發展出了「高智性能量」，其他高等動物也或多或少擁有一些「智性能量」，但是，和人類卻是完全無法相提並論的；而且人類的「高智性能量」本身是可以擁有「自主意識」的，同時只要是現代人類，都擁有這種「一組擁有自主意識的智性能量」。正是我們說的「靈魂」或單指「靈識」，在肉體生命存活時，這種能量和肉體（特別是具體的大腦）是相互作用的，而且通常是完全緊密的嵌合，並不會輕易的分離或者各行其事，只有極端狀態下，譬如重大撞擊昏迷時，偶而也有「靈魂暫時離體」的現象，不過都爲時不久，也不會發生若即若離的現象。如果是在手術必須全身麻醉的情況下，肉體的麻醉也會同時連帶影響靈魂，通常在這個麻醉期間，靈魂也同樣處於麻醉狀態。

我們可以先綜合起來，簡稱爲「心智能力」，其他動物也有一定的「心智能力」，但是，都不如人類的強大和複雜，而人類本身雖然也大都具備「水準以上」的「心智能力」，不過，也還是有很大的各別差異性，從一般的思考模式，形諸於行爲的，高階的邏輯思辨能力也都有所不同，甚至也可以說全世界沒有兩個人的「心智能力」是完全相同的，就算雙胞胎也不同，而且每個人的腦波也都是各自不同的……

關於這個「內思網路」，我們不要用「內在的我、外在的我」或者宗教中所謂「真我、假我」來作爲區別劃分；我們可以想想：我們是否經常在「自我對話」，特別是在縝密思考時，既然是「對話」，當然不會是單向的，一定是雙向的，這當然不是指不自覺的「自言自語」，一個人如果經常發出聲音的自言自語，應該在精神方面已經出現問題了；這裡所說的「自我對話」其實是現代人幾乎隨時隨地都在做的事，只是也幾乎習慣成自然的不當一回事而已，然而，這正是我們的「內思網路」隨時在進行的「劇烈活動」，比較明顯的情況多半出現在一種抉擇或者「掙扎」時，而且總是有相左的意見在互相拉扯，辯論，兩邊都試圖在說服對方，有時是自私與公益、有時是合法與違法，有時是放縱慾望與阻止慾望，有時是給予與獲得之間，有時是近利和遠景之間，有時是冒險與自保之間……這類抉擇不論是生命中重大的事件或者日常生活中芝麻綠豆的小事，我們總是會需要在「內思網路」之中「自我對話」的，甚至我們也會在這個方式上，自我讚美，自傲，自我感覺良好，或者自責、自悔，過度的沮喪和憂鬱（超過生物性的反射行爲），當然，也會進行非常抽象「形而上」的「自我對話」，一方贊成或堅持己見，一方也可能自我反駁等等，更甚至連「自殺」、「自殘」都是人類特有的行爲，其他動物是不會有出於「心因性」的「自殺」、「自殘」行爲，像「旅鼠」的自殺行爲或者某些動物被人類安放的「捕獸夾」夾住一肢時，爲了自由逃命，甚至不惜咬斷被夾的一肢逃命而去，那也是生理本能的範疇，當然不是「心因性」造成的。我們如果好好想想一個「自殺」成功者，在自殺行動之前，是要經過多少和多久的「自我對話」與「內思網路」的劇烈掙扎，才會這樣痛下決定的呢？

二，「對同類或異類間的感知能力」：這是近年來最常被討論到的「鏡像神經元」形成的「同理心」，可以明確的感受到他人甚至其他物種的心理變化，推測出他人的想法或者預測他人的下一步行爲。

三，「環境感知能力」：「外感能力」：就是對於體外的「感知能力」，人的感知能力並不局限在身體之中，由最小一層皮膚來限制，通常是以身體的中線爲主軸，向四周做 360 度的立體擴展，形成一個類似「橄欖形」的「感知場」。

我們對於「感知」或者「靈識」必須要有一種「場」的觀念，「場」的原意就是影響所及的範圍，譬如最常聽聞的「磁場」，指的是「磁力影響的範圍」，不論是一般「磁鐵」或者「電磁鐵」，最明顯的就是會對鎳鐵類物品產生吸引力，而如果用一堆鐵粉來測試，甚至可以明確看到磁場範圍和磁力線的分布。所以，同樣的，這種「感知能量場」也有著「場的作用力」，可以影響也會受影響，同時在一定的範圍之內，可以不用中間介質，直接可以吸收能量並轉換爲己所用；這點如果懂得大型「變壓器」的原理就知道：一般「電力公司」掛在電線桿上那種變壓器，從高壓線圈和低壓線圈之間，沒有任何電線或導電物質的實際接觸，但是，因爲有「電磁場」的關係，高壓電可以隔空將電流傳遞向低壓電的線圈。

高等「純能量態的靈」是一種「能量場」型態的生命，所以，純能量態的「靈」，因爲「場」的作用，也不用靠任何中間介質，直接可以吸收自然能量。

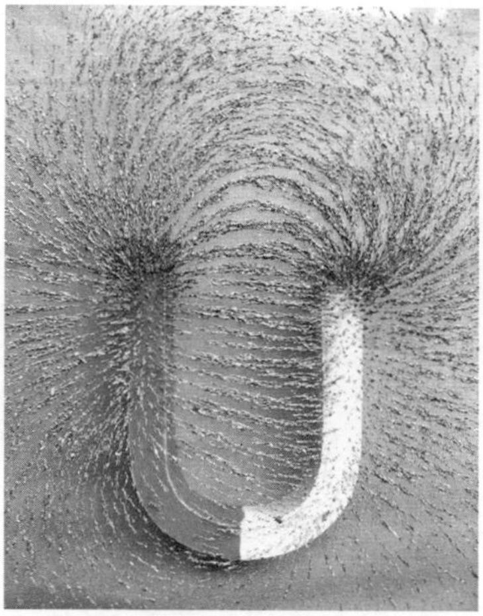

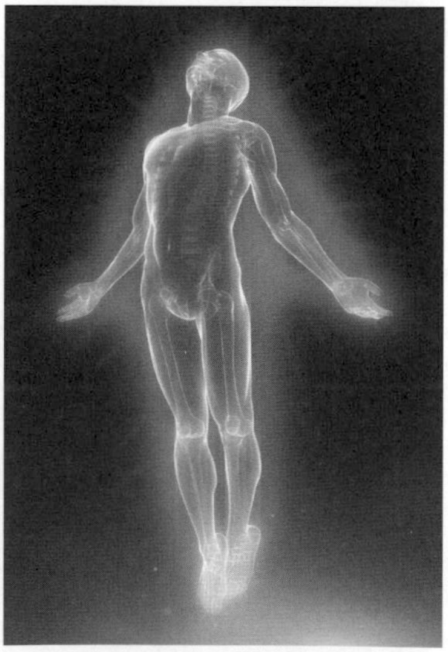

人類的「感知能力」可以說是另外一套獨立的系統，在人的肉體存活期間，是和「感官認知」系統交互作用，發展出人類非常獨特又敏感的所有「心智能力」，人類在死亡之後，這套「感知能力」系統，將會完全脫離肉體獨立存在，

以「靈識結合靈體」形成所謂的「靈魂」繼續在自然宇宙中以另一種無肉體的生命型態存活，這也是人類異於其他物種最獨特之處。

對於「靈魂學」稍有涉獵的人，經常會有一種迷思和疑惑；那就是「靈魂」失去了肉體，沒有眼、耳、鼻、舌、身與腦子，爲什麼還能看到、聽到、聽到、嗅到、嚐到、感觸到或者思考；其實，那是因爲不了解「靈魂」的構成；在「靈魂的新解」中，我已經分析過「靈魂」的定義；「靈魂」是由「靈」（靈識）和「魂」（靈體）結合的另一種生命型態，靈識仍然保有生前所有的記憶和自主意識，而「靈體」則幾乎是肉體的精微複本，仍然有完整的「精微靈界物質」構成的「體」，雖然一般活人看不見整個「靈體」或部份「靈體」，但是，「靈體」卻仍然擁有眼、耳、鼻、舌、身與腦子，而且不但與肉體的運作完全一樣，甚且更加靈敏，譬如以「視覺」來說；不再受限於人類兩眼向前的視野局限，也不會因爲各種眼球晶體屈伸的凹凸不良，譬如近視眼、老花眼；或者也不受限角膜病變，如白內障，視網膜病變造成的黃斑部病變……不但，有正常的視覺視力，而且懂得運用強大的「心智能力」控制的話，不用轉頭，就可以「看見」360度的全方位視野，只不過因爲生前對肉體習慣性的運用，所以，難免還是會保留轉頭改變視線的習慣，而「感知系統」在脫離肉體的束縛之後，「外感」甚至「遙感」的範圍也會擴大，同時，因爲「能量場效應」並不需要中間介質來傳輸，所以，所謂「心電感應」就成了正常的溝通方式，因爲意念本身是一種能量波頻，只要在「感知」的範圍內，可以無線傳輸和接收，因此，雙方交談可以不用藉由語言（或手勢、文字），直接靠「意念傳輸」就能更有效的溝通，特別是人類語言不足以形容的某些抽象概念或者內心「只能意會，不能言傳」的部份，或者深奥的「形而上」部份也可以傳達得幾乎淋漓盡致。

構成「靈魂」的基本條件

「靈魂」是地球生命中，唯有人類才有，也是唯有人類才能自行因進化而發展出來的；因此，在談到爲什麼只有人類才有「靈魂」這個議題上，我們必須先了解構成「靈魂」的基本條件；爲了方便用現代思維和名詞來解說，我會用到「電腦」名詞來附註或者代換：

第一，「硬體部份」：正常的身體，特別是正常的腦部＝（運作正常的電腦主機，包括外殼、主機板、硬碟、電源供應、螢幕、輸出入系統）：如果只有這樣，「植物人」也全部擁有，包括肉體、大腦、腦部記憶區、消化食物提供養分和能量，腦部內視畫面，但是，通常「植物人」都是線路短路問題。（代換電腦名詞：輸出入系統包括鍵盤滑鼠觸控板＝觸覺、攝影機＝眼睛視覺、麥克風＝聽覺、喇叭＝嘴）。

第二，「韌體部份」：「遺傳基因」（包括「生物本能」、形成「靈魂」的「預設網路模式」）、「完整的靈體備份複本儲存區」＝電腦內建的機械語言和指令。

第三，「軟體部份」：「心智能力」（包括「自我意識」）、「神經傳導網路」、「意識語言和反射式指令」＝（主要作業軟體程式，例如 98、XP、W7、W8 或者麥金塔系統，慣用程式軟體，譬如 Office 或者 Photoshop，記憶暫存區）。

我們以一個「新靈」來說；從一顆人類的卵子受精開始；只要是正常的發育，已經先具備了雛型的硬體和韌體，當然這個硬體要經過十個月之後才能完整成型，但是，其中已經先有了依附在硬體中，以「機械語言」寫就而且是不能刪除的「韌體」，這個「韌體」負責日後軟硬體間的溝通任務，還有就是最重要的基本運作（雖然不和使用者直接接觸不受主觀意識控制，但是，卻是提供一個基本運作模式，在人體中就是像「生物本能」的心跳、呼吸、循環、新陳代謝、排洩、內分泌、免疫等等不隨意的運作系統），而一個「預設網路模式」指揮身體細胞在構成日後的完整肉體任何時間中，也同時將「精微物質」建構成一個「完整的靈體備份複本」。也同時在腦部發育期間建構出日後可以容納並和肉體互相溝通的空間，足以容納儲存「主要作業軟體程式」和「慣用程式軟體」還有就是最重要的「記憶庫」）。

但是，單單這樣一直到呱呱墜地出生，還不足以形成「靈魂」，因爲雖然「硬體」和「韌體」都已經齊備（硬體還需要繼續將近廿年的持續昇級，人類新生兒的腦容量只有成人的1／3，身長也不到成人的1／4，體重更不到成人的1／20），但是，因爲這時還都是「韌體」在進行「生物本能活動」，就像一台尚未灌進任何作業系統和其他加掛軟體，也沒有任何資料檔案。只是剛剛開機的新電腦，是不能發揮任何作用的。

代換事實來說；這樣只是具備了肉體和不完整的「靈體」，完全沒有「靈識」的嬰兒。

當然，人體以及靈魂和「電腦」還是有很大的不同，電腦只要在幾小時或者一天之內，灌好作業系統和其他加掛軟體，格式化硬碟，加裝輸入設備，就幾乎完成了，可以自由的運作了。但是人類不同；主作業系統和許許多多的外掛或附屬作業軟體是必須慢慢增加的，主要是透過不斷的學習，同時必須不停的增加「記憶庫」中的資料量；而這些軟硬體的交互運作影響以及「韌體」在暗中下的指導棋，才能構成一個最重要的「靈魂要件」，那就是獨一無二的「自我意識」。

我們應該知道「心智」的意思，簡單說就是一個生物的基本指揮系統；在最原始的低等生物身上已經存在，但是，在高等動物或人類身上依舊存在，差別只是在「能力」高低和可處理資訊的複雜度判若雲泥；如果我們同樣用電腦詞彙來比方，從最早期的Apple2到286、386、486、W98、WXP、W7、一直到現在的W8，以現在大家普遍使用的WXP、W7來和Apple2時代8位元的第一代家用電腦相比，當然絕對是不可同日而語的，但是，這還只是「高等動物」，甚至是目前公認最聰明的海豚、白鯨、猩猩、大象的等級而已；至少目前所知，以上四種動物只擁有初級「自我認知」能力（自我鏡像認知能力）而已，和人類的「心智能力」相較又是有著天壤之別。

最大的原因就在於「意識」，「意識」當然是「心智能力」的一種，或者可以說是比較高階的「心智能力」，但是，同樣的還要細分為「自主意識」和更高階的「自我意識」，一般高等動物，都擁有「自主意識」，特別是在一些「孤鷹」型的掠食動物表現的最明顯；而至於「自我意識」也有高低落差極大的階層；海豚、白鯨、猩猩、大象所擁有的屬於初級的（就是初級「自我認知」能力（自我鏡像認知能力），而人類卻是遙遙領先的擁有更強大高超多方位的「自我意識」，而且不但擁有各種方式的「自我認知」和「環境認知」能力，還有一種獨一無二的「自我感知」能力。

美國哈佛大學豪瑟（Marc Hauser）教授 2009 年在 nature 發表的「The possibility of impossible cultures」表示：「儘管人類絕大部分基因都與黑猩猩相同，但研究顯示，這兩大物種進化分離以後，基因層面的一些變化讓人類的計算能力也發生了顯著性的變化。各種基因的重排、缺失和複製，讓我們的大腦擁有了四種獨有的特性；包括發生運算能力、使用心靈符號、可隨意組合的界面、抽象思考，它們共同構成了人類特有的心智能力，也讓我們的思維有別於其他動物。」

而人類這些大異於其他物種，也可以說是非常優於其他物種的能力，最後發展出了什麼呢？就是強烈的「自我意識」，或者可以濃縮成為一個字；那就是『我』！

那麼這麼強而有力的『我』有什麼作用呢？如果說其他物種不是那麼的強烈，甚至在「心智能力」上也遠不如人類的情況下，在這個地球舞台上不也活得好好的嗎？或者，我們假設地球上從來沒有出現一種叫做「人類」的物種，其他物種依靠同樣等級的「心智能力」不也還是活得好好的嗎？

是的！應該是這樣沒錯！

也就是說任何物種就算沒有人類這種出奇強大的「自我意識」，並不會妨害牠們的生存、發展和自然的進化。

那麼，為什麼人類就偏偏要獨樹一幟的幾乎是「不由自主」的發展出這種獨特又強大的「自主意識」呢？難道這樣對人類生存在地球上會更有任何特殊的幫助嗎？

答案是：幫助當然是有的，而且也很明顯，不過，這個卻不是主要的目的；因為，我們不要忘記地球畢竟是一個競爭的舞台；所有現存的任何物種都是各個食物鍊階梯上的優勝者，否則必然被自然所淘汰，大自然的運作中，是沒有「慈悲、殘忍」這個問題的，除了人類不自覺的濫情想法；也沒有其他物種會意識到這個概念。簡單來說都是依照自然律而產生，自然的競爭，然後有的物種被淘汰，有的物種能夠倖存，在同一物種中也是強的適存，弱的淘汰，不但可能淪爲其他動物的食物，甚至不能遺傳自己的基因。

今天的人類，無疑的已經早就穩坐「食物鏈」最頂端寶座數萬年了，但是，物競天擇的壓力卻從來沒有消失過，這種「求生的本能」是所有物種最基本的生存要素，人類自然不會例外；但是，人類「求生」的意志卻強大到超乎想像；因爲不只是要求「安全自在」的生存到今生壽終正寢就滿足，而且更渴望自己的生命可以延續到更長久、或者長長久久，甚至是「永遠」……

因爲其中還有就是人類比其他物種更深切的意識到「自我」之後，同時又衍生了一刀兩刃的另一個大問題；那就是「死亡」；肉體的存在也許不是那麼的十全十美，事事如意，但是，比較起來，能夠活蹦亂跳、自由行動的活人絕對好過一具僵硬腐臭只會吸引蒼蠅和食腐動物的屍體。

「死亡」是悲哀、恐怖和醜陋的，死後就一切化爲虛無，生前所有擁有的美麗或強壯的外貌、優良犀利的武器、美麗珍貴的珠寶、自己終生喜愛的伴侶，疼惜無比的子孫，這麼多交遊快樂的親朋好友，以及非物質的權力、名望等等統統都隨之消失了，這是多麼可怕又無奈的事呢？

怎樣可以阻止「死亡」的烏雲陰影籠罩在自己或者自己心愛的人頭上？怎樣可以逃離死亡的恐怖魔掌？最重要的是怎樣才能一直一直的繼續存活下去？？？

從來沒有人，也從來沒有任何物種可以長生不死的，雖然人類的各種傳說故事中都有各種長生不老的仙丹、泉水、一個境界等等，不過從來只是幻想的傳說，從來沒有任何證據顯示有人得到過。

於是；如果「肉體」是一定要死亡腐朽的，是人類不可逃避的宿命，那麼，有沒有可能有另一種方式還能繼續存在呢？當然是指自己還可以有思想、有感覺，有自由行動能力的狀態下？？？

可以合理的邏輯推理；「靈魂」不會無緣無故的產生，然後人類就自然而然的在肉體死亡後這樣繼續存在，生活在美麗的天堂了。剛好相反的是；

因爲人類在自然界最孱弱最卑下的地位，迫使一部份被淘汰了，而其中一部份同樣被迫反向儘速發展智力，甚至幾乎是有點誤打誤撞的開發了高超的「心智能力」，然後再發展出優秀的想像力和創造力，發明了各種犀利有效的武器，又懂得用火之後，立即搖身一變的成了「敗部復活」的大贏家，快速的坐上了食物鍊的最高層，然後這種強大的「心智能力」；同時也高山滾石一般，無法遏止的又形成了強大的「自我意識」，然後就這樣不停的發展，越用越強大，就是『豪瑟教授』所提到的：「包括發生運算能力、使用心靈符號、可隨意組合的界面、抽象思考，」等等；使得人類有了獨特的「心智能力」，對於「死亡」也有著比其他物種更恐懼、更擔憂、更悲傷、更想了解的過度反應。而在這個難題上花費的時間和心血並沒有白費；與時並進的，這種「自我意識」終於凝聚結晶出了一種奇特的生命型態—「靈魂」。

這種奇特的生命型態超越了原本肉體的「感官認知和思考」能力，以另一套「感知」系統來發揮和生前大同小異的作用，有如複製一般，差別是原本一切的認知和思想能力是必須依附在肉體身上的，但是，此時，卻被複製在一種「比一般物質能存在更長久的精微物質身體」上面，這個精微物質構成的身體就是「靈體」，那種「自我意識」就是「靈識」，一個是「魂」，一個是「靈」，於是形成了「靈魂」。

一個人一生中是在何時開始「形成靈魂」的？

從卵子受精開始就有了最原始最小的「靈魂奇點」，雖然很小很小，但是，其中已經具備了「硬體、韌體」的所有設計藍圖，其中「韌體」中也包括了一個從基因遺傳而來的「預設網路模式」的設計圖；然後隨著胚胎在母體子宮中的逐漸發育，一面建構肉體，一面同時在肉體的範圍中，幾乎等大的在建構「靈體」；然後到出生之後，才藉由觀察學習，累積和凝聚「靈識」。

前面提到了，「靈魂」最主要的條件就是強大的「自我意識」，不論是我們實際觀察而來的經驗法則或者科學家研究結果，都可以看出；『我』這個意念不是一出生就擁有的，而是在具備足夠基本軟硬體加上韌體條件的情況下，經由與父母互動、經由父母教導，被鼓勵學習之後，至少也要到一歲以後，才能懵懵懂懂的意會到『我』，然後才會分別出鏡子中的自己，然後知道自己和別人的不同，然後才有『我的』這個意念（包括「我的手腳」、「我的身體」，透過鏡子知道「我的眼睛、鼻子、耳朵」等等），並且學習操控這樣硬體，學習用手抓握東西、發聲說話、翻身、爬行、自己握奶瓶吸奶、蹣跚學步、自己用湯匙進食……然後再進一步懂得『我的東西』，懂得「自己和別人」的不同……

但是，普遍而言；經過針對最幼小「記憶」的調查研究；通常分野在二歲半至三歲之間，也就是絕大多數人對於自己二歲以前的各種言行和經歷是不太記得的，或者非常模糊，隱約記得一些比較重大的事而已，現代有了相機和攝影機，重看自己的嬰幼年時期的身影和活動，除了好笑，其實仍然不是屬於個人主觀記憶浮現的，甚至根本不認得照片或錄影帶中的自己，必須由父母指出來才知道。（註：當然也有一些比較特殊或表現出類拔萃的人，竟然可以記憶到非常幼小甚至嬰兒期的一些片斷事件，譬如一歲左右的大事以及一歲至三歲間的不少記憶，但是，這種「天才」特例是不能當成任何指標意義的，畢竟十分罕見）。

因此，我們必須被迫的來劃出一個分界的話；只能說「三歲」是一個開始比較具有『我』識的起始，但是，這樣還絕對不夠強大的，因爲這時連人類特有的「心智特質」所謂的『運算能力、使用心靈符號、可隨意組合的界面、抽象思考』都還只是起步階段，不是運用的非常好的，甚至是有些笨拙的。

大致上來說；在正常的家庭、學校教育成長的孩童，總要到六、七歲左右（註：因地區、因民族性、因教育方式、因宗教觀念影響而有出入），才會同樣懵懵懂懂的開始有一種出自內在對於『我』的各種省思和反思；幾乎本身也並未明顯察覺的狀態下，已經悄悄開始會想到『我是誰？』、『我是什麼？』、『我是從何而來的？』、『我爲什麼是這樣的，而不是那樣的？』、『我爲什麼不是某某人？』、『爲什麼我的ＸＸ不如別人？』、『我爲什麼不是出生在ＸＸ地方？我爲什麼不是出生在富豪之家？』、『我爲什麼滿臉雀斑或天生暴牙而不能像別人一樣正常？』、『我爲什麼不像ＸＸ一樣美麗或高大強壯，可以受到異性喜愛，或者可以不受欺侮？』……再來就是『自己和環境甚至自然間的關係』，直到這時，所謂的『自我意識』才算正式的在凝聚！

同樣有一點是很重要的，那就是和「語言」相關的，現代有一個比較新的認知；「人類」之所以能夠擁有這麼驚人的語言表達能力，不單純是因爲有著優良的發聲器官，而是除此之外，在我們腦部有個「預設網路模式」，這是來自基因遺傳，是受精開始已經先行烙印在軔體上的；如果沒有這個「預設網路模式」，單靠後天學習是不可能學會人類任何一種完整語言的，也就是說即使把人類的「發聲器官」全數成功的移植給一隻聰明的猩猩，如果牠腦中沒有這個「預設網路模式」，牠終究還是無法學會人類複雜的語言的。而且這個「預設網路模式」是有「賞味期」的，通常一個幼童，如果因爲生長環境或者某些特殊原因（譬如傳說中的狼童），無法及早學習語言的話；那麼在超過六、七歲左右的最後學習機會，這個「預設網路模式」就會自動關閉，此後無論如何教導和努力學習，也終生無法擁有語言能力。

這點其實也不難理解；因爲所有物種生活在這個競爭的地球舞台上，外界資源是如此不足，必須努力競爭甚至拚個你死我活才能賴以存活，同時自己身體上的各種資源也是非常珍貴的，生理結構會自然的妥善運用每一丁點的材料，絕對不容浪費去製造一些無用的廢物或者不發生作用的組織，連孔雀的羽毛也是有實質作用的（註：只有養尊處優的人類，多吃少動違反自然的生活方式才會製造出一大堆無用的肥油贅肉）。

而這個「預設網路模式」也一樣，雖然承載著遺傳基因的原始使命，但是，不在適當的時機開啓運用的話，那麼人類的生理機構勢必要將之「關閉」而移作他用，不可能任意閒置浪費的。

「靈魂」的形成也幾乎一樣；從人類的祖先開始能夠形成「靈魂」之後，同樣遺傳了這種能耐給後代子孫，也同樣有一種「預設網路模式」，也同樣有一個「賞味期」，雖然不能確定是和語言的那個「預設網路模式」是否使用的是同樣的路徑或有些重疊路徑（註：基於不浪費珍貴資源的自然法則，應該是極有可能的），但是，卻也會在超過一個年齡沒有開啓運用的話，一樣是會自動關閉移作他用的。

必須說明一個重點；此處所謂的「語言能力」不單純指聲音而已，因爲有些先天的聽障人士也是無法發展出「聲音語言」能力的，那是聽覺器官或神經網路缺陷造成的，並不影響那個「預設網路模式」的作用，所以，日後仍然可以藉由學習「手語」或「筆談」來和他人溝通，表達自己的「意識」，所以不會影響「靈魂」的形成和發展；但是，如果器官完全正常，卻因爲各種特殊原因沒有及時開啓運用這個「預設網路模式」，一旦關閉，一是終生無法學會使用語言，如果在「靈魂」的「預設網路模式」方面一旦關閉，同樣很不幸的將無法形成「靈魂」；在此，我必須很實事求是的提到；一個天生重度智障者，不論能存活到任何年紀，如果所表現的只是純「生物本能」的生存方式而缺乏人類「心智特質」的話；必然是無法形成「靈魂」的，死後是和其他物種的結局一樣。

還有一個重點就是「感知能力」，這個能力是被完整複製在「精微物質構成的靈體複本」上；這種「感知」能力特殊到甚至可以超出體外，不用藉助各種「肉體感官知覺」而發揮作用；其中有一件事就是近代所發現的「鏡像神經元」

細胞，心理學家和腦神經科學家認定這是人類會有「同理心」的原因和作用處；筆者同意這種結果，但是，還要補充一個額外的條件；那就是「感知能力」，因爲這個能力才能更精確的「感知自我」、「感知環境」也同時「感知他人的內在思想活動」，而這個也是形成「靈魂」的必要條件，如果不論任何缺陷或疾病而沒有「同理心」的話，同樣是不可能形成「靈魂」的。

也因此，依據筆者針對這方面的長期研究和「靈界」的實地觀察了解；如果在六、七歲之前，沒有正常的開啓運用屬於「靈魂」的「預設網路模式」，任其關閉或者沒有持續運作發展的話，就不能形成「靈魂」了，因爲沒有強大的『自我意識』和足夠的『感知』能力，「靈魂」是不足以凝聚成形的。

還有一個重點；雖然一個人的身體通常必須到十七、八歲甚至二十歲才算完全成熟，但是，「靈魂」並不需要；大約也是在十歲或七、八歲之後，「靈體」已經足堪凝聚成型了，雖然「靈識」方面仍然不足，但是，假設在此時因爲疾病或意外事故而死亡；「靈魂」還是可以存在，而且還會繼續「成長」，因爲「靈魂」並不需要非在肉體生命的型態才能真正「成長」，也就是說；只要跨過最基本門檻，一旦能夠凝聚成形，不論是繼續含藏於肉體中直到壽終正寢，或者英年早逝，甚至在十歲左右就因故死亡的，還是能夠以「靈魂」的型式繼續存在。

人類的「靈魂」是必須在人類社會中才能形成，因爲許多能力和其他同類間是互動才會產生的，包括豐富的語言和「同理心」，以及在人類社會才會需要的各種「心智特質」，譬如抽象思考和獨一無二的人格特質。因此假設真的有「狼童」，可以很確定「他」是沒有靈魂的。

在此也簡單的談一下「靈體」；構成「靈體」所謂的「精微物質」不是另外產生或單獨存在的，而是原本就含藏在一般常見的任何物質之中；打個比方；我們都知道常見的「純金條塊」，不論產地是何處，上面都會打印上凹字「9999」，這代表著純度達到了9999／10000，也就是說即使號稱純金，但仍然可能有將近萬分之一的雜質，至於這雜質是其他何種金屬？就沒有人說得清楚了。

我們都知道人從出生到真正成熟，是慢慢長大的，從出生時大約三千多公克的體重到成熟時六、七十公斤的重量，都是靠每天進食，日積月累出來的；我們可以比方在100公斤重的銅之中，含藏了1公克微量的黃金，正常情況下，我們還是會說這 100 公斤的是「純銅」，但是，事實上其中含藏了 1 公克黃金卻是真實不假的。同樣的代換回來；在我們從出生時三千公克到完全成熟時的六、七十公斤體重，其中也是這樣日積月累的含藏了微量的「精微物質」，分散在全身各部份，卻形成了一個完全複製的「備份」，這個就是「靈體」，然後也儲存了一個無形的完整資料備份庫，也就是我們一生所形成的『自我意識』，或者也就是「靈識」；因此，當我們活著時，是具備「肉體、靈體、靈識」的，當我們死亡時，「靈體、靈識」會離開肉體，形成「靈魂」而繼續存在，「靈識」基本上是一種能量，而「靈體」是非常精微的，所以可以很輕鬆的從死亡的肉體脫離出來，就像煙霧穿過紗窗一樣容易，而且是完全的脫離，並且承載著「靈識」，形成「靈魂態」生命。

腦、靈魂、預設模式網路

以人類的腦部來說；從形態上可分爲以下區塊：

大腦（額葉、頂葉 、枕葉 、顳葉 、島葉）

小腦（蚓部、小腦半球、）

腦幹（中腦、橋腦、延腦、間腦）

視丘 、下視丘

雖然筆者也曾花過不少時間研讀與腦部相關的書籍、資料，並且，將自身的「腦部斷層掃瞄」影像一再交叉比對，但是，實在無法看出任何端倪？當然，也壓根兒沒想過要在這個「肉體大腦」中找到「魂魄」具體存在的證據或者任何蛛絲馬跡。而且，既然人類或者大部分的動物，腦部是一個發號司令的中心，許多生物本能活動的掌控也是和腦部有關；人類的思想、語言也是在腦部進行；那麼，雖然腦部各部份分別各司其職的有所不同；可是，我們也應該不要「見樹不見林」的去切割腦部整個統合的總體功能。

因此；關於現今腦神經科學和「認知心理學」認爲人類豐富而變化多端的語言能力，除了基本發聲器官以及後天的學習之外；最重要的是認爲人類腦部有一個「預設模式網路」，這是來自先天基因的遺傳所得，這個特殊的網路系統無法由後天學習或其他方式來建構或新生，同時在人類生理發育的過程中，這個網路系統還有時效性；通常在7歲以前，如果沒有學習語言的環境，這個網路系統可能因爲未被開啓而發揮原本的功能時，也許會進入休眠狀態或者其中一些神經元會被自然的移作他用；因此，即使發聲器官完好無缺，這名兒童日後將無法擁有語言能力。

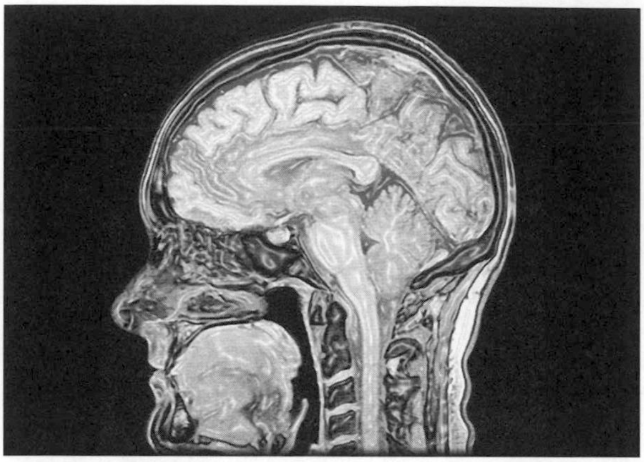

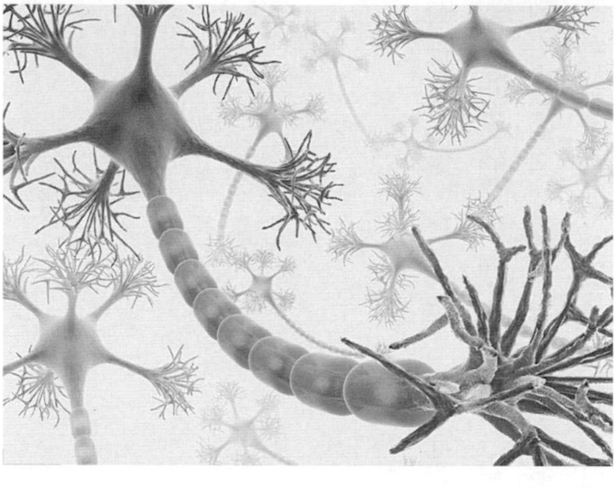

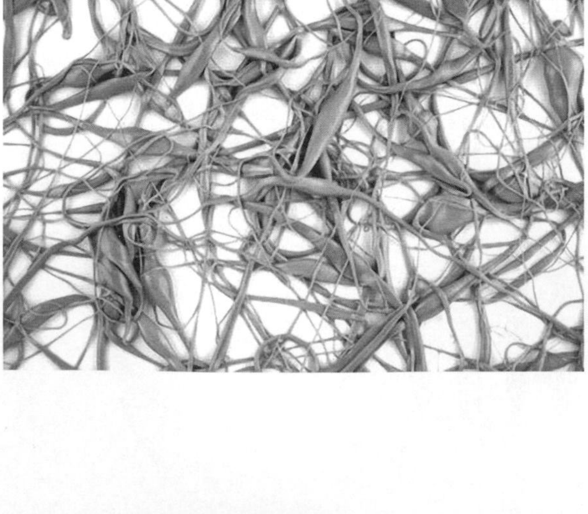

筆者並無意假借新名詞來擴大解釋；只是借用這個認知，合理的邏輯推理出人類和高等動物原本就有這樣的「預設模式網路」；而且其功能應該不只是預設了「語言能力」而已；當然，也可能是像電腦網路世界中的「互聯網」一樣，是由多個性質不同的「網站」組成網狀系統；然後各有其專屬的特性；也因此，人類和大部分的動物都有和生物本能相關的「魄模式網路」，而人類又特有一個「靈模式網路」，同時，人類這個「靈模式網路」又和「語言模式網路」、「思想模式網路」有密不可分，非常緊密的關連性。

也因此，我們不宜去區隔腦部的各別功能來研究「靈魂學」，非要探尋到人類的靈魂究竟是在腦部或者身體的那一部位發生主要功能；因爲既然是一個以腦部爲主再串連到全身各部分的「互聯網」關係，相互間是有著綿密的關係，因此所謂的「靈魂記憶」就不單只有腦部才有，而是全身所有部位都有，並且一些重要器官也有個人特定的「靈魂記憶」，也因爲這樣，所以，一些器官移植受贈者往往會和已過世的捐贈者的「靈魂」之間會有所牽連，甚至竟然會「拷貝」部分捐贈者生前的習性，這樣是可以說得通的。

不過，既然人類的各種感覺、記憶、思想、語言等等活動都是以腦部爲主，那麼，筆者認爲「預設模式網路」是包含了硬體、韌體和軟體三個部份；硬體是指肉體的腦部，從胎兒開始發育，直到出生之後仍未停止，一直到青春期過後或者和民族不同年齡的「成年期」才停止；以電腦來比喻；出生時的腦部的重量不到成人的 30%，一歲時腦容量約爲出生時的兩倍，三歲時則約有三倍之多，已和成人腦容量相近。因此最主要可以說是「硬碟」的容量巨幅擴充，而一些如 CPU 等硬體也在不斷更新。而「韌體」則是一種非後天人類語言的「機械語言」，由「預設模式網路」來驅動硬體，並且也作爲和「軟體」間的溝通橋樑；至於「軟體」中的內容；從胎兒後期腦部發育到相當程度之後，也會由母體垂直傳輸部份程式或者「記憶」，因此，母親懷孕期間的情緒或者對於某些特定食物、藥物、菸酒甚至毒品不只是會影響胎兒的生理，也會影響胎兒的心理。而這個軟體以及所有記憶內容則是由嬰兒出生後才算正式開始正常運作和儲存。

「預設模式網路」其實並不是只有人類才擁有，是所有物種在遺傳基因中就有的，以各種高等動物來說；性質是完全相同的，差別只是程度和功能有明顯的不同；我們可以觀察動物出生後開始表現的行爲就能發現一些端倪；譬如「小袋鼠」從一出生後，就會「本能」的從母體正面攀住皮毛往上爬，一直奮力的爬進母體的育兒袋中，因爲在育兒袋中有奶頭，才能吸到奶而得以存活；我們當然不可能將之說成「小袋鼠」是因爲嗅到奶香味才往上去尋找源頭的，事實真相就是在遺傳的基因中，同樣有個「預設模式網路」在發揮作用，使牠們本能的要往上爬，並且最後翻身進入母體的育兒袋中；如果要說是物競天擇也可以；假設任何一隻「小袋鼠」的「預設模式網路」有了缺陷，不知道要這樣往上爬進母體的育兒袋中，萬一母體如果沒有發現，那麼當然結局只有死亡一途。

同樣的，譬如牛、羊、鹿等動物，出生後幾個小時之內就會搖搖晃晃的用四肢站立起來，然後很快的就會自動在母體身下找到奶頭開始自動吸吮起來，尤其是在蠻荒的草原上，如果速度不快，不快快站立並走動和奔跑，在四周許許多掠食動物環伺之下，不能跟上群體逃跑的速度，那麼就必定淪爲食物。

剛出生的袋鼠在吸奶

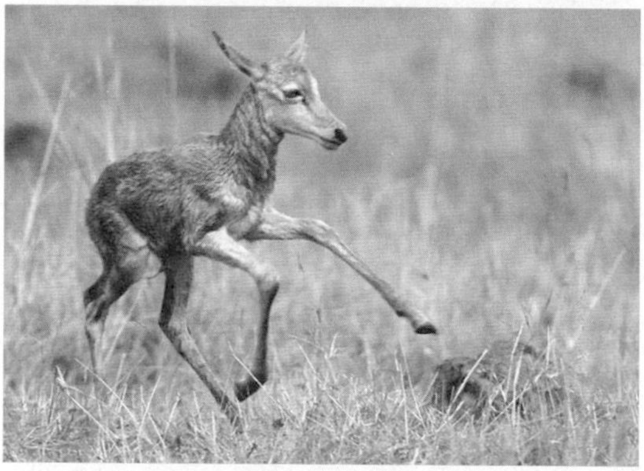

剛出生的羚羊試圖站立

最奇特的要屬「無尾熊」了，牠們只吃「尤加利」樹葉爲生，而「尤加利」樹葉是有毒的，對於已成年的「無尾熊」一般會造成昏睡，但是對於幼小的「無尾熊」而言；那是會致命的毒素，不過，在成年「無尾熊」的體內有一種細菌，可以分解大部分的毒素，所以只是造成比較長時間的昏睡而已，而剛出生的「無尾熊」幼體是無法「垂直感染」這種細菌的，所以在即將斷奶期間，牠們會爬向母體的肛門附近去以逐漸增量的方式吞食母親排出的糞便，然後慢慢在自己體內培養這種細菌，然後等到可以自行咀嚼樹葉時，就不至於中毒而死了。

那麼有多少動物會吃親代的糞便呢？爲什麼幼小的「無尾熊」卻會這麼做呢？當然不是從母體那邊學會的，母親也不會主動的教導牠要這樣做；當然一樣是在遺傳基因中有這樣一個「預設模式網路」指揮牠必須這樣做。

在「老鼠走迷宮」的實驗中，也發現連快速走出迷宮找到食物的本事，竟然也可以遺傳給後代；顯然的，在教導學習之外，還有一個屬於腦部韌體的「預設模式網路」可以協助生物的適存。

人類的嬰幼兒是非常孱弱的，出生時根本是個未成品，而且是所有物種中成長期最長的，幾乎佔了整個生命週期的1/3 時間，看看我們「靈長類」的近親：難道人類一定要顆超級大頭，使得母親難產比例極高，然後在很漫長的一段時間中都無法獨立存活，假設其他「靈長類」都不必這樣發展也一樣可以好好的存活下來，人類其實沒有理由非要這樣畸形的進化發展不可，如果人類不會發明工具，這樣畸形發展的下場是無法和其他物種互相較量的，甚至即使和同爲「靈長類」的近親競爭，不但早就被掠食一空甚至早就滅絕了。

人類能夠成就今天的地位，是因爲能夠發展出「想像力」、「創造力」、「抽象思考力」、「優秀的溝通能力」、「分享觀念」等等「心智能力」有關連的，同時從懂得製造工具、武器和懂得用火和隨時隨地「取火」的外在條件，讓人類擁有更大的生存空間，有了更高度的物質文明，然後有條件來發展精神文明，進而有了「心靈文明」；同時高度社會化的生活型態，學習並傳承做人處世的諸多法則，這些都會被先儲存在腦部軟體中，久而久之的會複製在韌體中，然後經由基因密碼遺傳在「預設模式網路」之中，然後在日後成長的過程中適時的發展出來。

人類能夠形成「靈魂」，和最原始的「求生本能」、「想像創造」、「抽象思考的心智能力」以及高度社會化的生活型態有著絕對不可分的關係，而這些部份能力是因爲我們從父母的基因遺傳中獲得了這個「預設模式網路」的先天條件；同樣一如人類的語言能力一樣，如果不是先天遺傳了「語言的預設模式網路」，我們是不可能學會任何一種複雜語言的，如果我們不是先天遺傳了「靈魂的預設模式網路」，我們也不可能在只是單純吃喝拉撒睡的本能生活方式中形成「靈魂」的。

附錄：

預設模式網路 Default mode network

冥想者能以某種方法讓他們的大腦變得不容易分心，並能更專注於眼前的工作。

有一項新的研究發現有相當冥想經驗的冥想者在經過經年累月的冥想後，腦中有關白日夢與分心的部份產生一些變化。

研究者們表示這樣的腦部網絡（預設模式網路，default mode network）也和焦慮、注意力不足過動症（attention deficit hyperactivity disorder, ADHD）以及阿茲海默症（Alzheimer's disease）有關。

耶魯治療神經科學診所（Yale Therapeutic Neuroscience Clinic）醫務主任 Judson Brewer 醫師：「預設模式是當你沉思、思考自我或是做白日夢時的腦部網絡模式。每個人都有，但熟練冥想者的這個模式跟一般人不太一樣。」

Judson Brewer 醫師

Catherine Kerr 博士

Sara Lazar 博士

Brewer 醫師發現冥想的人能夠連結他們腦中其他部位以監控預設模式網路的活動，告訴他們在分心的時候回到專注。而一般人在進入預設模式時會比較難拉回到現實。

此研究發表於 Proceedings of the National Academy of Sciences。

此研究結果有助解釋冥想在集中上的好處，並開啓一扇研究以冥想來治療與預防各種不同精神與神經失調的門。

冥想修正腦部網絡

研究者們使用功能性磁振造影（fMRI，functional magnetic resonance imaging）來分析 24 位參與者的腦部活動，當中 12 位是很有經驗的冥想者腦部，他們都是有 10 年以上正念冥想（mindfulness meditation）經驗的人；另外 12 位參與者則是冥想的初學者。研究者們會在他們休息以及做完三種不同正念冥想後進行掃描。

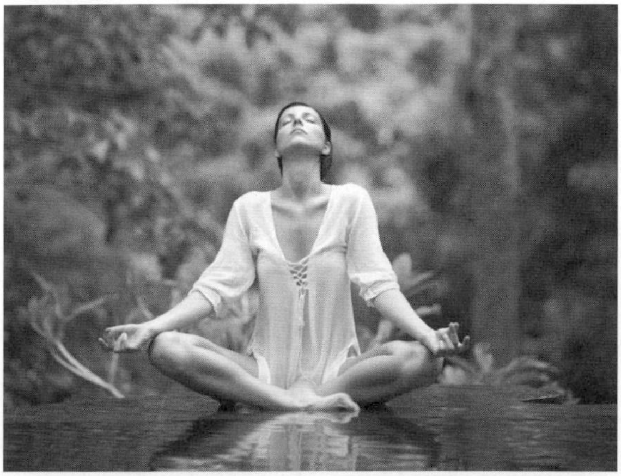

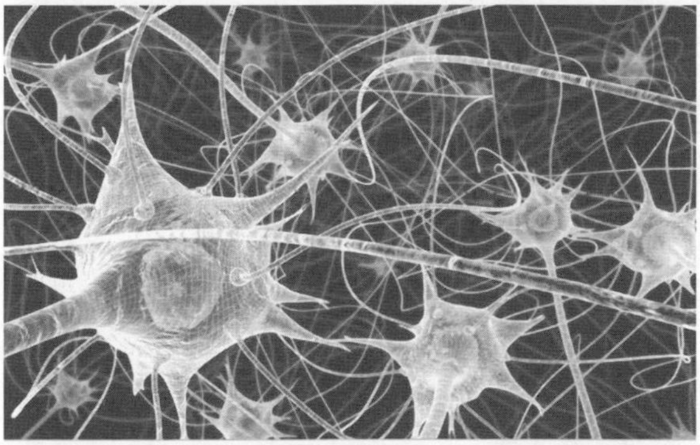

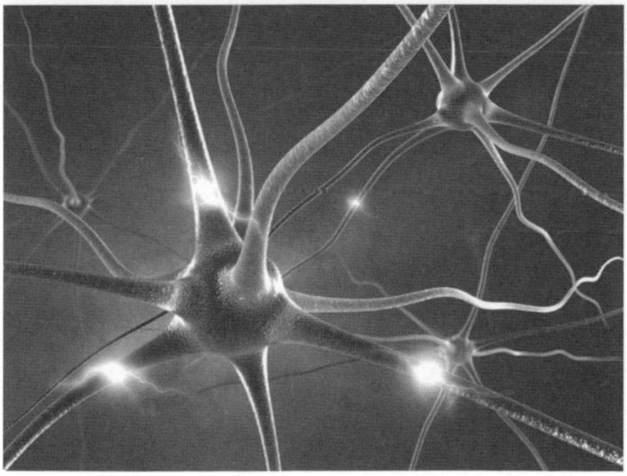

結果顯示資深冥想者的預設模式網路比較不活躍，而且不管他們進行的是哪一種冥想類型都呈現出相同的結果。

此外，掃描也顯示當有經驗冥想者在預設模式網絡活躍時，其他腦部負責自我監控以及思考控制的區域也會被活化，而在初學者身上並沒有這樣的情形。

冥想者擁有新的預設模式，不同於一般人，它能監控並告訴你回到現在的工作上。

以前的研究已經證實冥想能藉由增加大腦灰質的密度與改善集中力，而此研究就發現就是在這基礎上進行的。

布朗大學（Brown University）Catherine Kerr 博士：「此發現所帶來的不只是冥想對大腦的作用上，更指出某些基本腦部作用可能超過冥想本身的影響。」Kerr 博士曾經研究過冥想對腦波的作用。

Kerr 博士說我們的大腦有兩種網絡，分別是注意力網絡（attention networks）與預設網絡（default network）。注意力網絡通常是集中在某些外在的事物，如一件手動的任務。而預設網絡則涉及內在的對話與白日夢。一般來說這兩種網絡並不會同時並行。當其中一個作用時，另外一個就會關閉。

Kerr 博士：「然而冥想者卻以不尋常的方式運作預設網絡。冥想的人不會迷失在無意識的消極自我對話中。冥想能保護你不至於不斷地負面思考，一直不斷地負面思考會讓你處在較高的憂鬱風險。」

Kerr 博士認爲冥想的作用可能像是一盞聚光燈，讓心思從分心回到專注，並且專注於手頭上的工作。

麻州總醫院（Massachusetts General Hospital）副研究員 Sara Lazar 博士表示這也是個很有趣的研究，它告訴我們冥想與休息是不同的。Lazar 博士本身也從事冥想對腦部結構的影響，她認爲在這個研究裡有經驗冥想者腦部連結的增加與她已經完成文獻一致。

Lazar 博士與 Kerr 博士都認爲需要更多的研究來確認冥想是否對那些處於高度心裡疾病風險的人或是有早期阿茲海默症的人有益。

附錄參考資料：

筆者閱讀「大腦、演化、人」一書的心得

1・人類是少數具有自我認知的物種，其他如猩猩、海豚、白鯨、大象都有最初級的「鏡像認知」能力，但，也不是這幾種物種全部都能具有；

從一個「臉孔認知不能症」患者的實驗中；雖然他無法認出鏡中的自己，但是，他還是能夠認知自己的確實存在，因此，這已經不是「自我鏡像認知」的能力範疇，而是人類獨有的「自我感知」作用。

2・「微腦磷脂基因」和「ASPM」；「微腦磷脂基因」的一項基因變異約發生在 37000 年前，相當於文化現代人類崛起的時間；「ASPM」基因的變異發生在 5800 年前，和農業與城市普及以及最早手寫文字紀錄的起始時間相當。這兩種基因不論那一種有了缺陷，都會造成先天外腦症，大腦皮質會大幅縮減，有如回到人類始祖的大腦。這種基因缺陷會有家族遺傳。

3・人類和其他物種在腦部思考功能上的不同；人類有「心智推理」能力（Theory of Mind　簡稱 TOM）

4・「顳頂聯合區」無法整合人五官接收的訊息，此部份癲癇會造成自我經驗與思考的崩解，導致重疊影像、自我定位、觀點、「我」意識等靈魂出竅所看到的幻覺。（右腦下頂葉皮質和後顳皮質的連結，在辨別自己和他人行動方面扮演重要角色）。

5・狗經過馴養後變成人類忠實伙伴和寵物的年代至少有 15000 年歷史，他們和人類互動的社交技巧甚至超過智商高出許多的猩猩；已經變成了一種先天的能力，而非單純靠後天學習或者人類刻意訓練而來。

6・「自閉症兒童」想像力嚴重受損，但是，智力卻正常，顯示「想像力」是大腦專門化的次系統，而不是一般智力的產物。他們沒有「心智推理能力」，也缺乏「直覺心理學」。

7・四萬年前出現的「克儂馬囊人」的墓葬行爲是規律而精緻的，並且有陪葬物品，顯示他們有來世或者陰間的觀念。（註：「來世」或「陰間」的觀念和「靈界」發現的時間無關）

8・大腦中有許多先天的「內建系統」，有譬如學習語言的系統，但是並沒有寫入特定的語言；只要灌入越多軟體，內在連結就會越多，這是和電腦最大的不同。

9．有些大腦機身是天生、內建的，不需要先前個體經驗或社會情境才會發生，有些是人和動物所共有，有些則是人類所獨有。

（註：「大腦、演化、人」為「洪 蘭」教授所著）

「靈魂」形成的原理

人類「靈魂」的形成原理是最典型「知難行易」的一門學問，因爲除了各種宗教所認定「無始之始就已經存在」或者「神創造的」之外，從來沒有人能夠說清楚、講明白，就算有志研究者，也甚至一直都是陷在前述宗教主張的框框裡，總是免不了「井底說天」而已，幾乎沒有人好好深思這個問題，那麼就更不用談能夠知道「形成的原理」了。

有些事，發問容易，找到正確答案很難；但是，「靈魂形成的原理」剛好相反，答案不難，但是，發問比較難；難在不知道要發問？如果連不知道該怎樣「發問」？那麼又怎麼可能找到答案呢？

這裡所謂的「知難行易」是指「靈魂是如何產生的？」、「靈魂如果不是由神創造的，那麼又是從何而來？」、「如果是人類經由長期進化而產生，又是如何能在肉體中形成靈魂」？在這幾個問題上不只是不曾有人這樣發問，就算這樣發問也很難有任何可以參考的資料，也無法用任何實驗的方法來找出答案；那麼，筆者只能靠多年研究的心得和各種實務經驗，用拼圖的方式，合理的邏輯推理出一個至少直到目前爲止，算是「更爲合理」的原理；

說到「困難」，那是筆者這大半生不知用了多少無法估算的時間，一直累積出來的心得，不計其數也不厭其煩的一再思辨、推翻再思辨，反覆辯證，合理的邏輯推理出這樣的「原理」之後，現在要解說時反而就變得簡單了。

因爲「靈魂」形成的原理真的很簡單，而且也符合物理定律。

那就是「能量場」的原理。

經常的，我們會聽聞到許許多多什麼「磁場」之類的，甚至在一些根本就是胡謅的迷信說詞中也會聽聞到什麼「這個磁場好」、「那個地方的磁場不好」等等之類的話語。事實上，跟「磁場」毫無關係，甚至這些信口開河的人，連「場」是什麼都不知道？

其實「場」最簡單的解釋就是：『影響的範圍』。

「磁場」指的是磁力所能影響的範圍，譬如地球磁場也有一定的影響範圍，「極光」就是證明地球磁場影響範圍所及的最好例證。

「靜電場」：指靜電所能影響的範圍，許多小朋友都玩過摩擦某些塑膠製品，可以產生靜電，吸附一些碎紙片的遊戲。

「能量」當然也會形成「場」，就是這股能量所能影響的範圍。

「靈魂」就是一個「能量場」。

談到「能量」，相信大家都能了解到：我們所生存的這個宇宙就是由「能量」所構成的，不論包括「霍金」在內的「大霹靂理論」支持者的觀點是否確實為真，這個宇宙是由「能量」匯聚再形成物質態卻是不爭的事實，宇宙中處處充滿了能量，不只是可以察覺到的「能量」與「物質」，還有絕大部分是目前我們還無法理解的「暗能量」和「暗物質」存在。

不只是所有的物質都含藏著「能量」，所有生命也一樣是由「能量」與「物質」所構成，單純的物質並不能形成生命，生命少了「能量」也勢必無法活動和存活。

其實，就連我們生活的地球，除了本身地殼內部的熔岩活動不停的在產生能量，更因為地球的自轉，將「能量」形成磁場，包裹住整個地球，抵擋了過多「太陽風」和一些「宇宙射線」的沖激，生物才能從容存活；但，最直接來自母星「太陽」的能量也是地球生物必要基本「能量」的來源，而且從遠古時代開始，許多生物吸收了太陽能，除了使本身及整個族群得以存活，即使在死後被埋藏在地底，依然保有這些「太陽能」；聽聞到「太陽能」，大家總是最先想到的就是「太陽能光電板」或者「太陽能電池」、「太陽能熱水器」等等，其實，「太陽能」幾乎無所不在，地球人類也幾乎無時無刻不在使用著；像遠古以來一些生物吸收然後在死亡之後還含藏的「太陽能」；譬如地底的「煤炭」和「石油」，一個是遠古行光合作用吸收大量太陽能的植物，一個是遠古食用植物的各種動物；以及捕食這類動物再次吸收太陽能的掠食性動物。

人類使用「煤炭」作爲燃料的時代已經非常久遠，之後又開發出了地底的石油作爲能源燃料，更從石化工業衍生出各種塑膠產品，其實這些推究其根源，都是來自「太陽能」，人類只是將含藏在煤炭和石油中的能量再次釋放以供使用而已，而不是自行創造「能量或能源」，更甚至連水力發電也一樣必須依賴太陽能；因爲太陽蒸發了海洋和大地上的水份，在空中形成雲霧，降雨在山區高處，形成河川，經由地形高低落差，由位能形成動能，轉動發電機的葉片，才能產生電能。

在今天的生活中，「電」是非常重要的生活能源，從最初只是用於燈光照明，到今天各種電器產品，以至電腦時代來臨後，幾乎只要使用到任何 3C 產品，都離不開「電」。

其實還不只是如此，連所有生物包括人類在內，身體中一樣也需要「電」，最基本的神經傳導，就需要微量的電流脈衝每秒數百萬次的來回傳遞各種訊息；人類的「感官知覺」從外界獲得的各種訊息需要電流脈衝傳回大腦神經中樞來分析判讀，而在腦部複雜的運算和思維也需要電流來完成，然後因應狀況做出任何身體器官或肢體的反應也是由電流脈衝來傳達指令的。

以「人體」而言；只要還活著；基本上就像一顆電池，差別只在是否有「自主意識」。

我們都知道；宇宙中充滿能量，地球從大氣層以內也是處處充滿能量的，最常見的巨大自然能量就是「閃電」，因爲人氣的流動，上昇氣流和下降氣流之間，由於「正電荷」和「負電荷」劇烈摩擦，就產生巨大的電流，形成刺眼的閃電和轟隆隆的雷聲，有時落雷到地面，就形成可怕的雷擊，通常會劈倒大樹或殛斃人畜。

但是，像閃電這種巨大的自然能量，只是隨機形成，本身並沒有任何自主意識。像古來傳說「雷公會打死壞人」，那也只是完全沒有根據的胡謅而已，而且諷刺的是經常是結果相反的，遭到落雷殛斃的往往反而是在農田、海上勤奮工作的無辜民眾，壞人是不可能在下雨打雷天在野外勤奮工作的。

其次我們再來談談人類對於電的運用；一般家用的交流電是現代生活不可或缺的以外，我們現代更經常越來越大量使用到直流電的各種「電池」；

大自然中最常見的「無意識能量」一閃電

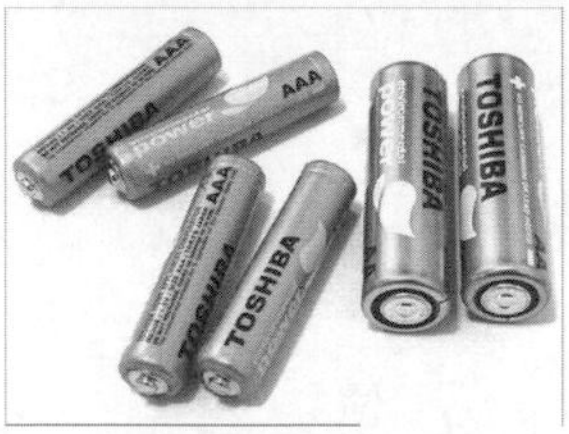

1.5ｖ乾電池

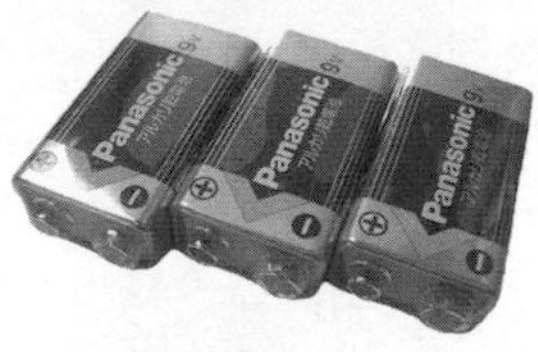

9ｖ乾電池

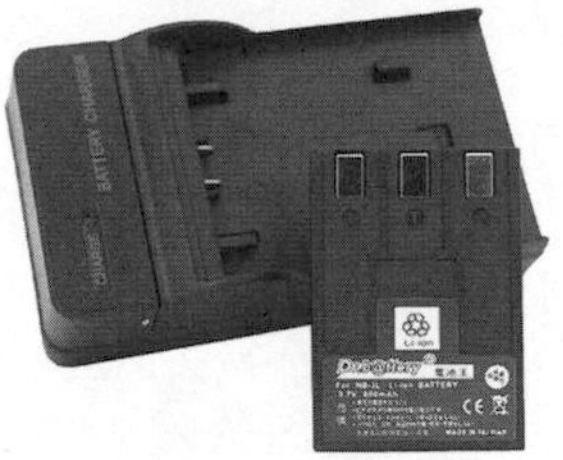

充電式鋰電池

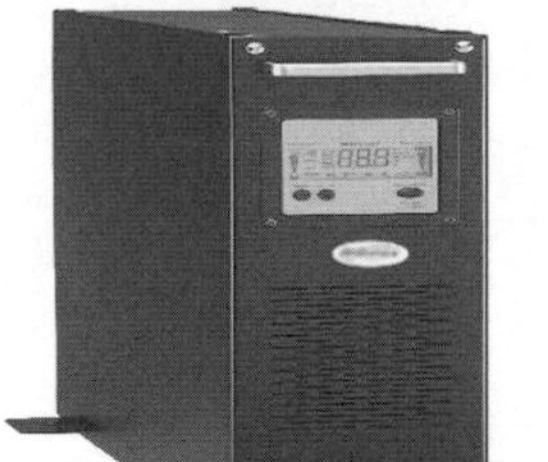

不斷電系統電池

地球磁場及磁力線

太陽風與地球磁場

目前隨著3C產品越來越普及多元，幾乎只要可以隨身攜帶的，必定都會使用到不同的電池；從袖珍手電筒使用鈕釦式的「水銀電池」，最小的不過豆子大小；更普遍的像迷你隨身聽通常使用「4A電池」，有些鬧鐘會使用到「3A電池」，數位相機使用「小型鋰電池」，筆記型電腦需要用到稍大型的「鋰電池」，汽機車會使用大顆的「蓄電池」。

「電池」雖然看起來不怎麼起眼，但是，含藏的「電能量」有時也可能是很嚇人的，譬如3顆豆子大的「水銀電池」就能讓袖珍「紅光雷射」射出光束遠達一百公尺之遙，而兩顆「3A鹼性電池」就能讓「綠光雷射筆」遠射到五百公尺以上，甚至還能燒破氣球或者點燃木柴棒，而一顆方形9V的小小電池，如果裝在「電擊棒」中，瞬間轉換成幾萬伏特的高壓，能夠把人電擊到暫時痲痺甚至昏倒。

紅光雷射筆鑰匙環（3顆水銀電池）

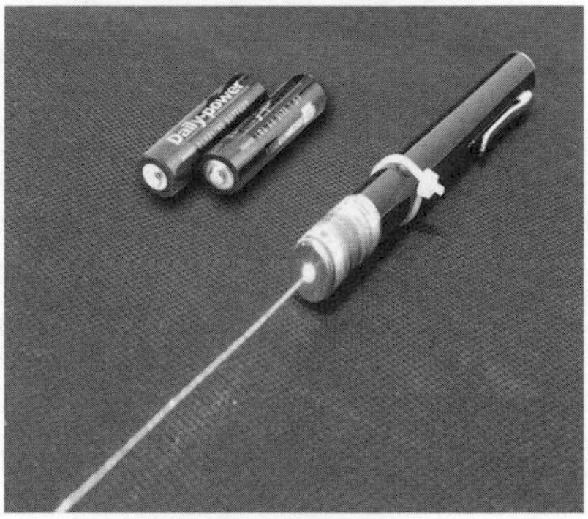
綠光雷射筆（2顆鹼性電池）

電擊棒（一顆9V電池）

那麼「電池」是什麼呢？不就是一個儲存有「電能量」的物體嗎？一顆俗稱的「乾電池」，一出廠時都是儲滿「電能量」的，「電量」多少和電池體積通常是成正比的，但是，質地不同也會決定電量多寡，譬如同樣大小的「碳鋅電池」和「鹼性電池」，後者含電量就較多一些，使用於電子產品時，時間可以持久一些。但是不論是一次性的「乾電池」或者可以重複使用的「充電式電池」，從滿格電量，經過各種用途，電量就會逐漸耗損而遞減，一次性的「乾電池」電量用完之後就只能拋棄或被回收，不能再繼續使用，而「充電式電池」雖然可以重覆使用，但是，也一樣有壽命期，通常使用幾年後或重複充電多少次數後，因爲效能減低也必須捨棄並更換新的。

「電池」製造的過程和學問也許很難，但是，「電池」的原理卻很簡單，而使用方法卻更是簡單，只要需要使用任何攜帶式 3C 產品的人，沒有不會使用電池的。

如果，我們把「人體」比方爲一顆「電池」來看的話（其實，事實上人體也正是一顆含有能量的電池）；那麼用以解說「靈魂形成的原理」就會更容易理解。

一顆「精子」和一顆「卵子」也分別就是一顆微型的小電池，有物質體，也有能量。受精之後合為一體，經由細胞分裂慢慢形成胚胎，也是一顆「電池」；然後隨著懷胎時間增加，胎兒體型慢慢增加，這顆「電池」的電量也會跟著實質成正比的增加；出生之後，只要正常發育長大成人，體重增加了二十多倍，能量當然也是這樣增加了幾十倍……

人和所有生物一樣，都是靠攝食來成長的，不但從各種食物中吸收養分供應身體的成長，也從食物中吸收或在自己身體中經由物理化學反應來產生能量。也因為即使過了成年之後，身體幾乎不再成長，但是，還是隨時需要能量供應各種活動所需，所以，我們終其一生每天都需要進食才能生存。

在正式解說「靈魂形成原理」前，我們先來看看與了解一個非常重要的物件—「電磁鐵」：

電磁鐵的原理

內部帶有鐵心的、利用通有電流的線圈使其像磁鐵一樣具有磁性的裝置叫做電磁鐵，在中、小學生的物理實驗時，通常都會選擇一般家庭容易取得的「鋼釘」。因為「鋼釘」容易磁化，又容易消失磁性。這樣的電磁鐵在通電時有磁性，斷電後就隨之消失。當直流電通過導體時會產生磁場，而通過作成螺線管的導體時則會產生類似棒狀磁鐵的磁場。在螺線管的中心加入一磁性物質則此磁性物質會被磁化而達到加強磁場的效果。在設計電磁鐵時會注重線圈的分佈和導鐵物質的選擇，並利用直流電的大小來控制磁場強度。電磁鐵有許多優點：電磁鐵磁性的有無，可以用通、斷電流控制。一般而言，電磁鐵所產生的磁場強度與直流電大小、線圈圈數及中心的導磁物質有關。

一般中、小學生製作的「電磁鐵」實驗，通常會使用「鋼釘、電線、電池」來作材料；電池提供了「電流」，經過纏繞的電線所製作出的簡單「線圈」就會產生「電磁場」，在這個「線圈」中間插進一根鋼釘，這鋼釘因為「感磁」就會產生「磁力」，然後就能吸附像迴紋針、大頭針之類的微小鋼鐵製品；

我們再來看看另一種常見的物件—「電線」，尤其是「白色或淺色的電線」，只要經常使用，這條電線總是特別容易髒，其實道理也很簡單，只要一條電線經常使用時，隨時都有電流在通過，就一樣會形成微弱的「電磁場」和「靜電場」，這些「能量場」都會自然吸附一些灰塵中的微小物質，久而久之的就會黏附在包覆電線的絕緣外皮，不論是橡膠或塑膠上面，因此就會感覺到特別容易髒，久不清理，甚至白色電線會變成灰黑色的。

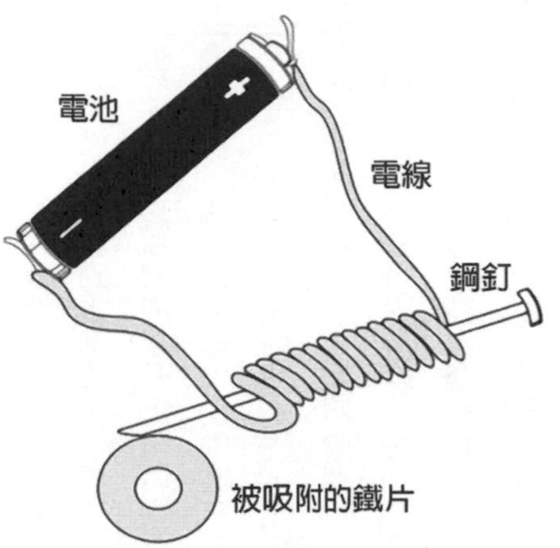

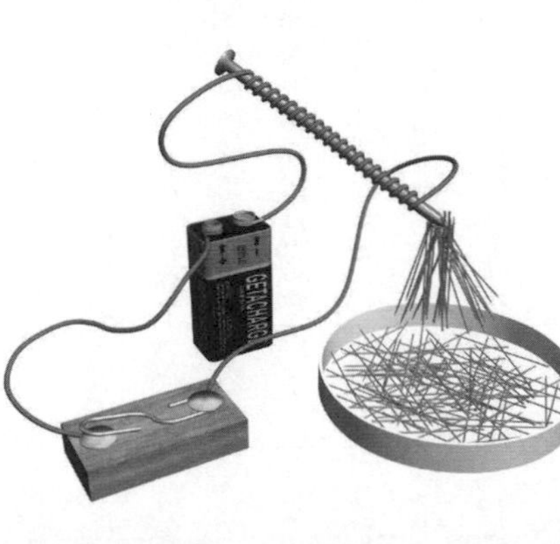

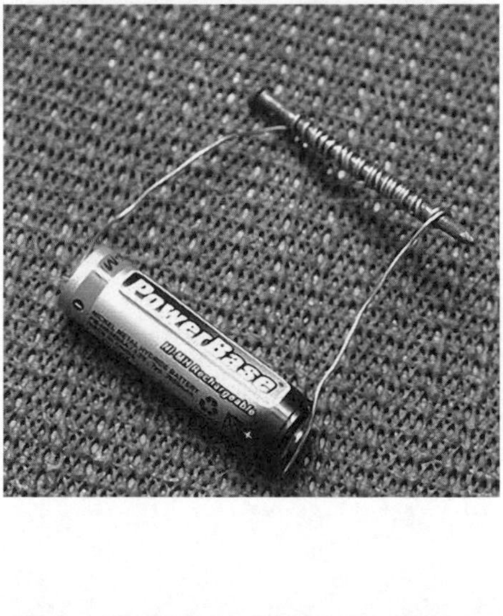

在我們知道「電磁鐵」的原理之後，我們再來談「人體」怎樣形成「靈魂」；「靈魂」是由兩個部份組成的，一個是「靈識」（靈），一個是「靈體」（魂），和活人相比，只差了一個肉體而已。

我們活著的時候，身體中各部份都有能量在流動，既然「神經脈衝傳導」也是依靠「電流」，在所有身體各部份都有神經網路的分佈，尤其是腦部，神經網路更是密密麻麻，人類大腦約有一千億個神經元細胞，這些神經元細胞互相靠像觸手一般的「樹突」和「突觸」，一個神經元與另一個神經元相接觸的部位叫做「突觸」，（註：神經元具有特化突起，稱之爲樹突（dendrite）和軸突（axon）。 樹突把訊息 傳送到細胞本體，而軸突只把訊息自細胞體傳出。一個神經元可以經由突觸將訊息傳送到另一個神經元。軸突作爲神經細胞的輸出通道，可以與一個或多個目標神經元發生連接。一些軸突在運行中發出分支，這些分支稱爲側支（Collateral）。來自主枝的動作電位在各個側支上同時繼續傳遞，最終達到不同的目標。在軸突與目標神經元發生聯繫的部位，一種稱爲「突觸」的結構實現兩個（或有時爲多個）神經元之間的通信。單個軸突的直徑大約在微米量級，但是其長度範圍因類型而異。一些最長的軸突可長達1米多。例如坐骨神經中的一些軸突，從脊椎一直延伸到腳趾。）

同時，我們全身也佈滿了血管，人類的血液呈現紅色是因爲富含鐵質，血液也是無時無刻不在身體各部位流動的，「鐵分」不時的流動當然會產生「磁場」，而「神經傳導」靠電流脈衝也會形成「電磁場」和「靜電場」。整體來說；我們可以總稱爲「生物能量場」，這個「能量場」必然會吸附一些物質；人的身體是靠不停攝食來成長以及補充能量。而人體的「能量場」會吸附一些原本就含藏在所有物質中的「精微物質」，當然在我們日常的食物中也有，在構成我們的身體同時，這些「精微物質」也存在於身體所有部份，我們的「能量場」會吸附原本存在於食物中的「精微物質」以外，還會額外吸收並累積，如果不是這樣，原本含藏在所有物質中的「精微物質」也將在每一次的排洩時同時被排出。我們可以這樣假設；如果沒有這種「能量場」的超量吸附，那麼進食和排洩的進出之間，構成身體的「精微物質」存在於身體各部位的總量假設是40毫克，那麼一個成年人一直到老死，隨時都是維持在40毫克左右，但是，經由「能量場」的超量吸附，就可能在身體各部位存在有總量80毫克的「精微物質」，而且以人類來說，這些「精微物質」並不是平均分布的，而是以腦部佔的比例最多。關於這點，是因爲和我們人類特有的「心智能力」有關。

當然，不是人類體內才有「精微物質」，所有生物既然都有物質身體，當然一定也有正常量的「精微物質」，差別只是人類特別多，這也是地球生物中唯有人類可以形成「靈魂」的因素之一。

爲什麼人類會和其他物種不同，能夠擁有更多的「精微物質」，這就要回到先前談及的那個「電線」的例子，同樣二條等長，等粗的電線，一條隨時通電並經常使用末端的電器設備，另一條偶爾插電，偶而使用時才有電流流動，那麼當然是前者比較容易吸附灰塵，特別容易髒，後者當然吸附的灰塵會比較少。

人類不同於其他物種，甚至相當不同於其他靈長類的近親；正是因爲我們的腦部和牠們有很大的差別，不只是結構不同，腦容量的比例不同，縐摺的比例不同，神經元的總數也遠遠多過其他物種，重點是這些「物質結構」的複雜度已經勝出甚遠，也因爲有這樣的條件，使得我們的功能性和傳導速度和處理效能都要更爲突出並獨樹一幟；也因而我們也得以大量的在運用，快速而複雜的在處理各種資訊，不但要處理生物本能的部份，還要處理更多人類社會型態產生的各種問題，而且有許許多多根本是「抽象」的或者「精神層面」的，還有一些根本是和日常生活無關「形而上」的，譬如藝術、宗教、哲學等等。

其實這些問題並不是現代人類才會需要思考處理的，原始人類就懂得岩洞壁畫，懂得敬拜天地神靈，懂得思考「我是誰？」、「我爲什麼是這樣？而不是那樣？」，甚至會問「我這樣活著有什麼意義？」

當原始人類開始有大量這類的思維活動開始，同時也建構或豐富了自身的「心智能力」，「心智能力」是實存的，不是虛無飄渺的形容詞，是一種「能量型態」存在的能力，而既然是能量，經常快速的傳遞運用之下，自然激發這種能量得以吸附更多更多額外的「精微物質」，其實這個也是自然而然的，不用經由意識下任何指令，但是，特別的是當人的「自我認知」能力增強到一定程度之後，「心智能力」也就隨之加強，而「心智能力」又可以增加「心智能量」或者更有效率的運用這些能量，然後，慢慢形成地球所有物種中最強大的「自我意識」，這個「自我意識」強大到跨越「自我認知」的能力，發展出超越感官知覺的「心智感知能力」，這種擁有「心智感知能力」的「自我意識」形成了最基本的「靈識」。

也在此同時，這種特殊的「心智能量」在經常性更有效率的被運用之後，就能吸附更多更多額外的「精微物質」，並足以構建出一個自體的物質複本─「靈體」，這個「靈體」在人活著時是附著含藏於全身各處，片刻不離的，但是，在人死亡之後，卻能卓然獨立的存在，不但包裹承載「靈識」，同時也接受「靈識」的繼續指揮而行動。

前面談過了一個「電池」的例子，就是一個可以儲存能量的物體，人體也是這樣，「電池」可以藉由線圈的流動而形成「磁場」並吸附鋼鐵類的物件（假設隔著紙張吸附鐵粉，會形成漂亮的磁力線紋，這是一種「成型」的實存事實），人體的「能量場」因爲快速的流動也會吸附各種不同的「精微物質」，並形成有形有體的「靈魂」，這樣的比較之下就不會玄之又玄而令人大感驚愕而難以置信了。

那麼，人類怎樣才能確實形成「靈魂」，怎樣就不可能形成「靈魂」呢？

這和「能量場」的強弱有關；同樣的，再次以「電池來形容」，有一種簡單袖珍的小儀器，叫做「電池測量器」，就是專門用來測量電池中剩餘電量的，我們都知道一顆電池新買回來，裝在任何電器中使用時，必然會逐漸耗損電量的，最後一定會完全用罄，甚至即使完全不使用，放置個十年八年之後，由於自然放電，這顆電池的電流也會完全流失的。

但是，用肉眼是不可能分辨一顆電池究竟是電量滿滿；或者用掉了多少或已經完全沒電的，因此這時就可以用「電池測量器」來測量看看；有指針型和液晶數字型的二種。筆者使用的是「指針型」的，在圖片中可以看出一個全新的電池，指針是在滿格的盡頭處，一顆舊電池則指針是在低量級的範圍，中間有個分界範圍，用顏色區分，只要低於這個界限，就表示電量已經不足，必須更換新的電池了。

新的電池，測量出來的電量是「滿格」的

舊的電池測量出來的電量是不足的

其實這裡有一個重點需要特別注意：各種使用電池爲能源的電器產品，不是一定要使用到電池中的電量完全用罄，這個電器才會「停擺」，每種電器因爲用電量不同，所以，都必然會有一個不同的最低門檻，有時有些手電筒明明因爲「沒電」而不亮時，把電池拔出來測量，還是有些電量的，如果把這顆電池裝進耗電量較小的小鬧鐘裡，甚至還能推動指針走上好幾天，因此，這個觀念用來解說「靈魂」能不能形成就派得上用場了。

再來談談「電磁鐵」，假設把纏繞了電線的鋼釘接在一顆全新的電池上，可以一次吸起二十根「大頭針」，那麼換一個已經使用過一段時間的舊電池，那麼可能只能吸起十根八根「大頭針」，因爲吸力是和電流量以及所形成的磁場強弱有關；那麼再換上一顆差不多可以扔掉的老舊電池，說不定只能吸起一、二根「大頭針」，更或者連要吸起一根「大頭針」也非常困難的一動就掉落……

這樣，我們也就可以知道既然「電量多寡」會影響「磁場強弱」，那麼「靈魂」也是一樣；首先，這個物質身體要夠大，才能儲存夠多的能量，才能形成夠強的「能量場」，這個「能量場」的能量夠強，才能吸附足夠的「精微物質」，必須有足夠的「精微物質」才能形成「靈體」。其次，這樣還不夠，因爲還有一個更重要的就是「靈識」，「靈識」是人類特殊「心智活動」的產物，一定要擁有強大的「自我意識」，才能擁有「心智感知能力」，形成「靈識」；

這樣，我們就可以了解到「靈魂的形成」是有一定門檻的，就像任何一個使用電池的電器產品，必定有一個最低門檻量才能運作，同樣的，再看看圖片中那「電池測量器」中兩顆不同電池的電量差別，假設「靈魂」也有像測量器這樣的界限，超過界限門檻就能形成「靈魂」，低於這個界限門檻就不能形成靈魂；這或許可以說成 60 分是及格門檻，那麼 59 分或 30 分、10 分、0 分其實意義是相同的，大學聯考有些系所在指定科目上也有低標門檻，否則其他科目都好，數學只考了 3 分、5 分，結果分發進「數學系」，有能力就讀嗎？（假設要大量採購選用一個電量優異的電池；測試各種廠牌並比較之下，定的門檻是要能一次吸起 15 根「大頭針」才行，那麼只要吸起的「大頭針」在 14 根以下的就必須淘汰、那麼也就當然會形成「能量門檻」。）

當然，「形成靈魂」的門檻不是我定的，我只是發現了這樣的一個現象而表達出來而已。不能形成「靈魂」也沒什麼可以怪罪或婉惜的，就像其他所有地球物種統統不能形成「靈魂」，那又如何呢？反而，我們該感謝我們人類的老祖先；在進化的艱苦歷程中，不但克服了許許多多自然困境，戰勝了許許多多其他競爭物種，更意外的發展出了「靈魂」，可以在肉體死亡之後，繼續在自然界存活；這才是老祖先遺留給我們真正的「奇異恩典」！

那麼，究竟要什麼樣的年齡或者狀態才能形成「靈魂」？

在此筆者再舉一個例子來解說：我們假設「靈魂」像一顆小朋友愛玩的「肥皂泡泡」；我們都知道「肥皂泡泡」是

由「皂液」和「空氣」組成的；很多玩具店或文具店都可以買到，但是自製也不難；只要用一些「洗碗精」加水加一些酒精，再加一點糖來增加粘稠度和韌性；全部混合均勻就可以了；然後剪一截吸管，蘸點「皂液」再慢慢吹氣就可以形成五彩繽紛的「肥皂泡泡」了。

但是，用吸管蘸「皂液」，通常蘸不了多少，因此吹出個乒乓球太小或者柳橙大小，頂多像個壘球大小的「肥皂泡泡」就差不多了，再往裡面吹氣，泡泡就會爆開，當然這和「皂液」的配方也有關係，有些吹「肥皂泡泡」可以上電視表演的專家，那種泡泡可以大到把整個人罩起來，那種配方是獨門不外傳的。

但是，終究一個泡泡的大小還是和蘸到「皂液」的多寡是有很大關係的，蘸的「皂液」太少，泡泡是吹不大的，非要勉強就一定爆開。

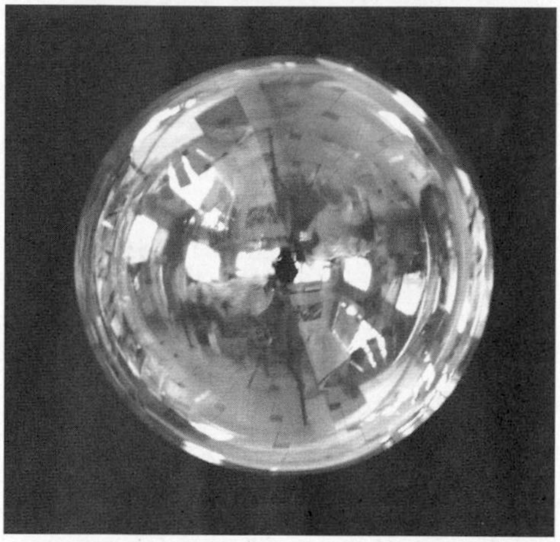

單一「靈魂」的狀態有如「肥皂泡泡」

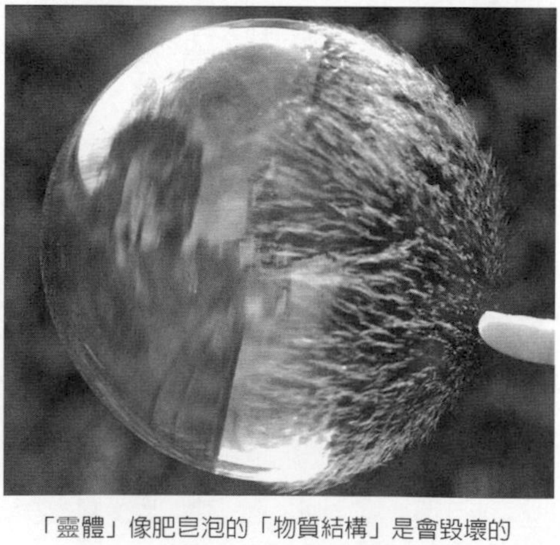

「靈體」像肥皂泡的「物質結構」是會毀壞的

那麼如果我們把「肥皂泡泡」來比擬「靈魂」也一樣；假設把一顆成型泡泡的外膜當作是「靈體」，那麼裡面的空氣就當成是「靈識」（註：筆者當然知道「空氣」也是物質，在這裡只是為了方便簡單解說，所以權宜比方而已），「靈魂」就是這樣由「靈體」包裹承載了「靈識」而形成的。

那麼，如果「靈魂」有基本定量大小，就必須有足夠的「精微物質」構成「靈體」才能包裹「靈識」，否則，就如同蘸到的「皂液」太少，要想吹出像足球一樣大的泡泡，那是不可能的，必定中途就爆開，但是，靈魂在形成以前是不會像泡泡這樣爆開的，頂多是根本不能成型。

那麼到底「形成靈魂」的基本門檻在那裡？

老實說；這個門檻無法非常精準的確定，因爲「靈體」的形成需要依賴肉體的成長到一定的程度，而且一定要擁有強大的「自我意識」，才能擁有「心智感知能力」，形成「靈識」，這兩者又是息息相關的，沒有足夠強大的「靈識」，不足以吸附足夠的「精微物質」來構建可以成型的「靈體」，沒有成型的「靈體」又不能包裹承載「靈識」。不過整體來說，還是「靈識」比較重要。

如果要以年齡來界定的話；因爲隨民族、地區、教育方式和「心智」成熟度都有密切關連，不能一概而論；只能說；我們必須看他的「自我意識」所表現出來的「心智能力」強度到何種階段才能勉強界定；不過以現代人在文明社會中所受的正常教育和「心智」正常發展來說；大約是六到八歲之間，但是，這並非絕對，有些特別聰穎的孩子也會提前不少年紀就足以形成。

同樣的，總是有必要條件的，就像語言能力，如果發聲器官正常，腦中因缺陷少了「語言預設網路模式」，或者被蓄意剝奪了學習語言的機會；那麼過了黃金學習期，終生無法學會任何語言，而如果腦中少了「心智感知系統預設網路模式」，或者被蓄意剝奪了「學習做人」的基本權利，以及重度智障者，缺乏「自我意識」的，都將無法形成「靈魂」。

比較直截了當的界定；就是必須有足夠的「自我意識」，懂得經常會反問自己一些問題，經常會在內心跟自己對話時，其實，再提一個相關的議題；地球所有物種中，都是靠生物本能在存活，但是，唯有人類會經常「自我對話」，腦中另外那個「我」往往還會唱反調。事實上，人有兩個「我」，一個是生物性的我，一個是「靈魂的自我」，那個會跟肉體的我對話的就是「靈魂」，正常人幾乎人人都會經常這樣在做，只是做得理所當然，做得自己不知不覺，而許許多多的人認爲「人沒有靈魂」！其實他們竟然不知道，主張「人沒有靈魂！」的正是他們的「靈魂」在發言，而不是那個生物肉體外在的「我」；好好想想吧；一隻狗或者一隻猴子會主張「沒有靈魂」這樣的問題嗎？牠們連「靈魂」的觀念或者另一個會跟牠們在腦中對話的「自我」都沒有！

中國古人說「人之異於禽獸幾希？」，這是在指外在生物肉體的「自我」而言，其實，單單人類可以形成「靈魂」並且在死後續存，和所有地球物種已經差別難以道里計了。

同時，也順便一提；「靈魂」不是永生的，即使是由「精微物質」構成的「靈體」也會毀壞的，只是比肉體存在的更長久而已，卻不是永遠不壞的，究竟能存在多久，沒有任何人或者「靈」知道；但是，這個「靈體」卻會因為意外事故，甚至被殺戮而毀壞，「靈體」一旦像「肥皂泡泡」一樣因為被蓄意殺戮而爆開之後，「靈體」會像分子一樣逸散，「靈識」也會變成一堆雜訊。

人類是自然的產物，「靈魂」是人類由高度「心智能力」所發展出來的，所以，當然也一樣是自然的產物，絕無可能自外於「自然」，所以，「靈魂」的特性完全符合「自然律」和「物理定律」。

所有宇宙的萬事萬物都在自然之中，沒有任何例外，所以，根本沒有任何事是可以「超自然」的！

「超自然」這個名詞，等同於「胡扯！」與「不存在」。

「靈魂」與「能量場」

人類肉體死亡之後，靈魂會以「靈識＋靈體」的型態存在，其中「靈識」的部份是以一種「能量場」的方式存在和運作。

所謂的「場」是指一個空間或範圍，更精確的說；就是「影響所及的範圍」；譬如「磁場」、「靜電場」、「重力場」；「磁場」是指磁力所影響的範圍，在這個範圍中，只要會感磁的物質，如鐵、鎳都會被吸引或干擾，其他各種「場」也一樣。

因此，我對於「靈魂」的定義是「一個擁有自主意識的智性能量場」，因爲「自主意識」因人而異，「智性」又各自不同，所以每個「亡靈」都有各自獨立的「靈能量場」，簡稱「靈能場」，都可以發揮不同的「靈場效應」。

爲了進一步說明；以一個曾經風靡一時的科學玩具「磁懸浮陀螺」爲範例：就是利用磁鐵相吸，同極相斥的特性，有一個固定的底座和一個金屬陀螺，統統裝有磁鐵，但是，安裝時特別將兩者裝設爲同極，這樣就會「相斥」，再利用陀螺快速旋轉時產生的「動態平衡」，使得陀螺的磁力也保持最佳的平衡狀態，因此當和底座的磁鐵產生相斥作用時，就能使得陀螺懸浮在半空中轉個不停，感覺十分神奇，所以又稱爲「懸空幽浮」。而這種現象擴而大之，就是現今已經進入實用的「磁浮列車」。

目前利用這種磁鐵或電磁鐵產生的相斥力開發出來的許許多多「磁懸浮」產品也已經琳瑯滿目；諸如「懸浮地球儀」、

「懸浮燈」、「懸浮筆」、「懸浮相框」等等。

筆者想用「磁懸浮陀螺」爲例；就是想讓大家可以具體的看到「陀螺」確實是懸浮在半空中不停旋轉；那麼陀螺是懸浮在什麼「東西」上面呢?那個「東西」竟然不是實質的，而是一種我們肉眼看不見的力量，竟然可以形成這樣一個奇特的空間；這個就是「磁場」，這樣的作用正是一種「磁場效應」的具體表現。

磁懸浮陀螺

電動磁懸浮地球儀

我們可以用任何非鎳鐵類的東西，甚至手指頭橫過「陀螺」的下方，在「陀螺」和底座之間是完全沒有任何阻力的，如果以我們自己的手指頭來說；我們的肉體可以穿過這個「場」，而相對的這個「場」也可以穿透過我們的肉體。

這是具體的事實，沒有什麼可以爭辯的；同樣的；「場」也可以穿透任何物質，包括我們的肉體在內；也正因爲這種「場的效應」，可以讓我們更加明瞭「靈魂」的型態以及因此可以解釋諸多的「靈魂現象」和「鬼神的能耐」。

這些現象包括：

「鬼靈如何與活人的接觸？」
「鬼靈如何顯形嚇人？」
「鬼靈如何引發人的幻境？」
「鬼靈如何穿牆過壁？」
「鬼靈如何托夢給親友？」
「鬼靈如何與通靈人溝通？」
「鬼靈如何影響擲杯筊？」
「鬼靈如何影響部份弱電系統？」
「鬼靈如何讀取一個人的往昔記憶？」
「鬼靈如何知道當事人家中正在發生的事件？」
「鬼靈如何作祟使人生病？」
「鬼靈如何干擾特定之人使其成爲薩滿或乩童？」
「鬼靈如何入神附身於薩滿或乩童？」

科學家對於靈魂的研究和認知觀點綜論

學者稱人死後「靈魂」仍在

關於人死後生命是否依然存在的問題一直被各界爭論不休，然而俄羅斯『晨報』文章卻指出，這一問題的答案已變成肯定，學者們找到了有力證據證明，人在心跳停止以後依然存在「靈魂」。

據英國『每日郵報』報道，美國和英國的兩位著名科學家提出了一項引人注目的理論，認爲構成靈魂的量子物質離開神經系統而後進入宇宙時便會出現瀕死經歷。根據他們的理論，意識是大腦內一台量子電腦的程式，即使人死後，這個程式仍可以在宇宙中存在。根據學者的觀點，這一理論可以解釋很多經歷過臨床死亡的人回憶起自己在「深長的隧道裏」或者看到「一束白光」這一現象。

這項類宗教理論由美國亞利桑那州大學意識研究中心負責人和麻醉學與心理學系教授斯圖亞特·哈默羅夫博士提出，立基於他與英國物理學家羅傑·彭羅斯爵士提出的一項與意識有關的量子理論。根據他們的理論，人類的靈魂存在於腦細胞內被稱之爲「微管」的結構內。他們指出人類的意識活動是這些微管內量子引力效應的結果。這種理論被稱之爲「調諧客觀還原理論」（Orch-OR）。

根據他們的理論，人類的靈魂是大腦內神經元細胞之間的交互作用。它們由宇宙內的基本物質構成，可能在時間誕生後就已經存在。這種觀點與佛教和印度教的觀點類似，即意識是宇宙的一個組成部分。此外，與西方的哲學唯心主義也有相似之處。

哈默羅夫認爲，在瀕死經歷中，微管失去了它們的量子態，但裏面的資訊並沒有遭到破壞。也就是說，靈魂離開肉體，重回宇宙。哈默羅夫在紀錄片『科學頻道—穿越蟲洞』中表示：「心臟停止跳動，血液停止流動，微管失去了它們的量子態，但微管內的量子資訊並沒有遭到破壞，也無法被破壞，離開肉體後重新回到宇宙。如果患者蘇醒過來，這種量子資訊又會重新回到微管，患者會說『我體驗了一次瀕死經歷』。如果沒有蘇醒過來，患者便會死亡，這種量子資訊將存在於肉體外，以靈魂的形式。」

斯圖亞特・哈默羅夫博士

羅傑・彭羅斯爵士

Orch-OR 理論遭到以經驗爲根據的思想家的猛烈抨擊，在科學界也引發巨大爭議。『赫芬頓郵報』報道稱，很多科學家向這一理論發出挑戰，美國麻省理工學院的物理學家馬克斯・特格馬克便是其中之一。

在 2000 年發表的一篇文章中，特格馬克批評了 Orch-OR 理論。這篇文章被很多反對者引用。哈默羅夫認爲量子物理學研究將最終證明 Orch-Or 理論，最近發現的量子效應驗證了很多重要的生物學過程，例如嗅覺、鳥類的導航以及光合作用。

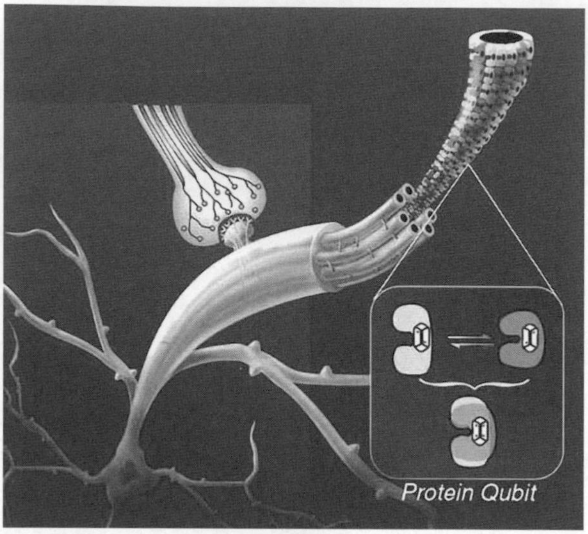

Orch-OR理論

物理學家馬克斯・特格馬克

〈筆者評註：用「量子力學」來解釋「靈魂現象」，不是不可以，但是，「量子力學」卻不完全等同「靈魂學」，因爲「靈魂」也要受到物理定律的規範，所以有些部份跟「量子力學」相關，那也是很自然的事，關於「靈魂」是一個被寫就的「軟體程式」一事，筆者在三十年前已經在論文中提出，也不是什麼新觀念，至於『人類的靈魂存在於腦細胞內被稱之爲「微管」的結構內』的說法，筆者不予置評，留待日後更多證據顯示時再來思辨；但是對於『這種觀點與佛教和印度教的觀點類似，即意識是宇宙的一個組成部分』，這點，筆者完全不同意，這種源自印度「吠檀多梵我不二論」的見解是有錯誤的，人類的「靈魂」是自行創造的，如果有所謂的「宇宙意識」，並不能主導人類意識，而是被人類作爲素材運用。因此『微管內的量子資訊並沒有遭到破壞，也無法被破壞，離開肉體後重新回到宇宙』的說法就不夠真確，應該是飄離體外而已）。

哈佛教授證明了靈魂存在現象！

美國時間5月3日下午，哈佛大學著名物理學家、量子物理學家美女教授麗莎・藍道爾（LisaRundall）向媒體宣稱，經過9年的精心研究和無數次的試驗，稱靈魂確實存在！

麗莎・藍道爾

肯耐斯－瑞恩博士

沛姆・凡・拉曼爾醫生

美國時間5月3日下午，哈佛大學著名物理學家、量子物理學家美女教授麗莎・藍道爾（Lisa Rundall）向媒體宣稱，自2001年來聯合美國著名物理學家John Swegle、康涅狄克大學的心理學教授肯耐斯－瑞恩（Kenneth Ring）博士、荷蘭Rijnstate醫院心血管中心的沛姆・凡・拉曼爾醫生（Pim Van Lommel）、美國著名心理學家雷蒙・穆迪博士、英國著名外科醫生山姆・帕尼爾研究靈魂是否存在的科學證據，經過9年的精心研究和無數次的試驗。已經取得了突破性的進展，證明靈魂確實存在，有望將在2012年向全人類莊嚴宣告靈魂存在的最權威的科學證據。屆時人們不得不佩服人類祖先的智慧，在幾千年前就認爲有靈魂存在。

同時麗莎・藍道爾也擔心，一旦科學界公佈靈魂存在的證據，世界上很多人將不懼怕死亡，自殺或極端事件也將上升。這是她不希望看到的結果。

科學家們試圖通過粒子對撞機探索量子宇宙，重現約 140 億年前誕生宇宙的大爆炸後的情形。

哈佛美女教授挑戰愛因斯坦，認爲還有另一個神秘空間和世界存在；

雷蒙・穆迪博士

山姆・帕尼爾醫生

大型粒子對撞機

在哈佛大學的一間實驗室裡，一位女教授正在做一個核裂變的實驗。突然，她發現一個微粒竟然離奇地消失得無影無蹤。它會跑到哪兒去?女教授大膽提出一個新的設想：我們的世界中存在一個人類所看不到的第五維空間。

這就是登上『時代』「100 名最有影響力人物」之一，被公認爲當今全球最權威的額外維度物理學家的哈佛美女教授麗莎・藍道爾。

麗莎・藍道爾大膽的設想立刻引起了國際物理學界的震驚。要知道，根據愛因斯坦的廣義相對論，人類生存的三維空間加上時間軸，構成的是「四維時空」。於是，哈佛美女教授挑戰愛因斯坦的消息一時傳遍了全球。

那麼，這個神秘的第五維空間到底是什麼？本報記者通過電子郵件聯繫到了這位美女教授麗莎．藍道爾。

實驗中的微粒離奇消失了

「在我的一次實驗中，一些微粒莫名其妙地消失了，我認爲它們是跑到了我們看不到的另外的空間裡去了。它們其實離我們並不遙遠，只是很好的隱藏了起來。」麗莎．藍道爾說。

藍道爾將這個「我們看不到的空間」稱爲「第五維空間」。

如果藍道爾所說的第五維空間存在，那麼爲什麼我們會看不到它？藍道爾教授解釋說：「這個額外存在的維度非常微小，如果某些事物足夠的小，你就不能夠感受到它的存在。」

中國科學院理論物理研究所的研究員李淼給我們打了一個比方。這就好比我們看來就是一根線的物體，如果用放大鏡觀察，就可以發現其實裡面還有另外的世界……裡面的纖維有粗有細，有不同的方向。

這就是我們看不見藍道爾教授假設的第五維空間的原因，因爲維度太小了。

麗莎．藍道爾的大膽設想震驚了國際物理學界。

有觀點認爲，這位哈佛美女教授是對愛因斯坦提出了挑戰。因爲根據愛因斯坦的廣義相對論，我們的世界是「四維」的。

李淼解釋說，「四維」是一個時空的概念。它是指人類存在的三維空間再加上一個時間。這是愛因斯坦在他的『廣義相對論』和『狹義相對論』中提及的概念。我們的宇宙是由時間和空間構成；時空的關係，是在空間的架構上，即在普通三維空間的長、寬、高三條軸外，又加上了一條時間軸。

李淼教授是國內研究高度空間的專家之一，他告訴記者，藍道爾教授的研究應該說是愛因斯坦「四維時空」理論的延伸。研究高度空間是爲了將我們現在所知道的力統一起來。比如電磁力和引力，因爲在我們這個低維度空間裡看起來表現形式不同的各種力，在更高維度的空間裡可能就是一個力。

在藍道爾教授的理論中，如果第五維空間真的存在，那麼很可能還存在著另一個神秘的三維世界。

這就是說，我們人類生活在一個無限大的五維空間中，不過，我們只能感知到其中的四維……空間和時間，另有一個維度我們無法看見。然而，就在這五個維度共同組成的空間中，還有另一個不爲我們所知的三維世界存在。

藍道爾告訴記者，那個「世界」的物質組成將完全不同於我們所能感知的這個世界……其化學成分和存在的力與我們的世界全然不同。在第五維空間，唯一與我們分享的就是重力。只有重力產生的能量，可以穿梭於兩個不同的「世界」。

目前，科學家們正在努力找出重力以外可以穿梭於兩個不同「世界」的其他物質。這樣一來，就可以找出存在於五維空間中的世界，甚至發現時光隧道。不過，藍道爾認爲，人類目前還沒有能力離開賴以生存的這個世界。

如果發現了第五維空間，就可以解決物理界一直以來的一個謎團：與電磁力和其他力相比，重力爲什麼會如此脆弱？比如，一塊小小的磁鐵就可以將迴紋針吸起來，要知道，磁鐵的對手事實上是擁有地心引力的整個星球！

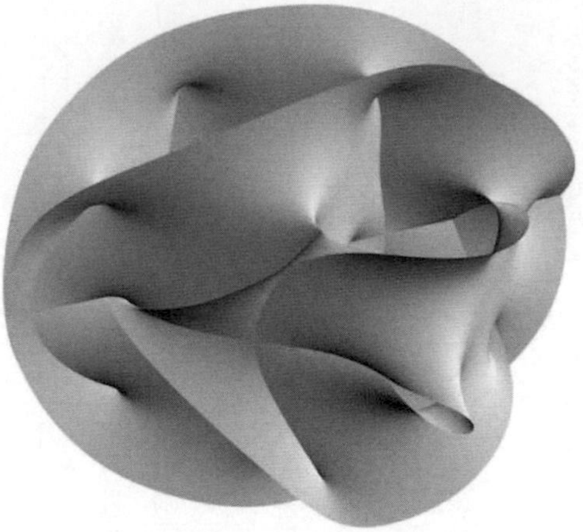

Kaluza Klein模型

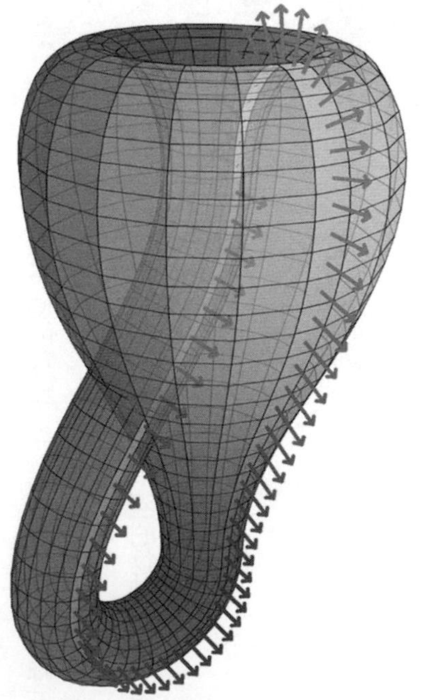

藍道爾透露說，最快在明年（2011年），她就可以把「第五維空間」從假設變成全新的理論。

這是因爲，歐洲原子核研究中心（CERN）目前正在瑞士和法國的邊境地下100多米深處，興建一台世界規模最大的大型粒子對撞機（博主記得克里昂提到過這個對撞機，好像是說它產生的理論將會引領人類走向未來的新時代，估計說的是不是就是這個大新聞？）。粒子對撞機正式投入使用後，便可觀察是不是有粒子消失，進入了人類看不到的「第五維空間」。屆時，一條周長27公里的環形隧道將把兩束質子加速到接近光速，然後讓它們以每秒8億次的速率迎面相撞，釋放出大量比質子更小的粒子，從而重現宇宙形成時發生大爆炸的情形。如果屆時有粒子消失無蹤，就可以證實後者進入了人類看不到的「第五度空間」。

早在1919年，波蘭人T卡盧茲就將愛因斯坦的廣義相對論推廣到「五維時空」。之後，另一位科學家O克雷恩將其發展而形成了新的Kaluza Klein理論。

藍道爾教授說，在Kaluza Klein模型中，存在這樣一些粒子，它們的一些物理特性讓人們感到很奇怪，比如質量。在這個模型裡，這些粒子的質量總是莫名其妙地增加了。這些增加的質量是哪來的呢？

「我們認爲，這些質量一定跟額外維度空間中產生的動力有關。」藍道爾說，「它們依靠額外空間中的幾何學存在，而這個額外維度空間可能就是看不見的第五度空間。所以，我們要想尋找第五度空間，其中一種方法就是尋找這樣一些粒子。」

現年45歲的麗莎曾因美貌榮登美國『時尚』雜誌，被譽爲哈佛美女教授。身爲哈佛大學理論物理學專業的博士，麗莎多年來潛心研究引力、時空的額外維度、膜宇宙模型和弦理論。她的代表著作『彎曲的旅行：揭開隱藏著的宇宙維度之謎』一書，由於深入淺出地談論了人類身處其中的宇宙故事，一舉入選『紐約時報』2005年「100本最佳暢銷書」之列。2007年，麗莎被美國『時代』雜誌評選爲全球「100名最有影響力人物」之一，被公認爲當今全球最權威的額外維度物理學家。

（筆者評註：這個新聞是2010年發布的，雖然表示要在2012年，也就是今年內公布，但是，歲末已近，顯然還沒有任何徵兆？不知道發生了什麼問題；我們可以看到「麗莎．藍道爾」所召集的和領域專家都是當代一時之選，這樣的夢幻組合和致力研究的目標應該是令人振奮的，但是，所謂「消失的粒子」是否就和「靈魂」有關，筆者的態度比較保留，同樣，「靈魂」是否一定是存在於「第五度空間」，筆者也無法完全同意，因此，能發現證實「第五度空間」，並且證實「消失的粒子」是進入「第五度空間」，是否就能證明「靈魂」的存在，感覺在關連性上還不夠緊密，很難斷定是否因此就能揭開人類生命的千古之謎。因此筆者的態度是「審慎樂觀」的，如果能夠發現非常確切的證據，筆者當然是多多益善，樂見其成的）。

科學家和 25 家醫院簽約，三年時間查出「靈魂出竅」是真是假

在「Popular Science」刊登了一則消息，一個叫做「人類意識研究專案」（The Human Consciousness Project）的科學研究即將開展，為期三年。此專案主要想研究「死亡體驗」，促使這個研究的發生，是因為大家傳頌的「瀕死體驗」（NDE，Near Death Experience），也就是說，瀕死者若沒死的，回來都會說他們竟看到自己慢慢離開身體，看到自己的身體被急診室醫生圍繞著，然後進入一個黑暗隧道，隧道終點有個光點……科學家說，尤其是心臟病患更常出現 NDE，大約有10~20%的病患（分母當然是這些有被救活的），曾有過這些所謂的「瀕死體驗」。

Dr. Sam Parnia

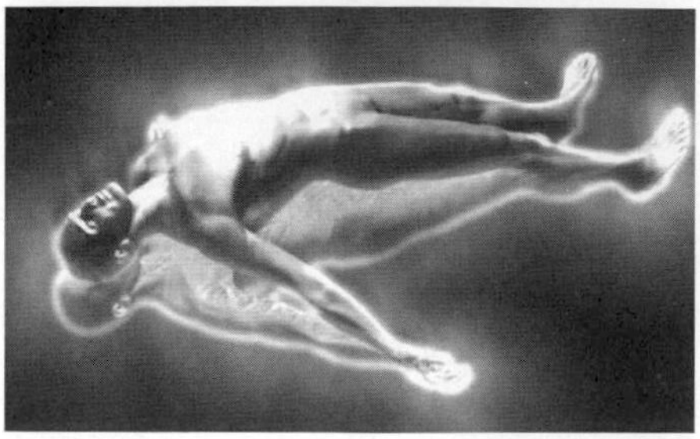

科學家很重視接下來這三年的研究，認爲它有希望如當年從「牛頓科學」到「量子科學」，一開始大家認爲牛頓科學可解釋宇宙所有行星運作的規則，但這些規則到了小量子卻又全部不能 work 了，於是研究出量子科學，證出一連串的新公式，終於把整個量子世界都弄「通」了。目前人類所知的所謂「意識」，可能因爲這場研究，而有了完全重新的解釋。

而科學家會這麼有把握這次能查個「水落石出」，多少也是因爲這次的實驗方法。報導說，這個專案已和 25 家美國、加拿大與歐洲的醫院簽約，在未來三年中，至少得到 1500 個「病患」作實驗。這實驗的做法是，這些簽約醫院的急診室以後一碰到要急救的病患，尤其是「心臟病」患，就要立刻將它們送到一間特別診療室，這間房間除了所有必備的急救系統，還爲這病患戴上一些特別監測儀器，包括大腦、血液，要測量他在接下來時間流到腦中的氧氣濃度、大腦的運動等等。大家已從這個部落格了解到科學家對「大腦」的研究真的很厲害，這下子，他們應該可以對這些人的大腦發現更多的新東西。

這特別的「房間」的設計，還不止於此。科學家甚至還在房間四周，設置了比人還高的書櫃，並在書櫃的櫃頂置放了幾張照片，平常看不到，只有在「飛」到天花板的高度才會看得到。這就是在測驗瀕死體驗中的「靈魂出竅」是不是直有此事，如果在某場實驗中，此人被救活了，科學家就會拿著這些照片跑去問他，是否對這些照片有印象？若還真的有印象，那，這場實驗就很值得重視和持續研究研究了。而這個「人類意識研究專案」的負責人，就是前文中也曾提到的「山姆．帕尼爾 Dr. Sam Parnia」。

醫學家：電流刺激角腦 她經歷靈魂出竅

瑞士醫學家報告說，經由一項治療癲癇症病例，他們利用電流刺激一名病患右腦的「角迴」（或稱角腦）部位，結果竟發現可以讓人產生「靈魂出竅」的感受。有許多瀕死經驗的人經常親歷靈魂出竅.他們談起自己的靈魂騰空而起被拉到天花板的燈光處，或者在高處俯瞰外科醫師正在搶救其生命。這種短暫而叫人困惑的視覺印象是怎麼產生的？這個問題科學家一直得不到答案。

瑞士日內瓦暨洛桑大學醫院神經科教授布蘭克及其同僚在十八日出版最近一期「科學」期刊專文中表示，他們在治療某位女性癲癇病患時發現，利用電流來刺激右腦「顳葉」部位的角迴，可以重複激發出「靈魂離體」的經驗。

神經科教授布蘭克

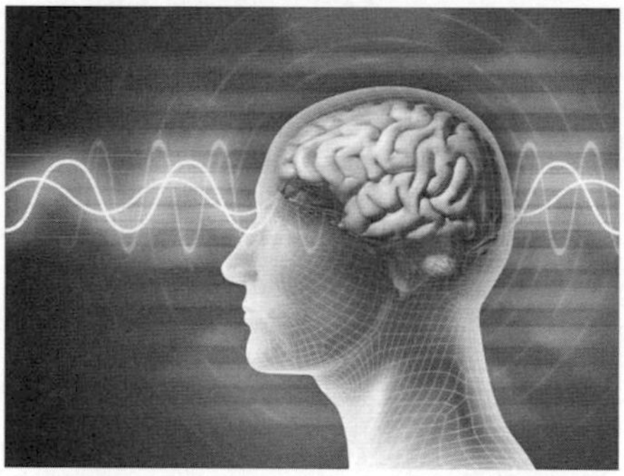

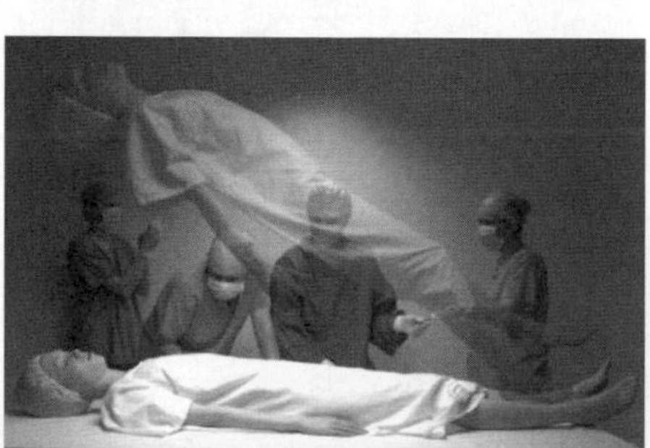

一開始，電流刺激讓女性病患感覺自己「下沉」，然而電流增強時，她卻覺得靈魂離體。該病患向醫師們表示，她由上往下，看到自己躺在病床上，但只看到自己的腿及下半身；進一步刺激後，病人感覺自己輕飄飄，「飄浮」到接近天花板的地方。

電流持續通過電極刺激病患腦部，醫師要求她由高處觀看自己的雙腿；這次病患報告說看到自己的腳「變短了」；假如把腿彎曲，腿看來好像要迅速踢往臉部，迫使病患趕緊躲避。當醫師要求病患觀看自己外伸的手部，結果也告類似，左臂似乎縮短，但右臂未有變化；假如雙臂在肘部彎曲九十度，女病患會覺得左下臂及手掌猛往自己臉上摑來。

瑞士醫學家表示，治療中病人曾三度靈魂出竅，時長約兩秒。專家表示，然而此類經驗似乎難以持久，而且只要有心檢視幻覺中自己的身軀或四肢，該經驗便會消失。

顳葉是人腦四腦葉中主司理解聲音、觸覺、回憶及言語的部位，角迴也在顳葉之中。右角迴是專司整合來自視覺系統、觸覺及身體平衡的訊號，若干科學家懷疑角迴若受過度刺激或者遭到壓抑，兩者功能之間難以串連時，就會出現靈魂出竅的感受。

布蘭克亦說他不解為何有瀕死經驗的人經常會睹靈魂出竅，但他認為可能是缺氧或特定腦區失聯所致。

去年十二月，英國醫療專業刊物「刺胳針」報導，據荷蘭專家研究三百四十四起已遭宣判臨床死亡而後來救回生命的病例，其中約一二%的病患報告，看到隧道盡頭有光，或者與已過世的親人交談。

質疑有靈魂出竅現象者表示，本實驗病例距科學界真能解釋超感受現象，其實距離還很遠。布蘭克教授表示，希望自己的研究成果能激發對本現象有興趣的神經學者與其他科學家進行更多合作，而對靈魂出竅經驗理解得更透徹。

英國學者發現人死後瀕死經驗有靈魂

2000 年 10 月 23 日多維新聞社電，英國學者最近完成了全世界，第一項關於瀕死經驗的科學研究，發現人的意識，即一般所謂的靈魂，在大腦停止活動後繼續存在，這項研究發現，四名死裡逃生的病患，所共有的瀕死經驗，包括寧靜喜樂的感覺，時間迅速流逝，感官的感受更為強烈，不再察覺到身體的存在，看到一道強光，進入另一個世界，遇到一個神秘的靈體，以及到了一個有去無回的地方，預料這項研究將引發一個長久以來，教會與科學界爭論不休的問題，死後的生命真的存在。

依據英國周日電訊報報導，倫敦市精神病研究院的神經精神病學家，費維克與南安普敦醫院的研究人員，帕尼亞在為期一年的研究中，對六十三名心臟病突然發作而死裡逃生的病人，進行發病後一週的觀察，結果發現有五十六人正如醫學界所預期，在失去意識後沒有記憶。

但有七人在心臟停止跳動後仍有記憶，其中四人通過了評估是否有瀕死經驗的葛萊森量表，四人當中有三人為不上教堂的聖公會信徒，另一人曾是天主教徒，後來不再信教。

瀕死經驗是腦部缺氧藥物導致

許多批評瀕死經驗的學者認爲，瀕死經驗是腦部因缺氧而導致功能，崩潰瓦解的後果，但是費維克與帕尼亞表示，這四名瀕死經驗的受試者，都沒有經歷腦部缺氧的狀態，所以腦部缺氧應不是瀕死經驗的原因，另有學者認爲，瀕死經驗是病人死前因醫生，給予不尋常的藥物組合而產生的後果，但是費維克與帕尼亞說，這些病人在醫院接受的復甦，過程完全相同，因而排除藥物影響的因素，不過他們仍然強調，未來科學界有需要對瀕死經驗進行更多的研究。

帕尼亞表示，這四人經歷到超出醫學界預料的經驗，他們的腦部當時不應具有保持神智清楚的過程與形成持久記憶的能力，所以這項研究可能爲以下問題提供了一個答案，那就是心智與意識究竟是腦部製造的成果，還是腦部只是心智的某種媒介，而心智是獨立存在於腦部之外的東西。費維克指出，如果心智與大腦是獨立存在的兩種東西，那麼意識就可能在死後繼續存在，而人類的靈魂亦有可能存在，宇宙也有可能是一種有意義、有目的的存在，而不是隨機發生的結果。

（筆者評註：關於「瀕死經驗」的各種研究紀錄，仍然以當事人的「主述」爲大宗，還是非常缺乏客觀的旁證，在方向上應該多方蒐集相關旁證更重要，否則實在很難令人信服）。

第一張人體靈魂出竅的照片

1987 年一張疑似靈魂出竅的照片，在科學界引起一陣騷動與熱烈討論，這是墨西哥的一位心靈學家胡力安馬爾薩斯，所公佈的病人死亡前一剎那的照片，照片中在病人死亡的瞬間，有一道白色的東西從身體內衝向上面。

胡力安馬爾薩斯解釋說，這就是死者的靈魂素粒子，剛要離開死人的軀殼，這種初次出現的靈魂，在心靈科學上稱爲靈魂的正體，一旦失去了它，人體便無法再生存了。

靈魂學研究者把附著於人體的物質稱做靈魂素粒子，人死後靈魂素粒子，就會從人的體內跑出來，之後人體只剩下一具沒有靈魂的軀殼，這具軀殼隨著時間的消逝，不久就會腐壞。

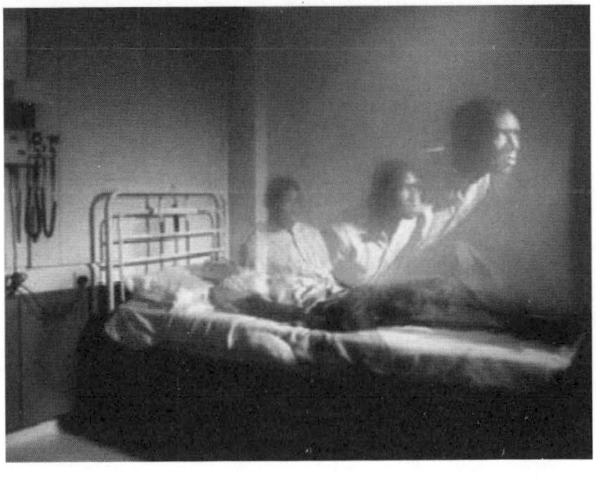

（筆者評註：同樣只是一張照片，我們無法就此評斷必定爲真，或者必定爲假，但是，單憑一張照片，是絕對不足以證明「靈魂」存在的，因此只能存疑和參考而已。）

人體的靈魂素粒子是物質

靈魂出竅的照片引起廣泛討論後，有一群由七個靈魂學權威的醫師，心理學家，科學家組織的研究團體，製造了一套靈魂測定器，以證實人死後是否真的有靈魂的存在。

他們認爲如果附著於人體的靈魂素粒子是物質，那麼它就應該有一定的重量，當人死亡的同時，靈魂就會離開人的肉體，所以人在未死前的體重和死後的體重，應該有所改變，這個改變的數字可能就是靈魂的重量。

1996 年秋天這群靈魂學權威測試了一百位死者的體重變化，得到以下的結論，當人類死亡的時候，水份和瓦斯會從人類的體內釋放出來，將這些因素扣除重量後，重新計算人體死前與死後的重量，赫然發現前後相差三十五公克。

也就是說人死的前後剎那間，體重減輕三十五公克，而且沒有胖瘦之分，因此，他們認爲，這些實驗證實靈魂是附著於身體上，屬於一種物質，既然是物質就會有一定的重量，他們相信靈魂的重量應該就是三十五公克。

他們進一步解釋說，離開人體的靈魂素粒子，通常如水中浮萍般，漂浮在空中，沒有附著點，呈現微粒子狀態，有時候這些微粒子會集合成肉眼可以看見的物體，這就是人類眼中所見的幽靈，有時候幽靈在拍照過程中會出現，現在的科技發展已能利用電腦，調查靈魂素粒子的性質來研究死後的世界，雖然尚未達到盡善盡美的階段，但已經相當客觀且科學化，相信在未來的不久，人類可以完全掌握死後的世界。

靈魂的重量是三十五公克

這世界上到底有沒有靈魂存在，就有外國學者收集，有關於靈魂的重量，跟很多的人死資料研究，於是就從一本書中出刊，以下是亞洲圖書探索家第 11 期，由 Steven R. Conklin 所寫的著作，不可思議的超能力，以及靈魂不滅研究書籍。

人死的前後剎那間，體重減輕三十五公克，而且沒有胖瘦之分，這些實驗證實靈魂是附於身體上，他們相信靈魂的重量應該就是三十五克，人死亡的時候真的會有靈魂離開肉體。

（筆者評註：關於『靈魂的重量應該就是三十五克』的說法已經流傳幾十年了，此後就沒有相關的研究或者其他說法；但是，這個說法所回溯原來的研究，那時代的科技不是很發達，所以，研究方式和儀器秤量的精確度都可能發生誤差；以筆者的研究和各種方式的認知中，「靈魂重量是三十五克」的說法應該不對，因爲，在筆者所認知的訊息中，一個成年人的「靈魂重量」主要是指「精微物質」構成的「靈體」；而「靈體」的重量只有幾十毫克，不超過一百毫克；

也因爲這些「精微物質」平時是分散在肉體的各部份，在腦部聚集較多，但是，平均起來，一公斤的體重中只有一毫克的「靈體精微物質」，也所以試圖用醫學生理解剖試圖找到「靈魂」，那是不可能的）。

証明靈魂存在的科學實驗

對於靈魂的傳說由來已久，一直是人們爭論的話題之一，相信靈魂存在的人認爲人的靈魂和人的肉體是組成人生命的兩個缺一不可的部份，即使人的肉體死亡了，其靈魂依然存在。

各種正統宗教信仰都相信有靈魂的存在，例如基督教認爲，信基督的人的靈魂在人死後可以進入天堂，而不信基督的人則要下地獄，佛教認爲人的肉體死亡之後靈魂要轉生，即六道輪迴，轉生成什麼，取決於其在世間的所作所爲，善有善報，惡有惡報。

不相信靈魂存在的人認爲，靈魂是人們出於對死亡的恐懼，而想象出來的東西，人肉體死亡了，那麼這個生命就結束了，他的思維停止，一切都過去了，他們的理由是靈魂看不見、摸不著，連最先進的現代科學儀器也探測不到它的存在。

還有一種觀點認爲，人類無法証明靈魂的存在，但也無法否定靈魂的存在，因爲看不見、摸不著、現代科學儀器探測不到的，並不能証明不存在，也可能是因爲這個儀器還不夠先進，他們認爲靈魂的存在，是一個信的問題，信則有不信則無。

（筆者評註：這是絕對錯誤的認知；因爲「靈魂」既有體也有形，只要條件適當，可以看見也可以「摸得到」，所以，許多宗教，尤其是台灣的民俗宗教將「靈魂」稱爲「無形的」，將「靈界」稱爲「無形界」，那是幼稚無知的謬誤見解。）

揭開人死的瀕死體驗研究報告

他們認爲這個觀點是最公正的瀕死體驗，爲揭開靈魂的神秘面紗照亮了一線曙光，所謂瀕死體驗，就是這個人的心臟跳動、腦電波都停止了死亡，後來在醫生的搶救下又活了過來，並能回憶起在死亡那一段時間裡的經歷，例如一位研究瀕死體驗的科學家，在他的研究報告中寫到，我訪問了一位 12 歲的病人，她不知道由於哮喘而致的心臟停博後，她的病情多麼的危急。

在一小時的訪問中，我們交談了她住院的方方面面，從護士如何對她進行治療，到食物的口味，最後訪問結束時我問她，你還記得關於生病任何其它的事情沒有，她皺皺眉翹起鼻子說道，是的發生了一件事，但很難描述，你可能認爲我發瘋了，但我確實認爲我離開了我的身體，我想我是在往下看著我自己，我可以看見我媽媽握著我的手，我可以看見一束光。

科學家們發現成千上萬的人都經歷過瀕死體驗，有的人離開自己的身體後看到醫生在搶救自己的身體，有的人從身體裡飄起來浮在天花板下，能看見房間的頂燈在自己的旁邊，有的人感到自己飄起來後的身體很小，也有人看到了其它生命等等。

科學瀕死體驗現象觀不同的觀點

研究發現瀕死體驗與人的性別、年齡、種族、宗教背景、職業、文化程度等無關，現在科學家們對瀕死體驗現象存在的真實性已經沒有爭執，但對於這種現象的解釋，卻有幾種不同的觀點。

1．生理學解釋 Physiological，認爲該現象是由於人大腦中化學成份的變化，例如二氧化碳含量的變化引起的一種幻覺效果

2．心理學解釋 Psychological，認爲該現象是由於人對死亡的恐懼心理，而產生的一種想象，並不是真實存在

3．超自然解釋 Transcendental，認爲該現象反映了一種超常的客觀存在，瀕死體驗的人看到的東西是真實的。

瀕死經驗 來自大腦缺氧電能激增？

科學家針對即將死亡病患的腦波進行研究後發現，所謂的「瀕死經驗」（near-death experiences），可能不過是即將死亡的大腦電力活動激增所致。據信這是第一份暗示瀕死經驗有其特定生理原因的研究。

英國泰晤士報週日版30日報導，不少擁有瀕死經驗者將此視為人生還有來世的證明，但這份已刊載於「安寧緩和醫療期刊」的研究，卻提出不同看法。研究人員指出，即將死亡病患的腦波的電力活動會激增，此一激增可能導致所謂的「瀕死經驗」，也就是那些二度瀕臨死亡，但稍後起死回生並宣稱曾走進一團亮光，或曾飄離肉體的神秘醫學現象。

研究團隊負責人、美國喬治華盛頓大學醫學中心加護病房醫生喬拉指出，所謂瀕死經驗，應該是肇因於腦部缺氧所導致的電能激增；隨著血液循環變慢與氧氣含量降低，腦細胞發出最後一次電能脈衝；一開始僅限於腦部某一部分，然後逐漸擴散激增，進而給當事人清晰的精神感覺。

死前3分鐘 腦波爆炸性活動

喬拉研究團隊使用腦波檢查器（EEG），測量7名絕症病患腦部活動。EEG目的在於確保對這些病入膏肓病患所施打的鎮定劑足以止痛；但喬拉等人注意到，這些病患死前腦波會出現如爆炸般的活動，歷時30秒到3分鐘不等。當這些爆炸般的活動逐漸消退，病患便被宣告死亡。

據信喬拉的研究是第一份暗示瀕死經驗有其特定生理原因的研究。儘管這項研究只提到7名病患，但喬拉說，同樣情況（指病患死前的腦波活動激增）他至少看過50次。喬拉認爲，這份研究是了解瀕死經驗的第一步，他計畫使用更先進的EEG來進行深入研究。

針對喬拉等人的研究，英國的「復活過程中的意識」研究領導人、美國紐約康乃爾醫學中心加護病房醫生帕尼亞認爲很有趣，但對其結論持審慎態度，理由是沒有證據顯示喬拉等人所觀察到的腦電波激增，與瀕死經驗有所關聯，「既然（研究中的）所有病患皆已辭世，我們無法判定他們經歷了些什麼。」

（筆者評註：關於「瀕死經驗」一直以來都陷入「各說各話」的尷尬對立狀態，當事人甦醒或被救活之後，有部份會提到他們在那段「肉體」似乎失去意識，甚至心跳、呼吸都停止的狀態中，曾經見到「聖潔的光」、「隧道」、「圍籬」、「河流阻隔」、「各種神祇或天使」、「更早已逝的親人」、「感覺無比的舒適快樂」、「有人說時間未到，催促他們回來」……甚至因此改變他們原有的觀念，開始信仰宗教，改變性格，更關心別人等等；而比較不可思議的則是看到醫護人員在急救自己的真實過程，包括對話和一些他們不可能懂得的醫學術語，沒有見過的儀器或手術工具等等，真實程度足以讓醫護人員嘖嘖稱奇。但是，醫學界也有「腦部缺氧」或「異常放電」現象導致的幻覺主張，那麼到底誰對誰錯呢？其實應該說都沒有錯，因為，醫學界的說法有實際實驗作為根據，甚至以微量電流刺激腦部特定區域（譬如顳葉）也會造成近似的幻覺反應，更甚至有些「認知心理學家」懷疑諸如耶穌、釋迦牟尼等自認有神聖使命者，極可能是『顳葉癲癇症』的患者。至於當事人本身主觀經驗卻又不能使用任何監視設備紀錄（除非日後科技發明出意念圖象化的紀錄儀器），否則除了同樣有相同經驗者會認同外，實在非常缺乏旁證的說服力。因此，至少在目前這個曖昧未遂的階段，還是暫時存疑，不要過度武斷的評論或執著的相信任何一方為宜）。

靈魂是否不朽，科學家發現「靈魂細胞」

DNA 雙螺旋結構的發現者之一、1962 年諾貝爾醫學獎獲得者佛朗西斯·克裏克日前在醫學雜誌『自然神經學』上發表論文，稱他和他的研究小組通過大量實驗已經發現了人類的「靈魂細胞」，克裏克稱，人的靈魂或意識根本不是先天就有的，而是由人體大腦中的一小組神經元細胞產生和控制的。

據檢察日報援引『星期日泰晤士報』9 日報導，自 1953 年 DNA 雙螺旋結構被佛朗西斯·克裏克和另一名科學家詹姆斯·沃森揭示後，1962 年，兩人同時獲得了諾貝爾醫學獎。DNA 雙螺旋結構的發現，標誌著分子生物學的基本理論框架的初步確立，此後科學家普遍認為，在現代生命科學中，剩下需要解決的基礎理論問題只剩下三個：即生命的起源、意識的產生和生命發育過程。多年來，佛朗西斯·克裏克一直致力於研究意識的產生，尤其致力於反駁靈魂存在學說。

佛朗西斯·克裏克道:「我的科學信仰使我相信,我們的思想、意識完全可以用大腦中一些神經細胞的交互作用來解釋。」

多年來,克裏克做了數不清的實驗,包括用各種儀器研究大腦受傷的病人、動物,並進行各種心理學研究等,獲得了人量富有價值的一手研究資料。最新的科學研究指出,克裏克實驗得出的大量研究資料完全可以證明他的學說。克裏克在醫學雜誌上寫道:「這是我們第一次在哲學、心理學和神經學等領域將神經細胞和意識產生完美地聯繫在一起。研究顯示,人類意識僅僅只由大腦中一小組神經元細胞來表達,說得更精確一點,這組神經元細胞位於大腦皮層後部到前沿的一小塊地區。」

佛朗西斯·克裏克

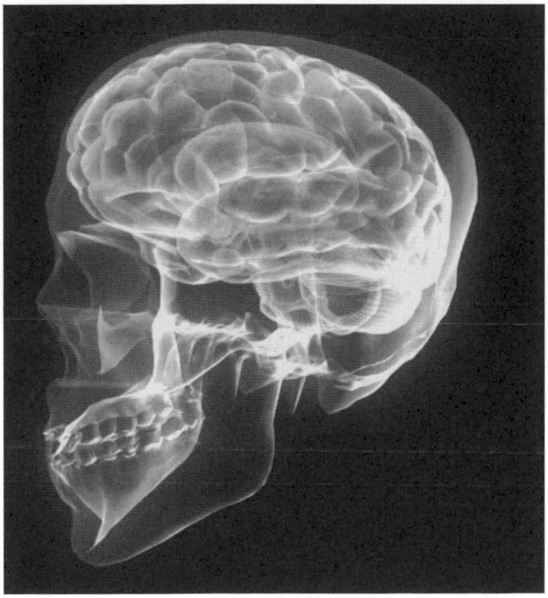

報導稱,佛朗西斯·克裏克的發現,不僅將生命和靈魂的奧秘只歸結於一些簡單的分子,同時也是對宗教「靈魂不朽論」的強烈挑戰。如果克裏克的學說被證明是正確的,那將意味著科學對宗教再次取得了一個巨大勝利。因爲很多年來,科學一直都無力於解釋人出生後到底是怎樣獲得自我意識的,而一些宗教學說則將其歸結爲人類具有「永恆的靈魂」，肉體只不過是靈魂居住的場所。

（筆者評註：「克裏克稱，人的靈魂或意識根本不是先天就有的，而是由人體大腦中的一小組神經元細胞產生和控制的。」，對於這點，筆者非常贊同，「靈魂」確實不是在肉體生命出現或人類肉體形成以前就存在的，而是因爲「心智」高度進化後才發展出來的，但是，是否一定存在於「一小組神經元細胞」之中，這點需要更深入的研究，也或許真實如此，因爲畢竟人類是靠腦部在指揮各種行動，也用腦部思考，如果說「意識」是集中在腦部也應該是可以相信的）。

人的靈魂何在？

這是文學作品中常常拿來拷問的一個問題。究竟是否存在靈魂，科學界也一直爭論不休。近年來，隨著腦科學的發展，對大腦的意識研究已經取得了一定進展，尤其是最近的兩項實驗成果，更是讓人眼前一亮，人類或許離解開靈魂之謎不遠了。

所謂意識是人對自己身心狀態及自己同客觀世界關係的認識。一般包括3個層次：對自己的認識；對自己肢體活動狀態的認識；對自己思維、情感、意志等的認識。

但由於意識這個問題具有強烈的主觀性，很難用科學實驗加以驗證。因此，很長時間，科學界都只粗略地知道，意識由大腦控制，但對其存在形式、運動機理的研究都沒什麼進展。那些牽扯到「意識」乃至「靈魂」的科學研究，被主流科學界視爲旁門左道而遭排斥。

8月下旬，兩位生物學家的實驗引起了科學界的極大關注。一位是亨利克．艾爾森博士，來自瑞典斯德哥爾摩卡羅林斯卡研究所；另一位是來自瑞士日內瓦大學附屬醫院的奧拉夫．布蘭克博士。他們通過實驗，成功地將志願者的自我意識同身體分開，說得通俗一點，就好似肉身和靈魂分離，即所謂的「靈魂出竅」。這兩個實驗被美國『科學』雜誌8月號刊登，引起一片嘩然。

在實驗中，艾爾森讓志願者們各自坐在一張椅子上，並戴上一種能成像的眼鏡，眼鏡分別連在兩個攝像機上，攝像機放在志願者的後面，高度與志願者的眼睛保持一致。由於攝像機放在志願者身後，他們能清楚看到自己的背影，就彷佛坐在自己身後一般。

亨利克・艾爾森博士

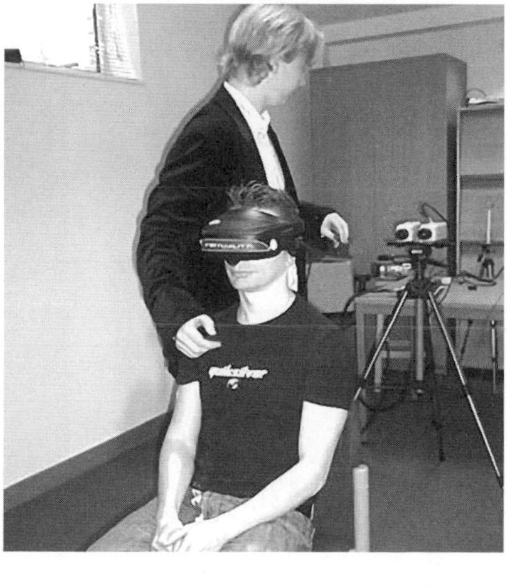

艾爾森拍打志願者的胸部，並同時拍打攝像機前方的空氣，位置和拍打志願者的位置同高。志願者說，在眼鏡成像的作用下，他們感覺身體的位置彷彿移到了攝像機的位置。也就是說，他們感覺脫離了本體，自己真正的身體彷彿是另一人的。

爲了保證志願者所言屬實，拍打志願者結束兩分鐘後，艾爾森突然用錘子砸向攝影機前方。如果志願者真有身體錯位的感覺，就會誤以爲錘子砸向自己而感到害怕。艾爾森用設備監測志願者的體症，的確看到皮膚出汗等情況，因爲人一害怕就會出汗。

同樣，布蘭克博士數年前也做過癲癇患者的實驗。他用微弱的電流刺激癲癇病患大腦的右角區域，患者馬上有一種「陷到床裡」或「從高處跌下」的感覺。當電流增強時，患者覺得「自己正在飄向天花板，甚至能看到飛起來的腳正對著床上躺著的臉」。

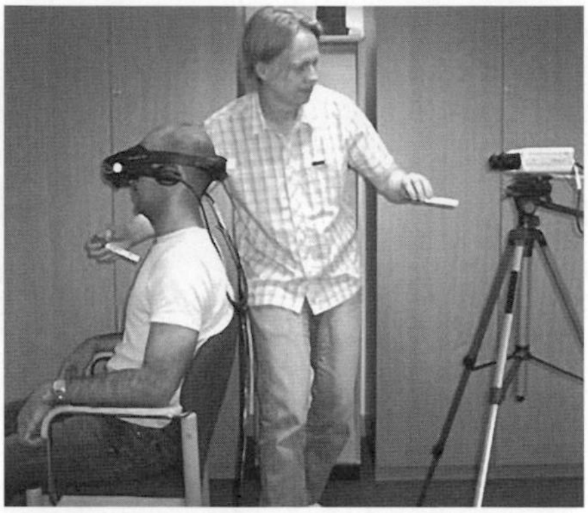

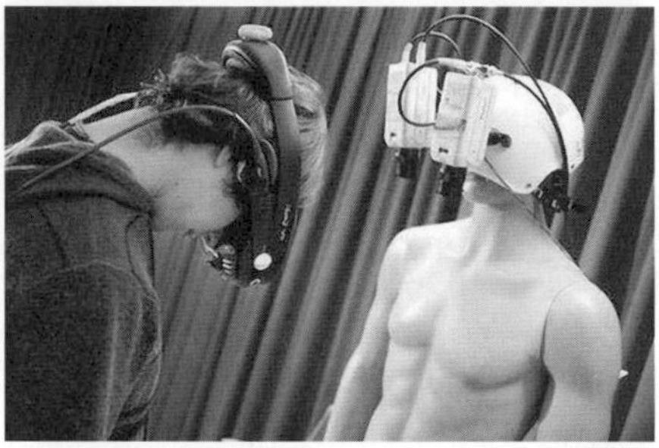

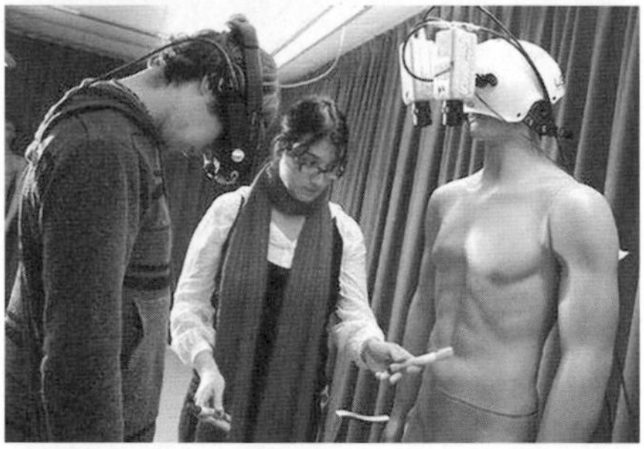

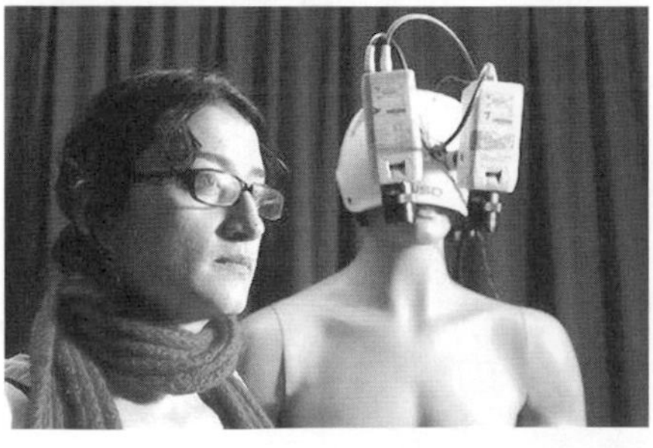

今年的實驗，布蘭克把實驗對象定爲健康人。志願者成站立姿勢，戴上如艾爾森實驗中的眼鏡。實驗分三組：第一組，志願者從背後看到自己身體的一個立體「化身」，類似艾爾森的實驗；第二組，志願者從背後看到了一個假人；第三組，志願者從背後看到和真人大小一致的立方體。我們權且把這三種成象都稱爲「化身」。

實驗開始後，布蘭克用刷子刷志願者；同時，電腦也用虛擬刷子刷這些「化身」，二者節奏時而相同時而不同。然後影像關閉，志願者看不到任何東西，並被後拽幾步，再要求他們根據感覺回到開始時的位置。

有趣的是，如果志願者一直觀看到的「化身」是立方體，那麼回到原位就很容易；如果實體刷子與虛擬刷子不同步，那麼無論「化身」是真人還是假人，志願者也能回到初始位置。但如果兩把刷子同步，志願者就會認爲，化身原先的位置是他自己的，也就是說，「自己」到了「自己」身後。

（筆者評註：這個實驗，其實即使不用儀器或攝影機也可以經驗到：有一種雙人遊戲，讓「受測者」雙手伸直之後，各自反轉，然後十指交握，再由胸前向外同時翻轉一次，握緊拳頭，由另一人不接觸皮膚的條件下，用手指指「受測者」

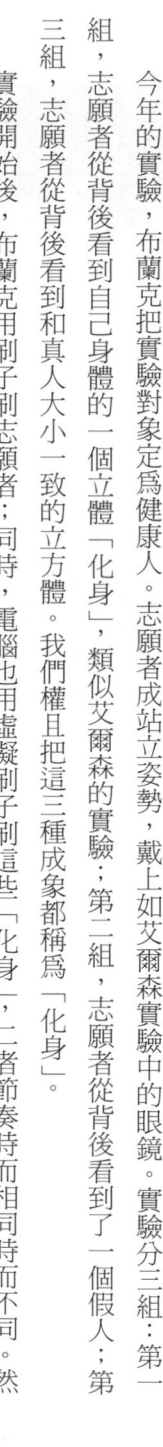

某支指頭，要求他把那支指定的指頭伸直，通常會有超過六、七成甚至更高的機率會伸錯指頭，也就是通常會左右相反，有時甚至思考過仍然會伸錯。因爲我們對自己的身體通常靠視覺判斷較多，甚至很多人閉上眼睛，就不容易把左右手的食指準確的指尖碰到指尖。當然，這個科學實驗也可能牽涉到人類另一套平時少用的「心智感知系統」問題，這些都還要進一步研究，無法一蹴而及，所以因此就斷定證明「靈魂」還嫌粗糙和言之過早）。

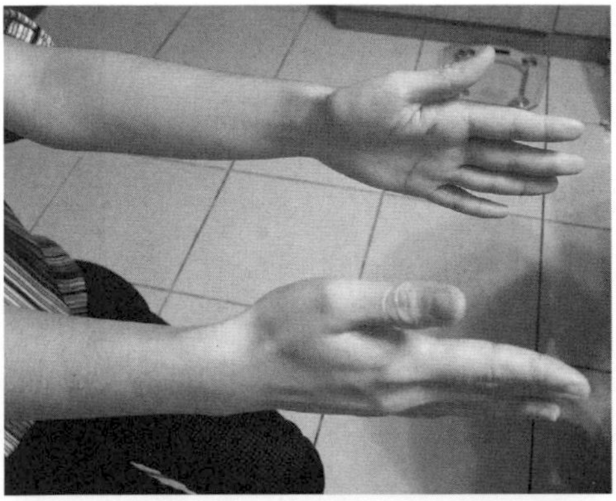

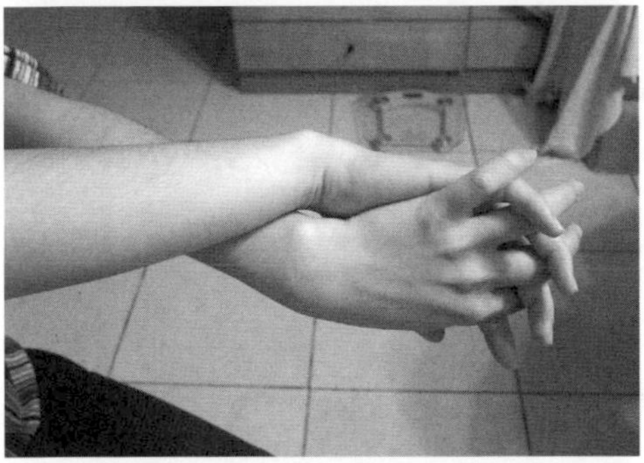

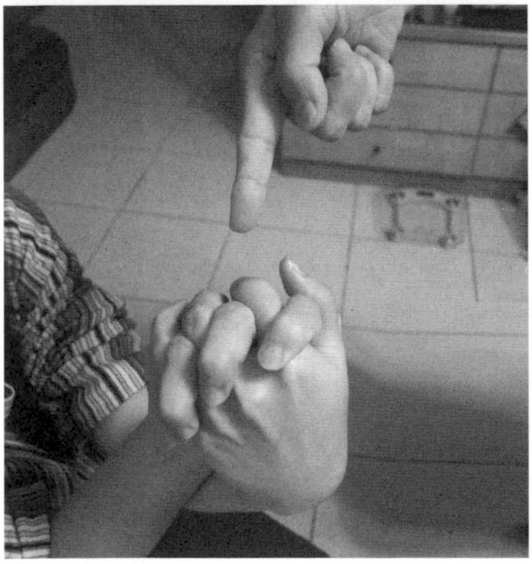

飄浮空中目睹醫生搶救自己

事實上，艾爾森和布蘭克並不是意識研究領域的先行者。

1963年諾貝爾醫學獎得主約翰・埃克爾斯在他的得獎論文中說：「神經細胞彼此之間有無形的溝通物質，這就是靈魂的構成。」他認爲靈魂在胚胎期或幼年時進入肉體的大腦，這種「非物質」的靈魂真正操控了由物質構成的大腦。這種「非物質」的靈魂在肉體大腦死亡之後，仍然存在並有生命活動的形態，可以永生不滅。

美國加州工學院著名神經生物學家 R・W・斯佩裡博士，曾以其分解人類大腦兩半球的詳細功能學說，而獲 1981 年諾貝爾醫學獎。他說：「人的意識是一種嶄新的非物質結構，只出現於複雜分層結構組織的肉體大腦中，控制著大腦，制約著約 100 億個腦神經細胞的生理活動。」

最離奇的研究要數荷蘭著名研究瀕死體驗的學者皮姆・范・拉曼爾博士的實驗。他在 1988 年—1992 年間，對 334 位被成功搶救的突發性心臟病患者進行了跟蹤研究。其中最引人注目的是一些病人的靈魂離體記錄：例如，一位 44 歲的突發心臟病患者，送到醫院時已被宣布死亡。但拉曼爾還是持續給他做心臟起搏和人工呼吸。拉曼爾在準備做人工呼吸時發現患者口中有假牙，便將假牙拿掉。經過搶救，患者最終恢復了意識。該患者說，當時他飄浮在空中，看到了醫生搶救他的全部過程，包括從他口中取出假牙後放在何處。該患者描述的搶救細節和場景，都與當時的真實情況吻合。

有趣的是，對於靈魂是否存在的爭議已經直接影響到了醫學對於「死亡」的準確定義。加拿大醫學協會給死亡的定義爲：當病人處於昏迷狀態，對任何刺激都沒有反應，儀器所顯示的腦電波也完全平坦，這一時刻便是死亡。

但近年來，越來越多的「起死回生」現象爲這一定義畫了問號。對這些倖存者的研究發現，在腦死亡的情況下，人的意識仍然存在，12%的病人表示，他們在這種情況下仍然有清晰的思維和意識，一些病人還稱，他們感到自己的靈魂已經脫離了身體，獨立存在。

約翰·埃克爾斯

皮姆·范·拉曼爾博士

艾爾森和布蘭克的實驗結果，一方面爲那些「靈魂」存在論的支持者提供了證據，另一方面爲人類「意識」研究領域帶來了新的方法和啓發。

設想一下，如果艾爾森與布蘭克的方法進一步用在大腦掃瞄儀上，將爲腦科學的研究提供更多信息和資料，離解決「意識」乃至「靈魂」的問題也就不遠了。

「靈魂」是「超弦」？

諾貝爾醫學獎的得主約翰·艾克理在他的得獎論文中說：神經細胞彼此之間有無形的溝通物質，這就是靈魂的構成。他說：人體內蘊藏著「非物質」的思想和識力的「我」，「我」是在胚胎時期或極幼年時進入肉體的大腦，就好像人腦指揮電腦。人的無形的非物質的識力智慧「靈魂」對其物質構成的肉體大腦，施與實質的推動，使大腦內的腦神經細胞發動工作，這種非物質的「識我」，在肉體大腦死亡之後，仍然存在並有生命活動形態，可以永生不滅。

1981 年以分解大腦兩半球功能詳細學說而聞名的加州工學院生物學家史柏理博士說：「人的自我」，是一種嶄新的或必要的物質，只出現於複雜分層結構組織的肉體大腦，控制著大腦的每一部份，合計一百億個腦神經細胞的機械功能本能。

物理學家菲列茲・倫頓說：精微量子學說顯示出物質上的實體不過是人類的意念造成的而已，真正的實體是思想意念。

在電子顯微鏡之下，一個人類的大腦神經細胞，在缺乏氧氣的 2 秒鐘內，釋放出幾粒狀如氣泡的非物質，很快就消失無蹤。科學家說：「這種神秘的非物質氣泡非常神秘！任何精微的儀器都顯示它並非物質的氣體，而是非物質的氣體狀態。」任何儀器均無法予以截獲。

光譜分析顯示它並不屬於物質世界的任何一種分子的氣體，它根本就不是一種元素！它是一縷細微的，若有若無的氣體狀奇像，無色無體。科學家對此無法解釋。這也許就是靈魂，「人的自我」。

人類真的有靈魂嗎？幾千年來，人們一直爲此爭論不休。科技發展到今天，人類已經由對看得見物質研究，發展到對看不見物質的研究。如：原子，質子，夸克及中微子的研究。現在科學家們又發現了比中微子以及「上帝粒子」「更小物質「超弦」。科學家們說，人類的靈魂就是「超弦」。

「超弦」是一種物理學理論。科學家們認識它不久。1968 年，科學家嘉博略爾發現了「弦」的圖形。此後，李奧納特。蘇士佩博士進一步將「弦」解釋爲一小團類似橡皮筋那樣可以扭曲抖動有彈性的「線段」，不過，這個線段比最小的中微子粒子還小。小到人類的思維和意念都無法碰觸到它，它充滿宇宙。

超弦理論（string theory），是理論物理學上的一門學說。用科普的角度來解釋，超弦理論的一個基本觀點就是，自然界基本單元不是電子，光子，中微子和誇克以及科學界剛剛發現的「上帝粒子」之類的粒子。這些看起來像粒子的東西，實際上都是比它們更小被稱爲「弦」的物質構成，又叫「閉合弦或閉弦」。閉弦的不同振動和運動就產生出各種不同的基本粒子。這些不同的基本粒子，又決定了物質的不同屬性。科學家們認爲，超弦理論要比「物理模型」更具有能力解釋宇宙黑洞和整個宇宙，並有希望統一自然界基本粒子和四種相互作用力之間關係的理論。

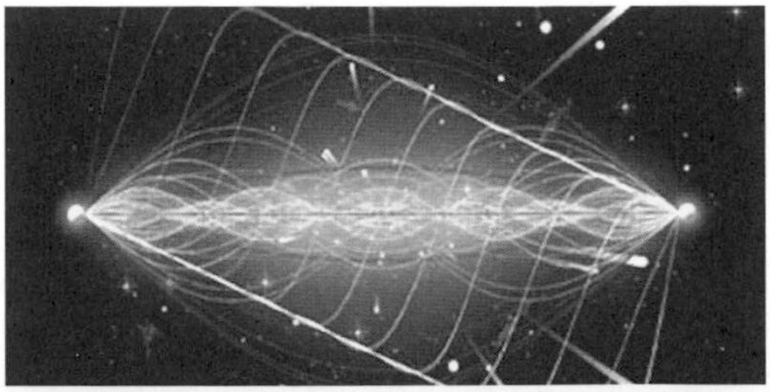

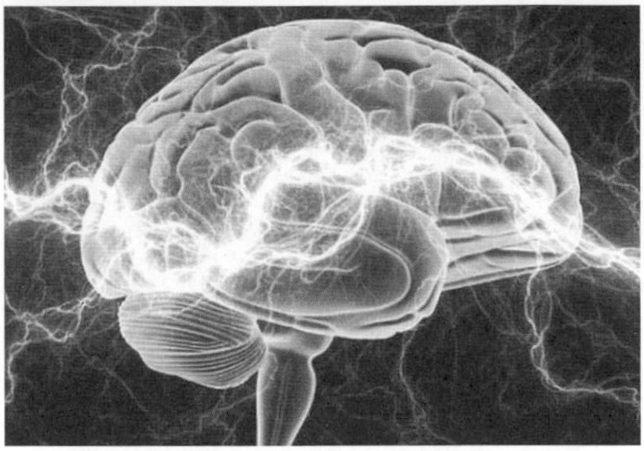

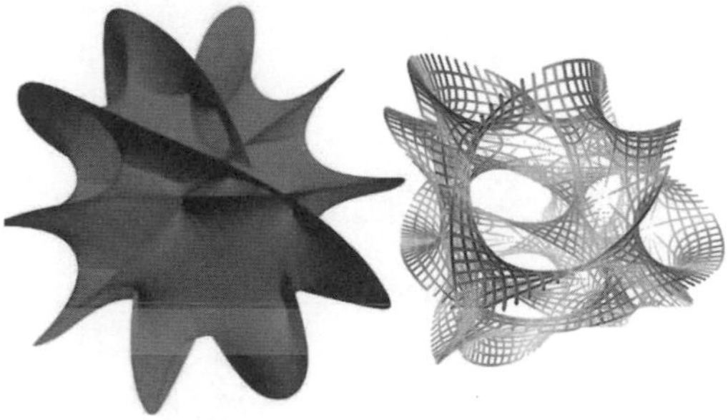

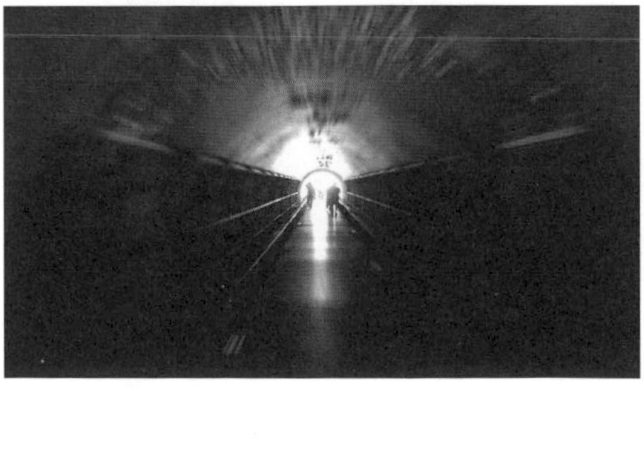

現在科學家們普遍認爲，物質世界是由「超弦」的震動產生的。「超弦」是宇宙具有獨立生命意識的最微小的「生命體」，人類的靈魂其實就是其中一種「超弦」。人類靈魂是由一種比基本粒子還要小的「超弦」構成，「超弦」又是宇宙中最微小的物質，結論就是，靈魂存在具有物質性，那麼靈魂存在也變得具有可碰觸的真實性。

科技界終於觸及到了靈魂的話題，正如在人類內心深處都對靈魂很感興趣。現在世界各地都有許多研究靈魂的實驗機構，科學家致力於研究靈魂的存在。在英美等國，科學家研究了很多瀕死體驗的臨床案例。並將靈魂定義爲以某種形式存在的「能量場」。也許有一天，科學家們能找到一種方法和途徑，甚至是一種類似醫院裡的大型醫療科學設備，讓人們能看到人死後靈魂如何離開他們的身體，讓活著的人們看到死去的親人，在靈魂離開他們肉體時，是如此愉快和幸福，同時也讓活著的家人不再悲傷和痛苦。

（筆者評註：依據筆者的研究，在「靈魂」的物理性表現上或可能的「精微物質」成份方面，如果「超弦」也是同樣的物質，那麼可能性就極高，至於把「靈魂」視為一種「能量場」那更是理所當然的，因為任何一個生物體都可以視為單一的「能量場」，所以「靈魂」當然也不例外，而且，以「能量場」的心態來看待「靈魂」，有許多原本神祕難解、以訛傳訛的玄異部份將容易剔除，將會更接近「靈魂」的事實）。

關於「瀕死經驗」

瀕死經驗或臨死經驗是一種在接近死亡時一些人所經歷的現象。這些現象包括靈魂出體、看見天堂或地獄、看見親人、看見宗教人物或上帝、回顧一生的生活、極度的恐懼、完全的平靜、安全感、溫暖、徹底的破碎感、一道亮光的出現、甚至看見超我和超時空的東西、以及其他超驗的現象。

一般認為這些現象都是在臨床死亡，或很接近死亡時發生，但是很多案例並沒有死亡風險。隨著近年來心臟復蘇技術的發展，瀕死體驗的案例數日益增加。有部份學者認為，這些現象並不一定要在瀕死狀態下才出現。許多從事科學研究的學者認為，這類現象是一種幻覺，而超心理學專家和部份科學研究者和哲學家則認為這些現象證明了死後生命續存的可能。

公眾對於瀕死體驗的興趣最初源於1972年的著作『通廊』（The Vestibule），後來是雷蒙德・莫迪1975年的著作『死後的生命』（Life After Life）和1981年國際瀕死體驗研究聯合會的成立根據美國蓋洛普民意調查，在美國1980-1981年，有近15%的人均有瀕死經驗現象。一些時事評論員，例如辛普森認為這一數字可能被低估了。經歷過瀕死體驗的人可能並不樂於與他人討論這些體驗，特別是當瀕死體驗被理解為一種超自然現象時。

瀕死經驗（NDE）的現象可能包括有生理、心理、及超自然因素。超心理學，生物學、心理學、宗教界均對瀕死經驗有不同的觀點看法和解釋。

雖然瀕死經驗在全球很多地方也有發生，但不同的文化背景的人，瀕死經驗和對瀕死體驗的解釋大致相同。也有研究顯示除了瀕死經驗出現的宗教人物隨文化背景而變，其他的內容並不變化。

從生理學角度，瀕死經驗的各種現象被看作是大腦的正常運作被擾亂後出現的生理反應。例如靈魂出竅，可能是因爲人腦處理視聽等多種感覺的正常程式被打亂和分解而出現的錯覺；瀕死時在一個隧道盡頭見到白光的感覺，可能是由於人腦缺氧而影響了視覺系統的工作，從而出現錯覺。（此段引用自「網路「維基百科」）

（筆者評註：雖然「瀕死經驗」和「靈魂學」研究有密切的關係，可以作爲一些參考資料，但是，在長期的密切關注中，發現一直都是當事人或者有志研究的醫生學者「主述」的內容極多，而可資旁證的任何證據卻相對的極少；因此，我必須很遺憾的放棄引用「瀕死經驗」的案例來佐證「靈魂存在與否」的問題；因而在本書中，將不會出現筆者對「瀕死經驗」的過多見解。）

科學家對「靈媒」的研究

人死後是否有靈魂，靈媒（能與靈魂溝通的人）又是否真能和它們溝通等問題主流科學界往往視之爲「鬼神力說」而一笑置之。但美國一班科學家最近卻就通靈現象進行了首次嚴謹的科學實驗，證實了受測試的靈媒確有超乎常人的通靈能力。而更重要的是這個研究顯示人死後確有靈魂。

據美國 Arizona 日報報導，Arizona 大學的一些學生和研究人員進行了一組獨特的實驗，他們通過研究靈媒如何同死去的人溝通試圖探索後生命的存在。

Arizona 大學人體能量系統實驗室的研究人員邀請了一批靈媒和 10 位近期失去親人的人參與實驗。在眾目睽睽之下，靈媒們在對死去的人一無所知的情況下嘗試接收死去的人的信息。

「科學家的首要任務是提出問題，」實驗室創始人之一，心理學教授 Gary Schwartz 說。而最重要問題之一是人死後人的意識如何。

Schwartz 教授邀請了四位靈媒參與實驗，其中包括著名的靈界「明星」、作家 John Edwards，和默默無聞的靈媒如家庭婦女 Laurie Campbell.

實驗時，靈媒面牆而坐。然後一位近期失去親人的人進入房間，坐在靈媒身後 6 英尺處。

靈媒和死者家屬靜坐將近 10 分鐘。在這期間，靈媒看不到後面的死者家屬，僅凝神接收心靈感應。

接下來是一組問答，參與者只能回答「是」或「不是」。

心理學教授 Gary Schwartz

靈媒作家 John Edwards

主婦靈媒 Laurie Campbell

Schwartz 教授說靈媒沒有通過提問題來向死者家屬套取私人資料。恰恰相反，他們試圖用提問來澄清他們接收到的感應。「他們常常試圖證實信息，」他說。

Schwartz 說實驗的設計盡量將靈媒和死者家屬的交流減至最少，避免有意或無意的溝通。

「要弄清楚這是心理的還是精神的現象非常困難，」他聲稱。

在研究報告寫完之前，Schwartz 教授就告訴記者說他對靈媒的功能凝心難忘。

他舉例說，在實驗中，有幾次靈媒居然能說出過世之人的名字和隱私。還有幾次靈媒甚至說出了連死者家屬本人都不知道的隱私，使在場之人難以置信的「張大了嘴巴合不上」。其中一個例子是靈媒告訴一個死者家屬他有個叔叔死於第二次世界大戰。這位家屬本人不知道有這個叔叔，但後來其親戚證實了這一信息。

靈媒成功常常取決於參與者和他們對後生命的相信程度。所有的靈媒都能從一個在過去9年中失去六個親人的一位婦女得到很精確的信息。最不成功的是一位自稱懷疑者的男士，Schwartz 說，沒有一個靈媒能同他的過世的親人溝通。

在其他實驗中研究人員也注意到了相信程度和應驗程度的一種關係。

科學家分析錄下來的結果發現這些靈媒平均準確度達 83%，其中一名靈媒的準確度高達 93%。

（筆者評註：用科學方式實際研究「靈媒」與鬼靈溝通甚至「附身」來做陰陽兩界溝通的方式，是研究「靈魂學」很好也很直接的方式之一，但是，只不過條件比較困難，因爲首先要找到一個或數個真正有通靈能力，誠實又不爲名利願意配合的「靈媒」，因爲「誠實」是非常重要的，「靈能」高低反倒在其次，否則只要有一丁點做假的行爲，整個研究結果就完全失真而化爲泡影。但是，通常具有這種「通靈異能」的靈媒，越是「靈力高強」的，越是在市場上奇貨可居，因此挾此奇術用以求名求利也就成了必然的結果，那麼希望和這類人合作，通常是非常困難的，而且，爲了維繫其聲名於不墜，這類人士有時難免會做假；一方面是使得效果更神奇，一方面有時可能明明沒有找到客戶指定的亡魂，爲了面子和收費，也非常可能用「套話」之類的方式來詐騙當事人，關於這些事實，筆者在經過幾十年與「靈媒」交手的經驗中發現諸多證據，但是，當然，如果把「靈媒」的範圍更廣泛的來包容的話；能夠每次對每個客戶都能說得百分之百靈驗的，還是存在的，只是鳳毛麟角，可遇而不可求，詳細內容請參閱本書「通靈與養小鬼」一章。也因此，要像一百多年前英國和美國「靈社」能長期配合的知名靈媒「派柏夫人」那樣；只領取少許津貼就樂於配合研究的實在也是少之又少，否則以世界各地，尤其台灣地區這麼多具有「通靈異能人士」的情形下，爲什麼相關研究卻是少得可憐呢？這真的是令人相當扼腕的事，要不然，關於「靈魂」的真相早就遠遠超前於當下極多了）。

「心智感知系統」與「靈魂」

所有的生物必定都有一個「認知系統」，就是肉體感官的各種功能系統，性質完全一樣，差別只在能力的高低，所有物種都是運用這個系統來「觀察（或感覺）、了解」外在環境的各種變化，也同時運用這個系統來「感覺」自身內在的即時狀態和需求，然後兩相比對權衡後再做出適當的反應；這也是所有物種最基本的求生「系統工具」，如果沒有這個系統和功能，沒有任何物種能夠存活下去。

即使是最初級的單細胞生物，譬如「變形蟲」，同樣擁有這樣的系統和功能，它必須懂得「感覺」環境的變化，懂得那裡有食物？那些是它需要的食物，變形蟲身體僅由一個細胞構成，沒有固定的外形，可以任意改變體形。同時變形蟲也能在全身各處伸出僞足，主要功能爲運動和攝食。它們一般是以單細胞藻類、小型單細胞動物爲食物。當碰到食物時，變形蟲會伸出僞足進行包圍，由細胞質裡面的食物胞消化。變形蟲細胞質裡面本身有伸縮泡及食物泡，伸縮泡作用是排除變形蟲體內過多水分，而食物泡的功能則是消化食物養分。消化好的食物會進入周圍的細胞質中。

變形蟲與其他生物一樣需要利用能量進行呼吸作用。而變形蟲的呼吸作用中，所吸入的氧和排出的二氧化碳，都是由細胞膜負責。至於繁殖方式亦相當簡單，主要靠有絲分裂繁殖，即原來的遺傳物質先複製，然後連同整個細胞一分爲二；遺傳功能由細胞核負責，跟其他生物一樣。

最神奇的是「變形蟲」還懂得「積穀防饑」；它在食物較多時，不會全數吃完，會保留一些細菌作爲「種子」，等到食物不足時，就開放較大空間讓細菌繁殖，然後當成「戰備存糧」來食用；當然我們很難承認這種單細胞的原始生物竟然會有「思想」，可是，我們也很難理解如果它「沒有想法」的話，又怎麼知道要這樣「豢養備用食物」？當然這又是一種來自基因遺傳的本能，同樣說成在它的基因中也有一種最簡單的「預設網路模式」，但凡有這種本事的「變形蟲」肯定更適存在物競天擇的自然環境中。

同樣屬於單細胞原始生物的「草履蟲」，生命週期只有一天一夜左右，有些變形蟲則可以活到二百多天，但是，不論存活時間長短，必定都要擁有「認知系統」來「觀察、了解」外在環境的各種變化，也同時運用這個系統來「感覺」自身內在的即時狀態和需求，包括「變形蟲」發現食物匱乏之時，會開放空間讓早先豢養的細菌大量繁殖來當備用食物等等。

植物當然也有，像莖葉的「向光性」；根部的「趨水性」等等，都是「認知系統」在根據對外在環境的感覺、了解後才採用的適應方式。而一棵樹何時發芽，何時長葉開花，何時結果落果，何時落葉等等，也都是根據對外在環境的感覺、了解後才做出適時反應的。

而動物就更複雜了；不論是覓食、求偶、交配、繁殖後代、逃避危險等等，沒有一樣離得開「認知系統」的作用；尤其是群居生物，還要有更複雜的社群活動，像猴子、猩猩互相梳毛的舉動，決定尊卑地位分級的精準「認知」，海豚、殺人鯨互相協調圍捕小魚的分工合作，同樣都需要精準的「認知」，而猩猩、海豚、白鯨、大象甚且還有初級的「自我認知」能力；猩猩經過訓練，對於數字符號的認知和記憶能力甚至不輸給人類。

而人類當然也同樣擁有「認知系統」，只不過，所有用來作爲「認知」功能的各種「感官」其實是很低能的；「視力」不如老鷹、魚狗，聽覺不如野兔、嗅覺不如家犬，奔跑速度不如任何掠食動物，而且既沒有蛇類的熱感應系統，也沒有蝙蝠的雷達定位系統，連爪牙也遠不如其他掠食動物銳利……

在非洲肯雅的南部生活著一個叫做 Masai（馬賽族）的部落，由於他們的生活主要以狩獵爲生，因此該部落的住民以視力超群而聞名。日本的電視臺曾專門報導過這個部落的生活，視力檢測的結果表明，住民中視力在 2.5 以上的人比比皆是。更有甚者，部落裏最強的年輕人視力甚至可以達到 6.0！他們用裸眼可以觀察到遠在 10 公里以外的動物行蹤。

而另一支「馬賽族」中更發現有視力達到7.0的。蒙古族中據說還有8.0的驚人視力者。

當然，這些都是一些出類拔萃的特例，但是，人類在日漸文明之後，這些「感官知覺」能力都有明顯退化的情形，因爲太多輔助工具的發明一方面幫助我們更強的能力，一方面是「肉體感官知覺」能力的用進廢退加上過度依賴工具的結果，才造成退化。

人類是地球物種進化史中最特殊的生物，任何物種要適存在這個嚴苛的自然環境中，就必須競爭，不論是和自然環境、異類物種、甚至同類物種間都必須競爭才能存活，時時刻刻不停的競爭，也唯有不停的進化才能成爲勝利者，使得自身以及整個族群順利存活和繁衍；從來沒有任何物種竟然在生理方面，包括「肉體感官知覺」越來越退化而能存活的，但是，人類顯然已經「逸出」了這個進化的機制；

人類和許多群居生物一樣，懂得分工合作和交流分享，譬如蜜蜂、螞蟻、蝙蝠、鬣狗、海豚等等，但是，人類卻擁有一項更大的利器；那就是「智慧」。這種「心智能力」大幅的提昇，使得人類擁有豐富的想像力、抽象思考力、任意組合力、優秀的語言能力、符號文字認知能力，這些又形成優異的創造力，不但使得人類能夠運用自然環境中各種材料來創造各種工具、武器以彌補能力之不足，甚至還能裂解元素，創造新材料來提昇工具的耐用性及方便性，例如塑膠、合金等等各種合成材料，因爲有了這種優勢，使得人類的生理方面；包括「肉體感官知覺」雖然越來越退化也仍然能夠比其他物種更適存；當然唯一例外的就是在「心智能力」方面卻是有著驚人的進化。

但是，人類的非凡成就當然不是一個人單打獨鬥就能完成的，而是高度社會化之後，群策群力，積極綿密的集思廣益和交流分享，才能創造出這樣的特殊物種奇蹟。

但是，「社會化」的歷程卻也是必須的；用反思的方式來回顧；人類「靈長類」近親的猴子、猩猩也是群居型態的生物，同樣也是有社會化的型態，但是，只是屬於初級化「家族社會」，因此，與人類的社會化歷程是不可同日而語的；人類基於生存需求，從「家族」擴大爲「氏族」，再擴大爲地區性的「部族」，再因爲經濟活動擴大聚集爲城鎮和邦國，更整合統一爲民族和國家，現今隨著交通方便和網路資訊的發達，也逐漸在形成「地球村」的觀念和事實，我們甚至可以同意；一些大型網站因爲網友的日漸增加；本身已經超過好幾個國家人口數的總和，也跨越了國界的樊籬。

依據網路各種百科資料中整理出來的相關解說：人類從一萬年前就已經學會群體生活，並漸漸形成原始部落；在這個原始部落裏，他們因爲周遭的環境所影響，會遷居或是定居，並慢慢培養生活方式習慣，而演變成獨特的文化。當這個文化變得比鄰近的部落較爲先進或強大，並互相影響，便形成了文化圈。當這個族體變得壯大或人數眾多的時候，他們就會在一個地方定居並把一個聚居點建立起來，變成文明社會和城市文明。

美國社會學家倫斯基（Gerhard Lenski），根據科技、資訊交流和經濟幾個方面把社會分類爲：一，捕獵社會。二，低級農業社會。三，高級農業社會。四，工業社會。

捕獵和採集爲主的部落定居下來成爲農耕村鎮，而村鎮又會逐漸發展爲城市，城市最終成爲城邦，或者國家。

這種分類與人類學家Morton H. Fried和綜合理論家Elman Service的早期分類相似。而後者又根據社會不平等的變革和國家制度的地位，創建了人類文明通用的社會分類系統。這個分類系統分爲以下幾個類別：

捕獵採集者的組合，通常人人平等；

部落或種族形式，有一定地位權力的高低分別；

有首領的分級形式；

文明社會，擁有不同級別的政府機關和制度，複雜的組織和級別；

人性社會，建立在人類本身之上的社會，包括信仰。

隨著時間的推移，一些文明朝著更爲複雜的組成形式發展。這種文明的發展變革對團體的模式有著深遠的影響。

社會的功能主要是：

一，整合的功能。社會將無數單個的人組織起來，形成一股合力，調整矛盾、衝突與對立，並將其控制在一定範圍內，維持統一的局面。所謂整合主要包括文化整合、規範整合、意見整合和功能整合。

二，交流的功能。社會創造了語言、文字、符號等人類交往的工具，爲人類交往提供了必要的場所，從而保持和發展人們的相互關係。

三，導向的功能。社會有一整套行爲規範，用以維持正常的社會秩序，調整人們之間的關係，規定和指導人們的思想、行爲的方向。導向可以是有形的，如通過法律等強制手段或輿論等非強制手段進行；也可以是無形的，如通過習慣等潛移默化地進行。

四，繼承和發展的功能。人的生命短暫，人類一代代更替頻繁，而社會則是長存的。人類創造的物質和精神文化通過社會而積累和發展。

當然，一個社會的成員數量並非可以絕對代表其進步或高度的正比；譬如一個「白蟻窩」，白蟻成員總數可能上千萬隻，但是，其文化和智力並不能比人類一個小國家更勝出，因爲最重要的仍然是這個社會成員的主要活動，特別是「心智能力」的活動才是決定性的關鍵。

人類的存在容或是一個意外的偶然，但是，這支「草原猿類」的生理特質，卻因爲誤闖了根本不適存的生態競爭舞台，被迫不得不快速進化，而且是反其道而行的發展「智力」來因應，甚至有諸多進化方式是根本違反自然的；譬如增加脊椎壓力也導致腰酸背痛的「直立」行動；從雜食的消化機能改變爲「素食、雜食、肉食」的複雜食性，胎兒因爲腦部異常變大而導致致命的難產，胎兒未及完全成熟的全面性早產，使得人類嬰幼兒到成年的成長期變成所有物種中和生命週期相比是最長的；而這樣異常的狀態，人類的生理到今天都還追不上，如「直立」造成的各種脊椎病變，如難產而必須進行必要的「剖腹」生產，其他物種因爲沒有社會文化的長足進展，如果也像人類這樣異常進化方式，肯定只有滅絕一途。但是，人類反而有點歪打正著的走出了一個特殊的生存之道；那就是「心智能力」的大幅提昇，然後也因此形成高度緊密的社會化生活型態；然後「高度社會化」的進展和分享交流又更加提昇了「心智能力」；這絕對是相輔相成的良性循環奇蹟。

人類高度社會化，促進了物質文明，也發展出了精神文明，而物質文明所創造的各種發明，無一不是爲了彌補原本能力之不足，當然也因爲這樣，使得人類在生理機能上，特別是「肉體感官認知」能力方面有著明顯退化的趨勢；而且，人類高度社會化另一項特點就是城市巨大化，以現代社會來說；因爲大城市具備了人們全部生活所需；許多人有時因爲忙碌於工作，甚至可以一年半載不踏出城市半步；也因此，那些原本生活在草原曠野中必備的生存條件；包括「肉體感官認知」在大城市中就不是那麼必要，甚至有時過於敏銳的「肉體感官認知」反而會帶來額外的困擾；譬如靈敏的聽覺，只會被都市吵雜的噪音嚴重騷擾，過於靈敏的嗅覺可能被都市廢氣引發過敏，而都市生活尋常所需的視力距離可能都在幾十公尺的範圍居多；2.0 以上甚至 3.0 或 7.0 過人的視力也沒有什麼用武之地。有許多現代文明病也指出人們長期受到都市五光十色的霓虹燈，高分貝的噪音以及污濁的廢氣所傷害，容易形成精神衰弱甚至一些精神官能症；譬如憂鬱、焦慮、失眠等等。

也因此人類高度社會化、都市化的生活型態加上方便的科技文明產物，使得人類的「肉體感官認知」有日漸退化趨勢，這不能說是好事，但是，可能也未必一定就是壞事。

人類由於物質文明的進步，榮登上地球生物食物鍊最高層的寶座，使得人口數暴增，從「多峇火山」大爆發後，遠距離的遷徙全球各地，從二千人像重力加速度一樣暴增爲今日的七十億人口，使得高度社會化變成了必然的趨勢；同樣都市巨大化也是必然的後果；這些都必須在原始「肉體感官認知」外，另行發展一套「感知系統」，否則單純的「肉體感官認知」是絕對不敷使用的，就算在「肉體感官認知」方面進化增強也同樣不足以應付各種人際關係到國際關係的各種互動，人類已經不能在都市裡脫光大部份衣服來展示自己的覓食和生殖能力以求得伴侶，也不能任意揮拳或拿著刀矛攻擊他人來顯示自己的勇猛以宣示自己的地盤。於是，「心智能力」提昇後，優雅的姿態、睿智風趣的談吐，良好的教養，合時的衣著裝扮，男性的名錶和名車的鑰匙成了新的優勢競爭標誌。女性除了麗質天生，不然也會依靠化粧、服飾甚至胸墊甚至各種美容整型來讓自己美麗性感以吸引異性的目光。而「政客」和「宗教神棍」使用無法兌現的謊言，詐騙集團挖空心思編造各種騙局，黑心商人偷偷地以各種違害人體的僞劣材料和添加物來製造商品，不屑的藥廠花錢請專家學者僞造實驗報告來背書自己無效甚至有害人體的藥物或保健食品；獨裁者編造現世天堂美夢，宗教領袖編造來世的天堂美夢……人類現今的社會型態已經變成一個普遍「人欺人」的世界（註：這點跟「憤世嫉俗」無關，而是冷靜客觀的探討），表面上看起來，所謂「文明」國家通常都是祥和平靜的，但是，人類既然從物種進化而來，那種「競爭」的天性並沒有改變太多，人類社會雖然呈現比其他物種更多的合作與分享，但是，競爭的本質依舊存在；也許較少直接與自然競爭，一般人一生不必直接和其他毒蛇猛獸面對面競爭，但是，人與人的競爭卻更加激烈，尤其是在人口急速暴增，資源開發生產的速度趕不上時，競爭只會更加劇；譬如考試、競選、求職、求偶、商場上的爾虞我詐，國際間的能源爭奪等等，差別只是「血腥殺戮」和「殺人不見血」的畫面不同而已。

也因爲人類絕大多數的感受、想法、計畫、心境、欲望、企圖等等不論好壞、善惡都因爲高度社會化之後種種的傳統文化、法律、道德律、社會觀感習俗、宗教戒律、輿論制裁、甚至迷信等等的規範及約束，不得不暫時隱藏在面具和服裝裡面，本能的「肉體感官知覺」是絕對不足以應付這種人類社會文化型態的，因此，在長久以來人類文明進化的過程中，許多條件逐漸形成了一種錯綜複雜的互聯網路系統；大致包括下列幾個特點：

「物質文明、精神文明進步」

「自我縝密思辨、心智能力提昇」

「高度社會化中的適應之道」

「知識教育學習、經驗交流分享」

「感知能力增強、凝聚自我意識」

「新發明新發現、擴展認知視野」

這些條件之間不是單向、不是雙向，而是形成綿密又錯綜複雜的互動、互聯、互助、但有時也互相牽制的關係。很難用「線性思考」或圖形能解說清楚。

人類的「靈魂」形成之後；一切從外界進入的各種資訊（包括主動學習的知識、師長傳承的經驗和個人的經驗以及被動發生的各種遭遇，加上在自身形成的各種不同的感覺）以及內在的所有思維活動結果（包括思想、思辨、反思、自我提問、自我解答以及自我判別和自我解讀、夢境、創意、構思或謀略）等等會以三種不同的方式來儲存：

一，「靈魂」的程式架構模式會烙印在屬於肉體層面的「韌體」中，這個程式架構沒有資料，會隨著肉體的死亡而消失，但是，卻能夠經由基因遺傳給後代子孫，而且會隨時更新，因此人類四萬年前形成「靈魂」初期的「韌體」程式架構模式，和一萬年前人類的有所不同，也就是像現代電腦的「韌體更新」一般；而今天廿一世紀人類「韌體」程式架構模式，又比一萬年前的人類更新了許多，當然，我們現代人所擁有來自父母遺傳的「韌體」程式架構模式都是最新的，如果有差別；那和生活型態及社會進化的程度以及種族遺傳的基因交換還是會發生不同差別；譬如一個印尼蘇門答臘外

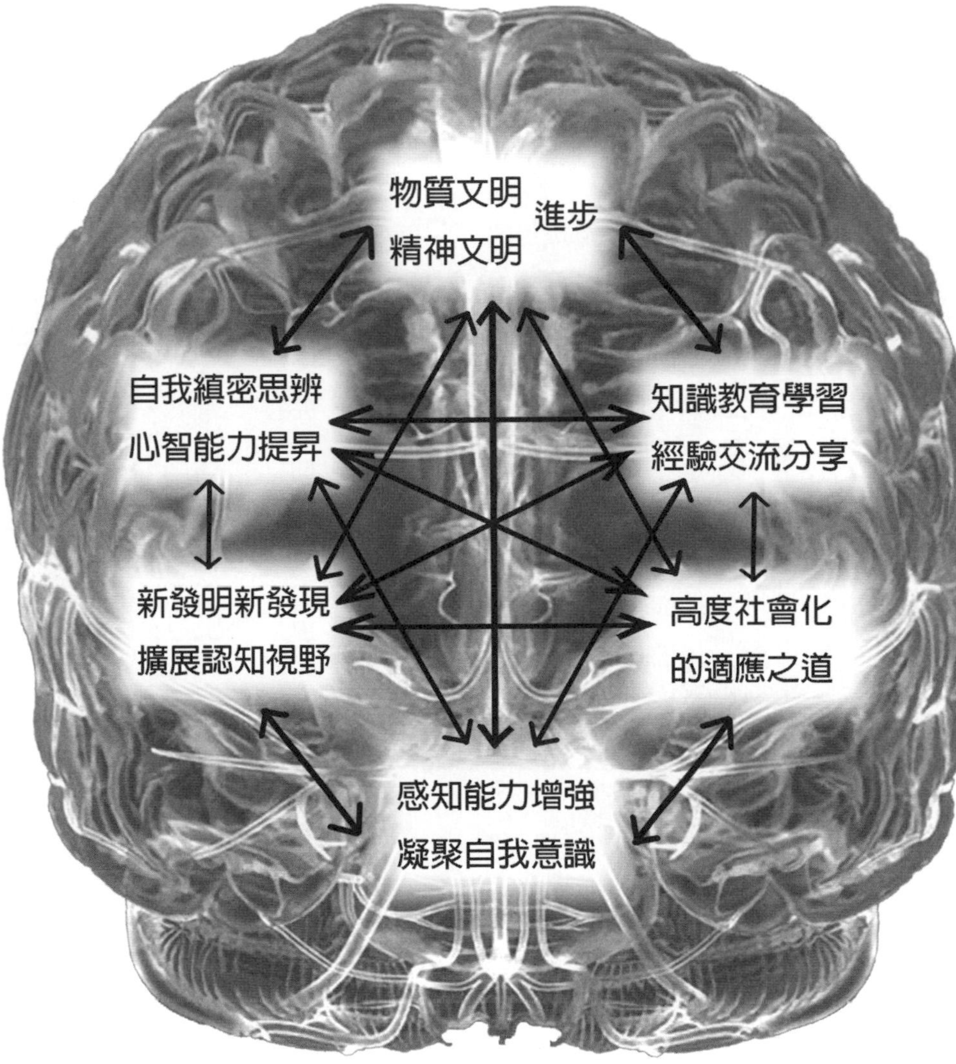

形成「靈魂」的錯綜複雜互聯網路系統示意圖

海「蒙大威」原始民族的人，和一個紐約華爾街的股市交易員，在遺傳到的「韌體」程式架構模式；當然還是有版本新舊的差異；如果一個「男性華爾街的股市交易員」如果娶了一位「蒙大威原始民族的女子」爲妻，那麼交換基因的結果，在理論上這個「韌體版本」不會剛好介於新舊之間，而是直接更新爲最新版。

二，我們所有來自「感官知覺」的「認知」和「感覺」以及經驗和直接反應出來的想法；也就是「一切從外界進入的各種資訊」和「內在的所有思維活動結果」會被記錄在大腦肉體的「記憶庫」之中；通常指的是佔最大比例的表層「意識」部份。

三，我們生理包括腦部「記憶庫」會在『韌體程式架構模式』的命令下自動複製成一個完整的「靈體複本」，這個複本是由「精微物質」所構成，一樣也有「記憶庫」，但是，這個複本「記憶庫」除了儲存「意識」紀錄同時也完整的紀錄了「潛意識」的部份。

但是，這三個部份雖然各自獨立，卻也互相契合並互通有無，在人活著的時候，都是同時在運作的，只是，「複本」的活動幾乎不容易被察覺，只有在一些特殊狀況發生時，或者在一些有正確訓練過（修行者）的人，可以展現這部份的特殊功能。而有些則是天賦異秉的人，也能夠展現這個「複本」的存在和功能性。

其實，這個「複本」就是「靈魂」本體，是由「自我感知」和對「環境感知」綜合凝聚爲一種超強的「自我意識」之後同時形成的，同時展現的也是一種強力的「心智感知能力」（註：「感知」和「感覺」不同，所有生物都有「感覺」和「感覺器官」，有些網路百科解釋錯誤；把「感知」解釋成「感覺」，或者把這兩者混爲一談；其實筆者在本書中一再提到的「感知」或者「感知能力」並不是「感覺」，至少絕不是來自「肉體感官」接收到的外界訊息所作的反應，那種經由神經網路傳導獲得的「感覺」，而是完全超越肉體感官，是更精微物質層面加上心靈層面的「感受」，雖然一度也被稱爲「超感知覺 ESP」，但是，那個名詞和研究一直不被正統科學界所承認，甚至認定是「僞科學」，爲了避免重蹈覆轍，所以，筆者不沿用「超感知覺 ESP」，而且筆者也不同意所謂的「超心理學」，因爲就像筆者一向不同意有所謂的「超自然」存在，因爲那些特異超常現象仍然還是在「自然」之中，沒有任何事物是可以超出自然之外的，同樣；既然各種特異的心理活動還是在我們的「心理」活動，那就是「心理學」，沒有什麼「超心理學」。所以敬請讀者一定要先弄清楚這個名詞—「感知」)。

其實，這點可以從一些真正「靈媒」的表現上就能看出來；我們不妨想想；爲什麼「靈媒」可以接受到一些鬼靈的訊息？或者可以「看見」鬼靈？甚至可以擁有「遙視、遙感」的特異功能？

原理是因爲我們身體正本和「靈魂複本」的各種記憶檔案儲存格式的不同；這點當然只能用模擬比方的方式來表達；譬如「圖象」檔案；我們現在最常用到的儲存格式就是「JPG」檔，但是，爲了避免失真；新一代的專業相機也另外設定一個未經壓縮的原始格式的「RAW」檔（註：這種格式的檔案可以保留所有細節）；假設我們把一般資訊全部以「JPG」檔的格式儲存在腦部肉體「記憶庫」中，但是儲存到「靈體複本」的卻是以「RAW」檔的格式儲存在「靈體記憶庫」中（註：現代的專業相機都有一個「JPG＋RAW」的功能鍵，可以同時儲存兩個不同格式的檔案，因此，我們也可以代入想像；不論是進入的資訊和內在的感覺，思維以至我們由「自主意識」下的指令決定加上外顯的言行舉止，其實也是同時用兩個不同格式的檔案分別儲存在不同的「記憶庫」中）；

因此，當一個人的肉體死亡之後，靈體離開肉體續存在自然界中，不論是在「靈界」或者飄蕩在人間時，肉體「JPG」檔的所有資料已經完全毀損消失，但是，「靈體記憶庫」中「RAW」檔的全部資料還是完好存在的；只不過是由於；一般所謂正常人的「看圖程式」只能讀取「JPG」檔，無法讀取「RAW」檔，（註：只有在某些危急的瀕死經驗中，當事人卻因爲意外而開啓了暫時性讀取「RAW」檔的能力；因此可能真的看到了靈界或早先過世的親友。）

而一個真正通靈的「靈媒」也可能天生就有讀取「RAW」檔的能力，因此不但可以讀取到鬼靈的訊息和他生前的某些記憶；甚至還能擁有俗稱「讀心術」的異能，竟然可以讀取當事人過去一些舊檔，說得正確無誤；這靈媒讀取的應該就是「靈體複本」中的「RAW」檔。當然，另外一個可能就是俗稱「養小鬼」的法術，這個法師可以透過他所長期豢養的小鬼去讀取求教者（當事人）「靈體複本」中的「RAW」檔，這樣就不會很難，反而是輕而易舉的，因爲鬼靈本身也是相同的「RAW」檔案格式，所以，要讀取同屬「RAW」檔的資料當然是很容易的。

我們也同樣以電腦來比擬；「靈魂」就像一台有「自動備份」功能的外接式硬碟；當我們將「JPG」檔的任何資料儲存在電腦主硬碟中的同時，也備份了相同資料的「RAW」檔在這台外接式硬碟之中。那麼假設有一天因爲意外使得主電腦加主硬碟完全燒毀時，只要這台「外接式硬碟」還在，沒有被波及，那麼，所有資料還是完整存在的。因此，當肉體死亡時，這個「靈體」（「外接式硬碟」的機體）和「靈識」（「全部資料」）仍然可以繼續存在。

當然，「靈魂」本身並不是像電腦這麼簡單的；因為即使是儲存有一生所有資料的「外接式硬碟」仍然存在，那只是一個被動的工具而已，本身沒有「自我意識」，不能主動的做任何事；但是「靈魂」中的「靈識」卻可以思考，可以分析資訊，有感覺，可以下指令，跟肉體行為幾乎完全相同，唯一的不同就是「感知」的範圍能力更強，思考的能力更加睿智。

其實在一個人活著時，本身是不容易察覺這個「心智感知系統」的存在和運作的，不過，這個「心智感知系統」卻時時刻刻都在運作，包括在睡眠或夢境之中，尤其是在「清明夢」之中，或者一些真正修行達到某種高度者進入「深度冥想」時，就可以自由的運用這個系統。而既然「格式」（或者「頻率」）是和「靈魂」與「靈界」相同，所以，在「清明夢境」和「深度冥想」的狀態中，是可以見到「鬼靈」或進出「靈界」的（註：當然，進出各種「靈界」還是另外有條件的，不是任何「清明夢」或「深度冥想」就必定能進出「靈界」）。

至於怎樣可以形成「靈魂」？在其他篇章中會詳述，在本篇先解釋什麼情況下不能形成「靈魂」？

同樣再以電腦來比擬：假設買新電腦時；廠商附送了一些隨機版的軟體，其中有一套試用版的繪圖軟體，還大方的附送一個簡易型的繪圖板；通常一般人並不是個個都愛繪圖，因此，就像現在多不勝數的各種軟體程式，也不是每人統統都會使用，於是，從電腦買回來那天，就不會使用這套軟體，連「繪圖板」也原封不動的束之高閣；那麼過了兩年後，有一天突然心血來潮想要用繪圖程式畫點東西；裝好繪圖板，開啓那套繪圖軟體程式時，才發覺早已經過了「試用期限」，根本不能使用，就算有完好如新的繪圖板也無法使用。

那麼「靈魂」也一樣；之前也一再談過「預設網路模式」，這是一個從基因遺傳而來的能力，通常目前是用在「語言學習」方面；其實「靈魂」也一樣有同樣性質的「預設網路模式」；

一個嬰兒一出生是不可能立刻會說話的，甚至要到八、九個月才可能牙牙學語，一方面是發聲器官的「操控熟悉度」，一方面是需要記憶有意義的詞彙。

但是，如果不論是任何原因剝奪了這個孩子的語言學習機會，一旦超過六、七歲，大腦中的語言「預設網路模式」就曾被關閉，此後即使再有任何機會學習語言，或者再如何教導，他將終生無法擁有語言能力。

同樣的狀況；「靈魂」的「預設網路模式」是寫就在遺傳基因的韌體之中，如果超過一個期限不曾使用，一樣也會被關閉，就如同有繪圖程式，有繪圖板，如果從來不使用，沒有任何繪圖成果的檔案可供儲存，等於空白一片，差別在於「電腦硬體」方面，只要有錢，可以買許多台「外接式硬碟」，但是，「靈體」是不可能花錢購買的，必須在自己的肉體中形成，是「心智能力」及「感知系統」的能量凝聚到相當強大之後的「自我意識」（「靈識」）；足以吸附一般物質中的「精微物質」時，才能隨著肉體的成長慢慢拷貝出一個「複本」，這個複本是在肉體成熟之後就不再長大，會一直維持在甫成年的狀態；這點比較肯定；但是，要探討「靈體」究竟是幾歲才正式凝聚成型，這個就比較難肯定，因為第一要件是「靈識」的凝聚力夠強大才能吸附「精微物質」，而「自我意識」（「靈識」）的凝聚會因為種族、文化、教育、傳承、學習、先天智力、以及自我思辨與反思能力的強弱而有年齡的差距；特別是在「自我反思」的對話上，只要擁有這樣的現象，可以視為「靈魂」已經產生，如果只是本能的反應而已，還不足以形成靈魂。

譬如一個小孩子肚子餓了，不論他幾歲；如果他只是本能直覺的大喊：「餓餓！我餓了！」、「我要吃飯！」甚至發怒的敲打桌子或者抓住母親的衣裙搖晃哭鬧，這樣還不能形成「靈魂」；如果他感覺到「饑餓」，然後同樣是想到先去跟母親說；假設母親剛好在忙別的事，他會用詢問的方式問：「我們什麼時候可以吃飯？」或者母親外出剛好不在，他會思考我應該「拿錢出去外面吃速食？」、「我拿錢去買一些食物回來吃？」、「我是不是應該忍耐的等一下，等媽媽回來再看看她是不是已經買了食物，馬上就會回來了？」如果會開始有多重想法並且做出選擇，就可以視為「靈魂」已經形成了。

有個有趣又神祕的現象；發生在中國文字裡；

就是「我」這個字，中國字最早是開始於象形字和會意字；「我」這個字是一個「會意字」，在可信最早的「甲骨文」中是以一把「戈」來表示。

「我」的意思是指自己，指正在說話或表意的這個主體。

「戈」是一種長兵器，是一種「主權」和「領域」的象徵，用「戈」這種長兵器來代表自己，同樣也是「主體和主權」擴展範圍的宣示。

但是，這是非常原始的意義，後來，社會複雜了，「心靈文明」進化了，單獨一把「戈」已經不足以形容「我」的複雜性質；於是又多了一把「戈」，方向相反的形成一個很有意思的組合字「我」。直到今天的中文字還是保留了這兩把「戈」的象形模樣。

我們先來想想；原來是一把「戈」，那麼如果我想說或寫「我有一把戈。」或「我有一把我親手做的戈，我非常喜歡我自己做的這把戈」。那麼我這個「戈」和武器的「戈」夾纏不清的，怎樣能讓別人讀得明白呢？那麼如果有必要另造一個新字來指「我」，為什麼非要從這個「戈」字上來增添筆劃不可呢？難道不能另起爐灶嗎？

而且，既然是二把「戈」組合成為一直通用到現今的這個「我」字，為什麼不是同方向或相向的二把戈，而非要方向相反呢？是單純為了平衡美觀嗎？好像沒有這個絕對的必要，中國字裡有好多是兩個同方向的字；譬如「羽」、「弱」、「絲」、「幽」、「冊」、「朋」、「多」等等。

曾經有中國古文字學家把兩把反向的「戈」組合而成的「我」的意涵解說為：「代表在一個心裡，有兩個善惡相反的意念時時在鬥爭中，這是最能描述一個人最佳的形容，因為每一個人都是這樣的，從無例外。」

這樣的解釋是很有意思也相當有哲學意味的；但是，我們實在不能斷定古人在把「戈」改成「我」之時是否真的是這樣想的；但是，我們倒是不妨推想；「我」的組合是複雜的，要用一個符號就能代表並且讓人一見馬上就能意會；二把反向的「戈」組合成的「我」字確實也有點神來之筆；因為在我們擁有「靈魂」的內在確實是有兩個不同系統的；一個是和其他物種大同小異的「感官認知系統」，一個則是「心智感知系統」；當我們想要說什麼或做什麼時，通常比較理性社會化程度較深的人，往往都會多「思考」一下：「這樣說或做恰當與否？」，其實經常的在可以做一點思考和抉擇時，那個思考和抉擇的並不是我們「認知系統」在說話，而是「心智感知系統」；那是完全超越生物本能的一種特殊系統，這也是人類異於禽獸，優於其他物種的特質。所以原本那單一正向的「戈」是肉體認知和生物性的「自我」，而另一把反向的「戈」則是「心智感知系統」靈性的「自我」，也許經常會跟生物本能的「自我需求」唱反調，但是，大多數時候卻往往是趨向於善和對自己較有長遠利益的。

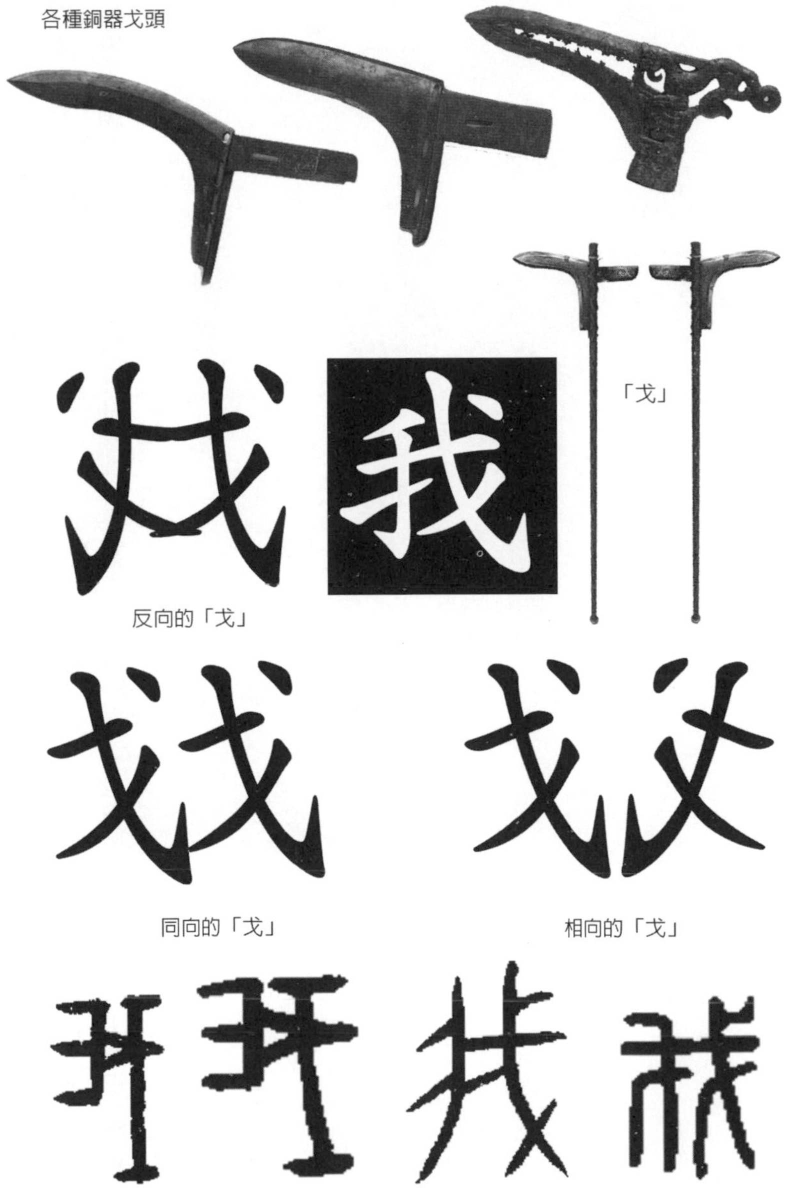

或許我們可以說「肉體的自我」是來自於自然，但是「靈魂的自我」卻是來自於我們心智和自我意識的創造。

此外，有一點是我們必須了解的，距今三千多年前的中國商朝是世界公認的信史時代，甲骨文和金文（鐘鼎文）都是在那個時期發明的，甲骨文是通用文字，「金文」則是鐘鼎銅器上比較具有裝飾性的文字，以及後期春秋戰國時代各國的六書文字，時代則稍晚一些；但是，甲骨文同時也是占卜文字，可以證明那時的中國古人已經有明確的「靈魂觀念」，相信「靈魂」的存在，也相信「鬼靈」和「祖先靈」的存在並形成為一種雛型的信仰，而人死後將會去向「靈界」和「祖先靈」團聚享樂，不再需要像人世界這般的勞苦操作，也沒有生老病死的煩惱。

也因此，筆者認為將中國古文字中二把反向「戈」組合成的「我」字視為「靈肉二元論」的結果，也並無太大的不妥。因為畢竟中國古文字中「我」這個字是一種會意的象徵性符號，並不是象形字一定非得找出其中「靈魂」的實證！

宗教的「永生論」與「前定論」

全世界所有宗教無一不是強調「靈魂永生」的，或者也可以說所有宗教都是建立在「靈魂不滅」這個基石上（註：唯獨「佛教」否認「靈魂」，卻又不是徹底否定「靈魂」的存在，只是轉換爲「識」的流轉，而且也承認人死後會化爲「中陰身」在陽間存留四十九天，然後就會隨生前的業報去輪迴轉世。但是這也只是換湯不換藥的「名相」之爭而已，不論「識」或「中陰身」和一般人及其他宗教所使用的「靈魂」一詞要代表的主體毫無二致，「佛教」主張「無靈魂論」根本是自欺欺人的謬論），因此，其中也有許多宗教會特別強調「信上帝者得永生」、「信神得永生」、「信主者得永生」、「信我者得永生」，而且更偏執的甚至會外加恐嚇性的但書條款：「信神者得永生，不信者下地獄」。

那麼，「靈魂」能不能「永生」，真的和「信不信神」有關嗎？

答案是『絕對無關！』

筆者將這個主題拆解爲幾個綱要來剖析：

第一，人類和靈魂即使是「神或上帝」創造的，那也不代表就因此必然可以「靈魂永生」。

第二，人類和靈魂不論是不是「神或上帝」創造的，相不相信「神或上帝」和「靈魂」能否「永生」也沒有任何關係，不信神也不會下地獄。

第三，人類的肉體是自然進化而來，和任何「神或上帝」都無關，人類的「靈魂」也是自行發展出來的，同樣也和任何「神或上帝」都無關。不論信不信「神或上帝」，人類的靈魂都會在肉體死亡之後長久續存。

第四，沒有「人、神、鬼」懂得「永恆」是什麼？所以，更精確的來說：「靈魂」可以在肉體死後長久續存，但是，是否是「永遠」，那卻未必，不過，反正也沒有人經歷過，所以從來沒有人能夠解答或證實這個問題，因此，討論「永恆」是沒有任何實質意義的。

關於第一個綱要：不論是任何天主教、基督教會，總是再三強調「信得永生」，而且千百年這個口號從來不曾改變，但是，好像從來沒有人懷疑過，也沒有人從「聖經」中讀到任何反證？然而事實上，「神或上帝」從來就沒有打算讓人能「永生」，而且「鐵證」就在「聖經第一章創世紀」之中，不知道自古以來的那些神職人員或者有點教育程度的信徒為什麼都「視而不見」？以下是筆者完整的摘錄「聖經第一章創世紀」第1和第2節的內容，我們來看看「證據」何在？

創世紀 Genesis002

……………………………………

2:1 天地萬物都造齊了。
2:2 到第七日、 神造物的工已經完畢、就在第七日歇了他一切的工、安息了。
2:3 神賜福給第七日、定為聖日、因為在這日 神歇了他一切創造的工、就安息了。
2:4 創造天地的來歷、在耶和華 神造天地的日子、乃是這樣。
2:5 野地還沒有草木、田間的菜蔬還沒有長起來、因為耶和華 神還沒有降雨在地上、也沒有人耕地。
2:6 但有霧氣從地上騰、滋潤遍地。
2:7 耶和華 神用地上的塵土造人、將生氣吹在他鼻孔裏、他就成了有靈的活人、名叫亞當。

（筆者評註：神爲什麼又叫耶和華，而且是突然有了名字，是誰爲他取的，還是自稱?當時還沒有人類，誰會稱呼他叫做「耶和華」呢?）

2:8 耶和華 神在東方的伊甸立了一個園子、把所造的人安置在那裏。
2:9 耶和華 神使各樣的樹從地裏長出來、可以悅人的眼目、其上的果子好作食物。園子當中又有生命樹、和分別善惡的樹。
（筆者評註：神爲什麼要創造「生命樹」和「分別善惡的樹」?）
2:10 有河從伊甸流出來滋潤那園子、從那裏分為四道。
2:11 第一道名叫比遜、就是環繞哈腓拉全地的．在那裏有金子、
2:12 並且那地的金子是好的．在那裏又有珍珠和紅瑪瑙。
2:13 第二道河名叫基訓、就是環繞古實全地的。
2:14 第三道河名叫希底結、流在亞述的東邊。第四道河就是伯拉河。

2:15 耶和華　神將那人安置在伊甸園、使他修理看守。
（筆者評註：神造的萬物不好不耐用嗎？爲什麼需要修理？那時已經有盜賊了嗎？爲什麼需要看守？）。
2:16 耶和華　神吩咐他說、園中各樣樹上的果子、你可以隨意吃。
2:17 只是分別善惡樹上的果子、你不可吃、因為你吃的日子必定死。
（筆者評註：之後事實證明，亞當吃了「分別善惡樹上的果子」，吃的當天沒有死，之後神也沒讓他死，亞當後來是自然老死的！）
2:18 耶和華　神說、那人獨居不好、我要為他造一個配偶幫助他。
2:19 耶和華　神用土所造成的野地各樣走獸、和空中各樣飛鳥、都帶到那人面前看他叫甚麼．那人怎樣叫各樣的活物、那就是他的名字。
2:20 那人便給一切牲畜、和空中飛鳥、野地走獸都起了名．只是那人沒有遇見配偶幫助他。
2:21 耶和華　神使他沉睡、他就睡了．於是取下他的一條肋骨、又把肉合起來。
2:22 耶和華　神就用那人身上所取的肋骨、造成一個女人、領他到那人跟前。
2:23 那人說、這是我骨中的骨、肉中的肉、可以稱他為女人、因為他是從男人身上取出來的。
2:24 因此、人要離開父母、與妻子連合、二人成為一體。
（筆者評註：亞當既然是神創造的，當然沒有「父母」，至少是沒有「母」，如何離開父母呢？）
2:25 當時夫妻二人、赤身露體、並不羞恥。

……………………………………

創世紀 Genesis003

……………………………………

3:1 耶和華　神所造的、惟有蛇比田野一切的活物更狡猾。蛇對女人說、　神豈是真說、不許你們吃園中所有樹上的果子麼。

（筆者評註：天地萬物如果都是神創造的，那麼「蛇」必然也是，否則蛇又是誰創造的呢？如果「蛇」是神創造的，神「有沒有看著蛇是好的呢」？如果蛇是不好的，神為什麼要在最美好的伊甸園裡創造「比田野一切的活物更狡猾」的蛇呢？）

3:2 女人對蛇說、園中樹上的果子我們可以吃。

3:3 惟有園當中那棵樹上的果子、　神曾說、你們不可吃、也不可摸、免得你們死。

3:4 蛇對女人說、你們不一定死、

（筆者評註：這條蛇所說的是真話，因為後來事實證實亞當夏娃摸了也吃了那棵樹上的果子，結果並沒有死，可見「神」才是真正說謊者。）

3:5 因為　神知道、你們吃的日子眼睛就明亮了、你們便如　神能知道善惡。

3:6 於是女人見那棵樹的果子好作食物、也悅人的眼目、且是可喜愛的、能使人有智慧、就摘下果子來吃了．又給他丈夫、他丈夫也吃了。

3:7 他們二人的眼睛就明亮了、才知道自己是赤身露體、便拿無花果樹的葉子、為自己編作裙子。

3:8 天起了涼風、耶和華　神在園中行走。那人和他妻子聽見　神的聲音、就藏在園裏的樹木中、躲避耶和華　神的面。

3:9 耶和華　神呼喚那人、對他說、你在哪裏。

（筆者評註：神不是無所不知，無所不在的嗎？）

3:10 他說、我在園中聽見你的聲音、我就害怕、因為我赤身露體．我便藏了。

3:11 耶和華說、誰告訴你赤身露體呢、莫非你吃了我吩咐你不可吃的那樹上的果子麼。

（筆者評註：神不是無所不知的嗎？）

3:12 那人說、你所賜給我、與我同居的女人、他把那樹上的果子給我、我就吃了。
3:13 耶和華　神對女人說、你作的是甚麼事呢。女人說、那蛇引誘我、我就吃了。
※ 神如果真的是無所不知的，那就必然能及早預知這樣的後果，預知他所創造的男人女人都是非常愚笨低能與無知的（或者說是純潔天真的也可以），他們是禁不起狡猾的蛇所引誘，必然會去吃「辨別善惡樹的果實」，神爲什麼不預防在先呢？
※ 神如果真的是無所不能的，就該創造不會被引誘的男人和女人，就不該創造狡猾的蛇，就不該創造「生命之樹」和「辨別善惡之樹」，神在創造其他方面姑且不論，但是在創造人的這個作爲，算是很失敗的。
※所以，顯然神不是無所不知的，也不是無所不能或無所不在的。
3:14 耶和華　神對蛇說、你既作了這事、就必受咒詛、比一切的牲畜野獸更甚、你必用肚子行走、終身吃土。
3:15 我又要叫你和女人彼此為仇、你的後裔和女人的後裔、也彼此為仇．女人的後裔要傷你的頭、你要傷他的腳跟。
3:16 又對女人說、我必多多加增你懷胎的苦楚、你生產兒女必多受苦楚．你必戀慕你丈夫、你丈夫必管轄你。
3:17 又對亞當說、你既聽從妻子的話、吃了我所吩咐你不可吃的那樹上的果子、地必為你的緣故受咒詛．你必終身勞苦、才能從地裏得吃的。
3:18 地必給你長出荊棘和蒺藜來、你也要吃田間的菜蔬。
3:19 你必汗流滿面才得餬口、直到你歸了土、因為你是從土而出的．你本是塵土、仍要歸於塵土。
3:20 亞當給他妻子起名叫夏娃、因為他是眾生之母。
3:21 耶和華　神為亞當和他妻子用皮子作衣服、給他們穿。
（筆者評註：神創造他們時，並沒有創造衣服給他們穿的意思，亞當夏娃是吃了「辨別善惡之樹」的果實，知道害羞，才會用樹葉遮體的，神爲什麼又改變主意還主動幫他們製作衣服呢？此外，那些「皮子」又是怎麼來的？神殺死牛羊，然後親自剝皮鞣製再剪裁縫製出來的嗎？）

※ 綜合以上，錯不在夏娃，不在亞當，錯在蛇的引誘，錯在神自己，但是，神卻把大部分過失全歸在亞當和夏娃身上，不但將他們趕出伊甸園，還詛咒他們本身以及他們的後代，讓後世的人一出生就莫名其妙的背負了完全非自己作爲導致的所謂「原罪」，這樣的神是慈愛的嗎？是寬大的嗎？

※ 很難相信這些惡毒的懲罰和詛咒會是神的作爲，因爲我看到的只是一個偏執，易怒，心胸狹隘，不肯爲自己實驗的錯誤負責，反而遷怒於被實驗物的古怪老人，如果把場景拉回現代，這樣一個實驗者，會在實驗失敗的盛怒之下，用腳狠狠踩死那一對被實驗的白老鼠吧？不過這樣反而比較好，總比把實驗失敗的白老鼠隨意棄置來的好，因爲隨意棄置的結果最後的苦果就是衍生出幾千年來動亂不安的世界。

3:22 耶和華 神說、那人已經與我們相似、能知道善惡．現在恐怕他伸手又摘生命樹的果子吃、就永遠活著。

（筆者評註：這句話是神跟誰說的吃？顯然不是神在自言自語，而是和其他「衆神」？所謂的『那人已經與我們相似』明白的證明了這點，可見神並不是單獨的唯一，至少是二個甚至二個以上的多數。）

※神爲什麼要害怕人能知道善惡？害怕人永遠活著？這和爾後數千年來，傳教者口口聲聲：「信我者得永生！」的宣傳口號豈不是南轅北轍，互相矛盾？因爲神創造人的原意就是希望人不能知道善惡，不能得永生的啊？連傳教士勸人在世上多多行善其實都是違背神的旨意的。

3:23 耶和華 神便打發他出伊甸園去、耕種他所自出之土。

3:24 於是把他趕出去了。又在伊甸園的東邊安設基路伯、和四面轉動發火焰的劍、要把守生命樹的道路。

（筆者評註：爲什麼要這樣嚴加防守呢？是非常害怕亞當夏娃或者他們的後代會來偷吃「生命樹」的果子嗎？顯然

答案是肯定的，神不但不許亞當夏娃偷吃，甚至也不許他們的後代偷吃，因爲神害怕人類會跟祂一樣變得不死而能永遠活著，這是聖經中最關鍵的一句話；由此可以證明「神根本從來就沒打算讓祂所創造的人類及其後代能夠「永生不死」。這也不是因爲亞當夏娃偷吃「辨別善惡之樹」，所以神才懲罰他們的，而是在創造這個樂園時就已經決定的事，所以也才會告誡他們所有果子都可以吃，唯獨「生命樹」和「辨別善惡之樹」上的果子不能吃，而且不惜編造「必死」的謊言來恐嚇他們。可見「神」是非常認真的，反正就是不准亞當夏娃和他們的後代知道善惡，也不准他們「永生不死」。也所以，由此可以十足證明所有相關宗教「信者得永生」的口號教條根本就是愚昧無知的謊言騙局，連那些千百年來所有的神職人員一樣是「有腦無漿」的蠢蛋。「聖經」中這麼明明白白的經句，怎麼會完全像睜眼瞎子一樣的視而不見，見而不思呢？

關於第二點的綱要；與第一點和第三點都有密切關係；因爲即使人類是神創造的，「神」一開始就沒有打算讓人「永生不死」，所以如果是這樣的話；「信不信神」反正都不免一死；而且死後也不會有「靈魂永生」的問題。但是，第三點才是真正關鍵；因爲人類不是「神」創造的，而是從物種進化而來，同時人類的靈魂也是自行經由進化發展出來的，在死後脫離肉體之後還能繼續存在，因此，同樣跟「信不信神」毫無任何關係。

關於第四個綱要；因爲人類太渺小，肉體生命太短暫，甚至死後形成「靈魂態生命」的時間也一樣短暫，和整個地球生命發展史以至天文單位的時間長度根本不能相提並論；所以，「永遠」這個詞只是一個模糊的概念，從來不可能有人懂得，也所以，我們實在不宜動不動就說「永遠如何如何……」，因爲那是毫無任何實質意義的；因此，「靈魂」是實存的，我們也不能說「靈魂永生」，頂多只能說「靈魂」可以比肉體生命型態存在的更加長久，但是，到底是多久？同樣沒有人知道？如果我們以人類「靈魂」是在四萬多年前才開始形成的而言；「靈魂」還沒有任何「自然死亡」的任何說法或證據，雖然「靈魂」（鬼魂）還是會死亡，但是，在相關的傳說中，特別是中國人的觀念中，自古以來就有「人死爲鬼、鬼死爲聻」的說法和觀念；這個觀念是對的，因爲「鬼魂」一樣也會死亡，但是，都不是自然死亡。

我們把「靈魂」拆開來就是「靈識」（靈）和「靈體」（魂）兩個部份，「靈識」是能量態的根本「自主意識」，必須由「精微物質」構成的「靈體」來承載和包裹，會毀壞的是「靈體」部份，不論是強大的自然力或者人爲的殺戮，都可能破壞這個「靈體」，在這種情形下，「靈體」會分散回復爲基本粒子逸散在自然之中，「靈識」會變成一股散亂的「能量流」，會被強大的「靈界亂流」衝激而拉細拉長，幾乎很難再凝聚成型，所以中國古人所說「人死爲鬼、鬼死爲䰢」；認爲『䰢』就是一股不由自主的「陰風」，這點是正確的，應該是長久的經驗法則累積出來的一個非常接近事實的觀點。（註：詳細說明請參閱本書「靈魂一詞的重新定義」篇章）

也因爲如此，「靈魂」是不可能「永生」的，因爲凡是物質是必定會有毀壞的一天，差別只是時間的長短，而「靈魂」既然包含有「精微物質」構成的「靈體」部份，這個「靈體」也一樣有毀壞的一天，雖然，我們形成「靈魂」的年代不長，無法知曉「靈魂」究竟能在人的肉體死亡後繼續存在多久才會「自然死亡」，但是，依據合理的邏輯推理，總是可以確定那還是有時間性而不可能「永恆」長存的。

更甚至，就算能夠從「靈魂態生命」再進化提昇到「純能量態生命」，雖然基於「能量不滅」的物理定律，照這理論來說；應該也可以「長存不滅」才對，但是，這個還是在自然之中，一樣受到整個宇宙自然律的規範，所以，也只能說非常有可能的只是能和宇宙「同壽」，但是，我們所說的宇宙是否能夠永遠存在呢？顯然又是一個沒有人能肯定回答的問題；也因此，假設宇宙可以永恆存在，那麼「純能量態生命」就有可能一樣永恆存在，如果宇宙終究還是會毀滅，連所有能量也一起毀滅的話；「純能量態生命」也必定會隨之毀滅，是不可能超離宇宙而單獨永恆存在的。

所以，宗教的「靈魂永生論」是不可能成立的，從一開始就沒有任何可以成立的支撐點，甚至連「神」都不同意，所以「信X得永生」只是一個無知的空洞口號而已。

同時在「廣義靈魂學」的立論基礎上，雖然根本否定「生命、靈魂神創論」，但是，在自然律的規範下，也同樣否定「靈魂永生」的可能，唯有當「靈」能脫離物質「靈體」；形成「純能量態生命」時，或許還能有狹義的「永生」希望。（註：人類可以脫離肉體成爲「靈魂態生命」，當然也可以脫離物質「靈體」；形成「純能量態生命」）

其次，附帶來談一個非常相關的問題；那就是「前定論」，其實所有的宗教都是建立在「靈魂永生論」的基石上，而且也都一致認定「靈魂」是無始之始前就已經存在，或者由「神」先創造出來的；也因此除了東方宗教的「因果業報論」，其他大部分的宗教都是強調「神創論」和「前定論」的，大家對「神創論」當然是耳熟能詳，不待贅言的，而所謂「前定論」是連帶由「神創論」而來的，既然「神創造了天地萬物」；也包括創造了人類，那麼這天地之間所有的萬事萬物當然都是由「神」早就安排好了，也就是一切都是由「神」有計劃有藍圖，完全按圖施工而成就的，也因此，所有一切，包括人世間一切種族、國家、社會、家庭、個人以及所有的親族關係，還有個人一生的命運，無論是「貧富貴賤、窮通壽夭、吉凶禍福」等等所有的遭遇，都是由「神」早就「前定」好的，甚至美國龍捲風造成人命財產的嚴重損害也是「神的旨意」，各種天災中有許許多多的人罹難是「神的旨意」，有些人得以倖存也是「神的旨意」；一間有歷史的教堂被龍捲風徹底連根拔除，片瓦不留是「神的旨意」，如果竟然僥倖逃過龍捲風的肆虐，毫髮無傷，那就不但是「神的旨意」，更是不可思議的「神蹟」了。

一個鄰里皆知的善人義人竟然被酒駕的醉鬼開車闖紅燈撞死了，家屬親友鄰里悲傷之餘，還是認定這是「神的旨意」。一個作惡多端的重刑犯在監獄中買樂透彩竟然中了頭彩，這個嘛？嗯！還是「神的旨意」。

所以，美國 911 遭恐怖攻擊事件是「前定」，南亞大海嘯是「前定」，日本 311 大地震加海嘯是「前定」，進攻伊拉克、吊死海珊是「前定」，狙擊賓拉登是「前定」，「雷曼兄弟」破產倒債引發經濟大震蕩是「前定」，歐豬各國面臨破產是「前定」，全球金融危機是「前定」，「歐巴馬」入主白宮是「前定」，競選連任勝利也是「前定」（所以，其實公民投票選舉其實是多此一舉，既然已經前定，舉辦或不舉辦選舉，結果都一樣）……

所以，以色列被巴比倫滅亡，猶太人被迫四處流浪是「前定」，進入埃及當奴隸是「前定」，摩西率領猶太人出埃及是「前定」，被法老王軍隊追趕是「前定」，分開紅海是千鈞一髮的時間點是「前定」，在沙漠流浪四十年是「前定」，摩西從上帝手中拿到「十誡石板」是「前定」，反攻回到耶路撒冷是「前定」，引發與伊斯蘭國家數十次「聖城」爭奪戰是「前定」，互相攻克又淪陷易手是「前定」，引發歐洲各國聯合「十字軍」前後十次東征是「前定」，假借收復聖城之名以行掠奪伊斯蘭世界財物珍寶是「前定」，雙方因此形成世仇是「前定」……猶太人繼續被迫四處流浪是「前定」，二戰期間被納粹德國關進集中營血腥大屠殺是「前定」，戰後在英美大力扶持下，強行在巴勒斯坦民族已經生活上千年的古老聖地重新建國是「前定」，造成「以巴衝突」和「阿拉伯」各國敵對是「前定」，從「六日戰爭」迄今雙方戰事從未休止這依然也是「前定」……

「羅馬帝國」原本信奉希臘多神教，大肆殘殺基督教徒是「前定」，後來「君士坦丁」一夜之間竟然改宗基督教；這是「前定」，後來更將基督教定爲國教；羅馬梵蒂岡並且成爲此後全球基督信仰的總部，這是「前定」，但是，教宗及一些樞機主教的濫權，私生活腐敗也是「前定」，教宗包養情婦是「前定」，樞機主教多有私生子或者雞姦小男童是「前定」，中世紀教廷大肆販賣「贖罪券」是「前定」，引發「馬丁路德」重建改革派也是「前定」，從此分裂爲「羅馬公教」（天主教）和「新教」（基督教）是「前定」，又分支出「英國國教」和「希臘正教」及「俄國東正教」這也是「前定」，後來，帝俄被「布爾什維克黨」推翻，建立第一個共產主義國家，主張「無神論」，所有「東正教」教士不是被殺就是關進集中營，這當然也是「前定」……

而「托勒密（Ptolemy）的地球是宇宙中心說」是「前定」的，之後「哥白尼和伽利略的地動說」也是「前定」的，「諾魯諾（Bruno）的無限宇宙論」也是「前定」的，所以他會被宗教裁判所判定爲「異端」，燒死在「百花廣場也是「前定」的，然後，四百年之後羅馬教廷終於公開承認對於伽利略的審判是不公平的，這也是「前定」的，然後現今「霍金的無上帝說」也是「前定」的，羅馬教廷堅決反對他的說法也是「前定」的，那麼這些互相矛盾的觀點，那個才是對的呢？

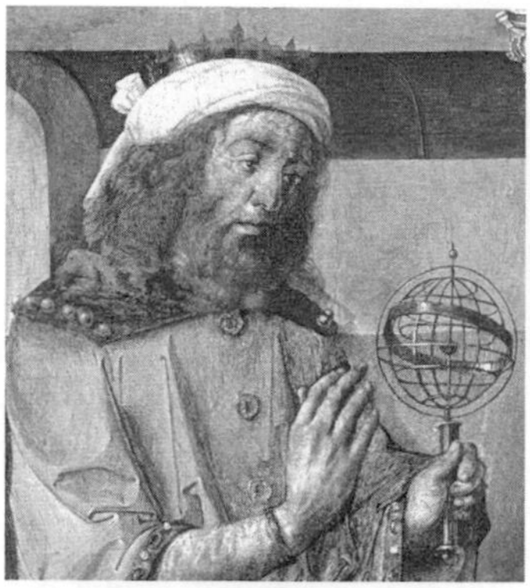
托勒密

哥白尼

伽利略

現今因爲媒體網路訊息發達，全世界各地天主教的地區主教、神父性侵女教友或者雞姦小男童的醜聞有如雨後春筍，紛紛爆料出來，這當然是「前定」，害得羅馬教廷每年都要花費幾千萬美金來賠償遮羞，粉飾醜聞，這當然也是「前定」。

以上這些屬於「亞伯拉罕系統」的各種宗教，其「前定論」是來自「神的旨意」，因爲神威顯赫，凡人難測，所以，任何信徒不得質疑，不得追問，這是「絕對前定論」！

而東方印度教主張「種姓制度」與「業報輪迴」，這是「因果宿命前定論」，同時相信「毗濕奴神」有十個化身，其中第九個化身是「佛陀釋迦牟尼」，他的任務是來惑世的，這也是「前定論」，然後，當第十個化身神「迦爾基」騎著白駒揮舞著利劍降臨時，就會殺光所有印度教的敵人和對諸神信仰不夠虔誠的那些信徒，這也是「因果宿命前定論」。

至於「佛教」，世尊釋迦牟尼一出世就能走路說話，這是「前定」的，他將會出生在皇室之中，包括父母妻兒都是「前定」的，他將會出家修行，並且會在菩提樹下證得「無上正等正覺」，被尊爲「覺者」或「佛陀」，這也是早就「前定」的，他將傳道四十九年，然後染病而死並證得涅盤，這還是「前定」；然後在他晚年，教團會分裂，他的祖國會被琉璃王滅亡，釋迦族會徹底被屠滅，這也是因爲「因果宿命前定論」，是絕對不能更改的結局；而佛教最後將會進入末法時期，許多教義都被篡改，許多魔王魔眷會披著袈裟混進教團中，惑亂人心，從最核心中逐漸向外腐爛，終究會在印度本土徹底覆亡，幾乎所有著名佛寺都會被伊斯蘭軍隊大舉摧毀，僧尼信徒會被大肆屠殺或被迫逃亡，這也是「前定」；最後「佛教」將會徒具制式，完全違反基本教義的在印度以外的異邦大興，但是，因爲基本教義已經不復存在，所以只是名存實亡，這也是「因果宿命前定論」的必然。

不論是「神意前定論」或者「因果宿命前定論」都是「絕對論」，指的是一切都已經是如同事先就早已編好的劇本，結局已早就確定了，是不能更改的，那麼，其實這樣也就很容易看出這種主張或教義的真正重點；當然是指「結果」的確定性和必然性，而無關乎過程中任何周折那些細節，以中國人寫文章的方式來說，所謂的「起承轉合」，在「絕對前定論」中，雖然一件事的發生或者一個人的一生遭遇；同樣也有「起承轉合」的流程，但是，只有「起」與「合」才是真正重點，因爲「前定論」就一定要有一個主體來「定」，這個主體可以是西方宗教中的「神」或者東方宗教中所謂的「因果」，但是，不論過程中「如何承接？如何轉折？」就根本不是重點，也完全不影響結果，因爲「結果」是早就確定的，就算把整個流程倒轉過來或者完全沒有任何轉折，「結果」還是跟「前定」的一樣。

關於這點，在此可以用「賭場」中最受大眾歡迎，比較容易上手的「輪盤賭」打個比方：

假設有某甲和某乙兩個好朋友，其中某甲在例如「澳門」或者「拉斯維加」賭場當「荷官」，專門管一個「輪盤賭桌」，兩人有點小聰明，想利用職務之便動點歪腦筋來贏點小錢花用；於是他們先設法籌到五千美金當賭本，某乙製作了一顆空心的「象牙球」，其中裝著強力的磁鐵，然後比照輪盤上的格子剪了一片非常薄的黑色的「軟性磁鐵」，背後貼上雙面膠帶；

有一晚趁人較少時，某甲當班時，趁轉動輪盤讓賭客下注時，把黑色「軟性磁鐵」貼在「31」號格子上，然後某乙

進入賭場，把現金換成塑膠籌碼，先賭幾局「吃角子老虎」順便觀察一下環境和賭場保安人員的狀況，然後慢慢移動向朋友某甲管理的這張輪盤賭桌，先押每把幾十塊的小錢在任意的「單雙號碼」上，這是一半一半的機率，賠率也是一比一，然後慢慢增加籌碼，一把一、兩百美金；這樣輸多贏少的裝模作樣一番；而兩人瞬間交換一個眼神，某甲趁機掉換了「象牙球」，某乙把手上剩餘籌碼，拿出三千全壓在「單數」上，某甲用手先逆時鐘轉動輪盤，再將裝有磁鐵的假象牙球；順時鐘扔下；只見象牙球在輪盤上飛快的滾動……然後在輪盤慢下來之後，象牙球跳動了幾下，終於落進一個數字格中，正是原先貼了黑色「軟性磁鐵」的「31」號格子裡，於是，依照一比一的賠率，某甲數了三千元的籌碼推給某乙，因爲金額不大，並不至於驚動賭場保安人員或檯面經理的注意；同桌的賭友羨慕的恭喜某乙，他也假裝很驚喜的模樣，然後又隨意押了幾把，並不在意輸贏，接著就拿著全部籌碼去換回現金，離開賭場，之後總計戰果，大約贏回了二千六百元美金。兩人拿這筆錢去大吃一頓，又買了些新的衣物鞋子……

從這樣的比方；假設「結果」是原先就設定好的，那麼，無論「荷官某甲」轉動輪盤的力道大小，扔進象牙球的力道大小，與落點何在？這些都已經不是關鍵，也不會影響結局，因爲滾動的象牙球中的磁鐵與「31」號格子裡的黑色「軟性磁鐵」一定會互相吸引，不論象牙球逆向的滾動了多少圈，最後必定會落在「31」號格子裡；也因此如果代換爲宗教的「絕對前定論」，一切都是「神的旨意」事先安排好的，或者如「佛教」所主張的「絕對因果宿命前定論」，甚至連釋迦牟尼前世敲過大魚頭三次，今生一樣要頭痛三天來償還「業債」這麼錙銖不爽的話；那麼任何人世間過程中的悲歡離合，窮通壽夭，或者人爲再怎麼努力都是枉然，因爲「結果」早就註定了。

然而事實卻絕非如此；因爲人類的社會已經非常多元化，人際關係、族群關係、國際關係以至種族對立、宗教對立，早就複雜到有如亂麻一般，就以一個人一生的遭遇而言，全球七十億人口也不可能有兩個是完全一模一樣的；因此這場大戲，沒有誰能編這個劇，也沒有誰能導這齣戲。又怎麼可能「一切皆是前定」呢？

再假設「一切皆是前定」，或者像中國古話所謂的：「萬般皆是命，半點不由人」；那麼既然任何人事物的命運或結局都是完全在起始之初就已經被決定被確定，絲毫不能改變，那麼一個人的作爲與不作爲；努力與不努力；創造與不創造；改變與不改變；行善與作惡，修行與不修行……等等就都是徒勞無功，完全不會更動結局，因此這就變成「絕對的結果論」，也因而，萬事萬物只有起始和結果才是關鍵重點，其中所有過程都是毫無意義的，可有可無，或者更精確的來說：「過程」是根本沒有任何意義也可以直接省略的。

假設人生和整個宇宙自然，果真都是「一切早已前定的絕對結果論」，那麼以下的狀況就必然可以成立的：

在羅馬梵蒂岡的「聖彼得大教堂」中，教宗端坐在寶座上，和顏悅色的望著虔誠的信眾；大家都在等待著；在左邊有扇天藍色的門，右邊有扇粉紅色的門，兩扇門前都有許多信眾既興奮又焦急的在等待著，等待著「新生兒」的出世……

左邊的門終於打開了，兩位男性的天使護送著一位英俊挺拔，有如玉樹臨風，長得像「布萊德彼特」的年輕帥哥走了出來，他的名字叫做「雅各」，全身穿著合身又時尚的全套「ＪＪ亞曼尼」的西裝，皮鞋是義大利小牛皮手工打造的；還鑲著Ｋ金邊，手上戴著最先進自動發光的電波錶，右手拿著一支IPhone5，左手拿著IPad3；口袋裡有一張瑞士蘇黎世銀行的「無限卡」，這就是他的父母家人熱切迎接的新生兒，他一出生就是成年人，而且已經取得經濟學博士學位，他的博士論文：『美國紐約華爾街股票交易員午餐平均用餐時間及男廁所小便斗高度對於雷曼兄弟連動債所造成金融風暴中獲利肥貓的體脂肪平均值互動關係再研究』獲得普遍好評與矚目，所以還有華爾街股票交易所的代表正拿著工作合約等他簽約……他先跟父母家人打了招呼互相親熱的擁抱，從襯衫口袋掏出鑲滿碎鑽的「萬寶龍」鋼筆，看也不看一眼就在那份工作合約上瀟灑的簽了名，反正根本也不用多看，因爲合約只是兩張白紙，完全沒有任何內容，這是由於既然一切都是「前定」的，合約究竟是什麼內容？簽不簽合約？簽了之後雙方是否保證履行？這些都沒關係，反正都不會影響「結果」，因爲「結果」在他出生之前就已經「前定」了。

然後，從粉紅色那扇門中走出來一位麗質天生，風華絕代的妙齡女子，由兩位女性的天使護送著姍姍而來；她穿著一身「香奈兒」白底黑邊的招牌洋裝，頭戴寬沿的大帽，有如電影「窈窕淑女」中的「奧戴麗赫本」，脖子上和手腕上戴著「蒂芙尼」全套的鑽飾，手拿「愛瑪仕」的鱷魚皮手工鉑金包，她的名字叫做「瑪莉亞」，已經取得「服裝設計」與「珠寶設計」雙博士學位，父母家人見了這麼美麗優秀的新生兒順利誕生，真的是喜出望外，感動得忍不住噙著眼淚一直輕聲唸著：「讚美主！哈利路亞！」……

同樣的，還有巴黎香榭大道的著名珠寶公司手持合約等她簽名，甚至還有電影公司想要簽下她爲新一代的偶像明星。

更重要的是雙方家長不但認識，也早就籌備好他們的婚禮，就在他們兩人分別受洗之後，立刻就是進行婚禮；因爲這天造地設的一對佳偶能結成連理，這也是早就「前定」好的，根本不用再分別經過一些周折才會偶然邂逅，然後還要經過長久的愛情長跑，最後才能結婚，反正最後兩人是終成眷屬既然已經前定，所以「過程」也就直接省略掉了。

三層高的白色大蛋糕推了出來，最頂層有最新科技3D立體雕刻的新人縮小版「公仔」，跟新郎新娘簡直唯妙唯肖，因爲連長相也是事先已經「前定」的，所以，當然一定完全相像。

新郎母親交給新郎一個戒指盒，裡面有一枚五克拉的粉紅色彩鑽，戒圍剛好符合新娘的指圍，一點不差，因爲這也是「前定」的。

兩人在婚禮完成之後，照例要回到夫家住上至少一晚，他們第二天一早就要趕搭早班飛機，直飛挪威最北的城市之一「特羅姆瑟」去看「極光」，而且只有那天晚上的極光最漂亮，因爲這也是由「神的旨意」特別「前定」的。這是由隸屬「主業會」的「快樂天堂旅行社」特別爲他們量身打造安排的蜜月行程。

他們會度整整一個月的「蜜月」，然後會各自前往工作地點任職，大約一年之後，小倆口將會再次回到梵蒂岡的教堂，這次換他們兩人等候自己的新生兒了；而且已經早就知道他們會「生」一對可愛的龍鳳胎，一男一女，男孩將會成爲神職人員，不久就會升任紅衣樞機主教，但是，終究因爲反對「教宗選舉制，建議改爲抽籤摸彩制」引發其他樞機主教朴葛，因此無緣當上教宗，最後鬱鬱寡歡的專門從事「全球神職人員性醜聞的粉飾及私下賠款和解」的機密工作。

女孩則會成爲一位「魔幻小說」的暢銷書作者；所以一出生就由天使幫她用推車推出來比人還高的手寫稿，一共是七本一套的小說：「貞德驅魔戰記」，將會由「亞馬遜出版集團」標得出版發行權，廿世紀福斯公司也將隨即改變拍攝成電影；她是家族中最有智慧的一位，但是，因爲少年得志太過輕狂，經常和朋友死黨嗑藥狂歡，也每年會去印度各地靈修，結果最後一次被人看到是在「瓦拉納西」恆河對岸的沙灘上靜坐冥想，但是，旋即失蹤，一直沒有再出現，也沒有找到她的屍首？？？事實上她真的是因爲身上配戴過多值錢的首飾，引起當地宵小覬覦，趁她在河邊打坐冥想出神時，一刀割斷喉嚨，收刮所有值錢之物，然後在她身上綑上大石頭沉到神聖的「恆河」河底去了，不過依照印度教神話傳說；只要能死在「瓦拉納西」就會受到濕婆神的保護，直接昇入天界（註：這是「聖城瓦拉納西死後昇天」的「前定論」，其實這個「前定論」是和「婆羅門教」的「善惡因果業報三道輪迴前定論」互相矛盾的，因爲只要在「聖城瓦拉納西」死亡的，不論階級貴賤，生前行善或作惡，一律都可以昇天，變成一個「輪迴機制」以外的特權地區，但是，這也是沒辦法的事，因爲「聖城瓦拉納西」的歷史早過「婆羅門僧侶」編造「業報輪迴」騙局的時間甚久，在那邊死亡不論善惡都可以昇天的神話「前定論」早已根深蒂固，所以印度教徒從來沒有人會站出來合理解釋爲什麼會有這樣一個特權地區？）……當然她的結局雖然令人感歎，讓家人悲痛，不過，這也沒辦法，一切都是「神的旨意」，「結果或結局」早就已經「前定」好了，半點不能更改的。否則就不叫「絕對結果論」了。

當然，相信讀者一定可以明白筆者用反諷的比方來否定「前定論」和「宗教絕對結果論」。其實基督教系統的「靈魂永生論」根本就不能成立，或者說如果依照「聖經」創世紀中的內容就可以知道人類根本不可能有靈魂的；因爲「神」從一開始造人時，就不准他吃「生命樹」的果子，因爲害怕他會跟「神」一樣長生不死，而且，在亞當夏娃禁不住引誘偷吃了「分辨善惡樹」的果子之後，「神」勃然大怒又膽戰心驚的把他們趕出伊甸園，然後還『又在伊甸園的東邊安設基路伯、和四面轉動發火焰的劍、要把守生命樹的道路』。當然是絕對不想再讓亞當夏娃和他們的後代再有機會偷吃「生命樹」的果子，單就這點就可以看出「神」是執意不肯讓人類能「永生不死」的，所以，又怎麼會同意讓人類的「靈魂永生」呢？就算人活著的時候有「靈魂」，死後也必定會隨肉體的腐爛而消失，斷然不可能繼續存在而「永生」的。

所以，基督教系統的「靈魂永生論」根本是違背「聖經」基本教義的胡扯謊話，也因此，「靈魂」是不可能永生的，那麼「靈魂」一旦不能永生，所謂的「前定論」也就毫無意義了；因爲不論生前行善作惡，或者不論信不信神都一樣，只要一死就灰飛煙滅，什麼都沒有了，那麼，「前定」些什麼呢？虔誠信神又努力行善的反正也沒有永生的靈魂可以上天堂，不信神又作惡多端的也沒有不死的靈魂會墜入地獄去接受魔鬼的酷刑。所以，又怎麼「前定」呢？更何況；如果「一切前定論」可以成立的話；一個人之所以會「虔誠信神又努力行善」或者「不信神又作惡多端」；不也是不由自主的完全來自「前定」嗎？

當然，本書的主軸開宗明義已經論述過「人類」是進化而來，不是「神」創造的，更不是 1625 至 1656 天主教愛爾蘭主教「厄舍尔」（Bishop Ussher）所估算，是「神」在西元前 4004 年早 10 月 27 日早上九点隨天地萬物一起創造出來的，會有那樣的宗教神話是因爲人類的考古學發展迄今還不到二百年，許多遠古人類化石都是這一百多年間才陸續發現的，一些包含碳十四鑑定年代的儀器和技術發明的都很晚近，而人類 DNA 排序更是近廿年以內的事；所以那些宗教在幾千年前或中古世紀哥白尼、伽利略之前的宇宙觀更是本位狹隘的，又豈能作準？（註：依據「維基百科」的資料：現代考古學在 19 世紀中期起源於歐洲，它是在地質學的科學研究進步之後發展出來。地質學呈現，地球的年齡是數十億年，而不是當時普遍認定的幾千年。在此後不久，1859 年查爾斯．達爾文出版『物種起源』一書，概述了他的演化論，最終導致科學家相信，人類事實上有數百萬年的歷史，從而提供一個時間限度，可在其中蓬勃發展考古研究。）

所以，近年來越來越多的科學證據可以證明人類是和物種一樣，慢慢進化而來，而筆者的專業研究發現連「靈魂」也是進化發展而來，也因爲人類是地球物種中第一個發展並擁有靈魂的物種，根本沒有任何可供參考的前例；也因此，人類從出生開始就是尚未能足夠成型的生物，而且嬰幼兒的成長期太長，人類的平均壽命又太短，所以人類根本就是尚未「定型」的特殊生物，更別說「定位」，雖然自從人類有歷史以來就一直不停的在設法爲自己在宇宙自然中「定位」，但是，顯然都不成功，也不可能成功，如果還無法「定型」又何能「定位」？許多「人類定位理論」其實都還只是假說而已，同樣的。也因此就更難以「定義」。

而宗教的「靈魂永生論」原本就不成立，「一切前定論」也就更難成立。

不論是人類的「定位」或者「靈魂是否永生？」，目前都尚無法有確切的定論。

「人鬼雜處」的時代

人類在產生靈魂之後，曾經經歷過非常漫長的一段「人鬼雜處」的時光，其實，嚴格來說，這種情形迄今仍在持續，並未結束。

之所以會發生「人鬼雜處」這樣的狀態，是有一定的成因，值得深入的來探究；在探究這個課題之前，我們先簡略的了解一下「人類靈魂」產生的整個歷史背景；當然要先從「人」的歷史開始：

「舊石器時代」初期：距今約200萬—100萬年前；早期猿人。

「舊石器時代」前期：距今約100萬—20萬年前；晚期猿人。

「舊石器時代」中期：距今約20萬—5萬年前；早期智人。

「舊石器時代」晚期：距今約5萬—1萬2千年前；晚期智人。

6萬年前：Y染色體亞當生活在非洲。他是所有現存人類的父系最近共同祖先（Y染色體基因通過父系遺傳）。線粒體單倍群M和N出現，他們參與了遷移出非洲的進程。

5萬年前：遷移到南亞。M168突變型出現（所有非洲以外的男性攜帶）。舊石器時代晚期開始。線粒體單倍群U、K出現。

4萬年前：遷移到澳洲和歐洲（克羅馬儂人）。

2.5 萬年前：尼安德特人滅絕。Y染色體單倍群 R2、線粒體單倍群 J 和 X 出現。

1.2 萬年前：File:ModernHuman.jpg 全新世、中石器時代開始。Y染色體單倍群 R1a、線粒體單倍群 V 和 T 出現。歐洲人演化出了淡膚色（SLC24A5 基因）。佛羅勒斯人滅絕，人類成爲了人屬中唯一存活的物種。

再來比對一下相關基因方面的研究結果：

由此，我們當可看出「多峇火山大爆發」理論是具有相當可信度的，在這次的生物大滅絕之後，一群幾千人而已的殘存近代人類祖先從東非開始「求生大遷徙」，而「人類靈魂」產生是在這次「求生大遷徙」之後，相當於「舊石器時代」晚期，也是「晚期智人」出現之後的事。

爲什麼筆者會這樣認定呢？

因爲，「靈魂」的產生是有一定條件的，從「靈魂」的定義和特性上，可以看出其必要的形成條件；在此，又有必要來看看關於「人」，特別是有關「現代人」的定義和特性；因爲「靈魂」是人類特有的產物，只有人類會產生「靈魂」，而且還必須是「心智能力」達到一定程度的「人類」才能形成「靈魂」，或者說；在人類的漫長進化過程中，在「早期智人」之前的數百萬年時光中，人類和其他物種一樣，並沒有「靈魂」，直到「晚期智人」之後，才逐漸擁有形成「靈魂」的條件。

在網路「維基百科」的詞條中，對於「現代人」的詮釋如下：

『人（學名：Homo sapiens，意為「有智慧的人」），是一種靈長目人科人屬的直立行走的物種。線粒體 DNA 與化石證明人類大約於 500 萬年前起源於東非。與其他動物相比，人具有高度發達的大腦，具有抽象思維、語言、自我意識以及解決問題的能力。此種能力，加之人類直立的身體導致人類的前肢可以自由活動，使得人類對工具的使用遠超出其它任何物種。截止至 2011 年 11 月，世界人口已達到 70 億，大約是所有曾生活在地球上的人的 75%。

與其他高等靈長類動物一樣，人類為社會性動物。人尤其擅長用口頭、手勢與書面語言來表達自我、交換意見以及組織。人類創造了複雜的社會結構，從家庭到國家。人類個體之間的社會交際創立了廣泛的傳統、習俗、價值觀以及法律，這些共同構成了人類社會的基礎。人類在地球上獨一無二，還由於人類具有審美的觀念，再加之人類自我表達的慾望和相對大的大腦，人類創造了藝術、語言、以及科學。

人類希望能夠理解並改造環境，試圖用哲學、藝術、科學、神話以及宗教來解釋自然界的現象。這種與生俱來的好奇心導致了高級工具和技術的發展。雖然人類不是唯一使用工具的物種，但是人類是已知的唯一會用火、會穿衣、會烹調食物及其他高級技術的動物。

人，人類、智人或現代人，這個名詞可以從生物、精神與文化各個層面來定義，或者是這些層面定義的結合。生物學上，人被分類為哺乳綱靈長目人科人屬智人種（學名為 Homo sapiens 或 Homo sapiens sapiens 但後者不為學界多數一致認可）。

智人意指擁有高度發展的頭腦。

精神層面上，人被描述為能夠使用各種靈魂的概念，在宗教中這些靈魂被認為與神聖的力量或存在有關；而在神話學中，人的靈魂也會被拿來與其他的人型動物作對照。如人工智慧或天使是沒有肉體的靈體，獸人或亞人則只有慾望和膚淺的情緒。

文化人類學上，人被定義為能夠使用語言、具有複雜的社會組織與科技發展的生物，尤其是他們能夠建立團體與機構來達到互相支持與協助的目的。

生物學上人的學名為「智人」（拉丁文 homo 爲「人」，sapiens 即「聰明的」），是與黑猩猩（PAN）、大猩猩（GORILLA）、猩猩（PONGO）、長臂猿（HYLOBATIDAE）同屬人猿總科的靈長目動物。人類與其它靈長目動物的不同在於人類直立的身體、高度發展的大腦，以及由高度發展的大腦而來的推理與語言能力。由於人和猿血緣相近，動物學家德斯蒙德·莫利斯戲稱人類為裸猿，並著述從各個角度論述人類種種行為的起源。。

行為學上來看人類的特徵有：懂得使用語言，具有多種複雜的互助性社會組織，喜歡發展複雜的科技。這些行為學上的差異也衍生出各文化不同的信仰、傳說、儀式、社會規範。』

以上，對於「人」，特別是「智人」和「現代人」的相關定義，其實也是給「靈魂」下了一個幾乎雷同的定義，因爲人類必須進化到擁有以上這些「心智活動能力」之後，才足以形成「靈魂」，而「靈魂」當然也才能擁有和表現出這些能力和特性。

那麼，確實的年代是從何時開始的呢？

這點，是很難確定的，根本沒有直接證據，甚至直到今天，科學界也無法不敢證實「靈魂」的存在，更何況要逆推回去考證幾萬年以前的事情？因而只能從已知「靈魂的特質」（註：筆者本身及前輩研究者與「靈魂」接觸後獲知的經驗法則）來縝密推斷：

「靈魂」必須具備：一，完整的「自我認知能力」及部份「自我感知能力」。

二，相當程度的「語言能力」。

三，相當程度的「空間想像能力」。

四，相當程度的「抽象思考能力」。

五，相當程度的「心智推理能力」。

我們再簡略的來看看人類的「生活進化史」；人類從「舊石器時代」晚期開始，經由長期「漁獵採集」的穴居生活，基於求生掠食和反掠食的需求，從「家族」聚集形成「氏族部落」，因此必須「團結分工」才足以生存，在「團結分工」中，創作工具、合作圍捕大型獵物，抵抗其他氏族部落之侵略和擄掠，最重要的就是相互間的「表意聯絡」，當然，從吼叫示警、哀嚎呼救的聲音表意，然後隨著生活型態的日益複雜，「語言」就因為約定俗成而日漸豐富，從單音、單詞發展到完整的句子，以至口若懸河、滔滔不絕的演講，必然是經過長時間累進發展才形成的。

以「語言能力」而言；人類是地球所有物種中，最擅勝場的佼佼者，其他具有各種「語言能力」的物種，譬如海豚、猩猩等，與人類相較，其「語言能力」根本判若雲泥，難以相較。同時依據近代「認知心理學」的研究；今日人類的「語言能力」能如此豐富精妙，表意功能如此強大，乃是基於兩種條件而產生：其一為來自基因遺傳的「預設模式網路」，其二是由於後天的學習，兩者缺一不可。

而「語言」的本身既然是為了「表意」；當然「意」（意念）一定是先於「語言」產生的，而所謂的「預設模式網路」也就當然不只是僅限於「語言能力」一項而已；包括「視覺、聽覺、嗅覺、味覺、觸覺」等肉體感官知覺系統，以及「思想、意念、心智推理、想像力、抽象思考、時空推理、形而上思辨」等等心理感知系統等等都必然是在整個「認知、感知大網路」中在運作，而分屬於不同的「預設模式」，各司其職又互相串連，在腦部「聯合區」（三個基本機能聯合區）中整合之後再作出適合、適時及適切的反應。在肉體的腦部是由「神經元細胞網路」接收及釋出命令，皆由「神經脈衝」（Nerve impulses）以「生物能」用電子訊息方式傳遞，而「鏡像神經元」更能接近反射動作不經複雜思考運算的「瞬間認知」，在神經元與神經元之間是「突觸」縫隙的化學物質傳遞這些瞬息萬變的電子訊息。筆者試舉一例來讚歎人類在這些方面的傑出演進成就：

曾經在某「知識頻道」看過一段介紹澳洲土著以傳統「《」型迴力鏢獵捕袋鼠的影片，攝影師特別從土著的主觀視角來捕捉整個過程；只見畫面左方空曠的荒地上有一隻成年的袋鼠正在快速的跳躍前進，與鏡頭呈大約 45 度角往畫面中間快速移動，土著見到獵物出現幾乎毫無猶豫，直接猛力甩出木製的迴力鏢，這時畫面轉爲慢速播放，只見那支迴力鏢是一面快速自轉，一面以順時鐘方向畫出一個大弧，先是向畫面左邊飛去，因爲主觀視角的關係，似乎根本和目標動向是南轅北轍，不可能擊中目標，但是，迴力鏢飛到大弧的一個頂點之後，就開始同樣順著大弧朝右邊飛行，只見袋鼠毫無察覺，繼續跳躍前進，然後似乎不是迴力鏢去擊中袋鼠，而是袋鼠和迴力鏢在一個關鍵的交會點「相撞」，結果袋鼠頭頸部位被狠狠擊中，立即倒地不起——

這樣的畫面真的太經典也太精彩了，這位土著的迴力鏢獵擊功力也實在是達到爐火純青的地步了；當然，我們可以來分析一下土著甩出迴力鏢到完美擊中袋鼠的過程及必須具備的條件；第一，「3D 視覺」：這是所有掠食動物都必備的，兩眼向前的都可以擁有這種能力。第二，「空間感覺」：必須瞬間在腦海中看準袋鼠移動的方向和速度，以及兩者的夾角距離，同時還要算出迴力鏢的速度及飛行方向的相對位置。第三，「外在條件」，最重要的是風向影響，這是來自長年經驗值的偏移修正。第四，是長年嫻熟於這支慣用迴力鏢的基本「性能」，並且能夠精準的操控甩出的方向、仰角、力道、弧度。第五，這是最重要的，就是「想像力」：這位土著一定要能夠預先構思的袋鼠前進方向和角度組合的「最可能的前置位置」，而這個就是一個預先假想的「交會點」，同時，他必須適切的操控甩出迴力鏢，在正確的時刻瞬間讓迴力鏢抵達這個關鍵的「交會點」。

也許，如果換作是其他掠食動物當然也有類似的能耐，才能準確的捕食，譬如老鷹在空中獵捕鴿子，也都會運用到以上這些瞬間運算和經驗法則，但是，其中最大的差別是：其他掠食動物使用的都是自己的「爪牙」，都是自己身體的一部份，在操控上是容易運用自如的，但是澳洲土著使用的迴力鏢是人類發明的一種非常精妙的工具，靠著其特殊外型，可以藉由在空氣中快速旋轉而飛行一段路程和時間，其方向、速度以及弧度都能靠長期練習及不停修整迴力鏢的長寬比例、曲度、厚薄，然後達到收發自如的地步，如果沒有擊中獵物，迴力鏢甚至會繼續完成整個圓弧飛回到拋擲者手中。

這樣創造各種工具和武器的優勢，使得人類成爲食物鏈的最上層固然是一大特點，但是，這種操控工具，瞬間以預想方式運算出關鍵「交會點」的「想像能力」更是其他物種所望塵莫及的，同時，也是這種瞬間的「直覺認知」能力，連帶關係到人類其他「意念」能力的發展。另外還有一個例子也是來自同樣的「知識頻道」，描述一位日本武士刀的高手，能夠在幾十公尺外，用武士刀的刀鋒劈開一顆迎面射來的 BB 彈，這顆白色塑膠 BB 彈的直徑只有 6mm，從玩具手槍中射出的高速，根本不是人類肉眼能夠「看見」的，更何況要用薄薄的武士刀鋒從中劈開，那根本不是「感官知覺」可以做到的，結果從慢速播放的錄影帶中，卻可以清楚看到 BB 彈真的被武士刀鋒從中劈開的瞬間鏡頭；負責測試者看了不但歎爲觀止，也根本無從解釋這位高手究竟是怎麼做到的，他下的結論是「他有預知能力！」。而筆者則認爲這種能力其實已經超出「感官認知能力」的範疇，到達了「第二套感知能力」的階段了。當然不能說完全沒有運用到「視覺、聽覺、觸覺」這些感官功能，但是，在這些基本能力以外，最重要的就是一種「意念感知」的能力，使他能夠瞬間決定出刀的時機，以及橫向砍劈的高度和弧度，而這些都超出了感官反應時間的範圍。

以上二例都是可以反覆驗證的，所以當然不是「巧合」，而是超強的「心智推理能力」的展現；是人類大腦中的「預設模式網路」的硬體加韌體基因功能，以及後天長期學習鍛鍊後的成果，也是「感知能力」在體外發揮作用的最佳證明。不只是工具的發明和使用，而是不需身體「感官知覺」的實際接觸，只需要是在「感知能力」範圍內就能「預想」到那個精確的「接觸交會點」，更重要的是這些都不再需要冗長的腦部運算過程，可以變成類似反射動作的「瞬間感知」。

我們再來看看另一項人類的「特異功能」；那就是「組裝或修理鐘錶」，鐘錶是人類偉大的發明之一，而且，不只是人類需要使用它，鐘錶甚至變成了藝術和貴重財富，而其精密的構造和功能也是令人驚奇的；不過，如果以普通機械鐘錶而言：只要是正常人，經過正規卻不算非常困難的訓練課程，都能夠成爲一位合格稱職的鐘錶組裝師或者所謂的「鐘錶匠」，但是，想想看：除了人類以外，還有那種高等動物有這種本事呢？就算智商最高的海豚或者猩猩，幫牠們專門設計一套合用的工具，經過最嚴格的訓練，相信還是無法組裝或修理鐘錶，甚至連鐘錶的基本原理也不會懂得。那麼，是什麼造成這樣的差異呢？當然又是先天基因上的限制；從手指的活動方式，抓握手勢，眼睛和手的協調度，精微的觸覺，以及真正關鍵的腦部聯合運作，這當然又是另一個「預設模式網路」的功能使然；沒有這個先天預設的模式基因，後天無論如何訓練，也不可能嫻熟正確的組裝或修理精密的鐘錶以及相關的精密機械儀器，還有更精密的外科顯微手術等等。

人類的「想像力」真的是無與倫比的，人類自古就羨慕鳥類能夠自由自在的在天空飛翔，但是，人類沒有翅膀，身體又過重，怎麼可能飛翔呢？但是，經過許多人看似可笑的實驗，一百多年前「萊特兄弟」終於發明了飛機，而不過短短一百年，人類不但可以搭乘各種飛行器在空中飛翔，還能前往外星球。同時，人類不但可以運用「想像力」神遊於世界各地、宇宙各星系，甚至還能幻想搭乘「時光機器」回到過去或者前往未來。更可以借助電腦，將根本不存在的幻想世界，以 3D 虛擬實境的方式呈現在我們眼前。

我們必須擁有一個最核心的關鍵條件才能形成「靈魂」，那就是獨一無二的「我識」，其中包括了「我見、我聞、我思、我疑、我知、我覺」等等的能力。

早在「克農馬囊人」和「尼安德塔人」的墓葬遺址考古研究上，已經發現在骨骸四周發現有陪葬品，甚至有紅色赭土礦物粉末，因此被人類學家認爲當時的人可能已經有「靈魂觀念」；對於這點，筆者的認知比較保留；因爲單純墓葬或者有陪葬品的墓葬行爲，並不足以證明「擁有靈魂觀念」，因爲，人類會進行墓葬的原因很多；譬如一，不願睹屍思情，一開始可能只是用樹葉草枝掩蓋而已。二，不忍親友的屍骨暴露野外遭到野獸啃食。三，在食物匱乏的時代，「食人」的習俗是基於自然需要，不只是異族間，甚至本族人之間也一樣有「食屍」的行爲，快速掩埋土中，可以有效防止以上兩種情形。四、陪葬品，有時只是不忍睹物思人，所以一併掩埋，不盡然是要讓死者帶往「陰間」繼續使用這麼單純。而後來越來越豐盛的陪葬品；其中甚至有食物、大量的衣物、器皿，更甚至有動物或人的殉葬證據，這倒是見證有了「靈魂不滅」的觀念。五，赭紅色礦石粉末的問題，也同樣不是非常確定和「靈魂觀念」有關，如果赭紅色礦石粉末確實是用來象徵血液，那也是象徵「生命」，更或者單純只是一種「標記」或紀念形式，譬如現代葬禮上，使用大量鮮花，那只是表示悼念之意，和「靈魂觀念」毫無關係。

「人鬼雜處」難堪的初期

人類是地球上最奇特的物種，我們從演化而來，從靈長類分支出來，可是，在生理外觀上和一些近親的大猩猩、黑猩猩、紅毛猩猩卻是如此的不同，在「心智能力」的發展上，更是有著天壤之別，甚至，我們可以說：人類會發展出這樣一套獨特的「心智能力」是非常莫名其妙的？而為什麼要獨樹一幟的發展出這樣的「心智能力」一樣是莫名其妙的？自古以來，從宗教、哲學、科學統統無法解釋得令人信服；

宗教上的說法，推給天意或者「神的旨意」，這是沒有根據的空話。

哲學上的說法，夸夸而談，眾說紛紜，全是揣測的空話。

科學上的說法，迄今沒有答案，如果還是堅持「科學只研究看得到的東西」，那麼永遠不會有答案。

人類的「心智能力」並不能使得肉體保持原樣的長生不死，卻能將這個「心智能力」延續到肉體死亡之後仍然繼續「存在」，並且證明「生命」不只是一定受限於肉體的活動而已，「心智能力」的活動一樣也是一種生命的型態。而且依照這樣的定義標準，人類是地球上唯一可以改變自身原本的生命形式，繼續存活的物種。

但是，有個重點必須了解；人類並不是因為「怕死」，而主動有意識的去積極發展「心智能力」，所以，才使得我們的「心智能力」被鍛鍊得金剛不壞，永垂不朽。

其實，人類的「心智能力」是逐漸累積的，而「心智活動」的歷史已經相當久遠，但是，沒有人會想到，也沒有人會知道，為什麼當達到一個「門檻」之後，就會結晶成為「靈魂」，這個飽合點究竟是在什麼狀況下，或者什麼條件下才能形成？即使以筆者長久的研究；也只能列舉出一些「靈魂」的特性，卻無法定論何者才是真正的關鍵？

還有就是在現階段，也不宜問：靈魂存在或者人類若能因此永生的目的何在？因爲，沒有人知道？甚至，我們連自己肉體生命爲什麼要活著都不知道？所以，其實，最好的答案就是：「自然」和「自然而然」的存活，沒有什麼「爲什麼」？因爲所有生物都一樣，只要活著一天，「存活」就是第一要義，人類也不例外。所以，如果非要問「靈魂」在肉體死亡之後續存的目的是什麼？答案也還是一樣：「存活」，而且是「繼續存活」。但，肯定不是像一些宗教所主張的：爲了服事神；爲了能夠進入天堂永恆享樂，或者爲了修行精進等等。

這個問題不只是活人不知道？如果有機會，不論去問任何「靈魂」，他們也一樣不知道？因爲，我們根本沒有任何參考值，沒有可供比對的樣本？沒有足以效法的對象。人類就是這樣莫名其妙的就擁有了在脫離死亡的肉體之後，繼續以靈魂方式存活的能力。

貪生怕死和逃避任何危險是所有生物存活的「生命本能」，人類也一樣如此，但是，單純「貪生怕死」的本能並不足以形成「不滅的靈魂」，假設今天人類是和其他靈長類的近親一樣，只是在荒野中雜食性動物的一支，我們肯定不會這麼特別，假設真實如此，那麼如果有其他「外星高等智性生物」前來地球作研究，相信也只是把人類當成一般動物而已。

但是，人類在和其他靈長類動物分家之後，卻開啓了另一種發展或演化的途徑，我們不在生理方面與其他動物較力，而是積極的發展智力；使用工具、發明工具，兩者相輔相成的創造了獨有的物質文明，在物質文明發展到一定程度，使得安全和食物無虞之後，好整以暇的又發展出更獨特的精神文明，並且在精神文明不斷的累進中，同時發展出更獨特的「心智能力」，而這種「心智能力」超過一個飽合的門檻之後，終於結晶成爲「靈魂」；這個和「貪生怕死，渴望永生」可以說沒有任何直接的關係，因爲「渴望」並不決定「實現」，再強烈的「渴望」也不可能如願以償的「必然實現」！

但是，人類在幾萬年前，大約在舊石器時代晚期，紛紛形成了「靈魂」，如果以全世界各地的人類來說；形成「靈魂」的時間相距並不會太久，如果是從人類進化的數百萬年時間表來看，幾乎可以說是在一個很短的時間軸線間隔內，就這樣不約而同的產生了。（註：這點並不難解釋：因爲我們同樣是那「火山冬季」倖存數千人的後代，我們的基因幾乎完全近似，所以，只要環境差不多，都能不約而同的發展出類似的結果，就如同全世界不同的語言，其實發展先後也沒有太大的差距）。

這個關鍵的時間點，應該是在人類穴居、漁獵採集時期的晚期，語言能力和心智推理能力都有了相當發展之後；如果我們把時間假定在四萬年左右；從亞洲、澳洲到歐洲以及美洲都是共同「倖存祖先」繁衍分支的後代，擁有的基本條件是相同的，也許在物質文明的發展上還是有快慢優劣的差別；但是，我們可以用一種人類最偉大的發明—「弓箭」以及一種技術—「用火」來作爲指標，因爲這項人類特有的本事，是那個時期全世界各地人類共同擁有的指標性特徵。因此，在「靈魂」形成的時間點上就不會相去太遠；假設我們搭乘「時光機器」回到那個時代去普遍觀察全世界各地的人類，從東方到西方，從赤道到極地；相信看到的人類「心智能力」是不會相差太遠的，絕不可能看到的是「猿人」和「智人」這麼大的差距；因此，我們也就不能說「亞洲北方民族」和「南亞民族」是有靈魂的，歐洲人和美洲先民那時還沒有靈魂。（註一：所謂「時光機器」只是一個假設條件，筆者本身並不相信人類可以發明可以回到過去的「時光機器」。註二：所謂的「物質文明」指的是「有史之前」的生活型態。）

也因爲，人類的「靈魂」是一種不自覺，非自主情況下產生的，所以，當人們在肉體死亡之後，突然驚覺到自己不是無知無覺，竟然「還是繼續活著」，並且還是可以「四處自由活動」時，肯定是「茫然」多過於「驚訝」的，而且，這種「茫然」的時間是非常漫長的，長過人類之後的「歷史時代」。

從人類「靈魂」形成之後，並且在肉體死亡後以這種奇特的生命型態繼續存在（註：爲了區別，死後的靈魂稱爲「鬼魂」），並且繼續在世界各地活動開始，其處境絕對不是「天堂」或「極樂世界」的至樂，相反的，卻是非常糟糕和不堪的；因爲，靈魂離開死亡的肉體之後，並不是立即進入其他不同的空間，而是依舊存活在跟生前完全相同的空間之中；但是，形態不同了，擁有的基本條件也不同了，卻還要面對相同的自然環境；不可能感受或遭遇還是像生前一樣的。

首先，缺少的是肉體，有方便也有不方便的，有安全的也有非常危險的變化；譬如少了肉體，於是，行動更加自如，不再有肉體傷病的痛苦，生前所有的病痛突然完全消失，原本因爲先後天傷病造成的行動不便問題也不見了，長年癱瘓或殘肢斷臂的問題也不藥而癒了，眼盲失聰的也恢復了視覺和聽力，老邁遲緩的也變得行動輕鬆了……但是，卻有一個共同的大患產生了；那就是「陽光」。

因爲缺乏了肉體的阻隔和保護，太陽的一些射線直接照射和穿透「鬼魂」時，會造成極度的痛苦甚至嚴重的傷害到死亡的地步（註：「鬼魂」還是會死亡的，另文詳述）。因此，白天，即便不是烈日當空，只要有陽光，都是「鬼魂」無法出來活動的時段，至少要等到太陽下山的黃昏以後，到次日太陽東昇之前，才能出來活動。因此白天，「鬼魂」一定要躲藏起來，一開始是一些陰暗的山洞、岩壁的縫隙、非常隱蔽的茂林、甚至水中，也有些會躲藏在原本家族居住的洞穴之中，在這個初期，人類還在蒙昧無知的時代，整天忙著找尋食物，填飽自己和家人的肚子，躲避一些野獸的襲擊，應付風雨雷電等等的自然災害，即使只是短時間的傾盆大雨，或者一個月的連綿雨季，無法採集果實，不能狩獵，就會缺糧而造成生活的困境，甚至無法「生火」或保持「火苗」，寒冷及生食可能就會造成疾病和死亡。因此，那時，腦袋裡都只是爲實際的生活所需在發愁，是不可能有心思花在「人死以後會這樣？」這些無聊的問題上，或者說；那時連活下去都很艱困的狀況下，那有可能還顧得著死後的事和死人的事；甚至無可否認的，在糧食極度缺乏時，「吃死人、吃活人」都是確實存在過的事實，或許那個時代的人類並不認爲這是殘忍不人道的行爲，即使在人類有歷史的記載中，饑荒和戰亂頻仍的時代，「人吃人」甚至是大規模的長期進行式，那樣的行爲只是「需要」而不得不，沒有道德上批判的餘地。所以，即使「靈魂」已經形成了，但是，卻還沒有「靈魂」或者「鬼魂」的觀念，所以當然沒有「祖靈祭祀」，更沒有「祖靈崇拜」的習俗和儀式。這段時期還有一些比較麻煩的是那些因爲意外遽然死亡的，因爲生前沒有「靈魂」的觀念，因此一旦遽然死亡，死者的鬼魂是幾乎完全不覺得自己死亡的，仍然以爲自己還活著，只是因爲有些習慣的行爲發生了「不能」；譬如和家人親友說話，沒有人理會他，或者伸手想拿物件，張嘴想飲食統統不能如願時，會感到異常的震驚，而陷入一種歇斯底里的狂亂，無法分辨是夢是真？或者感覺自己彷彿一直陷在深深的夢魘中無法醒來；這樣的狀況也可能變成「靈魂發狂」。

在這個時期，全世界的人口並不多，但是，平均壽命都不長，所以，一旦「靈魂」普遍形成之後，也沒有地方可去，只能在平常生活的家族或氏族活動的領域中活動，因爲「鬼魂」也是需要『攝食』獲取能量供應的，最容易的來源當然是家人的飲食，從中吸取一些能量，還有就是宰殺牲口時，血液噴灑出來時，隨之逐漸消散的生物能量，而火堆旁燃燒某些物質時也會散發一些能量，這些都可選擇性的獲取存活下去的能量，而其他則是來自大自然中比較困難攝取卻還是可以獲得的極少能量。另外還有一個重點，是幾乎沒有人注意過的；那就是「精微物質」，這是「靈體」必須經常補充的部份，這類物質原本就含藏在一般可見的物質之中，可存在的時間比較長，但是，仍然需要新陳代謝，一般活人的肉體和「靈體」的物質新陳代謝可以從日常飲食中獲得補充，也能轉換爲活動的能量；但是「靈魂」沒有肉體，卻有「靈體」，這個部份也需要補充；因此「靈體精微物質」和「靈的能量」一樣必須從其他活人的生活飲食中擷取，也因此，這種類似「寄生」的存活型態正是「靈魂」形成初期的普遍狀況。

但是，如此一來，就可能慢慢發生爭奪打鬥的情形；譬如無家人的「鬼魂」，或者一個小家族在短時間內先後死亡，沒有家人的飲食可以獲致能量供應時，勢必要去其他人家獲取，但是，別的家族一樣有自己家人的鬼魂，在生存困難的時代，沒有人會是好客的，鬼魂的心態也一樣，就一定會形成攻防的情形。而竊取、搶奪，爭鬥也就勢必會發生了。

這時，許多無以獲取能量供應的鬼魂，爲了存活的本能，就勢必會渴求一個「物質的身體」，但是，「附身」或許是我們現在會想到的，在遠古的時代，鬼魂也當然會想到，只是，太困難了，因爲，同爲人類，「心智能力」是相當的，差別不會太大，針對一個有肉體的活人，要強行擠掉他原來的靈魂，強佔他的肉身，那是幾乎完全不可能的；也許有罕見成功的事實，不過，純屬例外，所以，把對象轉向其他動物，那倒是有些可行的，因爲，與其他動物相比，人類在「心智能力」方面是相對比較強大的，因此，鬼魂附身在其他動物身上，一來是可以承受白天陽光的照射，二來是比和其他鬼魂去爭奪能量，反而容易一些。

此外，這個時代的人類，應該已經懂得馴化和豢養一些原本野生的動物作爲工具、儲備食糧、或者狩獵的助手，譬如馴鹿、豬、羊、獵狗等等，這些親近人類的動物也可能被鬼魂附身，就近獲得肉體的庇護和能量的獲取。

不過，「靈魂」的普遍形成和人類「死後鬼魂觀念」的產生，相距的時間應該不會太長久，因爲「鬼魂」的確實存在，一定會被發現的；其一是一些嬰幼兒的表現或描述表達，一種是天生就具有特殊異能的少數人（就是我們現今所說的「靈媒體質」），還有就是被意外附身的倒霉者，也或者鬼魂會闖入某些親人的夢境之中，那種接觸是超越「日有所思，夜有所夢」狀態的，可能交代某些生前未了的事情，有些可能會索取某些物品……

鬼魂的存在，也未必只是若有似無的「感應」而已，因爲「靈體」在某些特殊的環境氛圍中，甚至是可能被看見的，像所謂「陰陽眼」的人，不是現今才有，這種先天的異能者，遠古時代就罕見卻真實存在了，他們確實可以看見鬼魂，可以傳遞訊息；再來就是「薩滿」了，原本「薩滿」是早於「靈魂」形成前就已經先行存在的一個職位，或許是祭司，原本祭祀的是天地自然、風雨雷電、日月星辰等等並不具備「自主靈性」的現象；甚至那些「薩滿」是根本不通靈的，但是，基於「靈魂」的形成事實，基於需要，一些具有「靈媒」特質的少數人被諸多鬼魂強勢的騷擾；要求他們來傳遞訊息，因此，經過長期的「經驗」實證，當可信度被原始先民接受之後，「薩滿」的本事有了革命性的轉變，一定是真正能夠通靈的，同樣的，在「薩滿」的歷史中，所謂「薩滿病」和容易在狂亂的舞蹈中「出神、入神」的異能者成了「薩滿」的基本條件。

在此同時，包括現今俗稱的「卡陰」以及實際的「鬼魂作祟」也變成一種鬼魂勒索活人的手段；而跟隨活人吸取能量或作祟使人受傷生病的「無賴鬼魂」以及死後依舊保護配偶、親子的家族鬼魂變成「守護靈」，生前被謀害亟思報復的「復仇冤魂」等等的各種光怪陸離的情形也差不多在這時期形形色色的互動著。

於是，「薩滿」因此多了許多任務，除了原本的自然祭祀，最主要的就是「溝通鬼魂、化解糾紛、滿足鬼魂的需求，驅除作祟勒索的惡鬼」，然後也就開始有了「鬼魂」的定期、長期祭祀，特別是對於家族的祖先鬼魂，也可能很快就有了「原始牌位」的形式；即使在還沒有文字之前，一些象徵性的木頭、石頭，或者臨時砍伐來的樹枝，都可以供祖先親人的鬼魂憑附；然後慢慢結合了原始的「陽具崇拜」，形成「且」這種完全具象的「祖先牌位」，然後才有了專門供奉「祖靈」的房間、並一直留傳到後世變成「祖宗祠堂」的祭祀習俗（註：中國的祖先牌位一直維持「且」形模樣，迄今依舊存留，從未有任何重大改變）。

但是，「靈魂」的形成到「靈魂觀念」的形成，再到「祖靈崇拜」的行爲的長期進行，並沒有改變「人鬼雜處」的形態；只是有了比較良好的互動關係，有了比較妥當一點的解決方法，鬼魂的處境有了相當的改善而已；只是，因爲，「靈界」仍然還未被發現，鬼魂仍然沒有一個更適存的空間。

人類進化的最大功臣之一——「火」

人類與其他「靈長類」近親相較，其實並不特別強壯，但是，在「演化樹」上分道揚鑣之後，際遇卻有了天壤之別，除了智力上的大幅領先，還有兩項最大的功臣；其一是「遠距離拋射武器」的發明，其二就是「火」的發現以及發明「取火」的方式。

例如「弓箭」類的「遠距離拋射武器」的發明，已在其他章節敘述過，本篇只引用網路「維基百科」的簡要資料，來看看「火」對於人類安然適存，以及如何相輔相成的大幅提昇人類「心智能力」的偉大功能；

『早期人類對火的使用是人類文化演化的轉捩點，使人類繁衍。火的使用令人類烹煮食物，並從加熱過的食物中攝取蛋白質和碳水化合物。火又提供溫暖，使人類在寒冷的夜間，及至寒冷的氣候中活動。火提供了天然光源外的另一選擇，也給予人類抵禦外來食肉動物的入侵的能力。

有關人類用火的最早證據來自多個位於東非的考古景點，例如肯亞境內巴林哥湖附近的契索旺加（Chesowanja）、庫比佛拉（Koobi Fora）及歐羅結撒依立耶（Olorgesailie）。位於契索旺加的地層中發現了一些紅色粘土，其歷史可以追溯到距今（Before Present）142萬年前。這些泥土的身上有被再加熱的痕迹，這就表明其曾為了增加硬度而被加熱到400℃的高溫。

位於庫比佛拉的FxJjzoE地區和FxJj50地區則發現了一些被染紅的土壤沉積物，只有200-400℃的高溫能產生這一變化，這說明直立人曾在距今150萬年於該地使用過火。位於肯亞境內的歐羅結撒依立耶的一個地區中，有一個像地爐的凹地。人們在這裡發現了一些微小的炭渣，但這也可能是由一些自然的灌木火災引起的。

位於衣索比亞Gadeb的8E地區，發現了一些貌似已被燃燒過的整體凝灰岩的碎片，但這些岩石的再燃燒現象有可能是因當地火山活動變化引起的。類似碎片也已從直立人創建的阿舍利文化相關遺留品當中找到。

位於衣索比亞阿瓦什河的中遊河谷中，存在著一些紅色粘土質土壤的錐心窪地，這種土質有可能是200℃的高溫造成的。而這種高溫現象的原因則歸咎為燃燒樹木的枝幹，這使得當時的人們很可能燒毀他們的生態地區。一些燃燒過的石頭也能在這裡找到，同樣的，火山整體凝灰岩也在該地區周圍被發現；

位於南非的斯瓦特克朗斯找到了最早的有關人類使用火的可靠證據，在阿舍利時期的一些工具、骨制工具以及一些擁有早期人為刻印的骨頭中發現有一部分被燒焦。該地區也提供了一些有關直立人時期肉食動物的證據。位於南非的Hearth洞穴中發現了一些燃燒後的沉積物，這可以追溯到距今20到70萬年前。在以下幾處地方同樣找到了類似的證據．Montagu 洞穴（距今 5.8 萬年到距今 20 萬年）以及 Klasies 河口（距今 12 萬年到距今 13 萬年）。

最可靠的證據來自尚比亞境內的 kalambo 瀑布。在這裡找到了一些有關早期人類使用火而製造手工製品的跡象，包括燒焦的木料、木炭、紅化的土壤、一些炭化了的草皮、植物以及一些有可能曾被火烤而加硬的木具。該地區經放射性碳年代測定法推斷處在距今 6.1 萬年而用胺基酸外消旋作用法推斷處在距今 11 萬年。

火曾被靜灣文化用於加熱矽質石頭從來加硬其硬度以便製造成工具。這一研究表明不僅處於距今 7.2 萬年的地區有使用火的跡象，那些處在距今 16.4 萬年前的地區也有可能。

由 1930 年代發現的一個以色列 Bnot Ya'akov Bridge 可能是爐灶燒火遺址中，顯示直立人或匠人在距今 79 萬至 69 萬年前已經能人工生火。

位於臺拉維夫以東 12 公里的 Qesem Cave，證據顯示晚更新世末距今約 382,000 至 200,000 年經常使用火，大量被燒的骨頭和適度地加熱的泥土堆暗示在火旁宰割獵物和為其剝肉。

中國山西省內的西侯渡，哺乳類動物殘骨的變色顯示曾被燃燒。位於雲南省的元謀遺址也發現發黑的哺乳類動物殘骨。

爪哇發現的直立人化石中也發現變黑的殘骨和炭沉積物。

周口店洞穴群，既是世界文化遺產所在地，也是中國較早被認為人類使用火的地區.

中國周口店遺址發現距今 50 萬至 150 萬年前火的證據，來自 Locality 1 中 Layer 10 的直立人化石旁燒過的骨頭、由石器碎片、炭、灰燼和爐床。數根殘骨的顏色是平均的灰黑色，推斷不是受錳元素影響而是燒過的骨頭特徵，且紅外線光譜顯示存在氧化物。實驗成功把同樣是第十層的其他骨頭燃燒成藍綠色，同一種化學反應有可能在遺址內的白色、黃色和黑色骨頭上發生。Layer 10 本身是生物製造的矽、鋁、鐵和鉀的灰燼，但沒有木頭灰燼如矽粒。

歐洲多個遺址有證據顯示直立人使用火。匈牙利 Vértesszőlős 發現 Samu 和燒過的骨頭，但沒有發現炭。在西班牙 Torralba 和 Ambrona，發現距今 300 萬至 500 萬年前阿舍利文化的石器。在法國 Saint-Estève-Janson 的 Escale Cave 內發現紅色泥土和五個距今 20 萬年前的爐床。

普遍證據顯示距今125,000年前已廣泛使用火。

火的使用以及其伴隨而來的光亮給人類的行為方式帶來了重大改變。人類的活動不再限制於白晝的長短。另外，一些哺乳動物和咬人的昆蟲會躲避火和煙。通過火對熱蛋白質的加熱也改善了食物的營養價值。

哈佛大學的Richard Wrangham認為食用烹飪過的植物性食物可能因此而擴大人類腦容量，因為這樣可以使澱粉食物中的複合碳水化合物更容易地被身體所吸收，並且使人類得以攝取更多卡路里。

由於植物的一些構成是不可咀嚼的，例如粗纖維及澱粉，因此在火出現之前，枝莖、成熟葉、擴展的根以及塊莖並不能成為人類飲食構成的優先選擇。取而代之的是，人們攝取的是植物構成中的簡單糖和碳水化合物，例如種子、花朵及多肉的水果。合并於種子中的毒素以及類似的碳水化合物來源也影響著人們的飲食，一些含氰苷的來源比如亞麻籽、木薯以及樹薯在經過烹飪後就能除去毒素。直立人的牙齒以及其附著物的消耗表明了硬質肉和脆根蔬菜的食用。

人類對食物的烹飪很明顯是從被燒焦變黑的哺乳動物的骨頭中發現的，這種烹飪讓肉類更容易食用，並且通過讓肉類自身更容易被消化，從蛋白質獲取營養變得更容易。消化熟肉所需的能量較消化生肉的少，烹製糊狀膠原蛋白或其它結締組織的情況也一樣，「將原本緊緊貼在一起的糖類分解，讓它們更易被吸收。」烹飪殺死了食物中的寄生蟲和病菌。』

……………

火改變了人類的食性，使得人類不但是所有靈長類；更是所有物種中唯一懂得「熟食」的，到現今，人類幾乎都是以「熟食」為主，只有水果或生菜沙拉是附屬的「生食」，或者某些文化中如「生魚片」之類的，而且這些都不是主食。熟食使人類更容易在進食前已先行對各種食物加熱分解而釋出更豐富更易於吸收的養分，這其中也包括腦部發育必須的大量營養素，不但直接促進腦部組織的發展，提昇了智商，同時也因此間接促使「靈識」的凝聚，使人類成了地球上唯一在肉體死亡後，能以另一種生命型態（靈魂）繼續存活的生物。

簡單的小結：如果沒有「火」；如果人類不懂得使用「火」，那麼就沒有「熟食」，人類就和其他雜食性動物一樣，除了植物類食物，對於各種肉食也只能一直停留在「茹毛飲血」的階段，和其他掠食性動物一樣，如果沒有「熟食」，人類的智力不可能如此進化神速，智力沒有達到一定的高度，就不足以凝聚成為「靈魂」。

「靈魂」的幾個去處

只要是現代的正常人，都會有「靈魂」，生前不太容易發現或感覺，但是，在不論任何原因死亡之後，「靈魂」會脫離肉體而繼續存在，可以說是人類以另一種生命形式而能在自然界續存，而且時間比肉體生命更加長久；也因此，「靈魂」也是需要一個生存空間的，和人類肉體生命形式不同的是：「靈魂」卻會有許許多多不同的去處和處境大不相同的存在空間，以下就是最具代表性的一些去處：

1．因爲個人生前的不同宗教信仰，一生受到各種不同教義和相類觀念的制約，而進入不同的善惡之「靈界」境域；譬如從埃及「多神教」起始的「蘆葦天堂」或「地獄」，「巴比倫」文明中的「陰間」，猶太教、基督教、天主教、東正教主張的「天堂或地獄」，伊斯蘭教主張的「天園或地獄」（註：但是，這樣的去處並不是絕對的，因爲有些信徒不論信仰的虔誠與否，如果自身對於生前的某些人、事、物過度眷戀，一直割捨不下時，也會因此被自己的執念羈留在陽世，或者因此再次轉世投胎回到人間）。如果是能夠進入「天堂」的大多數會看到自己信仰的神祇或者天使來接引（有時則可能是早先過世的摯愛親人），而因爲生前的惡念惡行必須下地獄的，也大多會受到魔鬼或鬼卒的拘拿，強行押往地獄。

2．不論是否有宗教信仰，甚至一生都是「無神論」者，只要是爲執著生前的種種人事物，被自己的執念羈絆住，戀地、戀屋，戀權位、戀財富、戀「人」、放心不下摯愛的配偶、親人、迷戀聲色犬馬、歡場賭場等等。

3．不知何去何從？只能在陽間四處飄蕩。

4·在亞洲地區，因爲受到印度教、佛教、道教以及一些原始信仰的教義觀念影響，也有些比較狡詐的會藏身在人間神壇廟宇的偶像之中，裝神弄鬼，妄求功德，騙取香火供品。

5·不知道也不相信自己死亡，執迷在生前的工作職場。或者重大意外死亡的現場附近。

6·在醫院久病過世，執著自己的病症，不肯離開醫院，幾乎是長期的在醫院之中穿梭徘徊。

7·雖然生前並沒有任何信仰，但是生前的罪惡劣行，尤其是長期的惡念，不知不覺的參與了「地獄」的建造，死後被強烈吸引，進入各種不同的地獄。

8·「心智能力」不足，被「冥河」隔絕，只能和同病相憐的靈在「冥河」此岸群居，撿拾兩邊的「垃圾能量」，仿造人間的各種物質，賴以續存。

9·因爲受到「印度教、佛教、道教、民俗宗教」教義觀念的制約，在早先過世亡親故友的接引下，進入各層級靈界（包括「輪迴過境室」）。

10·與第9點的同樣影響，在靈界志工接引下，進入各層級靈界（包括「輪迴過境室」）。

11·高超的「智慧」和強大的「心智能力」，可以直接進入高層靈界。

12·重病或重傷死亡的，卻因爲生前錯誤的觀念，執著在自己肉體的幻病、幻痛、幻傷，一時不能擺脫陰影的，會被引領到一個「療養院」（俗稱的「枉死城」）去進行心理輔導，因應需求，也會進行安慰劑式的各種手術治療，修補殘缺……但是，這不是懲罰，是善意的輔導，也不用「關到陽壽滿期」，那些是各種東方宗教或者民間傳說中一知半解的胡扯。

13·部份自殺者會徘徊在「迷魂林」中。

（註：人在肉體死亡之後，原本「靈魂」是非常自由的，但是，往往是因爲自己的「心智能力」高低強弱不同，以及生前習性的執念影響了去處，所以處境才會有所不同。）

我想提醒諸位一個重點，請諸位讀者好好思辨：

「靈界」不是自然形成的「必然之境」，因此，「進入靈界」不是人類或者每個人必然的天賦特權，所以，不要把過世後，靈的「回家」當成理所當然的事。

爲什麼我會這樣說？？？

因爲，人生活的空間叫做「人間」；

「靈魂」生活的空間叫做「靈界」；

沒有人能長期生活在大氣層以外，沒有「靈魂」能超越「大靈界」（註：除非能夠提昇到「純能量態」的生命形式，只具有「靈識」而脫離物質態的肉體、靈體時）。

不過，大多數靈界空間是非常自由自在的；比人間更美好，因爲那是擺脫肉體束縛依夢想、理想建構的。

但是，也有一些靈界是很糟糕的，還有地獄；那個也是一些人的惡念所形成。

「靈界」不是自然形成的，但是建構的材料和那個空間還是在宇宙自然之中；

想想「電流」，這是一種能量，但是在通過電線時，會在電線經過的外緣形成「電磁場」和「靜電場」，所以往往會吸附很多的灰塵；人類的「心智能力」是一個能量場，可以吸附精微的靈界物質，形成「靈體」，靈體可以移動或構築、創造靈界的物質世界，心智能力足夠強大時可以創造一切靈界物質，通常也需要分工合作，群策群力來建構的。

大部分的靈魂是生活在中間的廣大靈界，因爲有靈體，所以需要靈界物質補充，只有少數高階的靈，只是能量型態的生命，可以直接不自覺的從自然中獲得所有需要的能量，這樣就不用補充任何物質了。

世界幾個大宗教至少都有1500年—3000年的歷史，吸引的信徒都是十億以上（只有佛教最少，大約三億多），因此，基本教義都是有天堂地獄的，共同信念和心念也是必然會形成「靈界」的；

如果說猶太教、基督教、天主教會有天使來接引，前往他們專屬的天堂，要不要接受，還是由個人自主意志來決定；其實答案也簡單，如果你是對教義深信不疑的虔誠信徒，理應欣然接受，不會拒絕的，如果你雖然是信徒，但是，並不那麼全程接受基本教義，或者某一教派自身詮釋的聖經內容；又或者你實在不怎麼喜歡那個喜怒無常的老傢伙，不想去讓他摸頭。你當然可以拒絕。

其實在亞伯拉罕信仰系統的五大宗教（天、基、伊、猶、東），對於死後的世界，都是二分法的，不是天堂，就是地獄，沒有其他中間地帶；而且寬嚴各異，就是指進入天堂的門檻高低不一；其中最嚴的就是東正教，只要一生曾經做過一件壞事，說過一次大謊，或者曾經忤逆過父母一次，就會下地獄。

其實撇開那些宗教的天堂、地獄。靈界還是非常廣大的，假設能夠被天使接引，就表示有進天堂的資格，「靈魂」的層級至少中等以上，是可以自由選擇靈界去處，或者可以自由旅遊找尋自己喜歡的靈界的。

「冥河」是人類對於靈界的一個重大的歷史發現，所有會談到天界、天堂、地獄、陰間、冥府，陰曹地府的神話或者宗教，都會有「冥河」觀念的；

埃及有，中國有，印度有、希臘有，日本有，基督教有，佛教有……

冥河是分隔陽間現實世界和「靈界」的界限，但是，至少到現今，我拼命設法搜尋各種相關資料，都沒有人真正把「冥河」的性質和作用描述出來……

？？？

真正的冥河是很寬廣的，寬到不見對岸。

「冥河」確實存在，區隔了陰陽兩界；事實上是區隔了人間和靈界；

古人已經發現了這個界限，不是編造出來的，差別只是「看到」的景象不一；

基本上像一條大河，河面上經常飄浮著濃濃的霧氣，所以，不可能看到對岸，在希臘神話中，有一個像死神一樣穿黑斗蓬的骷髏（卡戎 charon）在擺渡，過河要給一個銀幣做渡資，否則不能上船，偷渡者會被他扔進河裡餵怪獸；

但是，「冥河」未必是一條河，只是一個隔層；阻隔了「靈」回到陽間，但是，卻不能阻擋陽間的人，其靈識穿越進入，這個本書其他篇章會詳談；

「靈界」有大大小小，高高低低，形形色色的不同；

有很多宗教的誤導，讓人們誤以為「靈界」是無始以來就自然形成的一個「極樂世界」或「天堂樂園」，什麼都是自然形成的，包括亭台樓閣、皇宮大殿，花園水榭，然後人一死，就有仙童仙女或者天使來接引去永生享樂。

假設這點成立的話；爲什麼人世間不是自然形成的呢？從人類第一次睜開眼睛，上帝或佛菩薩就已經把整個世界統統造好了，包括你口袋裡的智慧型手機，手腕上的自動發光電波錶……

可見，「靈界」當然不是神造的，也不是莫名其妙就自然形成的。不過，我說過了；至少有三大文明的老祖先已經發現了適合「靈」生活的空間，經過長期的營建，已經很不錯了。只要一般資格就可入住，不擅或不想創造，有現成的屋子可以居住，不過有些可能是老房子（註：這些老房子都是靈界先民所建造的，但是，他們可能因爲「心智」的提昇進化而進入更高靈界層級，所以，遺留了一些「空屋」）。

如果自己有更好的構想，可以自行創建新的環境區塊甚至糾合志同道合的親朋好友創建新的世界。

……………

有一本「抓鬼大師」（Ghost Hunting）的書籍，內容有許多案例；作者是「德瑞克，艾柯瑞」（Derek Acorah）；雖然他還是有基督教的本位主義觀點，而且我也不能確定他說的案例必定真實；但是，其中有一些倒是值得參考。

特別是因爲不知道自己死亡而迷迷糊糊被羈留在陽間的；以下內容直接引用自該書「127—133頁」，大家來看看；

『……我們由樓梯走向地下室的時候，我能感受到負面的能量正在累積，我走進了那個房間，馬上感覺到一陣難以忍受的臭味開始瀰漫在空中。我感到肩膀受到重擊，使我踉蹌了一下，和芮克一起站在樓梯底下的蘇菲嚇得叫了起來。然後她轉身跑上了樓梯。留下芮克和我兩個人。「跟在我旁邊，芮克，」我說：「山姆和我會把這個問題弄清楚。」

我很快地問山姆，我們要對付的靈體是什麼。他告訴我說，芮克在開始改裝工程的時候，打擾到一個非常激動的鬼魂。就在山姆和我說話的時候，一個人形慢慢地出現在我眼前。他長得很粗壯結實，可是只有五呎六吋高。戴著黑框眼鏡，頭已經開始禿了。看起來年齡大約在五十幾歲。我很清楚地感知他來自一個不算太久遠的年代，大約是二次世界大戰期間。我試著相他交談，可是他不想跟我說話。山姆證實了這正是在這棟房子裡搞出那麼多問題來的那個鬼魂。

我轉身對芮克說我想他最好還是上樓去陪著蘇菲，因為我想試試一個做法，不需要他在場。芮克像鬆了口氣似地飛奔上了樓。

我問山姆能不能說服那個靈界的人和我交談，讓我好幫他的忙。過了一陣之後，我直接向他問話。「你能和我談話嗎？」我不動聲色地問道。

「你要幹什麼？」那個男鬼沒好氣地問。

「你是誰？你在這裡做什麼？」我問他。

「問這麼多問題！你為什麼在我的屋子裡？」

這個靈界的人的回答讓我發現他還不知道自己已經往生了。

「你叫什麼名字？」我問他道。

「厄尼。」他回答說。

我又問了他幾個問題，可是他並不怎麼肯回答。我很快地就覺得他生前一定很頑固，因為他現在就非常的頑固。

「現在是在戰時嗎？」我問他。

「你這個好蠢、好蠢的人！當然是啦！你沒聽見炸彈嗎？」他回答道。然後繼續說道：「我受不了你們這些人了，蜜莉呢？我到處找不到她。等我找到她，她可就麻煩了。」

我問他蜜莉是誰。

「啊，閉嘴啦，你！她是我老婆！每個人都知道的。」

我問厄尼在看到芮克和我之前在做什麼。他沉吟了一下之後，告訴我說他發燒了，蜜莉出去替他買藥。在等她回來的時候，他一直躺地下室裡他們鋪的一張床上。因為空襲的關係，他和蜜莉大部分時間都躲在地下室裡，雖然南港在二次世界大戰期間並沒有受到空襲的太多影響，顯然這對夫婦當時十分小心，寧願把時間在安全的地下室裡度過，而不去使用他們家的其他地方。厄尼說他只覺得胸口一陣劇痛，然後一切都變黑了。

我嘆了一口氣。我知道我必須向他解釋清楚，說他已經下在人世。他顯然因為心臟病發作，在蜜莉出去替他買藥的時候死了。

我盡了全力說明，可是厄尼不相信地瞪著我。「你說我已經死了！我怎麼可能死了呢？你看得到我，我看得到你！

你聽得到我，我也聽得到你！」

我向厄尼解釋說我是個受過訓練的靈媒，靈媒可以看得見也聽得到靈界的人。我花了好一番唇舌，最後他讓步了，同意說他很可能已經死了。這樣才能說明為什麼有這麼多陌生人闖進了他的家裡！

「你知道，他們還不是第一批！」他不高興地對我說。他先前也一直奇怪，為什麼他的東西都不見了。最後他決定躲在只有他知道的那個地下室的小房間裡。

「我不知道我是怎麼進去的，因為那裡沒有門，」他覺得很有意思地說：「我只是想著自己在裡面，我就到了裡面！」

在這時候，我聽見我後面有聲音，回頭一看，看見一個女子的美麗靈體。

她向厄尼伸出手去，「跟我來吧，厄尼。」她靜靜地說：「蜜莉正在等你。」

我望著厄尼和那位靈界的女子慢慢地消失在大氣之中，厄尼不會再沒完沒了地在他的老家裡找他的妻子。我知道蘇菲和芮克從此也能安享他們的新家，不會再有厄尼的負面能量來打擾他們了。

我回到樓上蘇菲和芮克在等我的地方。「弄好了。」我對他們說。我向他們說明可憐的老厄尼和他的困擾，他們似乎對那個老人感到難過，但很慶幸他終於能到天堂找到了安寧。

他們送我到大門口，芮克還有個問題要問我。「我一直在想，德瑞克，」他說：「山姆是誰呀？」……』

（筆者評註：應該是戰爭的震撼對他傷害很大，一直在腦海中呈現；然後迷迷糊糊的又不知道自己死了，於是一直執著在那個印象，形成幻聽，而且這種幻聽會比活著時感覺更真實。）

我們來看看另一本書：「索非亞」的「靈界的譯者」第三冊「情與愛的輪迴」，她的第一冊寫得最好，第二冊我沒看，第三冊個人的瑣事交代太多，但是，一些提醒對於初入門的一般讀者還是有幫助的，不過，她在這本書中否定了「嬰靈」，和第一冊自相矛盾，否定「觀落陰」，問題是她對這個主題了解太少。

還有一個重點；她是天生的通靈人，這點無須質疑；但是，也和幾乎所有的通靈人一樣，她能通或見到的都是局限於被羈留在陽間的亡靈。她並不能進入真正的「靈界」；以下引用自該書第215—220頁；她談到夢中被「鬼」請客吃飯和宴席，但是，那些東西顯然都不適合活人吃；她提到第二天腹痛嘔吐，吐的都是灰灰的水……感覺肚子裡都是「紙」；

『……倒是在兩次夢境中去採訪了「鬼村落」：也就是它們聚集生活的地方，如果這些夢境是意識上去參訪它們的生活，那麼鬼彼此間成立家庭、戀愛等等也可能是存在的，那就來說說我那兩次的遊歷經驗吧！

在我大四那年的某日，接近清晨時間做了怪夢，夢境中有三個人來接我，說是村裡辦熱鬧，也想藉機順便感謝我，我在夢中跟著出了家門，見到一台摩托車大小紙糊的「白車」：心想：這哪能坐人啊？」不過它們還是招呼我上車，進去之後倒不覺得擠，……看著那些人長相跟人差不多，不過就是比較沒有「人氣」，是有死人臉的感覺，不過我也不覺得怕，比較奇怪的是她們身上的衣服，好像是刻意穿新衣服？但是衣服材質像是塑膠做的，顯示出獨特的光澤和異常的平整。桌上的菜跟我們平常吃的差不多，唯一不同的是，有一盤像是有點扁的饅頭堆得老高，此外幾乎每樣菜也都堆得高高的，夾菜要有技術，不然恐怕會整盤崩落就糗了。……攤販賣著各式各樣的物品，它們把我領到它們的攤位，哇！是賣鹽酥雞的耶！讚啦！跟我們一樣也是一串一串的，它們要我自己挑、別客氣，我拿下幾串蔬菜和甜不辣，那個胖胖的鬼又自動塞了幾串進來，我還一邊跟它說：「喔！我不吃豬肉喔！有肉也要有HALAL喔？」……此後我還有被請去作客的經驗，而且是吃到飽的火鍋餐廳，和平常不一樣的是食物的擺設很沒秩序，肉品與蔬菜、甜點和酥皮濃湯等都沒分區擺在一起，一樣是很大盤、堆很多，最妙的是那裡的「小火鍋」，明明滾得很厲害，但我去碰時卻只是比常溫熱一點，完全不會燙手，唯一美中不足的是，不管我放什麼火鍋料進去，煮起來都變得糊糊灰灰的，好像是在煮衛生紙，那一次我當然也沒吃下任何的東西。……』

（筆者評註：這些感覺都是非常可能的，包括腹痛嘔吐，但是感覺肚子有「紙」，那就單純只是感覺，並非真實；她去的究竟是什麼地方，她自己也不清楚？

其實那個不是「靈界」，而是冥河的此岸，有些鬼靈無法渡過冥河，只能聚集在岸邊「苟活」，那些食物用品都是兩邊河岸的「垃圾能量」所變幻出來的。

真正中層以上或高層靈界的食物，非常美味稀罕，人間是絕對嚐不到的。這個也是另篇再詳述）。

很多人都認爲「通靈」是一種天賦，我以前也曾經這樣認爲，但是，後來，我看到太多通靈人的本事以及無法處理的人間小事，自己活得非常不快樂，沒有自由和自在，甚至下場的悲傷，我覺得那反而是一種先天缺陷，就好像摔壞的收音機，雖然還是能發出聲音，但是，斷斷續續，充滿各種雜訊；與其很勉強很忍耐的收聽，那實在太痛苦了，還不如直接關掉電源，或者拔掉插頭算了。

很多通靈人會宣稱他們通的是天上的XX神，XX大帝，最喜歡稱爲「上面……」，老實說，那些只有兩種情況；一個是存心胡扯而已。一個是自己相信，這種通靈人更慘，幫鬼騙騙別人就算了，連自己也被騙，那結局當然慘。

通靈人還有一個正常人沒有的缺陷，就是正常人經由一些方式，偶有機會可能進出靈界，或者夢遊靈界，通靈人不能，我沒有遇見任何通靈人是可以順利進出靈界的，很多通靈人以爲自己進入的靈界，其實那只是冥河此岸一個「鬼」聚集幻化的「世界」，狀況很呆板，一切都像野台戲的簡陋布景，食物也非常糟糕，有些一看就知道是紙紮的那種……

那麼紙紮的東西，到底燒了有沒有用？

中階以上的靈，自己會變化創建，不需要，稍低一些的靈，需要那些東西的「原型意念」和燒化後轉換的能量，將兩種結合可以還原爲較低層靈界的物件，但是，在此岸的鬼靈，心智能力太低，無法渡過冥河，聚集在河岸這邊等待機會，會撿拾一些燒給無主孤魂，或者亡親故友在中層以上靈界過得很富足，不想要的那些紙紮冥器，因爲「靈魂」重量輕到大約幾十毫克，所以，使用那些桌椅不會壓壞的。

此外，「輪迴轉世」不是自然機制；

想想，如果所有眾生都是一而再，再而三的「在靈界與現實界」來來去去……

這樣有什麼意義？

如果每個人重新投胎轉世，都能將累世記憶得一清二楚，那麼學校不用教歷史，因爲每個人連上古時代發生的事情，大家都是親身經歷的，學歷史幹嘛？

看看人類歷史中，又出現過多少真正能夠有如「超級先知」一樣的，能夠教化大多數世人的。再想想，人類歷史上出現多少「大覺者」能夠把靈界描述得一清二楚，讓大家明明白白？

怎麼會直到現今，關於「靈界」和「靈魂不滅」還是撲朔迷離，信和不信都有？

關於所謂「心智能力」；只要是現代人，都大致擁有中等能力；除非是未開化民族，還過著漁獵採集生活型態的，以及不接受教育或者過度迷信而到了愚昧、冥頑不靈的。

「心智能力」強大，無法量化和語文形容，也沒有人神鬼能評量，但是，卻有方法不斷增強；

1．極度的專注力。

2．豐富的想像力。

3．良好的創造力。

4．毅力、耐力和對痛苦的承受力。

5．心念的「集束能力」。

「靈的高度」

人死爲鬼，人和鬼當然會有共同處；姑且就沿用俗稱的「靈」或「靈格」吧；

人的靈和「鬼靈」都有著各自不同的高度，這個高度是生前來自智慧的結晶，所以才會各自不同，但是不論生前死後都會不停增高，只是速度不同，還有就是自身是否「長進」的態度，也可能導致一直停滯不前……

以下爲了方便說明；簡稱爲「鬼靈」和「人靈」來說明；

會和人溝通的「鬼靈」，靈的高度頂多中等，或者罕見的中上等，高等的「鬼靈」是不會想和人接觸的，因爲沒有必要，沒有這種需求，和人接觸對他們沒有任何好處也沒有任何幫助，他們追求的目標也遠遠離開「與陽間溝通」這個區塊。

能夠又願意和「鬼靈」溝通的人，靈的高度通常也屬於中等或較低的程度，具有所謂「高靈」程度的人，不論有沒有通靈能力，也不會去做這樣的溝通，特別是對「靈」有相當認知的，早已遠離「前世今生」、「因果業報」等等非常非常遙遠了，平常追尋的目標跟「通靈」（與靈界溝通）毫不相干，最重要的是根本不認爲靈界的生物能過問或有助人間做任何決定性的改變。

所以；沒有高等「鬼靈」會和各種高度的「人靈」接觸，也沒有高等「人靈」會想和各種高度的「鬼靈」接觸，也所以就不用去問有沒有高等「鬼靈」和高等「人靈」形成的夢幻組合了。

舉例而言；前述那位女性靈媒「索非亞」，曾經在其所著作的「靈界譯者」第一冊的書中提到一位「靈界神醫李保延」可以算中上高度比較少見的「鬼靈」了；而與他合作時期的「索非亞」算是中等高度的「人靈」。這樣的組合是有可能的，但是相當少見（註：但是，「李保延」並沒有進入真正的「靈界」，而是因爲自我生前壯志未酬的執念而一直羈留在陽間）。

再來就是長時間能配合的中等「鬼靈」與中等「人靈」的形態，大多數有點名氣的通靈人都屬於這樣的層次。

還有的是中等高度的「鬼靈」和中下高度的「人靈」，通常這樣的通靈人或乩童會尊稱「鬼靈」爲師，敬畏的執弟子禮，地位儼然差了一截，而且有時也會懵懂無知的『誤』認爲「鬼靈」是神明或「正神」。

相反的，如果是中等高度的「人靈」和中下等甚至低等「鬼靈」的組合，在表面上也許「人」會對稱對方是某某神尊，但是私底下卻是抱著差遣役使鬼靈的心態，而「鬼靈」爲了糊口和可以棲身，往往也會長期配合演戲，一起來訛詐信徒。不過如果「欺鬼太甚」，一旦這靈媒年老體衰時就極可能遭到報復，被鬼反噬，或者絕症上身。

中低高度的「人靈」和中低高度的「鬼靈」組合也一樣很常見；曾經出了名的一些所謂能「通靈」的靈媒，自己本身「靈的高度」很低，通的又都是來去不定的低等孤魂野鬼，有時也會莫名其妙的失去這種能力樹倒猢猻散，那些孤魂野鬼幾乎跑得一個不剩，這種無賴和混混級的「鬼靈」本來就是非常現實的，一向是趨炎附勢，那邊有吃喝有紙錢，有能量可以吸就往那邊去！

人，只要「靈的高度」在中等，中等以下的鬼靈就不敢隨便唬弄你，但是，除非本身有所貪求，譬如想要擁有更強的通靈能力，想要以此「人鬼合作」來牟利，如果是這樣而有求於「鬼靈」，那是兩廂情願或者與虎謀皮的事，最後下場都不會太好。

如果，人能夠有「高靈」的程度，已經超越那些會在陽間逗留的「鬼靈」的層級很高遠；既無所求於「鬼靈」，又沒興趣跟他們打交道，那些「鬼靈」的高度有限，通常只能看到與他們等高的高度以下部份……超過這個高度以上的，那就真的是「雲深不知處」了。

這時會有兩種情形，一種是聰明鬼會避開，免得被拆穿，但是，有些比較過度自我膨脹的「鬼靈」因為看不清楚狀況反而張牙舞爪，虛張聲勢起來，但是結果往往是踢到鐵板……後果可能會「不太好」！

所以，只要你的高度夠，就會知道「鬼靈」的高度如何？反正不會有高等「鬼靈」，沒有「神」，只有清一色自稱是「某某神」、「某某菩薩」、「某某王爺」的「中下階層的「鬼靈」而已。

生與死的邊界——「冥河」

「冥河」是人類對於靈界的一個重大的歷史發現，所有會談到天界、天堂、地獄、陰間、冥府，陰曹地府的神話或者宗教，都會有「冥河」觀念的；

埃及有，中國有，印度有、希臘有，日本有，基督教有，佛教有……

冥河是分隔陽間現實世界和「靈界」的界限，但是，至少到現今，我拼命設法搜尋各種相關資料，都沒有人真正把「冥河」的性質和作用描述出來……

？？？

日本所謂的「三途川」就是中國所謂的「陰陽河」；日本有「三途橋」，中國的則是最有名的「奈何橋」，但是，顯然都有點小覷了「冥河」，因爲真正的冥河是很寬廣的，寬到不見對岸。以至於甚至在某些文化中稱之爲「冥海」，譬如佛教中就使用了「海」的概念。

在筆者對於各種古代神話傳說以及各種宗教、加上實際的經歷得到一個心得：「冥河」確實存在，區隔了陰陽兩界；事實上是區隔了人間和冥界；

古人已經發現了這個界限，不是編造出來的，差別只是「看到」的景象不一；

基本上像一條大河，河面上經常飄浮著濃濃的霧氣，所以，不可能看到對岸，在希臘神話中並沒有描述過「冥河」

有多寬，但是，「冥河」卻是向下流的，有巨大漩渦和像隧道一樣的地下河流，因爲不論是「冥界」或者「地獄」，都被認定是在地底的世界。

關於這個「生與死的邊界」，只要有死後世界觀念的各種民族文化，幾乎必定要提到的，而且通常以「水」來區隔的佔最大多數，我們就先從希臘神話的說法進入；

「克丘特斯 Cocytus」，冥府五大河之一，也被稱爲感歎河 the river of lamentation。生前沒被埋葬的人死後被判在河邊長年遊蕩，不能進入輪迴的靈魂會發出歎息的聲音，感歎河之名因此而來。克丘特斯在下游匯入阿克倫河。

「邱裡普勒格頓 PHLEGETHON」，因爲生出火焰而且永不熄滅而得名「火焰河」THE RIVER OF FIRE，冥界五大河之一。

「阿克倫 ACHERON」，冥界五大河之一，也被稱爲苦惱河 THE RIVER OF WOE。據說冥河阿克倫的水質比重比陽世間的水輕上許多，有「羽沈河」的稱號，除非藉著冥界的船隻，否則人的肉身幾乎是不可能渡過的，至於無知的亡靈在冥河水中久而久之會爲之侵蝕。阿克倫是冥界第一條河，欲入冥界者必先通過此河。天間星卡戎 CHARON 在此擺渡亡靈。

「勒特 LETHE，遺忘之河」THE RIVER OF FORGETFULNESS/OBLIVION，就是世人所說的「忘川」，冥界五大河之一。喝了勒特河水的靈魂，將忘記前世所有的事，等待著新的輪迴。

「斯蒂克芬 STYX」，冥界五大河之一，據說它環繞地府神殿九圈，它是憎恨之河 THE RIVER OF HATE。神如果越過這條河會喪失神性。人類和神在發誓時會提到它的名字，所發之誓言不得更改，否則會受到永世的詛咒，所以它又被稱爲「守誓河」。

在希臘神話中，有一個像死神一樣穿黑斗蓬的骷髏（卡戎 charon）在擺渡，過河要給一個銀幣做渡資，否則不能上船，偷渡者會被他扔進河裡餵怪獸；「卡戎」（Charon 又名「卡隆」），是冥河的擺渡者。冥王「黑帝斯」的船夫。

希臘神話中卡戎有時也被描繪成長滿鬍鬚的人或老者。他不僅是在冥河上擺渡，還肩負著分辨來到冥河岸邊的是死者的亡靈還是不應進入地府的活人的任務，因此他也是分辨之神。

擺渡者卡戎的職責是將新亡的靈魂渡到彼岸地獄去，他的雙眼能夠分辨幽魂是死人的還是活人的。他每天不停地在河上擺渡，從冥界的邊緣地帶將一批又一批靈魂渡到地獄中去，讓他們去受地獄之刑的洗禮。

冥界有四條河（含冥河的主流一共是五條河）上是有擺渡者的，進入地獄首先要過的第一條大河叫阿刻隆，由它形成地獄本境的邊界。這條河上的船夫就是卡戎。神使赫耳墨斯把亡靈帶到阿刻隆河（即痛苦之河），由卡隆渡他們過河。要想渡過冥河，必須向擺渡者卡戎獻上自己的銀幣。否則，他會毫不客氣的將闖入者趕走。於是幽靈只能徘徊咱荒涼的死亡彼岸，品嘗無盡的孤寂與折磨。

油畫中的「希臘冥河與擺渡者卡戎」

冥河擺渡者「卡戎」向下進入「冥界」

卡戎的職責就是這條河的擺渡人，負責接運死者的靈魂，因此也被視爲「靈魂的導引者」。

在古希臘時代，人們有著在下葬的死者口中或眼瞼上放置錢幣的習俗。這錢幣當然是支付給卡戎的渡河費用。但丁在『神曲』的『地獄篇』中，也曾描寫過卡戎。但丁爲了拜訪地獄，和其他的死者一起來到河邊，這時出現一條載著白髮老人的小船，正是卡戎。（筆者註：「但丁神曲」的內容引用了古老的希臘神話故事的人物和地名，但是，整本內容純屬想像，不可相信爲真，詳情請參閱本書「但丁神曲」評註篇章）

當然，卡戎不單是個擺渡人而已，他還負責監視沒有死的人，或是不該去地獄的死者，防止他們蒙混上船。因爲如果發生這種事情，一定會造成地獄的混亂。總之，卡戎是死者的引領者，同時也是刑吏。因爲卡戎非常熟悉該如何處理下地獄的死者，所以一般人認爲，和卡戎碰面的地點，就是地獄的起點。（筆者註：不對！依照希臘神話的說法：「卡戎」擺渡的「冥河」是進入廣義「冥界」的起點，不是只單純進入「地獄」。）

「但丁神曲」中也有經由冥河進入冥界的描述

但是，「冥河」未必是一條河，只是一個隔層；阻隔了「靈」回到陽間，許許多多的人死後的亡魂之所以會「見到」一條『河』或者『海』，那是觀念的制約，因爲印度教、佛教和希臘多神教的歷史已經超過二千六百年甚至三千年以上，就算是人爲編造的「神話」，久而久之的被宣揚傳誦就必然會形成一個固有的觀念而深植人心，我們不能用現代人科學理性的觀念去看待幾千年前的古人，他們沒有考古學，沒有正確的歷史觀，沒有生物和人類的進化史觀，對於人類起源

或者生死的觀念幾乎全部來自神話，他們相信「冥河」的存在就像我們現在相信地球是圓的一樣確定，所以，根深蒂固的神話觀念制約了他們的「意念」，也所以，生與死的邊界就會具象的以「冥河」的形態呈現。

大多數靈，前往靈界需要穿過「冥河」的，希臘文化以外的民族，並沒有「卡戎」擺渡，所以有親友或者志工引領的很順利，可以想像是穿越一大塊厚厚的半透明果凍，穿過後，身後就會自動密合而且變得堅實，所以無法穿越回來。

有些沒有接引的，只要靜下心來，可以找到「入口」的，但是，感覺都不一而足，有些像穿過隧道，有些像飛越，有些像搭船，有些像過橋……

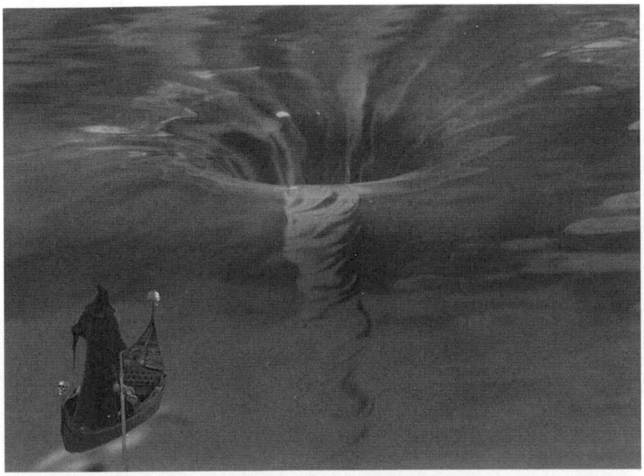

「冥界」入口示意圖

「冥界」上下四方的觀念不宜用陽間的觀念來界定

以上的都不恐怖，尤其是像往上飛進一個雲洞，充滿聖潔光輝的，那是非常愉快的感覺；但是，那不是任何宗教專屬的天堂或者專屬的通道，有許多靈的感覺就是類似，未必有任何信仰。

只要資格夠，隨時都可以穿越，就算長期自我羈留陽間的，只要「靈竅頓開」恍然大悟時，一樣瞬間就能穿越；筆者絕不想說的好像玄之又玄或者故弄玄虛，而是，筆者認知到的實在不容易用文字表達；

簡單說：「冥河」其實就是「靈流」，千變萬化，每個人看到的可能都不一樣；連厚薄也不同，厚的像長江黃河一樣廣闊，薄的像一層保鮮膜，而且也許遠在天邊，也許就在你的鼻尖前面；也許聖潔無比，也許黑暗晦澀……

「冥河」本身真的不簡單，單單研究這條河就可以是一門大學問了。

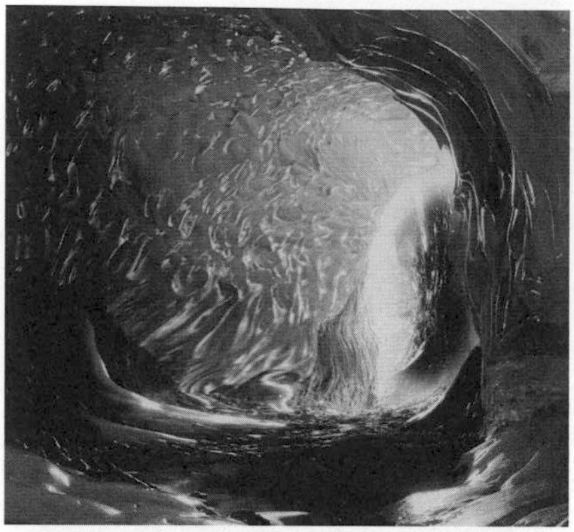

「冥河」水結冰固化形成隧道的感覺

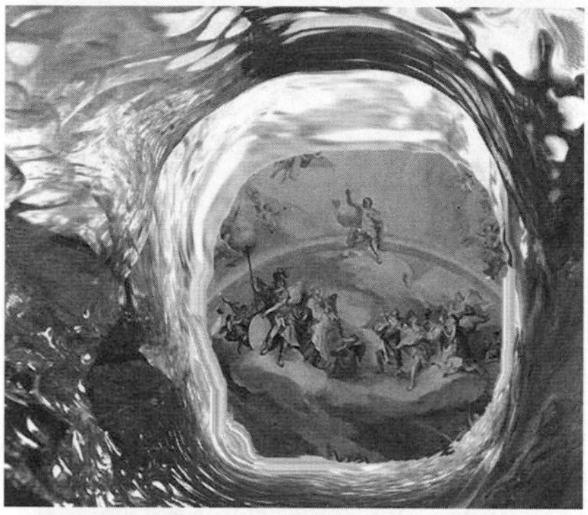

隧道的盡頭，可能是「快樂的天堂」

也可能是「痛苦的地獄」

在中國古傳的「觀靈術」中，有一條「陰陽河」，可以搭船過去，在「洛陽港」上岸，但是，很花時間，所以如果有「神明帶路」，通常只走一點陸路，不走水路的。（註：引領「觀靈」法師知道「陰陽河」，只是有更便捷，省略長路的法術。但是，活人被引領進入「靈界」的只是「靈識」，不包括「靈體」，「靈識」能自己穿越「冥河」已經不容易了，怎麼可能帶著與肉體還緊密結合的活人「靈體」？）

不是任何靈都能遨遊宇宙的，只有高靈才可以；而且，必須達到純能量態的靈，就像肉體死亡一樣，人類可以脫離肉體，當然也能脫離「靈體」，只是那些超過我們層級很遠，幾乎不跟我們接觸，人類對那個境界了解極少；所以少有人描述生與死的邊界真正的樣貌。

在靈界的靈平時要和陽間親友溝通幾乎千難萬難，尤其是被「冥河」隔絕的，不見得都能看到。所以有時有如天涯海角，有時像隔著厚厚的半透明果凍，有時只是像薄薄的保鮮膜。但是，卻不能阻擋陽間的人，其靈識穿越進入。

我們也必須先了解到：「靈界」不是由人爲意念形成的；「靈界」是一個自然空間，是古老的先靈偶然發現，然後覺得條件環境非常適合生存其間，然後積極利用其中的豐富「靈界精微物質」，長久以來移民其間的「靈民」創建了許許多多的城市、鄉鎮以及各種美景……

「冥河」也不是「靈」的能力所能形成的。

只要一旦渡過「冥河」之後的亡魂，就不會再回來人間，大多數是從此長久在「靈界」的各層級中繼續存活，有些則是受到東方「輪迴轉世」觀念的制約，會在一個被筆者命名爲「輪迴過境室」的特區中做暫時的等待，這些亡魂日後會再次越過「生死邊界」重新投胎轉世到人間。

關於「冥河」的說法只是「生死邊界」的一種呈現的方式而已，不過，我所知道的「冥河」更堅韌；如果已經渡過或穿越這個邊界之後，有極少數一些「靈」試圖與人間親友溝通時，會面臨很大的困難，據「靈」的形容，好像隔著很厚的半透明玻璃窗，費盡力氣也只能傳遞出零零碎碎、片片段段的一點點訊息（註：請參見本書中有關「追鬼人」一書的評註。）

也因爲「冥河」一直以來都被視爲是人間和靈界的一個界限；但是，每一部份的人（不能說每一個人）「看到」或感受到的都不同；通常以「河」的形態居多；所以各大古文明都有不同的「冥河」說法，這是歷史年代久遠的希臘神話觀念制約所致，但是，不同的文化也有「陰陽界只是一牆之隔」或者「陰間陽間只隔了一層紙」的另類說法。

關於「冥河」的認知爲何不同……爲什麼是「一條河」？或「一堵厚牆」？

筆者盡可能把所知道所經歷過的「生死邊界」用繪圖的方式來呈現，因爲立場和角度的不同，所以，面對這個廣大無垠的邊界，就會產生不同的景象；就如同地球明明是圓形的，但是，我們卻說「地平線」，大海也是有弧度的，我們卻稱之爲「海平面」，那麼「冥界」如果這個「球體」大到和地球一樣大時，我們高角度看到的，不也是像所謂的「海平面」或平面的「大河」，如果換到低角度，直接面對這個界限時，看到的當然就像一堵厚牆了。

希臘神話中「橫渡冥河」的油畫作品

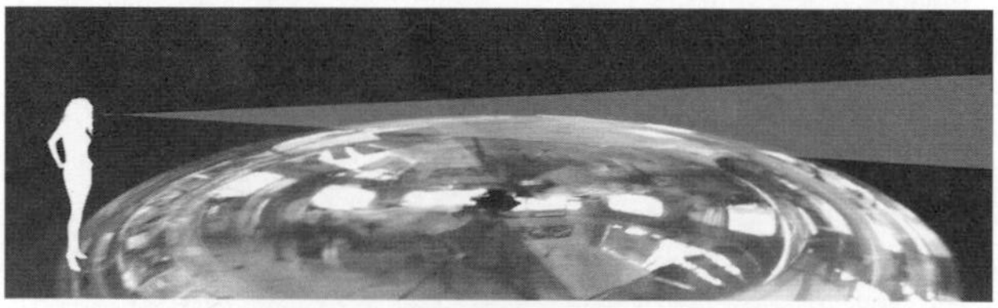

這樣的角度，看到的「冥界」邊緣像「河」或「海」

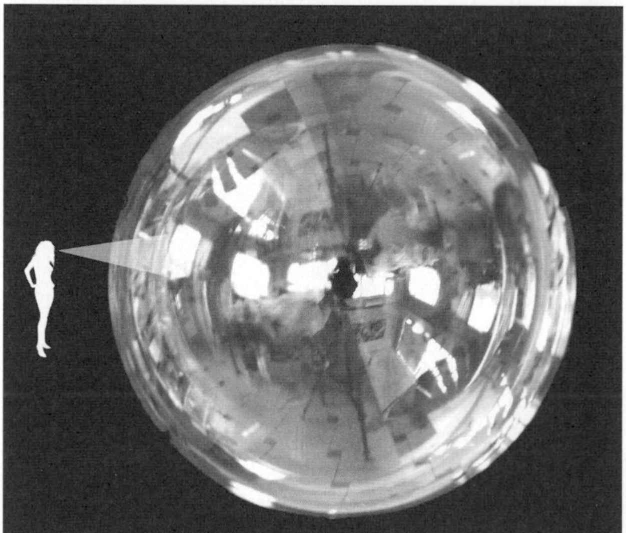

這樣的角度，看到的「冥界」邊緣像一堵牆

關於「冥河」渡口的景象以及透過厚牆的景象，筆者都經歷過；

「冥河」非常廣闊，河的中間開始就被濃霧籠罩，所以是無法從此岸直接遠眺彼岸的，也難以估計其寬度（其實，寬度也是沒有實質意義，因爲既然是幾千年神話傳說的共同觀念，由「意念」賦於這個「實際邊界」各種不同的景象樣貌，就可能多少會「人見言殊」的），很特別的是：「冥河」之中確實可以看見許多「人頭」在載浮載沉」，但是，沒有任何「人」（靈）會關心他們，沒有人拉他們上船或者上岸（註：在「厚牆版的生死邊界」形貌中，這些「靈」會掛在牆面的高高低低各處，身體會被「靈界亂流」拉扯成細條狀，頭部雖然可以辨識是人頭，但是，臉孔卻也是被扭曲變形的。

不同於希臘神話的有兩點：其實渡船的錢幣有三種；除了傳說中的「銀幣」，還有「金幣」和「鉛幣」，持「銀幣」的是前往中層的「亡魂」，持「金幣」的是前往天堂的（註：希臘神話中並沒有「庶民天堂」），持「鉛幣」的是下地獄的。其實，自然界並沒有「善惡愛恨」之分，只有人生中的善與惡，愛與恨的「意念」能力是出奇強大的，所以，「錢幣」也是「意念」的具象化呈現而已，而「金幣」和「鉛幣」都是超強「善惡意念」的具體呈現，但是，沒有任何亡魂可以讓「金幣」變成「銀幣」或「鉛幣」，也沒有亡魂能偷天換日把「鉛幣」換成「金幣」或「銀幣」。反而有許多人是三種錢幣都掏不出來的，那就是「意念」不夠強烈又一生做假的，總是戴著假面具過活，完全不敢以真面目示人，更不敢真誠面對自己的，這種人不一定是大奸巨惡之輩，還有一種就是因爲「自主意識」不肯渡河，因爲不解和害怕，以及對於「靈魂」、「靈界」完全不相信，還在懵懵懂懂之中，或者對於物質世界還有過度執念的，就會被留在此岸。

如果死後的亡魂見到的是「厚牆」形貌的「生死邊界」的，就沒有渡河的必要，但是，通常會被引領才能穿越這堵透明的厚牆，引領者通常以各種「早逝的亡親故友」居多，有些則是具象的「靈界志工」，有些則是只看到一道光，會讓這些亡魂不由自主的跟隨這道光在不知不覺中穿越這堵透明的厚牆，而有些則是會感覺好像是穿越過一條長長的隧道，（筆者註：在許多「瀕死經驗」的主述報告中都有提到「隧道」、「光」、「圍籬」、「有霧籠罩的河川」、「引領者」等等，因爲沒有實際的旁證，只能參考，但是，用來和「冥河」或「冥牆」比對，倒還是有類同的景象描述）。

但是，不論是「冥河」或「冥牆」，絕對不是進入「靈界」的必定途徑；也可能是當事者懵懵懂懂的狀態，也可能是「意念」能量強大到「冥河」或「冥牆」都不足以形成區隔，所以，有許多「靈魂」是直接就進入「天堂」或者直接墜落「地獄」去的，根本沒有中間這個周折。也因此本篇的旨意是簡單解說「生死界限」的各種樣貌景象，不是強調必然非要經過「冥河」才能進入「靈界」。

人類古文明中的「靈魂觀」01

「美索不達米亞文明」中的「靈魂觀」

「美索不達米亞」（又稱「兩河流域文明」），堪稱是目前已知人類最古老的文明，比埃及古文明還要早過數百年。美索不達米亞（Mesopotamia）是古希臘對兩河流域的稱謂，意為「（兩條）河流之間的地方」，這兩條河指的是幼發拉底河和底格裏斯河，在兩河之間的美索不達米亞平原上產生和發展的古文明稱為兩河文明或美索不達米亞文明，它大體位於現今的伊拉克，其存在時間從西元前 6000 年到西元前二世紀，是人類最早的文明。由於這兩條河流每年的泛濫，所以下游土壤肥沃，富含有機物和礦物質，但同時該地氣候乾旱缺水，所以當地人西元前 6000 年就開始運用灌溉技術，灌溉為當地帶來了大規模的人力協作和農業豐產。

西元前 8000 年左右，歐貝德人的祖先馴化了動植物；於是在古代近東地區，人類由原本狩獵採集的生活方式，逐漸過渡到基本定居生活，這也是目前已知的人類最早的定居生活。不過這種定居生活經歷了長期的適應過程。在美索不達米亞東北部的莫耶，從西元前 7000 年地層處，考古學家發現了新石器時代的村落，從其中出土了石制鋤頭、人工種植的大麥、小麥和各種豆莢，還有馴化的山羊和綿羊的骨頭；從同一地層還出土了大量野驢和瞪羚的骨頭及蝸牛、橡樹子、阿月渾子等採集物；這說明該處是一個正處於過渡時期的定居點，此處的人們在初期嘗試種植和畜牧的同時，繼續保持著原本的狩獵採集生活方式。考古發現表明，前 7000 年–前 6000 年在美索不達米亞，出現了多處繁榮的文化。從哈蘇納最底層出土了箭頭、石器、骨器工具和簡陋陶器；而從較淺地層則發現了食物儲藏室、石磨、烤麵包的簡易爐灶、大量農具和牛、羊和驢的骨頭，同時還發現了更為精細的薩邁拉陶器。在遍及該區域的許多遺址中，出土了前 5700 年的精美的哈拉夫陶器，這表明當時的不同地區已經存在貿易往來。在薩邁拉，考古學家還發現了前 6000 年的灌溉渠。這些發現表明在西元前 6000 年左右的美索不達米亞，人類已經掌握了農業和灌溉技術，而這是在衝擊平原南部被稱為蘇美爾的地區定居所必需具備的兩項條件。

傳說中的「巴別通天塔」想像圖

古代世界七大奇觀的巴比倫空中花園想像圖

巴格達的兩河流域文明博物館

伴隨商業和貿易的迅速發展，前 3200 年左右，第一種文字在烏魯克產生。這種被稱為楔形文字的書寫體系，將簡單的象形符號刻在泥土板上，廣泛應用於紀錄商貿活動。其中年代最早的樣品為前 3300 年，紀錄了糧食、啤酒和牲畜的具體數量。這一時代還完善了青銅冶煉並伴隨了犁、戰車和帆船的發明，同時出現了大量美索不達米亞特有的滾筒印章。

（註：以上內容以節錄方式引用整合自「維基百科」與「百度百科」）

（筆者評註：由以上的考古研究；讓我們可以瞭解到人類最早的文明史；在「美索不達米亞」地區，是如何從距今一萬年前，如何從「狩獵採集」過渡到「種植和畜牧」的生活型態；然後又因爲開啓了「農業時代」，使人類得以獲得安定富足的生活，也因此產生了文明。）

美索不達米亞文明的遺址

美索不達米亞文明的遺址

（註：以下內容以節錄方式引用自「豆丁網」網路資料）

美學者克拉默 1959 年發表著作「歷史從蘇美爾人開始」（經十年研究）。書中克拉默先生指出，人類的歷史是從蘇美爾人開始的。蘇美爾人的發明是人類智慧的結晶。為兩河流域和西亞的古代文明奠定了基礎。

蘇美爾人是最先進入這一領域的民族，大約在西元前4000年左右就從東部遷居於此，還創造了象形文字、創辦了學校、編纂了字典和藥典、制定了法典、建立了大型的城市、發明了灌溉技術（很可能與中國的上古文明有一些聯繫），創造了極為燦爛的蘇美爾文明。到了西元前3000年左右，閃族人從北方進入兩河流域，被征服的蘇美爾人與閃族人共同建立了阿卡德帝國。而後，閃族的一支阿摩利人建立了巴比倫王國（史稱巴比倫第一王朝），蘇美爾人從此下落不明。

楔形文字泥板

「美索不達米亞」的宗教

宗教是美索不達米亞人生活的中心。美索不達米亞人的一切活動都以服從凌駕於一切之上的宗教為目的。宗教是美索不達米亞人理解自然、理解社會、理解自身的思想綱領，同時宗教支配其他一切文化表現和人類行為。城邦的勝利是城邦守護神的勝利。

每個城市的人都虔誠的崇尚自己的城邦守護神。城市成為中心，最初是崇拜的核心地。在崇拜處，人們各帶一些物品。交換也由此衍生。神殿漸成為政治、經濟活動中心。在人類踏入文明初期，國家很小—大國—霸國。

美索不達米亞，宗教中心等同於政治、經濟、文化中心。參加活動的人種類繁多。於是，禱文、消災咒語逐漸加入現實生活內容，逐漸成為習慣法。後來，成為統治階級意識的東西。

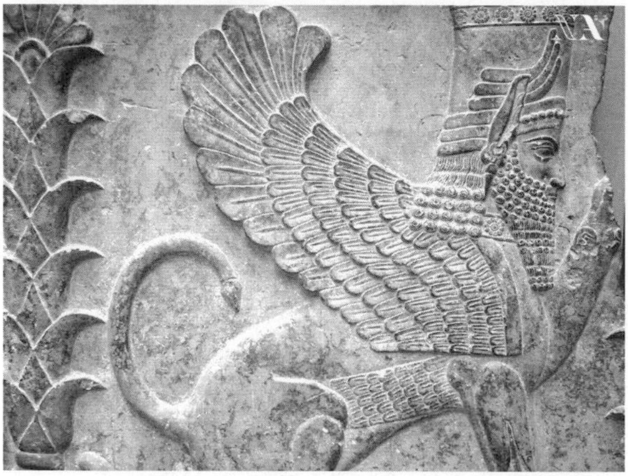

博物館中展出的古文物

早期的巴比倫人有相當完備的占卜體系。因於宗教的重要地位，祭司被視為先知先覺，智慧的化身。他們自稱是神與人之間的仲介。占卜官最初為人們解釋夢境，後逐漸參與國事的諮詢。如吉時。他們的依據是臆想加承襲下來的觀念，並與實踐的結合。

占卜的普遍方式：觀察獻祭動物的肝臟變化如何。此方式堪稱精道至極。每個部位都有固定名稱和圖形。這種做法漸傳入羅馬。巴比倫人的占卜活動其實就是一種通天巫術，目的是溝通上天與人世。這種早期巫術開啟了西方世界星占學的大門。

巴比倫人形成了早期楔形文字法系。兩河流域文字刻在泥板上。兩河盛產粘土，用之作書板。起初叫釘頭文字或箭頭文字，漸形成以楔形文字為特色的法系。

蘇美爾—巴比倫時期的神話傳說

在蘇美爾—阿卡德王國時期，天界之主「安」（An）改稱安努（Anum），仍為美索不達米亞眾神之首；大地女神「祺」（Ki）還是安的配偶，但被改稱為阿圖姆（Antum）；深淵之主「恩奇」（Enki），則成為埃爾杜（蘇美爾—阿卡德王國的祭祀中心）的守護神，改稱伊亞（Ea，又稱埃雅、哈伊雅），常與造物之主「安啟」（Anki）混用；精神、風與大氣之神／大地之主「恩利爾」（Enlil）仍為三大主神之一。另外，牧神「杜牧茨」（Dumuzi）改稱坦牧茨（Tammuz），其他神祇沒有大的變化。

到了巴比倫王國時期，安努、伊亞、恩利爾仍為三大主神，但影響漸漸小了，僅僅是掛在神龕之上而已，戰神、伊亞之子「馬爾都克」（Marduk）成為「巴比倫的守護神」。月亮與月份之神「南納蘇恩」（NannaSuen）被簡稱為辛（Sin）；太陽神「烏圖」（Utu）改稱沙瑪什（Shamash）；大女神「伊南娜」（Inanna）成為「金星女神、晨星和暮星之神和星辰之神」，改稱「伊絲塔爾」（Ishtar），與父、兄合成「星辰三聯神」。其他神祇，則統稱為「安努那基」（Anunnaki）。

創世神話：『埃努瑪．埃立什』

著名史詩『埃努瑪．埃立什』，又稱『詠世界創造』，主要繼承蘇美爾人的創世思想，歌頌伊亞之子、戰神、主神「瑪爾都克」的事蹟。這首詩約一千行，成書於約西元前十五、十四世紀，後經學者從七塊泥板中考據整理出來，又稱「七塊創世泥板」，是歷史上最早的創世神話之一，也是後世『舊約—創世紀』和「赫西奧德神譜」的原始範本，對基督教世界和古希臘、古埃及神話有著深遠的影響（『聖經』的七日創世、古希臘神話中「子輩神殺死父輩神」的爭鬥母題便源自於此）。

據相關資料記載：太古之初，世界一片混沌，沒有天，沒有地，只有汪洋一片海（以水為世界萬物生命之本源的觀念，也是中國上古神話體系中的重要觀點，在世界各地神話傳說中皆有記載）。海水中有一股鹹水叫「提亞瑪特」(Tiamat，

就是海水之源），有一股甜水叫「阿普蘇」（Apsu，意為淡水），分別代表陰陽兩性。這兩個「元始之水神」在汪洋中不斷交匯，生出「安沙爾」（Anshar）和祺莎爾（Kishar）兩位原始大神。後來，「安、祺」結為夫婦（天地結合），又生出「安努」、伊亞和恩利爾等最初的幾代神靈。

隨著神靈的逐漸增多，「提亞瑪特」和「阿普蘇」日益感到自己的勢力在縮小，於是決定懲治眾神。尤其是「阿普蘇」，對諸神的不滿非常強烈，不僅要懲罰，還要將眾神趕盡殺絕。諸神得知這一秘密消息之後，便在「伊亞」的帶領下，殺了「阿普蘇」，「伊亞」因此成了諸神之首。後來，「阿普蘇」的兒子為報父仇，開始向天、地諸神挑戰，「提亞瑪特」也前去助陣。諸神與之交鋒便即告負，便讓「瑪爾都克」上去試試。「伊亞」之子、戰神「瑪爾都克」不負眾望，英勇作戰，一舉殲滅來犯者，並親手切斷「提亞瑪特」的腰身，用她的上身築成蒼穹，用她的下半身造出大地，還做了眾神的統治者，成為「三界之主」。而後，他還殺死「提亞瑪特」的輔助神，用他的血造出了人類，並規定人的天職便是侍奉眾神。人類後來創建了巴比倫王國，就將「瑪爾都克」當成了保護神。

……………………

薩馬拉文化（Samarra Culture，前 6000-5500 年）　薩馬拉文化的特徵是美麗的彩陶和泥磚造的房屋。薩馬拉文化層中還發現一些塑像與護身符，說明瞭美索不達米亞人已有了宗教信仰與法術。從死者的殉葬品看來，美索不達米亞人也有了來世信仰。

奇幻傳說：『伊絲塔爾降入冥界』

除了創世史話和英雄史詩以外，巴比倫神話中還有一部重要作品，即『伊絲塔爾降入冥界』。它是在蘇爾美神話『伊南娜地獄之行』的基礎上改編加工的，基本內容相同，但在情節上做了一些處理。比如：女神下地獄的原因，蘇美爾時期說的是她為了奪取冥界的權力，巴比倫時期則說「伊絲塔爾」的丈夫、農牧之神「坦牧茨」（Tammuz）死後，被大地夫人—冥界女王「阿拉圖姆」（Allatum）扣留，從而引發了女神「伊絲塔爾」的地獄之行。另外，「伊絲塔爾」降入冥界之後，還演繹出「季節變換」和「生命迴圈（指伊南娜的復活）」等結果。

這個故事後來經敘利亞、腓尼基、賽普勒斯傳到希臘後，被置換為阿弗洛狄忒和阿都尼斯的「生死戀」和穀物女神「德墨忒爾下冥府尋找女兒帕耳塞福涅」的神話，死而復生的主角後來還被基督教徒置換為救世主「耶穌」（現在的基督教徒當然不會承認這點）。伊絲塔爾的神話特徵與神格形象，後來也成為許多中東女神的原型，阿拉伯人甚至還將她改為男性神祇，稱為「阿什塔爾」。

巴比倫神廟還原想像圖

（筆者評註：基於這種神話傳說以及「冥界觀念」，我們可以瞭解到「美索不達米亞」的生死觀之中已經有了「靈魂不滅」的觀念，不過從下段內容中，我們也可以看出他們對於人死之後的世界是悲觀無望的）。

坦牧茨（Tammuz）：原名杜牧茨（Dumuzi），是蘇美爾的農業和春天之神，後來改稱坦牧茨（Tammuz），在美索不達米亞佔有重要的地位。據說他是伊絲塔爾的情侶（一說他們是夫妻），四季的轉換都因為他每年仲夏的時候被殺，伊絲塔爾降入冥界去救他，此後大地一切生機停息，第二年春天，伊絲塔爾把他從冥界救出，大地方才恢復生機。在後來的醫療儀式中，他還與伊絲塔爾一起受到崇拜（他象徵病人，伊絲塔爾象徵醫生）。不過，由於美索不達米亞宗教對靈魂終局的悲觀論點，他沒有成為死而復活的救世主，讓後來的耶穌基督取代了他的神格與地位。

（筆者評註：雖然，「坦牧茨」無法復活，但是，他「每年仲夏的時候被殺，第二年春天，伊絲塔爾把他從冥界救出……」這樣的神話傳說，似乎也隱含了一種「輪迴」卻不「轉世」的粗淺概念）。

冥界諸神

庫爾努吉阿（Kur－nu－gi－a）：美索不達米亞宗教中「冥界「的名稱，意為「永不回返之地」。後來被稱成埃爾塞特（Ersetlatari）。在兩河流域的神話傳說中，它經常人格化稱作「大地夫人」而與冥界女王「阿拉圖姆」相等同。

阿拉圖姆（Allatum）：伊絲塔爾的姐姐，蘇美爾時名為埃列什吉伽爾（Ereshkigal），人稱伊爾卡路拉（Ir｜Kal｜al，意為冥界女王），後來被尊為厄裏西基加勒（Eresh｜ki｜gal，意為大地夫人）。在兩河流域的神話譜系中，她是一位非常強勢的女神（無論你生前是國王還是乞丐、善人還是罪犯，位於深淵之下的冥界都是人類的唯一歸宿），擁有和三大主神並列的地位，眾神對她都有著一種莫名的畏懼。在伊絲塔爾去冥府救人的時候，她曾展現了非常強大的力量。

古加爾安納（Gugalana）：冥王，阿拉圖姆的第一任丈夫，可在女王的強勢壓迫下，他在相關神話中幾乎沒有任何地位。

夜之女神雕像

惡魔（西方撒但的原型）

涅伽爾（Nergal）：其名意為「巨大居所的力量」。初為天界之神，火星的化身，被視為戰爭、饑餓、瘟疫與毀滅之神，是宇宙四大主宰之一。古代蘇美爾—阿卡得時期，他強娶了冥界女王為妻，成為冥王（一說伊亞賜予他十四個半神，從而攻破了冥府。有人認為，那是因為「男權主義」的不斷上升，讓女王的地位有所下降，否則他很難娶上女王的—因為他長得非常醜陋），權傾天下，又稱「聽取禱告、起死回生和預言農牧業豐欠之神」。此外，他還有很多稱謂，比如梅斯拉姆泰阿（意為來自聖地梅斯特拉姆者）、盧伽爾吉拉、盧伽爾阿皮亞克等，祭祀中心在巴比倫附近的庫圖（Kutu）。

美索不達米亞文明中的死亡觀

美索不達米亞人面對死亡，他們認為要先全心全意熱切的探索生命，那麼追求探索死亡的意義才有價值。而關於死亡的神秘性，唯一具有價值的答案是來自於個人自身的經驗，而非經由他人嘗試提供的答案中獲得。人類沒有所謂的不朽，只有神才擁有不朽，人類的命運是掌握在諸神的手中，只有眾神知道一個人何時會走向死亡。

古代美索不達米亞人也相信人死後有來世，因而也認爲有一個冥府。統治冥府的神隻是被稱爲「偉大王國的公主」的埃裏什基嘉爾女神。她的主要作用是爲夭折的兒童哭泣。她的丈夫內爾伽爾與她分管冥府。傳說最初是埃裏什基嘉爾獨自統治冥府，有一天，內爾伽爾率14個惡魔侵入冥府，要求分享冥府的權力。埃裏什基嘉爾爲了得到和平，同意嫁給內爾伽爾。於是，掌管死人的職權就給了內爾伽爾。

古代美索不達米亞人盡管相信來世之說，但與埃及人很不一樣。埃及人對來世充滿了希望，相信人死可能複生。而美索不達米亞人則認爲，人的靈魂去報到的地方，是一個陰風慘慘的世界。在『吉爾伽美什』史詩中，恩奇都向吉爾伽美什講述了冥世所發生的事情，那是一幅悲慘的圖景。在這永恆的黑暗王國中，死者的靈魂「像縮在翅膀裏的鳥一樣」擠在一起。對他們來說，彼岸世界是模糊的，令人憂鬱的。這裏是黑暗而肮髒的禁地，人死後不管好歹，都免不了要下去。就是說，不論善惡，都得去陰間報到。美索不達米亞人沒有天堂地獄、最後審判及永生之說。盡管在傳說中馬爾都克能起死回生，但一般而言，美索不達米亞人對來世的構想，與後來的希臘人是差不多的，即人死後唯一的去處是陰森的地獄。至於天堂，那是專門給神住的。他們之所以祈禱上供，目的在於祈求現世福祉。比如在祈禱中，很多祈禱詞都是祈求長命百歲的。

（筆者評註：「美索不達米亞文明」和「埃及古文明」發生的時間相去不遠，而且在地理上，位置也相當接近；但是，證諸埃及的「靈魂觀」，兩者卻有著明顯的不同：「美索不達米亞文明」中的死後世界是悲慘無望的，也沒有復活或者轉世的機會，與舉世各種民族或者宗教的「靈魂觀」相比對，這種觀點是非常奇怪的？因為「美索不達米亞文明」當然是認定「靈魂不滅」的，但是，和生前來比：死後的世界卻是永恆無望的，如果果真如此，那麼「靈魂不滅」是不可能被人們喜歡或期望的；因為其他各民族或宗教之所以會產生「靈魂不滅」觀念，都是期望有如「西方天堂」或東方「極樂世界」；又或者中國人「生為傜役，死為休息」的「祖靈」信仰。如果死後的命運是如此漫長不堪，那麼「一死百了，人死如燈滅，與草木同朽」應該也好過「靈魂不滅」才對？「美索不達米亞文明」這種「靈魂觀」是令人匪疑所思的？不過，無論如何，「美索不達米亞文明」所發明的「楔形文字」卻是人類最早用文字書寫出「靈魂觀念」和「死後世界」的可證紀錄，這點卻是研究「靈魂學」時必須特別關注的重點）。

人類古文明中的「靈魂觀」02

「埃及古文明」中的「靈魂觀」

古埃及歷史

距今9000多年前，人們在尼羅河河谷定居，開始在岸邊建立房屋，並進行農業和畜牧業生產活動。距今7000多年前，埃及人開始使用銅器，為文明的形成奠定了基礎。之後古埃及進入前王朝一期，又稱為阿姆拉特時期，私有制和階級萌芽。到前王朝二期（即格爾塞時期），埃及私有制和王權確立，在出土的文物中可以找到象徵王權的荷魯斯鷹神的形象。格爾塞時期後期，國家出現，但面積很小，人口不多，隨後國家之間不斷征戰，逐漸統一成為尼羅河上遊河谷地區和尼羅河入海口三角洲地區的上埃及和下埃及兩個國家。象形文字也在這個時候出現，並沿用了3500餘年。

公元前3100年左右，傳說上埃及國王美尼斯統一上、下埃及，建立第一王朝，定都孟斐斯（今開羅西郊），成為古埃及第一個法老，古埃及從此開始了王朝時期。此時的埃及已經具備了文明的幾個基本特徵，比如有行政官員、士兵、宗教、文字等。

古埃及歷史一般被劃分為8或9個時期，即前王朝時期、早王朝時期、古王國時期、第一中間期、中王國時期、第二中間期、新王國時期、第三中間期和古埃及後期，這是後來埃及學家根據古埃及國家統一、繁榮以及中央政府權力等情況進行的劃分，而不是古埃及人自己的劃分標準。

埃及金字塔與人面獅身像

古埃及統一之後，在很長一段時間是穩定的，這段時間經歷了從第一王朝到第六王朝共六個王朝，時間大約為前 3100 年到前 2270 年。古埃及歷史學家曼涅托將其稱為「古王國時期」。這是古埃及史上農業、手工業、商業、建築業等各項事業全面發展的第一個偉大時代。確立了以官僚體製為基礎的、君主獨裁的專制統治，並且出現了金字塔。

之後埃及進入第二個政治隱定期即中王國時期（前 2060 年－前 1785 年）。埃及在十二王朝時遷都底比斯（今埃及盧克索），開始使用青銅器。此時期埃及與敘利亞、克里特的交往擴大。之後埃及一再遭受到祭獻的入侵，直到十九王朝時埃及與西臺帝國發生了卡迭石戰役，經過 16 年之久的戰爭，最後以拉美西斯二世與西臺王哈圖西利斯簽訂和約告終。此時的埃及成為了一個大帝國，統治範圍北起敘利亞，南到尼羅河第四瀑布，橫跨北非和西亞。

然後在西元前 525 年，埃及又被波斯阿契美尼德帝國所滅，古埃及時代結束了。埃及二十六王朝後裔反抗波斯人成功和內戰，建立了短暫的第二十八、二十九和三十王朝。前 332 年埃及又被亞歷山大大帝所統治，亞歷山大死後，其部將托勒密一世佔領了埃及，建立了托勒密王朝，也被稱為法老，但當時的埃及已經是徹底在外族人的統治下了。

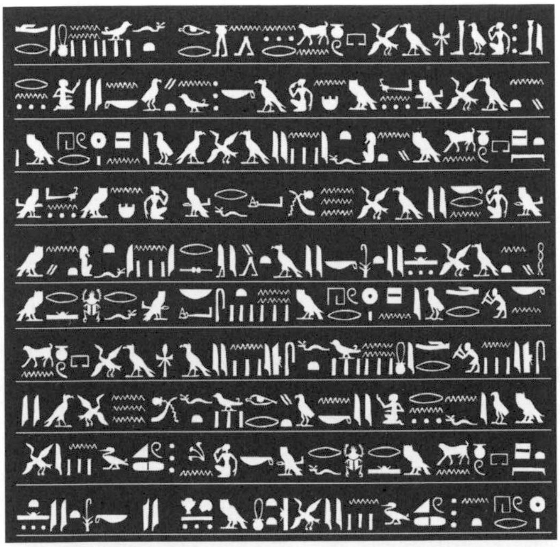

埃及的象形文字

埃及歷史簡表：

古埃及歷史（法老時代）：公元前 3100 年到公元前 525 年

阿契美尼德時期埃及歷史：公元前 525 年到公元前 332 年

托勒密時期埃及歷史：公元前 332 年到公元前 30 年

羅馬統治時期埃及歷史：公元前 30 年到公元 639 年
阿拉伯諸王朝統治時期埃及歷史：公元 639 年到公元 1517 年
奧斯曼土耳其帝國統治時期埃及歷史：公元 1517 年到公元 1805 年
穆罕默德・阿里王朝：公元 1805 年到公元 1882 年
埃及現代史：始於公元 1882 年

埃及古文明從古王國開始的初期，宗教思想就有了相當的發展，已知的古埃及宗教有三個系統，其一是由孟斐斯（Memphis）的教士所創造，即普特哈，祂是工匠之神，也是世界的創造之神，據說他是在世界還沒發生之前就已經存在了，他創造世界的方式是經由他的思想和言語，換言之，世間的一切，包括其他的神明，都是由普特哈的心思和言語所創造出來的。其二為古王國時期以赫利歐普利斯（Heliopolis）為中心產生的的說法，以為在世界未創造之前，有一大神阿唐姆（Atum），阿唐姆自我受精而生出空氣（休）和水氣（特夫納）、空氣和水氣結合，生了天（努特）和地（葛布）；天地結合又生了「奧塞里斯」、伊西斯、席德、福提斯等四名子女，這四者即為世間一切的創造者。其三為來自上埃及南方的赫爾莫普利斯（Hermopolis），指出在世界混沌不明的時候，出現四對神祇創造了這個世界，分別屬於「黑暗、深邃、不可見、無邊」等四種性質，顯然是對於混沌時代的一種描述。埃及人發展了一種諸說混合的思想，把各地崇拜的不同的和矛盾的特徵融合起來。例如，卜塔是孟斐斯宇宙論中的創世神，阿圖姆是日城宇宙論中的創世者。埃及人為了調和兩種不同的觀點，把兩位神聯結到一起，使一位元神的特徵變成另一位元神的一部分。具有同樣特徵的神被合併到一起，形成混合神。太陽神瑞具有普遍性，所以經常與許多神聯結到一起。埃及人並不覺得他們的神的不同特徵或權力互相矛盾，而認為那只是某位神的不同的形態。這樣一來，男性（或女性）諸神就具有異性的特徵，從而可以自生自養。

埃及人發展一種生命連續的信仰。在地球上的生命只是人的存在的一個方面。死亡並不是毀掉一個人，只是把他送到宇宙的另一面。死者在現世世界積極活動，對死亡進行準備實際上是準備迎接與眾神相聯繫的新生活。在古王國時期，只有國王才能被引入這一精神世界。後來，普通的人通過儀式也可以像國王一樣到達同樣的神界。埃及人認為時間是迴圈的。當國王逝世的時候，他本人變成死者的主宰、陰間的統治者「奧塞里斯」，而他的兒子則成為新的「荷魯斯」，即瑪亞特的行政官。一個國王在位滿30年，他要經過一系列儀式，表明他已經正式死亡，變成死者的主宰「奧塞里斯」，而後又神秘地還陽。這是一種象徵整個大地周而復始的舉動，可能與尼羅河一年一度的氾濫有關。

冥神「奧賽里斯」

埃及的考古資料大多來自墓葬。最初的墓葬是前王朝時期的小坑，後來發展成各種各樣的結構，從小型墓穴到吉薩的巨大的金字塔。每一座墳墓都是靈魂永遠安息地。在古王國時期，重要的墳墓都聚集在國王陵墓的附近。人們相信只有跟隨國王才能安全到達冥界。後來人們用自己的方法（通常是繁複的儀式和法術）找到進入冥界的門路。棺文和死者書中有一系列的咒詞，祈求超渡死者，保護他不受惡魔侵擾，給予他必要的口令和符咒以便進入冥界。由於政治動盪時期的來臨，埃及人的世界觀增添悲觀的色彩，因而更加注重個人崇拜，更多地運用法術。埃及人開始相信他們有能力控制神秘環境的一部分。到新王國時期，甲蟲形護符等已經是求神保護和與自身成神的常用方法了。

古埃及人相信「死後世界」的存在。他們認為身體是靈魂的容器，靈魂每天晚上會離開自己的身體，早上再回來。

他們還相信人死後靈魂依然存在，必須保留身體以保證靈魂擁有自己的居所，所以發明了屍體防腐術和木乃伊。他們認為人死後，阿努比斯（Anubis）會用天平稱量他們的心臟以判斷其善惡，決定靈魂是去往死後世界還是被毀滅。有一本古書記載了一段對人死後復生的描述：「你的肉體將會活過來，你的骨頭會把你的身體支撐起來，你身體的各部分器官都將重新為你組合在一起」。埃及人認為，只有保存好了屍體才能保存住死者的靈魂（Ka「卡」）和意識（ba「巴」），祭司（木乃伊製造者）會設法盡量避免破壞屍體以方便死者的精神有效地辨認死者。

精神只能回到完好無損的屍體中，因為它辨認不出被破壞了的屍體；而這樣會使得死者失去前往死後世界的機會。為了防止這種事的發生，埃及人對於木乃伊術以及葬禮儀式都極其重視。有時死者的仇人會破壞木乃伊，利用這種「二次死亡」來向死者復仇。

有時其他的生物也會被做成木乃伊。例如，經常有保存完好的朱鷺、鱷魚、鱸、狒狒等動物的木乃伊被發現。有的人可能會以為這些木乃伊是古埃及家庭的寵物；然而，事實上，它們是古埃及神祇的象徵。 對屍體的防腐技術在新王國時期（前 1550–前 1070）最為複雜，整個工序大約需要 70 天的時間.

在防腐措施完成過後，被裹身的屍體會被放置於一具根據屍體形狀製作而成的靈柩內，再以死者生前所擁有的飾物以及特權階級賜予的護身符陪葬（法老王與部分皇室人員會附加一副安卡（Ankh，代表生命的符號）護身符以表示他／她生前對人民生命的操縱權），然後以根據死者容貌製成的模版覆蓋屍體，再加上根據死者容貌製成的棺蓋，最後放入較大的棺材，大棺材與裏層的棺材形狀相同、體積較大，柩側會加上神碑體以示對死者的祝福，以及對死者的過去作出覆述。

有時某部分的木乃伊的臉孔會被塗成綠色，因為埃及人認為尼羅河水使埃及的領土變綠是「奧塞里斯」（Osiris）為養育埃及人所作出的利農措施，所以他們都會認為將木乃伊的臉孔塗成綠色會使死者易於與歐西里斯溝通，亦使之易於與永生世界連接。

死亡之書（也譯作「亡靈書」）是一本與死者一同下葬的紙莎草紙制書籍，通常包括數百篇魔咒文本、讚美詩、插圖等。傳說它會保護死者平安進入地下世界。有時這些文本也被刻在墓室的牆壁上。現在已經發現的死亡之書中，一個典型的例子是公元前 1240 年的「Ani 文稿」。除了文本，它還包括許多描繪 Ani 和他的妻子穿越冥界的情景的圖畫。

埃及人通常把死亡看作是一次危險旅程的開端，而不是生命的終點。為了到達神明居住的地方，他們必須首先穿越陰間（the Underworld）。每一部死亡之書都是為某位將要進行這次旅程的死者量身訂做的。它包括與死者生前的生活最適合的咒文和讚美詩，以及對旅程中每一次試煉的回答語。這些試煉中最具決定性的是阿努比斯的心臟稱量判決。

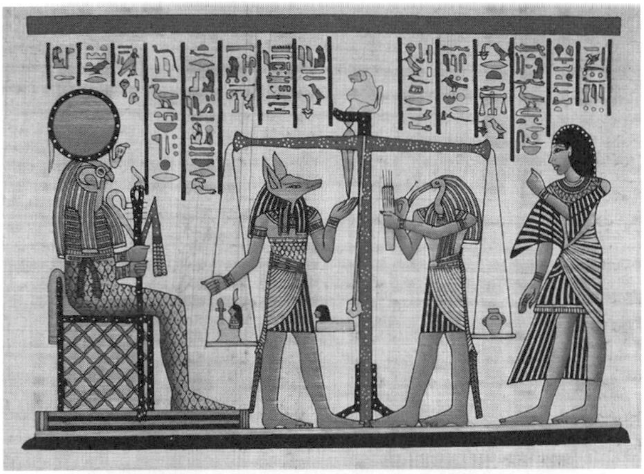

靈魂審判與冥界使者「阿努比斯」神

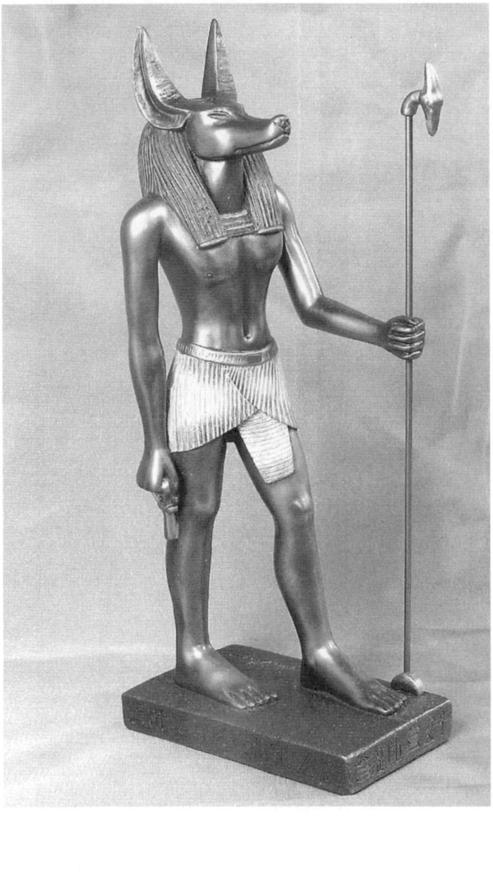

對古埃及人來說，心臟記錄了一個人一生中的所有善行和惡行。一個人死後，在審判廳（Hall of Judgement）中會對他進行一場審判儀式，而他的心臟將被作為審判的主要依據。死者被狼頭死神阿努比斯（Anubis）引入這個大廳，心臟被放在天平上，與瑪特（Maat）神的真實之羽作重量方面的對比。接著阿努比斯調整天平的鉛垂，圖特（Thoth）神記錄下裁決的結果（而所稱量得出的結果只有三種：真實之羽的重量＝死者心臟的重量或死者心臟的重量＜真實之

羽的重量 或 死者心臟的重量〉真實之羽的重量）。經過裁決，如果在真實之羽的重量小於或等於死者心臟的重量的情況下，死者就會受到庇護—死者會被阿努比斯引到「奧塞里斯」（Osiris）的面前，從而得到永生；如果死者心臟的重量〉真實之羽的重量（因為罪惡作祟的緣故），死者就會受到制裁；死者的心臟會被一隻長著鱷魚頭、獅子的上身和河馬後腿的惡魔吞噬者阿米特（Amit）所吞食。

（註：以上內容引用並匯整自網路資料，包括「維基百科」）

製作木乃伊與法老王的人形棺槨

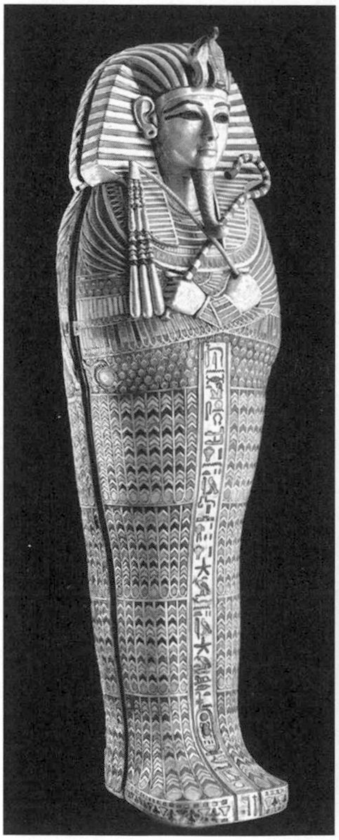

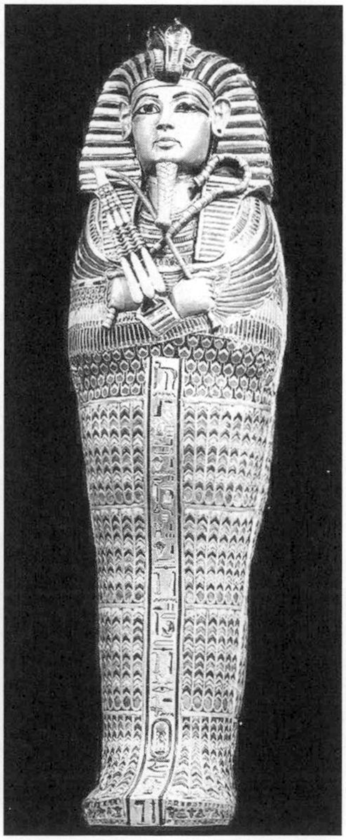

（筆者評註：毫無疑問的，埃及古文明是人類文明史中，對於死後世界的生活最關注的一個民族，不只是相信「靈

魂不滅」，在死後能夠繼續存活在另一個屬於亡靈的世界，甚至製作木乃伊來刻意的保存屍身，以便死者能夠復活，古埃及人盡可能的保存屍體，是因爲與冥神「奧塞里斯」死而復生的神話有關；並非一般認爲的靈魂回到現世繼續以原有的身體存活在世上，而是渴望回歸永恆層次（萬物由此而生）的來世，跳脫輪迴，更包含「再生」的意味。同時，埃及古文明也是人類文明史中使用文字撰寫最多有關「靈魂形態」、「死後世界」、「靈界生活」、「靈魂審判」等等內容紀錄的一個文明）。

神廟與法老王巨型雕像

埃及的「靈魂觀」

在「奧塞里斯」死去和復活之後，他既沒作大地之神，也沒作天堂之神，而成了「尼德世」的神，也就是天地之間的混濁境地。「奧塞里斯」代表了自新自救，而他的兄弟「塞特」常被描述成終極物質主義者撒旦（Satan），代表的是毀滅。「奧塞里斯」和「伊希斯」的兒子「荷魯斯」（Horus）是男性氣概和勇士勇氣的化身，而哈索（Hathor）則是自然女性美的化身，她用宴慶、歌曲、愛和舞蹈來歡慶生命。「奧塞里斯」的妻子「伊希斯」既是哺育兒女的妻子和母親形象，又是神奇智慧的化身。她的姐妹「耐斐斯」則代表悲傷和直覺。「奧塞里斯」和「塞特」的父親「蓋布」代表大地；他們的母親「那特」代表天空。後來世上所有的人都是「奧塞里斯」和「伊希斯」之子「荷魯斯」的後代。

（註：他所統御的天堂─『蘆葦之野』（Field of Reeds），更是古埃及人的夢想天堂，一個眾神與善靈永恆相依的幸福國度！）

早期埃及人認為人至少有九個靈魂，也可以說是一個靈魂有九個部分，從最物質性的一直到最抽象的。每個小靈魂（Soullet）都有七個「哈索」，也就是每個孩子出生時都會在場的美麗女神。這些靈魂分布在身體不同部位。第一個是始前生命精神「阿庫」（aakhu），位於血液裡；第二個「阿布」（db）位於心臟；第三個靈魂「巴」（ba）是死後現身的鬼魂，以鳥的形狀飛入或飛出墳墓。第四個「卡」（ka）是人在鏡子中看到的影像，第五個叫「凱布特」（khaibut），是肉體的影子；第六個是「克哈特」（khat），是活著的肉體藉以在死後復活成肉的物質。第七個「賽克姆」（sekhem）代表人的生機，與中國「氣」的觀念類似。第八個稱「瑞恩」（ren），代表秘密或靈魂一名字。第九個是「薩胡」（sahu），象徵心智與精神力量的統一。

第一個靈魂「阿庫」是始前生命精神，且活躍於血液中，有時也稱作「庫」（khu），指第一個靈魂或神聖智慧；既閃亮又發光。由於它位於血液裡，所以和位於心臟的第三靈魂「巴」有著聯繫。「庫」差不多代表生命中靈妙的一面；也就是神的旨意。作為主要的一個靈魂，它被看作是難以捉摸的；它永恆而富於情感。它也居住在第九個靈魂或精神體「薩胡」之中。當你受到靈魂感的惠臨時，那便是你肉體中「庫」在運作。

第二靈魂「阿布」是心臟，也是智慧、知識和理解的根據地。它連結了肉體和精神體。當你衷心地做事時，你的「阿布」便是清醒的。當然，「阿布」和「巴」相關，前者為後者的盛酒皿，它們關係之密切超出想像，甚至可以說二者為同一實體。這一點可以從它們的名稱的拼法看出來，只要把其中一個字從後往前拼，就是另一個字了。我們後面還會看到，靈魂或精神體的名字非常重要；它包含著與上帝的深刻聯繫。

荷魯斯（Horus 法老王的神）

「阿布」代表當一個人靜靜沉思時，會如何認識世界和自身。「阿布」永遠是富於精神知識的物理的心，它永遠記憶和保存「巴」的知識。當你見到初生嬰兒時，會感到「心中充滿了愛！」這正是你的「阿布」起的作用。

由於「阿布」和「庫」的關係很緊密，所以它使靈感和至誠的善結合在一起，並且是所有動物和人中的善惡之源：當「阿布」清醒時，則表示出善；當它不清醒時，則表現為惡。對古埃及人來說，對心的保養是非常重要的。另外，「阿布」也曾在「奧塞里斯」死時的法庭上受到了真理女神「瑪特」（Maat）的審判，因此，「阿布」代表人是有罪還是無辜的。

第三個靈魂「巴」是人的心靈（heart｜soul），或者是高貴和偉大的東西。它居於「阿布」之內，且與「卡」有著聯繫。據說當「巴」死亡時，它會飛到太陽神拉的身旁，與「奧塞里斯」住在一處。「巴」可隨意變成人形，也可以是物質的，也許正是這一點才有了精靈和鬼魂的存在。「阿布」代表心中積累而保留的知識，而「巴」則是永恆不變的知識。在古代用語中，「巴」是最貼近於西方意為靈魂的東西。「巴」像鳥兒一樣飛來飛去，在肉體睡覺時能離它而去，又任意飛回肉體。當人經歷死而復生的遭遇時，就是感到了「巴」的作用。不幸的是，「巴」是很難達到的境地。

第四個靈魂「卡」是難以捉摸的雙體，也就是傳說中的幽靈（doppelganger），但是這個詞容易讓人與人性其他精神領域產生誤解。「卡」被錯誤地認為是人的高級自我或空中精靈，但是其實它與人的情感肉體有關係。當你特別鬱悶或生氣的時候，會感到很不舒服，有人會說你變得「不是你自己」。這是真的，因為你的「卡」已經被喚醒了，所以你完全變了個人。「卡」與受情感支配的人相關，同樣，「巴」則與宇宙或精神上的物體相關。「卡」是富於創造力的，能產生運動，而「巴」則固定不變與永恆存在的。「卡」是很抽象的人格化身，能不借助物質而成形，且與它居住的人體極為相像。

第五個靈魂「凱布特」是影子，因此即使在陽光下，也是黑色或昏暗的。它就直接指人的影子。可是，它又與「巴」有關，因此能存在於肉體之外。影子總是令人擔憂的，因為正像本章開頭的引文所說的，精靈會抓到它。今天影子一詞存在榮格的用語中，代表人最好的、向前的正臉的反面。

要想了解影子「凱布特」，必須徹底掌握神化詩時代的人是如何邏輯地看待宇宙。那時，夢、幻覺和一般人的幻象並無差別，甚至連生死都沒有精確的分別。今天重新出現了一種類似全像術（holo grahic notion）的概念，叫「部分概括全體」（pars pro toto），這在遙遠的始前時期是被接受的。所以，人和影子被抓住了，那人也就真的死了。肉體或者屍體；即在死後會腐爛的東西；被稱為「克哈特」，是第六靈魂。它很容易理解，且總是與肉體相連。儘管它存活不長，但總是得到「巴」的孕育。今天「克哈特」意指「肉體思想」（bodymind），用來描述純粹與肉體功能相關的意識，如去除、自動功能、無意識的呼吸、心跳等等。

第七靈魂「塞克姆」是精神的人形，是人的生機的肉體表現。它與克胡斯（khus）同時存在於天上，等於人具有的重生的能力。「塞克姆」在存在的過渡階段表現得最明顯，如在死亡或再生之際。它主要的功用便是再生的力量和能量。所以，「塞克姆」的作用是保持肉體的生機。

金字塔內墓室壁畫，下左為冥神「奧賽里斯」

同樣，第八靈魂「瑞恩」是人的名字，也是威力無比和神聖的。把一個人的名字從歷史上抹掉，讓人們忘掉他，也就等於是消滅了他本人，讓他一文不名。我認為這強調了辭彙在神聖和世俗生命中的重要。隨著一個人名字的消失，他也就走到了後世的盡頭。「埃及亡者書」也反映了給事物起名字的重要，其中有一句翻成「諾曼底語」的名言為：「凡可被命名者皆存在。」，「奧塞里斯」回憶了他的一生，並且說：「正因為我是現在的我，所以我曾經是，並將會是物質和天堂的一物。」當靈魂在「尼德世」中穿行，並且歸「奧塞里斯」時，靈魂要不時地給不同的守衛者命名，這些守衛者都站立在靈魂必須進人的秘密小室或通道的前面。要是沒有給他們起名字，或是忘記了他或她的名字，那麼靈魂就不得不原路返回，而根本到不了「奧塞里斯」的庭堂。我認為這意味著，假如「瑞恩」被忘記了，也就是靈魂忘記他/她到底是誰時，靈魂也就會遭到放逐，很可能會重新投生成一個低等的動物。

第九個靈魂「薩胡」是臨終時從物質的肉體中跳離出來的精神體，在其中，自然肉體的心智和精神的屬性可以有機地結合，並有了新的力量。雖然「薩胡」有著和克哈特一樣的肉體形件式，但是它本身是非物質的，並且還包括了其他靈魂體在內。「薩胡」走向更高層的世界，或者說，它是進入天堂的靈魂的肉體形式。

最神秘的就要屬靈魂到西方後發生的事了。在埃及人看見太陽西沉，認為是靈魂回歸了精神，靈魂的循環是追隨著太陽循環的。「埃及亡者書」記載，記錄人類內在靈魂的文書「阿尼」（Ani）被地獄之王、長著一副豺狼面容的「阿努比斯」抓住手，帶往他的最後審判日。他的心是比照著「瑪特」的真理之羽來稱量的。「瑪特」代表法律和正義，是「索斯」（Thoth）的妻子。「瑪特」把測量結果交給她丈夫，他便仔細記下來，並記下這個靈魂一生的重大事件。

（註：以上內容引用自「靈魂與物理」一書）

埃及特殊的凹槽浮雕

太陽船在古埃及神話故事裡有著非常重要的作用。每晚太陽神——拉神（Ra）會揚帆在冥河裡航行，一路需要經過十二道城門，即十二個鍾點，戰勝各種妖魔鬼怪，直到經過最後一道城門，他成為早晨的太陽拉・哈拉凱悌（Fa-Horakhty），這時他開始乘坐白晝之船在天空中巡航。被埋在大金字塔附近的這兩艘姊妹船可能是為了讓法老王胡夫（Khufu）也經歷類似旅行，得到重生。

由金字塔中出土的法老王「太陽船」真實大小的陪葬品

太陽船是解開古埃及宗教之源——太陽信仰的關鍵。在古埃及，太陽就是偉大的神祇——『拉』。他們認為，在法老死後，他的靈魂會與太陽神一起在天空旅行。這時，『拉』所搭乘的就是太陽船。而太陽船又分兩種：一種是早上由東向西航行的白晝之船「瑪阿瑞傑特」，另一種則是在地下由西向東航行的夜間用船「梅塞凱底特」。古埃及人認為，在天空行走的交通工具是船。古埃及人相信，生命是永恆的，人死後又在來世復活。為此，他們將肉體製成木乃伊保存起來。為了不讓死者在來世受困擾，還特地在墓中放置許多日用品和傢俱等陪葬物。

拉美西斯四世法老王雕像與「太陽船」模型

對古埃及人而言，太陽每天早晨由東方升起，搭乘白晝之船渡過天河然後向西方落下；夜裏，太陽乘夜間之船越過貫穿地底的大河，由西方來到東方。他們把夜間的黑暗比喻死亡，認為太陽每日都會復活、轉世。古埃及人這種特有的生死觀，乃是由於埃及的獨特風土形成的。貫穿埃及的尼羅河每年定期氾濫，使古埃及人形成再生的觀念。每當洪水退去，在重生的耕地上首先登場的聖甲蟲，被視為復活之神受到崇拜。古埃及太陽信仰的盛期，大約是在第五王朝左右（約西元前 2550 年）。金字塔誕生于第三王朝左塞王時期（約西元前 2650 年），之後在胡夫王時代達到鼎盛。古埃及人把金字塔當作法老靈魂通往太陽的階梯。隨著法老權力的衰弱，金字塔的規模隨之縮小，最後古王國時代終於走向滅亡之路。然而，即使是在進入中王國時代，根據太陽船外形所制的模型，仍被古埃及人當作陪葬品置入墓中。太陽船的發現，不僅為人類帶來無數的夢想，同時也為解開古埃及宗教之源——太陽信仰提供了關鍵物證。不過，他真的能通往天國嗎？這一切都以無從考證！

（筆者評註：在埃及的傳統「靈魂觀」中，「法老王」與一般平民是天生不同的，「法老王」是眾神之一，甚至被認爲是同一位神祇一再轉世爲帝王的，所以，死後際遇自然與一般平民百姓是不同的，他的不可能將乘著太陽船通往屬於「神祇的天國」，而一般平民死後的不可能只要能通過「天平」的測試，善良的靈魂就會前往平民天堂—「蘆葦之野」去享福。

古埃及對於「靈魂」的分類是相當精細卻過於瑣碎了，當然這是源自於神話信仰所致；因此難免也有許多的想像和附會；如果針對「埃及人有九個靈魂的觀念」來探討；我們必然要用「剔除」的方式；把一些實際上和「靈魂」無關的部份排除，然後再來比對真實的狀況；

首先要排除的是『第八個稱「瑞恩」（ren），代表秘密或靈魂－名字』，我們當然都知道；名字只是一個人的代表符號；雖然各民族對於「名字」的魔力或者可能受到妖魔鬼怪呼喚而能掌控的傳說諸多；但是，現今至少我們能了解名字是可以自由更改的，對當事人並不是那麼絕對或者對其靈魂幾乎完全沒有具影響力的作用，因此，必須先排除。

其二是『第五個叫「凱布特」（khaibut），是肉體的影子』，影子只是光線照射下才會產生的現象；那麼在完全漆黑的環境中，影子又何在呢?因此，影子和靈魂當然也是無關的。

其三是『第六個是「克哈特」（khat），是活著的肉體藉以在死後復活成肉的物質。』，這種本能的活動能力，正是中國人所說的「魄」，「魄」雖然在生前會和「靈魂」有一定的互動關係，但是，本質上卻和「靈魂」不同，並且在人的肉體死亡之後也將隨之消失。

其四是『第四個「卡」（ka）是人在鏡子中看到的影像』，這點特徵應該只是「卡」的部份效應而已；人的鏡像當然是虛像反射而已，並沒有任何意義，和靈魂完全無關。

在剔除了一些和靈魂無關的部份之後；剩下的：

第一個是始前生命精神「阿庫」（aakhu），位於血液裡；

第二個「阿布」（db）位於心臟；

第三個靈魂「巴」（ba）是死後現身的鬼魂，以鳥的形狀飛入或飛出墳墓。

第四個「卡」（ka）是很抽象的人格化身，能不借助物質而成形，且與它居住的人體極爲相像。

第七個「賽克姆」（sekhem）代表人的生機，與中國「氣」的觀念類似。

第九個是「薩胡」（sahu），象徵心智與精神力量的統一。

雖然，分類的如此之細；但是，仍然無法把其中任何一種當成「靈魂」的本質；因爲這只是「靈魂」的功能或者因爲功能的作用時產生的一種樣貌；就如同一位總統；衣冠楚楚的在國會演說時，和穿著厚重的雪衣雪褲在滑雪時，以及光溜溜的在浴缸中泡澡，當然都會有不同的樣貌。

筆者仍然以個人長期研究的心得；實事求是的將「靈魂」只歸納爲兩個部份；即「靈識」和「靈體」。

關於古埃及的靈魂觀；木乃伊和金字塔是最具象的實證；雖然，人們長久以來都是把金字塔視爲超級雄偉的法老王陵墓，其中安裝著層層棺槨密封的木乃伊，事實上也沒錯，但是，金字塔的作用並不只是埋葬法老王遺體的陵墓而已，還有一個最重要的作用；就是維繫著死後復活論的神話，否則，任何一位君主的陵墓也許都很大，卻並不需要這般的高度，而四面三角錐的造型也是有著一定的古代物理學方面作用。

根據埃及的神話；所有法老王不只是神的後裔，其實他們本身就是神，他們原本就有著在死後再度復活的神祇特權；但是，也正是依照冥神「奧塞里斯」的復活模式，必須保留完整的遺體，所以必須精心製作爲木乃伊保存。

而以往歷史學家所認爲金字塔是專制暴政下，用鞭子和刀劍驅策奴隸以血淚建築出來的極權工程，近來已經被新的考古證據給推翻了；其實金字塔是由法老王運用國家財富，僱請各種專業工匠完成的；而許多非技術性的工人非但不是被逼的，反而是接近自願的；因爲法老王向埃及人民宣揚的是一種非常有誘惑力的來世神話；由於埃及人民相信法老王是地上的神祇；死後註定會再度復活的；但是，他不只是單純只求自己復活而已，他也發願要讓所有埃及子民一同在死後能夠復活；並且能夠前往天堂（蘆葦地）過著永恆享樂的生活。因此，金字塔是一個通往復活的必要設施及途徑，所以，埃及人民爲了法老王這位地上神祇的應許，也爲了自己死後靈魂的永生，就必須合力來建造這樣一個「通往天堂」的高大建築。

同時；從「太陽船」的神話傳說到近代才出土的考古實物證明了法老王的靈魂將會搭乘「太陽船」經過冥界十二個驚險又有妖魔把守的關卡，終於和太陽神「拉」會合，然後一起徜徉在天界的美好境域中。

也因爲這種死後靈魂復活的靈魂觀；使得埃及幾乎只要經濟條件許可的中產階級以上的人民，死後都會作木乃伊的處理；也因此，埃及考古大興之後，各地挖掘出來的木乃伊多不勝數，不但曾被一些異想天開的歐洲人磨成粉，當藥物販售，也竟然還真的有人願意花大錢買這種屍粉當作保養品服用。而英國人統治埃及時期，更甚至把木乃伊當作是薪柴來燒，補充爲蒸汽火車的燃料，這大概是古埃及人所始料未及的吧？）

人類古文明中的「靈魂觀」03

中國古代的死後世界觀

『薤露、蒿里』為漢朝時「田橫」門人所作。橫自殺，門人傷之，悲歌，人死魂精歸乎蒿里。

故有二章：其一曰：『薤上朝露何易晞，露晞明朝更復落，人死一去何時歸。』

白話譯文：薤葉上的露水，是多麼容易蒸發、消失啊！蒸發掉的露水，明天清晨還會同樣落到植物上，可人一旦死去又能像露水一樣回來嗎？

其二章曰：『蒿里誰家地，聚斂魂魄無賢愚，鬼伯一何相催促，人命不得少踟躕。』

白話譯文：不管你有才無才，有德無德，死後都得魂歸蒿里，不能稍有遲疑，而且還得受鬼伯的拼命催促，做鬼也不自由。

薤露蒿里後來都成了送葬時的輓歌；

薤露送王公貴人，蒿里送士大夫庶人。

（以上內容整理自網路資料）

「薤」音ㄒㄧㄝˋ（謝），這是一種可以食用的植物，在台灣叫做「露蕎」，通常都是白色像蒜頭一樣的醃製食品，

大都是當成醬菜來食用。它的葉片是細細的劍型，比一般常見的韭菜要更細更短，所以，夜間聚集在尖端的露水是極小滴的，清晨太陽一出，露水立刻就會被蒸發了。所以用薤葉上的露珠來比喻人生的短暫，「晞」是日初出時，但是在這裡富動詞「蒸發」用。

中國山東泰山「蒿里」遺址

「蒿里」是山東泰山邊上的小山丘，是古來有名的墓地，也所以中國古人又把人死後的亡魂歸給「東嶽大帝」（又稱泰山府君）來掌管。

漢人不僅認為有陰間和陽間，而且還認為陰間和陽間一樣，也有它的最高主宰。這個陰間的主司便是泰山神，也有叫「泰山君」、「泰山府君」的。『搜神記』記有漢末「胡母班死，往見泰山府君」。『後漢書・許曼傳』說曼之祖許峻，「少嘗篤病。三年不愈，乃謁太山請命。」又『搜神記』載：「漢獻帝建安中，南陽賈禹字文合，得病而亡，時有吏詣太山司命，閱薄。」由此可知，泰山神具有決定人的年齡、壽命、死生的權威性。

關於冥吏也有種種名目。如：地下二千石、塚丞、塚令，約相當於漢制的郡守和縣之令丞；亭長、父老、伍長，則相當於漢的鄉里小吏。其他還有游徼、獄吏、卒吏等。以上這些官名，多為漢人以漢官制度為範母扣制而成。

此外還有一套不同于陽世的戶口名簿藉。泰山神便是「鬼籍」的掌管者。所謂「生死易簿」就是說人死後陽世間的戶籍被註銷，而亡靈又被登上陰間的簿錄。

中國山東泰山東嶽大帝廟

但是，必須了解的是：陰間只是相對於陽間的另一個世界，並不是地獄。

在先秦以前，通常都是用「幽都」來形容死後的世界，所謂的「幽都」是指地下后土所治也。地下幽冥，故稱幽都。

先秦時期，人們慣於將虛無的靈魂置於虛無的境地。用『幽』來泛指哪深厚的、黑暗的、關閉的、寂靜的、隱秘的處所。

這種觀念是很容易理解的，如果我們試著在面對太陽時閉上眼睛，還是可以感覺光亮，但是，在比較暗的室內閉上眼睛，那就是一片黑暗了，而中國古代習俗都是土葬，想像死者雙目緊閉的被埋在厚厚的泥土之下，當然是暗無天日的，所以，自古以來形容死後世界或者陰間都是昏昏暗暗的，甚至舉世皆然，從埃及、希臘的神話對於「冥界」的描述也是一樣黑暗、昏昧的，雖然沒有刑罰，但是，那種昏天黑地，沒有生氣，沒有任何活動，也沒有終了的現象就是人類最早期對於死後世界的觀念，應該可以用「人同此心，心同此理」來理解。

不過『幽都』的想法和漢朝以後的『陰間』有和生前類似活動的世界是不同的，相同的則是：不論是死寂一片或者也有活動，但是，都是永久性的，不是等候「輪迴」的轉運站或者短暫的過境室，這點和「輪迴轉世」觀念是完全不同的。

馬王堆漢墓帛畫中的三界

1972 年出土的馬王堆漢墓位於湖南省長沙市東郊東屯渡鄉（今芙蓉區馬王堆街道）境內，臨瀏陽河，為西漢時期長沙國丞相「利蒼」、「利蒼夫人辛追」及其子「利狶」或兄弟三座墓葬。經發掘，發現一具保存完好的女屍和極具科學、史料和研究價值的眾多隨葬品，其中一號墓正是「利蒼」夫人「辛追」的墓，墓中的棺槨共有四層，最內層的的棺木上覆蓋了一幅精美的T型帛畫，長 205 公分，上部寬 92 公分，下部寬 47.7 公分，畫面上中下三部分分別表現了天上、人間與地下的場景，描繪了當時當地的傳統習俗，學者們最初認為這幅帛畫的作用是接引死者走向天國，是根據當地傳統習俗招魂儀式所做，希望死者死後靈魂不會消散。

大幅完整帛畫是非常罕見的，內容更是非常具有研究價值，在「T」字型的長形的空間裏，分成三個明顯不同的主題：既有描寫祈求死者升天的「升仙圖」；也有表現對亡者的祭奠哀思和表現出神話中的「黃泉」、「地府」；更有為死者祈福的主題；畫的內容從地下到人間、天上，畫面上方的三分之一是金烏、蟾蜍、女媧、嫦娥等神話內容的想像天界，下方三分之一是兩個力士站在大魚身上托著橫條形物，以示地界的模型。天界地府都是想像的內容，且以神話入畫，可見古代原始神話的演變在此時仍是相當普遍的。（以上內容整理自網路資料）

這幅珍貴罕見的帛畫，可以讓我我們更具體的了解二千年前漢朝時人們的「死後觀」，首先是純中國的「神仙」思想，其次是「事死如生，慎終追遠」的祖先祭祀觀念，再加上「地府」的觀念，完全符合「魂昇於天，魄歸於地」的說法。而這幅「T」字型的帛畫應該是一種放大版的精緻「招魂幡」。

整幅帛畫的內容描繪了人與天地間的關係，也詮釋了生前和死後世界生活的景象，不論是天上，人間或者地下都是美好的，並沒有任何嚴苛的「死後審判」，也沒有任何「地獄酷刑」，當然也沒有任何「業報輪迴」、「投胎轉世」的思想觀念；一個人的死亡，只是今生在人間生活的結束，但是，靈魂是不滅的，仍然快樂的生活著，以「辛追」生前的地位，一生當然都是享受著富貴榮華，錦衣玉食的優渥生活，而死後不但可以照舊享有這樣的生活，甚至是比生前更加美好的，雖然畫中無法表現如何成為無憂無慮，逍遙自在的神仙，但是，顯然隱寓了這種期望或者親屬的祝福。

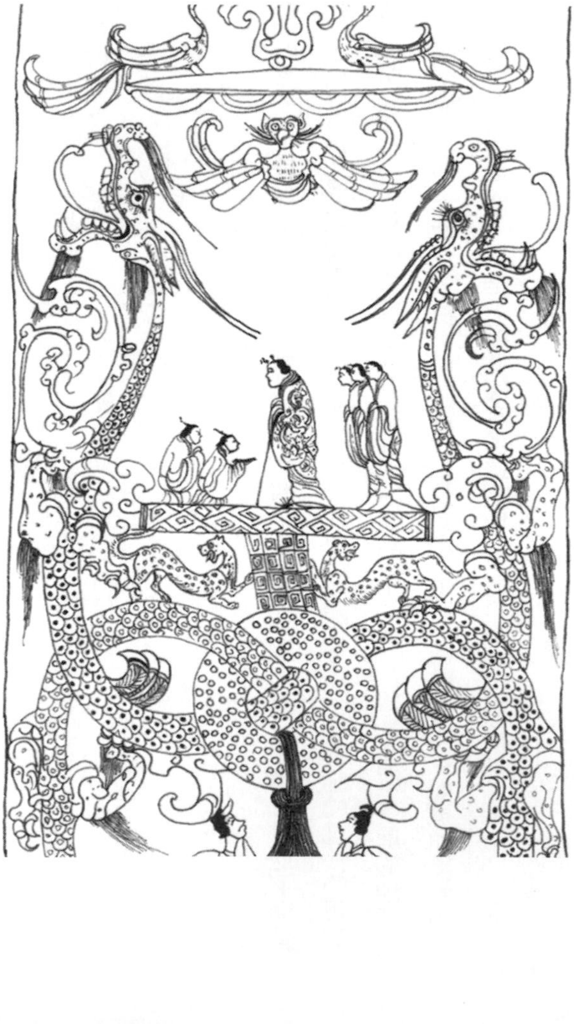

很重要的是在這幅帛畫的上半部，最中間的是「女媧」坐鎮，或許因爲死者是女性，所以畫的主要神祇不是男性的「天帝」（當時還沒有「道教」，所以沒有「玉皇大帝」的觀念），而旁邊的五隻仙鶴象徵「長生」，右邊的「金烏」和左邊的「玉蟾」是中國傳統太陽和月亮的神話，這與雙龍和異獸都是天界的象徵。中間面面相對的人物則是掌管人們壽命的「大司命」和「少司命」，也有著「保護神」的作用。

這幅帛畫的中段，正是描繪了墓葬主人「辛追」生前在人世間的生活，可以看出想要表達的是她身份的尊貴和如何的受到禮敬和多位僕從的服事。

這幅帛畫的下半部，有些少見的人頭鳥身異禽，還有龍、龜和其他異獸或許是指一些「鎮墓獸」，可以保護墓主的遺體長眠安息，不受惡人或妖魔邪靈的騷擾。其中最重要的還有用雙手托住一個平台半人半獸；有人面蓄鬚，全身長毛的生物，極有可能就是中國傳統觀念中的「土伯」，因爲中國人那時並沒有「閻羅王」的觀念，認爲地府是由「土伯」在掌管，但是，他並不會對亡靈進行審判或者施以酷刑，因爲中國的傳統「地府」觀念中從來沒有那種「秋後算帳」的恐怖想法，而「土伯」或者被稱爲「后土」的土地神，也就是後來俗稱的「土地公」，一向是位慈祥老好人的模樣，甚至會照顧死者的墓地，也熱心協助亡靈去該去的地方。而在這幅帛畫中，「土伯」是非常尊敬的雙手托住一個平台，上面有些人物和豐盛的佳餚美酒等等的供品，可能要表達的是「辛追」因爲身份的尊貴，死後連「土伯」都會加意的照料事奉她。

雖然這不能當成必然的事實，但是，至少可以清楚的告訴我們，在佛教傳入中國以前，中國人的死後觀念是美好的，不是恐怖淒慘的，也許人人還是期望長生不死，而死者的親屬可能也是萬分不捨的哀痛不已，但是，無論是死者本身或者家屬，是不會擔心任何「死後審判」或者「地獄酷刑」的。更不用擔心什麼「投胎轉世」會不會去一些「惡道」的問題，當然更沒有「無間地獄」的事。

中國墓葬特有的「買地券」文化

「買地券」、「鎭墓文」是東漢中後期出現的具有鮮明道教文化特徵的隨葬文字材料，主要內容是爲死者買陰間宅地一處，要求幽冥各級官吏不要侵害死者靈魂，陰陽殊界，死者鬼魂也不要回到人間作祟，危害生者。

「買地券」（亦稱冥契、幽契）源于西漢，盛於東漢，唐宋以降傳佈于大江南北。「買地券」最初只是作爲死者領有陰間土地的憑據，通常附有道教的制鬼符篆，券文刻寫或筆寫於磚、鐵、鉛板、石板等硬化的物品上，以便於墓中久存。「買地券」關於四神（獸）或以天干表四至的記載，以及神祇的表述，跟傳統的風水觀念、信仰有著密切的關係。

出土的買地券在清末才受到金石學家們的注意：：近年來各地出土不少地券，已發表的約有三十多件。由於「做地券」意味著跟一類可能傷害生人的鬼神（包括「家神」，即主家的祖先）打錢財方面的交道，民間「文化人」

往往視之爲是一件危險的事，幫人寫或燒地券是件沒功德的事，一般是那些無後的人才肯去做。（以上資料引用自網路「百度百科」）

相較於「馬王堆漢墓中的帛畫」，中國「買地券」葬俗延續的時間相當久遠，而且比較通俗化，平民化，少去了「神仙思想」，也少去了「天界」或「昇天」的期望，很務實的認爲隨著死者被埋葬在土裡地下，也就想當然耳的認爲「亡靈」是繼續生活在地下的另一個世界中，還是稱爲「幽都」或者「陰間」，而「買地券」只是隨著傳統葬俗，用來向陰間的管理者出示正式的「買地券」證明，除了載明地界範圍，也期望因此獲得認可並對死者的亡靈加以保護，簡而言之，

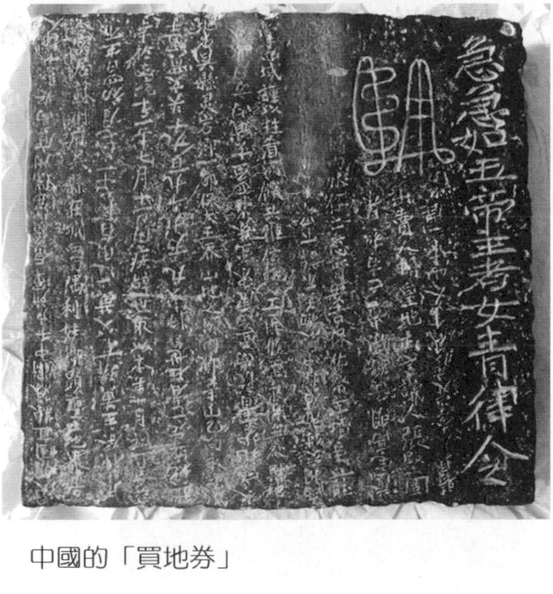

中國的「買地券」

「買地券」相當於現今各國核發的「居留護照」，同時在人口日漸增加，墓地越來越少的情況下，也可以藉由這種硬質不易腐壞的「地券」來作爲一種墳墓地契，可以避免爾後他人隨意亂葬，或者一地數買引發的「陽世親族」的紛爭。

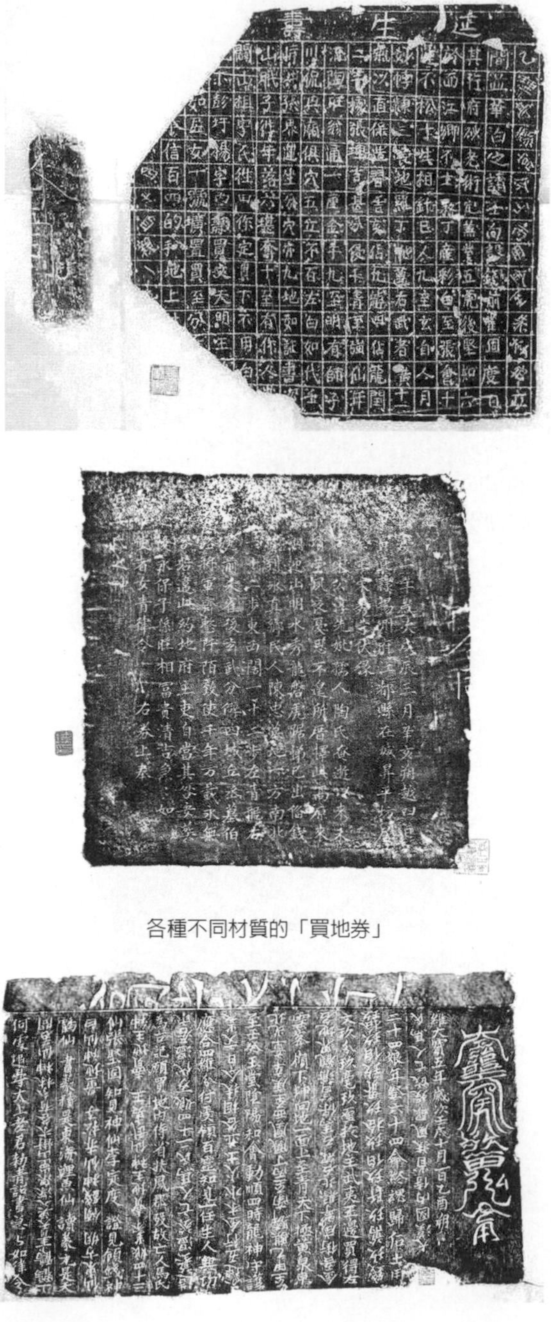

各種不同材質的「買地券」

在內容方面，比較特別的是有些除了會書寫「祈求祖先保佑後代子孫昌盛」之類的文句，有些也會書寫「……萬年以後再相見」的字句，其實真正意思卻是「幽明異路生死各安」，希望死者的亡靈就此安於地下的生活，不要再來騷擾陽世的活人，因爲中國的傳統鬼神思想中也有「惡死者爲厲」的恐懼心理，害怕亡靈來作祟活人，所以希望能因此劃清界限。

不過，由此同樣可以看出：死者已矣，各歸其所，不論在死後另外一個世界過得好壞，不是生者所能知曉和過問的，加上漢武帝獨尊儒術，罷黜百家之後，儒家「敬鬼神而遠之」和「不知生焉知死」的主張，從士大夫到一般市井小民並不特別在意或追究死後世界究竟如何？所以當然也就沒有賦予死後世界任何完整的架構，安插大大小小，許許多多的管理官吏，當然也沒有「死後審判、地獄酷刑」的觀念。但是，另一方面儒家「慎終追遠，祭如在」的傳統思想卻一直延續至今未曾中斷，所以，還是相信「靈魂不滅」的，而且祖先們所生活的另一個世界還是相當不錯的，是可以庇佑後世子孫的。當然不會認爲祖先會受苦或者因爲生前某些過失而遭到刑罰，也不認爲祖先會重新投胎轉世的。

中國古人的靈魂觀念和信仰

中國人有一種值得驕傲的文化優勢；那就是中國歷史不曾斷層，而且中國文字（指繁體字）從甲骨文以來一直延續至今，雖然其間也曾有過改進減省，但是，並沒有因爲亡國或其他政治因素或者異族入侵而徹底翻盤過。

所以直到今天，只要認識字的人，即使在故宮博物院看到三千多年前的「甲骨文」，多多少少也還能認得其中幾個字，如果是用「小篆體」刻的印章，只要是中國人大半也能認得出來，如果是到了漢朝使用的「隸書」，幾乎可以認得九成……想想，漢朝距今已經是二千年前的事了，一些考古發現的「漢簡」竹片木片上寫的字，我們居然還能認得，這是多麼神奇的事？

也因此，在中國的古文字中，至少在「甲骨文」中，我們已經可以找到許許多多寫法大同小異的「鬼」這個單字；當然，在後來的「大篆」、「鐘鼎文」、「小篆」、「隸書」、「草書」、「正楷」等等也都有「鬼」這個字，但是，字形都和最古老的「甲骨文」字型幾乎完全類似；

那麼，「鬼」這個字，依照造字的體例來分類，是屬於象形、指事、會意或其他呢？

其實，可以很確定是「象形字」，因爲；第一，這個字的「甲骨文」和「小篆」的寫法一看就知道是一種「動物」造型，有頭部和身體，和其他動物造型的象形文字都有著明顯的特徵。

第二，甲骨文中的「鬼」字造型非常肖似自古以來傳說中所描述的「鬼樣」。

第三，甲骨文中的「鬼」字造型：在造字時所強調的特徵完全符合事實狀態。

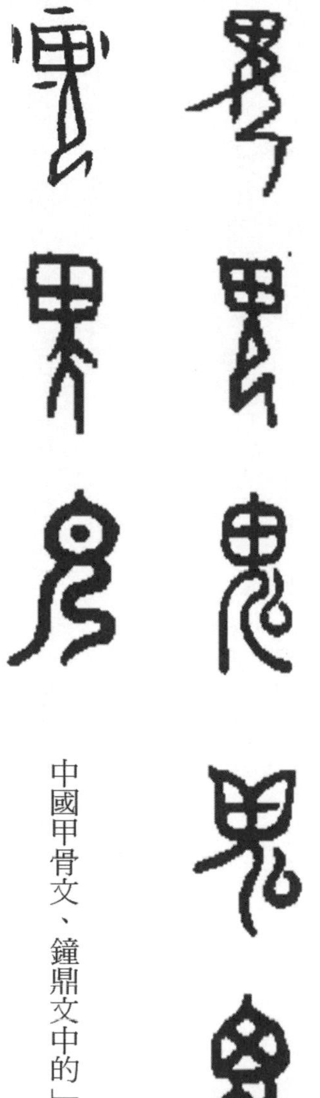

中國甲骨文、鐘鼎文中的「鬼」字

在此，最值得探索的當然是第三點，因爲，雖然大約有超過半數以上的人相信這世界上「有鬼」，但是，大多數人卻又都不認爲「鬼」是客觀實存到可以隨時找出來驗證，所以當然就不太能接受和相信『在造字時所強調的特徵完全符合事實狀態』這樣的說法。

這是無可厚非的，因爲只有真正「見過鬼」的人才會同意這樣的說法；而且，有趣的是：雖然，所謂「活見鬼」的比例絕對沒有像傳說「鬼故事」那麼泛濫和那麼胡扯，但是，自古以來，人們「活見鬼」的實例卻也絕對不少，不只是變成繪聲繪影、加油添醋之後的恐怖故事，甚至被文人寫成話本小說，編成戲劇、拍成電影……甚至變成宗教範本，更或者登堂入室成爲接受善男信女膜拜的對象（譬如各地萬善同、有應公及中元普度的所謂好兄弟）。

「鬼」，真的並不可愛，而且多半時候是可厭和可惡的，但是，倒也沒有傳說中這麼可怕和恐怖，尤其是關於鬼的能耐方面，絕大多數時候都是被誇大渲染了。

現在，我們來看看「鬼」這個字在古代的造型：

它有個大大的頭，有個比較小的身體，有手，但是，雖然有腳，腳卻是踡曲起來的，在某些「甲骨文」的寫法上，變成好像一種跪姿；

其實，它的頭是過大的，和身體的比例是超過我們正常人的，臉部變成一個叉叉，不是明確的五官，象徵著確實有五官，但是，有點模糊不清。

在字典中對「鬼」的定義是：「人死後的精氣」。當然，對於我們活人來說；「鬼」是沒有肉體的，雖然有時被看到時還是有像其生前的形貌，但是，只有形而沒有肉體，所以，「氣」可能是一個比較近似的形容方式。

而事實上，那種會被「看到」的鬼，特徵以上半身尤其是臉部比較明顯；這也是一種制約吧；因爲我們人類認知熟人和陌生人的方式當然主要是以臉部爲主，身形爲輔；

譬如一個親人或非常熟悉的人，如果單獨站在遠處，我們從背影可能就能立刻認出來，但是，如果他是站在一大群人之中時，單憑背影或身形，因爲類似的較多，就不容易認出，這時，容貌就成了分辨的重要依據；

也因此，「鬼」不論是自然這樣呈現，或者其自我認知可以決定如何呈現其形貌時，頭部尤其面部容貌就成了重點部位；

而且，中國自古以來就有「新鬼大，舊鬼小」的說法，筆者可以肯定這是經驗說法，至少在表面現象方面是符合事實的；因為中國古人認為：『鬼的「靈氣」是會隨時間流逝而慢慢消散的，不論時間長短，是數日、數十日、數年或者數一年……靈氣終歸會慢慢消散的，而最先開始消散就是突出部位，譬如手腳、耳朵、鼻子……特別是離身體中心最遠的腳部；所以大多數鬼故事傳說中會提到「鬼沒有腳」，這點也是很符合事實的。』（註：但是，在筆者的研究中發現，更精確的來說，這個會逐漸消散，終至完全消失的其實是「魄體」，這點在「靈魂的重新定義」一章中有詳細說明）。

也所以，可以看看那個古代的「鬼」字，特徵是在頭部的面容，而身軀就不是非常肯定，而腳部，那不是跪姿，而是像模糊的一溜煙狀；

也所以，有許多日本關於「鬼」的畫像甚至引伸出來有關漫畫，都是頭、手和面容清晰，腰部以下則畫成煙霧狀，關於這點同樣也是符合真實狀態的。

再看看這張漫畫的造型，現今大概已經可以算是國際共通語言了，任何地區任何文化的種族，看到這樣的圖像應該都知道這是象徵鬼魂，大概不會錯認為其他東西。那麼看看其特徵：大頭、手腳省略，下半身呈現一溜煙霧狀，和日本古代繪畫中的「鬼」或中國古文字中的「鬼」竟然能夠如此類同，這當然不可能只是單純的巧合而已。

日本的幽靈

中國鬼與祖靈觀念

「鬼」的觀念和信仰（祖先靈崇拜）與「神」的崇拜與信仰是有相當大時間差距的；

以中國遠古的先民來說：「鬼」原本只是指死去的那些人，在離開肉體之後還存留的精氣和魂靈狀態，特別是指「祖先靈」；

「鬼」原本的形態是象形字，而且不但古代在甲骨文可以看出非常象形，連現在的正楷字一樣能看出那個模樣；

而「鬼」最原始的意思其實是「歸」（也是字音的來源），就是「回去」的意思，回去那裡呢？回去老家，所以直到現在，對於某個人的死亡，我們有時還是會用「回老家」來表示，是一個比較溫和的代名詞，有時也難免有些戲謔的成份，但是，都不算任何不好、詛咒或含有任何恐怖的成份。

但是，這個「老家」究竟在那裡呢？

其實中國人自己也不是很確定，一開始並不是指天堂、地府或者「陰間」，單純只是一個想像的空間，相當模糊或者只存在思念的想像之中。

此外，因爲中國遠古先民雖然一直有「鬼」和「魂靈」（祖先靈）的觀念，但是，並沒有「輪迴轉世」的觀念，所以，沒有死後的魂靈會再世爲人或者轉生爲畜生的觀念，同樣也沒有我們是魂靈從陰間或靈界來轉世投胎的觀念。

也所以，人死後變成「鬼」（魂靈），就是單純回老家，去和更早死去的祖先們團聚，而且，最早「祖先靈祭祀」的原意是單純慎終追遠，緬懷祖先的辛勞與敬拜「自身所由出」而已，但是，後來「巫」（撒滿）的出現，一開始也是和祖先靈對話，從喪禮悲情的哀痛原本是爲了安慰生者，後來變成祖先的關愛與叮嚀；最後演變成祖先靈對後世子孫有庇佑賜福和警示、懲罰降災的作用；

其實，這一部份應該是起始於「巫」的編造，目的是爲了從中上下其手得到好處，從最早一點點物質、祭品到金錢，甚至當「巫」成了一個部落的祭師，更高昇爲國師時，連酋長或國君也仰賴他來預卜吉凶，祭祀祖靈以求庇佑消災，賜福以求豐收戰勝時，「祖先靈」的能力就越來越大了，而人們上至君王下至平民百姓如此虔誠的信仰祖先靈，結果除了肥了巫者祭師，更重要的是也間接形成一種活人執著的觀念，那就是「對祖先的香火和酒食祭祀不中斷」的觀念，而最害怕的就是「香火中斷」；

也所以不只是己身不敢不祭祀祖先，甚至自己也強烈渴望死後有子孫不斷的祭祀（這個正是後來什麼傳宗接代、承繼香火、害怕倒房等等觀念根深蒂固深植人心的濫觴），同時，也因爲從活人就執著在這種觀念，死後變成「鬼」一樣還是執著，於是原本「生爲徭役、死爲休息」去享福的觀念逐漸變成必須要有後代子孫香火不斷的祭祀供養才能飽足了（由此也可看出活人和鬼之間還是有互相影響的，最重要是活著時候一些執著的觀念也會延續到死後）。

而當人們的觀念從敬畏「祖先靈」擴大到「萬物有靈觀」之後，人類幾乎一夜之間變得格外渺小，因爲大自然是多變的，是如此狂暴的，而天地不仁，活在愚昧的時代，對大自然的知識是如此欠缺，萬物有靈和鬼神的威力就變得格外恐怖嚇人，誰敢不怕祖先靈或者誰敢不怕風伯、雨師以及山神，河伯發怒而帶來災害造成財產甚至人命的損失呢？

漸漸的，「鬼」從原本只管自己子孫變成可以去欺侮霸凌不相關的人；原因出在中國的歷史這麼長，卻是多災多難的，各種天災造成的人命死亡，歷代戰亂中死亡的戰士和無辜的平民百姓……這些數以百萬千萬計的「鬼」，包括後代都斷絕了，當他們不能得到「祭祀」，於是當然就會不得不尋求外援，於是會飢不擇食甚至不擇手段的去作祟不相干的活人，以求得犧牲血食到後來紙錢等等的祭拜供養，甚至更慢慢會假扮各種山神樹靈來恐嚇勒索一些膽小又迷信的人。

「萬物有靈」的觀念可能早過於「人死後有靈」和「祖先靈」的觀念；

因爲人類一開始認知到自身存活在這個天地自然中時，是如此這般的渺小，能力又差，特別是在完全陌生的大自然中，從風雨雷電、洪水、地震、火山爆發、森林大火以至毒蛇猛獸的襲擊，這些在在都使得人類活得戰戰兢兢，隨時都得提心吊膽，戒愼恐懼的，而且從缺乏武器、屋舍的保護時期，人類不得不「異常敬畏」大自然的萬物；

在原始的思想中，天地間的萬物以及大自然的力量幾乎都被「擬人化」的賦予神格，山川大地和風雨雷電等等都被視爲一個不可正視又喜怒無常的巨人或大神，因此人類不只是要心存敬畏，更要謹愼膜拜和服事，而相較於力量無限的大自然發威時的狀態，人類的喜怒哀樂根本不値一提，而且生死也往往是眨眼間的變化無常，哀痛也是微不足道的，所以，「活人要怎樣平安一點的活下去？」肯定比「人死後會如何？」更加重要，所以至少有很大一段時間，人類並沒有注意到「死後」的事務。

有些上古的「墓葬」中有時也會發現一些陪葬物品，因此常常被當成「那時已有死後有魂靈」觀念的解讀，其實這樣並不正確。

我們可以肯定活人、牲畜的殉葬習俗是和「死後世界」的觀念有關，但是，墓葬中出現陪葬品，卻不能武斷的證明和「死後世界」或「魂靈觀念」有關，因爲；

曾經在一些遠古人類的墓葬中發現骸骨旁邊有弓箭（男性）和紡錘（女性）之類的陪葬物件，但是，這樣不能立即武斷的說是方便他們死後在另一個世界中繼續使用。

假設弓箭和紡錘是實品，不是模擬的仿製品，一開始的陪葬原意也許只是不想睹物思人而已，而且必須是在物質豐足的條件下，否則如果在工具製作和取得不易的時期，這些實用的工具應該可能傳承給後代或被其他族人取用，而不會用來陪葬。

首先，在「鬼」或「亡魂」或「死後生命」的概念出現之前，最原始的應該是先有認知「死亡」概念，這點不用說到人類，許多動物都有，尤其是對同類的死亡會感到恐懼，對近親的死亡會感到悲傷，這在動物界已經是普遍存在的情形。

但是，動物對於「死亡」感到恐懼，那是一種生物本能，對於近親「死亡」感到悲傷，那是初級的情感反應，但是，可以肯定動物是不會有「鬼」、「亡魂」、「死後生命」這類概念的，甚至於，動物不只沒有對死亡近親或同伴有「墓葬」行爲和祭祀儀式，還有些動物甚且可能會分食同類的屍體作爲食物。

沒有任何研究結果可以肯定人類是從何時開始有「墓葬」行爲，雖然也有考古學家認爲人類從有「墓葬」行爲就代表已經有「靈魂不滅」的概念；

關於這點，我不能同意，因爲人類比其他動物擅長運用工具，不論是挖洞或者堆砌石塊；因此，「墓葬」的初意並不能據之肯定是有「靈魂不滅」的概念才進行。極可能是不忍見到親人的遺體被其他動物當成食物，也或者人類本身在最初「食腐」爲生的艱困時期，也有食屍的行爲，（註一：那是一種不得已的自然行爲，在當下這個時代，我們不需因此覺得噁心或殘忍，海中的沙魚也會吃掉受傷的同伴，目的只有一個……取得難得的食物）。（註二：直到今天，在東南亞某些原始民族還有食人的習俗，和食物缺乏的關係小，而是和「奪取魂魄、精氣」的象徵意義較大）。

但是，目前在考古學方面倒是發現有些地區大約在新石器時代中晚期，一些「甕棺葬」（屈肢葬、坐姿葬）；在甕蓋上會刻意打洞，留下一個指頭大小的孔洞，據研究：極可能是親人爲了讓死者的亡魂便於出入而如此做，這個倒是可能可以證明那時應該已經有「鬼」、「亡魂」、「死後生命」這類概念了。

中國人供奉祭祀祖先的地方—祠堂
也是陽世子孫與祖先靈溝通的管道

此外，在東南亞與中國接壤的深山叢林內一些少數民族，他們居住在「吊腳樓」（粗竹高架屋）中，樓下豢養牲畜，樓上住人以避開毒蛇猛獸的侵害，但是，親人過世之後，他們是把遺體裝在木桶或竹簍中，就埋在住家樓下的地下，並且會將一根打通關節的竹子，插進木桶的遺體口中，上端則直通到樓上住人的地板處，每次用餐時，也會把一些酒菜食物從空心的竹子中灌下去，並且很恭敬的祝禱請死者和活著的親友一起享用……

所以「甕棺葬」那甕蓋上的洞孔是不是也來自相同的原因，目前已不得而知，但是，後者當然也必然是相信「靈魂不滅」才會有這麼奇特的風俗。

人類之所以和其他物種不同，甚至和其他靈長類的近親如此不同；竟然會有「鬼」、「亡魂」、「死後生命」這類概念，有些研究也許認爲原因很單純；就是恐懼死亡，恐懼未知，害怕死後就灰飛煙滅什麼都化作烏有……不只是對自己的死後憂心恐懼，同時對於親人的死亡也有著同樣的不捨，基於心理需求，所以自然「發生」（或「發明」）了「靈魂不滅」的想法，然後日積月累的構築出了虛幻卻很能撫慰哀思的「死後世界」。於是，人死後並不是與草木同朽一切化作烏有；而是雖然沒有了肉體，有一種和死者生前完全相同容貌、性格的精神能量（亡魂）仍然可以存在於另一個世界……

祠堂中必定會按照輩份高低排列安奉歷代祖先的牌位；同時也會高掛曾經獲得各種功名的牌匾來光宗耀祖

然後這個觀念又逐步擴大；變成「靈魂不滅」，永生不死，而另一個世界是比現世更美麗的；又更擴大演變成爲「天國」觀念。

而在中國，多苦多難的古代；人們相信死亡就是「回老家」去和先行過世的祖先親人團聚，而且在那邊享受比人世間更優渥快樂的生活，所以也才有「生爲徭役，死爲休息」的說法。

其實，以上的認知只是原因之一，事實卻不是如此單純，還有著錯綜複雜的互爲因果的關係，值得慢慢研究和探索；那麼，「鬼」在中國究竟和外國又有什麼不同呢？

祠堂是按照輩份高低排列安奉歷代祖先的牌位；共同祠堂則只按照姓氏的先後順序排列安奉各姓的祖先牌位

依據考古學家針對中國史前時期的「甕棺葬」研究中，發現蓋子上有刻意穿洞情形，考古學家認爲那是「爲了亡魂出入」之用，所以證明那個時代已經有魂靈觀念；

這個應該是對的，但是，卻無法證明有魂靈觀念和「是否有祖先靈祭祀」或「鬼魂祭拜」有關。

因爲以中國而言；既然有「生爲傜役，死爲休息」的觀念，那麼人死爲「鬼」（歸），回去老家和更早過世的親人祖先團聚，永遠休息不再爲生活生存而勞苦操作，那麼和陽世就正式告別，不再有任何羈絆瓜葛或牽扯，而後代子孫頂多只是追思和緬懷而已，並不會向祖先乞求什麼？所以「祖先靈祭祀」或「鬼魂祭拜」也不會在有死後世界觀念產生之初就同時形成……

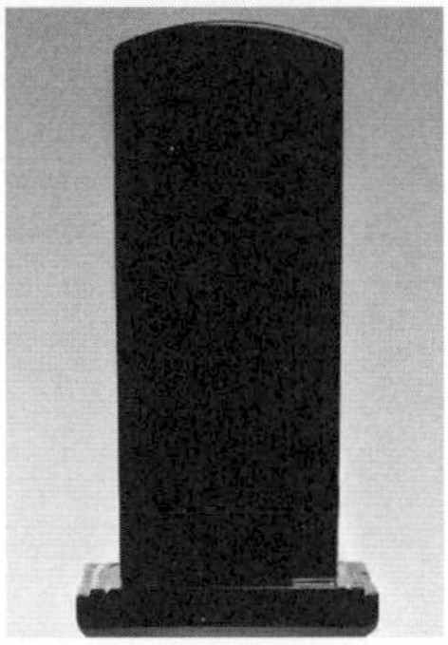

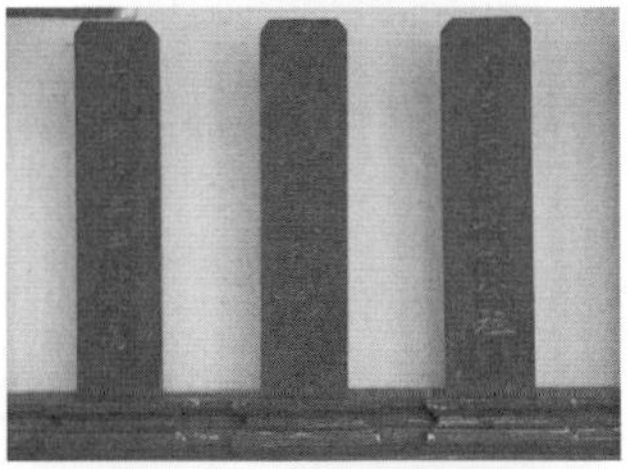

不論牌位的材質為何，
外型一定是『目』型

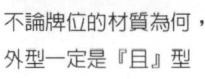

但是，「人死爲鬼」，「回老家」、「生爲傜役，死爲休息」等等的觀念以及「巫」的溝通天地陰陽卻和語言的發展以及想像力大增有著密不可分的關係，同時這些能力也造就了之後「鬼」的變形和變性發展……

附註1·關於中國人的「祖靈崇拜」，在中國字中有一個非常有趣又値得注意的重點：「祖」這個字，既是會意字，也是象形字，其實原本是「且」這個字，先直接看看這個字，活脫脫就是中國人祭祀祖先或神祇牌位的模樣，如果再看看這個字在古代各種古文字中的樣貌，就會更明瞭確實就是一個牌位的象形文，通常都是木板製作的，更重要的是有些古文字看起來真像「保險套」？對的！沒錯！是非常像保險套，因爲「且」的原意就是「陽具」，世界各民族或多或少都有「陽具崇拜」的習俗，中國古人也一樣，所以「且」的原意是「陽具」，後來延伸爲「祖先」，同時從 3D 立體的造型慢慢演變爲薄木片狀，但是基本型還是沒有太大改變。後來因爲「且」這個字被假借爲「而且」的「且」，同時爲了區別和強調，所以偏旁又加上了一個專指祭祀用的「示」字邊，表示是在祭祀祖先，也就變成我們中國字現在的「祖」字。

（註：關於「鬼」的深入研究與探討，請參閱本書作者所著之「鬼學」一書，2010 年 7 月出版）

「且」的「六書通

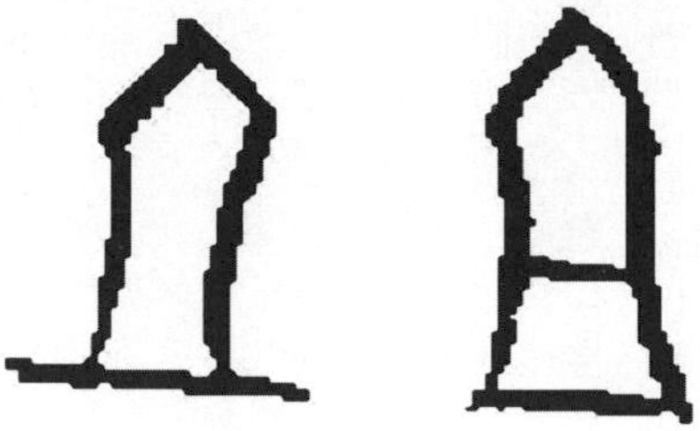

「且」的甲骨文

「祖」的六書通

「且」的金文

「祖」的金文

「祖」的六書通

「祖」的甲骨文

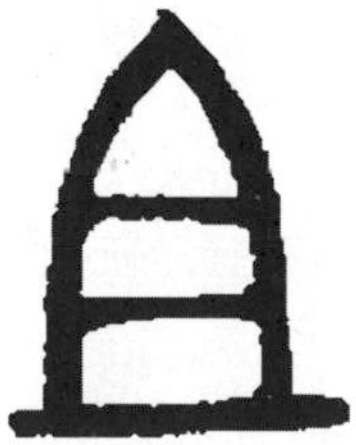

「祖」的金文

人類古文明中的「靈魂觀」04

印度的靈魂觀念與信仰

印度古文明最早起源於「印度五河流域」，這是南亞最早的文明，由於這類遺址主要集中在印度河流域，故稱爲「印度河文明」。又因爲它的遺址首先是在「哈拉帕」（harappa ）發掘出來的，所以通常稱爲「哈拉帕文化」。印度河文明的年代約爲西元前 2500 年至前 1750 年，但這個文明是直到 1921—1924 年才被人們發現的，它與兩河流域的蘇美爾文明一樣，曾長期埋藏在地下不爲人們所知。

1922 年，人們偶然發現了摩亨佐・達羅（mohenjo-daro ）遺跡，這裏出土文物與哈拉巴的相似，考古學家注意這兩個遺址間的廣大地區——以旁遮普爲中心,東西達 1600 公里,南北 1400 公里的領域內,發現了屬於同一文明的大量遺址。當時長期居住在該地的爲原住民的「達羅毗荼族」和「澳族」，已經有相當大規模的城市、街道、公共活動場所，已經有二層的磚石建築物，文明相當發達，後來卻被文化較低落的遊牧民族「雅利安」人所征服。

在印度地區，最早的靈魂不滅和死後世界觀念當然是原住民的「輪迴觀」，後來的雅利安人統治時期，是以「五火二道」的觀念來呈現，「五火」是五種祭祀，「二道」指的是「天神道」和「祖靈道」，那時的死後世界毋寧是快樂美好的，而且二道之間的差別，竟然是在祭祀的差別上，而非人們生前的善惡行爲或者善惡心念，那些都不構成絕對條件，真正關鍵是在於是否曾經完整正確的向「火神阿耆尼」做過虔誠的祭祀儀式？

印度河「哈拉帕」古文明遺址

「二道輪迴」及「三道輪迴」的轉變

不過無論如何，死後如果能進入「天神道」當然最好，再不濟也還能去「祖靈道」與自己的先人團聚，那時不但沒有恐怖痛苦的「地獄」在等著酷刑伺候罪人惡人，甚至也沒有餓鬼道、畜牲道在等候使人受苦，甚至也不用再來紛紛擾擾的人世間走幾趟。

後來不信仰吠陀的第二支雅安利人入侵到了現今的恆河流域，並且欣然的和當地原始土著交流通婚，並形成了「維特亞族」，他們所留下的後期「阿達婆吠陀經」成了代表，幾乎和之前的那三部吠陀經在內容上是大異其趣的，其中包含了巫術及占卜等原住民文化的成份，同時最重要的是有了「地獄」的觀念，不過，當時也只是最初始的概念而已，直到更晚的「奧義書」時代，才真正被確定起來。

印度河「哈拉帕」古文明遺址出土的精美文物

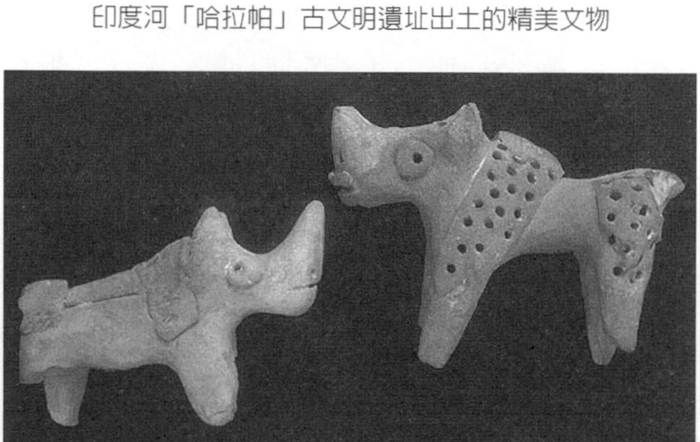

於是，發展成了由「耶摩天」分身為二，其中之一變現為「閻摩」（閻羅王）來掌管地獄。這種轉變和增益可以相信是雅利安人由遊牧完全改變為農耕定居生活之後，社會關係越加緊密複雜化之後的一種必然進化，因為人們思想也不再像遊牧生活那麼單純樂觀，

而貧富差距加大，也增加了犯罪行爲或者相異的思想觀念，除了法律，宗教上的嚇阻教義也隨之產生，也逐漸形成了「四生三道」的觀念，但是，雖然在「天神道」、「祖靈道」之外增加了一個「地獄道」，把死後的世界多了一個壞的歸宿，但是，這仍然只能算是「轉世」觀念，而不是真正「輪迴」的思想建立。

「哈拉帕」古文明遺址出土的人偶藝術造詣甚高

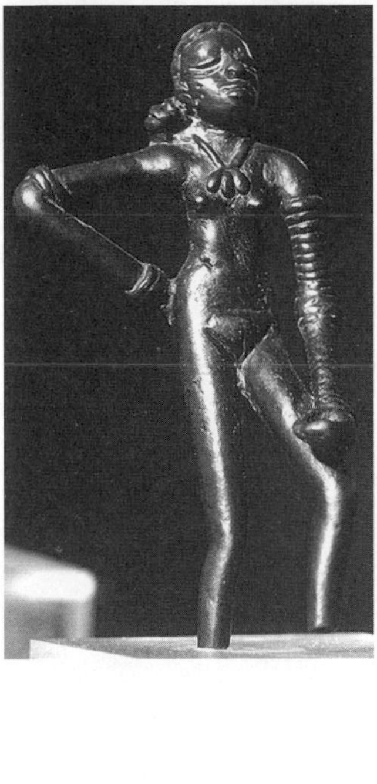

一直到真正「婆羅門教」建立，「種姓制度」奠定基礎，三大綱領建立（吠陀天啓，婆羅門至上，祭祀萬能）之後，爲了鞏固「種姓制度」，「業報輪迴」的觀念才適時的產生，而且完全是出於人爲的精心策劃。

用這種「宿命論」、「業報觀」是在民智未開時代最適合用來欺騙社會大眾，尤其是終身勞苦難得溫飽的人。

在雅利安人入侵並統治印度之前，這塊土地上的原住民是以農爲生，樂天知足的，但是被雅利安人征服之後，他們地位低落成了奴隸，只能成爲供統治階級驅使的勞苦無產階級，而雅利安人爲了寡佔財富，鞏固權力，所以由婆羅門僧侶和刹帝利貴族互相勾結，宗教賜予王公貴族君權神授的統治權力，而王公貴族以武力保護僧侶及寺廟的安全與權威，而一般平民（吠舍）則或製造或經商來創造財富並繳稅給王公貴族，奉獻金錢獻禮給神祇及僧侶，而最底層的奴隸階級首陀羅則終生貢獻最辛勤的勞力，從事農耕和畜牧之類的生產活動，或者其他需要密集勞力的工作，至於賤民，則從事最骯髒、危險、卑賤不堪的工作。

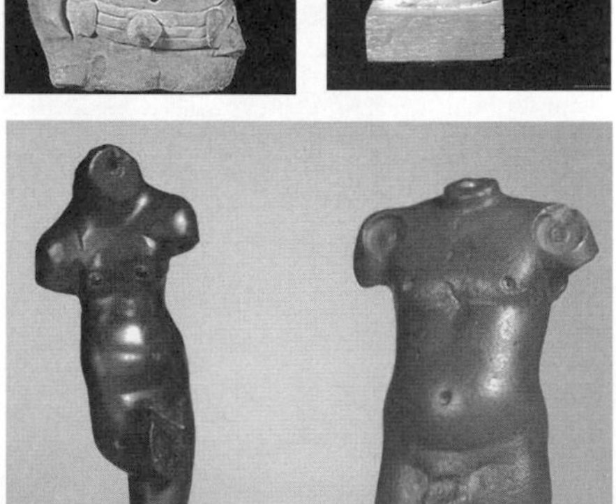

這樣不平等的階級劃分又是世襲的，能夠讓所有人民心服口服的接受嗎？單單靠政府的威權和軍隊的武力就能嚇阻反對行動及異議思想言論嗎？

當然不行！再笨的人也知道人民的力量是不可遏阻的，所以一種既可以箝制言論，又能愚民思想的有效方法在政教緊密勾結和精心策劃下應運而生，那就是「業報輪迴說」，構想很簡單；人爲什麼有不同的階級？爲什麼有貧富貴賤之分？天生的！命運註定的！根據的是持續不輟的前世「業力」，行善和作惡以及對宗教的虔誠與否，都會形成善惡不同的「業因」，然後在今生會遭到應有的「業報」；最善的最虔誠的會轉生「天神道」，次等的轉生「祖靈道」，爲惡的轉生「地獄道」，但是轉生「祖靈道」原本「永生」的觀念又受到「祭祀萬能綱領」的牽制，變得並非永久，在那兒生活一陣子又會轉生人間，主要是根據後世子孫祭祀是否虔誠不斷，一旦中斷，「祖靈」就會轉生人間，又分別轉生爲婆羅門、剎帝利、吠舍、首陀羅不同階級（註：這個時期的觀念，人死之後仍然只有三道去處，並不能直接轉生人世間的，而且賤民不屬於這個轉生系統的）。

「三道輪迴」怎樣變成「六道輪迴」的？

不過，與我們現今所知的「業報輪迴說」相比，最特別的是古印度婆羅門教時期不是眾生一起大輪迴的，其中婆羅門、剎帝利、吠舍這三個階級屬於「再生族」，可以輪迴轉世，而奴隸首陀羅則是「一生族」，死後就煙消雲散不再輪迴轉世或者頂多是轉生成爲畜牲而已，而賤民死後的命運也是一樣。

火神阿耆尼　Agni

單單這樣的「業報輪迴說」還不夠，後來還特別假托人類創造者「摩奴大神」之名，編造了一部「摩奴法典」，不但嚴格的界定了四大種姓的分別，更規範了詳細的權利義務，還有非常嚴苛繁瑣的罰則條文，基本上這是一本超越國家法律之上的宗教法，不只是被統治階級，連婆羅門自身也要遵守這部法典；至此，在釋迦牟尼出生之前，「業報」觀念和種姓制度已經相輔相成的實施了幾百年，但是，婆羅門教系統的「輪迴」觀念仍然只有三道，而不是後來佛教所自行

增加的「五趣六道」。

不過，最值得深思的是，「輪迴」原本是印度河古文明的原始觀念，卻因爲政治因素，被統治階級的雅利安人在千年之後添加了「業」的觀念，經過了人爲的精心策劃，架構出「業報輪迴說」，用來支撐「種姓制度」的不平等統治，而形成這種「輪迴」觀念的原住民卻因爲膚色問題淪落爲最底層的奴隸階級，結果本身反而被列爲不能再輪迴的「一生族」（但是，也正因爲統治階級巧妙的運用了原住民傳統「輪迴」觀念爲藍本，精心策劃出來這套「輪迴機制」是非常有效的愚民方式，而且是政教合一同時進行的）。

耶摩（Yama 閻羅王）

不過，從西元前開始迄今，印度的奴隸階級和賤民雖然有認命的也有不認命的，但是至少不曾造成任何大規模「抗暴」行動而威脅到政權過，倒是有些奴隸和賤民只是不認同自己「一生族」的規定，仍然勞苦工作，行善並虔誠信仰，仍然抱持一絲希望，死後能再轉生，並且是希望來世是轉生到更高的種姓階層，享受較好的生活。

「業」的觀念以至現象不是自然形成的，甚至在發源地的印度也不是從吠陀時代就有的，而是起始於種姓制度實施之後。而「業報輪迴說」根本就是一場精心策劃出來的騙局。遺憾又古怪的是：古來婆羅門和刹帝利這些既得利益者及平民、奴隸、賤民這些貧苦的受害者，居然都因爲宗教信仰的因素，一起成了推動這個人爲機制的共犯！

而佛教承繼了這個思想體系又增益成了「五趣六道輪迴說」，更擴大了「業報」的涵蓋範圍；而且在「殺生獻祭」是否是罪業，和印度教其他派別出現了截然不同的分歧，那麼？那一派的「業報」主張才是對的呢？

其實：統統都是錯的，起始於欺騙，迄今仍是欺騙！

印度近代繪畫中對於「輪迴轉世」的詮釋

附註1：一般談到「輪迴」，通常也會說「輪迴轉世」；但是，「輪迴」這個名詞是廣義的，可以涵蓋「輪迴」和「轉世」，如果用做簡稱，是可以的，不過，若要深入探究時，就有必要做一個明確的區別；因爲「輪迴」是「輪迴」，「轉世」是「轉世」，兩者並不相同。先說「輪迴」，這是指人在死後，靈魂再次投胎爲人，繼續下一個新的人生，就是「再

世爲人」的意思，所以輪迴的「迴」字有「再回來」的意思，而「輪」則有「一再重複、多次」和「轉變」的意思。但是，「轉世」就不同了，「轉世」原本完全沒有任何再次回來人間「再世爲人」的意思，而是指人在死後；靈魂前往另一個不同的世界去繼續生活，這其中並沒有「重生」或者需要經過投胎的過程，因爲「轉世」只是靈魂的遷徙而已。也因此，在印度原住民所謂的「原始輪迴」思想中，是傾向「再次投胎、再世爲人」的意思，是不是也有靈魂遷徙續存於其他世界的觀念，目前並不清楚，也恐怕很難知曉了，不過，以筆者長期從事「靈魂學」研究的認知：「再次投胎、再世爲人」的「輪迴」應該是先有偶發性的實例，被印度原住民察覺到之後，慢慢形成這種觀念，而不是反向的突然有「輪迴觀念」然後形成事實，也不是單純只是一種抽象的概念而已。而「轉世」則大不相同，因爲「轉世」只是靈魂的遷徙而已，在印度教的「五火二道說」或再衍生出來的「四生三道說」，不論死後的靈魂是升入「天道」、「祖靈道」，或者墜入「地獄道」，這種遷徙改變，並沒有任何「再回來人間」或者多次重複的意思。所以不能稱爲「輪迴」，也因此，印度教的「五火二道」或「四生三道」都只能稱爲「轉世說」，而不是單純「輪迴」說；因爲一旦升入「天道」就等於是永生了，也不再回來或遷徙其他世界，原本升入「祖靈道」的靈魂也是這樣的，是和祖先永遠生活在快樂的「祖靈世界」，同樣不再回來或遷徙的。但是，到了後來婆羅門僧侶卻又進一步發展出「天道永生；祖靈道未必能夠永生」的說法，關鍵竟然是要視後世子孫的祭祀是否正確；是否持續不斷而定，就是說只要後世子孫祭祀不斷（有如中國所說的香火不斷），祖先就能永遠生活在「祖靈世界」中，否則，就有可能必須「再次投胎、再世爲人」來受人間諸苦。當然這個改變也被規定在「摩奴法典」之中，也當然是那些心懷叵測的婆羅門僧侶出於有目的的揑造，因爲這樣，由他們一手壟斷的祭祀儀式才能變得「生意興隆，名利雙收」。同樣的，由這樣的「突然改變規定」，也可以看出「輪迴轉世機制」當然不是自然的，而是人爲編造出來的。此外，佛教的釋迦牟尼不但承繼了印度教的「輪迴轉世說」，更擴大解釋爲「六道輪迴」，不論釋迦牟尼是否因爲神通廣大可以覺察到靈魂「轉世」和「輪迴」的事實，但是，「六道輪迴」同樣還是有許多是「人爲編造」的成份存在，事實真相歷歷可證，「人爲編造的事實」不是「宗教本位主義」可以反駁的，「真相」也是不容強行抹殺的。所以，必須釐清的完整發展脈絡是；印度原住民有「輪迴」的原始觀念，入侵的統治者「雅利安人」有的是「轉世」說，一開始並沒有強調「一再投胎、再世爲人」的輪迴說；到了婆羅門教時期才人爲改變有了「再世爲人」的輪迴加其他三道的「轉世說」；這時才形成「輪迴轉世」的教義，而釋迦牟尼則完全承繼這個印度教的教義，不但沒有刪減，反而是依樣畫葫蘆自行創造增加另外三道，因而形成了「六道輪迴轉世」論，而且還加入印度教沒有提到過的「轉生」或「往生」論；認爲人死後，除非達到涅盤境界，否則都要受「輪迴轉世」之苦，而且觀念已經不是「靈魂遷徙」，而是經由投胎出生在六種不同的世界；並且也否定了「天道永生說」，認爲「天道」的居民，一旦福報享盡，一樣又要重新洗牌，再次「輪迴重新投胎到不同」的其他各道。從佛教本位主義觀點，可以說成「釋迦牟尼的發見」，但是，從學術研究上，那仍然只是他自己個人的編造，這點在「作爲」上和編造「二道說、三道說、地獄說」的婆羅門僧侶是毫無二致的。

附註2.「婆羅門教」從原本「五火二道」修正爲「四生三道」時，之所以會把「地獄道」加進來，其實還有一個非常重要的關鍵；就是「順世派」的興起，因爲，既然有所謂的「一生族」，只有今生，沒有來世，反正如何行善和虔誠信仰也不可能轉生天道或祖靈道，而作惡除了今生法律的制裁，僥倖逍遙法外的也不用擔心來世的果報，所以，必然產生了「人死燈滅，即時行樂」的想法；懶散、頹廢甚至醉生夢死或者作姦犯科只求今生的享受；這樣的觀念和行爲當然是上層統治階級所不樂見的，而「再生族」和「一生族」既然是人爲宗教上的界定，當然也只有從宗教上來做補救才能奏效，所以，又從「阿達婆吠陀」中複製了「地獄」觀念，加以擴大解釋，與其他二道三足鼎立爲定調的「四生三道」說。而用意則是以「地獄」的恐怖酷刑來嚇阻「一生族」的絕望偏激思想行爲，但是，從這點同樣又提供了一個『人爲』精心策劃的鐵證，「輪迴轉世」真的只是源自一個政教勾結，分贓自肥的騙局。

附註3.「印度教」從最古老的「吠陀教」開始，歷經「婆羅門教」及「新印度教」迄今，一直都有「真我阿特曼」（靈魂）的觀念，相信「靈魂不滅」。但是「佛教」不承認「真我阿特曼」（靈魂），認爲只是「識」的流轉，但是，也只是在玩弄名詞而已，「識」（阿賴耶識）只是「靈魂」的代名詞而已，實質上毫無差別。

附註4．印度沒有鬼魂信仰：非常令人意外的，印度是「婆羅門教」和「佛教」的發源地，都有「輪迴轉世」觀念，但是，幾乎沒有「鬼魂」信仰和觀念，小孩子也不害怕「鬼」，所有的祭祀的對象都是各式各樣的神祇，沒有對鬼魂的敬拜。原因正是因爲這兩個宗教都虔信「輪迴轉世」，而且一致認定人死後會有不同的好壞去處，不會再羈留在陽世間，一方面是這種根深蒂固的觀念使然，一方面因爲不敬拜鬼魂，自然就減少鬼魂羈留陽世的數量。但是，有極少部份人也相信「意外橫死」者的亡魂有時不知何去何從，也會羈留在陽世一陣子，這點應該是和經驗法則有關，就是確實曾經發生不少這類的事實被觀察到或者目擊到。

附註5．有關印度的「輪迴轉世觀念」詳述部份請參閱筆者所著作之「千古騙局 業報輪迴」上下冊，2011年8月出版）

談「鬼」與靈魂的關係

所有民族都有「鬼」的傳說；

所有民族都有「鬼」的觀念；

所有民族都有「鬼」的信仰；

所有民族的氏族部落「薩滿」和「巫師」都有「驅鬼」的職司；

所有宗教都肯定「鬼」的存在；

所有宗教都有針對「驅鬼」或「打鬼」的儀式；

全世界絕大部分人口都相信「有鬼」；

只要是相信「有鬼」的人，幾乎都「怕鬼」！

因此，全世界有大半以上的人都「怕鬼」！

自古以來，一直都是這樣的，爲什麼呢？

說法很多：

一，「鬼」代表了「死亡」，害怕死亡是所有生物的本能，也是求生的第一要務，所以人類因爲害怕死亡，也連帶害怕「鬼」。

二，從小被灌輸的錯誤觀念害的，來自所屬擁有「鬼文化」的民族；世世代代長期文化教育的傳承，使人從小就被教導要恐懼「鬼」或至少「敬而遠之」。

三，這世上仍有許多科學無法解釋的現象，人們對於「未知」或「不了解」的事物有著先天的恐懼本能。

四，是遠古以來人類內心對黑暗的本能恐懼，而黑暗對於原始人類象徵了極大的危險，經常是會致命的，「鬼」和黑暗的關連如此密切，所以，自然感到害怕。

五，在遠古時代的人類，生活中時時刻刻充滿了致命的危險，加上民智未開，許許多多不明原因使得親人、同伴或族人的「遽逝」，當蒙昧無解時，總是會歸咎於和「鬼神」相關的超自然力量上去。（註：「超自然」一詞是錯誤的）

六，本身在童年時代受到過重度的驚嚇，在潛意識中形成難以抹滅的陰影，然後偶而會以非具象的「鬼」出現在夢境之中。

七，單純「惡夢」被重組扭曲，將對於毒蛇猛獸的本能恐懼轉化為一種不可知的恐怖生物--「鬼」。

八，「夢魘」的偶然睡眠障礙，因為一時全身無法動彈，難免產生極大的畏懼，而聯想到被「鬼」宰制。

九，「善惡二元論」的推論：因為不只現代人，遠古人類早就觀察到自己「應該」是生活在「二元論」的世界中，凡事有好有壞，有美有醜、有對有錯，有善有惡---因此，如果相信「萬物有靈」，那麼「靈」當然也跟人一樣是有善有惡的，也因此「鬼」中的「惡鬼」當然是對人不利，會害人或作祟使人生病、受傷甚至死亡的，所以當然也就會「怕鬼」。

十，還有就是在一些容易發生意外死亡（譬如淹死、跌倒墜崖、陷入泥沼）或者自殺的「熱區」，人們總是因為有著「厲鬼討替身」的迷信恐懼。

以上形形色色的解釋，當然都是原因之一，甚至都可以用來支撐「人類為何怕鬼」的原因解說。但是，如果單單都是這些類型的解釋，只是因為這樣比較符合「科學精神」，這樣比較「理性」，這樣比較不容易遭到「非難」和「詰責」；那麼，這些類型的解釋是絕對不夠周沿的，因為，完全都是在外圈打轉，根本未曾觸及真正的核心；

為什麼不敢直接針對核心來探討；答案跟扔銅板一樣的確定：其一，「因為鬼真的存在」、其二，「根本沒有鬼」。

我們不妨試想一個我提出的比喻：假設我們有一幅數百片的「拼圖遊戲」，依照拼圖老手的經驗，都是從外框向內拼合，就是先把四周最外框統統拼出來，這樣就能夠先確定整幅拼圖的大小，然後再逐漸向中間拼合過去……

假設，拼合超過一半甚至2/3之後，我們看出來這是一幅「許多人群向四處逃散」的畫面，但是，關鍵的原因是位在整幅拼圖的中心區域，如果不完全拼合完成是無法知曉究竟是發生什麼危險恐怖的大事，才使得人人四處驚逃呢？於是，基於好奇，繼續往中間拼合，最後只差兩片就能完成了，但是，不知道什麼原因或者是否有人惡作劇，整幅拼圖竟然少了這中間最關鍵的兩片圖塊；而能讓圖中人人奔逃的原因又恰好就「肯定」是在這兩片中……

這時，會出現什麼狀況？

我們確定這幅拼圖遊戲的主題是人們受到極大的驚嚇而四散奔逃，但是，偏偏因爲少了最關鍵的兩片圖塊。那麼，我們如何才能知道究竟什麼原因讓圖中的人們這般害怕呢？

當然，最緊要的就是必須找回失落的這兩片關鍵圖塊，或許是調皮的兄弟、朋友惡作劇的故意藏了起來？

在此，我們先回頭想想；人類「怕鬼」的原因，不論如何科學、合理的來解釋，難道已經完全解答了疑惑嗎？沒有其他仍然不解的部份嗎？

再來假設；終於，一向喜歡惡作劇的哥哥承認是他故意藏起最重要的那兩片圖塊，然後說出了其實是藏在閣樓上一個舊的存錢撲滿中；於是，急急忙忙的上了閣樓，打開舊撲滿，果然找到了失落的那兩片圖塊……

終於，恍然大悟，爲什麼拼圖中所有人物都在四處奔逃了，原來，這兩片圖塊中的關鍵內容是……

如果，我在此賣一個關子；故意不說；不知道讀者能不能猜到這兩片圖塊中的關鍵內容究竟是什麼？

其實，我沒有別的意圖，只是希望大家一起來思辨一下這個問題！

如果，萬一這兩片圖塊不是被惡作劇的故意藏起來，而是無巧不成書的偏偏就是在拼圖出廠時作業疏失而少放了這兩片，或者這是一幅很多人玩過的舊拼圖，不知道從何時開始就少掉了這兩片；那麼，可以想見；恐怕永遠無法在這幅拼圖中找到關鍵答案了。不過，也未必是完全絕望，因爲機器製作的拼圖就不會只有一幅，也許很容易就找到完全相同內容的一幅，一樣可以找到答案。

所以，我的假設是：不論失落的那關鍵的兩片圖塊何在，當我們找到時，發覺能夠恍然大悟的原因是圖塊中的內容；

竟然是「一個鬼魂正在啃咬一位美女的脖子」。那麼整幅拼圖的故事內容就完整了。

是的！我想讀者應該已經知道我的用意了；不論拼圖的總片數有多少（對於人類「怕鬼」的解釋有多少？），爲什麼真正的關鍵就偏偏不可能是「人類真正看過、接觸過、甚至長期互動過，所以知道「鬼」是真實存在的呢」？

事實上，從現今可以考證研究的世界各原始民族的歷史文化和信仰中，都有著「鬼」和「怕鬼」、「驅鬼」儀式中，我們可以找到一條明顯的脈絡，足以證明在全人類的生活史中，確實有一段「人鬼雜處」的歷史痕跡，不論只是口授心傳或者後來有了文字記載，這段歷史都是無法否認或輕易抹滅的，而且這段「人鬼雜處」的歷史還相當漫長。

這絕對不是筆者在危言聳聽或者意圖譁眾取寵，因爲，筆者經過幾十年「實證靈魂學」的研究，有諸多證據可以證明「靈魂」和「靈界」的實存。用這些實證去比對人類的生活史（註：指距今七萬五千年以後的人類史。之前那些更久遠的遠古、上古人類史沒有與此主題相關而明確的證據，更沒有留下任何具體的資料，所以棄而不論），可以發現「鬼」是確實存在的，而且不是考古化石遺跡而已，是直到現今依然持續存在的，更甚而即使朝向未來前進的過程中，只要人類存在一天，「鬼」就同樣會繼續存在，而且和我們息息相關。因此，我們絕不能只拿剛好少了；或者故意隱沒了那兩片關鍵圖塊的拼圖就想要解釋「人類爲何怕鬼」的原因。

「鬼」是人類本身衍生出來的產物，雖然不是從有人類開始就同時存在，但是，終究也存在非常漫長的一般時間了。一味堅決否認並不能解決問題，也不是真正理性的態度，我們可以同意直到現今尚無法用物理或其他科學方式來捕捉或反覆研究「鬼」或「靈魂」的存在，但是，物理和科學並不是唯一的方法，我們仍然有其他的方式來驗證，我們也不應因此而否定科學，今日不能，未來未必不能，同樣的，所謂的科學界也一樣，今日探究不到的，絕不代表就一定不存在，就如同「黑洞」原本也只是一個理論假說，但是，曾幾何時，現今已經被證實是肯定存在的。說不定三十年、五十年甚至一百年之後的科技發展也許就能肯定「鬼」和「靈魂」的存在，因此現今武斷的否定當然是輕率又無知之舉。

在此，我們來了解一下全世界各民族的「鬼魂觀念」，先是中國的部份，其中佔人口最多的「漢民族」暫時擱下，先看看中國少數民族的「鬼魂觀念」：

壯族：族人認爲，人死之後，靈魂依然在奈何橋（壯人觀念中的陰陽分界）那邊生活下去。還認爲，在陰間的祖先，能給陽世的子孫福佑，使平安發財，消災除難。一年的很多節日，祖先都可以優先享受香火，其中春節和中元節是兩次大祭。在人們觀念裏，祖宗在天之靈是很神聖的，切忌褻瀆。有些地方特在牆壁中留有祖先出入的神道，從門側直通神龕，並禁止婦女站在神道出口。清明節，還要給祖先掃墓。（此族分布於中國廣西壯族自治區，雲南省，廣東省，貴州省境內）

壯族祭典與巫師

瑤族：瑤族信鬼神，崇奉道教的太上老君。這些鬼神可分爲兩大類，一是他們畏俱和憎恨的，認爲能致人生病或死亡的魔鬼；二是他們認爲能驅鬼怪，消災禍的神仙。他們認爲的魔鬼除了閻羅王等司生死權的催命鬼，還有溺死鬼、棺材精、流浪鬼、含藥鬼（即服毒自殺）、吊頸鬼、行病大王等十多種，這些魔鬼，又都是道教中道士作法驅除的對象。（此族分布於中國廣西壯族自治區，湖南省，雲南省，廣東省，貴州省，四川省境內）

苗族：還認爲一些自然現象或自然物具有神性或鬼性。所以也就出現了在苗族的語言中，神和鬼基本上是同一個音，造成鬼神不分，兩詞並用。多數情況下，鬼被認爲是被遺棄或受委屈的靈魂和工具所變成的，常給人類帶來災難、病痛、瘟疫或其他不幸。而有靈性的自然現象常被認爲是善鬼，具有一定的神性，如山神、穀魂、棉神、風神、雷神、雨神、太陽神、月亮神等。對於善鬼、惡鬼，苗族人的祭祀之法亦不同。苗族人對善鬼有送有迎，祭祀較真誠，而對於惡鬼則須賄賂哄騙直至驅趕使之遠離。（此族分布於中國貴州省，雲南省，湖南省，廣西壯族自治區，四川省，廣東省，湖北省境內）

侗族：受「萬物有靈」觀念的影響，侗族先民認爲人有靈魂，並且人的靈魂可以脫離肉體永恆存在，自己的始祖和列祖列宗的靈魂都生活在另一個世界－陰間。因此，喪葬儀式中的點青油燈、開路、引魂幡等一系列儀式就是爲了達到避免死者的靈魂四處遊蕩而與祖先團聚的目的。（此族分布於中國貴州省，湖南省，廣西壯族自治區境內）

瑤族祭典與巫師

侗族的巫師與祭典

苗族的巫師與祭典

毛南族：在葬儀上：正常死亡老人列爲家仙；非常正死亡老人經「悔過」手續方能列入家仙；35 歲以下死者，無論有無子女，都視爲夭折，不能列入祖宗靈位。非正常死亡者，皆視爲野鬼。和仡佬族一樣，也有「儺戲」。（此族分布於中國廣西壯族自治區境內）

彝族：彝族信仰鬼魂，認爲人的靈魂能離開人的形體而存在，認爲生時靈魂附體，死後靈魂浪蕩在人間。彝族祖先崇拜的特點是爲父母輩「馬都果」（「安靈」）和「撮畢」（「送靈」），以此儀式求得死者的靈魂變成「吉爾」，庇護後世，而不致變成「尼此」作祟後世。對死者，要請畢摩（祭師）製作靈牌（馬都），供奉起來，以免死者的靈魂到處遊蕩。等上輩人（直系）都去世後，請來畢摩進行「撮畢」（超度送靈儀式）。把靈魂（馬都）送走，讓其到祖先最初居住之地去過悠閒自得的生活。另外凡是過年過節都要首先供奉祖先，接祖先回來一起過節。（此族分布於中國四川省，雲南省，貴州省，廣西壯族自治區境內）

彝族的巫師與祭典

京族：中國唯一的海洋民族。在越南，京族是主體民族。他們認爲，陰間和陽世是相通的；陰間的亡靈和陽世親眷仍有某種聯繫，安排好葬禮，彼此可平安無事；若安排不好，就會讓亡靈受苦，又給親眷遺患無窮。在 50 歲以上的老人病故，殯葬的時間和地點均由法師擇定。時間一般選在潮落的時候。出殯時，在法師的導引下，一路上，由一人撒紙錢開路先行，意爲向野鬼買路通行。（此族分布於中國廣西壯族自治區境內）

仫佬族：有集體驅鬼除邪儀式，即「遣村」和「遣峒」，也稱也稱「遊村」和「遊峒」。每隔一二年舉行一次。在發生嚴重蟲災時，必須隨時舉行。舉行這一儀式時，先請「鬼師」數人在村前設壇作法，然後列隊出發趕鬼。（此族分布於廣西壯族自治區境內）

么佬族

么佬族巫師

京族巫師

白族：白族的宗教信仰是多神靈，既有原始的圖騰崇拜，也有佛教的信仰，但以本主信仰最爲獨特。「本主」教是白族全民信奉的宗教。「本主」一詞的含義是「本境最高貴的保護神」。白族的本主是「人神兼備」的護衛神，是在佛教

的衝擊下，由原始的巫鬼教中信奉的天鬼逐漸演變而來。（此族分布於中國雲南省，貴州省境內）

白族的巫師與祭典

哈尼族巫師

哈尼族：他們認爲每個人都具有十二個靈魂，人的死亡是主魂離體遠去被自然神靈或惡鬼捉拿傷害之故。哈尼族人認爲，人一旦死亡，軀體與靈魂即行分離，但其陰魂的歸宿則視情況不同而各異：正常死亡的升格爲祖先神；非正常死亡的陰魂、還有未滿35歲的未婚男女死亡的陰魂，都會演化爲惡鬼。哈尼族人普遍尙黑，喜穿黑、藍色衣服，源於避鬼護身的意識。傳說，人、鬼原爲同胞兄弟，人爲兄，鬼爲弟，後常常吵鬧爭鬥。天神「摩米」見此，便扯下黑幕，乘機將他們分開。後來，乾脆將人鬼劃地爲界，以免發生糾紛。「摩米」還將先前使用的遮身黑幕送給人們披在身上，以防止鬼的糾纏。（此族分布於中國雲南省境內）

傣族：傣族先民認爲靈魂同活人的生命共存，並且與生命同等。但是人死掉後，靈魂就脫離了肉體，而繼之靈魂的是鬼魂，鬼魂會附著死屍來捉弄人。鬼魂不會只躺在墳墓裏，也不會只停留在陰世間，而是一有一機會就遊蕩在任何地方或空間。人死了就轉到神靈、鬼魂世界去生活，鬼魂也可能轉到活人那裏生活。鬼魂分爲惡鬼和善鬼；惡鬼是指非正常死亡的人，善鬼是指正常死亡的人。（此族分布於中國雲南省境內）

傈僳族：他們動輒就舉行各種祭祀神和活動。最常祭奉的鬼靈有：天鬼、山鬼、家鬼、夢鬼、水井鬼等。祭祀的形式和辦法比較複雜多種，生什麼病祭什麼鬼，用什麼祭品，都有一定的規定。傈僳族部分地區還有信奉叫「攞依鬼」的。這種鬼往往是某個女人帶有，所以把這個女人就叫「攞依婆」。據說「攞依婆」能吃人。害人的主要手段是吸人血。傈僳族認爲這些鬼靈主宰著世界，降禍福於人們。（此族分布於中國雲南省，四川省境內）

栗傈族巫師與祭典

佤族：在佤族人的觀念中，山川、河流和生物及一切所不能解釋的自然現象都有「靈魂」或「鬼神」。「鬼神」是漢譯之意，佤族對「鬼」、「神」及「祖先」並不區分，是同一個概念。他們認爲「鬼神」主宰世界的一切，會給人們帶來安危禍福，於是就對其加以崇拜。西盟佤族最崇拜的是「木依吉」，滄源佤族稱爲「梅吉」，把它看作是主宰成物的最高神靈，是創造萬物的「大鬼」，它造就了動物、植物和人。（此族分布於中國雲南省境內）

佤族巫師與祭典

納西族：東巴教是納西族普遍信奉的古老宗教，起源于原始巫教，以祖先崇拜、鬼神崇拜、自然崇拜爲基本內容。與鬼靈相關的儀式有祭祖和祭風。祭祖是爲死去的先人指引通向「靈地」極樂仙境的路，避免鬼神的侵擾。雲南寧蒗縣永甯納西族相信死者的亡靈要離開家園，回到祖先居住過的遠方，所以人死後要請「達巴」念誦『開路經』。祭風，目的在於超度殉情自殺和戰爭災禍等非正常死亡者的亡靈。（此族分布於中國雲南省，四川省境內）

景頗族：景頗族認爲，人爲一種特有的「南拉」所主宰。即使死後，南拉仍然繼續生存。景頗族人死後的宗教儀式十分繁瑣。舉行完葬禮，還要另爲死者舉行一次送魂儀式。由巫師選具體的送魂日期。以殺牛、豬和雞作爲送魂犧牲。甚至在舉行過送魂後，還要通過一些宗教儀式鑒別死者的亡魂是否真正送走。對舉行過送魂儀式但又未送走的那部分亡

魂、要繼續供奉家裏。（此族分布於中國雲南省境內）

拉祜族：拉祜族的原始宗教意識認爲，人有靈魂存在，夢境的活動是靈魂的活動，人的軀體和靈魂是可以分離的，人之將死，靈魂便離開軀體，靈魂的歸宿是祖先居住的地方。拉祜族將世界分爲現世世界和彼岸世界，並認爲兩個世界的生活環境和社會環境都相同，人類社會就是在彼此世界相互轉換過程中延續和發展的。（此族分布於中國雲南省境內）

納西族巫師與祭典

布朗族：認爲死人和活人都有魂，死人有鬼魂，活人有活魂。活人的魂靈附在人的身上，人在熟睡做夢時，靈魂會暫時離開人體。在靈魂離開人體時，如碰到鬼或鬼的附著物，人輕則生病，重則死亡。因此，人得了病便要舉行叫魂儀式，於是便產生了對人的「叫魂」詞。既然人生病需要叫魂，病人才會康復，由此類推到那些直接與人們生產生活有著息息相關的動物、植物上，認爲它們也跟人一樣有魂。所以雞、豬、牛、馬、生病了也要「叫魂」，甚至莊稼得了病蟲害也要舉行招魂儀式。（此族分布於中國雲南省境內）

普米族：普米族的原始宗教有一個較爲龐雜的鬼神體系，俗稱有八百種神，三千種鬼。族人認爲人有三個魂，人死後，一個魂去到埋葬骨灰的公共墓地「罐罐山」；一個在家裏的鍋莊附近；一個遠去四川木裏縣以北的大雪山上祖先們所在的地方。他們認爲人肉體死亡後，靈魂仍然存在，常在人間活動，但有時還要停留在遺骨上，所以在裝死者骨灰的陶罐或布袋上需要留出小孔，讓靈魂出入。普米族喪葬送魂開路經直言祖先居住的老家在北方。（此族分布於中國雲南省境內）

拉祜族

布朗族

普米族巫師

阿昌族：阿昌族崇拜的鬼神有天鬼、地鬼和人鬼三種。其中人鬼包括家鬼、野鬼等，家鬼又分爲大家鬼（阿靠瑪）即遠祖鬼、小家鬼（阿靠咋）即近祖鬼、「穀期」（守穀倉的瞎眼婦人，死後鬼）、寨神（召先）、「榜」（財神）等。野鬼均被認爲是非正常死亡者所變成的鬼。雲南梁河縣的阿昌族認爲每個人有三個靈魂，死後一個魂被送到墳上，一個魂供在家裏，還有一個魂被送到老祖宗那裏。（此族分布於中國雲南省境內）

基諾族：基諾族的宗教信仰爲自然崇拜和祖先崇拜。自然崇拜信仰萬物有靈，世間各種事物和現象都和鬼魂有關，人們得病、農業災害等都因鬼魂在作祟，所以要殺牲祭鬼。但祖先崇拜居於重要地位，家內崇拜的家神是死去的父系祖先，寨內崇拜的寨神是死去的父系長老。祖先住在天堂，叫「生傑左米」，那裏是極樂世界。基諾族舉行下葬儀式時要當場敲死一條狗，放在棺木上一起埋葬，據說狗可以在陰間給鬼魂帶路。（此族分布於中國雲南省境內）

阿昌族巫師

基諾族巫師

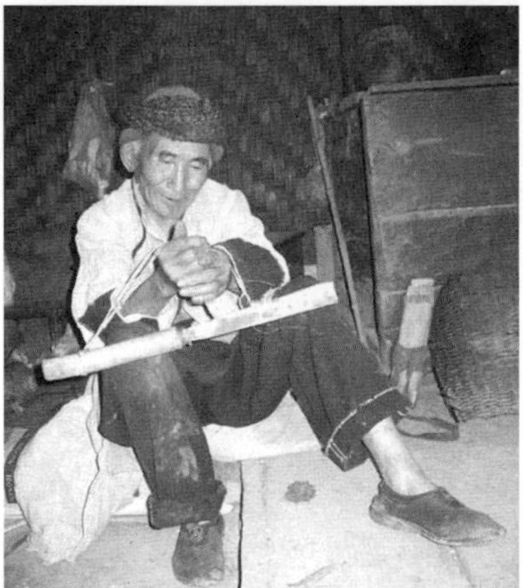
怒族巫師

怒族：早期怒族曾盛行火葬，改行土葬的歷史約在200年左右。相傳過去有個叫亞內的婦女死了，焚屍時沒有燒透，七天后她的靈魂帶著滿身燒焦的疤痕去看家人，把自己的孩子嚇死了，從此怒族人就改火葬爲土葬。弔唁時，親友在堂屋內圍成一圈，手牽手跳與死者告別的「雄登舞」，以告慰死者，祈求其亡魂庇護子孫，不要禍及家人和親友。出殯前舉行送魂儀式，由巫師誦唱「送魂辭」，內容是給死者的靈魂指路，逆著本氏族遷徙的路線，一程一程地指、一程一程地送，直送到祖先居住的發祥地。怒族沒有祖先崇拜的習慣，不供奉祖先靈牌，人死安葬後除第一年壘墳上墳外，以後不再掃墓。（此族分布於中國雲南省境內）

德昂族：除了信奉小乘佛教外，還崇拜自然，相信鬼神。如保山縣大中寨的德昂族就崇拜山神、蛇神、鬼樹、地鬼、龍王等多種神靈，每年還舉行各種宗教祭祀活動。

祭鬼樹：在村寨的四面各有一道「鬼門」，「鬼門」附近的一棵大樹被稱爲鬼要，德昂族群眾在潑水節後的第三天，便祭鬼樹。祭鬼樹通常在夜裏五更時分舉行。屆時，由二十三名成年人把一塊畫有龍、虎等兇惡猛獸的木板，送到鬼樹旁，一邊敲鑼高聲念經，並供上一點飯菜，然後送的人悄然離去，返回家中。送時高聲喧嘩是讓鬼聽到後退出鬼門，悄悄回家是不讓鬼察覺，而跟隨回家。平時人患病後，請佛爺念經驅鬼，並到鬼樹下燒紙叩拜。（此族分布於中國雲南省境內）

獨龍族：在獨龍族宗教意識裏，人和動物都有兩個靈魂，即生靈「蔔拉」和亡魂「阿細」。生靈「蔔拉」，只有在肌體活著的時候才存在。「蔔拉」消失後，人的另一個靈魂，即亡魂「阿細」接踵而至。除巫師外，一般人看不見「阿細」。「阿細」不同于鬼、精靈，它只是住在另一個世界的人。獨龍族沒有神的概念，他們只是籠統地把鬼、精靈、神祇等稱爲鬼，並把鬼分爲住在地上的鬼和天界的鬼，認爲地上的鬼是兇惡的、可怕的，對人畜危害極大，而天上的鬼卻是主宰人間生死，庇佑人類的。（此族分布於中國雲南省境內）

布依族巫師

德昂族巫師

獨龍族

布依族：在布依族古老的宗教觀念中，認爲人死後就會有鬼魂，如果讓人碰上，就會使人生病，要經過巫師占卜，知道是誰的鬼魂作祟後，再舉行相應的祭祀儀式乞求保佑，這樣病人就會痊癒。布依族先民認爲，鬼有善鬼和惡鬼兩種。善鬼不害人，但遇上它也是不吉利的。布依族驅鬼主要是針對惡鬼。一是以村寨爲單位舉行的大型驅鬼活動——掃寨，掃寨時不准外人進寨；二是遇家中有人患病，認爲是有惡鬼纏身，也要請巫師來驅鬼。（此族分布於中國貴州省境內）

仡佬族：仡佬族的宗教信仰主要是自然崇拜和祖先崇拜。民俗文化中的「儺戲」可歸入巫教範疇。儺戲是以驅邪逐鬼、祈福納吉、圓滿人願爲主要表現內容的、兼有巫教儀式、戲劇表演的民間藝術，屬巫教範疇。道真儺戲依法事目標不同，有大巫小巫之分。（此族分布於中國貴州省，廣西壯族自治區，雲南省境內）

乞佬族的巫師與祭典

土家族巫師

水族：鬼魂崇拜是水族原始宗教信仰的核心。在水族的觀念裏，鬼與神同在，鬼與神不分。鬼有善鬼與惡鬼之分，人死後就變成了鬼。在水族先民的原始宗教崇拜中，鬼魂被強調到了一個異乎尋常的位置，直到今天在水族的迷信意識中，還可數出三百多個有名目的鬼魂，加上存在過而已失去其名稱的鬼魂，則多達七八百。（此族分布於中國貴州省，廣西壯族自治區境內）

土家族：土家人舊時信仰鬼神。一般來說，他們以為神會保佑平安、鬼是帶來災禍的，因而他們對待鬼神的態度也不一樣，對神敬祭，對鬼則用巫術驅趕、捉殺。從事祭神驅鬼巫術的人常是土老司，土家語稱他叫「梯瑪」。土司統治時期，土老司許可權較大，他可管村寨的祭祀、驅鬼、許願、還願、婚姻與婚禮，求子嗣、求雨、解糾紛、治病、占卜、喪葬等。土老司所用的法器有師刀、斬刀、銅鈴、牛角號、五彩柳巾棒等，其裝束是頭戴鳳冠，上穿花褂子、下系八幅羅裙。土家人認為惡鬼有痲陽鬼、青草鬼、水鬼、過堂白虎等，這些鬼給人帶來災禍、疾病甚至死亡。（此族分布於中國湖南省，湖北省，四川省境內）

羌族：羌族信鬼神。釋比即羌族的巫師，俗稱羌端公。

在羌族的一些地區，有「趕馬」和「轉路」的追悼儀式。「趕馬」實際上是羌族還馬願的一種，意為讓亡靈騎馬升到天國。「轉路」之意為請亡靈從祖先曾經遷徙的地方，從自己生前走過的地方回來，到自己的墳山上去。同時，根據羌人習俗，人死以後會陰魂不散，要回家，羌人稱為「回煞氣」。喪家要請釋比推算亡靈回煞時間，然後家人將死者衣物放在椅子上，將鞋放椅子前面;同時桌上擺饌、酒等食物，家人避開，由親屬祭奠。幾小時以後鳴炮，亡靈聞聲音而隨即離去，家屬返還家中。（此族分布於中國四川省境內）

畲族：畲族人信奉的神靈由四個大類組成：閩東畲族崇拜祖先，把「敬祖宗」列為族規條例的首要內容，且相信祖宗有靈，能庇佑福蔭子孫，以至將祖先視為保護神，虔加敬奉。畲族人幾享年 50 歲以上死者為壽終正寢。先為死者梳洗更衣，孝男孝女執陶罐到溪河邊，點燃三支香，燒化紙錢唱「買水歌」。唱完。向河裏舀水，俗稱「買水」。（此族分布於中國福建省，浙江省，江西省，廣東省，安徽省境內）

羌族巫師

畲族巫師

滿族：信仰的宗教有薩滿教、佛教、喇嘛教。其中薩滿教最具代表性。老人臨終，咽氣前要將壽衣穿好，咽氣之後立即將鏡子用紅布蒙上。傳說死者靈魂看見鏡子以爲是河，不敢離家，故鏡須蒙上。死後三日，在關帝廟前「送三」，焚香祭祀，獻供品、燒紙錢（寫明收者、獻者）。七日爲出魄日，是日在死者臥房擺放酒菜果品，等死者魂歸享用，家人保持絕對安靜，以防驚動幽魂。葬後謂「燒飯」，即燒掉死者供品、枕頭、衣物等。（此族分布於中國遼寧省，吉林省，黑龍江省，河北省，北京市，內蒙古自治區境內）

錫伯族：信仰喜利媽媽，薩滿教，藏傳佛教。喜利媽媽在東北錫伯族中漢譯爲「子孫媽媽」，意思是有了女祖宗，子于孫孫才能不斷地繁衍生息，一代接一代地傳下去；也包含保佑家宅平安和人丁興旺之意。（此族分布於中國新疆維

吾爾自治區，遼寧省，吉林省境內）

赫哲族：赫哲族人相信靈魂，認爲人有三個靈魂：第一個靈魂稱「奥任」，所謂生命靈魂，人與動物皆有，人死後就離開了肉體；第二個靈魂稱「哈尼」，所謂思想的靈魂，它能暫時離開肉體，如人在睡覺時，它能與別的靈魂發生關係；第三個靈魂稱「法揚庫」，即所謂轉生的靈魂，人死後它即離開肉體，它有創造來生的能力。三個靈魂各有不同的作用：第一個靈魂，人死後就消滅了；第二個靈魂仍然存在，需要通過「撂擋子」儀式將其送入陰間（送魂）；第三個靈魂，可以轉生新的人或動物。赫哲族人崇拜祖先，他們深信祖先的靈魂不滅，並且對活著的人有佑護作用。（此族分布於中國黑龍江省境內）

鄂倫春族：祖先神鄂倫春語稱「阿嬌儒博如坎」。「阿嬌儒」是根的意思。鄂倫春人認爲祖先的靈魂對本氏族活著的人還有佑護或懲罰的作用。鄂倫春族信奉原始的薩滿教。鄂倫春族認爲人的靈魂不滅，人死後變成鬼，要到「閻門檻」（陰間）去，對鬼不能隨便冒犯。出殯時有射「領路箭」的風俗，即送魂儀式。有的地區有「牽線」的習俗。薩滿紮好草人，草人拴上數條線，死者子女各牽一條跟隨其後。到葬地，薩滿念祭文，念完後，用「神棒」將線打斷，把草人扔出很遠，以示死者靈魂遠離而去，不牽連生者。（此族分布於中國內蒙古自治區，黑龍江省境內）

鄂溫克族：鄂溫克人崇拜的各種神是處於完全平等的地位。鄂溫克族普遍信仰東天的牛神、西天的馬神、「卡哈」天的人神等九種天神。另外，鄂溫克人也把氏族祖先樹爲神。人們尊重那些在生產上有豐富經驗和知識的人，在他們死後樹爲神靈加以供奉。和鄂倫春族一樣，他們也有「送魂」儀式，但形式不同，鄂溫克薩滿「送魂」時，宰殺死者生前所騎馴鹿，頭向日落方向架放隨葬，意爲「靈魂」騎馴鹿走向陰間。（此族分布於中國內蒙古自治區，黑龍江省境內）

達斡爾族：主要信仰薩滿教。與鄂倫春、鄂溫克族一樣，葬儀中有「送魂」儀式。達斡爾薩滿送魂要一張柳弓和三支柳箭，在屋內念誦一段送魂禱詞，然後進行各種活動，最後起靈出殯。（此族分布於中國內蒙古自治區，黑龍江省，新疆維吾爾自治區境內）

黎族：「祖先鬼崇拜」已滲透到黎族日常生活的各個方面。「祖先鬼」，是一種作祟使人生病的鬼。按祭品的種類不同，可分爲「大祖先鬼」、「中祖先鬼」和「小祖先鬼」。殺牛作爲祭品的稱爲「吃牛鬼」即「大祖先鬼」；殺豬作爲祭品的稱爲「吃豬鬼」即「中祖先鬼」；樣狗或雞作爲祭品的，稱爲「吃狗鬼」或「吃雞鬼」，即「小祖先鬼」。由於祖先鬼愛作祟害人，使人生病，故在日常生活中，嚴禁念祖先的名字。因爲，一旦念了祖先名字，就會把祖先鬼招引出來作祟害人。（此族分布於中國海南省境內）

黎族巫師

門巴族巫師

珞巴族巫師

土族：土族主要信奉藏傳佛教中的格魯派，還信奉薩滿教、苯教、道教、儒教、地方神，以及藏傳佛教中的薩迦派（花教）、寧瑪派（紅教）、噶舉派（白教）等。土族也有儺儀。儺儀是以驅鬼逐疫、酬神納吉爲目的，以巫術活動爲中心，是土族先民自然崇拜、祖先崇拜、鬼神崇拜及萬物有靈觀念的產物。（此族分布於中國青海省，甘肅省境內）

珞巴族：在珞巴有的觀念中鬼和神的概念沒有明顯的區分。他們把「鬼怪」、「精靈」、「神靈」、「鬼魂」統稱爲「烏佑」，即「精靈」或「鬼」。他們認爲「烏佑」可以憑附在任何自然物和人的身上，使自然物和人有了「精靈」和「鬼」的屬性。「烏佑」種類很多，萬物皆有，無處不在，左右著人們的生產生活的一切領域。祖先崇拜：這是珞巴族父系氏族制取代母系氏族制後出現的又一重要的原始宗教信仰形式。它是在靈魂不死觀念基礎上發展起來的。就其本質來說，也是對鬼魂的崇拜。（此族分布於中國西藏自治區境內）

朝鮮族：生活在中國境內的朝鮮族，普遍存在的方式是簡單的家族內部信仰風俗。如廚房侍奉火神「灶王」，祈求家內平安無事；裏屋侍奉產神或祖靈祈求豐農和子女健康成長；廊下侍奉「成主」神祈求家內平安；屋後侍奉「業神」祈求發財致富等等。另外還侍奉麻疹神「胡鬼」、天花神「別相」、防除牛鬼蛇神的「神將」、氏族神「軍雄」、除厄神「水田夫」、財運守護神「山神」壽命神「七星」、死靈供養神「巴厘公主」、死神「十王」或「使者」等等。儘管對這些諸神侍奉的方式比較簡單（往往是逢年過節或者遇到意外災難時準備點簡單的祭品磕頭祈禱），也沒有規範化的程式，但卻能說明朝鮮族的薩滿教信仰意識還存在、並且由此產生過許多比較規範化的宗教儀式，如「灶王固斯」、「產神帝釋固斯」、「成主固斯」、「財數固斯」、「病固斯」、「死靈供養祭」等。（此族分布於中國吉林省，黑龍江省，遼寧省境內）

哈薩克斯坦族：伊斯蘭教：崇信「真主安拉」，也相信世間充滿會迷惑人的「鬼神精靈」。

回族：伊斯蘭教：崇信「真主安拉」，也相信世間充滿會迷惑人的「鬼神精靈」。

柯爾克孜族：伊斯蘭教：崇信「真主安拉」，也相信世間充滿會迷惑人的「鬼神精靈」。

維吾爾族：伊斯蘭教：崇信「真主安拉」，也相信世間充滿會迷惑人的「鬼神精靈」。

東鄉族：伊斯蘭教：崇信「真主安拉」，也相信世間充滿會迷惑人的「鬼神精靈」。

撒拉族：伊斯蘭教：崇信「真主安拉」，也相信世間充滿會迷惑人的「鬼神精靈」。

塔吉克族：伊斯蘭教：崇信「真主安拉」，也相信世間充滿會迷惑人的「鬼神精靈」。

保安族：伊斯蘭教：崇信「真主安拉」，也相信世間充滿會迷惑人的「鬼神精靈」。

俄羅斯族：東正教。

裕固族：藏傳佛教：非常濃厚的鬼神信仰，以及「輪迴轉世」的觀念。（此族分布於中國境內）

烏茲別克族：伊斯蘭教：伊斯蘭教：崇信「真主安拉」，也相信世間充滿會迷惑人的「鬼神精靈」。

塔塔爾族：伊斯蘭教：伊斯蘭教：崇信「真主安拉」，也相信世間充滿會迷惑人的「鬼神精靈」。

蒙古族：原來信仰薩滿教，後來改爲藏傳佛教藏傳佛教：非常濃厚的鬼神信仰，以及「輪迴轉世」的觀念。（此族分布於中國境內）

藏族：苯教，藏傳佛教，民間信仰藏傳佛教：非常濃厚的鬼神信仰，以及「輪迴轉世」的觀念。（此族分布於中國境內）

門巴族：藏傳佛教及原始宗教藏傳佛教：非常濃厚的鬼神信仰，以及「輪迴轉世」的觀念。（此族分布於中國西藏自治區境內）

台灣原住民：包括阿美族　、泰雅族、排灣族、布農族、魯凱族、卑南族、鄒族、賽夏族、達悟族、邵族、噶瑪蘭族、太魯閣族、撒奇萊雅族及賽德克族。

在台灣原住民族古代的思想中，即有「萬物有靈」，相信人在肉體之外，還有一種可以離開肉體的「靈魂」，好的靈就成爲「神」、壞的靈就成爲「惡靈」。由於族人相信萬物有靈，而且，毫無例外的，所有台灣原住民族群全數都有古老又堅定的「祖靈崇拜」，因此原住民族的祭儀是十分豐富，除了固定的儀式外，還有一些即興發生的事，也要祭拜與告知祖先。因爲地域狹小的關係；在基本信仰上幾乎大同小異，只有名詞和一些儀式細節上有所差異而已，故以下僅試舉幾個代表性的族群爲例：

阿美族：信仰自然山水神靈操縱禍福，阿美族人篤信天地造化自然的神明，而且認爲一切禍福都操控在神靈的手中，阿美族原是個多神信仰的民族，各種活動、病痛均有專屬的神靈，且每一個神靈有固定的方位，祭拜時均朝正確的方向，不得有失誤；kawas 是核心的概念，泛指神祇、厲鬼、祖靈、動植物的精靈及人的靈魂，是十分複雜的概念。

達悟族的信仰，源於對大自然的日、月、山、海延伸出所謂的「善靈」，深信所有具自然生命力的世界，都有精靈的存在，其有主宰人們一切作爲的神力。而在眾多的神靈中，達悟族也和其他的原住民一樣，特別崇拜祖靈，也因對祖靈崇拜的信仰，凝聚了族人強大的整合力，舉凡播種、除草等活動，都有一定的儀式祈求祖靈的庇祐。除了祖靈，更存有至高無上的神靈「tao do to」，同時也存在著令人感到恐懼的鬼「anito」。達悟族認爲神靈主宰了一切自然現象，相信神會適時懲罰做壞事的人。而鬼「anito」，則被達悟族人視爲惡靈，是他們在日常的生活當中，最爲關切的超自然力量；他們認爲鬼會帶來不幸，並會作祟導致生病，是一切厄運的根源，而爲了對抗這些惡靈，達悟族人通常會戴上盔甲以辟邪。

阿美族巫師

太魯閣族巫師

邵族巫師

泰雅族：有明顯的獨一真神觀念，但它存在的觀念是抽象的，因此不成爲祭祀對象。其宗教活動內容圍繞在，神靈—神（創造神）被稱爲（Utux kayal）、靈魂—善靈（blaq na Utux）、惡靈（Yaqih na Lyutux）的禁忌觀念、及巫術－Phgut

（施術）、Mhoni（咒詛）等方式進行。他們相信靈魂有「生靈」與「死靈」兩類及「善」與「惡」兩種；人死後的靈魂，若正當死爲善靈，兇死者爲惡靈，善靈可到靈界，保佑子孫，惡靈留在人間作怪，令人招禍或生病。巫師職務者就用法術器具，施咒爲患者治病，且能占卜吉、凶及祈福驅邪之效。祖靈祭信仰，相信祖靈擁有操縱人的生死禍福之影響力，而對過世的父母或祖先亡魂祭祀。相信祖靈具有超自然的能力，會左右後代子孫的禍福與命運。他們相信祖靈在陰間需要飲酒作樂，所以子孫有義務提供他們的需要，要供奉食物與祭物給陰間的祖靈享用（死後世界觀），藉祭祖儀式以驅邪祈安。

布農族巫師

卑南族巫師

泰雅族巫師

泰雅族傳統信仰的本質是精靈主義，是以信仰靈的存在爲中心，因此他們對神祇、精靈、死靈和妖怪的觀念分明。認爲靈鬼（Daemonism）是由人死後所變化而成的，在古代 Utux 兼稱死者與死靈，生靈也稱作 Utux 以支持肉體爲主，一旦離開肉體則成爲死靈。泰雅族大多數族群相信靈鬼與神靈有善惡兩種，人死則化爲靈鬼，善死者爲善靈其可到天界保佑子孫，而橫死者爲惡靈則留於人間作崇，令人生病或帶來厄運。

撒奇萊雅族：稱神靈爲 dito，相當於阿美族的 kawas。撒奇萊雅族相信萬物有靈，超自然的力量無所不在，在 dito 裡，也包含有祖靈的存在，只是祖靈的位置無法預測，不知固定的地點在哪裡，只有祭司 mapalaway 才能夠與祖靈溝通。祖靈不是一般人能夠知道他的確切位置，人的生死也同樣受到神靈的影響，出生是因爲神靈附著於身體內，女人能夠受孕，也是有神靈的存在。人的身影存在身體內，當人們死亡後，身影也就脫離了人的身體。除了上述的神靈外，撒奇萊雅族還有其他不同的神，稱爲 Malataw・Otoki 的是人間祖靈，Olipong 是驅趕流行疾病的神祉，Talaman、Takonawan 是貧窮之神。

賽夏族：除超自然信仰外，以祖靈祭和矮靈祭最具代表性。

排灣族巫師

達悟族巫師

噶瑪蘭族巫師

「噶瑪蘭族」的巫師與其「靈魂觀」

「蓬萊聖祖」這個神尊名號應該極少人聽聞和了解，在 2012 年底的一次跨族群的大型法會中，筆者基於好奇和研究，專訪了一位「噶瑪蘭族」的巫師（尪姨），終能探索到這個「信仰」的緣起，同時最大的收獲卻是從中發現了一個歷史久遠的「原始信仰」和「主流宗教」之間互相交融的現象與脈絡；

這位原住民名字爲「叟姨」的「女巫師」；同時也是一位花蓮「慈惠堂金母娘娘信仰系統」分靈而出的堂主，她本身是台東長濱鄉的「噶瑪蘭族」，因爲自幼就擁有「靈媒體質」，所以，繼續傳承成爲族中的「巫師」。但是，就如同「亞洲鐵人楊傳廣」一樣，是少數沒有接受基督教、天主教洗禮的原住民，反而接受了傳統中國道教，隸屬「金母娘娘」的弟子，而且是和花蓮「石壁部堂」系出一脈，她和「台灣首席靈媒林千代女士」屬於同輩師姊妹，不過，她不處理「牽亡魂」的事務，專長是「通靈辦事」。因此也同時是台東長濱鄉「天龍宮」的堂主。（「叟姨」的原意是指「簑衣」，發音和漢語也近似，不知道是否只是巧合而已？）

因爲聽到筆者曾經報導過「楊傳廣通靈成爲乩童的事蹟」，並且撰寫過「台灣首席靈媒與牽亡魂」的專書，對於林千代女士、「石壁部堂」以及祖廟「慈惠堂」都有深入的了解，所以對我顯得很親切很熱絡；非常樂於與筆者交談，並且不厭其煩的詳細描述了她的「靈媒」生涯中一些事蹟；尤其是自己宮廟的法脈源流……

關於「叟姨」女士的信仰「法脈源流」是非常特別的，在筆者長期的研究中，依據相關資料發現，依照她的敘述；

除了本身「噶瑪蘭族」原住民的巫師（尪姨）信仰；至少還包括了「平埔族」的「阿立祖」原始祖靈信仰、道教「西王母」信仰（與「金母娘娘」為同一尊神祇）、還加上了「亞洲原始撒滿信仰」。

平素裝束的巫師「叟姨」

穿著全套「神服」敲打「神鼓」的叟姨

其中最特別的是「西王母」信仰與「亞洲原始撒滿信仰」，因為依據考證：中國「西王母信仰」是早過東漢時才創立的「道教」甚久的，在商朝已經存在，在「夏朝后羿向西王母求不死靈藥」的神話中也已經出現這個名號。而從她們法會祭祀的「圖騰」、穿戴的「神服」形制、敲擊的「神鼓」卻又可以明顯發現是和「亞洲原始撒滿信仰」幾乎完全一致。

筆者在她們祭祀祖靈法會中，觀察到除了原本原住民普遍信仰的「阿立祖」被更具體的雕刻、繪畫成為「蓬萊聖祖」，代表這是台灣祖先信仰靈脈最古老的始祖神尊，以及來自中國的「西王母信仰」的「金母娘娘神尊雕像」，此外，那些「撒滿圖騰」、「撒滿神服」、「撒滿神鼓」等等可以說幾乎一眼就能看出是源自「亞洲原始撒滿信仰」的，而且和「美洲印地安族群的撒滿信仰」也非常肖似，如果「南島文化」和「中、南美洲印地安民族」是較晚經海路由亞洲移民過去的說法；日後如果能夠獲得更確切證實的話，將可以證明兩者之間是有著深厚淵源的。

「叟姨」女士特別帶我去看供桌最上層供奉的「蓬萊聖祖」畫像以及雕像，原來單純屬於「西拉雅族」所信仰的「阿立祖」祖靈，原本不立塑像、神位，主要以祭祀壺甕等物（如：瓶、矸、罐、缸、甕等）爲祖靈崇祀象徵之所憑託，後來慢慢變成許多原住民共同祖靈信仰的「神尊共主」，但是，依然沒有具象的造型繪畫或雕像，直到最近，她們這支以台東長濱鄉爲居地的「噶瑪蘭族群」，以及和台北陽明山「菁山」附近有親族關係的相同族群，共同繪製並依圖雕刻了非常具有原住民特色的「神尊金身造像」，並定名尊封爲「蓬萊聖祖」，而眼前供桌上安奉的這尊神像就是由她的宮廟中專程「請來」的。據她表示：其實這個原住民傳統祖靈信仰的「蓬萊聖祖」與道教的信仰並不衝突，因爲她們敬奉道教的「混元老祖」爲「天神」，敬奉「蓬萊聖祖」爲台灣的「地神」，兩相融合反而更相得益彰，而「金母娘娘」是道教信仰中代表「西方」的主神，所以她們同時接受了道教的「法脈道統」，也接受了本身台灣原住民傳統祖靈信仰的「靈源崇拜」。也因此，在「辦事」爲信眾以及族人處理各種「妻財子祿壽」等等的疑難問題以及「涉陰」事務（譬如沖煞、卡陰、被魔神仔擄走等等）時，會視情形來拜請「道教神祇」（主要還是「金母娘娘」）或者是「蓬萊聖祖」；或者是更晚近直系的祖先靈來指示。

「蓬萊聖主」造像

圖騰柱

提到「卡陰、被魔神仔擄走」的問題時，她也表示，因爲近年來信仰的紊亂和過度迷信和依賴鬼神的風氣盛行，反而使得「卡陰」的事件越來越頻繁，她們處理的方式都是好言相勸，奉上食物和紙錢來讓「鬼靈」同意離開；至於「魔神仔」已經越來越少遇見或聽聞了，這點同樣反而也是和「過度迷信和依賴鬼神的風氣盛行」有關，因爲她們祖傳信仰中所謂的「魔神仔」其實是非常古老的「孤魂野鬼」，因爲沒有後代祭祀，甚至沒有獲得正常的葬禮，有些因爲族群爭戰或者意外橫死在山林之中，一直茫茫然的不知何去何從？又經常是孤單寂寞的，所以想要「找人」做伴，但是，一般年輕力壯的男女陽氣旺盛，不容易接近和迷惑，所以通常都會以孩童或年邁的老人家當成對象，但是，它們原本並無心害人，只是單純抓人去作幾天伴，可是又沒有東西可以讓這些「肉票」裹腹，只好找牛糞或者小昆蟲、青蛙之類的，幻化成美食來讓這些人充饑……

頭目、巫師的服飾和祭祀舞步非常酷似印地安族

叟姨的巫師「神服」

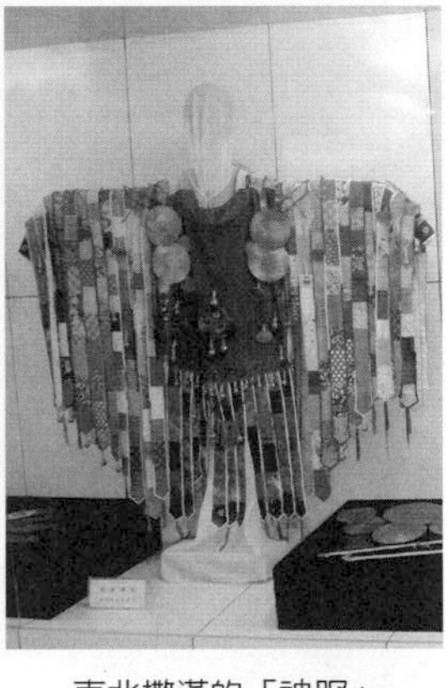
東北撒滿的「神服」

叟姨這一族的「神鼓」

美洲印地安族「撒滿神鼓」

這時巫師就必須拜請「祖先靈」出面去和「魔神仔」協商調停，請它儘快「放人」，然後由巫師和家人在最接近的地點獻上食物和紙錢，作爲交換條件，這樣才能讓迷失者儘快被發現，也所以，當這些迷失的人被尋獲時，往往都是迷迷糊糊、神智不清的，還滿嘴塞滿牛糞或者小昆蟲、青蛙之類的。（筆者註：對於「魔神仔」的真實身份，筆者在本書中有專章探討，與「叟姨」女士的見解有所不同。）

關於「叟姨」女士的信仰「法脈源流」，筆者將現場拍攝的照片，與相關資料圖片同時並陳比對，將會更容易看出其中的關連性。

附錄：

噶瑪蘭族（Kebalan/Kbaran、加禮宛），為台灣平埔族原住民，主要分布於宜蘭、羅東、蘇澳一帶，以及花蓮市附近、東海岸之豐濱鄉、與台東縣長濱鄉等地。原居於蘭陽平原，後因漢人爭地壓力而逐漸南遷，是最晚漢化的平埔族。漢人種種欺壓行為，終於迫使噶瑪蘭族往花蓮、台東遷移。在花東海岸，花蓮豐濱鄉的新社村與立德部落，則是噶瑪蘭人目前較具規模的部落。

噶瑪蘭族是母系制度的社會，巫師皆為女性。男性原有年齡階級組織，但目前都與阿美族相融合併。重要的祭儀活動有：出草勝利之後的儀式「卡達班」（Qatapan）（目前這項活動都和阿美族的豐年祭合併舉行）、成為巫師的入巫儀式「奇賽伊茲」（kisaiz）；治病儀式「巴格拉比」（pakalavi）、喪禮「巴都干」（Patohkan）、以及年底的祭祖儀式「巴禮令」（ʔalilin）等。

噶瑪蘭人在神話及傳說裡表達了許多祖先與靈魂信仰的訓誡訊息；而在日常生活裡則轉換成許多大大小小的儀式，以祈求生命繼續、生活平安的手段，形成其特殊的信仰文化。首先我們從一個人為中心來看：人的噶瑪蘭語叫 lazah，住在平原的人是 Kavalan，人又包含 izip 身體和 dazusa 靈魂；所謂 da-zusa 語意上 zusa 為「二」之意，也就是說靈魂是第二個人的意思。而連結身體與靈魂的是「吃」與「餵養」，主動與被動的概念，這構成了噶瑪蘭人傳統的信仰觀。一個人活著的時候為了延續生命一定要 qan（吃），而死後的第二個人靈魂跟活著的人一樣也要吃，叫 pa-qan（餵養）；而為了餵養這些靈魂，得在不同的時間、用不同的祭品舉行不同的儀式，以防止這些靈魂回來人世間討吃的，致使人們 dahau 生病；比如人死後要舉行 Pa-toho-qan 祭亡靈的儀式，Pa-lilin 祭祖先的儀式，Pa-kelabi/Kizaiz 祭神靈及去世的巫師的儀式等等。簡單的說，lazah（人）死後的靈魂變成了被祭祀祖先，這就是噶瑪蘭人祖靈信仰的部分，而該由誰來祭祀這就變成了親屬的問題了，這個問題被提升到家的層次，而進一步到了部落整體超越個人及家的層次，就是祭祀始祖 Mutumazu 祖靈及 Mtiu 巫師靈的信仰，形成了一個具部落性而特殊的巫師信仰文化。

噶瑪蘭人除了本族祖先的神靈信仰外，關於人的部分還包括異族的靈魂信仰；特別是同爲南島語族的 Kizaya（撒其拉雅、阿美族人）及 MaidomaL（太魯閣人）的他族靈魂的信仰。他主要反映在歷史地理的空間命名與區界上，也就是與自我聚落領域（boundary）界定上的意義與概念相關，交織成一個聚落的歷史與地理空間。比如 Kapaisinan、Patulisan、teRqaz 聚落內的地名等等，這些都是異族曾經在部落生活過的地方、或與異族交戰舉行人頭祭（Qataban）的地方，後來人們相信如果到了那些地方，就容易被異族的守護神或靈魂找上，以致於招惹病上身，最後就要透過舉行儀式來祭拜異族的神靈以除病。

（筆者評註：「噶瑪蘭」族的「靈魂觀」是非常接近真實狀態的，形容「靈魂是第二個人的意思」，正如同筆者所主張的「靈魂是自我的複本」一樣，而且，在古代，因爲尚未發現「靈界」之前，有許許多多「亡魂」是不知何去何從，就會飄蕩在自家、部落之中，找尋和吸收一些能量，因此就會形成「人鬼雜處」的漫長歲月，但是，後來先有了「祖靈祭祀」也擴及其他無主的鬼靈，祖先靈和孤魂野鬼有了可以憑附的處所或某種物件，在此譬如「阿立祖的信仰」中的壺甕等物，再之後又發現了更好的去處－「靈界」，因此，從此，人鬼相安，雖然難免還是有「卡陰」的事件，但是，已經少很多了。）

關於「阿立祖」：

阿立祖（西拉雅語：liu、anitu、ngitu）爲台灣平埔族原住民西拉雅族的祖靈信仰。阿立祖的信仰原本不立塑像、神位，主要以祭祀壺甕等物（如：瓶、矸、罐、缸、甕等）爲祖靈崇祀象徵之所託，謂之「拜壺」。根據「干治士」牧師的「台灣略記」，西拉雅人有南方神 Tamagisanhach,他雖然創造人並且讓他們好看，但是他並不是宇宙的創造者，因爲西拉雅人相信宇宙是永遠存在的，不是被創造的。阿立祖是西拉雅族人的守護神，其地位有如漢人信天公、西洋人信上帝、日本人信天照大神一樣，是最高的神。國分直一教授在『祀壺之村』一書中提到「蕃仔佛」一詞，但這應當是漢人給的稱號，在平埔族固有的語言應是稱作 Arito。「阿立」是他們一位祖先的名字，祖是祖先的意思，即「阿立這位祖先」。所以，一般人認爲阿立祖是祖靈之意。阿立祖是祖靈應是普遍的共識。

正統的阿立祖信仰沒有塑像，也不立神位，僅以象徵物代表，如祀壺、豬頭殼、將軍柱等。阿立祖法力高強，透過尪姨收驚可替人消災解厄；也因爲祂是位強有力的靠山，信徒還可讓阿立祖收爲契子，以爲保護。

部落裏最重要的人物要屬「巫師」（尪姨）了。她平時爲人消災解厄，夜祭時負責祭典事宜，工作從主持祭典、驅逐邪魔、消災治病、座向施法乃至問姻緣、卜事業等，可謂任何疑難雜症都可解決。此外，還要負責公廨的整潔和祭典，可說相當繁重。「巫師」的產生方式因時因地而異，有的是天生的，有的是從小訓練產生，有的則在老「巫師」退休前，起乩指定而生。也有人是爲了謀生，自習巫術而成爲「巫師」的。

美洲印地安人的死亡靈魂觀

這個章節是很重要的一個可以作爲「世界原始民族靈魂觀」研究旁證的資料；筆者將之稱爲「比較靈魂學」（Comparative Soul Research），因爲「美洲印地安原住民」都是來自亞洲，他們的原始信仰也是源自「亞洲撒滿信仰」，所以，有許多神祇信仰、撒滿巫術、宇宙樹、陰間觀念、甚至撒滿「神服」、「神鼓」等法器；以及入神、出神、驅鬼、草藥治病等等都和「亞洲撒滿信仰」幾乎如出一轍。筆者從書籍及網路資料精簡匯整了重要的相關重點，並加以比對、研究和評註，同時在「時間點」上也取得有力的佐證：

印地安神話分爲北美印第安神話和南美印第安神話，而南美印第安神話又分爲「馬雅神話」、「印加神話」和「阿茲特克神話」三部分。其中北美印第安神話是美國原住民的神話與故事，由於原住民神話身受薩滿巫術文化影響，因此主要信仰與大自然的神靈相當接近，對於動物神靈的崇拜，也衍生出了圖騰崇拜的信仰。而南美印第安神話相比前者體系更加完善，知名度也更加廣泛。

北美印地安神話是美國原住民的神話與故事，由於原住民神話身受薩滿巫術文化影響，因此主要信仰與大自然的神靈相當接近，印地安人們不僅敬畏神明，也敬畏大自然中的一草一木，相信即使是植物，也擁有自己的靈魂，因此值得受到人的尊重。對於動物神靈的崇拜，也衍生出了圖騰崇拜的信仰。

印地安人的宗教信仰比較複雜，在歐洲殖民主義者入侵之前，印地安人普遍信仰原始宗教，主要還是在大遷徙的過程中從原鄉帶來的「亞洲薩滿信仰」，包括有自然崇拜、鬼魂崇拜、祖先崇拜、圖騰崇拜、神靈崇拜、偶像崇拜。十六世紀隨著歐洲殖民者的入侵，基督教才開始傳入到了印地安人當中。

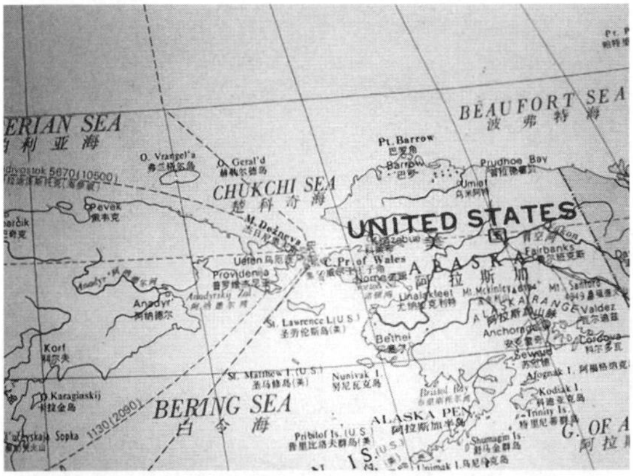

白令海峽陸橋連結亞洲和美洲

北美印地安人沒有創造大型建築群的文明

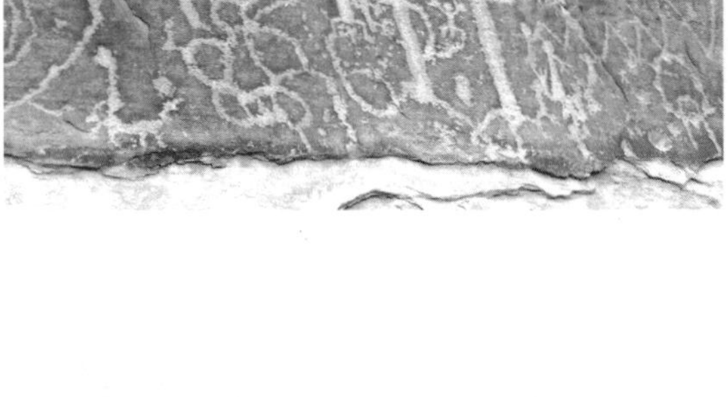

由於美洲印地安人不是一次移民而來，雖然，他們的人種、血統和 DNA 檢驗都指向同一個來源─「亞洲」，但是第一批大約在 15000 年前是從西伯利亞「楚科奇半島」經過「白令海峽陸橋」抵達北美的阿拉斯加州，然後再往南移民到加拿大和美國境內的，但是，從美國加州南部、中美洲和南美洲的印地安人就可能晚了好幾千年，是由海路「逐島跳躍」式移民而來，所以，因爲移民的時間差距很大，互相幾乎完全沒有任何交流，而帶來的文化已經有相當大的差異，這點可以從各自留下的「文明遺跡」就可以看出；譬如在北美洲的印地安人族群，幾乎沒有任何大型的建築物，在觀念上也比較原始；而中南美洲的印地安人族群，包括馬雅人、印加人、阿茲特克人都有高大雄偉的金字塔建築，同時在生活文

明及精神文明方面也顯得更爲進步；那是因爲他們的原鄉—「亞洲」，在15000年前到5000年前，這一萬年之間，文明正是快速躍進的時代，尤其是後期從海路移民到中南美洲的幾批印地安人族群，他們曾經的原鄉—「亞洲」（極可能是中國，已經正在從石器時代過渡到銅器時代，甚至已經有成熟的農耕技術，以及初級的圖象文字，信仰方面也改變了許多，因此，和移民前輩的北美印地安人族群帶來的是15000年前的原鄉—「亞洲」的早期文化程度，在北美廣闊的大地上，並未能源源不絕的注入活水，以至進展緩慢，仍然通常狩獵和遊牧的生活，從北美帳蓬爲臨時居所的普遍生活型態與中南美洲有固定石砌屋舍來比較，同樣可以看出早期和晚期移民，在文化水平上已經有著非常大的差異。）

在北美的印地安人族群的歷史進程：

古印第安時期　（距今12,000 年至8,000 年前）

狩獵遊牧時期　（距今8,000 年至西元100 年）

農業形成時期　（西元100年至西元1000年）

城鎮發展古典時期　（西元1000年至1500年）

北美的印第安人是遼闊富饒的美洲的原始居民，有許多部落。他們和中國北方一些少數民族一樣，大多居住在山林、大草原等邊陲地區。不管是大森林中的印第安人還是大草原地帶的印第安人，他們所住的帳篷有一種在造型上和中國北方山嶺上鄂倫春人的簡陋帳篷「仙人柱」（撮羅子）是幾乎完全一樣的。印第安人帳篷，一般是用七張野牛皮縫製起來的，架起來後很高，很寬敞。帳篷架是用三根木桿連在一起支撐的，立起來後，再用一些輔助木桿加固。野牛皮固定在其中的一個木桿之上，然後圍在整個框架上，上面留出一個口作爲煙筒。最精明的設計是風進不到帳篷裏。在帳篷裏的地中間挖一個淺坑，這是作爐灶用的。帳篷內壁再用動物皮覆蓋好，即使是冬天也是一個很好的防寒所，完成的帳篷形成一個圓形三角錐的造型。鄂倫春人住的「仙人柱」，也是用幾根五六米長的木杆子搭成圓錐形架子做成的，冬天蓋麅皮和蘆葦簾，夏天覆蓋樺樹皮。「仙人柱」的中央有火堆，上面吊著鐵鍋煮肉，屋頂也有開孔出煙通氣。這種圓形三角錐形的帳篷，在中國北方大部分遊牧漁獵民族，譬如達斡爾族、赫哲族都是大同小異的，屬於臨時性的棲所，而且還包括更北方西伯利亞的一些遊牧民族，譬如愛斯基摩人、楚科奇人、馴鹿的涅涅茨人更遠至「斯堪地那維亞」的北歐民族都有；而很巧的是這樣一個橫跨美洲、亞洲、北歐的各個遊牧漁獵民族，又同樣是信仰「原始撒滿教」的，所以，互相之間當然有一定的血緣關係。美洲印地安民族是從亞洲移民過去的這點不但有著歷史上的證據，最新的 DNA 檢驗也證實了這點，但是，在北美地區的印地安民族移民的時間最早，所以不但帶過去的是遊牧漁獵的生活方式和「撒滿信仰」，連圓形三角錐形的帳蓬也一併「移殖」過去，一萬多年都沒有太大變化，而且也因爲「白令海峽」陸橋沉沒之後，形成了封閉式的文化，以至連建造大型地上宮室的能力亦付闕如，這點和中、南美洲的印地安族群有高大雄偉的金字塔群和石屋居所的生活型態是大相逕庭的。

中國東北少數民族的「仙人柱」（撮羅子）

西伯利亞馴鹿人的帳蓬

北美印地安人的帳蓬

（註：目前學術界普遍認同的結論是，印第安人的祖先是由亞洲跨越白令海峽到達美洲的，亞洲的蒙古人種與美洲人祖先有淵源關係。在第四紀的一些時間裡，尤其是在最後一次冰河期，海面下降了大約 130~160 米，水深只有幾十米的白令海峽祖露出了一座陸橋，連接起了亞洲東北部和美洲西北部，成爲亞、美兩洲的天然通道。當時以獵取猛獁、鹿

類爲生的亞洲東北部獵人很有可能尾隨這些動物穿過白令海峽大陸橋來到了美洲，成爲美洲遠古文明的始祖。

過去追尋美洲原住民的起源，大多以「來自亞洲單一族群」作為解釋。最近科學家有新發現，指 5000 至 15000 年前的移民其實不只一批，總共有三波旅行者陸續抵達美洲大陸，其中還有一支與漢族華人有密切相關。

考古學界普遍認為，美洲原住民的祖先應是在 15000 年前、冰河期即將結束之際，從西伯利亞經過白令陸橋（Beringia land bridge），到達美洲大陸，他們全是屬於單一族群。

可是倫敦大學人類基因學專家魯斯林奈爾（Andres Ruiz-Linares）分析 52 種美洲原住民，以及 17 個西伯利亞族群的 DNA，發現驚人的異同性。研究指出，第一批移民應是現今加拿大魁北克 Algonquin 族、南美洲 Yaghan 族、瓜地馬拉 Kaqchikel Maya 族的祖先。後來還有兩波移民，他們是在白令陸橋消失後，以搭船的方式來到美洲，移民中還有人的基因特徵與漢族相同。

部分考古學者、語言學者仍堅持美洲原住民屬於單一族群起源，但魯斯林奈爾堅稱，新的 DNA 分析是依據完整的基因組進行比對，這項發現是無庸置疑的。）

同樣的，雖然北美、中美和南美洲三個地區的印地安人族群都是受到「亞洲薩滿信仰」的影響，但是，在北美的並沒有形成正式的宗教，倒卻是在中、南美洲卻都有了正式的宗教信仰，雖然在形式和信仰主體上已經和原鄉——「亞洲」的原始「薩滿信仰」明顯不同，但是，有些鬼神觀念和「撒滿」的存在卻還是有很大的共通點；

如果不分地區，整體來探索美洲地區印地安人的信仰觀念；在共通方面可以從網路一些相關資料匯整出一個梗概：

在印地安人的原始宗教中存在兩種宗教觀念，一種是萬物有靈觀念，一種是巫術觀念。萬物有靈觀念相信世間的萬事萬物都有靈魂，人、動物、 植物和山川河流都有靈魂。人死了，但靈魂不死；自然物體沒有生命，但有靈魂。各種靈魂沒有高低貴賤之分，只有善惡之分。印地安人信仰的精靈無處不在，整個自然界到處都有精靈到處遊蕩，還為精靈尋找化身，認為自然存在物是精靈的化身。相信有精靈存在，人們就想出了一些乞求精靈保護的辦法，由此產生了一定的祈禱儀式和內容，這便是宗教儀式的最早發端。巫術觀念是伴隨著萬物有靈觀念而產生的，因而，凡是相信萬物有靈的印地安人必然都相信巫術。巫術是一種原始信仰，是原始人類藉以驅鬼避邪、祈安求福的辦法。巫師充當人與精靈之間的仲介，實施法術，為人們驅鬼求福。巫師在實施自己的魔法的時候，裝扮成有關的精靈並持有各種魔具，他們或唱或跳，或擊鼓或搖鈴，有時還要吸食大量的煙草，使自己昏沉欲醉，精神錯亂，表明自己受神靈所使，具有超凡的本領。

亞洲傳統「撒滿」

西伯利亞「印地安族」撒滿

美洲「印地安族」撒滿

與「亞洲薩滿信仰」幾乎完全類同並有明顯傳承關係的就是「鬼魂崇拜」與「祖先崇拜」；在印地安人的原始宗教中還有鬼魂崇拜現象。鬼魂崇拜來源於萬物有靈的觀念，認為不僅自然物、動植物有靈魂，人也有靈魂。人死之後，靈魂離開了肉體就變成了鬼魂。同時認為鬼魂與人類的關係密切，因此便對之加以祭祀或崇拜。在阿勞幹人中間就有鬼魂崇拜現象，在他們眼裏死亡不是一種自然現象，如果一個人不是作戰時或發生衝突時被人打死，那麼他的死亡一定是遭到了巫術或惡魔傷害的結果，他們認為人死後有鬼魂，且相信有陰間，鬼魂在陰間像人在現今世界中一樣生活，因此在埋葬死人時，他們要為男子隨葬武器、女人隨葬日用器皿等來祭祀。查科地區的印地安人認為，人有靈魂，人死以後靈魂離開肉體去別處生活，自然界中的精靈也包括人死後的精靈，它們會降病於人。因此，人生病之後，要請巫師從病人身上驅除精靈。巫師則用敲打響鈴、手鐲和腳鐲等率眾舉行儀式舞蹈來驅趕它們。同時在某些部落中，舉行殯葬儀式時，為祭祀靈魂也要舉行儀式舞蹈。

祖先崇拜是印地安人中非常普遍的一種信仰形式。祖先崇拜是對人的崇拜，受崇拜的多是一個部落傳說中的鼻祖。印地安人的祖先崇拜大體上經歷了幾個階段的變化，原始的祖先崇拜是氏族團體共同祖先的崇拜，然後是部族內共同祖先的崇拜，再後是家族或家庭祖先的崇拜。祖先崇拜中受崇拜者常常被認為具有超自然的神力，受崇拜的祖先被同族人當作象徵，從而形成了一種凝聚力。

印地安人的薩滿教的基本特徵是相信萬物有靈和靈魂不滅，認為神靈、人類、魔鬼各有所居，神靈賜福，魔鬼降禍；相信氏族等薩滿神能保護族人，其代理人和化身薩滿作為人和鬼神的仲介具有特殊的品格和神通，能為本族消災求福，一般有全氏族共同參加的宗教節日和宗教儀式。

美國加利福尼亞的印地安人曾以信仰薩滿教著稱，在他們的各個部落中間普遍地存在著巫師薩滿，北部諸部落以女薩滿行巫術為主，其他部落則男女薩滿兼得其術，薩滿的主要職責是祛病，就祛病的方式而論，大多數部落的薩滿可分為兩類，一部分只負責從事診斷，確定病因，被認為是「法力較弱」，無力祛病；而另一部分則被認為是「法力較強」，不僅可查明病因，而且可祛病禳厄。他們相信疾病乃是被稱為「痛」的某種東西侵入人體所致，所以要將「痛」從人體內排除，疾病可愈。同時他們相信，這種所謂的「痛」可使人成為薩滿。

（筆者評註：這點與中國東北、內蒙以及一些西伯利亞少數民族的「撒滿資格」如出一轍，亞洲的「撒滿信仰」中，往往也是因爲莫名其妙的生了一場長時間的昏睡怪病，然後就成了「撒滿巫師」，這叫做「撒滿病」。）

南美印第安神話則是由馬雅、阿茲特克和印加三部分組成。整體來說，三個神話體系都是由其當地文明演變而來，羽蛇神與太陽神是他們主要崇拜的神祇，而具體的神話故事則是各具特色且個性鮮明。其中馬雅神話注重預言，阿茲特克神話則喜歡表示人對於神的崇敬，印加神話將太陽神至爲唯一至尊，並將自己稱爲太陽神的子孫。

馬雅人的信仰與靈魂觀

馬雅人的歷史開始於西元前 1500 年，滅亡於十六世紀。

馬雅人在思想上以宇宙為中心，而宇宙的每個區塊都有不同的神控管，但總體來說，宇宙是環環相扣的。人們所居住的世界、天堂與地獄都是宇宙的集合體，在宇宙中任何力量都只是其中的某個面，而力量屬於宇宙本身。

馬雅人認為宇宙的每個區塊都有不同的神控管，而這些區塊能夠個別對照在不同神靈身上。但馬雅人並不是把宇宙作切割，他們認為掌管各區的神靈是在一個連續且不能分割的空間中持續運動。宇宙能夠將這些連續區塊統一，而時間與空間就會在其中流動。這種持續運動的力量來源就是宇宙自己。

馬雅文明金字塔

印加文明「馬丘比丘」城

阿茲特克文明金字塔群

這種儀式是根據一個傳說，如果不用人的心臟去不間斷的祭祀神明，神的力量將會大大的減退，所以他們必須殺外族並取其心臟，來保持神的強健。被獻祭的人，將會被帶到金字塔頂，全身塗滿藍色顏料，由主祭司以黑燧石刀剖開胸膛取出心臟，並將心臟的血抹上神像的臉上，隨後將祭品的屍體踢下金字塔，由低階的祭司將屍體剝皮，再將人皮披上主祭司身上。若祭品是位驍勇善戰的戰士，他的屍身會被支解，由貴族和群眾享用。如果是個俘虜，則被食用完後的骨頭會留給抓到他的人作為紀念。在傳說的助力之下，人祭就成為馬雅文明不可或缺的存在。群眾相信藉由分食屍身就能夠繼承此人的精神，這種觀念可在壁畫上記錄著馬雅人上戰場的圖像裡找到。而出現缺乏祭品的時期，馬雅人甚至會故意挑起與他族的戰爭，藉此獲取祭品的來源。

馬雅人認為生命是無足輕重的，也進而使他們對於死亡的態度是包容的、不畏懼的。戰場上死去的同伴和分食他們的屍身，已經成為繼承他們勇敢精神的象徵。此外，正是這些儀式，使的從小參與其中的馬雅兒童從小就被灌輸了為神而死是榮耀的，而死亡並不足以畏懼，當你倒在戰場上的時候，就是成為依然佇立的戰士們的勇敢象徵。

（筆者評註：關於食用敵人甚至同伴的肉、內臟或生飲其鮮血，可以將他的「力量」，特別是「勇氣」和「靈魂的能量」轉移過來增加自己的能量，這在全世界許多原始民族都有這樣的觀念和習俗，譬如「巴布亞紐幾內亞」的食人族或者印尼一些島嶼原始民族也都有。）

馬雅人是「多神信仰」的民族，他們的日常生活從出生、死亡、農業活動、四時記載、天文乃至建築都深受宗教的影響。馬雅的神相當多，主要的有：天神（Itzama）；雨神（Chac），還有創世神、玉米神、死神、北極星神、黑戰神、戰爭、暴死、人祭神、風神、水災、紡織、懷孕、月神、自殺女神。對雨神的崇拜，顯示馬雅是個農業社會；對於馬雅人而言，任何物品和動、植物都具有靈魂。因此，當砍樹或在地上挖洞播種時，都要向樹神或地神祭拜，請求諒解。不同於西方人信教是為了得救，馬雅人禱告不是為了避免災難或獲得永生，他們的祈禱只希望雨下的適時、適量，讓他們有好的收成。

馬雅人也有「天堂」和「地獄」之說。在天上，住著天堂之神王伊斯塔；在地下，有地獄（稱為米特），由魔鬼和死神烏豪統治。馬雅人死後的命運，主要取決於死者生前的社會地位，（比如，祭祀死後升入第三重天），部分取決於死的方式。

在馬雅人思想中的天堂只是尋找短暫幸福的所在，而勇士、祭司、被祭祀的人、難產而死的婦女以及自殺者，才是能夠進入天堂的人。在馬雅人的觀點中，自殺是需要相當勇氣的，而且他們是自願將自己交付給神明的，所以馬雅人並不鄙視自殺者。基於馬雅人對生殖的崇拜，難產而死的婦女理應要在天堂裡。生活在西方基督教文明和東方印度教文明中的人們，也許會納悶自殺者和難產而死的婦女為什麼在前往天堂的隊伍裡，但是對馬雅人而言，主動將自己託付給神，為了生產而死去的婦女，就如同經歷戰爭而死去一般值得尊敬。

馬雅人對死亡的看法有點特別。他們所崇拜的神祇中，有一位重要神祇 Ixtab。這是其他文明中很少見到的自殺神，通常被描繪為脖子上繫著一根繩子的女神。馬雅人認為，自殺，尤其是上吊自殺，是一種光榮的死亡方式。馬雅人深信天堂就在自殺的另一面，女神 Ixtab 會陪伴這樣的死者前往天堂。除了自殺，作為祭品犧牲以及因分娩併發症的死亡都是高貴的死法，這樣的死者能夠直接進入天堂。罪惡和魔鬼會永遠在西瓦爾巴受苦。

自殺女神

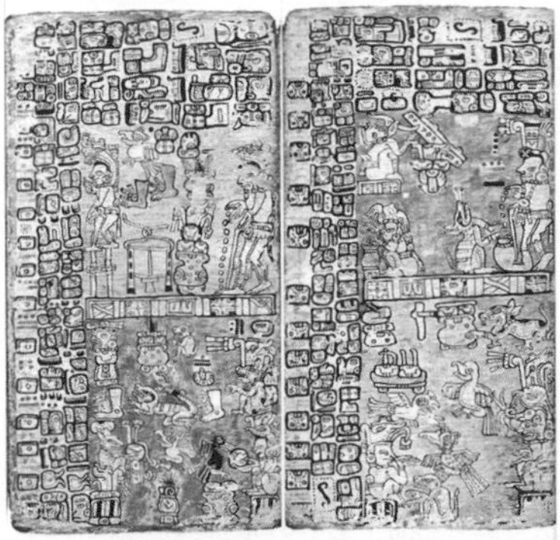
聖書 Popol Vuh1)

聖書 Popol Vuh1)的神話故事雕刻

馬雅人的地府（Xibalba）

（筆者評註：關於「自殺女神」是馬雅人特有的信仰，也許現代人會感到不可思議甚至持否定或懷疑的態度，但是，筆者認爲那是對歷史年代及世界宗教史不夠宏觀才會作此想；我們必須了解到：美洲印地安人從亞洲以各種方式遷徙並定居北美、中南美洲的時間是在一萬多年前，然後有很長一段時間因爲「白令海峽陸橋」再度消失，而幾乎不再有機會和亞洲文化密切交流，同時在所謂「哥倫布發現新大陸」之前，有更長的時間根本不曾和歐洲文化有過任何激盪的；也因此東方「印度教、佛教」是起源於三千年前，所主張的「業報輪迴說」以及「自殺者」會在「地獄」或「枉死城」受苦的主張，只會影響到後來的亞洲各國，並形成觀念上的制約。怎麼可能影響到美洲印地安民族呢？同樣的，西方的猶太教起源也大致是三千多年，從而衍生出來的基督教、天主教、伊斯蘭教，雖然也是力主「自殺」是不可饒恕的重罪，必定會下地獄受盡折磨的教義，這種教義觀念當然也不可能影響到原始時期的美洲來；也因此對於「自殺」的觀點也就大相逕庭了，我們不能昧於歷史和宗教文化的本位主義，誤將亞洲、歐洲的主流宗教觀點用以檢視美洲印地安民族傳統的生命觀，而且，就以同屬亞洲的中國來說；原本也是抱持樂觀豁達的「生死觀」，從來就認爲「生爲徭役，死爲休息」，認爲人死後是去另一個世間和祖先團聚享福的，雖然沒有強調「自殺」者也一視同仁，但是，對於「自殺者」至少從來是同情多過於苛責或鄙夷，所以也不曾「阻止」其「回老家」；結果是到二千年前佛教傳入中國以後才帶進了「地獄」的悲慘殘忍的觀念，然後更晚傳入的基督教、天主教才更強調了「自殺者會下地獄」的教義。那麼原先中國人對於「自殺者」的悲憫和諒解，不也是屬於「亞洲撒滿信仰」的源流嗎？也因而，再來看看馬雅人有關「自殺者」死後處境和「自殺女神」的傳說，顯然並非不合理，而且，同樣是悲憫和諒解的心態，這點甚至可能更接近「靈界」的事實；如果馬雅人認爲「自殺者」的亡魂會受到「自殺女神」的接納和保護，這與筆者經由深度冥想所見到的「自殺者亡魂」在靈界會有不同的「志工」熱心而善意引領輔導有著相同的際遇；相關內容已詳述於筆者所著「靈界的自殺亡魂」上下冊，1996年出版）

但是，馬雅人的世界觀卻是悲觀的；他們認為：『第一個世界的居民都十分矮小，他們建築了許多高大的建築物，自己卻在太陽升起的時候變成了石頭，最終他們的世界被稱作 HAIYOCOCAB 的洪水給毀滅了。第二世界的居民被稱為 ZOLAB，意思是侵略者，但他們的世界仍舊被大洪水毀滅。第三世界是馬雅人自己所住的，結果還是被洪水毀滅。第四世界是前三個世界的殘存體，結局也和前三世界相同。』，馬雅人認為世界分為四個部份，然而最終這四個世界都毀滅了，這無不透露了馬雅人認為世界無論多美好，最終都將滅亡。但是反過來想，這不也表示馬雅人對於世界性的毀滅，抱持著難有的包容、開闊的胸襟？反映出生命無足輕重的宗教儀式早已讓馬雅人面對死亡抱持著坦然的心態。

（筆者評註：「悲觀的世界觀」或「宇宙觀」並非一定是錯誤的，如果實事求是而言；馬雅人甚至比我們現代人更務實；因爲近代天文學的發達，已經發現星球是會新生，也會死亡的，甚至整個太陽系、銀河系都有可能自然「老死」或者因爲互相吞噬而毀滅再重生，或者有些科學家甚至主張整個宇宙膨脹到極限之後就會反過來往內崩塌。）

現代馬雅人的宗教觀沿襲了他們祖先對宇宙的看法，認為宇宙可以分為三個部分：天　堂、城市、地獄；也就是天、地與地下世界，而這三者是由一棵巨大的「宇宙樹」所貫串起來的。在馬雅人的認知裡，我們居住的地球是一個長方形的平面空間，而在這長方形的空間裡分成四個象限，分別代表東、西、南、北，他們理解的地球及生存環境，就像一隻漂浮在水面上的烏龜或鱷魚的背部一樣；他們相信世界上存在著很多神祇，而且他們可以藉由人化現為動物或植物的過程，去見證神明存在的事實。我們常可在馬雅人的宗教祭儀相關物品中到人、動物、植物的影像融合為一，祖先的創世神話，被融入他們的世界觀中，從這點上可以看出，馬雅人的文化傳承自古至今一以貫之。

（筆者評註：大地由一隻巨大烏龜承載的原始宇宙觀，在中國和印度都有，印度還在龜背上多加了一頭大象。）

傳統薩滿教的巫師具有崇高的地位，同時也是部落裡的宗教領袖，具有進行儀式、幫神像加持的功力，他們會在儀式進行的過程中焚香、念咒語，而且配合音樂伴奏而舞蹈；常用的樂器包括鼓、豎琴與吉他，使用的供品包括鮮花、香；這些物品在整個宗教儀式中相當重要。

馬雅人認為焚香之後的煙氣，可以讓神明享用，並引領神明化現；薩滿教的巫師身為宗教領袖，對大自然的動、植物都必須相當瞭解，他們常常會戴上結了彩帶的帽子，進入森林尋找草藥，來替人治病。若要替人占卜或舉行治病儀式時，巫師則會將採集的植物分類，然後使用一些具有象徵意義的東西，例如種子、水晶或玉米核等來輔佐，再加上焚香、念咒，使他自己進入一種類似催眠的狀態，在這狀態中，他便可以接收到來自神明或祖先傳遞的訊息；巫師也可以化身為他本身生命特質裡的其他動物屬性，如果他可以化身為豹或蛇，通常會被認定為靈性的力量比較高。

（筆者評註：印地安人的「薩滿巫師」爲了快速的「出神人神」除了使用咒語和激烈的旋轉舞蹈來協助，也使用濃烈的煙草以及一些致幻的草藥，譬如古柯葉、類似大麻的植物以及最強的「巴西魔菇」，效力甚至超過人造的迷幻藥 LSD。）

馬雅人的家庭觀念很強，所以才能把過去的文化傳承下來，而不至於遺落。在家裡，他們常會舉行宗教儀式，祭拜祖先。中美洲現在於每年十月底到十一月初舉行極具特色的「亡者之日」，便是馬雅人祭拜祖先的活動。他們在去世者的墳上以及家裡的神壇上放置鮮花、供品，相信死者會在這段時間回來享用，並與家人團聚。

中美洲神話有一些共同的特徵，其中之一就是宇宙的形成。馬雅人認為宇宙是由東、南、西、北四個方位的四棵聖樹所支撐。每個方位以紅、黃、黑、白四種產色代表。宇宙的中心則是綠色的世界之樹，叫做卡波克（Kapok）。每棵樹上的鳥與生物都與該樹的顏色相同。

如同阿茲特克人，馬雅人也把宇宙分為三層：「天國」、「人間」、「地府」。不同的是，馬雅人的天國是死於非命的凶亡者死後的去處。地府依死因分為十三層，每層由一位神祇掌管，叫做巴卡巴斯（Bacabs）。諸如「活人祭」的犧牲者、溺斃者、戰死者等分別歸屬於不同的層面。神壇和祭台都設在金字塔的頂端，在最接近天國的地方舉行宗教儀式。馬雅人的平頂式金字塔和埃及人的尖頂金字塔不同，前者是祭神的地方，而後者純粹是帝王的陵寢。馬雅宇宙的底層是陰森的地府（Xibalba，意為「恐怖之地」），分為九層，由地府之神穆安（Muan）掌管。

馬雅人相信，大部分的人死後都前往地府，必須以機智戰勝地府的死神，才能化為聖體升天。地府不是罰罪的處所，死後的境遇與生前的善惡作為無關，即無基督教「末日審判」與佛教「因果報應」的觀念。安葬國王與祭司的金字塔就是九層地府的象徵。

（筆者評註：其實馬雅人對於下界的觀念還是比較趨近中國人早期的「陰曹地府」的觀念，而不是後來由印度佛教傳入之後所帶來那種「閻魔地獄」，專門以生前言行和心性善惡，特別是所謂造了「惡業」就要接受各種殘忍的酷刑。而所謂地府分爲九層的觀念也許同樣是受到中國傳統「九泉之下」的「陰曹地府」觀念的影響，不過無論如何都不是處罰罪犯的地方。）

馬雅人的概念中，世界分為三個部分：作為「上界」的天堂（十三重），在中間的人界，以及一個地下世界西瓦爾巴（分九層）。這三界中有著一個中心軸，實際上就是一棵是世界之樹。馬雅人稱為 itzam-ye。世界上的能量可以在這棵樹上下流動，生命之樹位於世界的中心，從第九層的地下，貫穿人間，一直伸展到第十三重的天界。每一層都有自己的統治者，除了世界樹外，馬雅人也認為我們可以從岩洞或是水井進入下界。

馬雅人的世界之樹（itzam-ye）

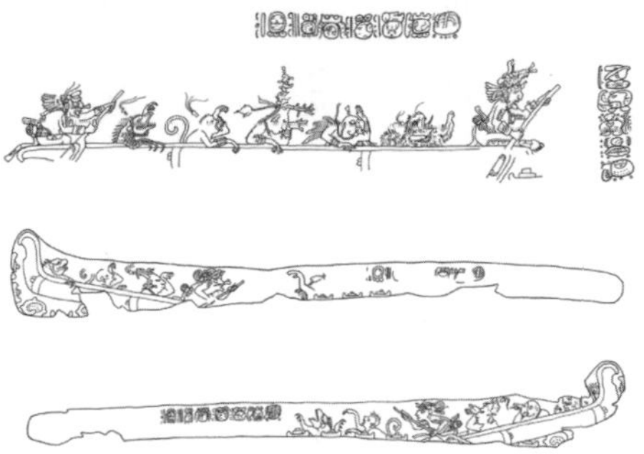
玉米神穿越地獄（下界）的水域

馬雅神話地府（Xibalba）

西瓦爾巴由死亡和疾病幽靈控制。其名字的意思是「恐怖之地」或「幽靈之地」。其入口是瓜地馬拉 Cobán 附近的洞穴。在瓜地馬拉基切人的聖書 Popol Vuhl） 中，描繪了這個地表以下的世界。

根據 Popol Vuh 的描述，西瓦爾巴是一個處於地面之下的城市或領域。它們通常被描繪為具有人形。西瓦爾巴是一個與死亡緊密相聯的所在，由十二位神或者領主掌管。首先是一死和七死，剩下十位則通常被描述為執行任務的魔鬼，它們控制著人類的苦難：疾病、饑餓、恐懼、窮困、痛苦，以及最終的死亡。西瓦爾巴的其他居民在這十二位領主的控制之下，去往地面執行賦予他們的任務。

西瓦爾巴最底層是 Metnal，那是九層地下世界中最黑暗、最恐怖的一個。Mitnal 的統治者是 Ah Puch，通常他以骷髏表示。在典禮上，人們通過吟唱祈禱，將疾病放逐到 Metnal。

西瓦爾巴至少有六間對來訪者進行測試和考驗的死亡之屋。首先是黑屋，伸手不見五指；其次是寒屋，來訪者要忍受刺骨的寒冷和大塊的冰雹；第三間是美洲虎之屋，其中全是饑餓的美洲虎；第四間為蝙蝠屋，屋內充斥著危險的蝙蝠；第五為刀屋，充滿了運動著的刀刃。在 Popol Vuh 的另一個部分還特別描繪了第六間死亡之屋：是充滿火和熱的熱屋。死亡之屋存在的目的是殺死或者羞辱闖入西瓦爾巴的人，只有用智慧才能從這些考驗中倖存。

上頁第二張圖片是 Tikal 出土的骨雕的線描圖，裡面充滿奇行怪狀的生物。其實，前後兩位是劃槳者之神，前面那位象形文字是「黑夜」的意思，後面那位象形文字是白天的意思，暗示著白天與黑夜。中間的乘客就是玉米神，兩位劃槳者之神帶著玉米神穿越地獄（下界）的水域。當然，劃槳者之神還有更複雜的宗教內含。

印加人的信仰

印加人的歷史開始於西元十一世紀，滅亡於十六世紀

印加帝國自始至終，上到印加王，下及普通百姓都尊奉太陽為唯一的主神，並通過多種形式崇拜他：印加王族及所有賜姓印加的人均尊稱他為「太陽我父」，自承太陽之子奉神命執掌世俗事務；為他建廟宇且全部嵌以金箔，為他敬獻多種祭物，貢奉大量金銀珠寶，以感謝他的賜予；把帝國全部耕地的三分之一以及土地上的出產作為他的財產施惠給國民，以便帝國之內沒有凍餓乞討之人；為他建造深官幽院，供他的那些永保童貞的妻子（太陽貞女）居住。除太陽之外，他們還從內心裏崇拜「帕查卡馬克」為不相識的至高無上的神，對他的尊敬勝過太陽；但不為他敬獻祭物，也不建造神廟，他們雖未看見他，他也從未現身，然而他們卻相信他的存在。總之，除以上一位看得見和一位看不見的兩位神之外，印加諸王不崇拜別的神。維拉科查神這位太陽之子在印加帝國中期顯示諸多聖跡之後才被奉為新神，級別稍高於印加諸王。除此之外，風雨雷電被視為太陽的僕役而得到陪祭，月亮則被視為太陽的妻子和姐姐以及印加王的母親得到敬重。星辰則因為是月亮和太陽官中的侍女和女僕得禮遇。所有這些都通過法律曉諭整個帝國，以致於這些神話深入到生活的方方面面，從政治生活，到對外征伐乃至普通百姓的生活，和歷史現實交織在一起，殊難分辨。印加人數百年歷史就是

這樣在神話中度過，直至在神的詛咒和啟示的陰影中滅亡。

阿茲特克人的信仰與靈魂觀

阿茲特克人的歷史開始於西元十一世紀，滅亡於十六世紀。

宗教在阿茲特克人生活中佔有重要地位。居民相信靈魂永存，並相信存在至高無上的主宰。他們崇拜自然神，主神威濟洛波特利（Huitzilopochtli）被視為太陽神和戰爭之神，其他的神主要有：創造神特洛克－納瓦克（Tloque－Nahuaque）、太陽神托南辛（Tonatinh）、雨神特拉洛克（Tláloc）、玉米神希洛內（Xilonen）、羽蛇神克查爾科阿特爾（Quetzalcóatl）、「雙頭神「 奧梅特庫特利（Ometecuhtli）及其妻子奧梅奇華特爾（Omecíhuatl）等，國王被看成神的化身，祭神時以戰俘為犧牲。其特異習俗之一是以活人為祭品，每年有數千人被祭神靈。武士以獻身祭壇為榮。

在阿茲特克人的崇拜的眾神中，掌管著整個中美洲文明的偉大的神『羽蛇神昆茲奧考特』有著非凡的影響力。據說昆茲奧考特是一個宗教領袖，他領導的宗教強調光明和學識，強調造人與自然之間創造一種和諧與平衡。

阿茲特克人對於冥世及人死後之事甚為關切，認為：戰死者、作為犧牲獻祭者、經商途中被害的商人的靈魂可昇天國，死於首次分娩的女子即成聖女，其餘人死後的靈魂則下到沙漠之底，最終化為烏有。

吉貝樹，又名世界樹或生命之樹，是一種在前哥倫布時期盛行於中美洲的神秘宇宙論的一個傳說，與當地的創世傳說及圖像學相關。世界樹並不是一棵樹，而是由多棵樹組成，除了在中央的一棵連接天、地與陰曹的支柱以外，在四個方位各有一棵代表著中央一棵樹的其他四棵樹。它象徵著生命，位於宇宙的中心。

世界樹經常被描繪為有鳥兒在樹枝上，而樹根則深入至泥土和水裡。在中美洲的神話傳說，地府的象徵物是一隻水怪，所以世界樹深入「泥土和水裡」，其實亦入深入「地府」的意義。

「米特克蘭堤庫特裏」與「米克特凱西華提」

阿茲提克冥界之神「米特克蘭堤庫特裏」（Mictlantecuhtli 意思是米克特蘭的主人），在阿茲提克的神話中，是死神與冥界米克特蘭之王（Chicunauhimictlan），那裏是地下世界最底層的最北邊。它是阿茲提克主神之一，也是陰曹地

府的男女神當中最重要七位神祇之一。有時對祂的崇拜跟吃人儀式有關，在神廟的儀式裏會吃人。米克特蘭堤庫特裏的樣子被畫成濺血的骷髏，或是一個戴著凸牙頭顱的人。在阿茲提克的世界裏，骷髏的影像是豐盛、健康、繁饒的象徵，影射死亡與生命之間的關係。祂常常會穿著涼鞋，這象徵祂在冥界七神的排名很前面。祂的手臂經常做出攻擊的姿勢，表示祂準備好在亡者進入祂的領土時撕裂他們。

祂的妻子是「米克特凱西華提」(Mictecacihuatl)，據說祂們一起住在冥界一棟沒有窗戶的房子。米克特蘭堤庫特裏和蜘蛛、貓頭鷹、蝙蝠有關，祂住在在十一點中方向的北邊，也就是米克特蘭巴（Mictlampa）—死者的國度。祂是少數能夠同時管理三種靈魂的神明，阿茲提克人把正常死亡者的靈魂分成三種，所謂的正常死亡就是年老或是病死、英雄的死亡（如戰爭、犧牲或在分娩時死亡），或者是非英雄式的死亡也算。

通往彼岸之路

馬雅人的墓室有時會有一條細細的「心靈通道」「通往外界，帕倫克文字廟中的 Pakal 大工墓便是一個最好的例證。其功用並非像埃及古墓中那樣是為了通氣，因為馬雅的墓室挖掘不是很深，而且在建築期間進出也很方便。它的存在是為了使亡者的靈魂由此得以逃脫。把這種小通道看成是靈魂通道的前提是，靈魂在馬雅人的觀念中是流動的氣體，而且會在屍體被埋葬後從這條路出去，流入空氣中並飛升上天。類似的想像在很多文化中都有存在，比如在古代埃及。（筆者註：譬如在中國「斐李崗墓葬群」中發現的「甕棺葬」的甕蓋上刻意打了一個孔洞，也是同樣的作用和意涵。）

墓穴大部分都用朱砂和赤鐵礦塗成紅色，因為紅色是血的顏色。此種色彩符號不僅是跨文化的，而且早在舊石器時代就有存在。

人死後要去的第一個地方是冥界。在生者為死者準備的各種陪葬品中，常常有為亡靈準備的作為旅途乾糧之用的各種飲料食品。不多見的人牲所擔負的職能，除了守墓之外，可能也是為了在通往冥界的路上並在到達之後供亡靈驅使。在陪葬的陶器上面常常畫有冥界殿堂的圖畫，裏面住民繁多，也就是說，那些在路上陪伴過君王亡靈的人們，也將在這裏為他服務。死亡之旅開始的時間，是在死者的生命停止幾天之後。

在中美洲的民族中不只馬雅人具備這種土生土長的關於彼岸世界的構想。十六世紀到達本地的方濟各會士 Bernardino de Sahagún 曾經用阿茲特克語對在殖民時代之前生活過的阿茲特克印地安人的文化進行了記錄，並配有插圖。其間也有不少這方面的資料。

有關死亡之旅的想像也見於世界上的其他古老文化，比如古埃及和希臘。它揭示出了一種觀念，即認為此岸與彼岸是兩個分開的世界，從這一邊到達那一邊是有一段路程需要經過的。而且有各種進入的不同方式：

一，舞入彼岸

舞蹈的場面在陶畫中出現的頻率很多。在「祭台城」葬有一位年輕婦女的第96號墓中出土的陶杯外壁上的圖畫。這個杯子並非出自本地，而是被作為禮物從外地帶入的。出土工作者推測，這是一個由前來參加葬禮的外地人贈送的陪葬物。從畫面上很難判斷，所表現的舞蹈是否真的發生在死亡之旅當中，以及它和死亡這件事情之間的關聯到底在哪里。但舞蹈和死亡有關這一事實，確可在文字和圖畫資料中找到證據。

古墓出土的陶杯，彩繪用舞蹈方式進入冥界

二，騎往彼岸

雖然在歐洲殖民者把馬帶入本地區之前，馬雅人的生活中沒有任何騎獸，以致「騎入彼岸」這一說法聽上去有點離奇，可是他們又好像有足夠的想像力，能夠設想出人騎在鹿背或者野豬背上的樣子。這種死亡之旅的畫面出現在了一系列的陶器上面。認為人死後也可以騎著鹿到達彼岸。

三，乘船前往

馬雅死亡之旅的另一種形式是乘坐舟船前往彼岸。在蒂卡爾第116號墓，也就是1號金字塔下埋著Ah Kkw王的墓中，出土了大量精細的帶有文字的骨雕作品。從中我們得知，這位君王是坐在一條大獨木舟中，由兩個神靈幫他划船，並由為他哀悼的大蜥蜴、猴子、鸚鵡和狗陪伴著前往彼岸的。這幅圖畫的主題和古代希臘神話無論在結構上還是在具體情節上都有驚人的相似之處。希臘神話中的死者由天神的傳令官赫爾墨（Hermes）陪伴著，被船夫「卡戎」（Charon）運載著渡過悲愴河（Styx），而且同行的也有一條狗。此外生活在北歐的維京人也有類似的習俗。

生死兩界的分界線

馬雅死亡之旅要進入冥界，水面是分隔生死兩界的區域，在象形文字中被稱為ek' naabnal，意為「黑水」。另外一種進入冥界需經的區域是洞窟，在象形文字中稱作akul tunil。但兩種觀念實際上是相聯的，因為洞窟也是儲蓄地下水的所在，特別是在馬雅地區，有很多貯水的石灰岩溶洞。所以馬雅人所謂的分隔生死兩界的水，指的並不是在三面環繞著尤卡坦半島的加勒比海裏的海水，而是半島上面流淌在洞穴暗河中的地下水。為此「黑水」的說法指的並不是黑顏色的水，而是隱藏在暗處的黑幽幽的無底深淵。不過這裏的「黑」字可能也帶有隱喻的象徵意義，暗示著「危險」與「未知」等含義。

還有一種觀念把烏龜的身體看成是進入冥界的大門。用烏龜來比擬地面並不奇怪，這種想像在很多民族中都有。在馬雅人那裏，步入冥界時需要通過一面裂開的烏龜背殼。

所有這些進入冥界的入口，同時也是走出那裏的出口。學者們猜測，就像希臘神話中的奧費斯（Orpheus）可以在連接生死兩界的道路上雙向往來那樣，馬雅人的生死之路也是雙向的，並在圖畫中有所表現。不過在文字材料中至今還沒能找到走出冥界的紀錄。只有一個地方能夠提供比較可信的證據，就是在帕倫克的Pakal大王的石棺邊側的石雕中，有死者的祖先從裂開的地面中鑽出來的場面，頭上發出果樹的枝條（畫中這位婦女是Pakal王的母親）。樹枝以及根生於地面而向上萌芽的植物的主題，在這裏代表的只能是復活。

帕倫克的Pakal大王的石棺

從場所來看，水面和地面雖然表面上不同，但在「地下」這一點上是相同的。如此看來，冥界總的來說應是在地下。以上兩種看法是馬雅學者基於相同的資料而做出的不同的神學解釋。一種認為在彼岸之旅的觀念上是一體的，但其中結合了各種中轉站和行進方法；另外一種則認為每一種超度方式所代表的，是根據死者的生前表現來決定的死後的不同去向。後一種還可在生活在墨西哥中部的後期印第安人的有關彼岸世界的詳細記載中找到印證，即認為死者前往彼岸的道路與方式，取決於他生前的地位、功績及其死亡原因，在死亡之國，死者將去投靠自己的祖先與他們團聚享樂。從雅西曲朗的這一資料以及死去的君王們所獲得的冥界頭銜中可以推測，他們在死後將變為 way，並成為自己的城邦的保護神，他們將加入到居住在冥界的很多 way 的行列當中去。

有一部分君王確能享受此等待遇。最明顯的例子就是帕倫克的 Pakal 大王石棺棺壁畫上有關他的先祖從裂開的地面中鑽出、進入到發芽的果樹當中的畫面。這種在植物身上得到復活的觀念，在印度的宗教、墨西哥人的起源神話以及基督教的觀念中都有體現。棺蓋上，死去的 Pakal 王自己也將從冥界（地獸的嘴）中出來、升上人間。從他身上也長出了一棵樹，在樹梢上坐著一隻象徵天國的鳥。此外在象形文字中也常提到馬雅君王的「神性」（ch'u），所以他們在死後很可能是要步入天國的。

…………………………

本篇的重點有幾個：

第一，「靈魂」和「鬼魂」的觀念：這是北美、中美和南美洲印地安民族都有的共同觀念，也都是同源來自「原鄉」亞洲「撒滿信仰」固有的。

第二，「陰間」和「地下王國」的觀念也是非常類同的。但是「陰間」是一個相當原始的通稱，來自亞洲民族原始的陰陽二元論觀念，「陽間」是活人生活的空間，那麼死者生活的空間就在「陰間」，但是，必須特別註明的是：「陰間」並不等同於「靈界」。

第三，北美的印地安民族原本就沒有「地府」的觀念，但是，中、南美洲的印地安民族卻有非常明確的「地府觀念」，那是因爲移民時間先後差距太遠的關係：在經由「白令海峽」陸橋遷徙到阿拉斯加州再分散到加拿大、美國境內的早期印地安民族，因爲帶來的是早期本土原生性的「亞洲撒滿信仰」，這個早期信仰中有「天界或神靈界」及「祖靈世界」（陰間離形觀念），並沒有「地獄」或罪魂必須受到閻羅王和所統領的鬼卒酷刑折磨的觀念，甚至整個死後的世界都是比較快樂美好的。但是，中、南美洲的印地安民族屬於後期移民，甚至陸陸續續經由海路移民而來的，不斷的帶來新的文明技術，同時也帶來一些新的「信仰觀念」，以最早建國的「馬雅人」已經遲到三千五百年前，那時中國大約是商朝，是一個非常崇拜鬼神的王朝，自然更新了一些原始的信仰觀念，「巫師」的地位更崇高更重要了，已經可以預言國運甚至干預朝政了，在馬雅、印加、阿茲特克文明的許多器物上，也都能看到商朝銅器圖騰的影子，甚至幾乎完全類同。而印加、阿茲特克文明建立的時間更晚近，距今不到一千年，如果說受到亞洲「中國文明陰陽學說」的「地府觀」影響也不是不可能的。

但是，在「哥倫布」所謂「發現新大陸」以及歐洲人隨之大量湧入美洲之前，美洲印地安人各大族群的信仰是遺世獨立的，北美的印地安族群維持萬餘年沒有太大改變的「亞洲撒滿信仰」的傳統觀念，相信「萬物有靈論」；只有「天神界」和「祖靈崇拜」，相信「撒滿巫師」可以治病驅鬼，也可以和鬼神交流溝通，可以「出神入神」，但是沒有「地獄酷刑」和「閻羅王」的觀念。而中、南美洲的印地安族群雖然有「地府」的觀念，也有恐怖的「冥神」，但是，同樣沒有「地獄酷刑」和「閻羅王」；而「地府」也不是審核生前善惡行為來定罪執刑的地方，所以，可以說和距今三千年以來的印度以及距今二千年來的中國和亞洲各國，在死後世界在觀念上是南轅北轍的；完全沒有「因果業報、輪迴轉世」以及「依據業報好壞決定轉往善道惡道」的觀念。由這個不同的觀念可以看出從北美到中、南美洲的所有印地安族群；他們的「靈魂觀」和「死後世界觀」是幾乎完全類同於至少超過三千年以前的「亞洲撒滿信仰」的傳統觀念，甚或更類似中國傳統觀念的；如果直截了當的來說；所有死後的「亡魂」都是自由自在的，沒有任何宗教「人為編造」的枷鎖和監獄苦境；而且也不特別強調和界定其生前一生為人的善惡，以中國人的古話來說就是「人死債爛」和「只見活人受罪，那有死鬼戴枷」？基本上，只要人一死，生前各種恩怨情仇以及實質的債務全部一筆勾銷，沒有任何死後的亡魂還要為生前的善惡作為無限期償還的必要，除了「忠孝節義」者可以為神外，即使作惡多端者也沒有什麼「因果報應」，頂多只是阿Q補償式的詛咒他「祖上無德，禍及子孫」而已。也因為美洲印地安族群和亞洲民族有著血緣關係和共同的原始文化傳統，但是，因為沒有受到晚近「印度教、佛教」教義的影響，我們才能得到一個有力的對照樣本，在移民年代上，可以比較明確的定位在12000至15000年間經由「白令海峽陸橋」移民北美開始，那時原鄉的「亞洲」和「北美洲」只有「萬物有靈論」；只有「天神界」和「祖靈崇拜」，只有模糊的「陰間觀念」，卻還沒有「靈界」和「庶民天堂」與「地獄」的觀念，這在時間斷代上是很重要的一個指標。

第四，關於「冥河」的觀念，這點無疑的有著奇妙的世界共通性的；從埃及、希臘、中國都有「冥河」的觀念，而且都需要經由「船夫」擺渡才能渡過「冥河」前往「彼岸」。而在南美印地安族群的死後世界觀裡，同樣出現了「冥河」的觀念，但是，大海的隔絕，很難想像這是經由文化宗教交流而來的，爲什麼會「人同此心，心同此理」？關於這個疑問，筆者將會在「冥河」一章中詳述。

中國四川「三星堆遺址」出土的「青銅神樹」

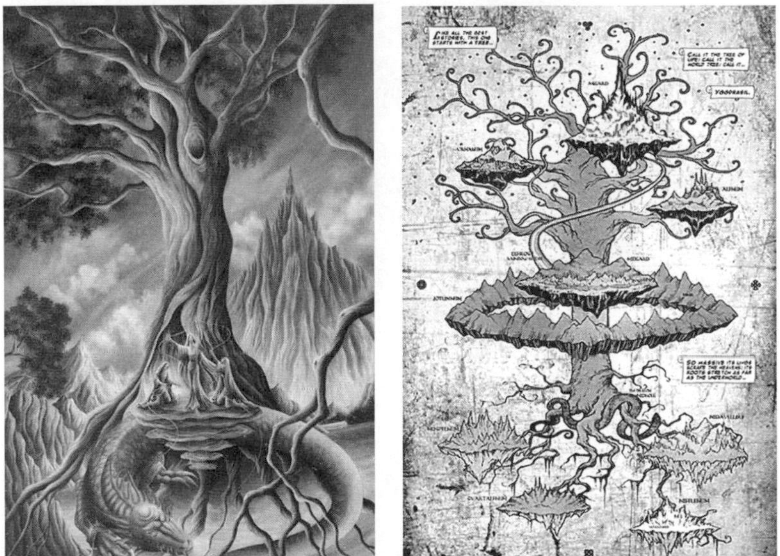

北歐神話中的「生命樹」與「宇宙樹」

第五，有關「宇宙樹」(「世界樹」、「生命樹」、「神樹」、「聖樹」)可以貫通天、人、地三界的觀念和具體造型的實物例證，幾乎是所有「亞洲撒滿信仰」的共同崇拜，在中國東北、內蒙、西伯利亞、北歐、南到四川三星堆遺址統統都能找到實體的類似造型的，不同材質製作的樹，不同造型的繪畫和浮雕；而不同文化信仰系統中從埃及、亞述到印度也都有這種觀念和實物證據；更從「中國北方撒滿信仰」的「宇宙樹」或「神靈樹」觀念發展成爲「天梯」（刀梯）的宗教儀式，並且流傳到中國南方的道教科儀及中國西南方少數民族的巫師登刀梯的儀式。

埃及「生命樹」

亞述「生命樹」

印度「生命樹」

在圖片中，可以看到相關的雷同性及關連性。而且，關於「宇宙樹」可以貫通三界的共通說法，可能也解釋了人類在「靈魂觀念」的共通性，因爲人的肉體是必定會老朽死亡的，但是，唯有「靈魂」可以在死後長存，那麼不論是上昇到「天界」去成爲神祇，或者留連在「人間」，或者下到「地府」，或者是和所有祖先們團聚享福，不管處境如何，「靈魂」就如同可以活上幾千年之久的參天古樹，是比肉體生命更長久續存的。所以不論是稱爲「宇宙樹」、「世界樹」、「生命樹」、「神樹」或者「聖樹」，一方面是形容「靈魂生命」的長長久久，一方面是形容「靈魂」能夠上窮碧落下黃泉的隨意自在。同樣的，後來變形爲宗教「刀梯」的形制及儀軌，也是在彰顯「法師」或「巫師」有如白居易「長恨歌」中所描述那位「道士」的高強法力：「臨邛道士鴻都客，能以精誠致魂魄。上窮碧落下黃泉，升天入地求之偏。」

北方撒滿信仰與南方乩童文化

亞洲薩滿教概述

在距今七萬五千年前的「火山冬季」造成地球物種和人類的大滅絕之後，倖存的數千人類從東非出走，爲覓食求生存開始了跨洲的大遷徙；不論他們確實的路徑如何？但是，終究又成功的繁衍後代，迄今遍布了全世界各地。目前還無法完全定論他們究竟是何時才遍布於亞洲各地的？但是，從跨越「白令海峽」（當時還是冰河期的「白令陸橋」時期）移民美洲的年代回推；應該在距今三、四萬年或最晚近不會少於二萬五千年前，在亞洲各地已經都有「新住民」（有別於更古老的「北京原人」和「爪哇原人」等）。

依照「文化人類學」的研究；「萬物有靈論」的觀念已經非常古老，依照「氏族社會」的發展歷程；在「家族」聚集爲「氏族部落」之後，基於原始民族敬畏天地自然，對各種天災地變、饑饉、疾病、受傷、死亡的本能恐懼；一種最原始的「祭祀」早就開始了；也許一開始並沒有專職的「祭司」或「巫」，也許只是群體共同的觀念和原始的儀式行爲，然後慢慢有了「主祭者」，可能本身就是「氏族」的首領，然後，部落群體因爲相信首領擁有特殊異能，或者因爲相信某人擁有異能，足堪率領部落群體獲得更多的維生的物資，在與其他物種、其他部落的鬥爭中較能獲勝；因而推舉他爲首領。也更或者這本身也是一種「智力」上的天擇機制，和其他靈長類動物也頗爲近似。但是，隨著「氏族」社會越來越擴大，生活細節越來越繁複；分工越來越專業；「祭司」或「巫」開始變成越來越專業的技能；氏族領袖不再兼任這個工作，一些祭祀天地山川、祈福禳災，爲部落同胞治病驅鬼的職掌就有了專職或天生擁有相關異能者才能擔當。

如果，我們將「尼安德塔人」的墓葬形制中，有正式陪葬品和代表生命的赭紅色礦石粉末的呈現視爲一種象徵；願意接受他們應該有了「靈魂不滅」的觀念；那麼在亞洲各地開枝散葉的人類族群，至少在三、四萬年之前已經同時有了「萬物有靈論」和「人類死後靈魂不滅」的觀念；而「祖靈信仰」也開始萌芽並逐漸穩固，形成最原始的信仰形式。

當然，有信仰就必然會有各種祭祀和溝通的活動，而「薩滿」也就應運而生；簡而言之；有這種需求，有這類的工作需要做，那麼自然就會有這樣的人出現，這也是人類面對天地自然和生命的觀念相當蒙昧時期；一種實質上，心理上的必須需求，許許多多生活層面的，心理層面的疑難也會試圖自行尋求解答；如果本身無法釋疑，也就必然會求助於專業的人士；譬如爲何自己或家族總是災病連連？爲何漁獵採集總是不若其他人豐碩？爲何久婚不孕；難養子嗣？爲何自己的配偶家人會遽然早逝？爲何經常惡夢連連？這些就有必要求助於部族中專業的人士—「薩滿」了。

在此，需要順道一提的就是「萬物有靈論」；其實「萬物有靈論」原本就是廣大包羅了所有原始民族的基本觀念；當人類有了初級思考能力之後，對於許多當時尚不能確實了解的各種自然現象和人類與環境互動的關係；產生疑難不解時自然產生的一種基本觀念；在「文化人類學」中一些前代學者專家非要硬生生的再次細分爲「前萬物有靈論」、「萬物有靈論」、「生氣論」、「生氣遍布論」等等其實是疊床架屋、畫蛇添足的過度區隔；就如同原本是一塊十公斤重的起司餅；非要分別切割；一部分切成塊狀，一部分切成片狀，一部分磨成粉末狀，然後再分別區隔爲「起司塊」、「起司片」、「起司粉」，然後各自表述；只見小異而不見其大同；這是徒增困擾的作法。因爲「萬物有靈論」不只是在幾萬年前盛行，即使在現今全世界各地還存在的一些原始民族，仍然保有這種觀念，更甚而即使是已發放地區；仍然保有部份「萬物有靈論」的殘留觀念；以中國人而言；當然不是茹毛飲血的原始民族，甚至有著輝煌的歷史和高度精神文明；但是；大部分人仍然相信山川樹石是有「靈」（或神）的；連桌椅、筷子、掃帚都有「神」，平素是不可輕辱的。因此，筆者認爲所謂的「生氣論」和「生氣遍布論」等等的論述其實只是換湯不換藥，只是在玩弄名詞，標新立異的心態作祟而已（註：分門別類研究越細不是壞事，但是，卻也不能過度詮釋）。

關於「薩滿」一詞，目前已知最早的史籍紀錄是十二世紀中葉，中國南宋徐夢莘所撰『三朝北盟會編』中已用「珊蠻」一詞，記述了中國東北一帶「女真人」信奉的薩滿信仰。（註：「珊蠻」就是現今通用中文「薩滿」Sheman 的音譯）。而這種所謂「女真人的信仰」其實也只是一個代表而已；和其他中國東北境內、內蒙古、蒙古國、大西伯利亞地區、東起白令海峽以東的美洲印地安人、西迄斯堪的納維亞拉普蘭地區之間整個亞、歐兩洲北部烏拉爾·阿勒泰語系各族人民所信仰的主流內涵幾乎完全一樣。就是「萬物有靈、人類死後的靈魂觀念、氏族或部落的祖靈崇拜、自然崇拜、圖騰崇拜、對各種神靈、動植物以及無生命的自然物和自然現象的敬畏」等等，同時還有「沒有成文的經典，沒有有宗教組織和特定的創始人，沒有寺廟，沒有固定的主神，沒有統一、規範化的宗教儀軌」。「薩滿」的職位常在本部落氏族中靠口傳身受世代嬗遞。有時有家族傳承，有時則是由先天具有此種異能的族人師徒相傳」。當然，以上只是就最早的文字紀錄而言；事實上，這種「亞洲北方薩滿信仰」的型態早已存在並持續流傳了數萬年之久，而且迄今還在持續之中，從未中斷過。

中國東北的「撒滿文化博物館」

中國東北的鄂倫春族撒滿

「薩滿」的身份資歷可以說大同小異；以中國東北的「滿族薩滿」為例；可分為三種來歷，其一是「神抓薩滿」或者「神祭薩滿」，通常是先天具備「靈異體質」，然後被「神」（其實應該是「祖靈」）挑中，通常都是以威迫或作祟的方式，使其大病或者工作、家庭諸多不順，最後不得不屈服而擔任「薩滿」一職。其二是「非被挑選」，只是本身先天具有強烈的「靈媒體質」，甚至擁有「陰陽眼」或與鬼神溝通的能力，因此，特別容易有鬼神附身，有時甚至非主動的，臨時性，偶然性的就被強行「入神附身」交代某些事務或要求某些奉獻，或者主動為族人有疑難病症者處理。其三則是來自「家族傳承」，甚至有明顯的遺傳「靈異體質」，有些是出於自願，有些則是出於本身為「薩滿」的尊親屬的要求而繼承衣缽。關於第一種的「薩滿」；大多會大病一場，甚至陷入長達數日的昏迷瀕死狀態，或者發生現代醫學上所謂「瞻妄狀態」，或語無倫次，行止狂亂，有如「精神分裂」，在一些相關的文獻紀錄中；如佔西伯利亞人口最多的民族的「雅庫特人」，他們的「薩滿」來源必須先經過一場大病一般陷入昏迷狀態，大約三天，然後脫胎換骨，以前經歷的凡事都必須重新學習，再宰羊一隻獻祭給神靈，並且尋找一位老輩「薩滿」學習各種相關知識和儀軌，最後階段要能爬上一棵由刀刃構成的「宇宙樹」，才能成為正式的「薩滿」（註：爬刀梯的儀式在所有「薩滿信仰」的民族中，幾乎都存在，而在中國道教信仰系統中，道士要昇級也必須經過「爬刀梯」的儀式，兩者在這點上應該有著脈絡的關連性，而非單純巧合）。

關於「薩滿信仰」中的宇宙觀與神靈觀；通常會分為「二界」或者「三界」；「二界說」較為古老，只粗分為「人間」和「靈界」，其中「靈界」為各種神祇和祖靈的世界，並無「陰間」或「地獄」的觀念，而所謂的山精水怪或者冤魂厲鬼則是遊盪於人間，伺機作怪或作祟於人，這也是「薩滿」為族人溝通禳解或武力威嚇驅逐甚至殺戮的主要工作之一。之後又衍生出「三界」觀念；將宇宙分為上、中、下三界，上層為「天界」，是各種神祇的居處，中間是人類和其他動植物生存的現實世界，下層則為「陰間」，為一般亡靈和鬼魂的居所；但是，其中有兩個特點；其一是仍然一直沒有「地獄」酷刑責罰罪魂的觀念，其二則是「祖靈」的所居境界；有列入和「天界」並存的上界，只是環境不如「神祇」的美好和神通廣大；但是，也有些民族的認知卻是把「祖靈」歸入「陰間」的；但是，因為慎終追遠的觀念；不論歸屬於上界或下界；「祖靈」的生活終究是優渥、快樂勝於人間的，而且能力也比人們強大，這也是「祖靈崇拜」的主因。可以說在上古時期的「祖靈崇拜」;是人們求助於「祖靈」的多,「祖靈」庇佑子孫族人的多，而「祖靈」對人們和子孫要求的少,即使是向「祖靈」獻祭,也是出於子孫後代的崇敬之心,或者因爲受到庇佑和解決疑難病痛之後,心悅誠服的酬謝行爲。

本書的主題既然是「靈魂學」,在此有必要探討一下「究竟人類是先有『自身靈魂觀』還是先有『萬物有靈觀』?」,關於這點,可以往前推溯爲「先有『自我認知』能力還是先有『環境認知』能力?」,我們可以看看生物的演化過程,特別是指所有的動物;目前已知除了「猩猩、海豚、白鯨、大象」擁有初級的「自我認知」能力以外,其他動物都不具備;那麼其他動物是否擁有「環境認知」能力?這是肯定的,因爲基於求生的本能,爲了覓食、求偶、逃避危險,爲了掠食和反掠食,是所有動物的基本求生本能,而各種擬態、僞裝等等的手段也是常見的輔助行爲;因此,動物生存的第一要項是「環境認知」能力,「自我認知」能力反而並不重要,即使在群居生物中,對於自己地位的認知,那仍然屬於「環境認知」的範疇,而不能視爲是「自我認知」的能力表現,譬如在猴群中,一些年輕公猴,如果不能明確知道自己的地位,妄想與猴王爭食或覬覦其後宮妻妾,下場會是很淒慘的。這種認知是較力鬥智之後的「環境認知」結果。

因此,人類在演化的過程中,在與自然鬥爭、與其他動物鬥爭、與同屬人類的其他族群鬥爭之中,最先學會的仍然是「環境認知」能力,之後隨著智力的逐漸提昇,想像力的逐漸豐富,才開始慢慢形成「自我認知」能力;因此,我們可以想像;一個原始人在看見天空突然烏雲密布,銀蛇四竄,雷聲隆隆的閃電打雷時,他最先感覺到的當然是本能的恐懼,即便不是近距離的雷擊,他還是會本能的逃跑躲避,也許他的智力還不足以去思索「這是天在發怒」;只是與其他動物一樣的爲了求生避險的本能反射而已,但是,如果他擁有初步思考的智力,也是先想到「這是天在發怒」;而不是「老天爺在對我發怒」,甚至就算已經有一點點蒙昧的「我」的觀念,還是不足以和自然環境聯想到一起。

也因此,人類畢竟還是先有「萬物有靈觀念」的,就與其他動物的進化過程一樣,先具備環境認知才是第一要務,有沒有「自我認知」能力並不重要,人類只要懂得危險所在,懂得敬畏大自然驚人的力量,甚至敬畏大型掠食動物,盡可能避免正面交鋒,於是,在蒙昧時代,前輩會傳承這些經驗教導子孫後輩,對於不解的現象當然會賦予「有生命」的「有靈觀」,這樣就至少可以盡可能的避免危險,而在漁獵採集謀生的過程中遇到艱難不順的情形時,也會以祈求的方式向自然界中最密切關連的山川樹石甚至大型動物敬拜，希冀因此而能豐收或至少獲得基本維生所需。所以「萬物有靈觀念」才是最重要的，而「自我認知」能力，譬如「我是誰？」、「我從那裡來的？」、「我為什麼要活著？」等等這些疑問則是在生活無虞，日子過得平平安安時期才會慢慢在腦海中隨智力的增長而自然浮現出來的。事實上；人類「自我認知」能力以及在自然中「自我定位」能力是經過非常漫長的心智進化才逐漸成型的，絕對不是一蹴而就的，甚至還有遺傳基因的重大因素在內，這點在本書的其他的章節會一一詳述。

我們再來看看「薩滿信仰」中有關自然崇拜的觀念；

敬拜天地與日月星辰、風雨雷電：這些不但是肉眼看得見，耳朵聽得到，身體感觸得到的實體，原始民族朝夕與自然相處，甚至夜晚也是長年在野外幕天席地而居，躺在草地上，仰望著天空，有月亮有星星，風吹過時也許涼爽也許寒冷，雨下得恰好，草木繁盛，可供牛羊食用無缺，下少了，就必須遷徙逐水草而居，下過量可能引發洪水，而太陽從來就被視為光明、生命的熱力來源，而夜晚的星辰自古就周而復始的在運轉，是夜晚趕路時指示方向的標記。這些都是切身相關的自然物體，卻也被原始民族視為有靈的神祇，打心底敬畏也虔誠敬拜的。

敬拜山川：依賴漁獵採集的原始民族，山是天然的大獵場，提供了各種飛禽走獸為人類的食物和毛皮衣物，骨器工具之所需，但是，狩獵除了技術和武器，運氣也是很重要的，原始先民認為山是有山神的，認為山中所有飛禽走獸都屬於山神所豢養的，獵人進山打獵時，能獵獲何種野獸和獵物的多寡，全靠山神慈悲的賜予。所以，獵人不但不能貪得無厭，任意捕獵超過所需過多的獵物，而且還要虔誠的先祭告山神，一來祈求賜予足夠的獵物，二來也祈求山神保佑，使自己不致意外受傷或遭受野獸攻擊。如中國東北的「鄂溫克族」，他們在進山打獵之前，會在入山口附近先找一株大樹，用刀被削去大約一尺見方的樹皮，用白色礦石粉末調水；繪成一幅形近似老人臉龐的山神像，雖然畫工粗陋，但是，仍然非常虔敬的向其叩拜，有時還要敬煙獻肉，並在其嘴上塗抹獸血和肉脂以求打獵順利，大夥平安。至於靠水而居的；譬如「赫哲族」當然就以敬拜水神為主，他們的生活幾乎和魚脫不了關係，甚至連傳統的衣褲鞋帽無不取材於大型魚皮。他們經常在黑龍江和一些支流中獵捕「大馬哈魚」、「大鰉魚」以及其他河鮮，所以為了豐收，當然首要祭拜的是水神；這個民族的「薩滿」服飾原本也是全部採用魚皮裁縫出來的，鞋子兩邊還有魚鰭裝飾的「翅膀」，象徵「薩滿」在「出神」時可以擁有飛天入地的超能力。

拜火：可能人類最原始的「火種」是來自閃電造成的森林大火，所以，許多原始民族都認爲「火」是來自上天，由上天賜予的，所以無不崇拜，不敢隨意輕侮，而且，「火」也是帶領人類走進劃時代的寶物，人類有了火之後，不但可以用來照亮原本危機四伏，令人恐懼的黑夜，還能驅趕野獸，然後用火燒烤烹煮的食物，使人類可以方便食用吸收養分的食材遽然劇增，而且，減少咀嚼生肉的不便和衍生的疾病，增進營養的吸收，這是人類進化中非常重大的一步，地球所有生物中也只有人類懂得如何有效的使用火和快速取火。從先民的原始信仰到現今的各種宗教祭祀活動，「火」是絕對不可或缺的，而且，「火」也同樣被視爲光明的象徵，是驅除和打敗各種妖魔鬼怪的利器，更被用來淨化各種遭到詛咒或污染的物件，或淨化被邪靈入侵的人體，有些原始部族的家庭中，廚房中的「火種」是一年 365 天，一天 24 小時長年維持燃燒狀態的，絕對不讓火熄滅，否則即象徵家運衰敗，惡運當頭。

祭拜動物：敬拜某些特定的動物，原因大致有兩種；其一是許多民族都有各自代表性的動物圖騰，這些動物可能是被認爲和自己的民族起源有關，或者有恩於自己的祖先，所以將之當成聖物來崇拜，並嚴禁任意傷害，譬如「朝鮮族」有著把喜鵲當祖先的古老傳說，「滿族」則相信烏鴉曾救過自己祖宗的性命，日本北海道的「愛奴族」則視貓頭鷹爲神鳥，還有大型貓頭鷹雕像的大型木柱圖騰，美洲印地安人則以鷹（雷鳥）爲神鳥，同樣也有雷鳥雕像的大型木柱彩繪圖騰爲部落標誌。其二則是擔心遭到動物靈的報復；譬如中國東北的「鄂溫克族」和「鄂倫春族」原本對熊異常敬畏，認爲是自己的先人，禁止獵捕。後來槍支傳入，加上基於生活需要，人們也開始獵熊，但每當獵到熊後，都要舉行儀式，割下熊頭，放在樹架上，用火把焚煙薰熊頭來向其告罪，都是宣稱不慎誤殺就是卸責推罪給其他族群，這當然是有點自欺的心理所致。另外一種害怕報復並不是害怕對自己生命有所傷害，而是既然相信「萬物有靈」，一些大型比較聰慧的動物，譬如鹿、老虎、猩猩等等，是認爲牠們死後，靈會伺機向其他同族通風報信來示警；以後獵人就不容易獵捕到牠們了。所以祭拜是在消除牠的憎恨和報復之心。

圖騰崇拜：最常見的就是大型陽具崇拜，這是和種族生殖繁衍有關的主要崇拜，有用大樹幹雕刻的，也有用草編織成的，再來次多的就是各種動物圖騰，都是和自己部族的起源或者有恩的動物，不過，細緻雕刻出來的大型圖騰表柱，歷史應該不久，最原始的受限於技法和材料運用，所以，有些是自然的巨石，以陰刻圖案居多，稱爲「史前岩畫」，而有些遊牧民族也會就地取材，以樹枝爲架，外蒙獸皮紮成似人似獸的「神靈」偶像，但是，此類偶像都是臨時性質，祭祀完就立刻拆解，獸皮又另作他用。也有用幼熊皮革剪裁縫製成平面熊頭像的民族，並對之虔誠祭拜以祈福消災。

祖靈崇拜：可以想見的；人類之所以會祭拜祖先，當然是相信「靈魂不滅」之後才會產生的觀念和行爲；因此，肯定是晚過「萬物有靈」信仰和自然崇拜的，人類一定是在相當晚期有了「自我認知」能力之後；才開始相信自己是有靈魂的，而即使肉體死亡之後，靈魂還是會繼續生活在另一個世界的，因此，也才會認爲比自己更早過世的祖先們，他們的靈魂是比活著時更自由自在，更快樂逍遙的生活在一個比現實世界更美好的境域之中。而且祖先是一如生前這樣關愛自己後代子子孫孫的，所以他們可以來去自如的隨時回到現實世界，來保佑子孫族人，可以賜福給行爲端正，表現傑出的子孫，當然也能懲罰行爲不端或者不肖的子孫。能夠事先預警某些災禍，救助遇險的子孫族人，也能幫子孫族人治病療傷，甚至賜給久婚不孕的夫婦一男半女的。當然這些通常就必須透過「薩滿」來溝通，或者藉由「入神附身」於「薩滿」來治病療傷。

薩滿信仰的靈魂觀念

在「薩滿信仰」體系中，普遍而共通的靈魂觀念就是「三魂一體」；「一體」當然是指一個固定的肉體，不論任何生物都一樣；「三魂」（法揚阿 fayangga）指的是「命魂、浮魂、真魂」。

「命魂」又稱爲「生命魂、主魂」（奧倫・哈尼 oron hanin），是所有動物維繫生命的基礎，擁有包括感官知覺、情感、欲望、覓食求生、繁衍後代等等的生物本能，是從母體受孕開始產生並逐漸發育，與人或者動物的肉體生命同始同終，肉體生命存活時，「命魂」遍布全身，肉體生命終結時，「命魂」即離開肉體而消亡；在「薩滿信仰」的各民族中認爲「命魂」是創造生命的天神所賦予，沒有「命魂」，就沒有生命，因此不是肉體製造「命魂」，而是天神賜給婦女「命魂」，才會孕育出新的生命。同時也相信人會生病或者受傷都是因爲「命魂」受到侵擾或者先行被傷害才會顯現於肉體上。（註：雖然「薩滿信仰」體系中將這種特性歸屬於「魂」的一種；但是，筆者則認爲：其實這種特性反而屬於「魄」比較正確，因爲，所有原始「薩滿信仰」體系中，幾乎都沒有「魄」的觀念，所以，在名詞上只能這樣歸類，直到近年由安雙成先生主編的「滿漢大辭典」中才將之解釋爲「魄」，但是，本書在此談論的是原始「薩滿信仰」，乃是以當時的先民觀念爲主。）。

第二種稱爲「浮魂」或「遊魂」或者「思想魂」（哈尼 hanin），這種魂的特點就是可以暫時脫離軀體浮遊於外界，甚至離開軀體前往很遙遠的地方去，並且能和其他同樣的「浮魂」溝通聯繫，最明顯的就是認爲人在睡夢中的所有活動和遭遇，不論是美夢惡夢，與任何人、神、鬼以至動物的互動，都是「浮魂」的作用，但是，也因爲如此，所以「浮魂」也會遭受到外界的侵擾和驚嚇甚至拘禁；這時就會造成小兒受驚、成人失魂落魄，甚至嚴重的還會形成精神病，因此，這時就必須央請族中的「薩滿」來進行「招魂」儀式，用法術和靈能去安撫或尋回這個「浮魂」（這種「招魂」儀式是完全不同招請死後亡魂的）。

「薩滿信仰」體系中對於「浮魂」的觀念；又從中衍生出另一種類似作用，並且使用了第二名詞稱呼爲「意念魂」，而且這種同樣可以往外界浮遊的「意念魂」是人類所獨有的，因爲這是一種心理意識，包括所有的意念、智慧、技能、期望、探尋、想像、思念、愛戀、憎惡等等，都可以遠距離的傳遞，這種「意念」產生的能量作用其傳遞距離，幅射和影響的範圍大小，是取決於當事者本身「意念」的強弱，一般人如果未經修煉，「意念魂」的能力較弱，通常只會和有血緣關係的親人產生連繫，或者在至交或愛侶之間產生「心有靈犀一點通」的奇妙作用。但是，一個長期修行擁有高等造詣的老「薩滿」則能夠擁有較強的「意念魂」或超常能力，因此可以溝通三界，上天下地，飛行遠方來從事所有「薩滿」的職責，爲族人消災祈福、治病療傷，安撫尋找走失的「浮魂」。甚至在必要時，還要與一些惡魔邪靈展開廝殺戰鬥。而且也因爲「薩滿」具有超強的「意念魂」和超凡的能力，所以也能挪移一些自然能量，匯集於一些護身物件上（就是現代人所謂的「加持」），供族人配戴以護身招福，也能將「天光」挪移引自一些求助者的身體上，心靈上，使弱者變強、愚笨者變聰明，怯懦者變勇敢等等。

第三種則是最重要的「真魂」（福揚古哈尼 fuyangga hanin），又稱爲「神魂、轉往魂、轉世魂、屍魂」等等，在「薩滿信仰」體系中，認爲「真魂」才是三魂的真正核心，這才是真正能夠「永生不滅」的，不但可以永遠存活在靈界，也可以再次轉往爲人，「真魂」最具有生命力，對於肉體的各種影響作用也最爲明顯，決定了一個人的基本人格特質、思想精神、智慧的高低、以及壽命的長短。不過，有一點必須釐清的就是；原始「薩滿信仰」體系中的「轉世觀念」是不同於佛教或印度教「輪迴轉世」觀念的，因爲他們相信的「轉世」只限人類，並沒有印度教「三道輪迴」或佛教「六道輪迴」的觀念，而且甚至局限在「父子、母子」家族間的不斷「轉世」。但是，後期的「薩滿信仰」因爲受到佛教傳入的影響，對於「轉世」觀念有了摻合交流；當然就發生了重大的改變，尤其是蒙古族接受了喇嘛教，而滿族也隨後接受；因此，佛教的「輪迴觀念」深深影響也改變了「輪迴轉世」的範圍，不只是轉世人間或前世家族，作惡之人也會轉世爲牲畜，更低下的則們轉世爲「蒿子桿（類似「茼蒿菜」）上的疙瘩」，而且將永遠不能再轉世爲人。

「薩滿信仰」體系中，普遍而共通的「三魂一體」靈魂觀念；先把第一種「命魂」移出，歸屬於「魄」；那麼第二種所謂的「浮魂」或「遊魂」其實也不能視爲獨立的「靈」或「魂」，充其量也只是「靈魂」的作用之一而已；譬如以「夢」來說；雖然自古以來的觀念中都有著「夢境就是靈魂出遊」的現象；但是，我們現在已經知道這樣的見解並不正確，因爲「夢境」大多數只是我們大腦的意識活動而已；人類最常見的夢境其實以「日有所思，夜有所夢」居多，而且因爲大多數都是重組過的，所以難免有些光怪陸離；當然，我們也不能把「弗洛依德」所著「夢的解析」那套過度主觀的理論照單全收，但是，直到目前，人類對於「夢」的研究也還是眾說紛紜，莫衷一是。事實上；「清明夢」也確實存在的，在夢境中有重大學術甚至科學新發現也不是虛構的小說；甚至有不少通靈人或者「薩滿」本身宣稱在夢境中有「師父」來傳授各種功夫，或者一直以來都有「亡親故友託夢」的故事，也絕非全然的謊言騙局。有些心智能力較強的人士對於「夢」甚至也能有某種程度的掌控。因此，如果我們宏觀的來面對目前尚未能十分了解的「夢境」；說是能「靈魂出竅」去遠處遊歷，與其他「靈魂」或「鬼神」溝通，又或者能夢中進出靈界、天堂甚至陰間地獄，也未必完全是子虛烏有的囈語而已。但是，真正的重點必須認知到；這個所謂「浮魂」的說法和觀念其實只是「靈識」的體外或遠距「感知」能力的呈現，是「靈魂」的作用之一，而不是另一種「靈魂」型態或個體。

也因此；我們又在整理過後，重新看到了一個接近真實的「魂魄」樣貌；在原始的「薩滿信仰」體系中，「靈魂」本身、「魄」的本身以及「靈魂觀念」以及「魄的觀念」都已經存在了。那時存在，現今依然存在；畢竟在人類的進化史中；三、四萬年是很短的時間，生理方面的進化幾乎是看不出來的，「靈魂」的進化也同樣不明顯；連「靈魂觀念」也幾乎相去不遠，差別只在一些作用、功能、名詞上的出入而已。

原始的「薩滿信仰」中，對於人們死後，靈魂的歸宿和居所問題；大多數都是和「山」有關；這點應該和生活環境有關，因爲北方原始民族多以漁獵採集爲生，後來的遊牧民族也一樣大多生活在山林野外，和「山」的關係密切，生活所需泰半取用自山林，因此，祖先亡魂自然是生活在熟悉又富饒的山林中最爲理想；所以各大名山就自然成了亡魂的最佳歸宿。譬如北方民族中的「烏桓人」認爲死者的亡魂歸於數千里以外的「赤山」，爲了要使得亡魂能順利的前往「赤山」安息，在葬禮中要在燒化他生前穿過的衣物，使用過的器具，甚至連經常騎乘的馬匹也要殺死燒化殉葬；最重要的還要殺死一隻健康的狗，同樣燒化，可以沿路保護死者的亡魂不會被其他邪靈阻撓干擾，可以經過重重關卡，平安抵達「赤山」。而「契丹族」則認爲死者亡魂是歸向「黑山」，所有亡魂都由「黑山」的山神治理，因此，每年都要由國君率領軍民眾人，獻祭各種紙紮的人馬萬餘件來敬拜「黑山神」，儀式非常隆重，祭拜完再將紙紮人馬燒化供山神享用。而中原漢民族同樣也有相同的觀念；認爲所有死者亡魂皆歸「泰山府君」治理，後稱「東嶽大帝」則是道教創立後更高的敬稱（註：在閩南至台灣的「觀靈術」中也有陰間「亡魂山」的地名，應該和原始亡魂歸宿起源也有關連之處）。

「薩滿」的神服和神鼓

依據出生在羅馬尼亞的美國著名宗教歷史學家伊利亞德（Mircea Eliade）對「區辨薩滿教的信仰」的定義：

靈體世界存在，並且靈體可以影響個人的生活和人類社會。

靈媒薩滿可以媒介聯通看不見的靈體世界。

靈體有善良和邪惡之分。

靈媒薩滿可以處理醫治被邪惡靈體所造成的疾病。

靈媒薩滿可以藉由相關的出靈（Trance）能力或方法與靈體世界進行聯通。

靈媒薩滿的靈體可以離開身體，進出超自然的靈體世界尋求幽玄的答案。

靈媒薩滿可以引喚動物的靈體作為引導和傳達訊息。

靈媒薩滿可以轉述或預言未來，或藉由占卜得知吉凶。

在北方原始民族的氏族部落之中：「薩滿」的職司包括：全族的祭神、祭祖和年節固定的大型祭典；占卜預測、解夢、治病、驅鬼、降魔、追魂、主持婚喪禮儀，禳災、祝福、制煞、改運等等。

其中又以「驅鬼、降魔、追魂、」是日常處理的大宗，因爲鬼神信仰是所有原始民族的共同信仰主幹；因此，有必要在此先略述一下有關「鬼」這個問題：

以目前全世界七十億人口的粗略調查統計中，有超過七成以上是有「廣義宗教信仰」的，也就是說：真正「無神無鬼」論的佔人口比例少數，那麼所有的宗教都是建立在「靈魂不滅」的基石上，既然相信人是有靈魂的，那麼相信「鬼魂」存在的也就至少在人口的半數以上；

相信有「鬼」又通常是「怕鬼」的居多，這點乍看起來是有點奇怪的，但是，深入探究之後就會發現其實並不奇怪；因爲「怕鬼」不只是一種遠古以來的文化習俗遺留，更甚而是心靈潛意識中的恐懼本能；因爲，人類在開始意識到「靈魂」的存在開始，曾經經歷過非常漫長一段時間是屬於「人鬼雜處」的，這段時間正好與「薩滿」的出現也是重疊的，或者我們可以說人類之所以需要經由「薩滿」來與鬼神溝通、交涉、鬥爭，正是因爲鬼神（特別是鬼魂）干擾了人類的正常生活，原始先民相信人們會生病、處心積慮受傷、凶死、小兒驚嚇、兒童或成人突然失去意識陷入昏迷，甚至漁獵不順，家宅不安，全都是鬼怪邪靈作祟殃害所致，所以必須經由具有與鬼神溝通能力的「薩滿」來與之談判協商、一種是獻祭滿足其需求，促請其離開，一種則是先禮後兵，由「薩滿」運用法力道行強行驅趕甚至誅殺。（註：這種與鬼神協商和武力驅逐誅殺的觀念和實際作為直到今天仍在許許多多落後地區以及文明社會中持續發生之中）。

關於「人類怕鬼」的源由，已另闢一個篇章來詳述；在本章之中，仍是以「薩滿」為主軸來談論原始兒戲的心靈魂觀」。

「薩滿」不只是在無形的身份上是異於常人的，他們也在服飾和器物上有具體的特殊標示；最主要的就是「薩滿神服」、「薩滿神帽」與「薩滿神鼓」。如果我們同意將「薩滿」也廣義的視為一種「神職工作者」的話；無異的，「薩滿神服」、「薩滿神帽」大概是所有宗教「神職工作者」的服飾中最「壯觀」最繁複的，而「薩滿神鼓」則更是主要的法器，可以說西起「斯堪地那維亞」地區，東到美洲印地安民族，這麼廣大的區域中，所有「薩滿」都必定有「神鼓」，或者直接就稱為「薩滿鼓」，也可以說成「無神鼓難稱薩滿」。

「薩滿神服」的意義

「薩滿神服」顧名思義，是各「薩滿信仰」民族中擔任「薩滿」一職者專屬專用的神聖服飾，不只是其身份地位的象徵而已，並且還有著非常實際的作用；雖然各民族及下屬各小型氏族部落之間，「薩滿神服」的形制和材質都不盡相同，但是，作用卻幾乎都是一致的；其一是「防護作用」；大多數民族甚至將之稱為「盔甲」，就可見它是用來保護穿著的「薩滿」，因為在與鬼神溝通互動的儀式中，不但可以避免非故意的「異能量」傷害，甚至在不得已必須與鬼神戰鬥時，可以做為有效的防護裝備。其二，身份地位的彰顯，不只是針對族人，在面對鬼神的儀式中，是一種「功力」的宣示；特別是一些經驗豐富的「老薩滿」，服飾上的各種配件以及神帽上的特殊標記（如鹿角的叉數）可以用來宣告自己的功力高強，一些小小的妖魔鬼怪一見就知道自己不敵，可以達到不戰而屈人之兵的目的，即使遇上旗鼓相當的對手，也可顯示自己「籌碼」的多寡，在談判上，也因而很多與鬼神有所糾葛的事務可能快速的迎刃而解。

在人口爲數較眾的大型原始民族中，對於「薩滿神服」的製作材料相當講究。尤其是北方漁獵和遊牧民族的「薩滿神服」多以馴鹿皮居多，有時也會選用鹿皮、犴皮、獐皮。而沿海生活的部族，則就地取材的會選用鯨魚、海象、海獅、海豹皮爲主要原料。此外像「赫哲族」因爲以捕獵黑龍江中的大型魚類爲生，自然也會用上等的魚皮來製作神服。製作神服多使用鞣化後的熟皮來裁剪縫製，在金屬針未出現之前的遠古，多是以各種獸骨、魚骨磨製的骨針來縫製；縫線也都是使用獸類的「筋繩」，使得神服更爲堅牢；有些神服主體會保持原色，有些則會採用天然的植物或礦物顏料染色，

「撒滿博物館」展出的蒙古族撒滿神服

並使用一些動物膠來黏合一些配件。最古老的配件飾物多以獸骨、魚骨或獸皮製作，後來有了冶金技術之後，各種銅、鐵的飾物和配件也成了重要的材料，特別是圓形光滑的銅鏡，和圓錐形整組的銅鐵「腰鈴」都在神服穿戴上身進行各種儀式時發揮了重要的防護功能。

後期，因爲植物紡織品容易取得，許多民族的「薩滿神服」已改用質地厚實堅韌的布料製作，並且加上精美的刺繡圖案，但是，代表神聖象徵的各種金屬飾物配件卻依然保留。

「神服」的形制分爲全身單件長袍式、上下裳分開，下裳爲裙式的，此外還有兩件式下身爲長褲，另外加圍劍狀五彩條裙的。有些還會外加「坎肩」加強防護性，但是，比較相似的則是「彩穗」和「長形彩色布條」；最明顯的是裝飾在寬大的衣袖從袖口一直延伸到腋下，而有些則是全身上下統統有這些彩穗和布條；有時可以多達數百條，長長短短、五顏六色，展開雙臂跳舞時，彷彿是飛鳥展翅，其實這也正是用來強調「薩滿」在「出神」辦事時，具備有像鳥類一樣飛翔的能力，可以疾速飛行的讓自己的靈魂上窮碧落下黃泉的通達上、中、下三界，在「追魂」或與鬼神戰鬥廝殺時，也能藉由像神鷹一樣的飛行來增加靈活度。有些民族不只是單純象徵意義，也會把這些彩穗和布條作爲儀式次數功勳來解讀，每做一次正式儀式就增加一條精美刺繡的布條，有如現代軍人的勳章一樣，布條越多代表經驗越老道、功力越高。

「薩滿神服」的飾物多以獸骨、獸角、魚骨、銅鐵金屬爲材料；而且有些使用「關節、鍊條」連結，用以支撐比較厚重的皮革材質的「神服」，使得感覺上更加威武硬挺，比較重要的是大大小小的圓形銅片，有些是平面的，有些是凸面鏡，都是象徵太陽，胸前和後背最大的稱爲「護心鏡」，其他的則類似「照妖鏡」功能，因爲象徵陽光的光明四射，使得性喜躲藏在陰暗處的妖魔鬼怪無所遁形；也因爲陽光的威力，使得妖魔鬼怪魔力大失而難以招架。這類大大小小的銅鏡有時會多達數十個，全身上下全部防護到。

此外就是成組的「腰鈴」，多爲圓錐形，從十餘枚到數十枚一組的都有，行動時因爲互相撞擊會發出響亮的聲音，目的當然是以壯聲勢之用。

還有的則是各種鐵環、鐵鍊、小型裝飾用鐵刀、匕首、鐵鈴、鐵鳥、閃電狀鐵片、各種鐵片剪裁的神偶。也有的會飾滿大量的銅錢，這些都是一種宣示威嚇作用的飾物，但是，也是隨著「薩滿」本身進行儀式的次數而逐漸增加，因此，一件「薩滿神服」從好幾公斤開始，後來甚至會增加到十幾公斤之重；「薩滿」全身披掛起來，在儀式中長時間劇烈跳動，真的非常吃力，如果不是經過長期訓練，一般人是很難承擔這麼沉重的職務的。而且，「薩滿神服」在各民族之中甚至本身就是一種神聖的象徵，具有不可褻瀆的威嚴和地位，隨著主持儀式的次數越多，「神服」本身的能量也越強，功力也越高，因此平時都是嚴密的收藏在大箱子之中，在進行儀式時才能恭敬的「請出」，而且還要用上等的香料薰香，「薩滿」本身也要沐浴淨身並虔誠祝禱之後才能穿著。當然平時一般人是不容易看到的，更不能隨意觸碰翻動，否則就會被視爲嚴重的褻瀆行爲。

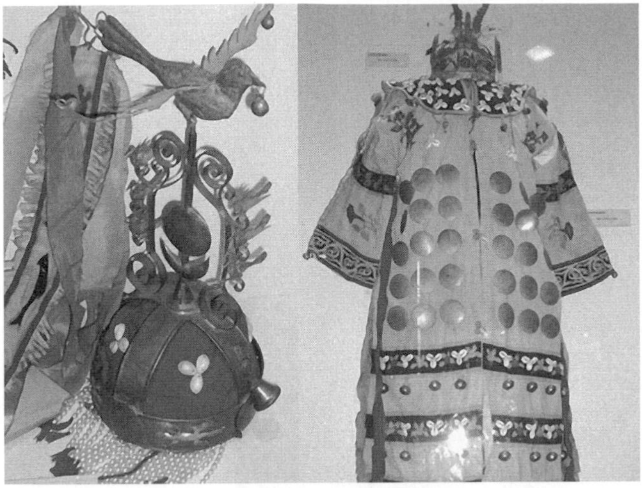

撒滿神服與神帽

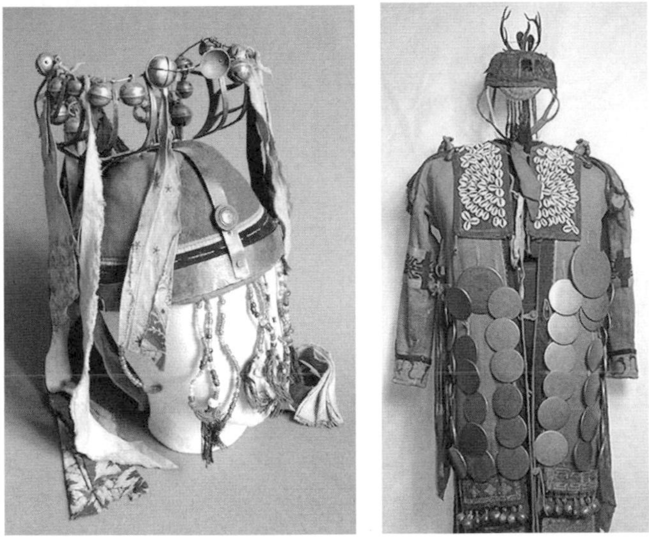

撒滿神服與神帽

「薩滿神帽」同樣也是不可或缺的「神服」組件之一，必須與「神服」同時搭配穿著，而且，「神帽」還有一項更重要的功能；那就是與靈界鬼神之間互相傳遞訊息的神祕作用，「薩滿」不論是儀式的「出神」或「入神」狀態，都是透過「神帽」來捕捉所有靈界訊息，譬如「追魂」儀式，可以遠距離的搜尋走失靈魂發出的細微訊息，循線追蹤，而一些重大的突然狀況，無論吉凶善惡，也是依靠「神帽」的探索可以及早知曉。因此「神帽」又是一種神聖的氏族部落象徵，整個大民族有大致相同的「神帽」形制，但是，其中每個小氏族部落又會加上自身特有的圖騰符號或象徵性裝飾；因而，足以代表此一氏族部落的重要標誌，並且是世代承襲的，凝聚了氏族部落崇拜的神祇、同盟的精靈力量，並且可以驅策一些曾經被降服的妖魔鬼怪爲此一「薩滿」效命。

中國東北「赫哲族」撒滿，神帽上鹿角叉的數量可以顯示其法力的高低

蒙古族的撒滿

各民族的「神帽」形制和材質是有很大差異的，譬如中國東北的「鄂倫春、鄂溫克、達斡爾、赫哲」多是鐵條作支架，上方用「鹿角」作爲主角，鹿角的分叉數是功力高低的表徵；而且都是單數計算，從三、五、七、九直到最多十五叉，「薩滿」每隔一段時間就會舉行一種稱爲「奧米蘭」的氏族部落大型祈福儀式，每做一次，「薩滿」本身就提昇一個

等級，每做過一次，「神帽」上鹿角的分叉就可以增加二叉，「奧米蘭」儀式最多可以做到四次，但凡經歷過四次「奧米蘭」儀式的。就是最高功的頂級「薩滿」。

此外，這幾個民族中還有在鹿角中另飾一隻銅或鐵製神鷹的，雄糾糾的模樣更顯得「薩滿」的神力無遠弗屆。

「滿族」的「神帽」則單純以神鳥爲主角，通常以三隻居多，但是，也有更多的有單數的七、九、十一、十三、十五隻的。

至於「蒙古族」的因爲後期信仰佛教系統的喇嘛教，所以「薩滿神帽」則是五方佛冠，以銅片打造爲蓮花瓣形狀，上面鐫刻佛像、神樹、銅錢等，不過這已是非常晚近的改變，難以看出遠古時期的意義。

「薩滿面具」最重要的作用有二；其一是「身份具象轉換」：因爲原始民族中的「薩滿」雖然是專屬的工作，卻不是一年 365 天的專職工作，只有在固定祭典和臨時性突發事件的儀式上才從事這個工作，平日也一樣有其他的謀生工作需要，因此，「薩滿」的身份雖然是受到族人敬重的，但是，平日的言行舉止也一如常人，並無任何過人或神異之處；也許只是鄰居中和藹的大叔，或者在山邊上養羊家的大嬸，如果沒有專門的「面具」，只是穿上「神服」戴上神帽直接上陣，似乎對平素熟悉的鄉里族人總是缺乏一種權威性的說服力；因此，「薩滿面具」不但提供了對「薩滿」本身的身份屏遮和角色轉換的作用，也提供了對眾人震懾說服的能力；此外，「薩滿面具」搭配「神服」、「神帽」，手敲「神鼓」這樣的粉墨登場，角色也立即從「凡人」轉換爲「神人」或「超能異人」，增強本身和眾人的信心，相信這時他是擁有與鬼神溝通交涉，處理靈異事務的「專業神職」主角。其二，是一種隱藏真實身份，自我保護的作用，在治病、驅邪、追魂等各種儀式中使用面具，都具有這種功能，因爲，對於各種妖魔鬼怪，遠古人類總是有著莫名恐懼的，因爲全都深信鬼怪邪靈能夠作祟殃害於人，所以才會需要有神祕法力的「薩滿」，除了靠「薩滿」本身自有的法力，還能藉由特殊與鬼神溝通能力，祈請到神祇或祖靈來助陣處理；但是，「薩滿」本身也並不是全然無懼無忌的，何況「薩滿」也不可能全天候的維持「出神入神」的超能狀態，他在大部分時間也是和常人一樣平凡軟弱的，更何況他也一樣有家屬子女需要保護，所以，當然會藉由面具以隱蔽自己的真實面目和身份，以達到保護自己的目的。此外，人們有時也相信「薩滿面具」是薩滿祖神、氏族祖先神以及其他自然神祇的化身和載體，本身就神奇的超自然力，可以加強對「薩滿」的保護力和賜予他更強的神力。

除了面具，許多不戴面具的「薩滿」，在「神帽」的正面帽沿上也會特別縫上一些各種材料製成的流蘇或垂穗，有皮結流蘇、骨串流蘇、翎羽流蘇、鬃辮流蘇、珠簾流蘇、珠網流蘇、花結流蘇、額眉流蘇、彩布流蘇和絨繩流蘇等不同的形式，但是，在作用上和面具完全一樣，這種流蘇或垂穗最長的可以一直垂到胸口，短的也能遮到鼻尖，一般的長度則多是到達下巴左右。

「薩滿面具」還有一個從來不曾被任何研究者提出的功用，那就是「掩飾」；從筆者長期對「乩童文化」的研究經歷中探究到的一些祕辛了解到；「乩童」不論是在本身所屬神壇廟宇之中所進行的例行性儀式；或者外出廟會中的巡行儀式活動中，並不是每一次都能百分之百祈請得到任何「神祇」來「降乩附身」，也就是說並非每一次都能「真正起乩」，因此，有時不得已也只能假戲真做，在台灣稱為「跳假乩」，這時依靠的是勇氣和逼真的演技；甚至於鋼針穿頰也只能忍痛演出，或者用「五寶兵器」往自己背後、額頭砍劈也是刀刀見血，否則必定威信大失，信徒離散。這是事實真相；同理可證；「薩滿」在進行任何儀式時，也未必每一次都能百分之百成功的「出神、入神」，如果萬一不能如願時，面容、

眼神都極有可能洩露祕密，因此，面具或者面前的帽沿垂穗就能發揮適當的「掩飾」作用，不容易被信眾察覺任何異樣，而演技可以由多年累積的「跳神」經驗來補足。

「薩滿神鼓」是所有「薩滿」絕對不可或缺的法器，也是神器，甚至於咸信神鼓可作爲薩滿靈魂來去天地三界的飛行器，亦可乘神鼓跨山渡海，鼓的本身是乘具，鼓槌是鞭子。而且在「降神」的儀式中，神祇或者祖靈降臨時也是附著在神鼓上。在儀式中敲打神鼓就能祈請神祇或者祖靈，上達天聽，並且能夠驅魔趕鬼。

通古斯族撒滿神服與神帽

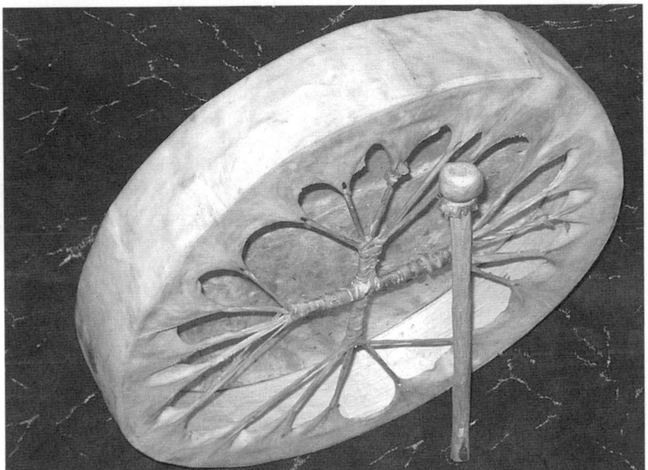

撒滿神鼓

「薩滿神鼓」最原始的起源是用以模仿大自然中的雷聲，因爲人類本身是懼怕閃電打雷的，而且相信雷聲隆隆是神靈發怒，而原始民族長期生活在野外，遊牧民族居住在簡易的帳蓬之中，打雷閃電的強光和巨響是非常震懾人心的，加上在曠野中，遭到雷殛而導致死亡或重傷也是令人極度恐懼的，因此也就會相信所有妖魔鬼怪也同樣會害怕打雷的，也因而，最接近雷聲的莫過於鼓聲，一開始使用的可能是取材自天然被白蟻蛀空的空心樹幹，用棍棒敲擊起來會產生很好的共鳴聲響，這種發聲器具迄今還在一些原始部落中被廣泛的使用，當人類懂得使用斧斤斫木後，有時也會刻意挖空樹幹，製作成圓筒形或者長方形的空心木鼓，台灣地區的原住民也有這類木鼓在祭神或舞蹈中使用。再之後，可能對於經常遷徙的漁獵遊牧生活型態來說；天然的木鼓實在過於笨重，搬運費力，加上各種製作技術的進步，才慢慢發展出輕便而發聲效能差相近似的「手鼓」。

在一些神話傳說中提到「薩滿神鼓」原本是兩面蒙皮的，後來在與「喇嘛教」法師鬥法中，被喇嘛拋上天空的鐃鈸法器切開成兩半，才變成後來所有「薩滿」通用的單面鼓形式，這個當然只是傳說，而且是很晚近的「誤解」，因爲「薩滿信仰」的歷史超過萬年以上，喇嘛教的信仰就是藏傳佛教，時間不過一千多年；單面「薩滿神鼓」的歷史肯定比喇嘛教更久遠就存在了。

「薩滿神鼓」在外形上以圓形鼓最多，還有鵝卵形、橢圓形甚至是樹枝用繩索綑綁成爲四方形或長方形架構的框框，中間用繩索繃緊動物原本體型的雜形鼓。中國東北境內「鄂溫克與赫哲族」使用近似橢圓形神鼓外，主要多使用圓形鼓。並且彩繪曲線鼓面。赫哲薩滿的鼓面上，有時還畫有豐富的神祕圖案和符號，增強神鼓的法力象徵。神鼓的造型非常多樣，製作複雜，鼓面、鼓架、以及鼓的內面、鼓的抓柄上有生動的雕飾和圖案，有些還另外加裝有大

大小小的各種金屬響鈴，有些神鼓的背面抓握部份是直接用繃緊的皮繩交纏爲十字形、米字形或八線形；到供直接抓握，有些內側用本條或者鐵十字梁來製作支撐，稱作「道路」，而鐵梁中央刻意製作爲空心的圓環狀，象徵「世界的中心」。

「神鼓」既然是「薩滿」必備的神聖法器，因此在製作神鼓時，必然會有很多宗教禮節和禁忌。神選鼓皮。薩滿要在神堂祭祀、占卜，確定請神鼓皮張方向。然後由薩滿或由薩滿帶領幾名助神人，按占卜方向出發，凡是遇見的第一種大型野獸或者蟒蛇，就認爲是神祇選擇並賜予的；就會設法捕捉來取皮作爲鼓面。後來薩滿製鼓也逐漸改用比較容易取得的牛皮或牛犢皮、馬皮、駝皮，還有不少牧獵民族用犴皮、鹿皮等。居住在東海女真族先民，以及黑龍江、亨滾河乃

至鄂霍次克海一帶的捕魚爲生的民族，爲海祭、江河祭還專做魚皮鼓。多取用鯨、鰉皮以及海象、海豹皮蒙鼓。

撒滿神鼓（抓式）

撒滿神鼓（握式）

「神鼓」的鼓槌多爲天然樹枝或者切削堅韌的木棒再雕繪花紋圖案製成，而由於薩滿生活地區的各種天然材料不同，也有一些鼓槌是採用野獸的腿骨、或者獸角、海象牙來製作，比較特殊的則是用乾燥後帶有彈性的鯨皮、獸皮、鬃繩、古藤、虎豹肋條等交纏編織而成。

「薩滿神鼓」真正的功用，其實並不那麼靈異祕密；只是依靠鼓聲的低頻振動聲波，其一是經由耳朵聽覺來發揮作用，其二是從鼓面被敲擊時實際的振動經由手掌、手臂傳導至身體，不只是振動身軀，最重要的是振動到神經傳導，對神經脈衝發生作用，一直達到「共振效應」，然後影響大腦「意念」，加速自我催眠的效應，而能夠順利的「出神、入神」，以筆者實際的親身體驗；在一次「鬼屋靈異事件調查研究」時，主動與鬼魂接觸的方式就是經由一位博士級的「師父」用超強的意念引導，多人同時「降低頻率」，達到一種「共振」狀態之後，「親眼目睹」鬼魂現身（註：當然不是幻覺或催眠，是在神智完全清醒，並且知道原理，以自主意志力持續降頻的方式進行，然後，當場比對所見結果完全正確）。利用聲響來達到「自我催眠」，改變意念場的波頻，然後與鬼神溝通，或者進入「靈界」進行任何活動，是確實可以做到的；因此，「薩滿神鼓」會被所有「薩滿信仰」體系的各個民族，這樣跨世界的廣泛運用，並且能夠歷經超過萬年以上的歲月仍能發揮作用，讓人無法輕易否定或者只是當成無稽的迷信行爲。

北方薩滿信仰與南方乩童文化比較

雖然，在宗教學與「文化人類學」中，只有「亞洲薩滿教」一個統一的名詞；將亞洲大部分地區從南到北，從西到東這類「巫」信仰統統涵蓋進來，甚至向西遠達北歐，向東渡海及於美洲，但是，筆者經過長期的研究，認爲這樣的名稱是過於籠統，也不太符合事實的。

因爲，所謂的「亞洲薩滿教」應該稱爲「亞洲北方薩滿信仰」比較妥切，這種信仰只是原始信仰而已，並沒有宗教基本構成要素（教義、經典、主要神祇），而且，亞洲南方的「巫」有自身的特點，而且幾乎都是依附於各種宗教，有「教義、經典、主要神祇」，還有許多儀式特徵也幾乎完全不同於「亞洲北方薩滿信仰」。

大約在 1990 年代，因爲協助一位美國人類學博士在台灣進行「乩童」研究；當時筆者率先提出「乩童文化」一詞，被採納引用，迄今有將近三十年時間，筆者仍然主張中國「南方乩童文化」是另成格局的，並不能歸屬於「北方薩滿信仰」，以下將兩者的不同作一比較：（簡稱「薩滿」與「乩童」）

一、「薩滿」不隸屬於任何宗教，爲原始的「祖靈信仰」，「乩童」一定隸屬於宗教，在中國南方閩粵和台灣地區一定隸屬於「道教」系統。在南亞則屬於「印度教」系統。

二、「薩滿」沒有主要神祇崇拜，單純「祖靈崇拜」，「乩童」有固定的「主神」崇拜（至少有一位的居多，有時也有多位神祇的）。

三、「薩滿」的「入神附身」都是「祖先靈」爲主（未必固定單一對象），「乩童」則必定是「神祇」來「入神附身」，從來不曾出現有「祖先靈」來「附身」的（俗稱「降乩」或「起乩」）。

四、「薩滿」的「入神附身」都是爲了解答信眾的疑難或者治病，並且都是會開口以語言主述或者回答問題，「乩童」除了有此相同特點外，有時是在本身廟宇神壇慶典；或者返回「祖廟」的盛大慶典中，單純以各種動作來顯示「神威顯赫」而已，絕大多數並不開口說話。

五、「薩滿」只有語言主述或回答疑難，不使用任何「文字」（註：這個特點可以指出「薩滿信仰」出於尚未有文字之前的蒙昧時代，然後一直是以口授心傳延續的）。「乩童」中分爲「武乩」和「文乩」，後者完全不使用語言，而是單純使用文字或圖畫來回答疑難，或者神祇的教誨訓示。

六、「薩滿」單純只有咒語，沒有「符籙」，「乩童」有咒語也有「符籙」，而且大多數時候「乩童」在「入神附身」後，對於求助者會賜予現場手繪的「符籙」，有些是當場焚化後投入水中飲用，有些由求助者攜回家宅張貼，有些則指示需隨身配戴。

七、「薩滿」可以「出神」或「入神」，「入神」指祖先靈附身，「出神」指此一「薩滿」的靈魂出竅去查尋某種情況，甚至與其他鬼神「溝通、談判、戰鬥」，或者進入冥界帶回走失的「靈魂」。但是，「乩童」單純只有「入神」由神祇來附身而已，並不「出神」去處理屬靈的事物，如果有相關需求時，也是祈求神祇代爲處理而已，這是很大的不同。

八、「薩滿」幾乎都會借助自行敲擊「薩滿鼓」，借助鼓聲來「出神入神」，「乩童」則不借助鼓或其他響器來「入神」，反而泰半是借助吸取「薰香」來「入神」。

九、「薩滿」沒有有形的兵器，「乩童」則不但有各種神祇特定的兵器或法器，還有共同的「五寶兵器」（七星劍、月斧、流星錘、狼牙棒、沙魚劍）。因此「薩滿」不會弄傷自己身體，而乩童在一些特別的慶典儀式中，則一定會使用「五寶兵器」將自己砍打得鮮血淋漓，甚至以各種銳器穿刺自己的雙頰。在印度教某些教派的信徒（不一定是固定的乩童）會在「入神附身」後，用許多鐵鈎穿刺自己的胸膛或背部，用以拖拉車輛或支撐重物。

南方道教系統乩童的五寶兵器

包括：月斧、七星劍、沙魚劍、刺球（流星錘）、狼牙棒。

十、「薩滿」有固定的昇等儀式，稱爲「奧米蘭」，而且每完成一次就可以在帽子上將鹿角加一個叉，這是身份等級的明確劃分，一個最高等「薩滿」一生要做過四次「奧米蘭」儀式。但是，「乩童」則沒有任何昇等儀式，也無法從外表服飾看出等級，或者說並沒有明確等級區分。終其一生都是單一「乩童」的頭銜。

十一、「薩滿」在「入神附身」後，雖然也有助手裏助，但是，只要是同一族系的信眾，通常直接以民族語言問答或訓示，不需要借助翻譯，「乩童」若是「入神附身」後，在神壇廟宇辦事時，一定有一位固定的裏助者，稱爲「桌頭」，大半時候擔任翻譯解說的工作；「薩滿」年老退休後就不再擔當相關工作，而許多「乩童」在年老體衰之後，往往會退居爲「桌頭」來襄助年輕的新手乩童。

十二、「薩滿」在「入神附身」後，都是會主動用語言說明自己的身份和來歷以及爲何事而來，「乩童」在「入神附身」後，都會有具體的動作來代替語言；各種不同的神祇都有固定的動作特徵（譬如「濟公」是搖蒲扇或舉葫蘆做喝酒狀，「三太子」是一手高舉，一手置於腰際，代表手執「火尖槍」和「乾坤圈」等武器），此種動作特徵謂之「功場」，非常容易辨識，無須另以語言說明。

十三、「薩滿」之所以爲「薩滿」，通常是具有天生特異體質的，而且往往是生一場大病或怪病之後，就突然成爲「薩滿」的，在大病期間雖然都自稱有祖靈來傳授各種法術或醫術，但是，並沒有固定的訓練期限，而且往往有家族傳統。「乩童」則有所謂的「抓乩」，是指被某位神祇選中，以各種方式折磨迫令其就範，並且還需要經過四十九天「坐禁」的訓練才能成爲正式乩童，但是，後來也有本人主動自願接受訓練成爲「乩童」的，在家族傳統方面不明顯，大部分無此傳承。

十四、「薩滿」雖然男女皆有，但，大部分爲女性，也有些民族的「薩滿」一定是男性，「乩童」則絕大多數爲男性，女性比例極少（這個狀況在近年來有些改變，台灣地區隨社會觀念開放而增加了不少女性乩童）。

十五、「薩滿」極少有食物禁忌，「乩童」則有一些明確的食物禁忌；譬如青蛙、鱔魚、蛇、龜、狗肉等，也有的禁食牛肉，有些不禁。

十六、「薩滿」的服飾非常繁複厚重，金屬配件及腰鈴之類響器較多，並且一定有高聳的帽子，「乩童」的服飾非常簡單，通常只是坦露上身，僅圍上一件有刺繡花樣的肚兜而已。兩者的差異也可能與氣候有關，但是，最大的差別是「薩滿」服飾上有許多金屬圓鏡飾物，認爲有著保護自身的功能，「乩童」的服飾上沒有任何「護身」的飾物。

十七、「薩滿」有些在儀式中會配戴面具，或者至少大部分的「薩滿」會有一些從帽子上正面垂下的珠穗或流蘇，用以掩遮自身面目，目的是避免爲妖魔鬼怪辨識出真實身份而遭到報復，「乩童」則從來沒有戴任何面具，亦不掩遮自己的面目，亦未曾聽聞有擔心遭到妖魔鬼怪報復之說。（註：「薩滿」源自古老的「萬物有靈論」時代，「入神附身」以

「祖先靈」爲主，「乩童」則活躍於「宗教有神信仰」時代，在心理層面的認知或信仰，各種「神祇」代表「正方」，所謂妖魔鬼怪或惡靈代表「邪方」，向來咸認「邪不勝正」，因此，「乩童」一向是神祇的代言人，因此無論是在「入神附身」或平日正常生活中，從不擔心遭到鬼怪惡靈報復，這點和「薩滿」有極大不同，也是筆者長期接觸研究「乩童文化」後所獲致的基本認知）。

十八、「薩滿」在正式儀式中，信眾會宰牛殺羊等大型牲口做爲犧牲血祭，「乩童」在正式儀式上，信眾所敬獻之牲禮僅止於小型禽類或非常有限的豬肉塊；「薩滿」採用生肉，「乩童」採用熟食（註：此點或許前者爲遊牧民族，後者爲農耕民族的差別所致）。

十九、「薩滿」在正式儀式中，會以紅色繩索圍起法力範圍「結界」，意在禁止妖魔鬼怪闖入，並且特別豎立帶有枝葉的高聳樹幹，以供祖靈神祇「憩息」，「乩童」完全無此種作法。

二十、「薩滿」分爲「白薩滿」及「黑薩滿」，差別在於前者助人，後者以邪術利己，雖然自古以來傳說居多，但是，畢竟有此說法卻是事實，「乩童」則從無善惡正邪之分。各人實際心性不論，皆以爲神祇辦事爲主，並不能以任何邪術利己，甚至有平日若行爲不當者，會遭主神懲罰之說。

二十一、近百年來，因爲時代的變遷，生活型態大幅改變，民智日開，「北方薩滿信仰」有日漸沒落衰微的明顯趨勢；尤其原本的蘇聯西伯利亞地區和中國大陸地區，因爲實行共產主義，嚴厲倡導「無神論」，許多宗教和民俗信仰受到壓制，以致「北方薩滿信仰」與「南方乩童文化」幾乎同時遭到禁絕而隱沒，後期開放政策，採取民族自治區方式治理，使得大陸東北及內蒙古地區，「薩滿活動」稍有起色，但是，在人口比例上仍屬極少數。然而「南方乩童文化」因爲宗教色彩極濃，鬼神教義明顯，因此，仍未在中國大陸地區復甦。相反的在台灣地區，因爲向來對各種宗教信仰採開放態度，使得「南方乩童文化」在此地蓬勃發展，神壇廟宇林立中，「乩童」已是道教和民俗宗教信仰中的要項，「乩童」佔人口的比例也是最高的地區；其次則是在東南亞華人移民社會中，仍然保留了完整的「南方乩童文化」（註：其中以印尼、馬來西亞、泰國居多，而泰國普吉島的「九皇大帝」崇拜，其慶典中「乩童」在「入神附身」時的各種表現可謂當代的典型代表）。

二十二、「薩滿」幾乎多無固定廟宇，這和早期遊牧民族長期遷移的生活習慣有關；迄今在中國內蒙古或東北地區的「薩滿」儀式或慶典，多是臨時搭建蒙古包或一般帳蓬來舉行。而台灣地區或者東南亞華人地區的「乩童」，都有固定的神壇廟宇，有些「乩童」本身即爲神壇的住持，因此，有廟未必有「乩童」，但是，有「乩童」就一定有正式固定的神壇廟宇。這點也是兩者之間很大的區別。（註：以台灣地區而言，有些大型的道教廟宇並無「乩童」，任何祭拜或者爲信眾服務，並不依靠「乩童」，而有些神壇廟宇則可能不只一位「乩童」，有時甚至同時可能多達數十位）。

二十三、「薩滿」因爲沒有固定廟宇居大多數，信徒也不常聚集，因此，「薩滿」幾乎全屬「無給制」，只有在爲信眾服務時，可以獲得一些金錢或實物的酬勞，而有些地區的「薩滿」平日地位不高，甚至生活也極度艱困。而台灣地區的「乩童」因爲隸屬於固定的神壇廟宇，雖然也有志願義務性質的，但是，絕大多數是可以獲得固定薪資的，有些當紅的「乩童」甚至可以和廟宇以「拆帳」方式獲致利益，而私人神壇，「乩童」兼住持的，則所有信徒奉獻的金錢，幾乎是悉數中飽私囊。

二十四、「薩滿」在「入神附身」時，都是以語言來傳達各種靈界訊息，「乩童」則劃分的較細；除了「武乩童」、「文乩童」方面又可細分爲「問事壇」（沙盤扶鸞、毛筆扶乩）、「方壇」（問診求藥方，毛筆書寫）和「書畫壇」（以暗藏玄機的書畫回答信眾疑難，由信眾自行參悟，如果不解，壇中有專門解畫者服務）。

二十五、「薩滿」儀式多屬臨時性的，或者每年特定的一段期間，只有少數是長期固定辦事的（如韓國的「巫堂薩滿」），而「乩童」則大多數是固定而長期辦事的，有些神壇廟宇甚至是每天開壇「入神附身」辦事的。

二十六、部份地區的「薩滿」會依靠激烈狂亂的舞蹈動作或者致幻草藥來協助進入「出神入神」狀態（譬如美洲印地安族有些會借助吸食魔菇、古柯葉，印度的依靠大麻等），但是，「乩童」則從來不借助激烈狂亂的舞蹈動作或者致幻草藥來協助進入「出神入神」狀態。

二十七、「北方薩滿信仰」認爲人的生病或意外受傷是人無意間衝犯鬼神，或者是惡靈作祟所致，因此禳除化解是以談判或戰鬥來驅趕，也或者藉助祖靈來驅邪，有時也會建議服用一些草藥來治病，「乩童」除有相同的見解之外，以「符水」治病爲主，有些則會爲病患進行拍打推拿來進行所謂的「靈療」，或謂修補受損的「靈體」，而有少數的甚至會以「虛擬的針灸」來治療（針灸已屬於人類後期文明產物，因此，在「北方薩滿信仰」是不存在這種治病方式的）。

二十八、「北方薩滿信仰」只有「圖騰崇拜」，無具體擬人形的「神偶崇拜」（註：「北方薩滿信仰」出現具體擬人形的「神偶崇拜」已經是非常晚近發展出來的），「乩童文化」中必然有不可或缺的具體擬人形的「神偶崇拜」，各種神祇雕像琳瑯滿目，不一而足；這點和生活型態有關，因為「北方薩滿信仰」起始於漁獵採集部落或居無定所的遊牧民族，沒有固定的廟宇，也不可能攜帶笨重的「神偶雕像」四處遊走；而「乩童文化」起始於晚近的農業生活型態，又隸屬於固定的神壇廟宇，因此，不論基於自身虔誠的信仰或為使信徒有具體的「神像」可供膜拜以凝聚信仰，所以，兩者因此有所差異。

二十九、在正式的「薩滿」與「乩童」之外，還有一種可以稱為「巫」的，就是獨立的「通靈人」（稱為「靈媒」也可以），因為天生的靈異體質，或者是後天自身的刻意修行，因此可以與鬼神溝通，有些具備「陰陽眼」的甚至可以看見鬼神；有些是與固定的鬼神溝通，有些是與非固定的鬼神溝通以獲取一些「靈界資訊」，一樣可以解答疑難或為人消災祈福或治病；這類通靈人（靈媒）又可以分為兩類；第一類型的幾乎沒有任何明顯「出神、入神」等等的儀式行為，而且絕大多數只是扮演「傳譯」的角色，並不讓鬼神「入神借竅」，這類「通靈人」在北方或南方各地都一直存在，但並不隸屬兩種信仰文化系統。另一種通靈人（靈媒）則是專門從事「牽亡魂」的工作，就是可以讓亡靈附身來與陽間的親友對話，有些隸屬於神廟信仰系統，但，也有不少是獨立工作的

（註1：擁有「陰陽眼」的靈媒，與「亞洲北方薩滿」和「南方乩童」最大的不同是：他們並不需要「出神、入神」，在正常的身心狀態下，幾乎隨時隨地都可以看到鬼神。）

（註2：這類「牽亡魂」的靈媒，全世界各地自古以來就一直存在，與「亞洲北方薩滿」不同的是：這類「靈媒」在「入神」時，來附身的不是與自身有關的「祖先靈」，而是求助者的亡親故友。「亞洲北方薩滿」與「南方乩童」最顯著的不同是：「南方乩童」來附身的只限於求助者的「亡親故友」，不會有任何「神祇」來「入神借竅」，而且有些著名的「靈媒」在一天之內，可能會有不只一次「亡靈」來附身的情形，有時是「附身─回復」這樣的一次完整過程要連續

經歷多次，甚至許多次，這點與「亞洲北方薩滿」通常由單一祖先靈「入神借竅」直到結束回復的情形是不同的。詳情請參閱筆者另本著作『台灣首席靈媒與牽亡魂』一書；1996 年出版）。

關於「神」

自然與神

一，如果「神」也是產於自然，和天地萬物以及包括人類在內的所有生命一樣，那麼「神」當然不可能萬能，因爲出於自然，自然的一切必定不是「神」所創造，和其他萬物及生命都是被創造的，那麼，在邏輯上，「神」一定也有極限，不可能永生不死，更不可能其他所有生命都很低能，無能，唯獨「神」一枝獨秀，是全知全能又無所不在的。所以這個假設基本上是不成立的，和所有「一神教」的教義也是不同的。

二，如果天地萬物以及包括人類在內的所有生命都是「神」所創造的，以目前我們所知的；一個銀河系有一千億個恆星系，而已知的宇宙中有一千億個銀河系，那麼其他一千億 X 一千億個恆星系中有沒有生命？是不是也像地球一樣熱鬧又擁擠？如果是這樣，而且也是「神」所創造的，那麼爲什麼「神」獨獨對地球人類特別關切？包括要人類遵守祂訂定的戒律，而且動不動就毀滅城市，甚至製造大洪水毀滅所有生物？並且要人類謹慎的服事祂，敬畏祂？「神」對祂所創造的所有星球上無數不同的生命都這樣要求嗎？如果是這樣，那麼服事祂敬畏祂的目的是什麼呢？這樣對祂有什麼好處或作用呢？

如果「神」真的是全知全能的，一切都必定是圓滿俱足的，當然不需要低能無能的人類或其他生命去服事，而祂動不動就能毀滅世界，至少地球人類不用祂交代，已經敬畏恐懼到不行了，所以何必再三再四的交代？

如果在整個宇宙中只有地球有生命和人類，和整個宇宙比較起來，地球比「微塵」還微小，這個「微塵」上的生命豈不是更加微小億萬倍？全知全能的神爲什麼要創造這麼微小的生命呢？而且還這麼在意這些微不足道的小小東西有沒有虔誠信仰祂？有沒有謹慎的服事祂？有沒有真誠的敬畏祂？

爲什麼「神」不能創造更大一點的生命呢？或者「神」的能耐其實只能創造這麼一丁點大的生命？而且還無法全面掌控，所以才會再三叮嚀這些微不足道的小東西要敬畏祂？

以人類來說；想要觀察自己的「創造物」或者「飼養物」，至少會是在平常視力可及的範圍內吧？譬如飼養螞蟻或蜜蜂；就算培養細菌或濾過性病毒，用顯微鏡也能觀察，即使是自己全新培養出的新菌種新病毒，爲免失控擴散，或許在必要時會加以銷毀，但是，怎麼可能會去再三叮嚀這些細菌或病毒要「服事」、「敬畏」自己呢？

這點如果放在 2000 年前，1000 年前，500 年前，還在地球爲宇宙中心的認知時代，那時的觀念；地球是最大的，比太陽月亮及其他星體都大，所有天體都是繞著地球旋轉的；所以，地球人類是「神」創造的唯一有智慧的生物，經由一些宗教的神職人員「代傳神的旨意」而有這樣的說詞和要求，至少是可以理解的。譬如如果我們是養蜂人，我們養了一箱又一箱的蜜蜂是爲了讓它們幫我們工作（採蜜），我們當然會希望它們服事我們，也敬畏我們，勤勞工作又沒有異議，不會逃走叛變，更不會飛去他處幫別人工作。但是，條件一定是這些蜂箱盡量近在身邊，一定是在我們視力和照管所及的範圍之內；斷然不可能人在台北，所有蜂箱隨意放在屏東偏僻的鄉下，平時一年半載也難得去照管一次。

那麼同樣的，現今我們已經知道地球不是宇宙中心，太陽比地球大，銀河系更大，而整個已知宇宙更是大到難以想像，那麼相較之下，地球既微小又遙遠，把這些小東西養得那麼遙遠，那麼養這麼微不足道的小東西幹嘛呢？要這麼小的東西服事自己，敬畏自己，有道理嗎？

如果天地萬物以及包括人類在內的所有生命都是「神」所創造的，那麼地球上爲什麼有這麼多自然災害呢？一個養蜂人再怎樣愚蠢也不會把蜂箱養殖在北投地獄谷的硫磺泉近旁吧？既要人們服事祂敬畏祂，全知全能的「神」爲什麼又要創造這麼狂暴的地球？像日本 311 大地震和海嘯，爲什麼會發生呢？是「神」又開始在懲罰人類了嗎？如果不是，爲什麼不能制止甚至消除這樣的災難呢？如果人類全部因爲地球環境的天災而毀滅，那麼又怎麼服事和敬畏「神」呢？

三，如果「神」是「神」，「自然」是「自然」，那麼兩者的關係是什麼呢？和我們生存的這個宇宙一樣，祂是另一個等大的宇宙？至少這兩個宇宙是平等或差相近似的，那麼祂幹嘛喜歡過問我們這個宇宙中一個微不足道的銀河系，其中一個微不足道的太陽系；其中一個微不足道的地球，上面一群微不足道的小東西，還再三要求這些微不足道的小東西必須相信祂，必須敬畏祂，必須服事祂？

四，關於第三點，「神」是非常認真；非常鄭重其事的這樣認爲嗎？或者只是當成一種「飼養寵物」的一時興起而已。如果是認真的，這「神」的格局未免也太小了吧？心胸也太狹隘了吧？還是祂的能耐僅僅如此而已？否則，如果真的無所不能，地球上這麼一點點小小的晃動和風暴，「神」爲什麼無法阻止，或者在祂眼中，這些是不痛不癢的小事，既然如此，那又幹嘛這般在意人類有沒有敬畏祂？有沒有虔誠信仰和服事祂？有沒有敬拜偶像，有沒有遵守戒律？

五，同樣關於第三點；如果「神」和「自然」是平行的，是和我們這個宇宙自然無關的，地球上的萬物和生命都不是祂創造的，祂又有什麼權力要地球人類信仰祂？謹慎的服事祂，敬畏祂？

不過，有一個事實倒是千真萬確的；地球有人類以來，從來沒有同一時間，所有人同時聽到「神」這樣說過；宣稱有聽到的只是個位數的個人。「神」如果非常在意地球上這些微不足道的小東西是不是信仰祂？謹慎的服事祂，敬畏祂？爲什麼不當眾宣佈呢？

如果我們是新兵訓練場的指揮官，我們希望所有的新兵都能服從自己的命令，那麼當然是一視同仁的讓所有新兵都能了解各種命令的意思，乖乖服從並且表現良好的有獎勵，不聽話或者漫不經心，打混摸魚的就會被處罰……所以所有命令和規則當然是當眾宣佈，以廣周知的，怎麼可能神祕兮兮的只告訴其中一個新兵，然後要他再去轉告其他眾多的新兵呢？

當眾宣佈對萬能的「神」有困難嗎？祂不能做到嗎？如果是這樣，又怎麼能稱爲「無所不能」呢？

想想看吧？

「神」創造了宇宙萬物，特別是地球上的生命和人類？

「神」也是自然產物？

「神」是另一個平行的宇宙。

其他任何可能？？？

神創造人，還是人創造神？

所謂「需要爲發明之母」；

所有的創造發明都是源自「需要」，因爲在日常生活的需要，因爲在工作上需要，因爲在內在精神層面的需要等等，所以促使人類自古以來不斷的創造發明，而建立了今日的物質文明與精神文明。

想想：自古以來，是神比較需要人，還是人比較需要神呢？

如果神是真實存在的，又是全知全能的，祂爲什麼會需要相對比較「非常無能」的人呢？

而上古時代的人類，在面對大自然時，是如此的軟弱無能，經常要和自然災害、其他掠食動物抗爭，即便在實質面不能得著強而有力的靠山，在內心中卻有著這種強烈的需求和渴望，尤其是在面對無法承擔的災害和傷痛時，當然會渴望有個「全知全能」的「超級強者」來依靠。

而這個無名的「超級強者」一如孩童心中幻想出來的「無敵超人」，可以幫他打退任何強敵，幫他得到任何想要的東西，幫他消彌傷痛，或者帶領他去到最快樂最美好的地方，賜給他最渴望的幸福生活……

於是，人們在心中祈求，祈求這個「超級強者」的出現，祈求這「超級強者」實現他的願望，當人同此心，心同此理時，這個幻想的「超級強者」就開始被描述得越來越豐富、越來越詳細、越來越超大，越來越「真實」，一種根本看不到的「真實」……

然後從初期極度的擬人化，隨著不同的見解爭議分歧之後又慢慢轉變成「不可形容」；只具備擬人化性格卻不再具備形體的「神」。

神；因爲人類的需要而被創造，因爲人類需要依靠，所以將其描述得「全知全能」，爲了讓「神」和人的關係更密切，所以攀親帶故的把人類說成是「神創造的」，而且是「照著祂的形象」創造出來的，也因爲「人類是神的選民」，所以「神愛世人」……

但是，顯然的，幻想出來的事物總是不可能天衣無縫、圓滿無缺的，所以，當「神」變成有規模的宗教崇拜之後，面對「人類既然是神的選民」，「神既然愛世人」……爲什麼神創造的「人世間」卻是如此的殘暴、艱苦、多災多難而不完美呢？

於是最古老的神棍必須自圓其說，不只是要說服大多數人們，甚至也要說服同樣滿心狐疑的自身；於是，又要保持「神」的萬能完美，又要替祂創造的世界之所以不完美找個最好的理由，於是就有了「原來有個伊甸園」……伊甸園原本是圓滿無缺，幸福快樂的，但是，因為亞當夏娃犯了罪，所以被趕出了樂園，而包括他們在內世世代代的人類子孫都要為他們兩人所犯的罪永遠受苦，不得赦免……除非堅定的相信神，在死後才能得到赦免。

這真的是很不錯的伎倆，一石二鳥，又開脫了「神」，又更加強了宗教的權威。

但是，「神依祂的形象創造人」只是舊約聖經「創世紀」裡記載的一行字而已，其他沒有任何具體的證據，如果「有」其他任何一丁點證據，在人類科技發展到了今天這樣的地步，對地球上任何人事物的普遍研究和認知，不可能毫無蛛絲馬跡的。

唯一的可能就是：人不是神創造的，因為根本沒有神！

各種主張「創造論」的一神教，那個「神」是人類創造出來的，因為基於需要，而「需要」的渴求度是會改變的。當需要度越來越低時，不只是質疑越來越多，而是「創造論」和「神」的崩壞速度也將越來越快。尤其是民智漸開，宗教的權威相對衰減時……

任何時候都是一個好的開始，當下也是，人創造的那個「神」不論在任何一個宗教中，身影正在淡出之中。

神是中國人的長工

中國人大概是最早看清所謂「神」的真面目的，所以，表面上看起來：中國人也是多神信仰的，甚至也是「萬物有靈論」的，但是，骨子裡，中國人對於所謂的「神祇」、「神明」或者「鬼神」以至一切的「神仙」是非常「現實的功利主義」，只要能賜福給予庇佑及發財的，什麼神神鬼鬼，甚至明明就是孤魂野鬼、妖魔鬼怪都願意去敬拜，但是，抱持的卻是一種交易心態，用少量的香火就妄想從「神」那裡換取一本萬利的報酬，如果一旦不能順遂，立刻掉頭棄之不顧，另尋新的對象，如果因為膜拜而能夠實現願望，還願時倒也相當大方，所以中國的廟宇神壇之中有許多還願敬獻的物件，小的是一面薄薄的金牌，大到一對雕龍刻虎的巨型石柱都很常見。但是除了這種「對價關係」以外，沒有好處是不可能單純只是虔誠信仰的，萬一發生了意外或者生命財產上的損失，是絕對不會像西方基督教徒一樣還能謙卑的認定「這是神的旨意」，所以不會抱怨和質疑；中國人幾乎是從來沒有這種觀念的，很簡單也很現實的，只有「靈與不靈」的二分法；所以從骨子裡來剖析；基本上中國人只有在表面上，各種儀式上表現的很繁瑣、很熱鬧、祭品很豐盛，但是，心裡其實根本談不上「虔誠」或者「真誠」的，關於這點可以從在台灣地區的一些神明信仰及互動關係就能看出一些端倪：

從明末清初隨著鄭成功趕走荷蘭人開始經營台灣以來，除了掀起了大規模的移民潮，同樣也掀起了大規模的「移神潮」，像最普遍的佛祖、觀音、玉皇大帝到媽祖等等佛道神祇，以及地域性神祇代表的「開漳聖王」與「三山國王」等等都被各時代先後移民紛紛迎來台灣供奉。

在那種必須在這塊水土不服，處處充滿未知與危機的新天地中奮力生存，人們當然會虔誠的祈求於各種神祇的庇佑，甚至於為了對抗疫病，連瘟神也一樣虔誠膜拜，同時隨著在開疆闢土中，因為爭奪土地資源或者交易紛爭而被原住民砍殺，或者因為漳泉械鬥，閩南客家間的仇殺，以及由於瘟疫和天災而死亡的人數極多，更由於早期的移民多為無家無眷的羅漢腳（單身漢），死後無人祭祀，於是，台灣各地那些「萬善同」、「有應公」正是收納這些多數骸骨或者說無主孤魂的處所，但是基於中國人傳統死者為大的觀念，仍然會受到鄉人的香火祭祀，再加上祭「地基主」的風俗信仰，台灣的鬼神信仰是相當熱鬧的。

但是，不論信奉的是何種神祇，基本上，長久以來，一般信眾在心理上，還算是蠻虔誠的，幾乎從未聽聞過有侮神毀神的行為，然而自從台灣地區開始風靡於大家樂、六合彩的全民賭博運動起，神明的地位卻突然一落千丈……

這當然和求明牌妄圖一夜致富的貪鄙心理有關；那些財迷心竅的賭徒，為了得到選號簽注的靈感，往往會求助於各種神明，希冀由於神明的指點，得到明牌的數字，簽中號碼，博得鉅額的彩金，同時也會許願如果中彩，將會以各種方式來「酬神」；

可以想見的是；這類會四處去向神神鬼鬼求明牌的賭徒，簽注的金額都絕不會是少數，也絕不只是隨興玩玩的心理，當然是非常認真的。但是，相對於亂數的機率，真正中彩的人雖然有，卻是極少數極少數的，而絕大多數的賭徒總是會損龜的，除了大失所望，相較於他們的認真程度和簽注損龜的鉅額損失，對於那些他們曾經向之祈求明牌並許願過的神神鬼鬼不只是質疑，並且更因此遷怒，於是有一些一時「怒從心中起，惡向膽邊生」的無賴之徒在抓狂之餘，竟然會放火去燒廟，或者是拿刀去把神像給劈了……

在筆者的記憶中，大約七十年代，正是對愛國獎券簽大家樂的瘋狂浪潮中，最先被抓狂賭徒放火焚燒洩憤的廟宇，好像是北部某處的「九天玄女宮」，由此開風氣之先，台灣各地神壇廟宇裡原本一直被虔誠供奉，高高在上的神明就遭了殃……

有些是被損龜抓狂的賭徒用刀劈的支離破碎，有的被放火焚燒的變成焦炭，有的更被扔進河裡放水流，於是突然的，

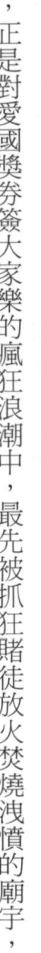

台灣地區又憑空多出了一種神祇，叫做「落難神」，只要每逢大家樂或六合彩開獎之後，全省各地就會多出許多被砍、被燒、被放水流的「落難神」，後來多到居然有人專門建了簡陋的棚子來收容這些被人棄之不顧的破敗神像，令人看了之後真的是啼笑皆非。

在大家樂、六合彩風靡全台之際，還有許多廟宇不甘寂寞的由乩童宣稱神明附身爲賭徒開明牌，而原本沒有乩童的同樣不惜重金禮聘一些乩童來爲賭徒們開明牌，一時全省各地的乩童立即身價百倍，供不應求，於是，許多「乩童補習班」也因此應運而生，簡單操演一下，乩童就速成出師，前往各地神壇廟宇爲賭徒服務。

但是，同樣的，能夠中彩的永遠只是極少數，那些屢屢全省各地瘋狂求明牌卻屢屢摃龜，甚至因此傾家蕩產的絕大多數賭徒，在失望憤怒之餘會善罷甘休嗎？於是因爲不甘寂寞而請乩童開明牌的神壇廟宇必然成爲眾矢之的而遭到程度不一的報復洩憤，那是咎由自取怨不得人，但是也有不少大大小小的廟宇並沒有僱請乩童開明牌，是因爲賭徒自行去供上香灰，麵粉查看明牌的，在摃龜之後一樣遭到池魚之殃。

由此，我們可以看到台灣神明的地位一落千丈，更看到台灣民俗鬼神信仰的非理性一面，尤其是賭徒們貪鄙可憎的行爲更令人爲之齒冷。但是也因爲這樣光怪陸離的台灣特有現象，卻讓我們赤裸裸的看到了台灣鬼神信仰的本質，進而可以推想到其實整個中國自古以來鬼神信仰的本質；

那就是在表面上，由於儒家「敬鬼神而遠之」的思想影響，一般知識份子對於神神鬼鬼確實是「敬畏有加」的，而普遍的社會大眾因爲民智未開，所以在敬畏之餘，爲了祈求庇佑及消災祈福的目的，對神神鬼鬼卻是以籠絡和諂媚的行爲來加以祭祀膜拜，不但不「遠之」甚且還十分的樂於親近，而且不只是舉家前往神壇廟宇去祭拜，更進而把神神鬼鬼的偶像恭迎到自家原本只供奉祖先的神桌上來敬拜，心態則是把公廟中號稱威靈顯赫的神明恭迎回家成爲私有的「家神」，妄圖只庇佑自己一個家族的平安富貴。

但是，也因此，那只是在表面上的崇敬，骨子裡卻已經貶低了神明的地位，更直截了當的說，其實在實質上，中國人是有著不自知的矛盾行爲的，一方面對鬼神十分敬畏，一方面又把鬼神當成僕役來差遣使喚。正如同主子對於一般僕役的作爲；那就是一手糖果，一手鞭子、賞罰分明的兩面手法，除了平常早香晚香的恭敬膜拜，而且每逢初一、十五或者神明壽誕更大肆鋪張以豐盛的牲禮來祭祀，但是，這怎麼說都是一種交易行爲，因爲都不只是虔誠的單純信仰而已，其背後的目的卻是希冀因爲自身這種諂神媚神的作爲，可以藉此博得鬼神的歡心，從而得到庇佑與降福，反正總是不脫求財，求壽，求富貴，求安康，甚至求橫財的自私目的。

於是，

自身或家人生病時求鬼神庇佑或賜藥治療。

參加科考時求鬼神庇佑而金榜題名。

缺錢時，祈求鬼神庇佑賜予財富。

開店時，祈求鬼神庇佑生意興隆，財運亨通。

自身或家人出遠門時，祈求鬼神庇佑旅途平安。

單身的男女祈求鬼神庇佑能找到如意的對象。

失竊或有人口牲畜走失時，祈求鬼神庇佑能速速尋回。

有天災、兵禍時祈求鬼神庇佑能夠消災解厄。

沒有子息或者人丁單薄時祈求鬼神庇佑能夠多子多孫，人丁興旺。

凡此種種，無不是自私心理作祟，目的則不脫「消災祈福」，倒是從來不見有人是爲了祈求自己德行增進，造福人群的。

也因此祭拜鬼神的目的，只是在祈求這些鬼神能夠法力無邊的滿足順遂一己之私心私慾而已。也於是，所謂的神神鬼鬼也就成了中國人的長工，而且還必須是萬能的長工，既要是醫生、名師、無償的金主，又要是好媒人、警察、私家偵探和保鑣，有些更甚而爲了報復仇家，更希望這些鬼神是自己僱用的殺手去懲治對方……

但是，一旦這些神神鬼鬼沒有滿足祭祀者所願時又會如何呢？

輕者信眾不再祀奉，改拜其他鬼神，重者，家神又會被送回原來的神壇廟宇裡去，但是，在大家樂、六合彩盛行之後，更嚴重的卻是會被砍、被燒、被放水流。

所以，追根究底的來探討，其實，那是因爲中國人太聰明也太自負了，早就看穿了所謂的神神鬼鬼根本沒有那麼清高，那麼的神聖不可侵犯，人們充其量也只是在表面上予以「敬畏」，人和鬼神的關係則只是物質供奉和獲取上的一種條件交易關係，所以，鬼神的崇高地位只及於表象，在骨子裡只是中國人的長工而已，而且只是萬年長工和萬能長工，一旦有所「不能」時，一樣可以炒魷魚請祂滾蛋，或者加以大肆凌虐以洩憤。

當然，在此也有必要更深入的來探討一下這些中國人萬能長工的真正本質：

其實，從原始「撒滿教」的萬物有靈論以來，中國傳統道教以及民俗宗教中幾乎是把天地山川、樹石花草、碗筷桌椅、床灶門樑全都封了神，特別是在一般民俗宗教之中，其中不乏因籠絡諂媚而被「神化」的鬼怪精靈、魑魅魍魎，也有原本神格就不高的，如社神（土地公）、灶神以及神祇周圍的兵將（陰兵陰將），甚至於是原本毫無神格的孤魂野鬼，而在民俗宗教中，極多明明扛著正神招牌的，往往又僅只是略有鬼通的孤魂野鬼在那兒裝神弄鬼、狐假虎威而已，在此附錄清朝大才子袁枚在其筆記小說「子不語」一書中所載的一則故事；篇名叫做：「成神不必賢人」：

「有位叫李海仲的秀才，爲了前往京師參加秋試，從蘇州雇船北上，到淮上時，突然來了一位舊時姓王的鄰居要求搭個便船，李海仲答應了，但是到了晚間，這位姓王的鄰居明白的表示自己不是人而是鬼，此去是爲了向一位在京師刑部任職的汪某人索債，由於這位汪某人是李海仲的親戚，李海仲聞言大驚，只有好言相勸，試圖居中化解……」

姓王的鬼魂終於同意只要汪某肯還錢，必不傷害他的性命，一人一鬼來到京城之後，由於鬼魂作祟，汪某突得瘋病，終由李海仲居中調停，汪家還了債，鬼魂才放過他……

李海仲終究沒考中，一人一鬼又同船回江南，鬼在船上時，一切飲食，只聞一聞而不吞食，但熱的食物被他一聞立即變冷……

船行至宿遷（江蘇省北部的小城）時，鬼魂說：「某村唱戲，我們不妨一起去觀賞！」李海仲答應了，一人一鬼在戲台下看了幾齣戲，鬼魂突然不見了，只聽到附近突然傳來飛砂走石之聲，李海仲只好一個人獨自回到船上……

傍晚之時，鬼魂竟然穿了華麗的官服回來跟他說：「我不跟你回去了，我要留在此地做關帝了！」

李海仲大吃一驚地問他：「你怎麼敢做關帝？」

鬼魂笑著答說：「世上觀音關帝，皆鬼冒充。村中唱戲是為向村中關廟中的關帝還願，那位在村中冒充關帝，接受村民牲禮香火供奉的孤魂野鬼，比我更無賴，連我見了他都很生氣，所以和他打鬥了一場，打敗了他又把他趕走了，剛才你沒聽見飛砂走石之聲嗎？那正是我在和他打鬥啊……」

最後，姓王的鬼魂就這樣留在村中，取代原本那個無賴鬼繼續冒充關帝接受村民的供奉，而李海仲則一人返鄉，並且替他把討債要回來的錢帶給了他的妻子。」

雖然這只是一則筆記小說中的故事，但是在這則故事中透露的一個重要的訊息—在幾百年前，中國有知識的文人已經了解到民俗宗教中「鬼」和「神」之間的奧妙關係，簡單的說，就是容或天地間確實有神，但是，那也絕不是一般人在神壇廟宇中祭拜的那些木雕泥塑的偶像，那些大大小小的偶像，年代或新或舊，雕工有精有粗，造形名號雖各自不同，但是附身其上的卻都不是神，而是一些孤魂野鬼假冒的，當然這些孤魂野鬼未必都是無賴的惡鬼，但是，只怕卻是佔了其中的大多數。

向神神鬼鬼祈求什麼？

幾乎所有的宗教無不鼓勵信眾虔誠的膜拜神祇，祈求神祇。尤其當信眾遇到任何疑難雜症時，祈求神明的庇佑與指引更是必須的手續，因為人類是渺小的，而神卻是無所不在、無所不能的，更何況只要是神都是慈悲為懷的，祂們就如同慈愛的父母一樣的在照顧著我們這些在地上的子女，所以，人類是應該接受神明的安排和保護的。

這樣的論調大概從人類有宗教行為開始就一直被當成了顛撲不破的真理，也幾乎從沒有人懷疑過什麼？即使是無神論者也極少非難這樣的觀點，但是，事實上，這個觀點的本身卻是建築在極其荒謬的基礎上，想想；

如果神祇果然是大慈大悲的；一如父母無微不至的在照顧著子女，又何需子女五體投地的去膜拜祈求才肯應允給予庇護和指引？這世上有那個人是因為經過膜拜祈求才終於得到父母的愛護與撫養的？那麼相反的，如果一個孩子站在路邊，隨便祈求一個毫不相干的陌生人來愛護他撫養他，是不是任何一個陌生人只因爲聽到這個孩子在祈求，所以就會無條件的同意像親生父母一樣的來愛護他撫養他？

所以答案是很明顯的；如果神祇果然是大慈大悲的，那麼一如世間慈愛的父母，根本無需子女祈求就會出於天性的去愛護他照顧他撫養他指引他。設若神祇不是慈悲的，那麼祈求又有何益？

此外，神祇也必定要是無所不在、無所不能時，人類的祈求才有實質的意義，否則神祇如果不是無所不在的，祂又如何能隨時隨地的聆聽到人類的祈求？而祂要不是無所不能的，那麼即使聽到了人類的祈求，又如何如響斯應的來答應與滿足人類所祈求的種種？

但是吊詭的也在這裡；如果神祇果真是無所不在、無所不能，也就是所謂的「全知全能」時，根本就不待渺小的人類祈求，祂必然早已不費吹灰之力就替人類解決了，想想遭到納粹屠殺的六百萬猶太人，被日本侵略者屠殺的三十萬南京市民，難道臨死之前他們都不曾祈求嗎？結果呢？

再看看北京的天壇，始建於明朝，是帝王祭天並祈求上天庇佑風調雨順、國祚永享的場所，結果明朝亡了，而天壇又繼之成爲清朝皇帝祭天的聖域，同樣的年年在此祈求上天庇佑風調雨順、國祚永享，結果呢？傳到宣統手中還不是照樣亡國了，難道是因爲兩朝的祭典不夠隆重？祭品不夠豐盛，或者幾十位帝王都不夠虔誠嗎？

所以，究竟要祈求什麼？又爲什麼要祈求呢？而且如果連向神明都祈求不得時，向一些自己都還要來陽間乞食的孤魂野鬼，又能祈求到什麼呢？

偉大的「靈界」開拓者—「耶摩」

「耶摩」（Yama 原名是耶摩羅遮 Yamaraja，中文也有譯爲「耶魔」、「閻魔」、「炎魔」或「琰魔」的，最後才在中國變爲「閻羅」或「閻王」，在中國民間則俗稱爲「閻羅王」甚至「閻羅天子」的）。

在印度古老的神話傳說之中，「耶摩」原本是天神，他是太陽神和「薩拉尤尼」所生的雙胞胎兄妹之一，妹妹叫做「耶蜜」（Yami），他們原本是世界第一對男女人類，但是，因爲太過於寂寞，妹妹「耶蜜」突然瘋狂的愛上了哥哥，不停糾纏著要求和他做愛並成親爲夫妻，但是，「耶摩」認爲這根本是亂倫行爲，絕對不可以，所以嚴詞拒絕，結果引發了「耶蜜」因愛生恨的如火嗔心，竟然親手弒兄，而「耶摩」就成了世界上第一個死亡的人類；他在死後發現了「祖先之路」，可以把自己和往後死者的靈魂引導到這個屬於死者的天堂裡去；這個天堂又稱爲「耶摩天國」，也就是後來佛經中所說的「耶摩天」。

在印度神話中，起始之初，人類死後，靈魂有二個去處；其一是「天神道」，其二是「祖靈道」的「耶摩天國」，在「耶摩天國」是一片光明美好又快樂的地方，在這裡可以無憂無慮的生活，一切欲望也都能得到滿足，所有亡靈終日都是在鳥語花香、天籟笑聲的花園以及金碧輝煌的宮殿中尋歡作樂。

「耶摩」有一隻鴿子和一隻貓頭鷹做爲傳訊的使者，還有兩條各有四眼，全身有著美麗斑紋的狗，只要有人死亡了，就由這兩條狗去將死者的亡靈帶到「耶摩天國」來；以上的神話故事發生的時間很早，「吠陀前期」時已經記載在「梨

俱吠陀」之中；但是，這時還是屬於「五火二道」的信仰時期，人類死後的去處只有「天神道」和「祖靈道」；而且並沒有任何和生前心行善惡有關的條件，去處的不同單純只和生前所做過的祭祀有關；也就是說一個人生前不論是大善人或者大奸巨惡，只要完整的做過五種祭祀就能直升到「天神道」，與所有的神祇一起過著永遠快樂的日子，但是，如果少做了最重要一樣針對「火神阿耆尼」的大祭典，那麼就只能進入到「祖靈道」，但是，仍然還是相當美好的，只是不能享有和眾天神一樣的尊榮而已，不過，在這二道生活原來都是永恆的，並不需要重新轉世或者再次輪迴投胎為人。

下一張照片中的神廟雕像完成於西元九世紀，可以看到「耶摩」下方有一隻水牛，那是他的座騎，再下一張照片中的神廟雕像完成於西元十世紀，可以看到「耶摩」左右手各有一隻鳥，這樣的造像是忠於印度原始神話的，雖然有著「骷髏頭」象徵死亡，但是「耶摩」本身的面容卻是和善愉悅的，沒有任何恐怖猙獰的感覺。

但是，簡而言之，在這一時期，人們死後的世界都是美好的，和中國古代「生爲徭役，死爲休息」那種「回老家」的觀念是大致相仿的。那時的印度人對「死亡及死後世界的的觀念是非常單純美好的；認爲人活在塵世間是相當勞苦還有病痛及貧困等等的諸多痛苦的，但是，一旦死亡，經過火化之後，靈魂就被釋放並淨化，然後就能永恆快樂的生活在不同的天國中；生前的心性行爲善惡和恩怨情仇從此一筆勾消，再也沒有任何瓜葛。在「吠陀時期」是沒有「地獄」觀念的，也更沒有「善惡罪業」、「因果業報」、「死後審判」以及「輪迴轉世」觀念的。

「耶摩」身份及職掌的轉變

但是，到了後來，「種姓制度」逐漸成型，那些個個聰明絕頂的婆羅門僧侶爲了鞏固自己的權位和攫取更多的利益，竟然把人們死後的永生權利一分爲二；把「婆羅門、刹帝利、吠舍」三個種姓劃歸「再生族」，卻把社會金字塔底層佔人口絕大多數的「首陀羅」種姓劃歸爲「一生族」；也就是說：佔人口絕大多數的奴隸階層者死後的好日子結束了，只有上三個種姓才能在死後永生，進入「天神道」或「祖靈道」去快樂過活，「首陀羅」種姓（以及賤民）是不能享有這種特權的，生命只有這一世，一旦死去，也就煙消雲散，與草木同朽，沒有永生的靈魂。現在來看；很難相像當時制定這個規範的婆羅門僧侶是基於何種理由產生這種念頭的，不過，還真的是聰明一世，糊塗一時；做了大錯特錯的一種愚行！因爲佔人口少數的「雅利安人」以統治者的高姿態入侵印度成功，他們原本並沒有比原住民更先進的文明，反而只是擁有更草莽更原始的觀念（這點和元朝蒙古人打敗宋朝後入主中國的形態相當雷同，宋朝的文化禮教已經相當先進完備，但是，在武力上遠不如文化水準相對懸殊低落的蒙古鐵騎，所以無可奈何也只能任憑宰割了）。

因此當「雅利安人」寡佔了「婆羅門」和「剎帝利」以及「吠舍」三個階級之後，因爲種族及膚色的優越感，將黑

皮膚的原住民打入最低的奴隸階級「首陀羅」，武力容或可以使人的肉體屈服，但是，卻無法使人的心理真正誠服，於是在極度歧視的心態下，他們擅自編派「死後永生」的權利，剝奪了奴隸階級「首陀羅」族群的再生權；但是，也因爲這個非常錯誤的決定，引發了社會的巨幅震盪，那些一生勞苦貧窮的奴隸階級，原本對死後世界總是還有一絲絲期盼的，結果竟然被硬生生的剝奪，當然會引發心理和實質的反抗；

在武力不足以抗爭時，一種原始順世頹廢潮流開始蔓延，輕則廢弛自身的社會責任，抱持著今朝有酒今朝醉的人生觀，只求當下的快活和享受，不願再唯命是從的接受差遣奴役，重則作奸犯科，窮兇極惡的奪取酒色財貨來滿足今生的需求（既然死後一切都煙消雲散，沒有任何可以休憩享樂的天堂可以期盼，爲何不毫無約束放蕩的盡情享受短暫的此生呢？）；整個階級嚴明的社會架構因此岌岌可危，恐將面臨徹底的崩壞；因此，一種思想恐嚇的宗教信仰被迫產生；那就是「地獄」的觀念；

同樣是出於婆羅門僧侶的刻意編造；在天界眾神中找出了最適當的「人選」——「耶摩」；畢竟他是掌管「祖靈道」所有亡靈的。於是「耶摩」這原本只是悠遊在天國享福的主角，竟然被地上一些婆羅門僧侶蓄意編造新的神話；強行一分爲二，讓他一半在「耶摩天國」享福，一半卻要兼差來掌管眾苦之地的「地獄」；變成了地獄之王（也就是佛教傳入中國之後，大家耳熟能詳的「閻羅王」），而且婆羅門僧侶爲了自圓其說，開始把原本永生的「祖靈道」也篡改了一番；變成不是其中全部居民都可以永生；而是要看後代子孫是否持續爲他舉行祭祀而定？如果不幸沒有子嗣或者後代家道中落無力持續爲祖先舉行祭祀的，這些已經在「祖靈道」享福的祖先就會失去永生特權，再次「降級墜落」來人間輪迴；對於婆羅門僧侶來說；這無疑是個「一石二鳥」之計，因此又有了可以增加「爲人祭祀」來斂財的名目。

至於在人間作惡的人，死後也不再擁有一筆勾銷，重新洗牌的權利，不能再無條件進入「天神道」或「祖靈道」去天福永享；反而會被打入「地獄」接受審判，並依照生前罪過的輕重來接受酷刑懲罰。至於所謂的地獄酷刑倒也沒有任何創新，全是人間各種耳熟能詳酷刑的翻版而已。至此，我們也一樣能夠輕易看出「地獄」和「罪業」觀念是怎樣被人類蓄意造作出來的；同時也可以了解到一，爲什麼「地獄」觀念不是無始之始就存在的，反而是在「五火二道」之後才出現的？二，「耶摩」爲什麼會被硬生生的一分爲二，由他來掌管恐怖的「地獄」？因爲他的確是一個適當的人選，但是，同樣爲了自圓其說，總不能突然一夕之間改變他的職掌和神性，所以只能掩掩遮遮的讓他用「兼職」的型態來掌管「地獄」。三，在婆羅門三大綱領之中，第三條是「祭祀萬能」，但是，很顯然的，在「五火二道」時期，祭祀是可以決定死後去處的，跟生前心行善惡無關；但是，當「地獄」觀念被造作出來之後，「祭祀萬能」在這個系統中是肯定不適用的，祭祀已經不能挽救那些死後該下地獄的惡人（或惡靈），這點和「婆羅門三大綱領」中「祭祀萬能」的主張是完全矛盾的，但，倒是和第二條「婆羅門至上」卻完全吻合，婆羅門僧侶豈只是至上，根本是比眾天神更偉大更萬能的，連眾神的職掌和地位都可以由他們擅自編派，神話故事也是可以任意編造來符合自身的利益，任何和宗教信仰的事務都是他們說了算，至於「神」，只是他們的傀儡和騙人的幌子而已。

也所以當印度從「吠陀時期」進入「梵書」時期，死後的觀念從原本的「五火二道」也改變增益成了「四生三道」，也就是除了原本的「天神道」和「祖靈道」之外又增加了一個「地獄道」，同時，四生的觀念會被強調，是因爲「胎生、卵生、濕生、化生」又被用來加諸在惡人的死後去處，往往是在地獄受完酷刑之後，總是要安排下一程的去處，既不能讓他們去天界享福，又不打算讓他們再世爲人，所以，就編派這些罪靈轉生爲畜生或者蛇蠍或細小的蟲子吧。在此，我們同樣又可以看出一個漏洞生漏洞的實證：顯然，「首陀羅」（及賤民）突然一夜之間從「一生族」又變回「再生族」了，只要他們生前作惡，死後就還是有持續存在的「生命」去下地獄受苦，受完苦再轉生爲畜生或蟲蟻。爲什麼會這樣一直自相矛盾呢？答案也很簡單：因爲神話是人爲編造的，「輪迴」觀念也是人爲編造的，「罪業果報」一樣是人爲編造出來的，因爲不是自然機制，所以難免就會出現自相矛盾的漏洞，更何況：在今天的印度，仍有將近一半以上的文盲，在二、三千年前，知識是完全被婆羅門階級壟斷的情況下，究竟神話是怎麼說的？那些神有什麼不同的特性和神通？神與神之間有什麼樣的關係？那個神比較神通廣大？那個神做過什麼醜事？人死後會有什麼遭遇？怎樣才能進入天國永生極樂？爲什麼同樣是人卻有不同的階級？爲什麼有人可以一生富貴榮華？爲什麼有人就必須貧困低賤的過活，而且世世代代不能翻身？等等等等……這些都是婆羅門僧侶說了算！

在極少人敢質疑的神權威嚇下，在婆羅門至上的威權陶醉中，他們並不是這麼戒慎恐懼，縝密亟思的來編造各種神話，有時也許考慮有欠周詳，有時則根本是肆無忌憚的，所以天長地久的就會出現漏洞，然後當然就必須以謊圓謊的不停編造各種謊言來自圓其說；但是，謊言終究是謊言，那是絕對經不起時間考驗的。二千多年前民智未開的印度，容或謊言還有極大的效用，還有極多的人民會相信；但是，二千多年後的今天，當我們重新回顧印度的宗教史和各種神話時，用研究的心態去發掘，當然可以找出那些是根本自相矛盾、漏洞百出的人爲謊言了。

四大古文明的死後世界觀

以上雖然是出於「古印度」的神話，尤其是後半段，「耶摩」被一分為二，其中一半掌管地獄的說法，那是後期純人為捏造出來的「騙局」，根本不用相信；不過，需要說明的一點就是：本篇主旨重心則是放在關於「耶摩」最原始的起源，以合理的邏輯推理來思辨其真正緣由。

我們先來回溯一下在有文字記載的歷史中，各個古文明對於「靈界」的認知：在四大古文明中，都有關於天堂、地獄（或陰間）的描述，其中埃及、中國、印度都有另外專屬於「一般庶民」的「靈界」：埃及是「蘆葦地」（或蘆葦天堂），中國是「祖先靈界」，印度是「祖靈道」；唯獨兩河流域的「巴比倫」文明完全沒有；沒有「庶民天堂」，也沒有「酷刑地獄」，然而，「巴比倫」文明中所謂的「陰間」雖然不同於「地獄」的恐怖酷刑慘況，卻是一個陰暗、憂傷哀愁，完全沒有希望和歡樂喜悅的惡境，而且所有亡靈是永遠處於這種境況而沒有任何機會可以改變的。這點是非常奇怪的？但是，卻從來沒有任何專家學者對於這個反常的例外提出過合理的解說或推論？

至於全世界各原始民族，包括現存的歷史悠久的各地原住民，卻幾乎毫無例外的都有「祖靈信仰」，不但相信「靈魂不滅」，更相信「祖先靈」是永續的生活在「天上」、「另一個世界」、「陰間」、「山頂」或者就居住在祖屋的鄰近，後世子孫和「祖先靈」的關係和互動是非常密切的，「祖先靈」也非常關心子孫的行為，甚至都有賞善罰惡，賜福降災的異能，原住民們平常不但任何祭典儀式都會邀請「祖靈」降臨來接受敬拜供奉，享受祭品，甚至，連日常一日三餐飲食前也會稱頌「祖先」的美德和感謝庇佑；許多原始民族在飲酒前，都會用手指沾酒，向四周彈灑幾滴，表示先敬奉祖靈之意，然後才能開始暢飲……以上這種「祖靈信仰」的年代可以追溯到非常久遠以前，比人類有文字的歷史早過許多倍，據筆者的研究，以合理的邏輯來推論，從「萬物有靈信仰」時就同時存在了，但是，正式的『祖先靈界或者「祖靈道」最晚也不會晚於舊石器時代人類穴居生活時期。

至於「靈界」的發現，在四大古文明中，只有印度有明明白白的留下一個響亮的大名—「耶摩」（Yama、耶摩羅遮

Yamaraja），雖然這個名稱最早出現是在印度「吠陀信仰」時期，最早有明文記載的是出現在「阿達婆吠陀」的經典之中，但是，那只是文字歷史，在有文字之前的漫長歲月中，經由口授的歷史又有多久的時光，誰能說得清楚呢？

至於「耶摩」（Yama）這個名號，是不是真如印度神話中所說的，是第一個死亡的人類？當然不是！是不是真的有這麼一個人？我們無法有任何證據確定？但是，名字並不是重點，那只是一個符號，只要我們就同意有這樣一個人，曾經生活在久遠的古代（必定不是雅利安民族入侵印度五河流域之後的事），應該甚至比雅利安民族在中亞一帶流浪遊牧還要更早（否則就不會稱他爲「人類第一個死者」）。我們倒是不妨接受他是在印度雅利安民族流傳的遠古神話中，第一個「發現靈界」並積極「開拓靈界」的人（靈），也甚至，筆者願意推論一個更合理的解說：「耶摩」（Yama）可能是一個部落的領袖或者有領導能力的祭司，在死後，率領了一批族人的靈，在陽間飄飄蕩蕩，無所歸依的長期流浪中，也許是無意間，也許是刻意尋找「妥適」的生存空間時，終於發現了一個特殊的空間—「靈界」！

在此；簡單的介紹一下「靈界」：「靈界」是一個純由「精微物質」構成的空間，與我們人類生活的「地球空間」重疊，因爲既然也是「物質」，所以一樣有「質量」，也因此一樣受到地心引力的吸引，也因此最遠的範圍不會超出大氣層以外，其中部分地區與「地球一般物質」構成的現實世界重疊，但是，因爲既然是一個「精微物質」構成的空間，一般活人是由「一般物質與精微物質」組合的肉體無法「進入」，也無法查覺，只有在死亡脫離肉體之後，「靈魂」才有可能進入並且「感知」其中的景物與居民和所有「靈界居民」長久創建的所有物件和搭蓋的各種建築。（註：自古以來只有極爲少數的人，經由一些特殊但不盡相同的方式，讓「靈識」短暫進入並管窺到一點內部景象而已。詳情請參閱本書有關「靈界樣貌」的各篇章）。

除了印度的「耶摩天堂」，埃及與中國都有不同名稱的「靈界」（「蘆葦地」與「祖先靈界」），那麼當然一定有率先的「發現者」以及「開拓構建者」，可惜，都沒有留下大名，我們後人自然不得而知，也因此，筆者只能將印度的「耶摩」用來作爲一個代表，而且相信對於「靈界」的發現，絕對不是情況相異的巧合，而是「靈界空間」原本就存在，而埃及、中國、印度的「先靈」只是先後發現了這個適合「靈魂」生存的空間。

發現「靈界」的邏輯推論

以下是筆者依據長年對於「靈魂」與「靈界」的研究，加上個人的「靈界」體驗，針對代表性人物「耶摩」(Yama)發現「靈界」的過程所做的合理的邏輯推論：

人類的「靈魂」是偶然在進化史上的晚近時期才凝聚成型的，也就是說：在此一時期之後，許多人類在死後，「突然」發覺自己並未灰飛煙滅，竟然還是繼續「存在」，不但可以「看到、聽到、聞到、嚐到、碰觸到」原來生前的一切，還能一樣的思考和行動，幾乎一如生前有肉體的時期完全一樣，差別也就只是少了一個肉體而已，一時之間的驚愕反應該是不難想見的(註：請參考「研究靈魂學必讀的經典—追鬼人」一章)但是，少了肉體，並不代表當一個「靈魂」看自己或者其他「靈魂」時就是空空如也，什麼都沒有的，相反的，他一樣可以看到自己的「身體」，有手腳，有指頭，甚至仔細看連指紋也沒少，而且竟然還穿著衣服，或者掛著一些陪葬的佩飾。當他看到其他「靈魂」時也是一樣，並不是一團煙霧或者一個光溜溜的身子，一樣是穿著衣服的，但是，這個「身子」已經不是「肉體」，而是一個完整拷貝自生前肉體形貌而來的「靈體」，而且，並不是在死亡之後或者死亡前的剎那才拷貝出來的，而是原本從他一出生開始就伴隨著肉體的成長，同時拷貝並隨時與肉體的成長改變也隨之作相應變化的；因此，在兒童時期，他的「靈體」也是兒童的形貌，青年時期是青年的形貌，壯年老年以後就是壯年老年的形貌；

或許許多人(包括一些對「靈魂」向來持反對意見非常固執的專家學者)馬上會質疑：即使先假設人死亡之後，「靈魂」能夠續存，那麼必定是光溜溜的，怎麼可能會穿著衣服呢？任何衣服又沒有靈魂，就算是死者入殮時穿著的那套衣服也是和遺體一直存在「陽間」，單單就這點至少在邏輯上就說不通了啊？

事實上，這樣說或者這種主張只是「人們主觀的見解」，因為，絕大多數人，包括那些「反對靈魂存在」的專家學者並不懂得「靈魂」或者「靈界」的實際狀態(筆者非常肯定他們幾乎一點都不懂，也根本不想懂得)；「靈魂」會穿著各式各樣的衣服是來自「心智能力」，所謂的「心智能力」就是「靈魂」能在肉體死後續存的主軸—「靈識」，同樣簡單表述；「靈魂」本身的「靈識」是擁有變化能力的，而且就算不是主觀的去「變幻」出衣服來，在他死亡前最後神智尚屬清楚的時刻，只要他對自己當時穿著有所認知，那麼，不論他的「靈力」能不能自由「變幻」，他都會穿著衣服。（註：在全世界各地流傳的一些「遇鬼」的故事或者有些人主述已過世的親人回家來探望，或者遇見已過世親人長期羈留在家中某處，譬如盛傳白宮鬧鬼中，有不少名人見過「林肯總統」的鬼魂，這些種種說法；都不曾出現遇見「全身一絲不掛」的鬼魂，至少「林肯總統」還是穿著很正式的。而且還有一個特點就是；有許多的「遇鬼」說法中，屬於已逝親友的鬼魂大多是穿著平常的家居服或習慣穿著的工作服，幾乎鮮少是穿著入殮時的正式禮服。為什麼會這樣呢？這點，中國人的「鬼魂」認知有很好的解答；中國自古以來就有一種習俗，那就是如果有親友即將過世時，無論如何都要忍住傷悲的情緒，必須在他斷氣以前就把預先準備的「壽衣」，也就是入殮時的正式禮服先行穿好，因為如果不這麼做，死者一旦斷氣之後，不論再更換多麼華麗名貴的禮服，這些衣服也無法隨靈魂而去；也因此，有一種情形就是意外傷重猝死，或者在醫院久病臥床，突然病情急遽惡化死亡，來不及在斷氣前更換壽衣的，如果此後有遇到這位親友的鬼魂情形時，他一定不是穿著壽衣，那些在醫院遽逝的通常都是穿著醫院病患的服裝。關於這點，請相信中國這個歷史悠久民族的經驗法則吧！這正是因為累積了幾千年的「遇鬼經驗談」，而且，真實狀況也確實是如此的；但是，在西方國家沒有這種習俗，所以往往都是在親友斷氣之後才著手更換衣服，因此，這樣就會形成很大的差別）。

筆者當然不會相信印度的「耶摩」（Yama）是第一個死亡的人類，也不相信他是第一個形成「靈魂」的人或者第一個「發現」自己在肉體死亡後，竟然還有知覺，能夠行動自如的「靈魂」。因此在他之前，一定已經有許多「亡靈」存在了（當然，也許「耶摩」也不是第一個發現「靈界」的，在他之前也許有其他「先靈」已經發現了，但是，可能在發現並「進駐」之後就不再與人間有過任何聯絡，所以，我們也就當然無從得知是否確實如此？也因此只有「耶摩」的事蹟被流傳下來）；

因為包括「耶摩」在內，包括在他死前不久或死後不久過世並以「靈魂」形態存在的那些「先靈」們，他們一直沒有一個適合而安全的存在環境，因此他們就和其他更早過世的先靈們一樣，幾乎是四處流浪甚至必須在白天躲藏，只能在傍晚太陽落山之後才能出來活動，因為「靈魂」沒有肉體，少了一層保護，白天的太陽和強光對他們會造成傷害，至少會使他們非常不舒服，所以不願在白天出來活動；而且他們白天時必須有一個可以暫時棲身的場所，通常是天然的洞穴，濃密陰暗幾乎不見天日的森林，荒廢的城堡古屋，也或者自身原本居住的屋子，或者是墓穴或棺木之中……（註：這點也解釋了一部份爲什麼夜晚容易見鬼，或者普世共識都認爲夜晚是鬼魂出沒的時刻。），除了環境居所的艱苦困境，還有就是「食物」的問題；人每天需要進食，「靈魂」沒有肉體，爲什麼也需要食物供應呢？

因爲「靈魂」有「靈識」和「靈體」，無論「靈魂」做任何活動，都需要能量供應，這點是毋庸爭論的，而「靈體」一樣會有新陳代謝的活動，所以也會需要「精微物質」的供應；而不論能量或「精微物質」都需要有來源；「靈魂」不能像一般世間的活人，用錢去市場買食物回來烹飪食用，也不可能帶錢去餐廳點喜歡的飲食來滿足身體需要和口腹之慾，甚至也不能向他人「乞討」食物來充饑裹腹。那麼，「靈魂」如何才能獲得能量和「精微物質」的供應而繼續存活下去呢？

在「耶摩」發現並積極開拓「靈界」之前，應該有幾萬年時光，人類生前形成的「靈魂」在死後能夠脫離肉體而續存於天地之間，不過，因爲無處可去，所以都是在陽世人間的各處飄蕩流浪，白天必須躲藏在各個黑暗的處所，傍晚以後才開始出沒活動，最主要的目的就是「覓食」，一般人類的食物中不但有能量，也一樣含藏了一些「精微物質」，所以，這無數的先靈們會在人們無法查覺的狀態下，先行「偷吃」這些食物，後來被形容爲「精氣」的「能量與精微物質」，甚至可能也與人們「一同」進食，但是，這樣是絕對不足的，所以，在生存需求的逼迫下，先靈們在拼命的尋尋覓覓之下，發現了某些物質在焚燒後產生的能量也是一個很好的來源，所以會聚集在一些燒烤食物的地方，或者有篝火的地方，此外，先靈們也發現人類或動物的「血」，特別是大量的鮮血在流出體外瞬間，也會釋放一些能量和「精微物質」，於是，屠宰牲口的場所也是他們喜歡聚集的場所……（註：同樣是由歷史悠久的幾個文明中，埃及、中國、印度的民衆發現了這個「先靈」的需求，所以也才會在人類開始體認到人類「靈魂不滅」的事實之後，逐漸形成一種特殊的祭祀；包括焚香，焚化各種葷素食物，奉獻犧牲血食，以及中國人焚燒冥幣紙錢的特殊習俗，以及一些原始民族在日常三餐飲食前會先象徵性的播灑一些酒或實質的食物，表示向「祖先靈」的敬獻，而後來則又發展出在獻祭給自己祖先靈時，使用各種方法，只「招待自己祖先」，阻止其他「非我族類」那些所謂孤魂野鬼的搶食與半路打劫的各種招術甚至是法術、巫術。

當然這是已經人類進入有歷史時代相當晚近的情事。幸好，也因爲有文獻歷史的記載，使我們在研究時可以得知當時各種實際的狀況。也甚而即使在廿一世紀的今天，我們仍然可以在各種與「祭祀祖靈」的各地各種民俗信仰活動中看到這種觀念和習俗的遺留。現今，我們可以在中國文化流傳的地區看到年節或者祖先冥誕、祭日或者只是陰曆的初一、十五，幾乎家家戶戶都會焚香、焚燒紙錢，奉獻食物，或者宰殺家禽家畜的祭祀行爲，也能在印度或尼泊爾境內看到大規模屠宰牛羊牲口，用血流成河的大量鮮血來祭祀「女神」的驚人場面，以及在西藏地區所進行的各種「煙供」、「火供」；大量焚燒實質的五穀、五香、五藥、五寶等等的物品給神祇、祖靈以至所謂「有情眾生」的餓鬼和無後代祭祀的孤魂野鬼，這些其實都是在提供以各種方式轉化後的能量和「精微物質」給亡靈們享用）。

但是，在人們尚未知曉「靈魂不滅」這個事實之前，那些已經存在許久的先靈們，他們的處境是非常糟糕的，被迫必須活動在人們日常生活的「陽間」，所以通常都不能離開太遠，可以想見他們在需要從活人生活中獲取必須的能量和「精微物質」的狀況下，必然也會千方百計的試圖讓家人親友知道他們其實「還存在著」（還活著，只是沒有了肉體），於是他們可能一直嘗試用任何可能的方式來傳訊甚至驚擾一些家人親友，但是，在人們還不知道這個事實之前，根本完全沒有這種觀念，因此，幾乎根本難以溝通，尤其在人們白天正常活動的時刻，先靈們也完全不能用「靈識心念」來影響人們的腦部活動，這個困難即使在今日仍然完全沒有改變，這也是絕大多數正常人根本無法查覺或「感覺」到「靈魂」的存在，這也正是自古至今，對於「靈魂」的確實存在與否？總是有三種不同的認知；「相信、不相信、半信半疑」的主要原因。

於是，先靈們在長期多方的嘗試中，終於發現唯有在人們夜晚睡眠時，大腦的主要思維部份處於暫時休眠狀態時，可以略微切入一些次級神經網路，以「靈識心念」來影響，特別是可以短暫的切入人們的夢境，以所謂「託夢」的方式來傳遞訊息給家人親友或某個特定的人，還有就是，當然的，先靈們也終究會發現有些人的「感知」波頻異於常人，對於「靈魂」的波頻可以片斷的接收到，這也是爲什麼人們會「遇鬼」的總是絕對的少數，而後來也終究會發現有更少的人類，體質特異，只要長期不間斷的「影響干擾」，竟然可以讓他們接收到更完整一些的訊息，但是，這些「特異人士」卻是需要付出很大代價的，那就是「生病」或「長期昏迷」，在這段期間會表現出語無倫次、譫妄、全身若不是軟弱無力就是突然變得力大無窮，舉止嚴重異常的現象；然後終於就變成了所謂的「撒滿」（Shaman），雖然原意是指「曉徹」或者「智者」，但是，當然不是，只是能和鬼靈溝通的人，而且，被認爲也能和各種「神祇」溝通，這恐怕因爲不解或誤解而被無意的誇大了，其實應該說頂多能溝通的也只是鬼靈，差別只是有些鬼靈聰明些，有些愚笨些，有些能力大些，有些能力差一些，有些善良、熱心一些，有些邪惡、兇狠一些而已。

「靈界」樣貌簡述

現在繼續探討有關「耶摩」這個主題；筆者認爲他是「靈界」的發現者和開拓者，而不稱他爲「發明者」，除了在印度古老神話中說明他「在死後發現了『祖先之路』」，事實上的情況也是如此的；因爲人類在死後續存的「靈魂」即使集合全部的力量，也不可能造成一個完整的「靈界」，就像人類到目前爲止也不可能在太空中打造一顆像地球一樣的星球；所以，「靈界」必然是一個原本就存在的空間，但是，不只是活人，連早期的先靈們也無法立即發現這個空間的存在；因爲不容易用文字解說得非常清楚，如果藉由一個比方；譬如一顆氫氣球，因爲比一般大氣中混合式的空氣輕，所以會飄昇入空中，或者擴大來說，往昔來往於歐洲與美國的「興登堡號飛船」使用的就是氫氣爲浮昇力，然後靠螺旋槳推動前進，但是後來發生氫氣大爆炸，整台飛船瞬間燒毀，造成嚴重傷亡，加上飛機的急速發展，於是宣告了飛船時代的結束。我們可以用飛船的超大橢圓形氣囊來做比喻，其中是充滿飽足的氫氣的，但是，這些氫氣並不是任何地球沒有的「外星物質」，而是地球大氣中原來就有的氣體物質，像最普遍存在的水，就是氫氧的化合物，我們只要將水加以電解，就能分離出氧和氫，以提供不同的用途；再假設有某種生物必須靠純淨的氫氣才能存活，那麼我們打造一個一間密室，注滿氫氣，就能讓這種生物在其中生存了；

那麼再假設在地球大氣層中的某一層，或者某一個部份（譬如臭氧層），自身可以形成一個純臭氧的空間，也許有某些特殊生物存活其中，而「臭氧」原本就是地球一直存在的一種物質，並不特別或罕見，更不是後來才由人類從外星球帶回來或是直接由外星人帶入地球的。同樣的，「靈界」只是由仍然屬於地球原有的物質所構成的，那是一種「精微物質」，平時就含藏在肉眼可見的尋常物質之中，只是這種物質目前還未被人類所查覺，但是，卻確實存在。正如同水中有氫有氧，如果人類沒有化學知識，也沒有電解法，我們當然無法把「氫」單獨抽離出來。但是，氫在地球上是非常普遍存在的一種元素；並不單純只存在水中，而且大氣之中也有，那麼假設這些游離在地球大氣層中的「氫氣」可以形成大氣中的一層，這樣就會有一個很特別的空間；又或者我們乾脆直接就把「臭氧層」當成「靈界」吧，這樣很多疑問就容易解答了，我們就說：「臭氧層」是地球大氣層中原本就存在的，但是，人類生存在地球上幾百萬年了，也不過在晚近的一百多年才證實「臭氧層」的存在。

因此，同樣的，「靈界」這樣一個特別的空間，原本可能在地球生成時就已經存在了，在沒有生命，沒有人類，人類還沒有形成「靈魂」以前就存在了，其實並不很稀罕或多麼神祕莫測，也沒有什麼「神創說」的問題存在，「靈界」絕對不是任何「神」創造出來的，就像地球一樣是自然產生的，不是任何「神」創造出來的。

「靈界」是由大量「精微物質」構成的，而所謂的「精微物質」也不特別稀奇，因為在整個自然宇宙中所有物質中都豐富的含藏著，地球自然也不例外，只是這樣的物質和一個空間，並非人類輕易可查覺的，但是，依據人類科技日新月異的發展，不排除有一天終究會真相大白的。

關於「耶摩」究竟是怎樣發現「靈界」的，印度古老神話並沒有交代清楚，而且這個神話也被一再的改頭換面，所以，大概只有前半段比較有參考價值和一些可信度。

前面已經提到：「耶摩」是一位人類的先靈，也許他是一個部落的首領或者一個祭司，也極有可能不只一位，而是他率領了一群同族的先靈們，大家通力合作在拼命尋找一個適合「靈魂」生存的環境，由於在印度神話中將他描述為「他在死後發現了『祖先之路』，可以把自己和往後死者的靈魂引導到這個屬於死者的天堂裡去；這個天堂又稱為「耶摩天國」……」，所以筆者可以相信「耶摩」是一位非常有智慧，「心智能力」相當強大的「先靈」，倒是，我們應該很理性的來看這位偉大的「先靈」，並不需要先把他神格化，也就是說：「耶摩」生前是一位相當有智慧和領導能力的人物，死後，他的「靈魂」繼續存在，但是，不但他自己，還包括在他前後過世的更多「先靈們」都有著無處容身的窘境，而且被迫「人鬼雜處」的苟活，他運用過人的智慧和領導能力，率領眾「先靈們」開始了人類「靈魂發展史」上的第一趟「發現之旅」；不過，過程也許非常艱難，但是，發現的「地點」卻不會太遙遠，因為同樣前面已經解說了；「靈魂」還是需要從人世間獲致一些能量和「精微物質」供應的，因此，絕不可能離開太遠，所以絕不可能是遠在天邊或者在其他星系的某處；而且同樣是「印度神話」中所描述的內容；既然「耶摩」在發現「靈界」以後，可以熱心的把往後死者的靈魂引導到這個屬於死者的天堂裡去；那麼當然就不可能是非常遙遠之處。（註：關於所謂「往後死者的靈魂」，是因為印度神話中把「耶摩」描述為人類第一位死亡者，所以在他之前是沒有其他人類亡靈存在的，但是，這點，筆者當然不會接受，所以，必須修正為在他之前和之後過世的亡靈一併加入才屬合理）。

而，人們生存的所謂「現實世界」和「靈界」之間，就算有一些重疊的部份，但是，仍然存在著很「堅實」的隔閡，使得兩邊居民幾乎難以溝通，更別說正常來往，這不是國家與國家之間用鐵絲網或者水泥牆圍起來的疆界，而是完全不同的兩個世界，人們看不到「靈魂」和「靈界」，但是，「靈魂」倒是可以看得到人間的種種，只是一旦進入「靈界」之後就非常不容易看到人間，甚至根本完全看不到，更有可能是那些「靈魂」在新世界重新過活，對人間已經淡然或逐漸遺忘，所以也沒有必要和人間長期緊密的聯繫。

至於為什麼人們看不到「靈魂」，「靈魂」卻能看得到人們，很簡單，想想電影「透明人」的劇情，人們看不到「透明人」，「透明人」卻能看到人們一樣。

那麼，為什麼一旦進入靈界，就不能再回人間或幾乎根本看不到人間了呢？那是因為「靈界」有一層「保護膜」，一如地球有一層大氣層一樣；差別是大氣層幾乎是透明的（所以白天我們看得到太陽，夜晚看得到月亮星星），但是，「靈界」的保護層是半透明以及接近不透明的，而且這個保護層通常很厚，在不同的位置或者不同角度看到的景象都不相同，因為人類的視野是很有限的，當然正常情況下，一般人是根本看不到「靈界」邊緣這個保護層的，只有極少數擁有特殊異能者，還必須非常專注的去「觀察」，才有可能「以管窺天」的看到一點點，而且依筆者長年研究所知，從來沒有任何人類曾經觀察過「靈界」全貌的（即使被稱為人類歷史上最偉大的「靈學家」斯威登堡也一樣，他不但沒有見過「靈界全貌」，據筆者深入研究過他相關的著作，包括「靈界見聞錄」和「天堂與地獄」，有理由懷疑他根本沒去過「靈界」，這點會有專章來細述)。

「亡靈」不能直接和一般人溝通還有一個困難，就是「亡靈」沒有肉體，而活人卻都是運用「肉體感官」在感覺外界，也運用「肉體感官」來與他人溝通，失去肉體的「亡靈」可以用另一套「感知系統」看到、聽到……人們的一切活動，但是，他們主要運用的是一種「意念」在溝通，一般人平時幾乎並不使用甚至根本不知道這套系統的存在，以至無法接收到發自亡靈的任何訊息，有時一些遽然過世的亡靈雖然急切的想跟家人親友溝通，但是，無論如何努力，還活著的家人親友就是「視而不見、聽而不聞」，甚至亡靈會急得像熱鍋上的螞蟻，拼命搖晃或拍打陽間的家人親友，結果還是徒勞無功，這也是為什麼有許多真正能和亡靈溝通的「靈媒」，常常會碰上冒冒失失闖來的亡靈，用「插隊搶先」的方式；企望經由他們的異能傳遞訊息給家人親友的原因。

當然，像「耶摩」這樣的先靈們當然一定也這樣嚐試過，卻不能成功，他們被迫必須自尋出路，找到一個適存的空間；

而既然「靈界」是原本就存在的一個空間，又是和地球的物質界近鄰並且有一部份的重疊，最重要的是必須有強大的「心智能力」才能「發現」，而「耶摩」應該正是屬於這種「心智強大」的人，在他活著時，就應該是位部落中著名的「智者」，死後，他的「靈識」依然強大而有智慧，所以，在他自己並率領同族的先靈們開始了一趟偉大的「發現之旅」，應該是先發現了「陽世人間」與「靈界」的交界邊緣，然後經由艱困的嚐試摸索，終於找到了一個妥適的入口。

據筆者研究的所知：「靈界」與「陽世人間」的界限就是「靈界」的保護層，是由「精微物質」所構成的，相當的堅實，或者，我們可以用一個「空心球體」來形容，外表是一個堅實的保護層，中間就是靈界，其中充滿了各種「精微物質」，就像一顆飽滿的氣球，中間是滿滿的空氣，鼓脹並支撐起整個球體，但是，差別是「靈界」的保護膜就像「肥皂泡」一樣表面有著浮動不定的各種「游色」，這些「游色」彷彿是許許多多的地球颶風，中間也會有「風眼」的漩渦，不停旋轉的颶風其實就是強力的「靈界亂流」，而「風眼」正是一些入口；先靈們必須找到這些「風眼」，並且要努力避開強力旋轉的亂流和「眼牆」才能順利進入「靈界」，同時這些「風眼」是移動變幻不定的，而且隨時會密合關閉起來，還有一個特點就是；這些入口是單向的，只能進入，無法逆行的出來，所以，亡靈一旦有能力進入靈界，就不再出來，唯一一種例外就是必須擁有超強的「心智能力」，足以抗衡那些強大的「靈界亂流」形成的保護層，因為「靈魂」中的靈體是「精微物質」構成的，「靈界保護層」也是「精微物質」構成的，「靈魂」的「精微物質靈體」必須依靠強大的「靈識」（心智能力）來凝聚，沒有強大的「靈識」（心智能力）凝聚成更堅實的「靈體」，將會被「靈界亂流」衝散，然後就將一直在這個廣大的亂流中無法自主的四處飄蕩，並且被拉長和稀釋，如果能夠有機會看到「靈界亂流」形成的保護層，將會看到許許多多被扭曲拉長的「靈體」，通常都是隨波逐流，瞬息萬變的忽然出現又忽然消失，有時還能看到許許多多的「人臉」，但，都是被嚴重扭曲變形，痛苦或茫然的無法自主，這也是在一些古老神話中，在所謂「冥河」中看到許許多多可憐的「靈魂」在那其中載浮載沉，只有頭部露出水面的類似描述……

如果要問為什麼這些陷入「靈界亂流」的亡靈會只有頭部和面容比較明顯，其他部位都被拉長甚至如繩、如線？那是因為亡靈仍然保有生前對肉體器官功能的執著，而頭部仍然是「心智能力」的中心，所以比較不容易被扭曲拉長到難以辨識；不過這些可憐的亡靈的「心智」仍然會受到扭曲影響，而感覺如夢似幻的不辨所以，不論是往昔的所有記憶或當下的思維都會變得雜亂無章，難以一貫……

對於這些可憐的亡靈，從來不曾聽聞有任何解救的辦法，因為人類「靈魂」形成的歷史太短，對於「靈魂」與「靈界」認知歷史更短，在整個自然界中，不過只是轉瞬間的事，所以，至少目前幾乎不曾有人論及。

「靈界」的開拓

再從印度「耶摩」神話中來看；傳說中他有兩隻有美麗斑紋褐色的狗，還有一隻貓頭鷹和一隻鴿子；但是，人類的「心智能力」足以形成「靈魂」，而其他動物是不足以形成「靈魂」的，所以，兩隻狗和兩隻鳥類的說法顯然是穿鑿附會的說法，否則就相當費解了？因為既然說他是第一個死亡的人類，顯然那時還沒有死後「靈魂不滅」的觀念，所以不可能有「動物殉葬」的葬俗，而且貓頭鷹這種禽類是不受人類馴養的，即使「耶摩」生活的時代已經懂得馴養各種動物或禽類，貓頭鷹必然不是其中之一，而且從人類考古的墓葬發掘中，也不曾發現到有以貓頭鷹殉葬的證據。更何況印度的神話傳說中，那兩隻狗各有四隻眼睛，這當然更是附會的神話。

不過依據筆者合理的推論；「耶摩」生前可能因爲生活環境，需要經常出外狩獵，所以他曾經豢養過狗是可能的，而鴿子、鷹類也有可能是他生前非常喜歡的，所以，當他死後，在陽間飄蕩了一陣子之後，爲生存下去的動機所迫，費盡千辛萬苦終於發現了一個適存的「靈界空間」，並且找到了入口，不論他是單獨進入的，或者是率領著同族的「先靈們」一起進入，當然是不可能同時帶著狗和鴿子、貓頭鷹的。

「耶摩」究竟在進入「靈界」多久之後，才懂得運用其中豐沛的「精微物質」來創造各種物件和房舍，甚至修建美麗怡人的大花園，將靈界的一隅規劃建構爲一個所謂的「耶摩天堂」？這點是我們不可能知曉的，何況「靈界」的時間觀是不同於「陽世人間」的，因爲「靈魂」是沒有明顯逐漸衰老的現象，由這點也就很難從自體的改變去覺查到時間的久暫。

我們必須更深入的了解一些「靈魂」和「靈界」的情形，「靈界」充滿了豐沛的「精微物質」，「耶摩」或者是與一些「先靈們」一開始可能是習慣生前動腦動手在建構居室和一些日常生活的必需物件，但是，相信他們終究會發現其實根本不需要這麼辛苦的，因爲，靈界的「精微物質」是非常輕盈的，而他們自身的「靈體」一樣是非常輕盈的，輕盈到不但行動非常輕鬆自如，甚至像在接近無重力狀態的環境中一樣，因爲「靈體」既然是「精微物質」所構成，重量可能只有幾十毫克，雖然只要有重量有質量就必然會受到地心引力所吸引，但是，肯定是還是極度輕盈的，或許行走的方式也與生前大不相同，一邁步就能向前移動好幾公尺，輕輕一蹬就能躍上空中停留個十幾廿秒甚或更久，要移動或搬運任何靈界中的「精微物質」，不論如何巨大，可能也是輕而易舉的，更重要的是；他們必然也發現到在這個特別的空間中，「心智」比「雙手」或「靈體」其他部位更加重要和好用，甚至他們慢慢在學習和嚐試中，懂得運用「心念」來移動物體，接著就是運用強大的「心念」來建構物體，譬如亭台樓閣，生活物件，更上層樓的就是能憑藉強大的「想像力」和「創造力」，可以組合出許許多多的物件，或者說是「憑空塑造」也可以，也甚至到後來可能極少或根本不用動手，只要「心無旁騖，專注一致」的用力想像，就能吸附、移動一些「精微物質」和更細密分子狀的成份來創造物件，包括食物、飲料和生活中一切必須品到裝飾品，除了生存的必須，當這些都能滿足時，並且變得如此這般的輕而易舉，心想事成時，當然就會更進一步的要求致力於美化，讓生活品味大大的提昇，讓環境變得更美好更怡人，而周遭的「精微物質」又是取之不盡，用之不竭的，比起生前「陽世人間」的條件更富足，更輕鬆易得，毫無勞苦操作，辛勤耕耘的現象。

於是，從人間最稀罕的綾羅綢緞的錦衣華服，山珍海味的玉食佳餚，陳年醇酒、甜美水果，到各種精緻可口的點心飲品。還有金碧輝煌的宮殿建築，這裡不多贅述，引用中國「西遊記」中齊天大聖孫悟空大鬧天宮時所見到的「天堂」美景來形容：「……金光萬道滾紅霓，瑞氣千條噴紫霧。只見那南天門，碧沉沉，琉璃造就；明幌幌，寶玉妝成。兩邊擺數十員鎮天元帥，一員員頂梁靠柱，持銑擁旄；四下列十數個金甲神人，一個個執戟懸鞭，持刀仗劍。外廂猶可，入內驚人。裏壁廂有幾根大柱，柱上纏繞著金鱗耀日赤須龍；又有幾座長橋，橋上盤旋著彩羽淩空丹頂鳳。明霞幌幌映天光，碧霧濛濛遮鬥口。這天上有三十三座天宮，乃遣雲宮、毗沙宮、五明宮、太陽宮、化樂宮，……一宮宮脊吞金穩獸；又有七十二重寶殿，乃朝會殿、淩虛殿、寶光殿、天王殿、靈官殿，……一殿殿柱列玉麒麟。壽星臺上，有千千年不卸的名花；煉藥爐邊，有萬萬載常青的瑞草。又至那朝聖樓前，絳紗衣，星辰燦爛；芙蓉冠，金璧輝煌。玉簪珠履，紫綬金章。金鐘撞動，三曹神表進丹墀；天鼓鳴時，萬聖朝王參玉帝。又至那靈霄寶殿，金釘攢玉戶，彩鳳舞朱門。複道回廊，處處玲瓏剔透；三簷四簇，層層龍鳳翱翔。上面有個紫巍巍，明幌幌，圓丟丟，亮灼灼，大金葫蘆頂；下麵有天妃懸掌扇，玉女捧仙巾。惡狠狠，掌朝的天將；氣昂昂，護駕的仙卿。正中間，琉璃盤內，放許多重重疊疊太乙丹；瑪瑙瓶中，插幾枝彎彎曲曲珊瑚樹。正是天宮異物般般有，世上如他件件無。金闕銀鑾並紫府，琪花瑤草暨瓊葩。朝王玉兔壇邊過，參聖金烏著底飛。……」

因爲後來輕輕鬆鬆的就能變幻出完全真實的美好天堂，「耶摩」非常慷慨大方的樂於和所有前前後後過世的亡靈們共享，所以就熱情的前來人間引領那些還在四處飄飄蕩蕩，不知何去何從的亡靈，引領他們經由一條正確的途徑來順利進入「靈界」，也就是他一手創建的「耶摩天堂」，然後不但讓他們有華麗舒適的宮殿可以居住，而且還以豐盛異常的醇酒美食的宴席招待他們，而且還能終日悠遊在廣大怡人的花園中休憩遊樂……

至於「耶摩」的兩隻四眼愛犬，當然不是來自人間的凡獸，應該也是「耶摩」運用自己強大的「心念」變幻出來的，與那隻貓頭鷹和鴿子一樣，我們可以視作那是「耶摩」「心智能力」的延伸，然後具象化的變成狗和鳥，可以像「分身有術」的代替他去從事原本「引領亡靈」的工作；貓頭鷹和鴿子是傳訊者，當牠們發覺人間有人即將壽終過世時，會把地點回報給「耶摩」，「耶摩」就能適時的派出那兩隻四眼的愛犬出發前往人間，等人一斷氣，「靈魂」離體之後，就適時的引領他經由正確的「亡靈」之路，穿越「靈界」和人間相隔的那道保護層，進入美好的「耶摩天堂」。

「耶摩」這個人，或者這個靈，無疑是非常偉大而大度的，他的偉大在於率先發現了「靈界」，並且積極的開拓，使得歷代以來的所有「先靈們」終於有了一個可以安全舒適續存的空間，也不用再漫無目的，不知何去何從的在陽間人世四處飄蕩苟活，更不用「人鬼雜處」的與人類爭食，弄得人鬼兩不安寧，而且，也因爲「耶摩」的大度，願意致力於「靈界」的各種創建並將美好的衣食環境與所有亡靈共享，形成了美好的「耶摩天堂」，雖然在印度神話傳說中，所有天神都有各自更加美好的天堂，譬如「因陀羅天堂」（Indna），但是，無論真假都不影響「耶摩天堂」的重要性，因爲即使天神的天堂爲真，也只限天神居住，凡人死後的亡靈是無緣進入的。

但是，「靈界」的存在是確定的，雖然是自然存在的，但是，仍然必須有像「耶摩」這麼偉大的先靈的積極尋找才能發現；也是因爲有他和其他先靈們的並肩努力；「靈界」才能更加適合亡靈的生活和續存。

當然，相信不只是印度的「耶摩」，在上古的埃及和中國肯定也有類似的偉大先靈，也應該是經過積極的尋尋覓覓，終於發現了一個適宜亡靈生活續存的「靈界空間」，雖然因爲陰陽相隔的原因，他們未能留下姓名，在埃及形成了「蘆葦天堂」的傳說，在中國卻沒有留下「XX天堂」的傳說，但是，無論如何；他們發現並開拓出了「祖靈界」或「祖靈道」卻是必然的事實，也因此，他們是和印度的「耶摩」一樣偉大的。

地球上最奇特的生物—人

雖然，自古以來就有許許多多的哲學家、科學家、宗教家在試圖為「人」定義，但是，從來沒有成功，也根本不曾有過共識，直到今天還是各說各話，莫衷一是，難有定論。

其實就算在可見的未來，再多的哲學家、科學家、宗教家如果試圖為人類下「定義」必然也一樣是徒勞無功的；因為人類直到今天都還沒有定型，也無法在自然界給予一個明確的定位，所以又如何能「定義」呢？

在廿一世紀的今天，由於人類科技的長足進步，尤其是遺傳基因方面的研究，讓我們已經可以撇開宗教的「創世神話」，了解人類確定是進化而來，而且DNA是單純的指向一個固定的源頭，目前超過七十億人類的祖先是來自七萬多年前東非的一個幾千人的族群；

但是，也正因為人類的遺傳基因起源如此單純明確，反而使得現今人類生理方面的多樣多變和精神文化的多元多異也就更加奇特了。

人類在所有地球物種中，適應力可以說是數一數二的，而且各方面的表現的奇特卻是絕對穩居第一的，沒有任何生命可以表現出這麼大的可塑性，可以說在這個地球上只要有陸地的地方，幾乎都有人類居住或活動，即使沒有陸地的地方，譬如南美洲玻利維亞和秘魯兩國交界的「的的喀喀湖（Lake Titicaca）」，當地印地安人是住在蘆葦草浮洲上，也有些東南亞民族是終生生活在船上，有些遊牧民族是隨時帶著帳蓬逐水草而居……其間的高低落差非常誇張，以下是一些特殊差別表現：

世界上最高的人類：是中非盧旺達和布隆迪的「圖西人」（tutsi），圖西人平均身高是 1.83 米。

世界上最矮的人類：是俾格米人（Pygmies）身高不足 1.5 米。

世界上最瘦的人：是來自英國埃塞克斯郡威薩姆市的女孩勞倫・貝利（Lauren ・ Bailey），這個女孩患上了一種罕見的神經性厭食症，導致她的體重最低時只剩下 19 公斤，當時她 23 歲。

最胖的女人：美国新泽西州的唐娜・辛普森女士，她的體重约 725 公斤。

最胖的男人：是墨西哥男子曼努埃爾・烏裏韋，他的體重 560 公斤。

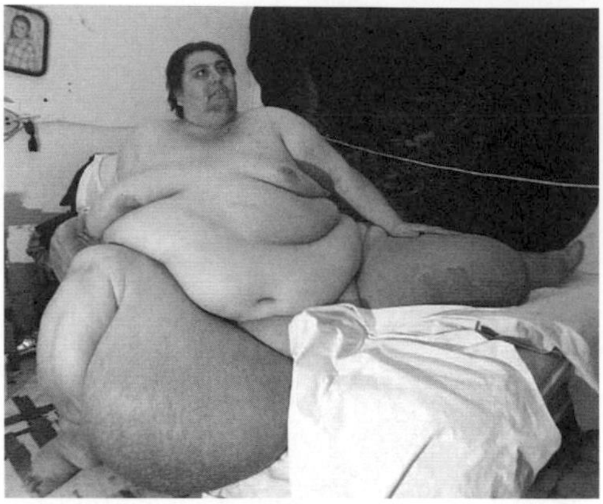

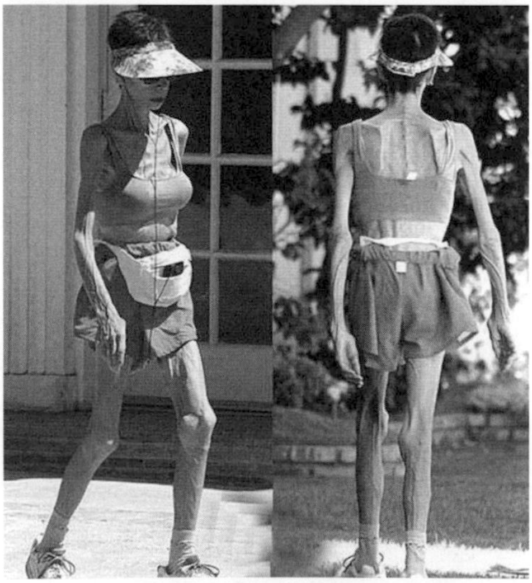

最高的人：瓦德羅（Robert Pershing Wadlow）高達 272 公分，重達 199 公斤，22 歲時去世。

最矮的人：菲律賓有一位身高才 56 公分的巴拉文（Balawing），就快要滿 18 歲。

世界最寒冷的城市：亞庫次克 yakutsk，位於北緯 62。，在西伯利亞大陸腹部，冬天氣溫常降至零下 60℃。

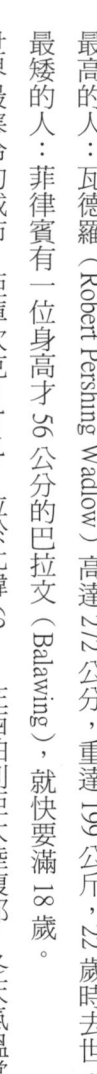

世界上最熱的記錄：是在利比亞的 El Azizia 創造的，記錄下的溫度爲 57.8 攝氏度。

世界最高的有人居住城市：玻利維亞的波多西（Potosi）高約 4070m。

世界最高的有人居住地區：位在海拔 5072 公尺的中國唐古喇山口。

全世界最低的盆地：「吐魯蕃」盆底最低達負 154 公尺，同時也是中國最低點。

全世界最低地區：死海位於約旦和以色列交界地帶，湖面海拔負 422 米，是地球上已露出陸地的最低點，死海周圍的道路也成了世界上海拔最低的道路。

世界最潮濕的人類聚居地：印度東北小城摩辛蘭 1861 年的降雨量創造了 26 米的驚人紀錄，僅 1995 年 6 月 16 日一天的雨量就高達 1.5 米。

世界上最乾燥的地方：智利的阿塔卡馬沙漠，在 1903 年 10 月至 1918 年 1 月期間沒有任何降雨。

世界最偏遠的島嶼：特裏斯坦・達庫尼亞群島是南大西洋的一個群島，是英國海外領地之一。它是全世界最偏遠而有人居住的離島，距離南非2816公里，距離南美洲3360公里。

亞庫次克yakutsk

利比亞的El Azizia

最不適合居住的城市：印度達拉維（Dharavi）在馬希姆（Mahim）和錫安（Sion）之間蔓延175公頃，居民超過六十萬，已經成爲亞洲最大的貧民窟。達拉維比得上巴基斯坦卡拉奇的奧蘭治鎮，那裡的骯髒和寬闊臭名昭著。

最適合居住的城市：澳洲墨爾本（Melbourne）。

人口密度最高的國家：

摩納哥，面積：1.95平方公里，人口密度：每平方公里16403.6人

新加坡，面積：692.7平方公里，人口密度：每平方公里6428.1人

馬耳他，面積：316平方公里，人口密度：每平方公里1257.9人

人口密度最低的國家：

蒙古，面積：1565000平方公里，人口密度：每平方公里1.7人

納米比亞，面積：825418平方公里，人口密度：每平方公里2.2人

澳洲，面積：7686850平方公里，人口密度：每平方公里2.5人

最原始潮濕的有人類聚落：亞馬遜雨林（Amazon Rainforest）。

最原始乾燥的有人類聚落：納米比沙漠（Namib是納馬語）。

自由水域的裸潛深度世界紀錄爲124米，紀錄保持者爲赫伯特·尼茲切。

73歲高齡的日本女登山家渡邊玉枝成功登頂珠穆朗瑪峰（高度8848公尺），刷新了女性珠峰登頂者最高年齡紀錄。

澳洲墨爾本(Melbourne)

印度達拉維(Dharavi)

最深的裸潛紀錄

最高齡的珠峰攀登紀錄

最高的自由落體紀錄

納米比沙漠（Namib）

亞馬遜雨林（Amazon Rainforest）

人體達到最高的高度：鮑加納（Felix Baumgartner）離地表 3 萬 6576 公尺高的平流層一躍而下，時速 1225 公里。之前最高的自由落體紀錄是由前美軍上校基廷格（Joe Kittinger）在 1960 年創下，紀錄爲 3 萬 1000 公尺。

人類最遠的足跡：而美國的阿波羅 11 號則於 1969 年 7 月成功登陸 38 萬公里以外的月球，太空人尼爾・阿姆斯壯和巴茲・奧爾德林成爲歷史上最早登陸月球的人類。

人類經常食用最小的食物：一些細小的植物種子以及一些魚卵。

人類經常食用最大的食物：鯨魚。

大胃王：23 歲體重僅 57 公斤的日本選手小林尊，於 2001 年參加美國紐約最著名的國際國慶日吃熱狗大賽，以 12 分鐘內吃下 50 份熱狗而奪得冠軍。

日本大胃王「曾根小姐」曾經吃掉了 140 份的美食，相當於 40 幾個人的食量，這些美食包括了拉麵、定食（飯 or 麵）、甜點……等，為什麼吃不胖？完全是因為她有一副異於常人的身體構造，才能稱霸大食界！日本節目曾請醫療團隊替她做精密的身體檢查，發現了她能成為大食女王的原因：1．腸胃機能特好。她的腸內益菌超乎常人的範圍。（一般人約佔10%，她的益菌高達50%）據她本人說，她一天上6.7次廁所，消化機能異常的好。2．胃伸縮自如。比賽過後她的腰圍能膨脹20公分！（看起來就像孕婦一樣）。3．新陳代謝異於常人。一般人睡眠時，身體新陳代謝會減緩，在辣妹曾根睡眠時用儀器測量，她的新陳代謝還繼續旺盛的活動著。連醫生都說，這是極其稀有的個案！。4．永遠保持低血糖狀態。人體血液中的血糖不足時，生理機制會刺激腦下垂體的飢餓中樞，使人產生飢餓感。不管吃多少食物，辣妹曾根的血糖值始終較低，因此她很難產生飽足感，需要更多的食物來滿足饑餓感。還好她有特殊體質，不然可能是個大胖子！

全世界出生時體重最輕的存活早產兒：梅德琳，因爲母親罹患妊娠毒血症，梅德琳27周就脫離娘胎，出生時身長25公分，體重只有280公克，還不到一灌汽水的重量，如今這個拇指姑娘，已經十四歲，除了136公分的身高，比同年齡的孩子矮之外，其他方面的發展，都和一般的孩子沒有兩樣。

日本大胃王「?根小姐」

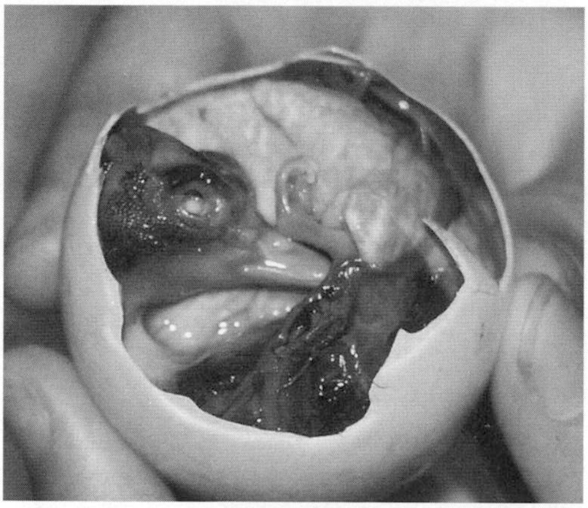

全世界出生時體重最重的嬰兒：美國愛荷華州出生嬰兒體重爲 6718 公克，而金氏世界記錄記載，全世界產下最重嬰兒爲 1879 年一位加拿大母親所生，男嬰出生體重重達 10.7 公斤，但小男嬰在出生後 11 小時不幸過世。

最多胞胎：巴西農婦名叫莎達路，於 1964 年 4 月 20 日一胎生下 8 男 2 女計 10 胎。現在全都滿 30 歲並成家立業，成爲世界上多胎一次存活的最高記錄。

最多產婦女：女性在一生中生育多胎次數的最高記錄，要數義大利 58 歲的德來莎。她共生育了 13 胎單胞胎，15 胎雙胞胎，8 胎三胎和 1 胎四胞胎，而且 73 個孩子都活著。

人類嗜吃各種食物，其中包括許多劇毒動物：

四齒魨科（*Tetraodontidae*）的河魨更含有河魨毒素，爲一種劇毒，僅需極少量便能致人於死。箱魨科河魨亦含有毒性比氰化物強烈 275 倍的箱魨毒素（Ostracitoxin）。一隻河魨體內所含的毒素，估計足以殺死三十個成人

蠍子（學名 Scorpiones）、蜈蚣、各種毒蛇、有毒蟾蜍、蜘蛛等等。

最噁心古怪的食物：鴨仔蛋、豬血糕、各種蟲或蛹……

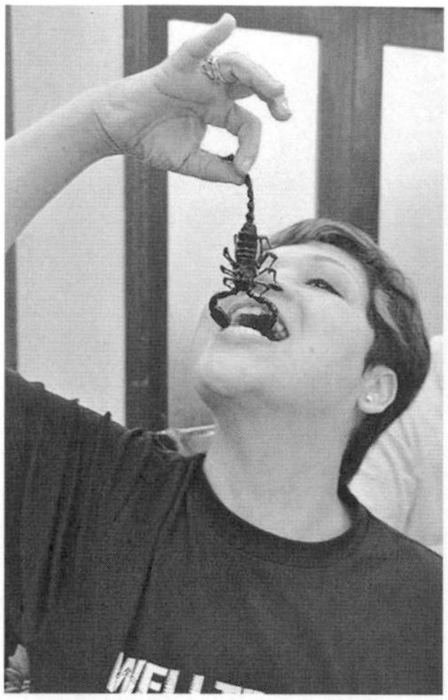

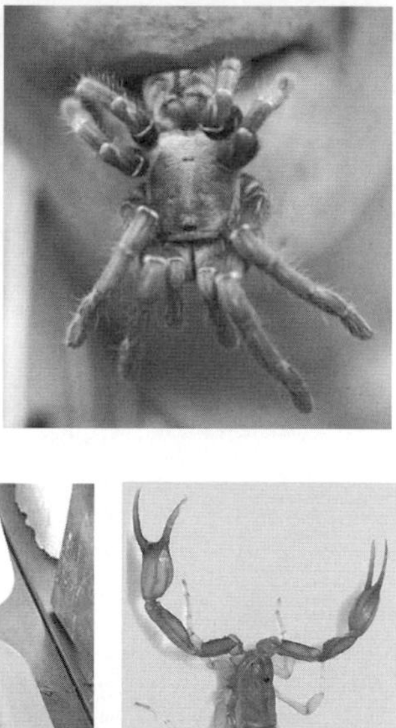

由此可見；人類是一直在朝著不同的方向在進化的，沒有人能預測人類「真正完成爲成品」時是何時？又是什麼樣的生命型態？

一個人從出生呱呱墜地開始，就只是一個「半成品」，雖然其他動物的嬰幼兒時間也同樣屬於「半成品」，但是，從來沒有一種動物的成長期像人類這麼漫長，人類已經是高度社會型的群聚生物，但是，以現今的社會型態而言；一個小孩子即使長大到十歲左右，如果沒有父母、監製人或者社福收容機構照顧，也很難獨立的在這個社會中存活下來，甚至於，在正常家庭中，至少也要被照顧養育到青春期之後甚至十七、八歲才能外出獨立謀生，如果一直接受正統教育，並且要擁有足以與大多數年輕人競爭，那麼受完大學教育走入社會已經將近二十多歲。

爲什麼所有生物中，獨獨人類需要這麼長的成長期呢？

再看看剛出生的新生兒，雖然腦容量只有成年人的 1/3，但是，那顆腦袋也已經大得很畸形了，也甚至會造成母親的難產，有時甚至會發生分娩風險，不得不剖腹生產。同時，母體也不得不加大「骨盆腔」來容納大頭胎兒，即使如此，與其他動物相比，人類女性的分娩困難比例仍然是遠遠高過其他動物極多的。

與其他壽命相近的動物相比，人類的腦部和腦容量爲什麼非要這麼大不可，如果其他動物的頭部較小，腦容量更小，卻依然可以在自然界活得怡然自得，那麼人類偏偏要頂著一個大腦袋瓜子存活，這樣就毫無道理了。

以壽命而言，「陸龜」大概是最長壽的，有紀錄人工豢養的活到 152 年，哺乳類中的大象也能活到 40—50 歲甚至更久些，同是靈長類的各種猩猩也有 40—50 年的壽命，那麼人類直到廿一世紀的今天，平均壽命也不過 60—70 年，顯然頭大腦容量大也不會因此更長壽活得更長久，可見，這和壽命無關；

至於人類會有這麼大的腦袋，當然也是逐步進化而來，不過，縱觀自然界，唯獨人類大得出奇，應該說「自然是不會無緣無故讓生物去浪費寶貴資源往無用的方向發展的」，但是，當然我們根本不用去聯想到什麼「超自然」或者「神旨」，因爲那兩者都是不存在的，純屬人類的「想像和創造」。

那麼，人類頭大、腦容量大的目的究竟是爲何呢？

應該與「心智能力」的發展和累積有關，人類的「智力」是地球生物中最高的，這點是毋庸置疑的，唯有高超的「智力」才足以用於生命深奧的探索和形而上的思辨，而這樣的過程，不單是個體的，也是人類整體的，經由分享、傳布，教育、書籍閱讀、最重要的是廣泛而長時間的「交談」，使得人類可以交換和共享更多更多的「心智結晶」，使得「心智能力」得以普遍的大幅提昇，而高超的「心智能力」又是凝聚結晶爲「靈識」的基本要素。

人為什麼看不到「靈魂」和「靈界」？

人類從開始談論「靈魂」或者「靈魂不滅」、「陰魂不散」已經至少好幾萬年了，有文字記載的相關紀錄從古埃及開始；少說也有6000年以上的歷史。

而有關「天堂」、「地獄」、「靈界」的觀念也差不多已經有相近的歷史了。

但是，爲什麼關於「靈魂」和「靈界」究竟真實存在與否的問題，竟然直到今天，還是一樣的撲朔迷離，各說各話，信者恆信，不信者恆不信？

爲什麼會這麼奇怪？

如果真實存在，又跟我們關係這麼密切，爲什麼我們竟然無法證實，甚至根本無法感覺到？

如果確實不存在，那麼從古到今爲什麼又會有許許多多與「亡靈」、「神靈」、「鬼靈」接觸的事件（不包括傳說、故事）？而且爲什麼全人類至少有差不多2／3的人口是相信「靈魂不滅」的？

嚴格來說；兩者都是毫無道理的；

如果存在，沒有道理能隱藏得這麼好，人類完全無法公開發現？（千萬不要跟鬼神或什麼「上面」的扯上邊，這個問題是人類自己的事，與鬼神准許與否毫無關係）。

如果不存在，那麼多接觸的事件，有憑有據的又如何能夠完全不當一回事？

是我們人類的科技還遠遠不足嗎？

可能是！

但是，也未必全然和科技發展有關，我認爲和「觀念」以及「智慧」也有關，而且可能這個才是最主要因素。

我們來看看與人類科技相關的部份；

大家都知道飛機是「萊特兄弟」發明的，一九〇三年十二月十七日，萊特兄弟製造出世界上第一架比空氣重並且可以載人的動力飛行器。當天早上十點三十五分在北卡羅萊納州的吉特赫克小鎮（Kitty Hawk），由 29 歲的奧維爾・萊特（Orville Wright, 1871-1948）成功地駕駛起飛，雖然只短暫地在 12 秒內飛行了 37 公尺，卻實現了人類飛行的夢想，從此改變了全世界。

「萊特兄弟」與他們發明的第一架飛機，以及真實大小的模型

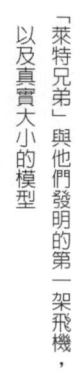

然後在此後 110 年的時間裡，我們現今可以搭乘波音 747，空中巴士 380 遠程航行到世界各地，一架飛機可以搭載數百人，還有匿跡的各式戰鬥機，甚至還有可以飛行到太空中的「太空梭」和飛往三億公里外的「火星探測器」。

但是，我們來看看當年「萊特兄弟」發明的「飛行者一號」飛機，使用的材料是木板、帆布、繩子、和從腳踏車材料改裝的一些鍊條，同時能帶動兩具螺旋槳的 12 匹馬力的發動機和兩個木製螺旋槳，由腳踏車的鏈條連接帶動。

整體來說，結構算蠻複雜的，但是，成果是『12 秒內飛行了 37 公尺』；

但是，我們來看看近幾十年才發明的「飛行傘」和「滑翔翼」，不用任何動力就可以飛行，如果能找到適當的「上昇氣流」，可以飛行得又高又遠。

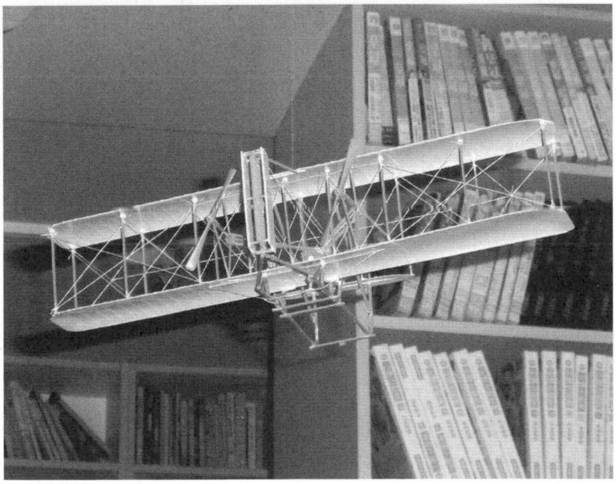

1970 年代由 Francis Rogallo 發明了由鋁管及纖維布作成的滑翔翼，由於具有慢速飛行及平緩降落的特性，因此造成

了滑翔翼運動的流行及矚目。

滑翔翼的飛行速度較快，飛行操控性較爲穩定，最高時速可達 120 公里／小時左右，而飛行傘最快只能飛到 50 一 70 公里；1988 年，法國冒險家伯亞凡登頂珠穆朗瑪峰後從頂峰飛出，最高升至海拔 9000 米。滑翔傘距離之最：滑翔傘飛過的最遠距離爲 337 公里，滑翔傘飛行時間之最：滑翔傘最長的飛行時間爲 17 小時。

但是，不論是「飛行傘」和「滑翔翼」，在結構上比起「萊特兄弟」發明的「飛行者一號」飛機，在結構上簡單的多多，「飛行傘」只是堅韌輕薄的尼龍布和一些繩子，「滑翔翼」則是堅韌輕薄的尼龍布和鋁管而已，在「萊特兄弟」時代還沒有尼龍布，但是「真絲的綢布」也可以取代。

爲什麼同樣是爲了實現「飛行的夢想」，「萊特兄弟」時代需要製作的這麼複雜的器具，成果只能達到『12 秒內飛行了 37 公尺』？而今天結構更簡單，操控更容易的「飛行傘」和「滑翔翼」卻能飛得更高更遠，滯空時間更久呢？

在「萊特兄弟」時代一樣可以取得類似的材料，一樣有條件發明像現今的「飛行傘」和「滑翔翼」，爲什麼結果卻遲到 1970 年代，人類才使用最精簡的材料發明出飛行性能更優秀的「載人飛行器」呢？

這個跟「科技或材料」就沒有什麼絕對性的關鍵了，而是「觀念」問題以及對於「空氣力學」的更多的認知有關。因此，在人類對於「靈魂不滅」與「靈界」的存在想要證實和了解，科技也許總有助力，但是，「觀念」可能同樣才是重要關鍵。

我認爲真正的癥結應該是「智慧」的高度和「心智能力」的強度。

人類與自然宇宙甚至與地球歷史相比都還太過年輕，又沒有前輩和左鄰右舍可以參照和請教，只能自行摸索，但是，人類「靈」的形成時間和「靈魂觀念」形成的時間更短，所以直到目前，我們絕大多數人類的「智慧」和「心智能力」都顯然還嚴重不足，也就不足以知曉和確定「靈魂不滅」與「靈界」是否真實存在！

「智慧」是需要增進的，「心智能力」是需要自主意識和自我要求來鍛鍊的。

但願人類大家共同努力，並肩打拚，不論我們自己能不能有重大發現，至少我們把樹種下，有朝一日，後人就有樹蔭可以乘涼，我們把山路開拓到多高，後人就能在那個高度繼續往上開拓，不是嗎？

研究「靈魂學」必讀的經典－「追鬼人」

「追鬼人 Ghost Hunters」這本書，真的是有志研究「靈魂學」的人必讀的經典，雖然，是現代作家翻查圖書館蒐尋相關文獻資料所著作的一本重點摘要版的書籍，但是，在一般人甚或對於有志研究「靈魂學」的人，無法完全閱讀全部相關文獻資料的情況下，仍然是一本堪稱「靈魂學」經典名著之一。但是，顯然，這類書是不可能像「哈利波特」、「魔戒」之類的書這麼暢銷，但是，筆者也很感慨這樣的書和其中的主題內容竟然沒有受到廣大讀者的青睞，身爲一個長期「靈魂學」的研究者，在同樣無法一窺所有相關文獻資料全貌的處境中，這本書對筆者而言，真的是如獲至寶一般的重要。

（註：這本書是 1992 年普立茲獎得主黛博拉．布魯姆以專業的科學眼光和超凡的敘事筆法，描寫十九世紀末一群科學界精英，包含美國心理學學會創辦人威廉?詹姆士，對鬼魂及各種靈異現象所進行的研究。研究過程不僅引發自然科學、宗教信仰、未知世界的三方衝擊，更挑戰人們概念中的科學真相與超自然力量。）

讓我們先從這本書的原始簡介及評價開始來了解主題內容並追尋一百多年前那些可敬的科學、哲學界的知名前輩，他們對於「靈魂學」的嚴謹實驗過程和珍貴的結果紀錄；

Ghost Hunters 簡介及評價

書的英文名「Ghost Hunters」，就像甚麼Monster Hunter、Devil Hunter等的命名方法，讓人以為那是記一些驅魔捉鬼的故事，很多在電視電影節目及遊戲名稱也會使用到這個名字（詳見維基），但實際上所謂的「Ghost Hunter」其實是指那些19中後期致20世紀初投身於靈異現像研究的科學家—「追鬼人」，他們希望找出靈異現像堅實的科學證據，希望證實死後還有生命，開啟長生不死之門。

研究靈異現像並不是一件輕鬆的事，在人事上，這批「追鬼人」不但要面對來自傳統教會的歧視，也要面對正統科學界人士的種種非難，即使「追鬼人」的內部亦是充滿矛盾，他們當中龍蛇混雜，有些確具有科學精神能謹慎分清靈異現像的真偽，但更多是盲信者，只希望找到任何可以支持自己信仰的證據，即看到假的也信以為真，甚至攻擊那些揭露靈異騙局的人士為居心不良的背叛者。

另一個問題是要分別靈現像的真偽可說是很費功夫的，一方面要有科學知識及精神，又要熟知魔術師及假的異能人士所使用的掩眼法，很多時都要載上面具以防止洩露身份或秘密（蒙面魔術師常用的那種），有時甚至要做一些近乎變態的行為，如親自24小時跟蹤（或找人跟蹤）、用五花大縛及「酷刑」等測試方法，有科學家甚至中途因意外或疾病死亡，真是少些智慧、知識、決心與魄力都無法勝任。

（筆者評註：這確實是開宗明義，一針見血的說明了這些可敬的前輩們，他們是身處在一個與現代學術、觀念多元開放時代所難以想像的艱困環境氛圍中，如何孜孜不倦的進行嚴謹的實驗和研究，那種處處受到各種不同勢力掣肘的處境，就如同是在狹窄的電話亭裡換穿晚禮服一樣困難窘迫，夾在所謂「正統科學界」和「傳統宗教界」之間，備受歧視和壓迫，還要面對社會大眾非理性的質疑，並且還要時時慎防「假靈媒真神棍」的詐欺或魔術伎倆，需要有足以看穿事實真相的本事，這種觀念、胸襟和研究精神甚至勇於爲研究犧牲「身殉真理」的大無畏行爲真的是值得我們現代人萬分欽佩的。）

還有一個更重要的問題是可供研究的樣本與資源甚為不足，根據他們對無數案例的分析，多達95%的所謂靈異現像完全可以用甚他更合理的理由來解釋，餘下的5%大多數是一些可遇不可求的例子，如親人死前顯靈、災難來臨前的預感、報夢或臨死前才能運用異能，基本上無法重覆實驗與應用，結果那些科學家最後只能鎖定一兩個看來真的「有料」的女靈媒，但實際上都是專注在一個身上。

可以說即使一個普通人即使甚麼研究也不做，把他所見到的異能現像都視為錯覺或騙術，準確度仍會達95%，而去研究其真偽不但耗費心力，即使確定為真也無法自由運用或重覆，也無法把異能傳授他人，可以說此研究一定是血本無歸，更會受各方攻擊，隨時名哲不保，所以怪不得大多數科學家通常只說其一定是假的，卻未必能指出其如何做假，或親自驗證後因偏見而把一些無法解釋的現像視而不見，硬說其一定作弊，當然他們的判斷很少（5%，相等於G Generation裡最少的命中率）會是錯的。

在這種情況下，他們的研究成果相當有限，亦無經濟利益，所以研究開支都要依靠研究者自掏腰包及少量捐款支撐，而「消退效應」（decline effect，指異能隨年齡增長而日益減弱的現像）則對研究雪上加霜，到最後那批最不信異能的科學家雖在結論中不完全否定那女靈媒曾經有異能的事，但卻認為她更應得到的是儘早的精神治療，而非接受慢長、身體被人當成召魂機器的異能研究測試。

（筆者評註：其實有些「靈異現象」或者「靈媒的特殊異能」未必不能反覆驗證，以筆者長期的實證研究中，譬如擁有「召魂」異能的靈媒，擁有「讀心術」或者確定是「養小鬼」而能夠正確讀取一般人往昔經驗舊檔資料的，這些都是可以反覆驗證的，這點基於學術求真的基本倫理，筆者可以保證爲真，但是，非常可惜的是這些人類「靈魂研究史」最珍貴的資源，並沒有受到任何重視，他們只能隱身在民間，依靠這種異能謀取三餐，甚至自己也沒有研究的意願，更何況科學界是從來不屑這種「依附民俗信仰」的異人，精神醫學界根本是不問青紅皂白，純本位主義的就將之以一個已經有長久歷史而非常俗爛的名詞—「人格解離」就歸檔，其實是在自己狹隘的專業認知預設了一個斑剝搖晃的下台階而已。也正因爲這是一百多年以來，所有相關研究者一直面臨的困境，迄今也不曾有太多的改善或有大量的研究經費挹注其間；政府是從不做也不可能期待的，民間也一樣，在勉強相關的範疇內，善心人士隨時隨處都有，但是，任何金錢寧可奉獻給教會、寺廟或者科學界一些和研究生命有關的基金會。對於人類的生命是否只限於這一生肉體的存亡？生命是否還能在死後續存？在人們生活周遭發生的一些「靈魂現象」和「靈異事件」究竟是真是假？這些幾乎絕大多數人都會關心和至少想知道，甚至內心其實也是非常渴望「靈魂不滅」和「死後世界的實存」的，但是，偏偏在這方面的任何研究若不是被科學界、宗教界打壓、否定排斥，就是招來非理性的質疑和側目，因而也就更難獲得任何實質的資助和經費贊助了。）

核心研究人員先後去世，該團體中最後一個核心「追鬼人」也在1920年左右去世，隨著越來越多的挫折與「追鬼人」核心成員的死亡，該團體對靈異研究亦步入尾聲，最終他們除了拿下一堆研究文獻就沒有甚麼出色的成就了，更不用論有甚麼回報了。

（筆者評註：特別標註這一段話；就是想突顯這個重大問題，或者說人類思想心靈發展史，甚至科學史上最大的損失，從1920年以後迄今，有關「靈魂學」的研究，或者說如同這本書一些主角這麼嚴謹的研究；真的也就突然完全停擺並迅速被歸檔塵封，再沒有人追究，再沒有人接續，也沒有人會想要過問，筆者也不擔心會被視爲「大言不慚」的公開在此表白；如果還有人願意接續，願意傾畢生之力針對「靈魂學」做類似的研究的，也只有筆者一人而已。）

真實的靈異現像應該是一個很給引的題目，書中以時間順序，同時以人物為重心，但可惜的是書中內容過於繁瑣，對於那些追鬼人的介紹，幾乎由他們的出身、童年、朋友、家庭生活亡到死都包覽無遺，有些是有趣甚至對靈異研究是非常重要的，有些卻使人覺得喧賓奪主，靈異研究的內容反被擠到一邊，有時甚至會讀了後面，卻忘了前面有甚麼重要的內容。

（筆者評註：雖然也果真確實如此，難免有些缺失，但是，對筆者個人來說都已經是非常難能可貴的經典資料了；至少在數十年如一日寂寞的研究道路中，我個人可以承受得起這種孤單和無援無伴，但是，能夠因此遙望百年前那些前輩的成就和努力過程，已經是萬分喜悅和欣慰了，德不孤必有鄰，同樣的，當下筆者自身的孤獨研究過程，不也同樣只是像一盞風中細燭那一點點微光，但，卻可能讓後世的有志研究者，在孤寂的漫漫長路中，有一點些微的暖意？）

……………………………………

為方便讀者理解，內容已分成13個章節：

1．麗歐若拉□伊凡裡娜□派柏：過人之記憶與模擬人格的女靈媒

麗歐若拉・伊凡里娜・派柏
Leonora Evelina Piper

此書描寫得最詳細的女靈媒是麗歐若拉□伊凡裡娜□派柏（Leonora Evelina Piper），其姓 piper 似乎也可解作『吹笛』（令我記起某大魔王的名字：短笛 piccolo 了），她出身於美國新罕布夏州（New Hampshire），重視家庭、藝術、音樂及戶外活動，出乎尋常熱愛大自然與它的美。

她學歷並不高但至少擁有召魂及以物測人（psychometry）能力，接觸物件就能知道物件主人的事，幾乎能知道鬼魂及其身邊的人心底最私隱的秘密，透過口述或自動書寫表達出來，但亦由於這種能力，不但不受教會歡迎，更被歸類怪物之屬，備受孤立，對陌生人充滿懷疑，為人召魂時儘可能不讓鄰居知道，召魂時除了會出現被召的鬼魂（包括部份已死的「追鬼人」）外，也會出現一個叫費努的醫生及後期雷克特古羅馬軍人的虛構代理人格，研究者有時會用「XXX 控制者」（XXX 為鬼魂或人格的名字）來形容她那種那種精神情況。

不過有時被召的鬼魂對自己的事會不太清楚，如涉及專業學術思想的事（該鬼魂是該方面的專家）、鬼魂有錯誤記憶（如人物關係錯配、沒說過的卻認為有說過），甚至召喚出只是某科學家虛構出來死掉的姪女，使人懷疑其能力是否出問題（或受本身智能理解力限制所影響），或懷疑其能力不是召魂，而是讀心術（thought reading），用異能讀取旁人記憶，並模擬鬼魂的人格，但使用時卻不知不覺。

由於在長達18年把身體當成「召魂/昏睡機械」的研究中仍無法解答她能力的謎團，再加上「追鬼人」李察□賀吉森（Richard Hodgson）實驗時過份施壓，她曾有「覺得這樣的人生已經夠了」，打算投入「與她性情更相投的志趣」，放棄這（研究）一切，不過後來還是繼續堅持參與，直至1909年敵對克拉克大學校長史坦利□赫爾（G. Stanley Hall）發表對她異能持否認態度的科學研究報告（但他的學生愛咪□坦納 Amy Tanner 在其著作《揭開通靈術的真相》中下的結論卻是麗歐若拉可能曾經有超能力，但因「消退效應」而日漸減弱，以至於無）後才結束靈媒生涯，但之後又復出，只是不再投入科研，以完全自由身做回老本行直到1950年93歲死亡為止。

（筆者評註：筆者是在詳細精讀過「追鬼人」這本書之後才寫「評註」，所以，對於「麗歐若拉　伊凡裡娜　派柏」的通靈能力及方式已有相當了解，依據筆者本身所接觸過的諸多能力、型式不一的靈媒而言，「派柏夫人」的確是屬於得天獨厚，相當出類拔萃的一位，對於這群「造鬼人」所想要做的研究和長期合作所獲得的成果，絕對是收獲良多，瑕不掩瑜的，如果我們不要先入爲主的，科學至上的，上帝萬能的來看待「派柏夫人」，不論她因此獲得任何淑世的實質酬勞或者因此名聲鵲起，她都是貢獻極大的，我們也很難在她之後迄今的六十年間，爲何舉世不再有可以並駕齊驅的「靈媒」出現？其實，「靈魂不滅？」與「靈界訊息？」本來就是晦暗不明的，可以說從來不曾有任何人類清清楚楚，完完整整的看到過或者遊歷過，而且「生與死」是如此的截然不同，我們能對擁有「通靈異能」者要求到何種程度呢？不也正因爲「靈魂不滅？」與「靈界訊息？」是這麼難以研究和了解，所以，迄今仍然是撲朔迷離，眾說紛紜？否則若是就像一個遠處的異國而已，不論是一百年前搭郵輪或者今天乘噴射客機，只要有護照、簽證和旅費，我們就能前去遊歷，然後馬上就能看得一清二楚，「是與否？有與無？對與錯？」統統有正確的答案？因此，爲什麼不能更寬容，更謙卑的來面對我們本來就一無所知的事物和另一個世界？爲什麼這麼幾近苛刻的求全過甚？爲什麼不能欣然的「去蕪存菁」就好，虛心的接納我們所從中獲得的寶貴知識，輕輕棄去其中一些謬誤或者人爲的無心疏失或有意的情緒過錯？即便只能獲得10%或者5%的成果，仍然是彌足珍貴的，畢竟比「一無所知」要多知曉了一些？人類的知識和智慧不正是這樣慢慢累積而來的嗎？我們如何能只要求一個人；一個靈媒就能完全正確無誤的告知吐露所有有關「靈魂不滅？」與「靈界訊息？」的智識？筆者大半生嚴謹的從事「靈魂學」研究，從來不敢過度急切的想證明什麼而放寬認定標準，寧可放棄有疑惑和瑕疵的樣本，也絕不會造假或摻假來堆砌成果，可以說「求真尚且不及，何遑作假？」，因此，對於「派柏夫人」的貢獻，筆者絕對不會有護短之心而致偏頗論斷。）

2．尤莎皮亞　帕拉蒂諾：淫蕩與能召喚怪物的魔女

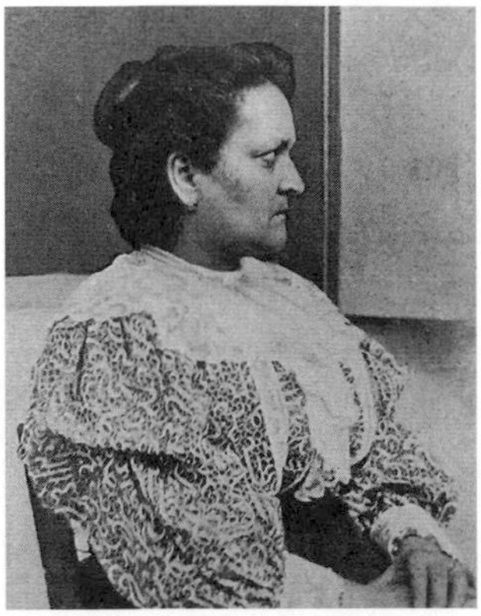

尤莎皮亞・帕拉蒂諾
Eusapia Palladino

另一個人物是女靈媒尤莎皮亞　帕拉蒂諾（Eusapia Palladino），出身意大利，愛發脾氣，熱性子、熱情如火（特別是中年之後），似乎很善交際，使用異能後更是情慾高漲，好幾次還試圖爬上同桌而坐的男性問卜客的大腿上，可是男的往往不吃豆腐而是起身離開，令她喪氣，有時甚至在使用異能中途也似乎因為快感而顫悸不已。據她說鬼魂偶爾會替她帶來一個別人看不見的情人。當她繪聲繪影地描述著雲雨巫山（原指古代神話傳說巫山神女興雲降雨的事。後稱男女歡合）的情境，臉上會閃現狡獪的笑容。

她擁有心靈致動（telekinesis）能力，能隔空升起很重的物件達2尺，還能喚起怪風吹起簾幕，還能召喚外皮靈質（ectoplasm），使空中出現不存在於現實世界無可名狀的東西，可以施力於物，例如白色、像一團團粗麻絲（亞麻纖維）；稻草桿一般、拉長後飛越桌子的人形；陰陰森森、有著巨大五官、彷彿是蜘蛛網做成的臉；頭顱，有輪廓也有整張臉；又黑又長鼓脹起來的怪瘤，末端還長著白花椰菜；顏色白中帶黃的手，能捉人，力道大得使人能感受到其尖指甲；有形及無形的觸摸；宛如飛舞的螢火蟲的短暫光束，停駐在旁觀者的手掌心上，碰到皮膚會感到其冰冰涼涼，用手抓住便消近（無論怎樣看都像魔法小女小圓中魔女秘境會看見的東西及怪物），其間燈光會閃爍，一陣穩定藍綠光，間或一條黃光，或像一絲電池兩極碰觸時迸出的小小火花閃光，但她在儘可能的情況下都是使用掩眼法而不用魔法，一有機會就作弊（難道怕魔力過度使用後會變成……），令眾多「追鬼人」對她失去信任，她於 1918 年因糖尿病併發症死亡。

（筆者評註：所謂心靈致動（telekinesis），其實是迄今還未有明確證據的，尤其是由一個「靈媒」召喚「鬼魂」來做這麼多連正常人都做不到的事，那更是有足夠的理由懷疑她是靠巧妙的障眼法或者有一些隱藏的同夥在暗中施術。而且這些對於「靈魂不滅」或者「靈界的存在」的說服力是相當薄弱又有些弄巧成拙的，理由也很簡單，假設「鬼魂」真的大多有這麼驚人的異能力，那麼世間的鬼魂這麼多，這類駭人的「靈異現象」應該是隨時隨地都輕易可見的，為什麼只有透過這樣絕無僅有的靈媒才能發生呢？或者再詰問：鬼魂這樣做；或者展現這樣的異能力來幫靈媒「背書」，對其本身又有什麼利益呢？只是單純想證明其確實存在嗎？這在邏輯上是根本站不住腳的。所以，對於這個著名卻有些怪異的靈媒，在「靈魂學」的研究上，即使不用反對其存在，但是，對實際研究其實幫助是不大的。）

……………………

7．正義與善良的「追鬼人」享利　西吉魏克

亨利□西吉魏克（Henry Sidgwick）覺得自己好像有「讓靈異現像癱瘓」的能力，他一出現所有怪事好像就會銷聲匿跡，連他的同事也有同感。在日記中他認為自己缺少了其他同僚的工作技巧，包括像其妻子諾拉觀察力、其同事葛尼的判斷力及其學生邁爾斯般勤奮，但卻善於傾聽及網羅人才，又把其中一個有才幹、性格樂天、冷眼笑看人世的哲學系學生賀吉森也拉了進來加入「追鬼人」。

亨利・西吉魏克
HenrySidgwick

此外他心地善良且相信公平正義，他擔憂如果人類所認定的真實（而且是終極的真相）的唯一來源是現代科學……承認生命起源唯一的答案是隨機、機械式的物質力量；承認主宰生命的規範除了物理定論外別無其他，是無聲與虛空的「非道德宇宙」，那麼人類應該何去何從？他希望從永生不死的科學證據中證明道德宇宙定律的存在。他曾說「當我發現自己有多自私」、「一開始我是以意志力努力改變自己」，他後來為自己定下黃金律，一天24小時當中想到自己的時刻不能超過半個鐘。在面對靈異現多騙局的現像時，甚至有「除了體會到人性的低下的一面，我什麼也沒有得到」之感，但這也無阻他對研究靈異現像的熱情，只是到1900年62歲的他因癌症逝世，最後的結果也差不多是「甚麼也沒得到」。

（筆者評註：雖然，每個人都有不同的生命觀，也許，在我們的內心有著某種期望或認爲「生命應該如何，這個宇宙人地應該如何如何……」，但是，當我們決心投身在這類有關「生命」方面的研究時，必定要先撇開自己的「期望」，只能盡量客觀的接受我們觀察到的或者經由某些實驗獲得的結果，當然，也包含其他專家學者發表的研究結果，然後盡量理性的來思辨，有時我們也只能冷靜甚至幾近冷血的去坦然面對簡直殘酷無情的事實；譬如假設這整個宇宙天地和地球所有生命包括人類在內全都是「隨機」的、「偶然」的，沒有任何高遠目的的，也沒有任何所謂「有道德有秩序，經過妥善安排的宇宙」時，我們將如何自處？其實還是坦然接受的比較好，因爲，在筆者長年針對「靈魂學」、「自然生命」以及「靈界」的研究，確實是接近這樣的，其實，「偶然隨機」的肯定比「必然的經過安排」的容易接受，除非你是虔誠的宗教信徒，先入爲主的接受了「創造論」之類的「前定說」，而「創造論」和「前定說」卻又是最不合乎現實所有現象的，幾乎處處碰壁而全然都會變成「例外」，否則根本難以解釋；相反的，「偶然隨機」的其實也並不真的那麼令人絕望或洩氣；反而提供了廣大的生存空間和無限發展的可能。想想如果一切都是「前定」，那麼人類究竟還有多少事可以做？甚至連我費心撰寫這本書，你花錢花時間買這本書讀這本書都是多餘而沒有什麼意義的，不正因爲生命有無限的可能，所以，當下，我們才能這樣隔空甚至超越時間的一起在思索在探討這個問題嗎？我是指：說不定當你讀到這本書時，我已過世許久許久了！）

8．「追鬼人」佛德瑞克　邁爾斯的「人鬼情味了」經歷

「追鬼人」佛德瑞克　邁爾斯（Frederic Myers）是西吉魏克的學生，他有一個叫艾薇　邁爾斯（Evie Myers）的妻子，但在他心中卻有一個更重要但而故的情人安妮　馬歇爾（Annie Marshall），她是其表哥的妻子，但他有心理病會對妻子使用暴力，邁爾斯就在這段安慰安妮的其間單方面愛上她，可是在丈夫被關進醫院不久後安妮就自殺了，之後雖娶了艾薇，但心中仍記掛著安妮。後來他是透過女靈媒羅希娜（預示他會死亡並與安妮重逢的日子）的召魂異能得與安妮搞「人鬼情未了」（應該只限精神而沒有肉體接觸），要到邁爾斯於 1901 年死於肺炎後，其妻子發現了相關的研究文件，才知道自己婚姻失敗，被女鬼安妮（或羅希娜）NTR了，她痛斥邁爾斯的同事隱匿真相，還要求他們銷毀所有相關記錄，但文件最終還是被人保留下來。

佛德瑞克·邁爾斯
Frederic Myers

（筆者評註：邁爾斯也算是這本書中相當重要的人物，因為不但生前致力在這個偉大的研究中，甚至死後也試圖用盡各種方法來和生前這些志同道合的夥伴溝通傳訊，雖然是經過靈媒的中介，但是，也非常有力的證明「死後生命續存」的事實，提供了珍貴的證據，使得後世研究者信心大增。）

9．與兩位「追鬼人」鬼魂溝通的普通人：瑪格莉特　維洛爾女士

「追鬼人」賀吉森的鬼魂常因研究需要常被麗歐若拉召上來（該鬼魂曾稱她為工具），而邁爾斯死後則透過麗歐若拉及兩個女人：熟諳希臘文拉丁文的瑪格莉特　維洛爾（Margaret Verrall）及其女兒海倫傳遞信息，她們二人並非靈媒，但在親自試驗異能「自動性書寫」（automatic writing）時，出了署名為邁爾斯及比平常的奇怪字跡，又發覺有時出的訊息與麗歐若拉所寫相似，所以就主動聯絡那些追鬼人及合作做實驗了。

維洛爾曾寫過一些單字如rats, star, tars, rtats, tears, stare等，又試過寫過一些短句「艾斯特『一顆星』……世界的奇蹟，而一切都是奇蹟和野性的慾望/她的翅膀……不過說來說去這是同一件事──有翅膀的慾望，離開塵世飛往蒼天的渴望……嚮往塵世的阿布特　沃格勒，太努力以至於找到或迷失了自己──在天空裡。這就是我要的，支離破碎的

聲音和線條。」並畫上圓圈和三角形，結束了訊息。麗歐若拉的代理人格雷克特則告知他們「希望、星星和布朗寧」是重點。

瑪格莉特・維洛爾
Margaret Verrall

不久諾拉就發現些似乎都是邁爾斯生前熱愛的詩詞，而「阿布特□沃格勒」(Abt Vogler)是羅伯特□布朗寧(Robert Browning，連EVA都有提過他的詩)的一首詩；述說一位德國作曲家的故事，收錄在布朗寧1864年以「大靈媒爛泥先生」為主的那本詩集中：「強幹的蒼天渴望下凡，千方百計要來到塵世，正如地球竭盡全力，用我的激情，盱衡著天空：新的奇蹟在迸發，越來越熟悉，與我的心情不謀而合，沒有指針沒有尖端，卻找到也安定了它遊蕩的星星。」

維洛爾曾擔心代理人格雷克特不知這道詩的名稱，結果數星期後麗歐若拉昏睡狀態下又寫了幾個字：「阿布特□沃格勒」，而邁爾斯的鬼魂則似乎透過表達維洛爾的筆表達了死人要傳訊息給生人是極為困難的事，只能用隱藏意思的單字來引起注意，及後有人在賀吉森的的私人文件中找到有他龍飛鳳舞的字跡紙條，是一張重組字練習，寫著RATES, STARE, TEARS, TEARS, TARE, ARE ST, ST ARE, A REST, REST A, STAR, TARS, RATS, ARTS, TARS，當中有很多單字與維洛爾所寫的非常相似。

（筆者評註：同樣有必要向百年前這些前輩再次致敬，他們不但生前孜孜不倦，努力的在探索著死後那未知的領域，過世後仍然費盡千辛萬苦的，克服重重困難試圖傳訊回來，而且一直用生前慣用的一些慣用可以辨識身份的特徵留下了許多珍貴的證據，即使塵封了百年，今天如果願意將資料完全攤開來認真比對研究，相信一樣會找到明確的證據，足以讓那些唯物論者和無靈論者啞口無言。）

10・普通人愛麗絲　吉卜林　福來明女士的加入與挫折

愛麗絲・吉卜林・福萊明
Alice Kipling Fleming

再來的是一個叫愛麗絲　吉卜林　福來明（Alice Kipling Fleming）女士的來信，她看過邁爾斯的著作『人格及其不死』後，便始做自動性書寫實驗，在一個練習時發現幾行字後面出現「邁爾斯」的署名，訊息似乎是叫她要聯絡瑪格莉特讓她知道所寫的訊息，據說那訊息對維洛爾家住屋描述幾乎百分百精確，麗歐若拉有一天則猶豫地寫了希臘字Sanatos，幾天後又寫Tanatos，接著才正確寫出「Thanatos, thanatos, thanatos」，意為「死、死、死」，而福來明女士則在一天前才從印度寄來一份文稿，內文有「Maurice, Morris, Mor」，最後一個是拉丁文的死字，又有「死亡陰影隨之籠罩了他，他的靈魂離開了他的軀體」的句子，一週後維洛爾以拉丁文寫了「Pallida mors」（蒼白的死亡），接著是「在人生之火前暖和我的雙手，但沒有用，我準備離開。」

連串的交叉訊息實驗寫滿數百頁，其間內容的雷同即使並非完全天衣無縫及合情合理，但已令那些追鬼人相信她們確實正在傳遞鬼魂的信息，不過由於福來明繁忙不能每日書寫，結果又對研究做成困擾，追鬼人們及邁爾斯的鬼魂均表示難以繼續在這種情況下傳遞更多讓懷疑者信服的信息。

（筆者評註：任何假設，研究者無不希望能找到百分之百的證據來支持自己的看法，但是，幾乎從來沒有人能做到這點，不論是「演化論」、「相對論」或「大霹靂假說」，總是有一些破綻或者例外；那麼又何況是我們感官知覺完全不能感覺的「靈魂」和「靈界」呢？當時代的人幾乎是以一種嚴苛求全的眼光在審視這個研究，那麼，可以挑剔的就非常多了，以管窺天，本來就不可能看到全貌，那麼看一點是一點，慢慢累積不可以嗎？我們怎能去苛求那些前輩立即回答無禮的質問：「到底有還是沒有？」）。

11．威廉　詹姆士：追鬼人最核心的領導人物

威廉・詹姆士
William James

最後不能不提的是「追鬼人」最重要的核心人物威廉　詹姆士（William James），他是哈佛大學知名的心理學教授，幾乎是「追鬼人」的領導者。他對自己心理學專業在這方面貢獻的評語是「微枝末節，微不足道」，但又要為異能

研究的工作承受很大的壓力，他為整研究團隊過份依賴麗歐若拉，沒有找其他靈媒提供相當的對照結果感到不滿，鑑定者的人數有限，且把時間分散到有實質報酬的工作中，而為了讓麗歐若拉不從其他來源收取費用，英國學會答應一年付她兩百元，詹姆士雖認為麗歐若拉該賺那些錢，但卻又因此對她的評價有了瑕疵，覺得她的品格似乎變弱（使用魔法後收取報酬有損人格？要麗歐若拉做甚麼另類的「魔女」才算完美嗎？）。

（筆者評註：無論如何，「威廉　詹姆士」在整個研究計劃中，絕對是貢獻良多，功績卓著的，但是，關於「麗歐若拉」從英國學會收取那些戔戔之數，而因此願意配合研究，其實不但不應苛責，而應該敬佩的，歷來幾乎鮮少有靈媒可以完全沒有名利之心，甚至無酬讓自己當成白老鼠的。）

人間與靈界的阻隔

以下，筆者節選「追鬼人」這本書中幾段非常關鍵的「靈媒通靈」內容，來補強「靈流」對「人間與靈界」阻隔的嚴密性；一般人所能看到的「冥河」是廣闊而不見彼岸邊際的，筆者看到的「靈流」也是如此，對於「人間與靈界」的通訊充滿了嚴重的干擾和阻隔。在十九世紀末至廿世紀初，美國的「心靈研究學社」正值蓬勃的發展期間，參與的相關學者在針對「靈媒的靈界傳真」研究中獲得許多寶貴的實證成果，因此，互相約定，如果參與研究的成員如果過世之後，一定要設法從「靈界」傳訊回來，提供更真確的實證來支持這項研究；後來，陸陸續續有幾位成員過世了，也確實都斷斷續續的藉由不同的靈媒傳回訊息，證實「靈魂不滅」和「靈界實存」；但是，卻也不約而同的提到要從「靈界」傳訊回到「人間」其實是非常艱難的，並非有主宰神或任何鬼神干擾限制，而是來自一種屬於自然的限制；從以下他們的敘述中，當可看出應該就是「冥河靈流」的阻隔和干擾：

『……那是一九0五年十二月……「美國靈社」的大將之一「李察・賀吉森」（RichardHodgson）走到船舶公會俱樂部，去做他固定的運動。還沒開始打球，他就因為嚴重的心臟病發，倒在場上死了。

「賀吉森」的葬禮於他過世三天後舉行，告別式的地點選在他最愛的酒館俱樂部。他的棺木飾有長春藤、紫羅蘭、白玫瑰，整個房間堆滿了鮮花。

李察・賀吉森
Richard Hodgson

從那個星期稍早就開始下的雨依然落個不停，灰濛濛、濕冷冷地打在窗上。

派柏太太（註：「蜜諾娃・派柏 MinervaPiper」，與「美國靈社」密切合作接受研究的著名靈媒）的昏睡人格「雷克特」正寫著訊息，鉛筆突然掉落在紙上。她的手指抽搐般顫抖著，別人將鉛筆塞回她手裡，她緊抓得手指都白了。

「怎麼回事？」來客問道。

她用依然顫抖的手，在紙上寫出一個『賀』字，力道之大，連筆尖都斷了。她繼續寫，寫出了『賀吉森，三個字。

「願上帝保佑妳！」來客叫嚷出聲。

「我是……」接下去的字跡就斷了，變成狂亂的塗鴉。

「那是我的朋友嗎？」

「雷克特」是「派柏太太」最專斷霸道的昏睡人格，這時插嘴道：「朋友們，安靜，他在這裡，是他沒錯，可是他不能久留，他被壓制得很厲害。為了回來，他使出了全身的力氣。」

幾天後，賀的魂魄隱隱約約再度閃現：「我是賀吉森——我聽到妳的呼喚——我認識妳，」他對前來請派柏太太召魂的一個年輕女子寫下這些話。

「派柏是工具。我很快樂，回來超難的。我能了解為什『邁爾斯』（註：「美國靈社」的另一位大將「亞瑟・邁爾斯 Arthur Myers」，早一步過世）很少來。我得走了。我不能留下。我今天不能留下。」

亞瑟・邁爾斯
Arthur Myers

接著，兩週後，元月二十三日，詹姆士的太太艾莉絲帶著兒子比利前來召魂。「啊，是比利！是詹姆士夫人和比利嗎？上帝保佑你們！我已經找到路了，我已經來了，對我要有耐性。我一切都好。不必想念我。威廉在哪裡？請轉達我最誠心的祝福。」（註：「威廉」指「威廉・詹姆士 WilliamJames」，美國靈社的主持人）。

……………………

「親愛的西吉魏克夫人，對未來不必有疑也不必對所謂的死亡恐懼，因為死亡並不存在，因為確實有個屬靈的生命超越了它。」

這是維洛爾太太瑪格莉特寫下的訊息，署名依然自稱是邁爾斯。

「是的，這是很大的安慰，」 諾拉回覆道。

「沒錯，而我已將它公諸在你們所有人面前，」邁爾斯繼續寫道，解釋他之所以選擇布朗寧那首詩，是因為它最符合他自己人生的寫照：游蕩在群星之間。他還有更多話要說，可是即使要傳達最微小的思緒都令他挫折無比。邁爾斯生前並不理解，要穿越低垂的死亡帷幕是如此之難，即使是老友之間的訊息傳遞。

「妳一定要盡一切努力，把東西拼湊出來。不要忘記，任何怪字或單字背後一定隱藏著深意，否則我們不會傳來。」

…………………………

若干以邁爾斯署名的訊息則是滿紙挫折：「再度嚐試突破重圍——努力想把訊息傳遞過去……我要怎麼做才能讓你的手夠聽話？要怎麼做才能讓他們相信？

「要表達傳遞訊息的困難，我能想到最近似的比喻是：我彷彿站在一片結霜的玻璃後面，視線被擋住、聲音被遮蔽，軟弱無力地口述一封信給一個滿心不願又魯鈍的秘書。

「可怕的無力感壓在我肩上。」……』

亞爾菲德・羅素・華萊士

一八五八年，達爾文和他的博物學家同僚亞爾菲德・羅素・華萊士（AlfredRusselWallace）以物演天擇理論共同作者的身份，雙雙現身於英國科學界。

亞爾菲德・羅素・華萊士
AlfredRusselWallace

華萊士以進化論的共同作者名宣於世，那年他才三十五歲。他是個身材瘦高、精力充沛的人，明亮的藍眼睛框著一副金邊眼鏡。來自中等階級的他學問多靠自修得來，曾經在他做測量生意的哥哥處工作，期問培養出對各種植物以及寄生具上的生物的濃厚興趣。

達爾文只將華萊士的手稿讀了一遍就知道，他非往前走不可了，否則就會對自己的寶貝理論失去發聲立場。一年後，華萊士這篇論文和達爾文自己的論文在倫敦一場科學會議上聯合發表。再隔一年，一八五九年，『物種源始』以十五先令的定價發行銷售，一出版立即銷售一空。

一八六五年，華萊士參加了他生平第一場召魂會。據他日後解釋，他認為這是科學探險，目的是深入心靈現象的黑暗叢林，因此就算冒著風險，讓急於抹黑他的對手增添了軍火也是值得。他這個彎轉得令人頭暈目眩，可是他不斷深入尋思，認為自己或可找到途徑，將科學和心靈融於一爐。

華萊士的新觀念是：物演天擇法則有它的侷限，至少對人類是這樣。沒錯，它可以用來解釋身體的實質，皮膚、毛髮、肌肉、心臟的跳動、肺部的收縮、手的形狀、脊骨的線條。所有這一切，他依然相信，都是根據達爾文（或華萊士自己）提出的定律進化而成。

可是，他認為：心靈就不同了。或許心智、道德以及那個短如蜉蝣、被稱為人類靈魂的東西，是沿著其他的主軸發展。或許我們的良善本性是被一種尚待發現的力量訂做出來的：或許宇宙設計的最終目的是鼓勵心靈的進益。甚至「這個星球物質上的不完美」，說不定也是那股最高力量有目的的精心規劃，並不是隨機形成。

（筆者評註：能夠與「達爾文」齊名，「亞爾菲德・羅素・華萊士」當然也是偉大的科學家，但是，從以上的敘述，他試圖探索「人類心靈」與「死後世界」的發想，仍然有著濃濃「創造論」的陰影，不論他內心怎樣看待「創造論」和「演化論」，他多少還是受到「創造論」的影響，才會有這樣兩相矛盾的觀點）。

華萊士想到，要找到這位神機妙算的大規劃者，唯一的途徑大概就是鑽進超常領域去探索。在他想來，他的第一步應該是研究可行性，看到底可不可能蒐集到這方面的證據。例如，他必須知道，蒐集鬼魂力量的證據算不算是合理的期望。華萊士參加過數場倫敦靈媒的召魂會，一開始他半點堪稱科學的證據也沒看到。不過，那些召魂會本身的詭異性質就足以讓他感到振奮。就算別無任何收穫，他至少可以說他親眼見到匪夷所思的事情發生，而這些現象都不曾得到科學原理的解釋─也說不定是無從解釋起。

華萊士的筆記寫道，他對某一回的桌子傾斜會特別印象深刻：「桌子開始離奇地搖晃，簡直像個活生生的動物在發抖。我可以感覺到，牠就近在我的手肘邊。」他也數度被靈媒透露的訊息嚇到。例如，有個靈媒拼出一位卜客過世親屬的名字，不但順著拼還能倒著拼，雖然這位卜客是以匿名參加這場降神會。在華萊士看來，人死後還有靈性存在，如此聰明的拼字行徑就是證明。而他也和之前的許多人一樣，發現丹尼爾・丹格拉斯・荷姆的降神會特別令人心驚膽跳。若干現象「提供了我具體的事實依據」，這是他的結論，呼籲他的科學家同行繼續這方面的探求。畢竟，華萊士說；如果他對「那些科學無法解釋因此視而不見的」神秘現象感到困擾，其他的有識之士勢必也有同感。

（筆者評註：這是再明顯不過的，對於各種科學迄今無解又確實不停在發生的各種「神祕現象」和「靈異事件」，「那些科學無法解釋因此視而不見的」這句話仍然是一針見血的，科學界慣常的方式就是隨便套一個似是而非甚至強詞奪理的拗口名詞就棄之不論了，再不然就是乾脆「視而不見」。沒有任何科學家能夠謙卑的坦承自己對這個領域的知識不懂，或者保持開闊的心胸說：也許有可能吧！）。

達爾文立即對華萊士發出警告，說他不只傳遞了錯誤訊息給進化論的反對者，同時也為靈異力量的觀念做了背書，而這種力量是沒有根據的。達爾文擔心，大眾會因為華萊士這番表態而產生一個印象：進化論的奠基者之一背棄了科學，轉而擁抱迷信去了。

不過，震怒的達爾文忽略了一個重點。華萊士並沒有背離進化論，甚且始終不曾改志。終其一生，即使進入二十世紀、距離達爾文這番譴責許久之後（達爾文於一八八二年辭世），他依然對進化論極力推動，努力修繕。

華萊士並不是背棄自己的理論。他只是發現它沒那麼完美。他認為，光是基本的生存法則和機械般的進化理論，那是不夠的。

（筆者評註：在「理性態度」和「開闊的胸襟」上，「華萊士」肯定比「達爾文」略勝一籌的，他並沒有背棄「進化論」，而在「心靈科學」方面的研究只是另闢蹊徑，也因爲如此，他的努力和成就是永遠名垂青史的）。

「我相信，英國的宗教社群正處於重大危機，」一八六七年，劍橋大學一名教授寫道。「再過不久，可能任何人都看得出來，理性派所秉持的觀點有多強硬，而他們的主張與傳統基督教的教義又有多偏離。」

這番話的作者是亨利・西吉魏克（HenrySidgwick），劍橋大學三一學院一位深受尊敬的古典學派學者。他在接下去的十年間發表的著作『倫理學方法』，被後世譽為是繼約翰・史都華・米爾與康德的傳統之後，道德思想方面的重要作品。他更於日後的一八八二年，與朋友佛德瑞克・邁爾斯和艾德蒙・葛尼，共同成立了英國心靈研究學會。之後葛尼又將好友威廉・詹姆士徵召入列，算是兩人友誼的延伸。

艾德蒙・葛尼
Edmund Gumey

這場運動，有人稱之為靈魂的探索，一開始源起於英國，由華萊士發起，後來被赫胥黎和魏勃弗斯主教上演的那場論辯攪得沸沸揚揚，而在宗教界與科學圈雙方領袖日益尖銳的好戰立場之下，成為夾在中間的人引頸企盼的避難所。那是個達爾文信徒對抗聖經保衛者的年代，雙方都不肯承認有中間地帶，而正因為如此，兩方人馬都失去了一定程度的信譽與民眾信賴。兩方僵持不下，心靈研究運動應運而生。它的發動者相信，對超常現象予以客觀而清醒的檢視，或可為那個時代諸多令人困擾的超自然疑問提供答案。他們相信，這些答案攸關緊要。

（筆者評註：所謂「時勢造英雄」，百多年前在「演化論」被提出之後，人類又進入另一次知識大爆發的時代，雖然「創造論」者，尤其是宗教的基本教義派以至羅馬教廷無不把「演化論」視爲毒蛇猛獸、異端邪說，務必除之而後快，不過，那時教廷已經沒有像中古世紀至高無上的威權，也無法再用「宗教裁判所」和「火刑柱」來伺候「達爾文」、「華萊士」以及其眾多的追隨者；其實，那真的是人類文明史中再一次的大躍進，直接促使人類普遍對自然和生命有了更多思辨探索的空間；也因此，「靈魂與靈界」這個課題是在宗教「創造論」和科學「演化論」嚴重撞擊下產生的一團不大不小的火球，雖然沒有引發熊熊大火，卻也多少吸引了當時一大群大名鼎鼎的科學家或世界知名人士紛紛加入。）

對於他後面那個志趣，首先將他拉入行伍的是他後來當上坎特伯里大主教的表哥，艾德華・懷特・班森（EdwardWhiteBenson）。活潑外向的班森在劍橋大學協助成立了一個「鬼魂社」，有幾回拉著他這位沉默寡言的表弟去看當地的靈媒和通靈師。一開始，西吉魏克帶著他堪稱特色的鐵齒心態看待這個主題，輕易就拆穿了那些道具機關和掩人耳目的巧妙手法。他寫信給姊姊：「除了體會到人性低下的一面，我什麼也沒得到。」

但是，有能力證明世間有神鬼存在、宇宙間有股超乎人類掌控的力量，這個想法吸引著他。而隨著他持續的檢視，西吉魏克認為自己瞥見了一絲始料未及的火花，雖然僅是偶爾的驚鴻一瞥。在另一封家書中，他寫到自己有一回感覺抓到了滿手的煙霧，而真正在他的胸臆翻騰的，是一股熊熊燃燒的火燄。

艾德華・懷特・班森
Edward White Benson

（筆者評註：坎特伯里大主教「艾德華・懷特・班森」當然不可能是在背棄自己的主或虔誠宗教信仰情況下而成立「鬼社」的，相反的，他其實是為了證實在宗教「靈魂不滅」片面基本教義框框下的「鬼魂現象」，但是，後來的發展和研究的結果必然讓他十分膽戰心驚，因為，顯然完全不是他所預期的，不過，筆者認為後世有志「靈魂學」的研究者，

仍然必須感謝他當年的登高一呼，因爲那一呼確實有了百諾的迴響，也才能促使後來「造鬼人」諸多前輩的賡續實驗研究，至少留下了許多珍貴的證據和史料供我們參考跟進。）

佛德瑞克•邁爾斯（FredericMyers）是西吉魏克的學生，很快就看出老師投入神秘學的目的，而且有樣學樣，也跟著投身進去。邁爾斯生於一八四三年，和西吉魏克一樣，父親在約克夏從事神職，家境富有。他從小就異常聰穎，兩歲就對自己是否有資格進入天堂表達疑問，五歲寫了生平第一份佈道稿，十七歲進入劍橋就讀時，胸中依然燃著信仰的烈火，常常祈願上帝讓自己更聰明、更強壯，「讓一股非屬我的力量灌注到我的身體裡。」

他們的對話自然而然流轉到西吉魏克其他比較不熱門的志趣上。閒暇之際，西吉魏克一直在為鬼魂社進行鑑識，為靈魂的溝通過濾證據。那些幽暗房間內發生的種種奇現象令邁爾斯神馳；人死之後還有生命？他從這個微乎其微的可能性當中看到一條路徑，他想試著走走看，以解他心頭始終壓抑不下的疑問。而藉由這些超自然現象的鑑定，邁爾斯看到了一個更大目標的形貌：「探尋人類命運的終極真相。」

（筆者評註：百年前這些可敬的前輩們，雖然背景和出發點都不盡相同，但是，影響不人，即使難免也有意見嚴重相左的時候，但是，重點是「事實真相是什麼？」，誰主張什麼或者主流宗教怎麼說都沒有用，只有「事實真相」擁有絕對的發言權。看看「佛德瑞克•邁爾斯」就是最好的例子，可以相信他肯定是從宗教虔信者的立場加入的，但是，「靈魂和靈界」的一些事實真相，卻讓他找到一條正確的道路，還有一個現在看來依然正確的大目標，姑不論那些證據是如此的稀少或者這樣的「偶然」，但是，只要證據是真實無誤的，一個細胞的DNA也能偵破一件重大凶殺案，因此，「實證靈魂學」必然會是日後「靈魂研究」的主流，哲思派的「理論靈魂學」只能退居輔助的地位）。

他們終於成立了一個專事心靈研究的組織。許多年後，邁爾斯以調侃的語氣，形容自己在其中扮演的角色。他是這個團體的夢想家：「艾德蒙•葛尼以孜孜不倦的精力致力於這項任務；西吉魏克伉儷（亨利與他的妻子諾拉•貝爾福）貢獻的是無私的智慧：可是沒有一個人像我這樣，毫無保留地將自己的所有寄託在這一絲遙遠但逐漸增亮的希望上。」

亞爾菲德•羅素•華萊士跟著自己心靈的領悟走，一八六○年代一連邀集了多位受尊崇的科學家，包括知名生理學者也是傑出物理學家的約翰•汀道爾，參加他於自家舉行的召魂會，對靈異現象進行檢視。他也邀請了赫胥黎

（T. H. Huxley），而一如他的解釋，他希望這些科學同業視這項研究為「人類學一門新的分支」。

（筆者評註：這絕對是人類心靈發展史中最具「真知灼見」的發想；「靈魂學」的研究道路的確「漫長遙遠」，但是卻也必定會「曙光漸露」而終究會形成一門獨立學科的，至於是否要變成「人類學一門新的分支」，筆者倒不置可否，或許完全不隸屬在任何科別之下，直接獨立出來成為一門學問，比較不容易受到學院派人類學，或者宗教學的無形「壓抑」。）

諾拉．貝爾福
Nora Balfour

約翰．汀道爾
John Tyndall

可想而知，赫胥黎的回應含針帶刺，不像其他人只是拒絕而已。赫胥黎早年就參加過幾回召魂會，只覺荒唐可笑。華萊士或許體悟到了什麼，可是不管是什麼，赫胥黎就是不為所動：「這一切或許都是真的，雖然據我所知，這一切都是假的，」對華萊士的邀請，他這樣回覆。

「不過，說真的，我對這種事擠不出半點的興趣。」

Ghost Hunters
「追鬼人」中文版

台灣商務印書館 出版

可是華萊士並不遺憾。他雖然沒能爭取到達爾文或是他那些耀眼的同行當盟友，可是他在前進，在邁向更好的遠景。長久的努力之後，華萊士終於說動了另一位聲名顯赫的英國科學家，針對永遠如夢似幻的丹尼爾•丹格拉斯•荷姆（DanielDunglasHome）進行一場嚴肅的檢驗。這人是化學家兼發明家威廉•克魯克斯（WilliamCrookes）。

克魯克斯是個三十九歲的倫敦人，他人高馬大，狹長的臉配上尖細的藍眼眸、高聳的頰骨、一把黑鬍，舉手投足間流露出尊貴威嚴。克魯克斯不但是科學儀器的設計家，也是深富才華的化學家，新近才發現了一種他命名為『鉈』的新元素。鉈是一種延展性極佳的軟質金屬，也是一種強力的神經毒素，由於毒性甚強，後世的科學家因此臆測，克魯克斯之所以投入靈異研究，純粹是因為工作而導致的腦部損傷。

威廉・克魯克斯
William Crookes

不過，一如克魯克斯自言，一開始他並不認為華萊士的論點有什麼特別的說服力。他想，自己或可幫助這位步入歧途的博物學家重返正道。克魯克斯原本的盤算是：嚴格檢視幾個所謂的通靈人，然後讓這件事一了百了。

克魯克斯最初檢視的對象之一是個瘦小、專注的女人，她在自家小巧的客廳裡舉行召魂。這個靈媒的手法似乎簡單不過，用的是當年靈魂溝通的一種流行道具：乩板。

乩板是一塊架在幾個小輪子上的心形木頭，所以能夠滑動。它狹長的一端附有一隻尖端朝下的鉛筆，位置剛好夠它在鋪於乩板下面的紙張上劃過。乩板的操作是這樣：將一隻手放在木板上，集中精神，讓「鬼魂的能量」透過手指流入體內。隨著乩板滑動，鉛筆也歪歪斜斜地劃過紙張，有時劃出的痕跡是毫無意義的鬼畫符，有時則像是書寫的訊息。

克魯克斯眼看著這個靈媒閉上眼睛，將手放在乩板上，等著它滑動。說這個故事的時候，這位名化學家原本打算將它當笑話看，好好樂它一樂。

克魯克斯問，這個看不見的鬼魂是否看得到房裡每一樣東西，包括這位靈媒看不到的一切？

「是的，」乩板寫道。

克魯克斯退後一步。他注意到一份隨意丟在一張小桌几上的『泰晤士報』。

「你看得到而且讀得出這份報紙嗎？」

「可以，」乩板回答。

「那好，」我說。「如果你看得到，把我手指遮住的字寫出來就相信你。」

克魯克斯背對著報紙，手往後伸，將右手食指頭壓在報紙上。

女人手指下的乩板在猶豫。

「緩緩而艱難地，它寫下『然而』兩個字。我轉過身去，看到我的指尖蓋住的正是那兩個字：『然而』。」

克魯克斯不是那種對自己的發現遮遮掩掩的人。一八七一年冬，他將自己的乩板事公開發表在他擔任主編的『科學季刊』上，結論是：它暗示著某種難以解釋的力量存在。幾個月後，克魯克斯又發表了一篇更詳細也更具顛覆性的報告—關於他對丹尼爾・丹格拉斯・荷姆所進行的一系列測試結果。

種種測試的結果，克魯克斯獲致了一個令他科學界的同僚大驚失色的結論：某種目前尚難解釋的「心靈力量」確實存在，而且在「所有具備這種超常力量的人當中，丹尼爾・丹格拉斯・荷姆先生是最了不起的一個。」

丹尼爾・丹格拉斯・荷姆
Daniel Dunglas Home

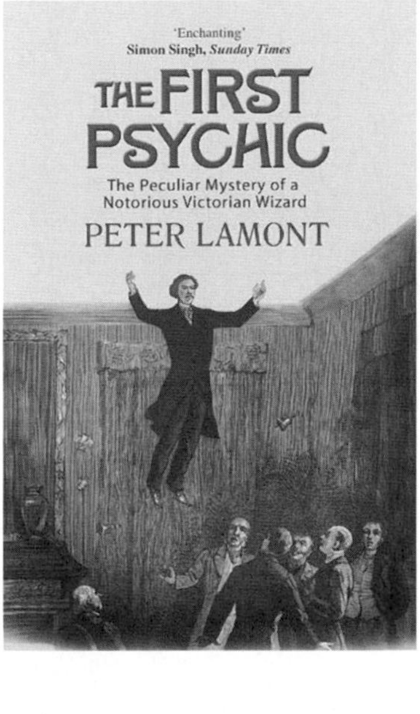

（筆者評註：「威廉‧克魯克斯」是廿世紀偉大的科學家之一，他的「靈媒乩板」經歷和他日後的證詞，是肯定可信的，不只是他描述的重點經歷，還有他那種「實事求是」的客觀心態，更值得我們欽佩，這才是一位真正「科學人」的應有風格，既然科學所要研究的是所謂「可見的客觀現象」，並不是爲了追求什麼「真理」，那麼，對於在任何實驗中的所見所聞和一切客觀證據，只能虛心接受，因此，他獲致並公開『某種目前尙難解釋的「心靈力量」確實存在』就已經足夠了，否則像其他大多自命科學的「科學家」只是一味主觀和本位主義的否定「心靈力量」的存在，卻又無法解釋那些確實存在的現象和能力，也無法提出足以讓人信服的反證來破解，除了顯示自己的偏執和短視之外，多多少少總是會阻礙「靈魂學」的向前發展，阻卻了許多有志研究者的腳步，即使直到今日，「靈魂學」研究只能掛著「超心理學」的名義，被排擠在「邊緣科學」或「僞科學」的偏見陋巷之中。但是，筆者並不因此悲觀，這是人類本身的通病，總是喜歡在尙未深入理解或用「直線思考」的方式輕率的遽下論斷？想想：飛機發明前，有多少「身體比空氣重，所以人是不可能在空中飛行的……」這樣的鐵口直斷？但是，奇怪的是這些人難道沒有看過自在飛行中的鳥類、蝙蝠或蝴蝶、蜜蜂嗎？那一種身體是比空氣輕的呢？在「羅伯特．富爾頓」發明鐵殼蒸汽船的試航前，不也是有許許多多所謂的科學家認爲「鐵比水重，所以鐵殼船是不可能浮在水面上的……」甚至將他的船譏笑爲「富爾頓的蠢物」，但是，他們難道不曾看過正在清洗中的金屬碗盤或厚重的陶瓷碗盤，那一樣不是比水重呢？不也照樣能飄浮在水面上？所以，筆者認爲今日被譏爲「僞科學」的「靈魂學」不但在日後成爲「心靈科學」的取代名詞，而且會成爲中小學的「常識課程」。）

「心靈研究會」的正式成立

一八八二年二月二十日，英國心靈研究學會第一次正式召開大會。它代表了科學的一個新分支，而這門學科是如此之新，幾位籌組人都覺得有必要為它發明一個新名稱。他們為取適當的名稱而起了爭辯，最後以一個差強人意的名字拍板定案：「心靈研究」。「本會探索的主題不是處於現今被承認的科學界圍的邊緣就是之外」，邁爾斯解釋。「而我們找不到其他更便捷的辭彙來涵蓋它們。」

亨利・西吉魏克是第一任會長，他以嘲弄的語氣開場，說他和他的同僚是被逼得沒辦法，只好自行發明一門科學，好為那些希望從事這類研究的人創造一個支援體系。西吉魏克說，英國心靈研究學會的存在是出於需要，它成立的基礎在於世間有問題需要探究，例如人類的問題、不朽的問題。他又說，它成立的基礎也是拜傳統科學之賜，因為即使是最輕微、和這些主題只沾到一點邊的探問，傳統科學也要企圖封鎖。對於這樣的干擾，一向說話厚道的西吉魏克說，「在我們這個開化的時代，不啻是醜聞一樁。」

（筆者評註：取名爲「心靈研究」也還算妥切，因爲「靈魂」確實是人類「心靈文明」的產物，許多的現象甚至明確存在的事件，不是「科學」或任何「科學家」說了算，「黑洞」存在一百多億年以上了，在被推理出來之前和證實存在之前，「科學」承認過嗎？「亨利・西吉魏克」說的確實一針見血，只要和「靈魂、通靈、靈媒、靈界」等等沾到一點邊的，傳統科學也要企圖封鎖和干擾。如果這樣算是『醜聞』，這種『醜聞』迄今也從未改變。不過，筆者倒認爲那些是無足輕重的，因爲，聞道有先後，術業有專攻。對於有志投身「靈魂學」研究的人來說；本來就是在開拓一門新的學科，而現今的「科學研究方式」只是一種工具，而不是一個審判長，沒有任何「靈魂學」的研究是需要經過現今「科學界」批准的，應該慶幸的是我們生活在現代的人們，沒有「宗教裁判所」和「火刑柱」在虎視眈眈的威脅我們，也無須妄自菲薄的向任何一門科學或任何一個科學機構去靠攏，只要持續不斷的研究下去，終究有一天會變成很尋常的「顯學」）。

不過，他並沒有無謂地為過去浪費時間。每個人都同意，艱鉅的工作在前面，任務於焉分配如下：佛德瑞克・邁爾斯和艾德蒙・葛尼（Edmund Gumey）負責檢視靈異事件，威廉・巴瑞特（William Fletcher Barrett）擔任思想轉移委員會的主持人；諾拉・西吉魏克被賦予鬼魅魍魎的鑑定，雖然她私下告訴丈夫，她並不相信世上有鬼。

威廉・克魯克斯參加了該學會的首度會議，亞爾菲德・羅素・華萊士也是，雖然後者先前曾對西吉魏克處理該領域的方法態度頗有疑慮而表達過些許憂心。至於貝爾福家族，除了諾拉，亞瑟、吉拉德、姐姐艾芙琳與姊夫芮黎爵士也連袂參與盛會，代表性十足。除了這些大家熟知的支持者，學會也吸引了不少令人印象深刻的新面孔。它的會員名單迅速增長，很快就超過了兩百人，其中包括畫家、神職人員、政治家、靈魂論的信徒，也不乏知名作家，從亞菲德・但尼生爵士（當時的英國桂冠詩人），到雷斯利・史蒂芬（不只是篇幅浩繁、影響力深遠的『英國國家人物傳記大辭典』的主編，也是一個剛出世尚不足月的小女孩的父親，這個小女生就是日後成為作家的維琴尼亞・吳爾芙）。該學會還吸引了散文家兼社會評論者的約翰・羅斯金，以及以路易士・卡洛爾的化名寫出『愛麗絲夢遊仙境』和『愛麗絲鏡中奇緣』的牧師查爾斯・道奇森。

亞菲德・但尼生
Alfred Tennyson

查爾斯・道奇森
Charles L.Dodgson

（筆者評註：這真的是人類對於「心靈研究」發展史中一個空前絕後的歷史盛會，當時舉世知名的大師級人物都熱切的共襄盛舉，確實是令人振奮也難以想像的，讓我們看到了幾乎是跨界的名人雅士，專家學者其實都是「人同此心，心同此理」的迫切想要知道那個「答案」—究竟「死後是否靈魂不滅」？只是從來沒有重量級的人物出來登高一呼而已；不過，卻也令人遺憾的；此後一直迄今的一百多年間，就再也不曾有過同樣的盛會了，而且，這條路越走越孤寂，甚至對每個獨立研究者而言，也只能「千山我獨行」了。）

美國作家山繆・克萊蒙斯（Samuel Clemens）也入了會。一八七六年，克萊蒙斯以馬克吐溫的筆名寫活了一個野男孩的成長過程，這部名為『湯姆歷險記』的小說讓他從此揚名國際。這位名作家人會，是帶著一個和他的職業生涯完全無關的特殊目的。二十四年來，一個夢境始終在他心頭縈繞不去，他希望對此有個解釋：

山繆・克萊蒙斯 Samuel Clemens 馬克吐溫

一八五八年，克萊蒙斯家的兩兄弟山姆（山繆的小名）與亨利正在受訓，準備將來當渡河遊船的船長。兩人一同在一艘以蒸氣引擎啟動、叫做「賓夕凡西亞號」的大型轉輪遊艇上工作。六月初的一天傍晚，船停泊在聖路易港，兄弟倆登岸去看他們的姊姊。晚餐後，亨利回到船上，山姆留在姐姐家過夜。

山繆・克萊蒙斯正要進入夢鄉，一個影像突然出現，是個歷歷如繪的可怕夢境：他看到小弟的身體放在一個棺材裡，靈柩橫擺在兩張椅子上。花朵散置在亨利動也不動的胸膛上—瀑布也似的白玫瑰，中間獨獨一朵紅玫瑰。

山繆・克萊蒙斯霍然在床上坐起，他喘著大氣，心怦怦直跳。半夢半醒之間，他跌跌撞撞跑到樓下。夢中情景依然是那麼真實，他已有心理準備，就要看到弟弟的屍體。當他發現客廳只有一片安靜與黑暗，他驚愕萬分—空盪的椅子上沒有任何死人，空氣裡哪有什麼玫瑰花香。只是個夢而已；他告訴自己，只是一場夢罷了。

那天早上，山姆回到「賓夕凡西亞號」，弟弟正在等他—完完整整、健健康康，只是在晨光中帶點惺忪。可是兩人隨即又分開來；船長把山姆調到另一艘友船去幫忙，那艘船以大約一天的距離，跟在「賓夕凡西亞號」之後。三天後，大船開到孟斐斯南部時，鍋爐爆炸，計有一百五十人死傷。消息傳來，山繆・克萊蒙斯立刻離開自己的船，僱了一匹快馬，趕往孟斐斯當地擠滿了倖存者的醫院。

亨利・克萊蒙斯那天晚上嚥氣的時候，他的哥哥守在身邊。隔天早晨，山姆麻木地走到一個房間，死者的屍體都放在這裡等待下葬。亨利躺在一個金屬棺材裡，為保持平衡，棺材横跨在兩張椅子上。

山繆·克萊蒙斯愣在那裡，眨眼睛想要驅走他夢境的記憶，這時一個義工護士趨前走棺材旁，溫柔地在上頭放了一束花：一束白玫瑰，僅有的一朵紅玫瑰鑲在中間。這是一場夢？是巧合？是先兆？還是對未來可怖的一瞥？多年來，這位兄長滿腹疑問。現在，山繆·克萊蒙斯希望，他終於可以得到一個答案時候已經來到，而且承諾就在那裡。

（筆者評註：還是用「馬克吐溫」這個筆名比較容易了解他的生平和大名；當然，他這悲慟的「預言夢」是不可能也沒任何必要作假或誇張的；但是，這麼清晰又能在事後可以驗證的「預言夢」卻又是如此費解的，如果要從筆者不同意「創造論」、「前定論」、「安排說」的立場來探究，顯然是嚴重抵觸的，否則，「馬克吐溫」怎能在「歷歷如繪的可怕夢境」預先夢見胞弟的死亡和葬禮的細節？這個當然不能用『巧合』來不解強解，如果非要固執的要堅持「只是單純巧合」，那麼「靈魂學」研究的大門將對你緊緊關閉。唯一可以解答的；那只有「輪迴轉世」劇本安排說能夠發生這樣的「靈異事件」，關於這個部份會在此後其他章節詳述）。

超級靈媒「派柏太太」

一八八五年，麗歐若拉·伊凡里娜·派柏（Leonora Evelina Piper）二十六歲。她是波士頓一家商店的老闆娘，身材略為矮胖，穿著體面，淺褐色的頭髮仔細梳高，一副受人尊敬的中產階級模樣。沒錯，麗歐若拉和丈夫威廉·派柏「是」受人尊敬的中產階級，這對夫婦帶著一歲的女兒愛爾塔，與公婆一同住在燈塔山社區一棟雅致的房子裡。但是，鄰居們竊語紛紛，說年紀輕輕的派柏太太其實不像她外表那般尋常。她可以告訴別人一些她不可能知曉的生活細節。有時候，她會道出連他們自己都不知道的家族秘密。有傳言說，她聽得到死人的聲音。

依照麗歐若拉父母的說辭，她這種能力是在她童年時初現端倪，當時他們住在新罕布夏州的納舒厄。八歲的時候，麗歐若拉正在花園玩耍，突然感到右耳一陣尖銳轟鳴，接著就聽到一陣哆嗦的絲絲聲響•這個受到驚嚇的小孩呆若木雞，只聽到那個蛇嘶般的聲音慢慢化為一個清楚的「莎」字，接著是「莎拉」這個名字，然後是一句話。

她一面喊媽媽一面尖叫著跑回屋內，邊跑邊捂住自己一邊的頭。一開始，她母親完全聽不清這個歇斯底里的小孩在說什麼。終於，小孩結結巴巴說出：「噢，我不知道！有個東西打到我耳朵，然後莎拉阿姨就說她沒有死，說她還是跟你們在一起。」她母親被她的異常激動嚇到了，那天晚上就把這件事連同日期和時間寫在日記本上。幾天後，他們接到姨丈來的一封信，告知莎拉姨媽已經與世長辭，就在蛇嘶聲附在小麗歐若拉耳邊說話的那天，約莫就是那個時間。

無論是耳邊怪異的輕語或是鄰居的竊竊私語，當時年紀尚小、還冠著娘家姓氏西蒙斯的麗歐若拉和她的家人都不願意和這些東西有任何瓜葛。有些小孩以自己的神通能力為幸—聲名狼藉的福克斯姐妹很容易就浮現在腦海。可是西蒙斯家並不希望看到麗歐若拉變成這樣的怪物。

他們把這超令人毛骨悚然的事件拋諸腦後，將女兒養育成衛理公會的一個虔信教徒。二十二歲那年，麗歐若拉嫁給威廉・派柏，如果不是後來的一場重病，那個發生於鄉間花園、恍如另個世界的恐怖時刻，說不定就此束之高閣。

（筆者評註：「追鬼人」這本書中對於「超級靈媒派柏太太」家世背景的描述是相當重要的一環，因爲她不是一個窮途潦倒的一個老寡婦，需要靠裝神弄鬼來騙錢糊口，如果她不是天生有「通靈」的異能，不是這麼仁慈的願意提供「心靈研究會」成員大力協助，她根本不需要被這樣當成「神棍騙子」一樣的被接近拷問一樣的質疑和監視，她也不用長期耗費這麼多的精神、心力甚至貼上健康的去幫他們做「通靈傳訊」的研究，單單這點，就值得後人爲她喝采致敬，更何況她在「通靈異能」出類拔萃的成就以及對「心靈研究」方面的貢獻，更足以讓人歎爲觀止，也足以讓那些自己不想研究卻又千方百計阻撓他人研究；或者只會冷言冷語說風涼話的科學界人士羞愧到無地自容。從她八歲第一次聽見「亡靈」的聲音來看；可以想見有些亡靈在死後第一件事，好像就是急切的想告訴家人「自己還存在」這個重要大事上，可以相信驚愕中一定也是夾雜著無比興奮的成份，但是，結果卻多半是失望的，因爲一般正常人是無法聽到任何「亡靈」說話的，也或許在亡靈失去肉體連同咽喉、聲帶、口舌等主要發聲器官之後，他們也許還是基於生前長期習慣的「習性」；認爲自己在對著陽世的親友說話甚至大喊大叫，但是，其實，那只是一種「意念」，到一般正常人習慣用口耳來交談表意，並不需要靠「意念」傳遞訊息，所以，不論是受限於肉體的自然封閉或者單純只是從出生就不曾使用，因此，無法接受到「意念型態」的訊息也就沒什麼好奇怪的。）

打從十六歲起，麗歐若拉走路就有點跛，這是拜一場雪橇意外之賜。另一個小孩的雪橇在雪丘上直直撞上她，不僅傷到她一腿的膝蓋，更嚴重的是導致了內出血。意外發生後的那些年，她老覺得腰腹部位隱隱作痛，而在生下第一個小孩後，疼痛更是變本加厲，好幾個醫生都查不出原因，挫折之餘，麗歐若拉找上一個號稱有天眼通的老盲人，他說自己可與鬼魂取得聯繫，幫忙治病·這位老神通的手才碰到麗歐若拉，她立刻感到天旋地轉。「他的臉好像越變越小，」她說完，隨即癱倒在地，不僅其他問卜客震驚，連老盲人自己也被嚇到·

她耳邊各種聲音響個不停。她只聽得清其中一個聲音。她勉強打起精神，逕自走到桌邊，塗鴉般寫了張字條，交給當時正排隊等待見老盲人的一個老紳士。這位老先生是劍橋的法官，說這紙訊息來自他死去的兒子，「是我收過最令人驚異的訊息」。麗歐若拉後來又去找了老盲人幾回，卻發現自己變成了吸引客戶上門的招牌。

素昧平生的人紛紛找上派柏家，要求麗歐若拉進入昏睡為他們召魂。驚惶的她直往後躲。她不想當靈媒。她身上正懷著第二胎。她只希望做母親，做個受人敬重的妻子。然而，她也不得不思索，這是不是上帝賦予她的特殊能力。麗歐若拉為此祈禱。她忍不下心拒絕所有上門的客人。一八八五年晚夏，她被一個朋友說動，為波士頓的一個寡婦舉行召魂。

（筆者評註：「是不是上帝的旨意」不是重點，因爲不是每個人，甚至不是有很多人具備這種特殊「通靈異能」的，重點是她的「準確度」，不是模稜兩可，不是套話，不是爲錢財或出名而這樣做，與其說人們需要她，還不如說那些急切想傳訊告知家人「自己仍然存在」的亡靈們更需要她，而且她竟然不擔心失敗出包遭到謾罵嘲笑的，主動告知那位「劍橋法官」有關他亡故兒子傳過來的訊息，也可見她不但確實是有超常異能，而且對自己這種異能是深具信心的，當然也同時證明了「靈魂不滅」的確實可信。）

這名寡婦叫做依萊莎·吉本斯，正是威廉·詹姆士的岳母。

據詹姆士回憶，赫曼過世約莫兩個月後，他的岳母來訪，帶著激動和難以置信說個不停：燈塔山那個年紀輕輕的靈媒，連名帶姓地道出了她家人的種種事實，「如果不是具備超乎尋常的神通，無法解釋她怎麼會知道這些事情。」這件事是如此地匪夷所思，吉本斯夫人決定進一步查證。第二天，她要女兒瑪格麗特帶著一個更難的測試去找派柏太太：一個封緘的信封。

不要打開，瑪格麗特對派柏太太說：只要告訴我寫這封信的人的一些事情就好。

在當時，透視封緘的信是靈媒界一種輕鬆容易的伎倆。他們會將一塊泡過酒精的海綿藏在手上或衣袖中，偷偷用它揉搓信簡，由是讓它變得透明——由是看得出內容——然後等酒精蒸發。在將信件交還、道出內容之前，他們只需短暫讓客人注意力分散就好。除了成功讓客人分心，大多數的靈媒還練就了及時打開信封再重新封好的本領，以免被查覺出動手腳。

但是，派柏太太那天的動作簡簡單單。她只將那封信舉在眼前，隨口就將寫信人的種種緩緩描述出來；是個女人，家居何處，為什麼漂洋過海，搬到大西洋這頭來。瑪格麗特故意挑了一封完全用義大利文寫的信，就算派柏太太有本事偷看信件內容，也一定看不懂這種語言。

瑪格麗特和吉本斯夫人決定將她們的發現告訴艾莉絲。經過百日咳和赫曼的死，艾莉絲依然骨瘦如柴，蒼白如紙。和威廉一樣，她對於么兒的離世也是百般不捨。或許這個消息可以引起她興趣，讓她開懷一些，說不定她還可以向這個奇怪的靈媒探問失去的兒子。

「我記得，當時我在那些親戚面前強打精神、故作堅強，」詹姆士事後寫道。「還試圖用簡單的思考去解釋他們帶回來的神奇事實，」對於那些裝神弄鬼的表演，他自認是專家。他和同為美國學會會員的米諾•薩維奇牧師曾去探訪好幾個名氣較大的波士頓靈媒，嚴嚴謹謹地參加一場又一場的降神會後，徒然學到幾個兩人都有同感的教訓：那些都是厚顏無恥的騙局。「然而，這並不能阻止我自己在數日後陪著我的妻子前往，希望親自體驗一番。」

派柏太太和詹姆士夫婦會面的地點，是在她一個姻親家的前廳。她請他們在兩張硬梆梆的靠椅上坐下。他們並沒有報上自己的姓名，而且詹姆士的岳母和小姨子先前也拒絕透漏她們的身份，這讓他鬆了一口氣。

他事前就對艾莉絲強調，她一定要嚴格遵守心靈研究的規則。他們不會提岳母和小姨子曾經來過。他們絕口不提自己家裡的事。他們不會拋出可能透露線索的問題，也不回答對方套話的問題。他們只會有禮貌地傾聽，而且他預料，他們會聽得莫名其妙又窮極無聊，直到打道回府吃晚餐。

麗歐若拉•派柏在一張肥大的厚墊扶手椅上坐定，背後一堆靠枕。雙方開始談天氣。今年秋天氣候溫和得頗不尋常。

黃昏的夕陽照亮了整個房間。派柏太太的眼皮開始低垂，幾乎就要閉上；她頭倒向一邊，倚靠在枕頭上；她的皮膚隱約出現一層雞皮疙瘩。麗歐若拉形容自己進入昏睡狀態時，總說感覺就像墜入一團濃重、寒徹冰骨的霧。

她的聲音似乎低沉了些。派柏太太開始將先前告訴艾莉絲母親和姐姐的那幾個家人名字重複一遍。接著她開始搜索其他名字，先是說得模模糊糊，唸出不是非常正確的發音。「她費了好大的勁才唸出那些名字，而且是慢慢修正，最後才變得一字不差。我岳父的姓氏吉本斯先是被唸成尼卜林，然後是吉朋林，」之後才出現正確的發音。就好像她一開始唸不出那些字，要不就是沒辦法聽清楚。

詹姆士後來寫信給一位朋友，說隨著派柏太太對那些名字逐一道出更多細節，他越來越坐立難安。這個年輕的靈媒或許一眼就忍得出他妻子家的每個人。或許她幸運得不可思議，能夠猜出陌生人與他們親屬的家務事。也或許；這是個微乎其微的可能性，也是科學上不可能有的結論—這女人被「超乎尋常的靈異力量」附了身。

派柏太太從昏睡狀態回復神智之前，確實問及一個死去的小孩，不過，這也可能是個容易的猜測。許多夫婦都經歷過兒女病逝之痛，他凝視著靈媒陷入昏睡的臉、緊閉的眼、輕蹙的眉頭。是個男孩，她說：年紀很小。他叫赫倫？叫赫倫對吧？不對‧她自己最後下了結論：那個男孩的名字，聽來比較像赫曼。

（筆者評註：「追鬼人」一書中對於這件「通靈」過程在此打住，沒有更多的描述，以下就跳轉到一些會務的問題上；針對這段內容，先確定了「派柏太太」對那封密封的義大利文信件沒有動手腳偷看，就正確描述出了信件內容的大致概要，這樣的表現，如果沒有當事人的解說，確實很難想像她是怎麼做到的；第一，她不是靠什麼「天眼透視」，因爲就算能透視，她不懂義大利文也是白費。第二，應該不是有個鬼魂幫手來讀取信件內容再轉告給她。第三，信件是人間的實物，與鬼魂、亡靈並沒有任何關係，信件內容也和死亡或靈魂無關。第四，因此，比較有可能的應該類似「讀物術」或「讀心術」，是她可能擁有「見物讀意」的能力，就是看到信件就能讀出寫信人留在信件上的一些「意念訊息」，或者她是能夠讀取持那封信件前來的「瑪格麗特」女士腦中的舊檔資料，因爲「瑪格麗特」一定看過這封信，知道內容並儲存在記憶中。

關於後半段的通靈過程描述，與筆者花費十幾年時間針對「台灣首席靈媒林女士」的『牽亡魂』異能的研究，幾乎如出一轍；靈媒同樣會閉目凝想有如專心傾聽，然後，開始逐一唸出「發音近似」的一個又一個人名，直到一旦正確而有人回應之後，接下來的家人親戚的名字就幾乎統統正確了，甚至連因故未能到場的家人名字也能「唸」出來，這點真的是非常不可思議的，不是費解或不可解，而是，除了真正亡親故友真的來到現場，否則又能如何解釋呢？更何況以筆者的現場目擊經歷和錄影證據，可以看到從每天下午三時開始，持續到晚間八時左右的『牽亡魂』儀式中，一天往往要處理十幾件個案，就是有至少十幾個亡靈會來「附身」，而一開始的過程就是「亡靈」會呼喚陽世親友的名字，直到一一呼喚齊全，靈媒才會確定「來靈」正確無誤，然後才會讓亡靈附身，轉換身份，將身體借給亡靈「使用」而和家人親友相見對話，那麼一天十幾宗個案，每宗平均呼喚十個親友的名字好了，至少有一百多個名字必須是正確無誤的，這樣的成果表現，豈能用「巧合」或者「揣測」來強解？而更奇特的是似乎東西方的靈媒，仍然有著共通之處，而且真的一開始彷佛亡靈是從很遙遠之處逐漸走近，所以亡靈呼喚的陽世親友名字都是由模糊慢慢轉爲清晰正確的，這點也是特點，值得更深入研究的。）

本書作者 著作

1995年5月出版

外皮靈質的發明

一八九二年的冬天像個壞脾氣的鬼魂，咆哮著掃過北美洲的大西洋邊岸，一路還吐著雪，覆蓋了整個景觀。在受創甚深的紐約，空氣似乎永恆籠罩在晶狀的霧靄裡，馬匹在第五大道奮力前進，低著頭抵著風，在冰面上驚險的爛泥中勉力跋涉。

三十二歲的哲學系學生兼作家喬治・裴魯，是這個季節的眾多受害者之一。一個酷寒的二月天，他騎著馬沿著中央公園結凍的小徑踽踽前進，忽然馬一個失足，裴魯墜倒在地而喪失了性命。

李察・賀吉森從波士頓南下參加葬禮，悼念又一個英年早逝的朋友。這個澳洲人有一回來紐約演講，遇到了對心靈研究的主題充滿質疑而且直言不諱的裴魯。賀吉森喜歡針鋒相對的辯論，儘管裴魯的立場與他對立尖銳（或是正因為如此），兩人擦出了友誼的火花。他後來幾度來紐約都會和裴魯相約見面，兩人佔著一張酒館桌子邊喝啤酒邊談，可以為永生不朽以及人死後可不可能有生命滔滔辯上幾個鐘頭。

對裴魯來說，人死後還能以一種定義模糊的能量場或鬼魅的形式隨處飄蕩，這個想法匪夷所思，甚至荒唐可笑。賀吉森同意，不過有個限度。他願意讓步，承認鬼魂有生命是不可思議，但不是絕無可能。

裴魯在死前的幾個月，曾經半開玩笑地做了一個承諾。如果賀吉森說的對，裴魯願意為他作證：若是他先走一步，他會回來陽世，「讓事情栩栩如生。」裴魯開心地威脅道，他會做得異常明顯，讓他的朋友們想否認也否認不了。

當時賀吉森只是大笑。

（筆者評註：「喬治・裴魯」這個人，在名人雲集的「追鬼人」團隊中，生前是無足輕重的，何況他根本不相信人死後可能「靈魂不滅」的，而且，態度是幾近戲謔嘲諷的，但是，在他死後，反而出人意表的變成了一個地位相當重要的「靈」，相信除了他本身必定曾經在死後經歷了一段極度震驚和難免對自己生前的無知有些羞愧，特別是對於自己根本無知的事物是如此的固執己見，不過，幸好，他並沒有因此躲藏起來，羞愧到不敢「見人」，卻一反生前的態度，變成一個最積極與「李察・賀吉森」等「追鬼人」團隊接觸最頻繁的亡靈，可以猜想，他應該多少會因爲對「李察・賀吉森」感到深深歉意，並君子風度的信守承諾，所以積極的傳說回來，也真的如他生前所以說『他會做得異常明顯，讓他的朋友們想否認也否認不了』，不過，也真的有點不可思議的是；他竟然一語成讖，不幸言中，自己才活了三十二個年頭，就意外身亡，也因而當他透過靈媒「派柏夫人」傳訊開始起，與「追鬼人」團隊那群陽間舊識就有了很長的「聯繫」時間。對於這點，「喬治・裴魯」生前死後態度的不變；以及這麼鮮明對比的提供來自死後世界的種種訊息，對於人類研究「靈魂學」方面確實是貢獻良多的。）

苦冷的二月退位，酷寒的三月進佔。接著，在曼哈頓那場致命意外發生五個星期後，派柏太太的昏睡中插進來一個新的聲音。這個人格自稱為喬治・裴魯。沒多久，而且極有毅力地，這個新出現的人格改變了派柏召魂會的基本性質。雖然 G.P.—賀吉森為這個人格取的名字—最初是以聲音出現，但他更喜歡透過自動性書寫來溝通。一開始是幾次怪異而熱鬧的昏睡：派柏太太的口是「費努」在回答問題，右手卻在一張紙版上寫下 G.P. 對另一個問題的回覆。不過，慢慢的，熟悉的費努越來越沉默，當賀吉森提出問題，靈媒唯一的反應是鉛筆（她從來不用墨水筆，因為必須不斷蘸墨水）劃過紙張的沙沙聲響。

（筆者評註：靈媒「派柏夫人」這項異能真的是非常特殊的；試想；別說接收的來自「靈界」不甚清晰的訊息，就算把範圍局限在人間日常生活的環境，一面要用嘴口述最近發生的家常瑣事，一面用筆撰寫一段陳年往事，這點恐怕就不是任何一般人能夠輕易做到的「特技」，令人對於靈媒「派柏夫人」真的有必要刮目相看）。

賀吉森發表的派柏太太報告之所以提供了樂觀的結論，正是由於 G.P 的來到。賀吉森並不相信這個新人格是個鬼魂。說不定他只是她的潛意識的另一種異常現象。不過，G.P 自稱是賀吉森的私交，不像來歷可疑的費努醫生。這個事實為測試提供了範圍，經由這些測試，或可判定透過這個諱莫如深的靈媒在與人溝通的是什麼人或什麼東西—任何人或任何東西都有可能。

賀吉森開始列名單，羅列出這位作家一堆老友和家人的名字。他打算邀請他們以匿名參加召魂，越多人能來越好，以他們所知和這個昏睡下冒出的人格道出的資訊進行比對。他們或許可以證實，這個新的靈魂導師的確是喬治・裴魯，也或許他們證實不了。

（筆者評註：關於「靈魂不滅」和「死後世界」的事，我們真的了解實在太少，以「喬治・裴魯」這個個案的表現來說，就相當奇特，一開始傳訊回來陽間時，他顯然沒有直接報上姓名和可供驗明正身的資訊，只近乎暗示的說自己是「賀吉森的私交」，原書中對此沒有太多著墨，但是，據筆者個人推論：應該不是他故意像在開玩笑的要隱瞞，其中必有我們直到現今仍不能明瞭的特殊原因，或者是否有某種限制？因爲往後觀察：在後段種種接觸和傳訊的內容顯示，他確實就是「喬治・裴魯」的亡靈無疑，那麼既然遲早要公開或自我證實這個重要的身份問題，爲什麼不是一開始就自報姓名；有如其他亡靈那樣急切的不惜排隊呢？這點也是讓人匪疑所思的，也相當值得吾人賡續研究。）

一如往常，對賀吉森來說，鑑定謀略與鑑定的可能結果是一樣的有趣。對於這個所謂的喬治・裴魯的鬼魂，他的鑑定招數是基於一個簡單但暗藏玄機的點子。他打算找上百個訪客前來與派柏太太進行召魂，有些是死者的朋友，有些和死者素昧平生，但無論有無關聯，絕不會有蛛絲馬跡洩漏給她。所有的參與者都不准說出自己的名字，也不能透露自己和G.P.有沒有任何關係。他們可以即興出題做個人的測試，不過不准為那些題目提供任何解釋。

一位訪客帶來一張建築物的照片。

「你認得這個嗎？」

「認得。它是你的夏屋。」

確實如此。

另一個女人將一本書放在靈媒的頭上。

「你認得這個嗎？」她問G.P.。

「是我的法文詩歌，」他回答。

也是正確答案。

另一位訪客，一個男人，劈頭就說，「告訴我一些過去只有你知我知的事情。」

他正說著，派柏太太就往前癱倒在桌上的一堆枕頭上，她左手無力地攀著桌沿，右手軟趴趴地握著鉛筆。她右手邊的桌上擺著一疊白紙。

突然之間，她的手指握緊，開始振筆疾書，狂寫了好幾頁的紙，一寫完就撕下來丟掉。賀吉森走到房間另一頭。男人開始翻閱那幾頁紙。他臉色發白，把那些紙摺起來。他告訴賀吉森，其中內容過於隱私，不宜大聲唸出。

可是，他「十分滿意，十二萬分的滿意。」

（筆者評註：從以上的幾則描述中，我們可以看出靈媒「派柏夫人」是幾乎少有遲疑或模稜兩可，玩弄任何「假靈媒」那些花招的，根本就是直截了當的「現場直播」的用語言或文字將「喬治・裴魯」的回覆傳出來，而且，不但正確無誤，甚至可以讓提問的當事人「十分滿意，十二萬分的滿意。」，即便不能說這就是完整的證據，至少是相當有力的，對於那些極端否定或質疑「靈魂不滅」的所謂專家學者，這樣的證據能不能提供他們更虛心看待自己其實相當無知領域中的一些事物呢？）

「一開始，我什麼也分辨不出來，一次召魂會上，G.P. 告訴一個朋友。「你知道，吉姆，就像天在破曉之前的那段漆黑時刻。我很迷惑，完全摸不著頭腦。」

「當你發現自己還活著，難道你不吃驚？」他的朋友反問。

「我吃驚得很。這超過我理解能力的範圍。可是現在，這個事實有如天光一般清楚。」

（筆者評註：「喬治・裴魯」這段表白的確是非常中肯坦誠的，而且也完全符合心靈反應事實的，這也是筆者長期研究發現到的一個特點；尤其是對於「完全不相信者」和某些「宗教的虔信者」，死後發現自己「竟然依舊存在！」或「竟然不是自己一直深信不疑的天堂！」，而是一個「陌生的空間卻存在一個熟悉的自己！」，這些都絕對是相當震撼的遭遇，也都需要一段相當時間的調適才能坦然面對。不過，在此對於「喬治・裴魯」所謂：「就像天在破曉之前的那段漆黑時刻……這個事實有如天光一般清楚」當然不是指死後世界的自然景觀，而是指他自身從懵懵懂懂到對那個環境有所了解之間的轉變而言的）。

一八九三年的夏天，當時威廉・詹姆士依然旅行在外，意外接到哈佛同事寫來的一封信。前些時候，這位教授同事決定突襲波士頓最有名的靈媒，麗歐若拉・派柏。他用假名聯絡賀吉森，而即使在召魂會後，也沒有透露自己的真名。

當這位靈媒癱軟成一團進入昏睡，當她的右手開始書寫，他還在心裡暗自竊笑。

「我只不過問了她一個問題，她就振筆寫了四十五分鐘，告訴我許多名字、地點和事件，把我嚇得魂不附體。」他答應詹姆士，總有一天他會將她透露的內容告訴他：現在，他只說那些訊息不宜讓人知悉。

不過，他想告知詹姆士幾個耐人尋味的細節。派柏太太再度施展了她特有的透視能力，彷彿光憑某個物件就能讀出一個故事來。這在物理學上完全說不通，可是事實就是如此：

這位教授帶來一枚屬於他過世母親的金戒指。這枚戒指是成對的套戒之一，是他與母親某年聖誕節互換的禮物。每個戒指上都刻有對方最喜愛的諺語的第一個字。他很久以前就把母親送他的那枚戒指遺失了，不過在遺失戒指的前一年他的母親過世，所以先前他送母親的那枚又還到他手上。

召魂會上，教授將戒指握在手中把上頭的刻字隱藏住，一面開口問道：「我母親的戒指上寫了什麼？」

「我話甚至還沒說完，她已經飛快寫下另一枚戒指上的字——就是我母親送給我，但我多年前遺失的那枚。

「因為那個字非常特殊，恐怕從來不曾有人刻在戒指上，而她毫不思索就疾筆寫出—真是怪得很。」

他是知識份子也是科學家，他不相信那些靈魂信徒所言前世來生的鬼話。這位教授只承認，一如他字斟句酌對詹姆士解釋的。自己非常的好奇。

（筆者評註：在以上這段內容中透露了一些重點：第一，這位教授「是知識份子也是科學家」，他先是抱著意圖拆穿嘲弄「神棍」的心態前往觀察「派柏夫人」；但是，就在他心中暗自竊笑未了之前；「派柏夫人」就振筆寫了四十五分鐘，並且「告訴他許多名字、地點和事件，把他嚇得魂不附體。」，同時還能擁有「讀物術」，正確無誤的讀出已經遺失那枚相同套戒上，幾乎任何人都不可能知道也無法猜測到的文句。雖然，這樣已經足以讓當事人這位教授和後世之人大感驚愕和歎服了，但是，這位教授的表現是什麼呢？他「不相信那些靈魂信徒所言前世來生的鬼話」，他依舊是偏執的不願相信，這絕對不是一個理性的科學家應有的反應和態度，而是一個本位主義狹隘「科學至上」偏執狂才會產生的非理性作為，也正因為在所謂的科學界一直存在太多太多這樣的人，包括意圖保有自己科學權威名位的，以及深怕自己因爲相信「靈魂不滅」這種『無稽之談』到招來訕笑甚至動搖地位的人，還有就是擔心被他人看出自己確實非常無知的人。因而使得「心靈科學」或者「靈魂學」研究從來難以獲得科學界的正視，更不用談會有任何道義上的認同和支持了。）

萬爾斯和奧立佛•洛奇即將來到美國。他們要在心靈研究大會上發表英國學會最新的研究。兩人都盼著一八九三年八月的這次芝加哥之行，尤其新開幕的世界哥倫布博覽會正好由這個城市主辦。唯一讓萬爾斯失望的是，即使多了新的世界博覽會的吸引力，無論他如何懇求，詹姆士就是不肯縮短休假加入他們。

奧利佛・洛奇
Oliver Lodge

萬爾斯退讓一步，說如果他的朋友確實有病，他會同意讓他接任延後。不過他又補上一句，說那樣會很可惜，因為萬爾斯認為，這份職務其實有益於詹姆士的健康與未來展望：「派柏女士進展良好，整個宇宙進展良好……大家很快就會捐出更多的錢給心靈研究學會……，永恆的快樂與榮耀等著你。」

一八九三年十二月十七日，一封寥寥數字的電報吹著口哨跨越了大西洋。萬爾斯帶著欣慰讀著它，不過並不意外。電報上只寫道：「詹姆士接受。」

（筆者評註：「威廉•詹姆士」同意接受徵召，開始擔任「心靈研究會」的會長。）

即使是杜林大師，也得百般威脅、哄誘、懇求，不過，凱薩•龍布羅索終究對尤莎皮亞•帕拉蒂諾展開了科學檢驗，而且還不只一次，是一系列。

第一場檢驗過程有如殺戮戰場。這個鑑定小組除了由龍布羅索領軍，成員還包括一個俄籍心理學家、兩個義大利物理學者，以及法國生理學家查爾斯・里謝。召魂會在米蘭一個熱心市民的私人住家舉行，屋主同意，小組人員可於事前徹底搜索屋宅，而用以充當召魂場所的客廳，在每回測試後就封鎖起來。

凱薩・龍布羅索
Cesare Lombroso

然而，一如里謝後來告訴他英國學會的同僚，對於要和靈媒交鋒，龍布羅索現在是如此鬼迷心竅，其他幾位科學家是如此膽戰心驚，而帕拉蒂諾只要稍不順她的意就尖叫連連、潑婦罵街，所以實驗幾乎足一開始就失去了控制。那些科學家說要燈光通亮，她卻堅持房間要漆黑一片，只留一圈微弱的紅光，理由是明亮會讓鬼魂卻步不前。他們讓步了。為了看清她雙腳的動靜，研究學者要她站在她打算施法升空的桌面上，不要坐著。她悍然拒絕，說她的雙腿和膝蓋在桌子升空時會劇烈抖動，她不可能站得穩。他們再度讓步。還有，要控制她的雙手雙腳，簡直像跟一條剛捕捉到的烏賊搏鬥。里謝抱怨，她永遠動個不停，五根手指老是掙脫開來，腳趾頭蠕動不已。

大部分時候，要確定她是否偷偷空出一隻手來製造鬼魅的觸摸或是有沒有用腳或膝蓋把家具頂出去，簡直是癡人說夢。大部分時候，里謝知道自己看到的是極其明顯的作弊行徑。可是，偶爾有那麼一兩次，召魂會的氛圍整個變了：那個鬼鬼祟祟的靈媒消失了，一個蒼白、安靜的女人取而代之；窗簾開始搖晃，在不存在的怪風下洶湧起伏，就像龍布羅索先前所說的一樣。立刻趨前拉開窗帷的里謝發誓，他感覺有冰冷的手在觸摸自己，雖然這也有可能是他神經過敏。沒有人，沒有勾線，沒有屍體……除了空氣，窗簾和窗戶之間什麼都沒有。

常見的作弊花招他可以解釋。令他困惑的是彷彿換了個人、更加難於捉摸的帕拉蒂諾。她明明被釘在座椅上，可是那些冰冷：超乎自然的手指卻在房間裡亂爬。詹姆士曾經說過，可供研究者採究的靈媒有如鳳毛麟角，里謝因此想到，只要假以耐性，說不定帕拉蒂諾可以提供研究的機會；辨別何者現象為真，何者為偽。

查爾斯・里謝
Charles Richet

（筆者評註：在「心靈研究」歷史中，「尤莎皮亞・帕拉蒂諾」一方面被稱爲舉世罕見的「物理靈媒」，與先前談到的「派柏夫人」這類「意念靈媒」完全不同，她彷彿更像超級魔術師或者巫術師，她表現出來的都是非常不可思議的「鬼魂致動」的驚人異象，但是，同時，她也因爲舉止的怪異而被嚴重懷疑根本是個擅長玩弄和道具，不折不扣的「神棍」，尤其是她總是堅持要在她認可的特殊環境中才肯「表演」，這點也就更加容易啓人疑竇了。）

他再度對她施以測試，不過這一回少了那幾個義大利和俄國的科學家……他認為先前的觀察因為他們而打了折扣。然而，他的實驗結果同樣令他喪氣，依然是明顯的作弊行為和難以解釋的異常現象的混合。

某次召魂會，在巴黎的心理學院，他帶來幾個見證人，包括偉大的物理學家居禮夫人。里謝希望藉他們之口告訴其他觀察者，房間內是否有任何不尋常的能量跡象。他和居禮夫人一左一右坐在帕拉蒂諾身旁，每人抓住靈媒的一隻手。「我們看到窗簾鼓漲起來，就像被什麼巨大的東西頂出，」他記錄道。里謝伸出手，抓住布帷後面鼓起的東西。那東西摸起來像一隻手，可是手指相如香陽，此帕扯蒂諾的「小手」大得多，而且手腕之後空無一物，他回頭張望，看到靈媒的雙手依然被牢牢抓住。居禮夫人向他保證，她一直緊握著帕拉蒂諾的手指，她不可能掙脫。

居里夫人
Marie Curie

（筆者評註：如果不是這樣記載和描述，我們後人真的不知道原來曾經有這麼多當時鼎鼎大名的人物參與過「心靈研究」的種種實驗，雖然，名人未必專精這方面的研究或者是否一定就能看穿騙局，但是，至少，這些科學界大師級的人物也是渴望知道「生命實相」和「靈魂是否存在？」的，而且，有他們的實際參與，也讓我們後人有志「靈魂學」研究者更增添無比的信心，讓大家更有勇氣披荊斬棘的走下去，而不用擔心任何嘲笑譏諷）。

里謝試過另一個實驗。他拿來幾張煙燻過的紙，放在桌上和那個靈媒頗有一段距離的地方。蒼白的手出現了，還在紙張上蓋了手印。當他拿起那張紙，黑色的燻漬有好幾處被塗抹掉，就像有手指頭在上頭摩挲過。而帕拉蒂諾的雙手依然乾乾淨淨，毫無煙漬殘留的痕跡。那兩隻令人毛骨悚然的手，你能拿它們怎麼辦？該如何定義它們？

越來越挫折的里謝為這個現象發明了一個新詞彙：外皮靈質（ectoplasm），這個名詞由兩個希臘字疊合而來：意為「外在」的 ecto 以及意為「物質」的 plasm。「說來荒謬極了，可是這是千真萬確！」里謝忍不住要喊。他決定效法在他之前的龍布羅索，找生力軍來做確認。

（筆者評註：筆者大半生都在從事「實證靈魂學」的研究，從來沒有見識過「鬼魂致動」的現象，即使曾經目擊過的，也全屬「詐欺手法」不足採信；當然盡可能客觀的來說；筆者並不會因爲自身不曾見識就以偏概全的武斷認定「一定沒有」，筆者採用的是「合理邏輯推理」的方式來反駁這種「鬼魂致動」的可能性；其一，假設確實有「鬼魂」存在，而且不論是全部或者部份能力較強的鬼魂足以使現實界的一些物體劇烈移動、搖晃甚至騰空飛起，那麼，爲什麼一定要藉由任何「靈媒」的指使才能發生呢？如果「鬼魂」足以明顯劇烈的「移動物體」，那麼，又爲何許許多多甫過世的亡靈在急切的想要與陽間的家人親友溝通時，無法自行傳訊？而必須藉由靈媒轉播呢？又或者這些亡靈爲什麼不藉由明顯劇烈的「移動物體」的能耐來向家人親友證明他們「仍然存在」呢？其二，明顯劇烈的「移動現實界物體」；特別是大型笨重的傢俱，在「靈魂學」的基本邏輯上就是不成立的；我們來看看第一個理由，一張大桌子肯定比一具屍體笨重許多甚至數倍，如果「鬼魂」可以移動大桌子甚至令其在空中輕鬆飄浮，那麼爲何不能移動自己的遺體呢？即便不能開口說詁；不能睜眼視物，不能像生前一樣做各種精細的動作，但是，只要能讓自己的遺體飄浮起來，不就在駭人之餘也能直接證明自己「死後仍然存在」嗎？第二個理由，在現實界，我們雖然極少能看見「能量移動物體」的實例，但是，撇開一些理論，閃電能夠用超強的能量劈開大樹甚至擊壞屋舍，這也並非十分罕見的，因此，我們可以先行承認「能量可以移動物體」這個命題；但是，閃電的能量是多麼強大呢？假設一個亡靈在死後不但繼續存在，而且還能保有生前的「力量」，那麼一個尋常人等，生前的力量可能也無法搬動一張笨重的大桌子，更別說能夠完全舉到空中，那麼，又有多少可能性，一個人在死後以「亡靈」的型態存在時，力量卻反而增加了數倍，竟然能讓一張大桌子移動或飄浮於空中呢？第三個理由，是筆者長期研究的歸納；所謂「靈魂」（此處指死後續存的「亡靈」）是由「靈」（靈識）和「魂」（靈體）組成的，與活人相較，只是少了肉體。「靈」（靈識）是一種「擁有自主意識的智性能量」，「魂」（靈體）則是一種「精微物質」構成的類似生前樣貌的「物體」，這種「精微物質」其實是含藏在所有一般物質之中的，只是單元更爲精細，也許是粒子一樣微小，在人體中也不例外的含藏這種「精微物質」，在人活著時，和肉體是密不可分的，但是，其存在時間卻遠遠超過「物質肉體」，因此，當肉體老朽病死時，這些「精微物質」會脫離肉體，由「靈」（靈識）繼續操控而繼續存在並且可以做各種活動；但是，因爲這種「精微物質」粒子非常細小，細小到可以穿透任何現實界的一般物質，所以，像鬼故事或者靈異傳說中；「鬼魂」可以輕鬆的「寄牆過壁」，那是對的，鬼魂確實能夠做到的，但是，也因爲有這種「穿透性」，所以，「鬼魂」是不可能「拿起」一個杯子甚至一枝鉛筆的，想想，如果鬼魂可以自己握筆，那又何須藉由靈媒代勞執筆書寫訊息？所以，「鬼魂移動物體」那是不可能的，更不可能搬動大桌子或令其飄浮空中；因爲構成「靈體」的「精微物質」粒子一定會穿透桌子或者沉重的窗簾的。還有一個最重要的「反證」就是：相信大家多多少少都聽說過一些「冤魂報仇」或者「含冤而死的會化作厲鬼」之類的傳說或鬼故事；假設「鬼魂」能夠移動笨重的物體，那麼那些遭到謀殺而死不瞑目的冤魂，爲什麼從來不曾移動石頭、磚塊來拼命擊殺兇手呢？如果鬼魂能搬動得起大桌子，用桌子也能砸死兇手吧？或者讓廚房裡鋒利卻不是很重的水果刀也能變成「飛刀」刺殺兇手仇人吧？顯然從來沒有發生過，鬼魂當然也不可能用雙手的力量和尖銳的指爪「掐死」任何人。所以這些在「合理的邏輯推理」上就完全站不住腳，何況實際狀態？不知道百年前這些前輩爲什麼好像從來沒有想到這麼重要的「邏輯問題」，也許在對於「物理靈媒」的半信半疑中，「相信」的成份多些，也或者試圖想要證實的心過於急切，更或者是不知不覺中被那些「精彩的表演噱頭」所迷惑，以至忘了理性的思辨和分析。

如果要說那麼「鬼魂」究竟能不能左右現實界的一些物體？還是有可能的，那就是一些弱電系統的電子產品，以及人腦中的生物電流的神經脈衝訊號；這不是「靈體」在影響，可是「靈識」的能量就能影響，雖然「靈識」的能量也很微弱，但是，只要從弱電傳訊線路（特別是精密的IC板電路），或者人腦的神經網絡中途「插入」，就有可能造成影響；一種是讓一些電子產品暫時故障，譬如相機、攝影機無法正常拍攝；或者讓人暫時產生幻覺；甚至有許多「遇鬼」的目擊報告，極可能不是經由光線反射後的肉眼所見，而是鬼魂干擾了視覺的神經脈衝訊息，使人直接從腦內「看到」的。因此，對於所謂「物理靈媒」能夠驅使鬼魂來移動大型物件，或者使笨重的大桌子飄浮空中，那是在合理的邏輯推理上也說不通的，因此，筆者認爲那些實驗成果是不足採信的）。

在企圖透視靈媒的思維，看心靈到底能做什麼、不能做什麼的過程中，李察・賀吉森也在尋思人類與生俱來的能力。大出他自己和同僚們意外的是，賀吉森如今公開宣佈，他當初以為G.P僅是麗歐若拉・派柏在昏睡下顯現的一個人格是錯誤的。在參與了一百三十位問卜客的召魂會後，那個不可能的可能性說服了他：房間裡的那個人格確實是個鬼魂，是他朋友依然活著的證明。

那份問卜客的名單洋洋灑灑，但其中只有二十位左右是喬治·裴魯真正的朋友，其餘皆是陌生人，被帶進來混淆充數而已。不管是姓名或背景，所有的訪客都沒有透露分毫，可是G.P不費吹灰之力就從行伍中辨別出來。他對老朋友一一指名道姓問候寒喧，只除了一個女孩；當年他見到她時她才十歲，如今已十八年華。G.P最後告訴她，她變得不一樣了，還無禮地追問了一句：不知她的小提琴琴藝是不是還跟小時候一樣爛。賀吉森的報告指出，一八九二年到一八九七年間，這位「G·P」從未將陌生人誤認為喬治·裴魯的朋友，將朋友誤以為是陌生人的也是一次也沒有。

賀吉森發現，心電感應並不足以解釋這個現象；很難想像G.P.所有的朋友正好都具備以心電感應傳介的天賦，能夠與那位靈媒做思想的交流。有時候，G.P.還會準確說出不在場的朋友的事情，他們有些住在數哩之外，因此要說這是思想轉移，那是更無可能。賀吉森也從其他的召魂會中得到佐證。舉例來說，顯然飽受心理折磨而逝者的信息，例如自殺身亡者，永遠是混雜不清，幾乎是渾沌一片。如果派柏太太是藉由心電感應而得知某個自殺身亡者的情況，既然同樣都是藉由透視此人朋友和舊識的心思，沒有道理會出現那麼多的雜音亂碼。然而，一次又一次，自殺者的訊息總是雜亂如麻，難以卒聽，屢試不爽。

（筆者評註：「李察·賀吉森」的見解沒有錯，這樣的現象，不是「心靈感應」能夠做到或者解釋的，更何況，直到一百年後的今天，人類對於所謂「心電感應」也沒有認知的更多，頂多只是變成不解強解時更浮濫的一個名詞而已。「G·P」應該就是「喬治·裴魯」的亡靈沒錯，能夠認出二十位左右的老朋友，和一百一十位陌生人，還能準確無誤，更何況能夠說出「不在場的朋友的事情」，單單這樣就很難否定「喬治·裴魯」的亡靈確實存在。而且還能記得小女孩以前小提琴琴藝不佳，對於一個亡靈的表現來說，已經很難挑剔了。後半段關於「自殺者」的特殊狀態見解也是對的，只是解釋的有點簡略，依筆者解讀；意思是說「假設『派柏夫人』是依靠「讀心術」從在場其中一位對「喬治·裴魯」生前狀況了解很深的人內心讀取到這些舊檔資料，那麼，不論對象是何人？是生是死，她只是在讀取舊檔，不會出現任何雜音亂碼才對；譬如她「讀心」的對象鎖定的就是「李察·賀吉森」好了，「李察·賀吉森」的記憶舊檔資料不可能全部正常平穩，而一遇到自殺者就會出現任何雜音亂碼，顯然這樣是說不通的，所以，當然不可能是單純「讀心術」的表現。）

對比之下；時不時總會出現幾場召魂會，傳遞的信息不僅清楚得令人屏息，涉及的隱私更使得即便是存疑而來的觀察者都不免發毛，感覺　房裡真的有鬼。某次召魂會，一對父母前來。數星期前，他們一個叫做凱薩琳（小名凱娣）的女兒以五歲稚齡夭折。他們沒有透露自己的身份，只帶來凱娣曾經把玩的一枚銀質徽章和一串鈕扣。

以下是這場召魂會的記錄手稿：

把拔在哪裡？我要把拔。（她的父親從桌上拿起一枚銀質徽章，交給派柏太大）我要這個—要咬它。（她以前常常這樣做）……我要妳去找嘟嘟（她替她哥哥喬治取的名字）。告訴嘟嘟，我很快樂。（雙手放在喉嚨上）喉嚨再也不痛了。（她的喉嚨和舌頭時常疼痛難忍）……把拔，要去集（騎）馬馬（她在病中一直這樣懇求）每天我都去看馬馬。我喜歡那隻馬馬……伊蓮娜。我要伊蓮娜（她的小妹。臨終期間她常常呼喚她的名字。）我要我的鈕扣。黛娜在哪裡？我要黛娜。（黛娜是一個舊的布娃娃，我們沒有帶來）。我要貝姬（她替她姐姐瑪格利特取的名字）。我要去找貝姬……我要貝姬……

（筆者評註：這是一段「通靈實錄」的內容，當然，相信還是有人會認爲這是「讀心術」，但是，「讀心術」能夠讀到這麼細微的小事，難道其本身還不夠稀奇嗎？何況，同樣迄今爲止，有那個科學家或心理學家能夠告訴我們所謂「讀心術」是怎麼一回事？在不得使用任何和「靈」或「心電感應」相關的名詞的條件下，有誰能用科學詞彙解釋這種現象和能力的怎麼產生的？「心」究竟是怎樣憑空可以「讀取」的？）

長久以來，賀吉森一直是心靈研究學會質疑最深、質問最多的檢視者，如今這位總是冷嘲熱諷、心堅如鐵的鑑定者宣佈，這樣的召魂會就是靈魂溝通的證據，聞者無不震驚。但一旦相信後，他典型的直率本色就表露無遺，一八九七年十二月，他發表的第二篇以麗歐若拉•派柏為主題的報告就是如此：「此時此刻，我不能不承認我已沒有任何懷疑；那些主要的『溝通者』，也就是前述篇幅中我提到的人物，真真實實就是他們所自稱的身份，他們經歷了我們稱為死亡的變化而存活下來，而且已透過派柏女士的生理機制和我們，即所謂的生者，有了直接的溝通。」

賀吉森這篇報告以優美的文采（或許這是無心插柳），將心靈研究要產生具說服力的成果的基本困難說了個分明。要相信G.P是個鬼魂，你必須相信永生。更有甚者，你必須相信，這個謙抑的美國靈媒和一個自稱鬼魂之間的交流是人死後還有生命的證明，是一個勝過所有其他解釋的事實。

（筆者評註：我們後人除了要給「李察・賀吉森」用力鼓掌以外，也要佩服他的勇氣，在那個時代那種背景中，需要多大的勇氣才能這麼肯定的發表這幾篇論文呢？而我們所謂的「死後的生命」也確實一如他所說的：「靈魂經歷了我們稱爲死亡的變化而存活下來。」證明了「靈魂不滅」，也證明了「死後世界」或「靈界」的存在，並且，這些「亡靈」可以經由優質的靈媒與陽間的活人直接溝通。不過，在後半段的敘述中，筆者卻有相當的疑慮；因爲「G.P是個鬼魂」的存在，即使真確無誤，但是，恐怕仍難由此證明「永生」，至少單純這個證據是還不夠的。）。

亨利・西吉魏克早就引頸企盼這一天的到來。他一直寄望他的學會能交出無可爭議的鐵証，證明靈魂確實存在，證明質疑者是錯的。可是，連他自己都不能相信這就是證據。這麼多年來他一直在篩濾挑剔證據，對於賀吉森這些報告，他也看出來有好幾處需要挑剔。

西吉魏克同意，G.P的召魂會確實不同凡響，可是這並不能完全排除心電感應的可能。沒錯，要說G.P所有的朋友都是強度的心電感應溝通者，因此可藉由心念將資訊傳遞給派柏太太，這個可能性似乎是微乎其微。但它並非絕無可能，因此死者能夠認出朋友、托出資訊，或許還是可以用讀心術來解釋。另一點令西吉魏克不解的是，G.P一眼就能辨識出所有的朋友，可是關於他自己，至少關於他知識上的追求，卻不曾顯露分毫。裴魯是個狂熱執著的哲學系學生，可是派柏太太昏睡下出現的這個人格對哲學幾乎是一無所知。

（筆者評註：「亨利・西吉魏克」在這件事證上是有些求全過度了，而且相信他對所謂「心靈感應」或者「讀心術」也無法完整的解說和證明；同樣問題也是在後半段的敘述中；假設死後「靈魂不滅」，既然能夠記憶並敘述出可資證明的一些證據，但是，爲什麼對於自己生前的專業知識卻變得一無所知呢？這兩種表現當然是相當矛盾的？不過，下段文字卻多少有所解釋；）

某次G.P召魂會中，一位客人問及美國科學哲學家瓊西・賴特。賴特是達爾文思想最早期的鼓吹者之一，曾經對神學提出警告，要神學別指望從科學定律中得到支持。例如，賴特曾經寫道，要相信，宇宙存在有其目的，這只能基於信仰的立場去相信，絕不可能藉由科學檢驗得到「揭示或佐證」。直到一八七五年辭世之前，賴特一直在劍橋任教，他的哲學文章廣為東北部的知識份子閱讀，裴魯就是其一。

瓊西・賴特
Chauncey Wright

這位客人問G.P，他死後的生命與賴特對於自然法則的見解有無相合之處，以下是這場會談的內容：

G.P.：有，有想到法則。

客人：你現在認為這個法則是顛撲不破的嗎？

G.P.：有想到這個。

客人：你沒有回答我的問題。

G.P.：那你問。

客人問G.P.是否同意瓊西・賴特的看法，最先得到的回覆是「毫無疑問」，繼而是「他什麼也不懂；他的理論荒唐可笑。」

西吉魏克認為，如果那真是喬治・裴魯的鬼魂，他必然能夠回覆關於一位他熟知哲學家的簡單問題。難道說人死了之後，他生前努力鑽研得來的學問就這樣平白漏光，就像碎裂的玻璃瓶內的沙子，一點一點地流失儘盡？要說靈魂的存活僅是一個空殼的存在，曾經充塞其中的知識蕩然無存，西吉魏克認為這點很難接受。

或許賀吉森原本曾希望他的同僚輩給予支持，不過他並沒有因為他們的質疑而加以譴責。他反而針對他們的批評，著手釋疑。他說，西吉魏克指出的問題突顯出了靈魂溝通上一個既耐人尋味又錯綜複雜的層面，那就是透過靈媒溝通的困難。它令人想起「鬼魂穿衣服」的疑問，也就是一個人在從他人腦海中得到資訊後，可能會自行在心中加以變化。賀吉森指出，派柏太太對哲學毫無認識。她不可能理解它的意涵，也不可能將它精微的論點優雅地表達出來。她的能力是接收靈魂交流的吉光片羽，但不見得是個高明的詮釋者。「假設西吉魏克教授不得不透過派柏女士的生理機制傳授哲學，效果勢必會和他在劍橋課堂上親自講課時截然不同。」

（筆者評註：依據筆者的研究心得和一些實證紀錄顯示：死後依舊存在的亡魂並不會將「他生前努力鑽研得來的學問就這樣平白漏光，就像碎裂的玻璃瓶內的沙子，一點一點地流失儘盡」，甚至於有些擁有某些特殊技能的，譬如醫術或許在「靈界」用不到，而自己可能是在生前剛剛學成不久，尚未一展抱負就英年早逝，因此爲了實踐這未酬的壯志，也有些會甘願留戀在陽間，透過靈媒或者乩童的肉身來施展醫術。因此，如果是透過靈媒或者乩童附身來衣履抱負或者傳訊，最大的問題應該是這個活的傳訊工具—「靈媒或者乩童」是否也具備這樣接近的智力水平？否則如果「靈媒或者乩童」智力水平不及亡靈，當然無法傳遞出正確的訊息，甚至是完全「有聽沒有懂」！）

賀吉森繼續尋思這個問題。他慢慢相信，就鬼魂溝通方面，某些事情容易傳遞，某些很難。情感上的連結，由於是純粹而私人的力量，在透過靈媒機制的詮釋之後，可能被完整無缺地留存下來。學術和精深的知識就不可能有那麼好的效果，尤其若是詮釋者教育程度不高，或是欠缺語言與專業訓練，根本就無法了解鬼魂在說什麼的情況下。

賀吉森一一羅列出鬼魂溝通的可能障礙，他提醒西吉魏克，就連最原始的屏障也可能發生。如果我們認為兩個人在同一房間內溝通已經夠不容易，比如說，對談間某人對另一人的想法常會有不同的詮釋或誤解，試想要和另一個次元的人進行對話，而且利用的是個拙劣的工具、一個進入昏睡的靈媒傳遞訊息，豈不更是困難重重？「溝通的條件一定要時時納入考量，」賀吉森如是堅持，由是期望應該降低，不能奢望看到行雲流水的表達。

（筆者評註：「賀吉森」的見解和堅持是正確的，這個問題的答案很簡單；想想；假設我是一個東方觀光客，我在巴黎旅遊時，錢包和其中所有證件被扒走了，急急忙忙找到一間警察局，因爲不懂法文，我跟櫃台值班警員用中文嘰嘰嗜喳的加比手畫腳的說了半天,他一句也沒聽懂,後面的警察局長問他發生了什麼事,請問這位值班警員能怎樣回答呢?不要說他能說得清楚,恐怕他想學我的聲音腔調也做不到吧?)

詹姆斯‧麥金‧坎特爾,這位曾對詹姆士就任英國心靈研究學會會長時致詞內容猛力抨擊的哥倫比亞大學教授,也讀了賀吉森關於鬼魂生命的見證報告。對於這篇文章,他是從頭厭恨到尾。

詹姆斯‧麥金‧坎特爾
James McKeen Cattell

賀吉森的報告迂迴指出人死後還有生命存在,在坎特爾看來,簡單一句話,就是推銷靈魂而已,而它的結論一指連李察‧賀吉森這樣的質疑者都可以幡然改變想法一則令他憤怒不已。賀吉森把自己弄得像個傻瓜,坎特爾其實並不在乎,可是作者既然以一個精明入微的鑑定者名知於眾,坎特爾擔心,這份報告會讓其他學者的信念受到影響。要是那個有名的科學家做出結論,說既然過去從不上當的賀吉森都跨越了輕信的界線,那麼這在知識圈內應該就成了一個可以容許,甚至是值得尊敬的跨越意識型態之舉了吧?這樣的前景令坎特爾心驚膽跳。

他立刻寫了一篇文章投到『科學』雜誌,題為「大靈媒派柏太太」(借鏡於布朗寧那篇摹擬丹尼爾‧荷姆的諷刺詩),打定主意要讓大眾明瞭科學的真實觀點。坎特爾的矛頭不僅對準賀吉森的分析報告,也對準他認為是更大的目標:威廉‧詹姆士對心靈研究學會諸多研究的支持。關於詹姆士先前描述派柏太太是隻「白烏鴉」,希望說服他相信超自然能力確有其事，坎特爾寫道：「困難是，即使證明了無數的靈媒都是假的，也不能排除有某個靈媒是真的的可能性（雖然機率大為減少）。可是現在，我們有了一隻「白烏鴉」，這是詹姆士教授從該學會推出的雜色烏鴉群中挑選出來的。她的信譽不是因為她自己的能力，坎特爾繼續說道；而是因為國內一位頂尖心理學家的背書。

（筆者評註：這就是科學界最可怕的「本位主義」謬見，也幸好這些「科學至上主義」者不是受命於中古羅馬教廷主持「宗教裁判所」，不然不論黑烏鴉或者白烏鴉，甚至連相信世界上有白烏鴉的人，都會一併被送上「火刑柱」。但是，這倒也不是重點；真正的關鍵是任何自命科學者在極力反駁、大力抨擊時，是否也相對提出任何足以破解這些實驗的有力證據呢？當然是沒有！他們只是一味爲反對而反對，這種作法本身已經嚴重悖離科學基本精神了。所以雙方又如何能理性的來對話呢？任何知名人士「背書不背書」也不是重點，而是這個事件或實驗是否誠實？是否確實能證明「靈魂不滅」？如果能，不需要任何名人背書才是成立的，如果不能，找任何人背書也沒用。這點，筆者也是深受其痛的；在長期所做的各種研究中，不論提出任何證據、就算有明確的人證、物證甚至影音檔案證據；那些自命科學的總有話說，總是對攤開在陽光下的任何證據選擇視而不見，然後自己關在辦公室中就開始憑空議論，他們甚至不用親自到現場觀察蒐證，就能賣弄一些專業名詞來解說甚至大力反駁；譬如「靈媒現象」是察顏觀色加套話，再不然就是人格解離；問題是有些靈媒根本不等當事人開口就能劈哩叭啦的說出一大堆隱密的事，或者所說到的當事人可能根本不在現場，這樣那裡會是「察顏觀色加套話」呢？而且以筆者所接觸過的諸多靈媒，在回答問題或傳遞亡靈訊息時，並沒有昏睡，神智是完全清醒的，又如何能說是「人格解離」呢？）

心靈研究顯然讓威廉・詹姆士在學術聲譽和政治資本方面雙雙付出代價。私底下，詹姆士承認對此有些懊悔，表面上，他的回應則是漫不在乎。他回覆『科學』明白將坎特爾的立場定位為簡單而幼稚的觀點，說他們以為「靈媒都是科學界的不法之徒，而為他們辯護的人都是半瘋半傻。」他意猶未盡，繼續說該雜誌的讀者可能會比較歡迎更精緻、更有頭腦的批評。對於有能力明察秋毫的讀者，詹姆士推薦西吉魏克關於 G.P. 案例的剖析，該文可於『心靈研究學會論文集』中找到。

一番脣槍舌劍之後，坎特爾繼續攻伐。對於非科學人士的意見，尤其是心靈研究學會的會員，他不但嗤之以鼻，更明言那是積極的傷害，等於鼓勵大眾繼續攀附著過往時代的神秘主義不放。他說，科學的角色應該是協助弭除迷信，而非替迷信拉皮條。要是首屈一指的心理學者，如威廉・詹姆士之屬，不能勝任這種角色，就該為阻礙社會進步本身負起個人的責任。

「我相信，心靈研究學會對心理學的傷害甚鉅，」坎特爾總結道。「以詹姆士教授的權威，勢必會讓心理學系的學生聽取他的意見，除非他們提出抗議。我們都認同他的領導地位，可是我們不能跟著他往沼澤裡頭跳。」

面對這種刻薄言語，詹姆士以四兩撥千金。他語帶調侃地回答，他喜歡坎特爾「溫和的戲謔」，以及欲振乏力的侮辱意圖。不過，他無法說服同僚去正視心靈研究的價值，這點令他苦惱。再者，賀吉森那份報告以及學會的回應在在都合於科學的原則。賀吉森提出一個理論，也拿出支持的佐證。而他學會的同事在評估後提出批評，同時要求更具體的證據。

（筆者評註：科學只是在研究我們可見或可以感覺到的各種現象，不論是自然界的或者人體的，並不是爲了追尋「真理」，因此，有必要成立一個「科學十字軍」，然後比照中古世紀的作法來個「科學大獵巫」行動嗎？如果一味非理性的捍衛「科學至上」的本位主義，那不也是在幫「科學」拉皮條？筆者將近廿年來，孜孜不倦的在揭穿江湖神棍，破解宗教迷信，真正的動機正是在「除砂淘金」，不只是希望能在眾多黑烏鴉中找到罕見的白烏鴉，更希望能發掘出更多「靈魂不滅」與「靈界實存」的證據，能夠讓人類在對生命的研究上，有更多參考的資料，可以正視人類「死後生命是否能夠續存？」以及「人類死後生命的生活樣貌如何？」等等這麼關係重大的課題，即便甘冒大不諱的被指責爲無限上綱；也要大聲呼籲，人生在世還有什麼比了解自身生理和心靈更重要的事呢？還有什麼比除了今生的生活與生命型態；肉體死後如果確實還有部份自我可以在宇宙自然中續存時，我們難道不該將之當成一門學問來深入探索和研究嗎？爲什麼在一切尚且撲朔迷離，人類對生命尚且如此懵懂無知時期，就這樣的畫地自限，裹足不前，不但自身不願了解，甚且藉由自己在科學界的權威施以無情的打壓呢？不正因爲我們不懂，不知道，不了解，所以才更需要深入探究嗎？即便最後的結論是：人類死後就與草木同朽，灰飛煙滅，生前一場都蕩然無存，這不也是一個很好的結論嗎？至少我們可以不用期待死後上天堂，不用害怕下地獄，也不用擔心末日大審判……）

至於那份報告的缺漏，詹姆士的立場偏向西吉魏克這方。他不否認，G.P.提供了若干令人驚愕的片段，可是這個人格同時也顯現出「空洞、瑣碎、前後不連貫的心靈」，一如派柏太太諸多靈魂訊息所呈現的一樣；坦白說，所有的靈媒訊息也都是這樣。賀吉森試圖用溝通極度困難來為這樣的不著邊際解套，詹姆士認為這個理由並不充足。他再度於心靈學會期刊上撰文，明白指出：「賀吉森先生歸因於這個推論，說雖然溝通者有可能是鬼魂，但在溝通之際他們是處於半昏迷或睡眠狀態，對於發生的事僅是半知半解，因此不管他們說了什麼，只好由派柏女士的潛意識去填補漏洞。」這種解釋充其量只能稱為不完美的主題報導。更糟的是，這種解釋的出發點是替拙劣的召魂會解圍，卻把優質的召魂過程也拉下了水。那些精準已極的召魂結果怎麼說呢？是那些鬼魂突然清醒過來了嗎？是派柏太太的聽覺進步了嗎？難道她豁然開朗，頓時就了解了那些鬼魅般的溝通者所說的話？

（筆者評註：其實，在筆者看來：「派柏夫人」根本沒有作弊的理由，她人格是值得信任的，她的熱心是值得讚許的，但是，我們實在無法再苛求更多，即使是面對這樣一位出類拔萃，表現優異的靈媒，真的不該再無止境的苛求什麼，因爲我們絕對不可以用人類在陽世的生存方式或溝通習慣以及一切理所當然的觀念去看待「靈界」，因爲「亡靈」是另一種的生命型態，有許許多多的「異能」，也可能有許許多多我們不能理解的「限制」，我們在完全沒有參照標準時期，如何能強行依照自己的理想去要求「亡靈」或「靈媒」要照表操課呢？不也正因爲「亡靈」和「活人」間還是有差別的，「靈界」和「人間」也是有所不同的，所以，我們有需要巷極多的精神和心力去探究嗎？甚至於不妨想想：著名的靈長類動物專家「珍古德女士」是花了幾乎畢生之力去研究猩猩，是否就因此徹底了解了呢？當然沒有，而我們人類自古以來花了多少的工夫去研究大腦，而我們因此就全盤了解了嗎？當然也沒有。不也因爲「靈魂是否存在？」比肉眼可見的任何學問都更難探究，所以，人類迄今尚未有任何肯定的結論嗎？如果「靈魂」或者「鬼魂」只是一個我們沒見過的外國人，「靈界」只是一個剛在亞馬遜叢林中新發現的原始民族，那麼只要組個探險隊克服萬難進入，不就了解了嗎？可是，「靈魂」並不是這樣，「靈界」也不是這樣；我們根本看不到這個「外國人」，我們也不知道這個「原始民族」究竟位於何方；這樣的困難度極可能超出人類現今「智慧」甚多，我們只是驚鴻一瞥的管窺到一線微弱的亮光而已，甚至我們就算繼續研究下去，是否能在下一世紀，或者三、五百年甚至千年之後才能真正了解呢？）

如果派柏太太沒有作弊（目前為止尚未有她作弊的證據），在詹姆士看來，她是如何取得昏睡之下所透露的訊息，依然是個未解的謎。他依然相信，她擁有若干非比尋常的能力；而這個能力是個什麼樣的東西，他也依然毫無頭緒。「在這份聲明最後，如果容我表達個人意見，」詹姆士說。「我會說，派柏女士所呈現的異象是本人所知，最令人茫然而困惑的事情。」

（筆者評註：「詹姆士」說的非常中肯，真正的靈媒所表現出的異能的確是會讓人茫然困惑的，越是虛心探究的越是會有這種感受，因爲，對於人類族群中這麼罕見的「異能者」，我們真的知道的太少太少了，甚至迄今也沒有人真正知道她們爲什麼這般的異於常人？爲什麼只有少到千萬分之一的比例會擁有這種能力？而這種能力究竟是如何來的？或者如何形成的？我們真的還一無所知。除非我們要像那些「科學本位主義」者的態度：只要是我不知道的一概都是迷信騙子，任何人去研究就是替迷信拉皮條。否則，這條探索之路還非常漫長艱辛呢！）

雖然同僚提出諸多疑慮，不過主要拜賜於他「揭弊藝術專家」的名聲，一如『週六評論』對他的形容，賀吉森最新出爐的派柏報告果然就像哥大的坎特爾所擔心的，受到了外界認真的矚目。

『週六評論』那群對心靈研究敵視出了名的編輯於雜誌中寫道，賀吉森這篇關於 G.P. 的記載為人死後依然存活的推論提供了有力的證據。但是，『週六評論』強調，存活的到底是「什麼東西」卻是不清不楚，是靈魂耶？是鬼魂耶？還是某種人格的印記而已？一如它的社論所寫，「就本社所見，唯一得到證明的是：某些世間生命的記錄現在被存放於若干非屬於塵世的檔案中，在某些情境下，這份記錄可以被猶在人間的生者以心靈取得。」

G.P. 對於他的陽世生活知之甚詳，尤其對他過去的人際關係瞭若指掌，這點看似不同凡響。可是這個「鬼魂」始終無法對死後的生命提供任何確切細節。他的描述，「雖然少了那份夾雜著斯維登堡教誨的令人作嘔的濫情，而大凡的鬼魂溝通就是以此為主體，」但不是語焉不詳就是寬慰人心的基督教義，對於永生不死的認識並無半點新的貢獻。

（筆者評註：這段文字對於人類史上最偉大的「靈魂大師」斯維登堡的評論倒是十分公道的，他除了第一本著作「靈界見聞錄」寫得很經典也很出人意表之外，其他著作幾乎都是「滿含基督教義令人作嘔的濫情教誨」，筆者有充分理由可以證明他那些著作純粹是自己閉門造車，按自己理想化的「靈界」規劃編造出來的，真正的靈界根本不是那麼回事。）

文章最後，雜誌編輯提出了一個精妙的玄學論點作為總結：「問題並不在於什麼東西躲過了死亡，而在於這東西是否還活著、是否還在繼續成長？時間或許會讓這個問號得到解答，但目前為止，它的謎底並沒有揭開。」──非屬於塵世的檔案，或者至少是類似的東西，這個可能性正是威廉‧詹姆士腦中所想。他希望藉由它來解開心靈研究方面若干令人迷惑的疑點。

雖然僅是一個心念閃現的浮光掠影，但詹姆士繼續尋思，心想我們的生命所產生的能量（所有的喜怒哀樂和七情六慾）或許不只是落於塵土後便告終結。說不定我們的生命能量會燒烙成一種印記或記憶，最後化為宇宙間的一種記錄，在一個人的肉身滅亡後依然留連不去。

或許，我們接觸過的物件有時就成了能量的儲藏庫：它們吸取了生命逸散出來的熱量，日後又輻散回來。果真如此，一個高明的通靈人拿著一件珠寶或一塊衣料似乎就能洞悉物主的種種事蹟，這種難以思議、以物測人的特異功能或許就能得到解釋。甚至於鬼屋陰宅也可用它來解釋：在經過數十年甚或數百年的歲月後，怪異的鬼魂印記依然可以一再重現。

（筆者評註：「詹姆士」的見解有一部份是對的，一個人的「生命能量」是可能殘存在他經常穿著的衣服或經常使用的物品中，甚至有可能殘存在一幢久居的屋子裡，因此有些「靈媒」可以見物讀出正確的相關資料，不過因爲是殘存，所以資訊也是零碎片斷的，那麼主人過世後，這些殘存在物件上的能量未必同時消失，所以還是可以被靈媒讀取得到。但是，這個現象或能力只是一部份，最後還是要回歸到那個真正的大課題上：「靈魂不滅和靈界實存」上去，這個課題如果有所突破，許許多多相關的謎團應該就能迎刃而解了。）

也或許，一如『週六評論』那群編輯所提出的假設，這是永生不死的另一種詮釋。或許人死後並不存在真實的生命，有的僅是偶爾的回音，在夜晚短暫迴響後便消褪無蹤。

沿著這套思維繼續延伸，詹姆士主張，我們多數人從來就不可能聽到這些回音。我們活在屏障當中，生來就帶著心理的保護裝置（詹姆士稱之為堤防）以防範這樣的侵擾，否則生活會變得怪異得無法想像。然而，有時候，例如預見災難幻象的情境，那股能量奮力做最後一搏，爆破了屏障突圍而出，於是那一瞬間，我們聽到了臨終母親的聲音，看到了垂死朋友的臉龐。

（筆者評註：同樣的，這也是諸多「靈異現象」之一，並不能用來以偏概全的解釋所有現象。）

詹姆士最近所評估的一個案例，柏莎·休斯和奈莉·堤杜斯的故事，似乎正好就涵蓋了這樣的可能性。所有的元素都在一沒有人看見少女跌落湖水，屍體被陷在目不可及的地方，悲慘意外的夢中景象。夢境裡沒有對話，沒有有事相託的鬼魂，單純是女孩臨死前那個剎那的鮮明影像。據說堤杜斯太太向來就會做這類的夢，在寂靜的夜晚裡捕捉到閃光般的真相。或許她在沒有戒備的睡眠狀態下，特別敏於接收他人臨終前的能量衝擊，表面看來，就像是接收到死者的訊息一般。

同樣的解釋或許也可用在詹姆士最熟悉的靈媒身上，麗歐若拉·派柏。或許她對這類的訊號比堤杜斯太太更無防備也更易於接收，頻繁得有如家常便飯。世上有箋箋少數的人天生就對這些宇宙記錄欠缺足夠的心理屏障，這兩個女人或許就是這樣的人，由是「洩漏出一陣陣的影響效應，因而顯現出在其他情況下不可能為真實的共通關聯。」

（筆者評註：或許真實如此，一如筆者個人後期的認知：「通靈能力」或者「靈媒」極可能不是美好的天賦，相反的可能是一種先天的缺陷，就如同「學者症」一樣，他們也許在各方面都很低能，但是，偏偏有一條不可思議的「捷徑」，不用經過腦部複雜的迴路，直接可以直覺的作天文數字的運算並且瞬間得到正確答案，或者像相機一樣，只瞥上一眼，就能在白紙上鉅細靡遺的描繪出一幢超級大樓，然後連一窗窗戶也不會遺漏。那麼一個天生靈媒是不是因爲也有一條這種特殊「管道」，或者有更大的頻寬，可以接收到正常人無法聽到的特殊訊息呢？或者因爲我們的腦部資訊機制可以事先過濾或封鎖這些雜訊以免不相干的東西干擾我們正常收訊，而靈媒因爲先天缺陷而少了這個「耳塞」呢？）

…………

撇開心靈研究學者普遍欠缺深度的惱人事實不談，如果詹姆士要把標準設得那麼高，如果他認定唯有在他要求的條件和精準之下才能對這個賀吉森控制者進行研究，那麼最好的鑑定者，也或許是唯一夠格的鑑定者，就是威廉。詹姆士自己。

熟諳希臘文與拉丁文的瑪格莉特·維洛爾，在紐納姆學院擔任古文講師。她丈夫是劍橋的哲學系教授，也是西吉魏克夫婦、邁爾斯夫婦相識多年的老友，而最重要的是，她有永不磨滅的耐心。

自從邁爾斯過世，瑪格莉特就不斷在思索他意欲證明永生不死的願望。她非常喜歡邁爾斯，而他又如此篤信靈魂永遠存活，她很想找個人一起努力以聯繫他的靈魂……如果它存在的話。幾年過去，一九〇五年即將走到盡頭，終於，她決定自己來。許多人認為這是個古怪的決定，她對他們解釋：她起碼得試試看，否則會覺得自己對不起朋友。再說，和西古魏克及邁爾斯兩家人相處了這麼久，她自己也有點好奇。

維洛爾天生就是條理分明的人，她針對和鬼魂取得聯繫一事，仔細擬定了一套計畫。首先，她選定自動性書寫，作為與邁爾斯對話的最佳途徑。接下來，每到夕暮時分，她就挪出一段時間，努力研磨這個技巧。之後就是等。連續三個月，她天天候在桌旁，手握鉛筆面對白紙至少一小時，一面聽著壁爐架上的時鐘滴滴答答訴說著時間的流逝。日復一日，她就這樣正襟危坐，任憑空白的寫字簿嘲弄著她。

慢慢的，她越來越覺無聊，於是不再把心神放在虛無飄渺的邁爾斯身上，兀自思索起工作、花園、家人和家務事來。她正迷失在白日夢般的昏茫中，猛然注意到，寫字簿上以簡單的希臘文和拉丁文寫滿了訊息，字跡比起她慣常的筆跡粗獷得多，可是最後的署名是「邁爾斯」。

（筆者評註：這是一個非常特殊的「通靈」案例，很明確的，「瑪格莉特・維洛爾」不是天生的通靈人，她是因爲「邁爾斯如此篤信靈魂永遠存活」，所以她想要自己來「通靈」，令人佩服的是她竟然這麼有毅力的「連續三個月，她天天候在桌旁，手握鉛筆面對白紙至少一小時……」，然後毫無所獲，這真的不是一般人能夠做到的，但是，反而是在她不再這麼執著的想要「通靈」時，卻意外和「邁爾斯」的亡靈聯絡上了，或許，我們認爲的「專注」剛好縮小了收訊範圍，而放鬆「專注」，反而比較容易接收到訊息，當然，她前面的努力方式也不能視爲白費，而是提供了不同的見解。筆者見過不少後天經由訓練而「通靈」的人，如果要和「先天通靈者」相較，通常能力上還是會較遜色，如果是特別經由宗教方式訓練出來的「通靈者」往往在觀念上會受限。）

這些塗鴉似乎毫無意義，只除了一處古怪的巧合。在波士頓，派柏太太的靈魂導師雷克特有幾日突然開始轉述與邁爾斯的對話。雷克特的訊息雖是英文，但和瑪格莉特以希臘文及拉丁文寫下的內容有驚人的雷同。這段時間裡，維洛爾家的女兒海倫也變得興致勃勃，自己學起自動性書寫來。她也發現，偶而她也會寫下內容和母親或派柏太太筆下相同的訊息。

到了一九〇六年初，這三個女人寫下的訊息似乎串成了一種不可思議的連環信。其他已過世的學會同仁出現了，有些據稱是艾德蒙・葛尼所寫，有些來自亨利・西吉魏克。諾拉、洛奇和詹姆士開始大西洋來回往返，此對這些訊息。分開來看，那幾位女士筆下所寫似乎只是字句和思緒的意識流，亂成一團，合起來看卻似乎環環相連，彷彿那些思維是藉由某個無法察覺到的線路傳遞過來的。諾拉承認，生平第一次，她開始懷疑丈夫亨利是不是錯了。說不定，要證明生死陰陽之間的對話畢竟是有可能的。

（筆者評註：這也是「亡靈」行徑最令人費解的，為什麼不能鎖定單一的靈媒來進行完整的通訊呢？為什麼要把一則訊息拆開得支離破碎，然後經由至少三位靈媒傳遞出來，單獨來看雜亂無章，一定要合併來看才會完整呈現呢？筆者認為這不是「亡靈」的惡作劇，而是有目的的，假設「邁爾斯」的亡靈只和「派柏夫人」一位聯繫，當然也是可以的，但是，如果能經由三位和取得1／3的資訊，然後合併之後才完整，那麼就能更能提供數倍以上的徵信力，讓「靈魂不滅」的事實更加明確可信；否則又將如何解釋這麼奇特的現象呢？這點倒是不得不佩服「邁爾斯」的亡靈是相當有智慧的，不過同時也證明了一點；「亡靈」是有能力判斷誰可以通靈，誰不能傳訊的。）

一九〇六年六月，派柏太太收到一封友善的邀請函，寄信人是洛奇勳爵的夫人瑪莉。英國學會請派柏重回倫敦一趟進行第二輪的鑑定，而洛奇夫人基於更私人的情誼，很高興能再見到她。

邀請發出之前，是許多的書信往返與運籌帷幄的討論。諾拉、芮黎、洛奇、威廉・詹姆士和心靈研究學會新任的執行秘書，一個外表瘦弱、膚色黝黑的劍橋畢業生約翰・畢廷敦，全都為如何恰當探究這套古怪的系列訊息而投入爭辯。

直到實驗計畫塵埃落定，這封邀請函才付郵寄出。諾拉會在劍橋監督維洛爾母女，畢廷敦負責把派柏太太留在倫敦。那三個女人只曉得自己參與了一系列的新實驗，但研究細節一概不知。

拜賜於諾拉・西吉魏克和洛奇爵士的堅定決心，英國學會已成功地重振了旗鼓。約翰・畢廷敦是兩名榮譽秘書之一；另一位是登比伯爵的小兒子，艾佛羅德・費爾汀。眾人皆知，費爾汀對神秘事件素有偏嗜，當時他正在檢視一樁熄滅蠟燭的頑皮鬼事件。就這份訊息研究而言，個性較沉穩也較講求方法的畢廷敦似乎是個合理的選擇。

畢廷敦的作風是實事求是，講究條理。學會在他的輔助下成立了捐贈基金，以支付全時工作的研究者；他想出辦法，把賀吉森浩繁的記錄搬移到英國；將賀吉森若干職責轉移到希斯羅於紐約成立的研究中心，成功合併了美國這兩個心靈研究組織的也是他，希斯羅因此對他大為感激。

艾佛羅德・費爾汀
Everard Feilding

不過，這項後來被稱為交叉訊息驗證的研究，完全是在英國學會的掌控下。他們的計畫是：邀請派柏太太來英國參與連串實驗，而涉及的兩個通靈人之間一開始就明顯有別。瑪格莉特是個學者，通曉希臘文和拉丁文。麗歐若拉只有新罕布夏州小學畢業，對這兩種古文字一無所知。但是，而且正是關鍵所在，那些「鬼魂」是兩個通曉這兩種語言的男人。因此，如果葛尼、西吉魏克或邁爾斯真的能與派柏太太溝通，他們應該看得懂希臘文和拉丁文寫的指示，即使這個靈媒看不懂。

順著這個邏輯，測試將以這樣的方式進行：畢廷敦等到派柏太太陷入昏睡後，要她或她的控制者傳遞一個訊息給邁爾斯。畢廷敦會用拉丁文唸出訊息，最後還要邁爾斯將它傳遞給維洛爾。

如果這個訊息接通了，如果它跨越了語言障礙，那麼在所難免的結論就是：某種鬼使神差、比這些靈媒更大的力量在運作。

（筆者評註：非常確定的，我們真的要非常感謝百年前的這些前輩們，他們是如此孜孜不倦的在嚴謹的設計各種證實「靈魂不滅」的方式，不但要證明，還要防止任何作弊或誤判的可能，從他們的態度和設計的精巧方式，使得後輩的吾人真的有必要虛心學習並且衷心的爲他們的努力和成就大聲喝采。就算到今天，假設有這樣的條件，這樣精心設計的「交叉傳訊比對方式」也是絕對適用，也不容易再設計出更好的方式了。）

一九〇六年十二月，麗歐若拉偕同兩個女兒在倫敦安頓下來。等到這位美國靈媒和畢廷敦熟悉了彼此，工作就此認真展開。

十二月中，好幾次的召魂會上，畢廷敦都要求派柏太太的雷克特將他的指示傳遞給邁爾斯和他那些朋友。這些指示皆是拉丁文，為求清晰，他先將每個字緩緩唸出，一個音節一個音節的唸，之後再以字母拼出。

畢廷敦的拉丁文訊息以恭維開場：「頗長一段時間了，您一直透過不同的信差傳遞訊息，而這些訊息彼此呼應，我們因此觀察到您的精采設計，也由衷感佩讚許。」

禮貌的開場白之後，請求繼之而來，也是拉丁文：能不能請曾經透過派柏太太聯絡陽世的邁爾斯人格傳送一份訊息給另一個靈媒，亦即維洛爾女士？還有，能不能請他隨該訊息附上某種確認標誌，密碼、文字或記號皆可，隨邁爾斯自己挑。

數次召魂後，雷克特回覆畢廷敦：「我們已了解訊息的部份，也已將它傳遞給你的朋友邁爾斯，他接到後很高興，這是他目前能接到的部分。幾星期後，一九〇七年元月初，雷克特似乎是想，他需要解釋事情延誤的原因好讓畢廷敦放心：「賀吉森正在替邁爾斯翻譯。」

兩週後，雷克特說他從邁爾斯處收到一個信息：「我想確認你那段拉丁文訊息的第一句和第二句……如果我清楚理解了它，我相信我可以送去一個讓你滿意的訊息。」

這時候飛畢廷敦對他要求的確認標誌有了更進一步的尋思。他提出一個更明確的建議，也是拉丁文：能不能請邁爾斯要另一個靈媒畫個圓圈和三角形作為回覆的一部分？

當天晚上，維洛爾太太寫道：「公理自在人心。字面上是這樣，不過重組字會更好玩。你告訴他這幾個字試試看：

rats、star、tars等等。以前有試過。RTATS。把這五個字母重新組合看看，或是t-e-a-r-s…… s-t-a-r-e。」

五天後，她又寫道：「艾斯特（一顆星）……世界的奇蹟，而一切都是奇蹟和野性的慾望／她的翅膀……不過說來說去這是同一件事……有翅膀的慾望，離開塵世飛往蒼天的渴望……嚮往塵世的阿布特‧沃格勒，太努力以至於找到或迷失了自己……在天空裡。這就是我要的，支離破碎的聲音和線條。」

她畫上一個圓圈和一個三角形，結束了訊息。

（筆者評註：對於當時或現代的「靈魂學」研究者來說，這個成果必然是令人興奮的，在這麼精心設計，幾乎沒有誤判或其他瑕疵的實驗中，所獲致的非凡成果，讓人不得不正視之，而且，對於那些科學本位主義者的質疑嘲諷，無疑是來了一記當頭棒喝。而且相信這樣的實驗絕對是可以經得起反覆驗證的。）

二月十一日，雷克特又從邁爾斯處傳來訊息，為他的意圖點出了幾根線索。他告訴畢廷敦，希望、星星和布朗寧在維洛爾的訊息裡都是重點。

線索在握，諾拉恍然悟道，這些關於星星的雜亂字句其實都有道理可循。邁爾斯生前熱愛詩詞，而「阿布特‧沃格勒」是羅伯特‧布朗寧的一首詩：它述說一位德國作曲家的故事，收錄在布朗寧一八六四年以「大靈媒爛泥先生」為主的那本詩集中。

諾拉連忙去翻她的詩歌集，果然找到了它：

強幹的蒼天渴望下凡，千方百計要來到塵世，
正如地球竭盡全力，用我的激情，盱衡著天空：
新的奇蹟在迸發，越來越熟悉，與我的心情不謀而合，
沒有指針沒有尖端，卻找到也安定了它遊蕩的星星。

「神秘的那三人，」二月十七日，維洛爾家的女兒海倫寫道。「以及他們頭上的星星／老鼠在漢姆林鎮上到處橫行／現在你懂了嗎？」她也畫了圖，這回是一彎弦月、一顆星和一隻有翅膀的鳥。她這張有圖示的訊息是以「亨利」署名。

瑪格莉特寫的訊息則由邁爾斯署名，說他擔心雷克特對這首詩不像其他人那麼熟悉：「我現在的當務之急是讓雷克

特了解這首詩的名稱。」

數星期後，處於昏睡狀態的派柏太太一筆一劃寫下這幾個字：「阿布特‧沃格勒」。

「親愛的西吉魏克夫人，對未來不必有疑也不必對所謂的死亡恐懼，因為死亡並不存在，因為確實有個屬靈的生命超越了它。」

（筆者評註：最後這句話恐怕是所有想要知道「死後世界」以及內在衷心期盼「靈魂不滅」者最有力的強心劑，在筆者長年的研究中，確實也證明了這點；肉體死亡不是人類生命的終結而煙消雲散，「靈魂」確實可以超越肉體的死亡而繼續存在，我們真的不用恐懼肉體的死亡，反而應該著重如何在今生提昇自己的「靈性」才對。）

這是維洛爾太太瑪格莉特寫下的訊息，署名依然自稱是邁爾斯。

「是的，這是很大的安慰，」諾拉回覆道。

「沒錯，而我已將它公諸在你們所有人面前，」邁爾斯繼續寫道，解釋他之所以選擇布朗寧那首詩，是因為它最符合他自己人生的寫照：游蕩在群星之間。他還有更多話要說，可是即使要傳達最微小的思緒都令他挫折無比。邁爾斯生前並不理解，要穿越低垂的死亡帷幕是如此之難，即使是老友之間的訊息傳遞。

「妳一定要盡一切努力，把東西拼湊出來。不要忘記，任何怪字或單字背後一定隱藏著深意，否則我們不會傳來。」

（筆者評註：這裡又出現了費解的現象，爲什麼亡靈們不能好好的，明明白白的，簡簡單單的傳來他們的訊息，反而總是像在打啞謎一樣的用些暗喻或詩篇來傳訊呢？這讓人彷彿像退回到電話尚未發明，只有「電報」的的時代，爲了快速傳訊，內容不但要精簡到最少，還有許多代碼……「靈界」和人間到底隔閡著什麼樣難以跨越的障礙呢？這些障礙到底是些什麼？又是如何形成的呢？當然，筆者在此必須強調；我並不相信是神或者鬼，或者任何有生命的「管理員」在把關，應該是一種天然的屏障，只是我們迄今並不能清楚的知曉，也或者是筆者個人研究的心得……那寬闊的「靈界亂流」？）

……………………

紐納姆學院畢業，目前是諾拉助手的愛麗司・強森正埋首鑽研這些交叉驗證的書信，驀然想起幾個月前她收到一封寄自印度的怪信。

愛麗司・強森
Alice Johnson

這封突如其來的信是愛麗絲・吉卜林・福萊明寫來的，她是諾貝爾文學獎得主盧亞德・吉卜林的妹妹，長久以來一直私自深信鬼神之說。多年來，嫁給英國軍官福萊明為妻的她總是被一種靈異感所擾，不過她盡可能讓自己的感覺祕而不宣，因為她的家人不喜歡這種事情。

「我無意認為自己與眾不同，」福萊明女士致函給強森小姐寫道。「但有時我會聽到、看到、感覺或意識到一些並不是每個人都能感受到的東西或影響力的存在，這令我有點惶惑。這種心態應該制止、允許還是受到鼓勵呢？我真的想知道。我的家人厭惡這種他們稱為『怪力亂神』的東西，我只好順從不讓他們知道，我其實不由自主地對靈異事務有著強烈興趣。」

福萊明女士讀過邁爾斯的著作『人格及其不死』，受到這本書的激勵，她開始偷偷做實驗。最近一個練習自動性書寫的午後，她發現幾行字後面出現了「邁爾斯」的署名。這個訊息包含非常明確的指示，要她將內容寄給劍橋的維洛爾太太。

（筆者評註：怪異又令人興奮的「靈異現象」又出現了，一個與「追鬼人」團隊素無淵源的靈媒又出現了，然後又是傳遞著「邁爾斯」的靈界訊息；這「邁爾斯」還真是一位非常熱心的生命，不論生前死後，都試圖向全人類證明「靈魂不滅」這個事實！而且還能準確無誤的要求將新訊息轉寄給「瑪格莉特・維洛爾」，從印度到英國，不禁令我們要想問：「亡靈」究竟是如何有如瞬間穿越時空的能在這兩個遙遠的距離所在來來去去。這點恐怕也是非常值得我們後人努力研究的。）

福萊明女士並不認識維洛爾太太。她懷疑這個訊息的真實性，也不知道這些指示是否真確，可是它是如此言之鑿鑿，她覺得自己該做點什麼。她決定將她寫下的訊息寄給學會：「請恕我打擾，寄上這些訊息。我不願置之不理，因為我感覺有人非常急著要建立溝通，但是力不從心……」。如果他們真的選擇了她當工具，愛麗絲・福萊明要求強森小姐和她那些朋友保護她，用假名發表。他們照辦了。學會的刊物中，僅以何蘭德太太稱呼她。

強森小姐再度拿出印度寄來的文稿細看，發現這個自稱是邁爾斯的鬼魂對維洛爾太太住屋的描述幾乎是百分百的精確。更怪的是，福萊明女士筆下的其他細節顯示，福萊明女士已在不知不覺中捲入了他們的實驗。

一九0七年四月十七日，麗歐若拉突然開始琢磨死的希臘字怎麼寫。「Sanatos，」她寫完後很是猶豫，接著又寫道：「Tanatos」。幾天後，她終於寫對了：「Thanatos，thanatos，thanatos。」

死，死，死。

一天之前，福萊明女士才自印度寄來一份文稿，部分內容寫著：「Maurice，Morris，Mors。」最後一個字是拉丁文的死。在強森小姐看來，他們那位印度通訊者已經聯繫到透過麗歐若拉連寫了三個死字的主人。福萊明女士繼續寫道：「死亡陰影隨之籠罩了他，他的靈魂離開了他的軀體。』

一週後，維洛爾太太以拉丁文寫道：「Pallida mors」（蒼白的死亡），繼而是：「在人生之火前暖和我的雙手。但沒有用，我準備要離開了。」

交叉訊息研究實驗洋洋灑灑，寫滿了數百頁。並不是所有細節都銜接得天衣無縫，甚至不是每個環節都合情合理。不過也儘夠了；其間閃現的雷同亮得足以讓鑑定者知道，他們只有兩個合理的推論可選：承認這是超乎尋常的巧合，或承認他們讀到了心靈訊息的收發，其中有活人也有亡靈。

這群心靈研究學者幾乎是全數同意第二個結論。當然，他們希望那些鬼魂能夠更明確地將訊息傳遞過來，好讓實驗結果更精準、對批評者更有說服力。隨著陰陽之間的通訊繼續往返，那些鬼魂同樣也告知這些活人，希望中間的聯絡人有更好的表現。

（筆者評註：是的！筆者盡量客觀的來審視和思辨此一事件和內容，也必須同意百年前諸位前輩的結論；唯有「靈魂不滅」和「靈界實存」都成立，才能將這樣的表現解說得圓滿。至少不是迄今科學界還堅持的偏執論調。）

「又回到令人喪氣的老地方，」一段由愛麗絲・福萊明記錄，署名是艾德蒙・葛尼的訊息這樣寫。「妳為什麼不每天寫？妳養成這個習慣好像只是為了打破它。」

福萊明女士告訴強森小姐，對方有這番抱怨是因為她前陣子太忙，沒時間做自動性書寫。「要是妳不能每天挪出一小段時間來做，不如整個放棄算了。這就好比跟人約好，卻食言沒赴約一樣，」葛尼的訊息繼續寫道。「妳這是危及自己的敏感能力，對我們也造成極度的困擾。」

若干以邁爾斯署名的訊息則是滿紙挫折：「再度嚐試突破重圍……努力想把訊息傳遞過去……我要怎麼做才能讓你的手夠聽話？要怎麼做才能讓他們相信？

「要表達傳遞訊息的困難，我能想到最近似的比喻是：我彷彿站在一片結霜的玻璃後面，視線被擋住、聲音被遮蔽，軟弱無力地口述一封信給一個滿心不願又魯鈍的秘書。

「可怕的無力感壓在我肩上。」

（筆者評註：顯然的，熱心的亡靈們想要證明自己依然存在，依然可以活動，依然可以思考的心念並不輸給人間這些同伴們，但是，他們的埋怨和無力感，恐怕也是陽世人們一樣很無力很困惑的；是什麼阻隔得這麼嚴密呢？同時也不禁要問；是不是有更好的通訊方式，甚至不用透過靈媒，直接就能讓「靈界」和「陽世」簡易通訊呢？這同樣也是吾輩及後世有志研究者的一個偉大卻十分艱鉅的工程。）

一九〇七年元月，在哈佛上完最後一堂課，威廉・詹姆士成為退休教授。六十五歲的他明顯更瘦也更蒼白了，不過他向許多祝福他的人保證，他只打算把腳步放慢一點，把更多時間投注在哲學思想的工作上。

當然，詹姆士也花了不少新近得到的空閒時間陪伴那個自稱是李察・賀吉森的鬼魂。他的書桌堆滿一疊疊的文稿，都是派柏太太在前往英國進行交叉實驗研究之前的召魂記錄。

他一面過濾、分析，一面肝火上升：「這份苦工遠比我預期的辛苦許多，而成果微乎其微，」他寫信給弟弟亨利。「真希望我當初沒承擔下來。」

和賀吉森控制者交手的經驗在兩個極端之間擺盪；有的召魂會當詹姆士回想，依然真實得讓他一身冷汗，有的則是連續幾小時沉悶無比，彷彿對方只是派柏太太試圖解讀那個陽剛人格而衍生的怪異產物。

賀吉森控制者常常像個競選的政客，大聲替自己宣傳：「啊，你好你好！我是賀吉森。很高興見到你。一切都好吧？一切都頂好吧？」

賀吉森一輩子也沒這樣講過話。

可是這段握手言歡之後，通常他熟悉的友善就會出現，就彷彿這個鬼魂（如果它確實存在的話）好不容易從派柏太太身上掙脫，才得以現出他的本色。

鬼魂賀吉森會調侃他熟識的老朋友，對比較不熟的人就顯得沉默嚴肅。曾經有個女人告訴詹姆士，她和賀吉森是「非常熟的朋友，所以他對她口無遮攔，老是揶揄她，」而這個控制者正是這樣對待她，「『絕對是他的本色』，就像他生前一樣。」

另一個朋友離開召魂會時渾身打顫，天旋地轉。那段煩人的開場問候一完，「緊接著就是親切的話語，由於過於親狎與私密，無法在此記錄，卻令我深深震撼……好像他真正就在那裡，親口在對我說話一般。」

詹姆士決定效法賀吉森生前，當個不留情的鑑定者。情緒化的回應固然很好，不過終究不是事實。而即使是事實也不算數，除非內容加以細分，逐片逐段通過檢驗。

一回召魂之際，賀吉森人格要一個朋友幫他銷毀幾封他寫給一個女人的信。那堆信札藏在他的書桌裡。「你去找我寫的那些信，郵戳是芝加哥。我可不希望讓世人看到。」

（筆者評註：以上這段增加了更多證據性的可信度，即使在今天，由吾輩來進行，也不會更出色了，真的要再次衷心感謝一早前這些可敬前輩的無私付出和留下了這麼珍貴的研究資料，特別是鐵錚錚的證據，才能讓我們研究得更爲踏實，更加有信心！）

亨利・西吉魏克 與 尤莎皮亞・帕拉蒂諾

HenrySidgwick and EusapiaPalladino

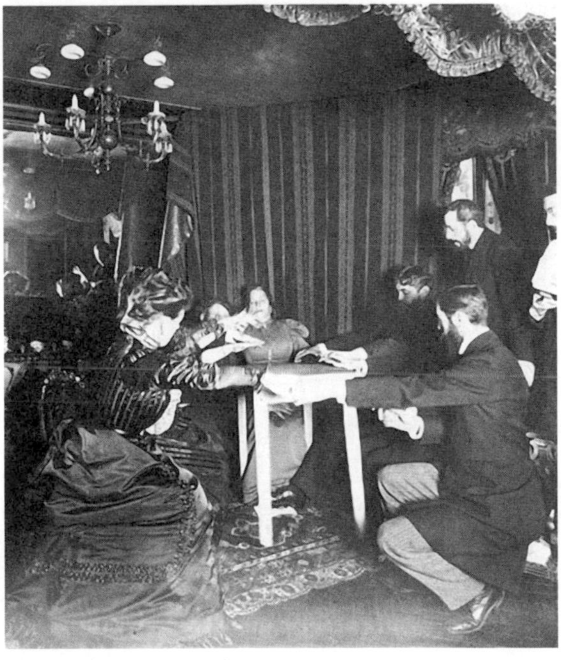

測試「尤莎皮亞·帕拉蒂諾　EusapiaPalladino」的降靈會

附錄人物：
福爾摩斯作者宣揚靈魂不滅

福爾摩斯探案的作者柯南道爾爵士（Sir Arthur Conan Doyle 1858-1930）是位愛丁堡大學畢業的醫生，也修得法律學位。由於並不熱中醫務，使他有多餘空閒時間，從那時起著手寫福爾摩斯探案集。

第一篇成名作品「暗紅色研究」於 1886 年完成。1890 年「四個人的簽名」出版後，他放棄了醫務而專心於寫作。雖然他也寫過不少冒險及文藝小說，但卻是以福爾摩斯為主角的偵探小說使他成名。事實上，當道爾寫膩了這個角色，將福爾摩斯在 1893 年出版的「福爾摩斯退場記」扼殺後，卻由於讀者大眾的要求，被迫將他很技巧的的起死回生。

柯南道爾及「靈魂學的歷史」

柯南．道爾一生多采多姿而且曲折離奇。他是個歷史學家、捕鯨者、運動員、戰地通訊記者及唯心論者。他曾參與兩件審判不公的案子，並運用偵探技巧使真相大白。他曾加入 1902 年的波爾戰爭，在南非的野戰醫院表現優異，因而受封為爵士，逝於 1930 年。

柯南道爾本人可說是小說裡福爾摩斯和華森生醫生兩人綜合的化身。在醫學和法學專業的訓練下，柯南道爾自然是客觀理智，講求邏輯，並且富有科學精神。

可能很多人不知道：柯南道爾是英國靈魂研究的領袖，常常參加由靈媒溝通陰陽兩界而進行對話的聚會（séance）。他擔任過自己創立的倫敦靈魂學會（London Spiritualist Alliance）主席，英國心靈科學協會（British College of Psychic Science）的主席，一九二五年還在巴黎當選為國際靈魂學會（International Spiritualist Congress）的榮譽主席。他出版過十四本靈魂學的書，其中最有名的是上下兩冊「靈魂學的歷史」（The History of Spiritualism），首版於 1926 年出版發行。

「靈魂」一個半

這是「靈魂學」研究課題中；有關「靈魂」形成最精彩有力的一個案例；如果不是醫學科技的進步，真的難以探索到這麼深層的認知。

一般的雙胞胎或多胞胎，雖然有著相同的基因，但是，仍然有著各自的人格特質，當然也都有著各自獨立的「靈魂」，但是，「連顱雙胞胎」卻意外的產生了難以界定的「特異靈魂」，既不是各自獨立，卻又不是完全相同的「靈魂」。

目前世界上這種「連顱雙胞胎」存活下來的一共只有六對，其中一對伊朗姊妹花已經在年因爲分隔手術失敗而不幸雙雙過世，我們針對這麼少數的樣本來進行了解時，竟然可以發覺到很令人震驚的現象；

其中以美國賓州的「洛莉和喬琪夏培爾」（George and Lori Schappell）姊妹而言；她們已經是中年人，基本性格已經幾乎完全定型，但是，她們除了「頭顱相連」以外，性格迥異，根本不像一般正常的雙胞胎，比較起來，她們反而頂多只是像一般「非雙胞胎」的正常姊妹而已，即使她們共用一部份腦部和血管，甚至其中任何一位的飲食都會影響到另一位，但是，這麼緊密的生理關係，人格特質上卻仍然大異其趣，比較健康的「洛莉夏培爾」甚至強調如果她結婚，丈夫只屬於她一個人的，換言之；就是丈夫只能碰觸或喜歡她這邊的身體，不可以喜歡或試圖碰觸「喬琪夏培爾」，否則她一定離婚，絕不妥協讓步。

當然這樣的堅持和每個正常的女性都一樣，沒有什麼特別，但是，她們這對「連顱雙胞胎」共用部份腦部和血管，在「核磁共振」的檢視下，她們也確實各自有著不同的感受和獨立思維，所以，如果結婚，包括親密關係，並不影響另一邊，但是，兩人個性不同，生活態度不同，日常習慣不同，喜好的事物不同，甚至連身體也「涇渭分明」的劃清界限，那當然必須承認她們是兩個完全獨立的人，也有著各自獨立的「靈魂」，明白的說：這是有著兩個不同「靈魂」，只是身體不幸在母親懷胎時「沾黏」在一起的姊妹而已。

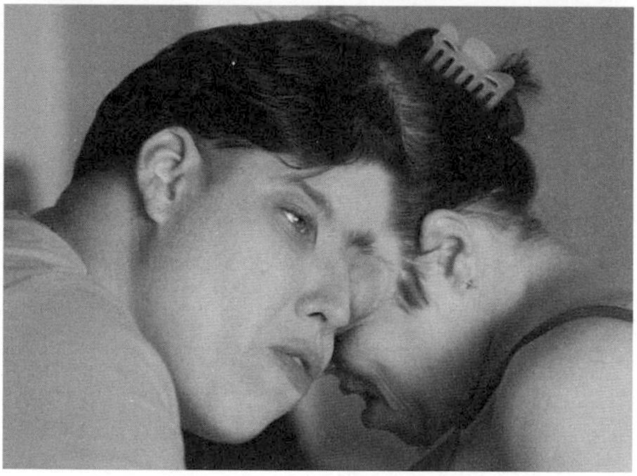

洛莉和喬琪夏培爾（George and Lori Schappell）

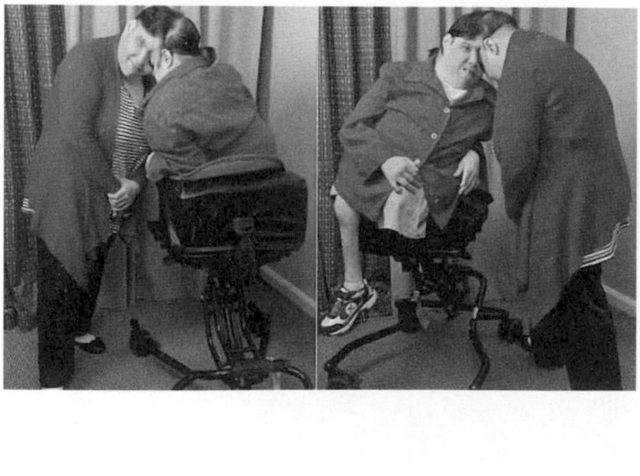

關於這對「連顱雙胞胎」姊妹，性格的迴異，有可以理解的部份；那就是生理上的差異，因爲其中「洛莉夏培爾」比較正常，而「喬琪夏培爾」則因爲「脊柱分裂不全」，所以造成下半身嚴重萎縮癱瘓，當然，一個表現的比較強勢，一個相對弱勢，這在正常一家兄弟姊妹中也一樣會發生，而飲食的偏好，也可以用生理狀況不同來解釋，但是，顯然不只如此而已，她們的性格差異也實在太大了，雖然她們相處的不錯，沒有水火不容的問題，甚至「洛莉」還很樂意的用特製高腳輪椅「帶著」妹妹「喬琪」四處走動，也沒有絲毫怨言或覺得累贅，但是，單就性格而言；她們真的是南轅北

轍，幾乎沒有共同之處。假設把她們分開來，各別觀察再作比較，應該會發現這是兩個完全不同的人，絲毫看不出兩人不但是同一家庭中的姊妹關係，也不是一般正常雙胞胎，更難相像她們竟然是共用部份腦部和血管，在生理上緊密相連互相循環血液的「連顱雙胞胎」。那麼，在「靈魂學」的認知上，這是兩個完全不同的靈魂，顯然不是在出生之後才形成的「新靈魂」，而是二個「再世靈」。因爲，如果是二個出生之後才形成的「新靈」，雖然也都是各自獨立的靈魂，不是完全相似的拷貝版本，但是，有著相同的基因和完全相同的「預設模式網路」；甚至從出生以後就 24 小時形影不離的相同生活背景，從小接收到的外界訊息及刺激也八九不離十，那麼，如果在性格上有諸多相似部份，也是非常正常合理的，爲什麼卻反而在性格上有著幾乎南轅北轍的差異了。

再說；以正常的雙胞胎而言；相同的基因，相同的家庭，相同的生活環境背景，有非常相似的外貌、體質，有類似的人格特質，但是，仍有不完全相同的思維、喜好或者不同的職業發展，那麼，這些差異也可能是因爲來自他們畢竟是獨立的個體，仍然有自己「獨處」或和不同「同儕」相處的機會，也甚至，在非同時的時機，父母的教育或者一句讚美一句責罵可能都會造成不同的影響，這些都是可以理解的。

但是，「連顱雙胞胎」根本是 24 小時形影不離的，她們幾乎沒有獨處的機會，沒有「單獨」和父母、同儕相處互動的機會，那麼，除了生理的強弱不同差異因素，還有什麼會形成這麼迥異的人格特質，甚至「不承認」另一邊身體或共用的腦部、血管是跟「自己」有關？

那麼，用二個非後天形成的「再世靈」來解釋，應該是合理的了。因爲完全不同的人格特質，是受到「前世殘留人格習性」不同的影響。

當然，相關的也是更精彩的就是另一對目前還很年幼的連顱雙胞胎；2006 年出生在加拿大卑詩省的「塔天娜和克莉斯塔霍根」（Krista （R） and Tatiana Hogan）姊妹，從特製的「核磁共振」檢視中發現；她們共用腦部和血液循環的狀況比「洛莉和喬琪夏培爾」姊妹更複雜更奇特，而且對於其中一位的聲光刺激，另一位不但有明確的反應，甚至在腦部顯影中也發現了對應部位的反應（這點是「洛莉和喬琪夏培爾」姊妹所沒有的），而且，她們在日常生活中所表現的奇異現象也是令人嘖嘖稱奇，連科學家也難以有明確的解答；譬如，兩人各有一對眼睛，其中一位看電視時，另一位的眼睛注視的明明是其他地方，並沒有看電視，但是，一樣有相同的視覺反應，而其中一位看得到玩具所在，另一位明明視野是看不到玩具的，但是，她卻能正確無誤的用手拿到那個她不可能看到的玩具；簡單來說；她們可以共享不同的視野，等於有四隻眼睛在看世界，然後可以看到比一般人兩隻眼睛所看到的視野更大出許多（註：這對姊妹是頭顱側面相連，假設是後腦相連的話，古話所說「後腦勺長眼睛」就會因此成立了），即使把其中一個人的眼睛蒙住後，她能知道另一個小女孩正在看什麼？

塔天娜和克莉斯塔霍根（Krista (R) and Tatiana Hogan）

而且對其中一個呵癢，另一個會一樣發笑，爲其中一個打針，另一個也會哭，這些種種表現，可以證明她們有共同的感覺，只不過，她們又有不一樣的地方，有時一個想往東，另一個卻想往西，比較健康的偶而也會欺侮較弱的一個。

克莉絲塔依靠妹妹的腎和心臟維持生命。有一次她拿起果汁說：「我喝的特別特別快。」這時塔天娜突然睜大眼睛，捧著胃部驚呼「不要」。克莉絲塔喜歡吃調味番茄醬，而妹妹塔天娜卻最討厭這種食物。有一天，克莉絲塔正在非常享受地吃番茄沙司時，儘管塔天娜並沒嘗一口，但她卻在不停做鬼臉，像是正在試圖把什麼東西從她舌頭上刮掉。

在這些描述中，我們可以看到她們幾乎可以共享「感覺」，不論是任何一方原本片面的「感受」，不論是視覺、聽覺、觸覺、味覺等等，另一個也能同時感受到完全一樣的「訊息」，但是，這是指「接收訊息」的方面，彷彿是「一個人」，其實這已經非常奇特了；但是，在「反應」上，卻又有很大的不同；（註：譬如「多指症」，假設有人每隻手各有六根指頭，而且都很正常靈活，那麼任何一根指頭的觸覺或痛覺，上傳或反應都當然是屬於同一個人的，這點是毋庸置疑的，包括當事人或其他人，沒有人會把那二根多出來的指頭視爲無生物或者其他人的。但是，在這對連顱雙胞胎姊妹身上，就很難這樣界定了）。

譬如喝果汁的事，應該是「肚子」已經很飽脹了，但是，有一邊的口腔還想繼續獲得果汁味道的滿足，這種情形即使是正常的單一個人也會發生的；有如一般人去吃「吃到飽」的自助餐，有些人明明肚子已經很飽脹了，但是，仍然難以拒絕美食的誘惑，因此，理智一再的提醒「肚子很脹了」，但是，另一個「自我」還是忍不住的忍不住會繼續拿各種食物，繼續享受口腔的味覺及咀嚼的快感。差別只是；理智的自我不會發出明確具體的吶喊；而這對連顱雙胞胎，其中一個卻具體的激烈反應出來了。

另外，蕃茄醬的例子，也證明其中一個口腔中味覺傳遞的「味道」訊息，進入腦部時，雙方都能明確感覺到，但是，「反應」卻是兩極的，一個喜歡，一個厭惡。那麼，顯然這樣的差別反應，又不能說她們是同一個人，顯然是兩個獨立的人格。

我們來假設；如果她們只是正常的雙胞胎姊妹，身體沒有任何生理的連結，那麼同時讓她們吃蕃茄醬，她們一個喜歡，一個厭惡，這是沒什麼好大驚小怪的。但是，這對連顱雙胞胎姊妹，並不是同時吃蕃茄醬，可是喜歡的那個吃，而另一個雖然沒有吃，卻也感覺到同樣的味道，而且下意識的去刮舌頭，彷彿口腔中真的有蕃茄醬。這就很奇特了，相信如果不是因爲腦部相連，任何兩個單獨的個體，即使是同卵雙胞胎也不會有這麼明確的「感覺」和這麼激烈「反應」的。

再假設：如果醫學科技有一天更進步，可以順利並安全的分割這對連顱雙胞胎時，其中克莉絲塔吃喜歡的蕃茄醬食物時，塔天娜沒有吃，那麼還會有厭惡和刮舌的反應嗎？照理論來說：她們的「感覺」已經分離，應該是不會有反應了。不過，以目前繼續相連的狀態來說：她們有共同的「感覺」甚至「心意相通」是確實存在的，但是，反應又有很大的差異，那麼即使同意她們在身體上是不同的兩個人，只是某些部份共用，這樣是說得通的。

以下附錄引用自網路這對「連顱雙胞胎」更詳細的相關資料以供探討和研究之用：

『……「塔天娜和克莉斯塔霍根」：

（譯者注：作為連體雙胞胎的「克裏斯塔和塔天娜」雖然不能稱誰為真正的姐姐，誰為妹妹，但為了讀者閱讀方便，文中所稱的姐姐均指代「克裏斯塔」，妹妹指「塔天娜」。）

「克裏斯塔．霍根」和「塔天娜．霍根」，這對4歲的雙胞胎女孩的上床睡覺時間到了。她們的反應和其他的4歲小孩一樣，她們拖延著，想著許多辦法爭取晚點去睡覺。她們的外婆，露易絲．麥凱和這對雙胞胎女孩以及她們的父母一同住在加拿大卑詩省的一個名為弗農的小城市中。奶奶用著和緩的語調和她們說著話，但是女孩們又上演起孩童推延睡覺時間的經典劇碼。「我還要一個擁抱！」克裏斯塔對她的外婆說，然後幾分鐘以後，她們異口同聲地對外婆說：「我想你！」

……………………

……………………

突然這兩個女孩坐了起來，充滿了新的活力，克裏斯塔夠到了兒童床角落裏的一個杯子和一根吸管。「我要喝得真的，真的，真的，真的很快，」她宣佈著並開始快速吮吸她的果汁，但是她突然做了一個鬼臉。塔天娜像往常一樣坐在她的旁邊，但是她並沒有看著她，然後突然她的眼睛睜得很大。她把手放在胸骨下方，然後她說出了一個小小的詞「哇！」，而這個詞說明著一種極大的可能性。

對其他任何雙胞胎來說，關於這兩個事件——克裏斯塔喝飲料和塔天娜的反應——的必然結論可能是，這兩個事件的發生純屬巧合：喝了一口，劇痛，都是隨機同時發生的偶然。但克裏斯塔和塔天娜和其他的大多數雙胞胎不同。她們是連體雙胞胎，她們的頭部相連，她們的頭骨在一團毛茸茸的棕色劉海下連在一起。她們奔跑，玩耍，從後院的滑梯上滑下，但無論她們做什麼，她們總在一起，她們的頭永遠傾斜地靠著對方，由於這種無止境的運動，她們脖子上的肌肉很結實並且彎彎曲曲地長著。

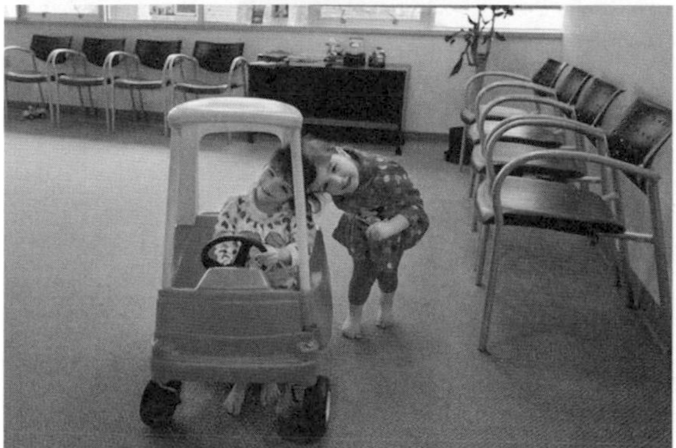

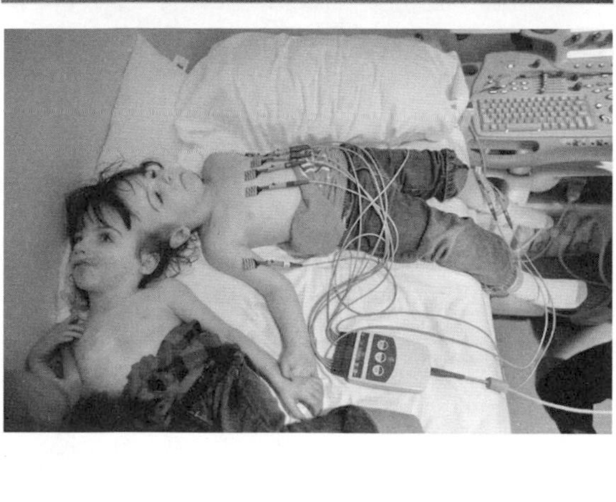

頭部相連的連體雙胞胎——醫學術語叫顱連體——每 250 萬例雙胞胎中只會出現一例，並且只有極少數顱連體雙胞胎能存活下來。然而，這兩個女孩的大腦形成于融合的頭骨下方，這使得她們更加罕見：她們的神經中樞的結構是唯一的，至少在科學文獻記錄上是如此。她們的大腦圖像顯示出一條虛弱的連接著兩個器官的伸展線，使其成為一個組織，她們的神經外科專家，英國哥倫比亞兒童醫院的道格拉斯・科克倫把這條伸展線稱為丘腦橋，因為他認為這個丘腦橋把其中一個女孩的丘腦和她的姐妹的丘腦連接了起來。丘腦就像是一個交換機，一個有著兩個葉片，同時能篩選最敏感資訊的器官，並且長時間以來一直被認為是重要的創造意識的神經環路的器官。由於丘腦的功能就像一個中繼站，所以這兩個女孩的醫生們都認為一個女孩所接收到的感官輸入完全有可能在某種程度上跨越丘腦橋傳遞給到另一個女孩的腦中。一個女孩喝東西，另一個就能感覺到。

在這一點上，實際上所發生就像我親眼目睹的某個時刻，就是對這個最吸引人的狀況的理論性猜測。沒有任何可控的研究被完成，因為這兩個女孩年紀太小，還有因為研究兩個連在一起的頭所面臨的挑戰，所有可用的先進的成像技術還沒有應用到對她們腦部的研究中來。大腦成像是高深莫測的，許多神經學家在看到幾百張圖像中一張後，就不願確定科克倫所描述的這種特定的神經結構；但許多人傾向於相信，基於一張圖像中所呈現的，這兩個大腦很可能被一條導線連接著，並且可能產生某種我們之前未知的性質。對這條微弱的連接兩個大腦之間的線條的一瞥，就激發了那些有造詣的精神學家的質疑。「我的天啊！」艾爾伯特・愛因斯坦醫學院臨床精神病學和神經病學教授陶德・范伯格在一封電子郵件中寫道。「絕對精彩。難以置信。迄今為止我從未見過。」弗農市附近的基洛納市的一位精神學家把這個情況描述為：「荒謬地，但是你非信不可。」就職於不列顛哥倫比亞省兒童醫院的小兒神經科醫師茱麗葉・休金是這對雙胞胎的醫生，她每年都會對她們進行檢查，她形容她們的大腦是「令人興奮「的。

對那些對於神經通路追蹤感興趣的神經學家來說，在大腦的可塑性和自我建設方面，這是一個無法比擬的資源，塔天娜和克裏斯塔也是在更廣闊的社會學中的神經系統所值得研究的物件：對這種不同，她們的家庭是如何回應的反饋回路，她們的家外面的世界對於她們家人的回應又作何反應，以及這兩個女孩反過來如何回應。現在，大部分的時間來說，這兩個女孩不再像以前那樣被對待，正如一位精神學家所描述的，這是「一個新的生命形式。」雖然她們很少冒險出家門，她們大部分的時間過得和許多學前兒童一樣，追趕叔叔的小狗或者看『愛探險的朵拉』，或者用睡前的個人小遊戲來測試外婆的耐心。

「現在輪到我了。」塔天娜說，她夠到了她的妹妹剛剛喝過的杯子。她開始發出喝水的「突突」聲。克裏斯塔馬上把手放到了她自己的肚子上。「哇！」她說。這兩個女孩捧腹大笑。外婆歎了口氣。「女孩們，」她又說了一次，「該睡覺了。」

…………………………

當費利西亞·西姆斯第一次產檢時，她就已經知曉她懷的是對雙胞胎。那天晚上，她的醫生給她打了電話，要求她第二天再去趟醫院。由於感到憂慮，她和她的母親和嫂子一同去了醫院。醫生說：「我很難開口，這對雙胞胎是連體嬰兒。」整個房間都安靜了，然後這三個女人哭了起來。西姆斯已經回憶不起來當時她腦子裏想的是什麼。她並不是沒有參考資料：西姆斯和她的母親對關於洛瑞和裏巴斯卡貝爾的紀錄片著了迷，她們是美國兩位聰明的，對社會產生影響的最長壽的顱連體雙胞胎，享年49歲。「我只是試著去處理這件事，」西姆斯說。

…………………………

…………………………

龐大的家族成員；父親布倫丹霍根和6歲的兒子留著同樣的莫西幹頭。

現在25歲的西蒙斯是五個孩子的母親：8歲的羅莎；6歲的斯托弗；塔蒂安娜和克裏斯塔；還有3歲的謝莉，她在這對雙胞胎出生一年半以後來到人世。她們和外祖父母，3個表兄弟姐妹，一個阿姨和舅舅還有霍根住在一起，霍根去年才搬進這個家庭。

除非這對雙胞胎出現罕見的健康危機，或者被攝像機跟蹤拍攝著（去年「國家地理頻道」發佈了一部關於這對雙胞胎的紀錄片），否則她倆僅是家裏各種喧鬧的一部分。對整個家庭來說，這對雙胞胎的問題遠沒有經濟問題來的迫切。家裏的大人們常常聚集在長餐桌周圍，這張餐桌也是外婆經營送餐生意和主持家務的地方——她指揮外賣司機，叫這對雙胞胎停止戲弄她們的小妹妹，並給每個人準備晚飯。

西姆斯有著和女演員克裏斯·汀斯圖爾特一樣的發色和煙熏眼妝，她們的家中到處都能見到電影『暮光之城』的影子。對超自然力量的迷戀似乎對她自己不同尋常的懷孕所持有的看法都產生了影響。「她們出生一個月前，我做了個關於她們如何出生的夢，而這個夢與實際情況完全一樣，」西姆斯坐在餐桌前說。「我在夢中聽到的她們的哭聲，和她們出生時的哭聲一摸一樣。我當時就知道她們會沒事的。」

在她生產前的那段時間，醫生已經讓她做好接受最壞結果的準備；社工也已經和她見面為她進行了哀傷輔導。但是，西姆斯的直覺是對的：這對雙胞胎在她懷孕 34 周時健康地來到這個世界，她們的情況奇跡般地穩定並且不需要很多額外的干預措施。這兩個女孩待在醫院先接受了兩個月的觀察，但是很快西姆斯和霍根面臨另一個很大的決定——是否為她們進行分離手術。

她們的神經外科醫生科克倫諮詢過其他有過分離顱連體雙胞胎經驗的外科醫生，基於他們在這種手術上的經驗和和對她們的 CT 掃描的分析，這個小組最後得出結論是：這個分離手術風險極高。

「做這個分離手術需要切斷過多的正常組織並且需要對丘腦進行分離，」詹姆斯 T 古德里奇說，他是布朗克斯治療中心中的兒童醫院小兒神經外科的主任，曾對這個病例給予過諮詢意見。「這將有潛在的致命威脅。」

（考慮到手術風險，這個家庭選擇不為這兩個女孩進行分離手術。）

從一開始，醫生就想知道這對雙胞胎是否能共同分享她們的感覺；一段早期的視頻顯示，醫生給其中的一個女孩抽血，當她的手指被刺破時，另一個女孩開始大哭，而她臉上的表情正是她的妹妹的表情的完美寫照。而塞在一個女孩嘴裏的奶嘴似乎能同時起到撫慰兩個大哭的嬰兒的作用。

儘管科學界對她們倆非常感興趣，但是由於這兩個女孩年齡還很小，所以她們還沒有經歷過全面的檢查。「如果是她們的健康條件所要求，無論她們需要什麼，我們都會去做，」她們的繼祖父道·麥凱說，他和她們的祖母一樣，對女孩們給予無微不至的關懷。「但是如果你們要戲弄她們，刺激她們或者拿她們當試驗品，我是絕對不會答應的。」

「我有兩張紙，」克裏斯塔宣佈道。這兩個女孩坐在客廳裏的一張小桌子旁畫著畫，她們的臉一如既往地以某種角度遠離著彼此。每個人有一張紙。所以我對克裏斯塔自己確定的事感到很驚訝：她有兩張紙？「對，」兩個女孩都用她們經常使用的平靜的語調異口同聲地做了肯定，並一起點了點頭。這是神經科醫師，心理學家或任何好奇的觀察者將花好幾個小時考慮的瞬間之一。克裏斯塔使用的「我」指代的是她自己還是她們倆人？塔天娜對她的姐姐的肯定是在一個有感知的水準上還是只是同時說出相同的詞，但是她並不知道為什麼這麼說？

雖然這兩個女孩可以奔跑，玩捉迷藏，可以牽著手玩打打鬧鬧的遊戲，也可以跑20分鐘的馬拉松，或者迷戀于她們的姐姐的電子倉鼠，但是她們的發育比別的小孩晚了一年。這種延遲並沒有使醫生感到很驚訝，鑒於她們不同尋常的大腦和她們被迫需要發展別的小孩不需要的技能這樣的事實。

她們的一支蠟筆掉在地板上，我走過去想把它撿起來，因為難以想像她們需要像一個整體一樣把她們的身體從桌旁挪開去撿這只蠟筆，塔天娜笨拙地傾斜著身體好讓她的姐姐可以夠到地面，這是多麼費勁的事。然而，當我快夠到筆時，蠟筆已經不見了。原來蠟筆已經在克裏斯塔的手中，就像變魔術一樣。「我用我的腳把它撿起來了！」她告訴我。這兩個女孩還都不會寫字母X，但是如果存在一個用腳趾抓取東西的標準測試，霍根姐妹肯定會有99%的幾率會通過。

這兩個女孩的大腦結構是如此地不同尋常，以至於醫生也無法預測她們將如何發展：每個女孩都一個一個異常短小的胼胝體，這是一個使得大腦的兩個半球能夠溝通的神經帶，並且每個女孩的兩個大腦半球大小也不同，塔天娜的左腦半球和克裏斯塔的右腦半球都比正常人腦半球的小得多。「這樣的不對稱產生了關於一個大腦半球是否能夠彌補另一個大腦半球缺陷的有趣的問題，因為有大腦橋，」帕爾泰咪特拉說，她是冷泉港實驗室的一名研究大腦結構的神經學家。「這兩個女孩的認知也可能會面臨其他人所未曾經歷過的挑戰：她們需要額外的精力來過濾和處理某種混淆性的串擾」。她們的醫生認為她們除了需要辨別這種不同尋常的感官體驗外，她們的大腦也被迫需要產生來自別人的身體部位和器官的感覺。

雖然聽起來很神奇，但在科克倫的心中，這兩個女孩能夠分享一些感官印象是毫無疑問的。當她們2歲時，他就進行過一項研究，他蒙住克麗斯塔的眼睛，並且在她的頭皮上裝上電極。當一束閃光燈照射進塔天娜的眼裏時，克麗斯塔的大腦枕葉（大腦枕葉就是圖像合成的地方）發出強烈的電極反應。這個測試也讓她們調換位置重新測試。這個測試的結果並沒有公開，一些神經學家認為這種測量頭骨下方大腦活動的變化的測試，對於確定到底是大腦的哪個部分在運作是不精確的；但大多數的專家同意：這兩個女孩的大腦中無論出現任何反應都起碼能夠表明，她們的大腦是連接的。

科克倫所提出的對這一罕見結果的解釋是令人難以置信地簡單易懂：視覺輸入通過一個女孩的視網膜，到達她的丘腦，然後通過兩個不同的路線，就像電流通過一條分裂為兩條的電線一樣。當一個女孩看到閃光燈光或者嬰兒床上的毛絨玩具，這樣的視覺輸入繼續從正常的路徑中傳輸進來，路徑之一的終點就是視覺皮層。對另一個女孩來說，這種視覺刺激通過丘腦橋到達她的丘腦，然後通過她自己的視覺神經回路，到達她自己的視覺皮層的精密處理中心。現在她也能看到了，很可能只比她的妹妹慢了幾毫秒。

這個測試結果並沒有讓這個家庭感到意外，他們早就覺得很懷疑，因為即使當一個女孩的視覺角度離電視距離比較遠時，她仍然能對面對著她的雙胞胎姐姐面前跳躍的畫面哈哈大笑。這種感覺交流，他們相信，還延伸到她們的味蕾上：克裏斯塔喜歡番茄醬，但是塔天娜不喜歡，這個家庭成員發現當塔天娜會試圖刮掉自己舌頭上的調味品，即使她吃的並不是這個。

即使瞭解了有關的測試和科克倫的理論，當我聽到這個家庭的故事時我仍然有些許懷疑。也許這是他們用了想想或者誇張的手法，只是為了編造出一個好故事。在和她們的家人一起度過的5天中某一個空閒的時刻，這兩個女孩在看電視，我心不在焉地給塔天娜的腳撓癢癢，而這是克裏斯塔不可能看得見的。她轉過頭來對我笑了笑，然後克裏斯塔說：「現在輪到我了」。她感受了但是仍然想要得到這種情感體驗，因為她知道她的妹妹受到了好玩的關注？

還有一天，西姆斯拿起一個放在廚房桌上的體溫計，只是為了好玩，她把它放在克麗斯塔的嘴裏。幾乎是同時，塔天娜遠遠地看著她的眼睛。「不要放在嘴裏，」她憤怒地喊著。然後她變得很安靜，但是她的注意力似乎改變得很猛烈。從她半張著的嘴裏可以看見她的舌頭，異常地動著，捲曲著。我懷疑是我自己的想像力在作祟。但是她們8歲的姐姐羅莎也注意到了這個。

她藍綠色的眼睛睜得很大，「難道不奇怪嗎？你看到了沒有？她的舌頭是捲曲的？溫度計在克裏斯塔的嘴裏，但是塔蒂的舌頭卻在做那個動作。」

⋯⋯⋯⋯⋯⋯⋯

在霍根・麥凱這樣一個多產孿生家庭中，一對充滿愛的雙胞胎的幸福感越來越強烈。西姆斯堅持認為她的女兒謝莉是她的完美複製品，有著相同的面孔和氣質——她稱她為「迷你的我」。雙胞胎的姐姐，這個小的，圓臉的羅莎，告訴我她與和她住在一起的表姐夏恩「就好像雙胞胎一樣「——儘管事實上夏恩比她高得多，並且比她大一歲。而6歲的可愛的克里斯多夫，留著和他父親一樣的莫西幹式髮型，被告知他有一個孿生兄弟，但在子宮裏就已經死亡了。但是醫生告訴他的媽媽，這個孿生兄弟的殘留部分被他的身體所吸收，現在在他的後背上只留下了一個毛絨絨的斑塊，一個生命可能曾經存在過的柔軟的模糊的影子。「如果我不想當我自己，我就可以切換到我的雙胞胎弟弟的感覺上，」克里斯多夫曾告訴過我，當他在玩視頻遊戲時。「如果我生氣，我就可以轉換到我的雙胞胎的感覺。然後我還可以轉換回來。」

……………………

……………………

雖然她們的活動基本上是同步的，她們倆人互相的姿勢也很像，但是這兩個女孩很明顯有不同的個性。西姆斯說，塔天娜比較無憂無慮且快樂，而克裏斯塔則是「比較喜歡欺負別人」——當她覺得沮喪時，她過去抓或打塔天娜的概率比較多，而反過來則不是那麼常見。雖然她們被認為是同卵雙胞胎，但是她們看起來也有明顯的不同。塔天娜的心臟和腎臟，對她們兩個人的身體比起克裏斯塔承擔著更多的負擔，所以她比她的姐姐弱小，她那麼小就好像她的名字的由來，像一個小仙女一樣；克裏斯塔則有著學齡前兒童的圓滾滾的肚子和臉頰。克裏斯塔的胸口上有一個紅色的小圓點，是個胎記；塔天娜則沒有。克裏斯塔對罐頭玉米過敏，塔天娜就不會。即使是孿生姐妹，她們共用日常生活經驗，可能也共用感官經驗，但是這並沒有使得她們成為整體或者一模一樣的人。

這兩個女孩還小點兒的時候，她們常常試著要把她們的頭從對方的頭拉開，西姆斯告訴我。「我會告訴她們，你們不可以這麼做，」她說。「我只是告訴他們：你們被困住了。你們黏在一起了。」有時候這兩個女孩會自己給自己提供這樣的資訊。「我被困住了，」克裏斯塔有一天下午告訴我，當她和她的妹妹正在要回衛生間玩水龍頭的路上，她停了下來。她拍了拍她們的頭相連的部分。她喜歡就這樣黏在一起嗎？「我喜歡我們黏在一起，」她說。她笑了。她的臉上有著一種夢幻般的表情，就好像某個浪漫的癡情人。「我愛我可愛的姐妹，」「她說。當天晚些時候，塔天娜宣佈同樣的事情，但她的話聽起來有些悲傷和困惑：「我被困住了，」她說，她的臉上現出抱怨的神情。她就像是一個在發送瓶中信的女孩，她在她還未成熟的腦中思考著這個神秘莫測的重要問題的答案。

在本周晚些時候，西姆斯給塔蒂安娜和克裏斯塔穿衣服，因為她們將乘坐5個小時的車在下雪天前往溫哥華，在那兒，這兩個女孩和醫生有著一些會診。這次她們沒有因為兩件不一樣的運動衫而打架。很少情況下她們會打架，但是這一場景看起來是很令人痛苦的：她們把手指捅進對方的嘴巴和眼睛裏，抓撓，摔耳光，她們的手也同時快速把手放到自己的臉頰上以緩解疼痛。

那天早晨，儘管克麗斯塔最先抓到那件粉紅色的連帽運動衫，但是她很容易就割愛給塔天娜，而克裏斯塔很容易就接受了灰色的。「我穿灰色的，」她說。「我穿粉色的，」塔天娜說。一些關於明確區分的東西在克裏斯塔的腦子裏產生了印象。她看著母親。「我就是我。」她說。這種自信和強烈的感情在她的姐妹附和她以前是很少能她嘴裏說出來的。「我就是我，」塔天娜說。

對這兩個女孩來說，她們所稱的「我」肯定有一個複雜的概念。如果一個女孩用她自己的雙眼看到東西，而另一個女孩通過丘腦的鏈結看到，她們所擁有的是共同的經歷嗎？如果兩個女孩都是獨立的個體，那麼每個女孩對刺激所產生的體驗就會難免不同；她們可能有平行的經歷，但是沒有任何一個人的經歷基於意識的某種混合。但是，當她們異口同聲地說話時，她們是否認為她們倆是一個整體，正如她們經常所做的，或者是只在短句中會這樣？當他們的聲音結合在一起時，我有時會產生一種轉變——對我來說，她們成為一個碰巧有兩套聲帶的整體，這和我們都用兩隻眼睛是一樣合理的。然後，也很快，女孩的不同的頭腦會讓人們感受她們各自的存在：當她的姐姐沉浸在電視節目中時，塔天娜會對我微笑，或者是當我叫克裏斯塔的名字時，只有她一個人會用「Yeah?」來回應我。

雖然這兩個女孩說話時都經常使用到「我」這個字，但當她們進行合作時，我從沒聽她們說過「我們」。通過這種語言也許他們避免了在這一階段，在這種異常的環境中的發展，或者這些障礙對她們來說根本就不存在，好像連她們自己也很困惑。「好像她們同時既是一個人也是兩個人，」阿爾伯特・愛因斯坦醫學院的精神病學和神經病學教授范伯格說。但是哪個代詞可以指代這個概念？

一般人往往傾向於退回到自我啟蒙的觀念上來——一種與思想的隱秘性和感官經驗結合的思維——這是作為一個人的最重要的特點。非常不易滲透就是使得思維這一概念對研究思維如何運作的研究人員們非常具有挑戰性的部分，神經學和哲學家安東尼．達馬西奧在他的書中說到，「對自我的認知反應到思維上」(Self Comes to Mind)。他寫道「不管一個人清醒與否，他都無法看到別人的思維，這是特別神秘的。」我們可能能夠猜出別人在想什麼，「但是我們沒法觀察他們的思維，只有我們自己能夠觀察自己，從我們的內心，並且從一扇相當狹窄的視窗中。」

但有兩個女孩，她們可能能夠——輕易地，每天地——感覺到另外一個人的感受。即使這種非凡的動力仍然把這兩個女孩置於存在于普通人的持續聯繫中。有些研究者認為，當我們觀察別人的感覺時，我們的神經元在某種程度上會被激勵起來，而這和當一個人被針刺到時神經元的感受到的刺激是類似的。所謂的「鏡像神經元」被認為能夠促進換位思維，這為我們在神經層面上把我們的共同理解連接起來創造聯繫，不過我們很少意識到。

這兩個女孩經常需要彼此協商和合作。這兩個女孩的聯繫是否能夠超越感官印象而到達較高的思維水準，比如說就像「我要水」這麼簡單的想法，或是和「我厭倦了『好月光』(Good Night Moon)」一樣複雜的想法？她們的家人說這兩個女孩經常突然安靜地起床，然後走向水杯，然後塔天娜會立刻把這只杯子遞給克裏斯塔，然後克裏斯塔就從這個杯子裏喝水。我沒有目擊過此類事件；但是如果真像他們所描述的這樣，一個女孩可以不出聲就把她口渴的感覺通過高水準的思維傳遞給另一個女孩嗎？塔天娜是否也能從反方向認出這種來自於他處的感受，比如她的姐姐的口渴的基本感覺？這個請求是悄悄話形式的，別人難以聽見或理解的，但是只有這麼緊密相連的姐妹能夠聽見並理解？

那個女孩們在嬰兒床上喝果汁的故事——其中的一個女孩好像感覺到了另外一個的吞咽——這讓范伯格特別感興趣。「我感覺到塔天娜在喝果汁」他說，對他自己的想法沉思自語。「現在，有多瘋狂呢？我的意思是，認真想想！這是超越移情作用的——這就像是第六感體驗。就好像她自己有一個意識，同時又能看見另一個人的意識。」

考慮到她們彼此都能看見另一個人的意識這麼深奧的現象，那麼她們保持她們個性的能力也同讓引人注目。在他的書中，「改變自我意識：大腦是如何創建自我，」范伯格描述了那些患有腦裂綜合征的病患，在這些病例中，病患的胼胝體，也就是大腦中作為橋樑鏈結兩個大腦半球的部分被切斷了。病例之一，一個病人可能會發現他的一隻手與另一隻手產生爭執，或者與另一隻手發動全面戰爭。這只難以控制的手可能會扔掉勺子或者撕毀鈔票——這些動作都不是來自病人所能意識到的任何意願。然而，除了這只不受控制的手之外，這個病人本質上覺得還是他自己：這種病人「行動，感覺和經驗並沒有受損，」范伯格寫道。范伯格說，大腦努力創造一個體驗的統一體，通過把眾多的皮層機制放進一個統一的整體來編制我們的部分自我意識，成創造這種自我意識，這是一個包含個性和媒介的一致感受。

每個女孩都對自己有明顯的區別，儘管范伯格認為她們可能遺漏了一些感官印象。「如果你要把一個大腦分開，你基本上需要把大腦切為兩半，然而這個人的感覺和行動仍為一個整體，」范伯格說。「對這兩個女孩來說，她們是相連的，然而兩個人可以作為一個整體來行動。就像是大自然的力量——大腦想要統一。」

對她們的家人來說，這兩個女孩是兩個個體還是一個整體的問題是相當荒謬甚至是具有侮辱性的。她們是「兩個正常的小女孩，只是碰巧在生命的過程中分享了同一個腦袋，」西姆斯說。這個家庭的成員認為她們不尋常的神經連接是很「整齊的」，正如她們的外婆，露易絲所用的這個詞，他們注意到她們的那些迷人的時刻，但是她們幾乎不會躺在床考思考問題。他們更為關注的是這兩個女孩的身體健康狀況。「每天當我醒來時，看到她們還活著，對我來說就是很好的一天，」西姆斯告訴我。

……………

這兩個女孩小一點的時候，每個人都經歷過好幾次病魔的侵襲，不過都已經被藥物控制住了。在她們的神經學家休金大夫的會診中，她問她們的家人最近她們的病情有沒有發作過（其實在最近長達一年多的時間中，她們的病情沒再發作），然後醫生對她們進行了幾個快速的測試。她把一支紅蠟筆放在塔天娜面前，一支紫色蠟筆放在克裏斯塔面前，然後問她們蠟筆的顏色，塔天娜說，「藍色」，克裏斯塔說「紅色」。她們還不知道如何辨別顏色嗎？她們的外婆說，「她們把顏色調換了，」。休金大夫同意了這種可能性。休金大夫從一個袋子中取出了一火雞毛絨玩玩偶，然後從右邊把這個玩偶遞給了塔天娜，這樣克裏斯塔就看不到。「克裏斯塔，你知道塔天娜手裏拿的是什麼嗎？」她問。克裏斯塔停頓了一下，然後說「知更鳥？」

休金只是說了句「非常好」。但是她認為這個非常接近正確答案的回答來得很不尋常，不久後她告訴我，並把它當成是科克倫對這對雙胞胎所作的腦電圖測試中發現的感官聯繫的臨床支持。

在我和她們一起度過的日子裏，我親眼目睹了她們所作出的顯然不尋常的事：其中的一個女孩在看不見這個物體的情況下就可以準確說出只有她的妹妹看到或者準確指出的東西，或者能夠說出她的妹妹身體的哪個部位正在被觸摸。但是其他時候，這種理論上的聯繫好像並不能成立。她們的家人認為一直試圖去「調節」她們，有時候會讓她們厭煩。有可能她們正在以這樣的方式發展，那就是她們的大腦正在努力過濾掉來自另外一個女孩體內的資訊。

紐約大學的認知神經學家大衛·卡梅爾提出，即使這兩個女孩能夠同時給出正確的答案，這種現象可能有其他的解釋，並不是只有共同的丘腦橋這一種解釋。「如果她們真的那麼親密，通過一個女孩的細微動作，可能是一個她的姐妹看不到的典型動作，但是她能夠感覺到，另一個女孩通過直覺感應到了這種聯繫。可能她從她的妹妹對這只她們曾經很喜歡的知更鳥，而不是火雞的反應就察覺出來。」這樣的聯繫可能在科學上來說是世俗的，雖然如此，但是對普通的觀察者來說確實一個奇跡。

……………………

由於我見過這兩個女孩偶爾會在晚餐時間協商她們彼此矛盾的想法，我想起我的朋友哥倫比亞大學的神經成像師和臨床精神病學副教授彼得弗裏德如何解釋她們對彼此的可能體驗：「這就像高盛公司（Goldman Sachs）和拉紮德公司（Lazard Frères）的秘書，在未經老闆允許的情況下，分享彼此的特定的參觀者和執行備忘錄。」負責的決策者——就是大腦中比較經常直接參與決策的部分——會不可避免地覺得沮喪。每次隔壁的決策者做一個決定，結果都「微妙地影響著或改變著另一個決策者的工作，」弗裏德說，他也寫了一個名為精神上的自我是關於大腦所創建的自我的博客。

夜晚來臨時，其中一名決策者的沮喪就會完全展現出來。女孩們很累了。對她們來說已經很晚了。某些人點了雞翅，克裏斯塔咬了一口。突然，塔天娜做了個鬼臉。「太難吃了，」她說道，然後開始哭了起來。混亂程度上升了一個檔次，塔天娜爬到了桌子底下，嗷嗷叫，當克裏斯塔抓住她的脖子試圖把她拉回來。克裏斯塔試圖把雞翅直接塞進塔天娜的嘴裏。「克裏斯塔喜歡這個雞翅！」她說。「很好吃！」塔天娜把食物吐出來，哭喊著：「讓我躲起來！讓我躲起來！」她用手捂住了她的嘴。「別讓她吃了，親愛的，」她們的外婆邊沮喪地歎氣邊說。「Sissy（塔天娜的暱稱）吃吧！」克裏斯塔又說了一次，又試著把雞翅塞進塔天娜的嘴裏。克裏斯塔開始拉她的妹妹的頭髮，然後兩個女孩都大哭了起來。塔天娜徒勞的聲明響徹在餐廳的上空。「我要出去了！」「」塔天娜抽泣著。「讓我一個人呆著。」

……………………

這兩個女孩已經習慣于去炫耀她們的小把戲（太多了以至於有一次，克裏斯塔把手蒙住我的眼睛，然後讓我告訴她她所看到的東西）。她們對她們能做的小小的事有著無限的驕傲感，而正是這個使得她們學習別的東西比那些可以自由移動的人具有兩倍的挑戰性。她們喜歡展示給別人她們是如何跳上跳下的，這和其他孩子沒什麼兩樣，或者爬上她們的嬰兒床，她們做這個的時候就像是自學成才的體操運動員。

但是當這對雙胞胎意識到她們和別人有多麼巨大的不同時，是讓人很心酸的。一天晚上，在她們就要上床睡覺前，我碰了碰克裏斯塔肩膀下方的小小的胎記。「別碰我的鋼筆記號，」克裏斯塔說。她碰了碰那個紅色的小圓點並用手指撫摸它。她的妹妹在同樣的地方並沒有胎記，也用手碰了碰自己身體同一個部位上的皮膚，同樣的方式，向下畫著線。她的臉上有著和她的姐姐一樣的受傷的神情。

……………………

原作者：SUSAN DOMINUS 譯者：熊子雲』

……………………

但是，在「靈魂學」上來說呢？如果我們同意「靈魂」是包括有感覺也有反應的，那麼，她們就不是一個靈魂裝在兩個身體裡，也不能說是兩個靈魂裝在兩個身體裡。筆者認爲只能說是「一個半靈魂」的特例。不要因此而覺得筆者胡扯或感到這個說法十分詭異，因爲，古代有沒有這種例子？我們不能確定，或者因爲醫藥科學不發達，或者迷信緣故，沒能順利存活下來，也沒有任何相關的研究資料；所以只能把這對「感覺、心意」也能相通共享的「連顱雙胞胎姊妹」當成空前的特例，不只是醫學上，生理學、心理學上的特例，在「靈魂學」上也是一個特例。

同時，也因爲有這樣一個奇特的案例，讓我們更確定幾件事：

第一，「靈魂」是後天發展出來的。

第二，「靈魂」發展的大本營是在腦部。

第三，「靈魂」和「肉體」的連結是超乎想像緊密的，一旦形成，在活著期間就難以分離開來。

第四，單一「靈魂」都是各自有「自主意志」的，即使「連顱雙胞胎」，不論是否可以共享「感覺、心意」，仍然保有獨立的人格特質。

第五，「靈魂」的「感知」範圍可以超乎我們人類普遍型態的「感官認知」，就像「塔天娜和克莉斯塔霍根」姊妹，對其中任何一位進行聲光或觸覺刺激，另一位也有相同反應，一個眼睛看電視，另一個眼睛明明沒有在看電視，還是知道電視在演什麼？兩對眼睛的視野超過一般平常人一對眼睛的所見視野，一個身體可以感覺到另一個身體正在打針的痛楚……

那麼假設；有「連顱四胞胎」，腦部也有部份連結共用，而且一樣共享「感覺、心意」。如果四對眼睛是剛好朝向四個不同方向，如果因此能擁有360度環境視野，在理論上應該也會成立。也因此當「靈魂」脫離肉體，單說視覺方面不再被肉體這一對眼睛的視野範圍所局限時，如果能擁有更廣更遠，更宏觀更微觀的能力，當然也就說得通了（註1：）。

此外，還要更深一層的是來探討一下精神層面的「心意」，譬如快樂、興奮、氣憤、溫馨、幸福、憂愁、驚慌、焦慮、悲傷、痛苦、沮喪等等這些「感受」是不是也會因爲腦部相連的共享，而有相同的「反應」？譬如對父母的愛感到溫馨幸福，這種「感覺」是否完全相同？或者有所差異又或完全不同，譬如其中一方心中覺得父母偏愛另一個較多，所以因此生氣不滿或妒忌，但是，另一邊完全沒這種感覺，那麼這兩極的感覺是互相矛盾的對立，或者可以互相調和？或者在內在互相會討論爭辯？

再假設她們能順利的成長，經過青少年、青年、一直到老年。如果其中一位先戀愛，精神方面的愛意、相思和被愛的幸福，以及生理上的本能性慾，在「感覺」的分享之後，會不會讓另外一位也能享受沐浴愛河的種種感受？又或者另一位並不喜歡姊妹的這個戀人對象，那麼會不會在內在產生嚴重衝突，一個愉悅的享受親吻，另一個卻覺得噁心的要命，甚至造成生理的嘔吐？

同樣再假設；如果在她們成長後，有沒有可能發展出兩個完全獨立的「靈魂」，「感覺、心念」也完全不再互聯共享？我認為幾乎不可能，因為她們只要不是生理經由手術分割，只要腦部和血管還是處於共用情況，「感覺、心念」也就不可能完全阻斷，還是會互聯共享，這樣的情況，我們就不能將之視為兩個獨立的靈魂；雖然她們會意見相左，譬如在行動上，一個想向東，一個想向西，那麼，最後一定是生理方面和意志方面較強的一方勝出，而且就算勢均力敵，那麼也是僵持不下，最後，兩邊都只好作罷。姑不論是一個身體或者兩個身體又或者這樣兩個相連的身體，只要「意念」不能自由自主的操控，我們就不能將之視為一個「完整的靈魂」。更何況，一個「靈魂」和另外一個「靈魂」不得不分享「感覺、心念」，完全沒有個人私密可言，或者想蕃茄醬的例子一樣，在意念和反應上明明非常厭惡，也不能拒絕來自另一方傳送過來的訊息，這樣當然不能視為兩個「獨立自主的靈魂」。

再談一個相關問題就是「超感知覺」的問題；假設有一天，這對姊妹可以順利的進行生理分割，形成兩個完全獨立的軀體，那麼長久相連共享感覺、心念的習慣和奇特的功能，有沒有可能形成有如截肢者常見的「幻痛效應」？因為畢竟雙方都曾經是自己身體的一部份，又是有感覺的一部份，如果有「幻痛」並不稀奇，會引發更多聯想的是：

一，「幻痛」會不會比一般截肢者更嚴重更明顯？

二，截肢者頂多只是一段肢體感覺「幻痛」，而這種兩個身體的分割，會不會有全身的「幻痛」？

三，如果兩人分處兩地時，有沒有可能有強烈的「超感知覺」？這個問題是很實際的，因為她們曾經共享「感覺、心念」，應該自然而然的更擅長收發這類訊息，因此有沒有可能形成驚人的「超感知覺」能力？

還有一個相關問題就是；如果她們姊妹兩人有朝一日順利分割成功，變成兩個獨立的身體，那麼「靈魂」呢？當然不是「一個」，也不再是「一個半」，而是「兩個」獨立自主的靈魂，因為她們生理上不再相連，不再共享「感覺、心念」，「靈魂形成」的那個模式網路機制會補全各自不足的部份；即使她們擁有超強的「超感知覺」，兩個獨立個體還是可以自主開關接收或拒絕的，所以，當然就會形成兩個獨立的身體，兩個獨立的靈魂，形成完整的兩個人。

註1：人在肉體死亡之後，以「靈魂」的型態續存時，其實，很多的能力會被釋放出來，因為不再被肉體束縛拘限，

因此，我們不應該用肉體感官功能的限制去設想「靈魂」的狀態或能耐，譬如「走路、病痛、傷殘、感覺功能喪失、饑渴、嗜欲、不捨、眷戀、悲痛」等等；但是，絕大多數的「亡靈」總是難免執著在生前的肉體習性和慣性，甚至從來沒有意識到「肉體感官功能」以外的「幻想」，如果對於「靈學」或「死後世界」的可能狀態一無所知的話（通常盡皆如此），那麼，靈魂的許多能耐就會被不知不覺的畫地自限，受到自己執念的緊緊束縛而無法發揮；

譬如「視覺」，或者說「看到的感覺」；在有肉體時，人類雙眼的平視「視野」頂多只有150度，左右轉動眼珠也不會超過210度，而眼睛長在頭部兩側的許多草食性動物，雙眼視野可以達到270—300度，由此可見，眼睛的視野是受到眼睛的位置局限，並不是腦部視覺感應區域功能的問題；

那麼，「靈魂」一旦脫離了肉體，不再被雙眼的位置所拘限時，爲什麼一定非要和生前一樣，還是只能「看到」150度的視野呢？

筆者所知；如果是高階的「靈」，不只是可以平行360度環場視野，而且還能3D球狀全方位的視野，在此也要再次強調一個「場域」的觀念；「靈魂」是一種「場」，可以稱爲「靈能場」，「場」其實就是「影響範圍」的意思，譬如「磁場」，就是指磁力因強弱不同所能影響的範圍所及。而「靈能場」也有範圍強弱的不同，這點和「靈」的「心智能力」有關，正常的「場」在自然界中都是呈球體的，「靈能場」也是呈球體的（註：這也是爲什麼有些目擊到「靈」的會用光球或光點來描述的原因），而，越高階的「靈」，「靈能場」不但越強，範圍越大，而且還可以伸展出無形的「觸手」去接收或散發訊息（其實這點也不足爲奇，因爲我們腦中最多的神經細胞，也是有許許多多觸手狀的「軸突」是向四面輻射去連結其他神經細胞的）。而這種會發光的球體「靈能場」，最現實最常見的就是在一些宗教的圖像上，不論是西方的耶穌、聖母、聖人或者東方的神佛菩薩，頭頂都一定有發亮的光環，當然，要強調在頭頂也無不可；然而，實際上整體就是一個「自主靈能量的光團」才對。

「但丁神曲」在靈魂學中的意義

但丁・阿利吉耶裏（Dante Alighieri）是義大利詩人，中古到文藝復興的過渡時期最有代表性的作家。恩格斯稱他是「中世紀的最後一位詩人，同時又是新時代的最初一位詩人」。關於但丁的生平：但丁於 1265 年 5 月下旬誕生在佛羅倫斯，自稱是古羅馬人的苗裔，出身城市小貴族，高祖父卡恰奎達隨從神聖羅馬皇帝康拉德三世參加第二次十字軍（1147～1149），被封為騎士，戰死在聖地。高祖母是波河流域的人，她的姓氏阿利吉耶裏後來成為家族的姓氏。

但丁・阿利吉耶裏

Dante Alighieri

十三世紀，義大利在政治上處於分裂狀態。北部小邦林立，小邦之間和小邦內部鬥爭都很激烈。最高統治者教皇和皇帝之間，長期存在著尖銳的矛盾和鬥爭。各小邦和小邦內部的政治力量，分別依靠這兩個最高的封建權威，形成了「圭爾弗黨」和「吉伯林黨」兩個對立的陣營。前者號稱「教皇黨」，實際上主要代表新興的市民階級和城市小貴族；後者號稱「皇帝黨」，主要代表封建貴族。圭爾弗和吉伯林兩黨的劃分，1216 年最初出現於佛羅倫斯（當時具有和後來不相同的階級內容和政治立場），後來逐漸遍及義大利全國。

佛羅倫斯當時是義大利最大的手工業中心，13 世紀中葉以前，政權掌握在封建貴族手中。1250 至 1260 年間，市民階級壯大起來，圭爾弗和吉伯林兩黨鬥爭日益激烈，1266 年，圭爾弗黨獲得最後勝利。但丁的家族是圭爾弗黨，但政治上沒有什麼地位，家庭經濟狀況也不寬裕。他五、六歲時，母親貝拉去世；1283 年左右，父親阿利吉耶羅去世。1277 年，他由父親作主，和傑瑪．多納蒂訂婚。他的兩個兒子：雅科波和彼得羅，都是他的代表作『神曲』最初的傳抄和注釋者。

但丁少年時代就好學深思，在學校裏學了有關拉丁文法、邏輯和修辭學的初步知識，後來又從著名的學者布魯內托．拉蒂尼學過修辭學，包括當眾演說和寫拉丁文書信的藝術，這對於擔任公職和參加政治活動是必要的。更重要的是他通過自學，接觸到拉丁詩人的作品、法國騎士傳奇和普羅旺斯抒情詩。18 歲時，已經學會了作詩。當時佛羅倫斯是博洛尼亞詩人圭多．圭尼澤利創立的「溫柔的新體」詩派的中心。但丁和這個詩派的一些詩人互相贈答，並和詩派的領袖圭多．卡瓦爾坎蒂結成深厚友誼。但丁贈給卡瓦爾坎蒂等詩人的第一首詩，是抒寫對貝雅特麗琪（Beatrice）的愛情的十四行詩。但丁對貝雅特麗琪是精神上的愛，帶有神秘色彩。在她死後，但丁把抒寫對她的愛情以及其他有關的詩，用散文連成一體，是為他的第一部文學作品，取名『新生』（約 1292～1293）。

對貝雅特麗琪的愛情是但丁作為詩人的意義深遠的生活經驗之一。她死後，但丁為了尋找精神上的寄託，潛心研究哲學。首先閱讀了博埃齊烏斯的『論哲學的安慰』，然後閱讀了西塞羅的『論友誼』以及其他哲學著作和塞內加的『道德對話』。除了必讀的基督教『聖經』外，他還廣泛閱讀了經院哲學家阿爾貝圖斯、湯瑪斯．阿奎那和阿拉伯哲學家阿威羅伊等人的著作。然後，又從湯瑪斯．阿奎那上窺亞里斯多德，特別是他的『政治學』和『倫理學』。與此同時，他還精讀了維吉爾的『埃涅阿斯紀』、賀拉斯的『諷刺詩集』和『詩藝』、奧維德的『變形記』和盧卡努斯的『法爾薩利亞』。他博覽群書，掌握了中古文化領域裏的廣博知識，為後來的創作提供了有利的條件。……

……

當時，佛羅倫斯圭爾弗黨已經分裂成黑白兩黨。黑白兩黨的鬥爭，除了家族仇恨和階級矛盾以外，還摻雜著私人之間的冤仇以及個人的野心、貪欲等因素，情況異常複雜。佛羅倫斯的內訌，還由於外來的干涉更加激化。教皇博尼法齊烏斯八世藉口神聖羅馬皇帝尚未加冕，企圖代行皇帝的權力，把托斯康納全境置於自己的統治下。

……

義大利佛羅倫斯的「但丁」故居

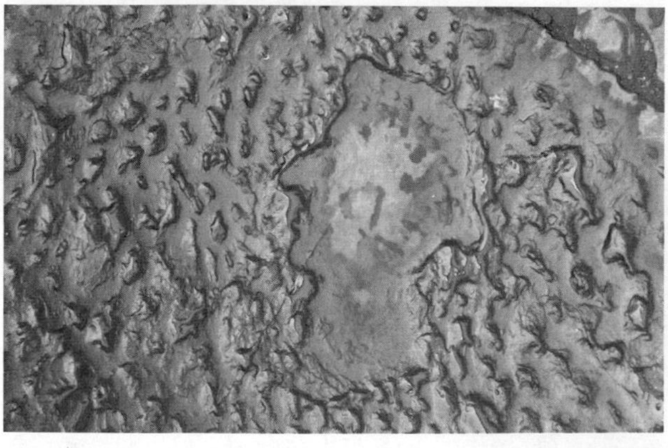

1314 年教皇克雷門特七世死後，但丁寫信給義大利的樞機主教們，敦促他們選義大利人為教皇，把教廷從阿維尼翁遷回羅馬，以擺脫法國國王的控制。最後，他接受圭多·諾韋洛·達·波倫塔的邀請，定居於拉韋納。在維羅納和拉韋納期間，他主要致力於『神曲』的寫作。『天國篇』剛一脫稿，就受圭多·諾韋洛委託，去威尼斯進行談判，不幸染上瘧疾，回到拉韋納後不久，於 1321 年 9 月 14 日逝世。

但丁的重要著作以「新生」與「神曲」最具代表性：

『新生』是但丁抒寫對貝雅特麗琪的愛情的作品，包括 31 首抒情詩，用散文連成一體，並說明各首詩的緣起和意義。書中描述但丁 9 歲時初見貝雅特麗琪，她的形象恍如「幼小的天使」。9 年後她重現在他眼前時，愛情就主宰了他的心靈。他怕別人看出他對她的愛慕，假裝愛上一些別的女性，寫詩表達對她們的愛情。貝雅特麗琪不再理會他。起初他沉浸在悲哀的情緒中，後來懷著精神上的愛，專心寫詩歌頌她，把她作為上帝派到人間來拯救他的靈魂的天使。她死後，但丁悲痛欲絕。一位「年輕貌美的」高貴女性的憐憫使他很受感動，從而產生了新的愛情。但是貝雅特麗琪的形象重新出現在他的記憶中，他感到羞愧和悔恨。最後，他經歷了一番「神奇的夢幻」之後，「決定不再講這位享天國之福的人，直到自己更配講她的時候」，到那時，關於她要「講人們關於任何一位女性都未講過的話」，這是全書的終結。

書中的詩是 1283 至 1292 年間的作品。最初的詩沿襲圭托內·達雷佐的風格，生硬粗糙，稍後的詩受圭多·卡瓦爾坎帝的影響，把愛情描寫為一種猛烈可怕的力量。這些作品的缺點在於缺乏內在的激情。在歌頌貝雅特麗琪的詩中，但丁依照圭多·圭尼澤利的方式，把她描寫為天使，充滿精神之美和使人高貴的道德力量。這些詩帶有宗教神秘色彩，藝術風格比圭尼澤利更為清新自然，是「溫柔的新體」詩派最高的成就。

除了『神曲』以外，『新生』是但丁最重要的文學作品。

⋯⋯⋯⋯⋯⋯

但丁的寓意詩以歌頌「哲學」為主題，首先把「哲學「描寫為溫柔的女性，她在貝雅特麗琪死後撫慰詩人悲哀的心靈；後來又把她描寫為冷若冰霜的女性，以象徵學習哲學的過程中遇到的難關。道德詩歌頌美德，把美德看作哲學本身之美的外在表現。這些詩開『神曲』哲理部分的先河。

『神曲』寫作的具體年份難以確定。根據考證，大概始於1307年前後，『地獄』和『煉獄』大概在1313年前後即已寫完，『天國』是逝世前不久才完成。『天國』脫稿以前，前兩篇已傳抄問世。『神曲』原稿已佚。各種抄本文字頗有出入，現在一般採用義大利但丁學會的校勘本。

『神曲』採取了中古夢幻文學的形式。詩中敍述但丁「在人生旅程的中途（即1300年）發現自己由於迷失正路在森林中徬徨」，剛開始登山，就被三隻野獸（豹、獅、狼）擋住去路。正在危急時，古羅馬詩人維吉爾出現，他受貝雅特麗琪的囑託來搭救但丁，引導他遊歷地獄和煉獄，接著貝雅特麗琪又引導他遊歷天國。和許多中古文學作品一樣，全書的情節充滿了寓意，在解釋上引起許多爭論，可是作品的主題思想是相當明確的：在新舊交替的時代，個人和人類從迷惘和錯誤中經過苦難和考驗，到達真理和至善的境界。圍繞著這個中心思想，『神曲』廣泛地反映了現實，給中古文化以藝術性的總結，同時也現出文藝復興時代人文主義思想的曙光。

『神曲』是一部具有強烈政治傾向性的作品。為了喚醒人心，給改革鋪平道路，但丁在作品中廣泛、深刻地揭露了當時的政治和社會現實。他嚴厲譴責皇帝魯道夫一世和阿爾伯特一世父子只顧在德國擴充勢力，不來義大利行使皇帝的權力，「聽任帝國的花園（指義大利）荒蕪」。詩中還忠實地描繪了佛羅倫斯從封建關係向資本主義關係過渡時期的社會和政治變化，對教會的揭露和批評尤其尖銳。詩中形象地闡明了『帝制論』裏政教分離的思想，反對教皇掌握世俗權力，其代表人物就是企圖建立神權統治的教皇博尼法齊烏斯八世，詩中多處揭露他的罪行。

『神曲』對於現實的揭露一般都通過人物形象進行。揭露者和被揭露者大多是歷史上或當代的著名人物，因為但丁相信，只有通過著名的人物和事件，才能打動人心，促使改革早日實現。

『神曲』通過但丁和他與在地獄、煉獄、天國中遇到的著名人物的談話，反映出中古文化領域的成就和重大問題。因此，『神曲』還起了傳播知識的作用，帶有「百科全書「的性質。但這在一定程度上損害了這部作品的藝術性。

『神曲』肯定現世生活的意義，認為它不只是來世永生的準備，而且有其本身的價值。詩中顯示出但丁對現世生活、鬥爭的興趣。詩中強調人賦有理性和自由意志，對自己的行為負有道德責任，在生活和鬥爭中應遵循理性指導，要象一座堅塔一般。要「克服惰性，因為坐在絨墊上或者睡在被子裏，是不會成名的；默默無聞地虛度一生，人在世上留下的痕跡，就如同空中的煙霧、水上的泡沫一樣」。這種追求榮譽的思想，是但丁作為新時代最初一位元詩人的特徵之一。詩中熱烈歌頌古今英雄人物，作為在生活、鬥爭中的光輝榜樣。

『神曲』還表現了但丁作為文藝復興的先驅，反對中世紀的蒙昧主義，提倡發展文化、追求真理的思想。詩中讚美人的才能和智慧，對古典文化推崇備至：稱亞里斯多德是「哲學家的大師」，荷馬是「詩人之王」，稱維吉爾是「智慧的海洋」、「拉丁人的光榮」；還以讚頌的筆調描寫荷馬史詩中的英雄尤利西斯（奧德修斯）受了求知欲的推動，在遠征特洛伊勝利後，堅持航海探險的英勇行為，並借他的口指出，人「生來不是為了像獸一般活著，而是為了追求美德和知識」。

『神曲』中也反映出但丁世界觀上的矛盾。例如，詩中以維吉爾作為遊地獄和煉獄的嚮導，以貝雅特麗琪作為遊天國的嚮導，表明作者還局限在信仰和神學高於理性和哲學的經院哲學觀點裏。他一方面通過上述尤利西斯所說的話，肯定追求美德和知識是人生的目的，一方面又通過維吉爾的話肯定理性的局限：「誰要是希望人的理性能夠走遍三位一體的神所走的無窮的道路，誰就是瘋狂。」他通過上述維吉爾所說的話肯定追求榮譽的必要，同時又通過奧德里齊的話說明榮譽的虛幻無常。在政治觀點上，但丁渴望祖國能實現正義與和平，但又把希望寄託在純粹中古的政治力量神聖羅馬皇帝身上。在對待詩中人物的態度上，他也常常是矛盾的。他一方面根據教會的道德標準，把保羅和弗蘭齊斯嘉作為犯淫行的罪人放在地獄裏，但同時又對他們的命運極度同情以致暈倒。書中屢次揭露教皇博尼法齊烏斯八世的罪行，當他還在世的時候就宣佈他一定要入地獄，但又把他在阿納尼受到的污辱，看成是對基督的污辱（因為教會認為教皇是基督在世上的代表），而為之義憤填膺。

『神曲』描寫的雖然是來世，但正是現世的反映；地獄是現世的實際情況，天國是爭取實現的理想，煉獄則是從現實到達理想必經的苦難歷程。書中暴露了現實，也著重描寫生活的理想。這說明『神曲』並不純粹是現實主義，也是浪漫主義的。在黑暗的現實中，詩人渴望一個沒有黑暗和罪惡的世界。

『神曲』中的人物形成一座豐富多姿的畫廊。作為『神曲』的主人公，詩人自己的性格和精神面貌描繪得最為細緻入微。維吉爾和貝雅特麗琪這兩個嚮導雖然具有象徵的意義，但並沒有概念化和抽象化，顯示出了不同程度的鮮明性格。在各種不同的場合，維吉爾以導師和父親的形象，貝雅特麗琪以戀人、長姊和慈母的形象出現，訓誨、批評、鼓勵和救護但丁。詩中常常通過人物在戲劇性場面的行動和對行為動機的挖掘來刻畫性格。但丁勾勒人物形象的特徵，有時只用寥寥數語。

維吉爾在『埃涅阿斯紀』中關於埃涅阿斯在神巫的引導下遊歷陰間的描寫，『新約．啟示錄』中關於基督啟示給聖約翰的種種神秘情景的描寫，對『神曲』的寫作都有影響。中世紀有許多描寫地獄、煉獄和天國的夢幻文學作品流行，但其中的描寫都庸俗粗糙，模糊混亂。『神曲』對於地獄、煉獄和天國的描寫，則是構思明確，想像豐富。詩人把地獄、煉獄、天國三個境界細分為若干層，體現出作者根據哲學、神學觀點所要闡明的道德意義。三個境界的性質不同，地獄是痛苦和絕望的境界，色調是陰暗或濃淡不勻的;煉獄是寧靜和希望的境界，色調是柔和爽目的；天國是幸福和喜悅的境界，色調是光輝耀眼的。在『地獄』裏，但丁借自然景象來描繪人物受苦的場面，在『煉獄』裏才直接描寫了自然景色，『天國篇』描寫的是非物質的、純精神的世界。這些境界的描述都非常真實，使人如身厯其境。對自然的描寫也往往富有高度的畫意，足見但丁對自然之美極為敏感。這一點也是他作為新時代詩人的特徵。

但丁在塑造人物形象和描寫情景時，善於使用來源於現實生活和自然界的比喻。例如，他形容鬼魂們注視但丁和維吉爾，說它們好象年老的裁縫穿針時凝視著針眼一樣。他所寫的情景越不平常，就越是用人們熟悉的事物來比喻。比喻使人物和情景鮮明突出。但丁還用比喻描寫人的心理和精神狀態。例如形容自己聽了維吉爾的話以後，疑慮頓消，精神振奮，好象夜間受到寒氣侵襲而低垂閉合的小花，一經陽光照射，朵朵挺起在梗上開放一樣。

『神曲』的細節描寫雖有高度技巧，但它的主要成就還在於高度的概括和綜合。這部作品把詩人的內心生活經驗、宗教熱情、愛國思想，把歷史的和現實的、古典的和基督教的因素融為一個和諧的整體。在這一點上，『神曲』確實是很成功的。

『神曲』是一部長篇史詩，『地獄』、『煉獄』、『天國』各有33章，加上全書序曲共100章，長達14233行，每部曲最後一行都以「星」字作韻腳。這種勻稱的佈局以及詩中三個境界的勻稱的結構，都是建立在中古關於數字的神秘意義和象徵性的概念上的。

『神曲』是用三韻句寫成，這是但丁以民間詩歌中流行的一種格律為基礎創制的新格律。更重要的是『神曲』用義大利俗語寫成，對於解決義大利的文學用語問題，和促進義大利民族語言的統一起了很大的作用，這使但丁成為義大利第一個民族詩人。

『神曲』原名『喜劇』，這裏喜劇並沒有戲劇的涵義。由於羅馬時代戲劇演變的歷史原因，中世紀對於戲劇主要是表演性藝術的概念已經非常模糊，慣於根據題材內容和語言風格的不同，把敘事體的文學作品也稱為悲劇或喜劇。但丁因為這部作品敍述從地獄到天國、從苦難到幸福的歷程，結局圓滿，所以取名為『喜劇』。薄伽丘在『但丁贊』(1357～1362）一文中對這部作品推崇備至，稱它為「神聖的」『喜劇』。1555 年的威尼斯版本第一次以『神聖的喜劇』為書名，隨即被普遍採用。中文譯本通稱『神曲』。(註：以上內容引用自網路)

筆者評註：嚴格來說：「但丁神曲」當然是偉大的文學鉅著，這點是毋庸置疑的，但是，如果要從「靈魂學」的立場而論，「但丁神曲」實在沒有什麼實質意義，只能說這是一部對於「天堂、地獄」最早也是內容著墨最豐富的一本著作，但是，卻完全談不上描述或探討的功能，因爲基本上，整部「神曲」只是「但丁」個人斐然的文采及驚人的想像力，將以「基督教」和「聖經」爲圭臬的「天堂地獄說」詮釋成爲洋洋灑灑的皇皇鉅著，寫得有如身歷其境而且畫面感十足，讀來十分能撼動人心，後來有許多著名畫作以及著名的「銅版畫」全集都是以「神曲」爲藍本，如果要改編成劇本，拍攝成電影，想必也是非常精彩可期的。但是，主軸的「天堂與地獄」加上「煉獄」的場景和故事，「但丁」以第一人稱帶領著古今中外的所有讀者完整的「神遊」了這三個不同的境界，卻真的只是「神遊」了屬於「但丁」純個人想像出來的「三界」，並非真實的「三界」，甚至，從筆者一個「靈魂學」與「靈界架構」研究者的立場來評論：「但丁神曲」所描寫的「三界」景象和他想像出來的「個人靈界遭遇」其實是幾乎全然謬誤的；其中最明顯的幾個重點：其一，純然是從基督教和聖經的觀點出發，這種觀點無疑是非常狹隘、偏頗而且具有嚴重排他性的。其二，太多個人的愛恨情仇充斥其中，包括對於仇人、政敵，安排了地獄、煉獄等等非常悲慘、惡毒的酷刑來糟塌他們，這時的「但丁」自己彷彿成了上帝或者閻王，可以任意將他們定罪並且恣意的將他們打入各種不同的地獄惡境，而對於一個自己單戀到近乎盲目的早逝女子「貝雅特麗琪」(只活了 25 歲）卻又過度神化的將之安排在最美好的天堂，地位甚至超越了天使，過多甚至誇大過度的讚美和神化辭句，讓人很難想像她曾經也是世間的凡人（筆者以爲「凡間」自古以來也不曾有過像「但丁」描述的這種完美到毫無瑕疵的美女，那是他自己單戀到幾近瘋狂的「偶像化」崇拜的嚴重情結，才會在「神曲」中這樣呈現）。雖然，從文學的角度；「白髮三千丈」也不足爲奇，但是，一部以「三界」爲主題的書，這麼露骨到毫不掩飾隱寓的寫法，佔掉這麼多的篇幅，反而削弱了「三界」的客觀公正性，如果說這是「三界神曲」，倒不如說是屬於「但丁」個人的「神曲」，否則如果要把所有仇人、政敵和夢中情人完全從這部書中抽除的話，大概也就沒太多的可讀性了。其三，關於「三界」的描寫其中有太多的破綻和不合理甚至不合邏輯的地方，不過，幸好，只要知道這部書不是強調「親身經歷」，而是閉門造車，憑空想像出來的一個「神遊」或者「夢遊」記，那麼也就無需浪費時間一一加以批駁了。

以下摘錄「但丁神曲」一書中部份內容，讓大家更精確的了解一下以上的評論作爲憑據：

『**淫欲者：**

這時，我開始聽到那些慘痛的呼聲；這時，我來到哭聲震天之境，這哭聲令我心酸難忍。我來到連光線也變得暗啞的地方，那裏傳出陣陣轟隆浪濤聲，彷彿大海在暴風雨中，吹打這大海的正是那逆向的頂頭風。

地獄裏的狂飆始終吹個不停，它那狂暴的力量把鬼魂吹得東飄地蕩；鬼魂隨風上下旋轉，左右翻騰，苦不堪言。

他們被吹撞斷壁殘岩，他們慘叫，哀號，怨聲不斷；他們在這裏詛咒神明的威力。

我恍然大悟：正是那些肉欲橫流的幽靈在此經受如此痛苦的酷刑，因為他們放縱情欲，喪失理性。正像紫翅鳥的雙翼把它們一群群帶入寒風冷氣，那狂風也同樣使這些邪惡的陰魂上下左右不住翻騰；他們永遠不能抱有任何希望：哪怕只是希望少受痛苦折騰，而不是停下不飛。

正像空中排成長列的大雁，不住發出淒慘的悲鳴，我所目睹的這些淒厲叫苦的幽魂也同樣被那狂風吹個不停；

因此，我說道：「老師，這些是什麼人？他們被那昏暗的氣流折騰得如此慘痛！」

「你想知道這些人的情況」，

我的老師於是對我說，

「其中第一個就是那位統治多國人民的女皇。她是如此糜爛荒淫，甚至她的法律也定得投其所好，以免世人唾罵她的穢行。

她就是『塞米拉密斯』，觀看史書，可知她是尼諾之妻，還繼承了他的王位，她當時掌管的疆土就是蘇丹今天統轄的國度。

另一個女人是為了愛情而自尋短見，她毀棄了忠於希凱斯骨灰的誓言；接踵而來的則是淫婦『克麗奧派特拉』。

你看，那是海倫，為了她，多少悲慘的歲月流逝過去；你再看偉大的『阿奇琉斯』，為了她，他一直戰鬥到死。

你看，那是『帕里斯』，還有『特裏斯丹』；老師向我指點一千多個陰魂，一一叫出他們的姓氏，正是愛情使他們離開了人世。由於我聽到我的老師說出這些古代貴婦和騎士的姓名，憐憫之情頓時抓住我的心靈，

「但丁神曲」銅版畫中的淨界景象

教皇阿納斯塔修斯墓前：

我們來到一片高高的斷崖上邊，這斷崖是由巨大的殘石圍成一圈，一批受著更加殘酷的刑罰的鬼魂就在我們下面；這裏，那深邃的坑穀散發的惡臭氣味可怕，令人難挨，我們不得不退後幾步，躲近一個碩大石墓的棺蓋，我看到墓上有一塊碑文，寫道：「我看管的是教皇阿納斯塔修斯，浮提努斯曾引誘他離開正路。」

「我們可以停頓一下，再下去，這樣，就可以先使嗅覺能稍微適應那難聞的氣味，然後對它就不必在乎。」老師這樣說，為我則對言道：

「可否想些辦法，讓時間不致荒廢掉。」他於是說：「我已經想到這一點，你可以看到。」

教皇尼可洛三世：

「此人是誰，老師？他痛楚萬分，抖動得甚於與其他命運相同的人」，我這樣說道，「燒在他身上的火焰也更紅。」他回答我說：「你若是願意我領你沿著橫亙在更低處的那道堤岸走下去，你就可以聽到他親口說明他本人和他的罪孽。」

我於是說：「只要你喜歡，我就樂於從命，你是主人，你知道我不會背離你的旨意，即使我不說出心中所想，你也會知悉。」於是，我們來到第四道堤岸：我們從左邊轉彎走下去，走到下麵那佈滿孔洞、狹窄難行的溝底。

好心的老師不曾讓我離開他的左右，直到把我帶領到那個用腿哭泣的人所呆的洞口。

我開始說道：「啊！可悲的靈魂！你像根木樁，上下顛倒，插在地裏，不管你是誰，你若能說話，就請開尊口。」

我呆在那裏，像是教士聽取不忠的殺手做懺悔，那殺人犯被倒埋在坑中，他把教士召來，請求免除死刑。這時，他喊道：「你已經豎到這裏來了麼？你已經豎到這裏來了麼，博尼法丘？「那生死薄竟把我誆了好多年。難道你這麼早就厭膩了已得的財富？而你過去為了發財，曾不怕把那佳人騙娶到手，隨後卻又把她變賣玷污！」

我聽罷此言，就如同不理解對方答話的人一般，幾乎摸不清頭腦，也不知如何回答是好。維吉爾於是說道：「你馬上告訴他：我不是那個人，我不是你所以為的那個人。」我立即聽從指教，作了回答。

這一來，那鬼魂把雙腳一齊扭動了一下；隨後又歎了一口氣，同哭泣的聲音對我說：「那麼，你要求我做什麼？你是否想知道，我何以對你是如此重要，因而才使你跑下這懸崖陡壁，你該知道，我生前曾身著尊貴的法衣。

「但丁神曲」銅版畫中的地獄景象

我確實是母熊的兒子，我是如此貪婪成性，想讓小熊們也能青雲直上，在人世我把錢財放進口袋，在這裏則是把我自己打入惡囊。在我的頭下，還有其他人被拖進，他們被一個壓一個地平放在岩石的夾縫，因為他們在我之前犯有買賣聖職的惡行。等那個人來到此地，我也會下降到那裏，我方才把你誤認為是他，所以曾冒昧地提出那個問題。但是，我的雙腳被火燒、我如此被倒栽在這裏的時間，比那個人將帶著那燒紅的腳插在此處要長：因為繼他之後，還要從西方前來一個無法無天的牧人，他的罪行要更加醜惡，須由此人來遮蓋他和我。來人將是新伊阿宋，從『瑪喀比傳』中可以讀到伊阿宋的事情經過，正如伊阿宋的國王曾屈就于他，今天那個統治法國的人對來人也是照舊這樣做。」

『貝雅特麗琪』對但丁的安慰：

這時，那幸福的明鏡則只是兀自在把他的話語默想，而我也在把我的話語體味一番，並用甘甜把辛酸沖淡；那位引導我走向上帝的貴婦於是說道：「你該改變你的思維：該想到我是靠近能減輕一切損害的那位。」

我轉過身去，面對我那慰籍者發出的慈愛聲音，當時我從那神聖的雙目中看到怎樣的仁愛之情，我現在寧可不去描述分明；這不僅是因為我懷疑我的語言能力，

而且也是因為腦海無法仔細回憶自身的經歷，倘若另一位不來指引，助它一臂之力。這樣，我如今只能追求我那時節的感受，在凝視她的同時，我的情感曾擺脫其他一切欲念，只要從那『貝雅特麗琪』身上直接煥發出來的永恆之美，從那秀目中射出，又以那第二個形象，令我感到滿意非常。她用微笑之光征服了我，對我說：「轉過身去，仔細聽著；因為不僅在我的眼睛裏才有天國。」

「但丁神曲」銅版畫中的天堂景象

木星天：

我向我的右方轉過身去，為的是想看出『貝雅特麗琪』的示意：我是應當行動還是言語；我看到她的光亮是如此燦

爛，如此歡暢，以致她的容貌勝似通常其他時節乃至最近一次的模樣。正如一個人因行善而倍感歡欣，發覺自身的美德在一天天不斷前進，我也同樣發覺，我與那重天一起團團旋轉，加大了那弧線，同時看到那奇跡變得更加光彩耀眼。猶如在短短的時間內，一個婦人面容變白，因為她的臉龐把羞紅之色撇開，我目睹的景象也是這樣，因為這時我轉過身去，看到那第六顆柔和的星辰一片潔白，正是它把我迎接在懷。

『貝雅特麗琪』的美麗：

第六時在那裏發出火光，距離也許遠達六千里，這個世界則已把陰影幾乎投到平平的床榻之上，這時，高懸在我們上方的天空的一半之處，開始演變到這種地步：一些星辰在喪失外貌，連這底部也無法把它們目睹；正如太陽的最靚麗的使女向前款款行來，同樣，天空也在把一扇扇透露星光的窗戶關閉，直到最美麗的一顆星也不見蹤跡。

那勝利的隊伍也並無兩樣，他們一直圍繞戰勝我的視力的那一點而雀躍歡唱，那一點似乎是被他們所包攏，其實是它在包攏他們；他們一點一點地熄滅在我的眼前；正因如此，我看不到任何東西，又加上我的愛戀，這便迫使我把眼睛轉回到『貝雅特麗琪』的身邊。

倘若把迄今為止談到她的那些內容全部歸結為一句讚頌，這也嫌微不足道，難以起到這個作用。我所眼見的美麗不僅超出我們的表達能力，而且我也確信無疑：

只有她的造物主才能欣賞這全部美麗。

我承認我被這個內容所戰勝，而且比那喜劇作者或悲劇作者曾被他們的主題的某一點所難倒還甚；因為正像太陽射在顫抖至極的視力上，回憶把甜美的笑容也同樣使我的記憶力從我自己身上淪喪。從我在這塵世間見到她的面容的第一天算起，直到如今的相見，就不曾有過什麼能把我的繼續歌唱打斷；但是，我現在不得不放棄以詩歌來繼續追蹤她的美麗，正如每個藝術家陷於才華用盡的境地。』

當然，最重要的還是回到本書的主題，在「靈魂學」的研究上，「但丁神曲」關於「天堂、地獄、煉獄」的描述可以當成基督教宣教說法的一種認知參考，卻絕對不是事實真相，而且是和真實的「天堂地獄」有極大不同甚至大多違逆的。尤其是那種以「基督教」為依歸的宗教本位主義觀點是非常不可取也不可信的。所以，如果是以研究「靈魂學」的目的來看；「但丁神曲」確實是必讀的一部書，可以用來和其他相關著作互相比對參照，但是，卻不用希冀能從其中汲取到什麼「養分」，因為關於「靈界」方面的架構上是沒有什麼重大意義的。（註：這種立場和觀點也幾乎直接影響到另一位大名鼎鼎的所謂「靈學家」—十七世紀的「史威登堡」，在他皇皇八大巨冊的「靈界見聞錄」中一樣也有幾乎一模一樣的缺失；站在筆者的立場，個人認為在這個「本位主義」觀點上，「但丁」和「史威登堡」簡直就是『難兄難弟』）。

附錄一「台灣原住民祖靈信仰」—『泰雅族的巫婆』

本書作者唯一嚴謹鑑定具有「靈魂物理致動」能力的通靈人

以下內容為「簡浴沂」先生之現場採訪稿：

為了探討有關「原住民巫婆」的疑問，筆者三次造訪居住在宜蘭縣南澳鄉，目前為泰雅族碩果僅存的女巫師「陳彩嬌」，並到大同鄉四季村拜訪巫師的後裔和傳人。

「陳彩嬌」，泰雅族人親切地稱她「沙巴‧奇巴姨」；她的家人和外孫女都說她已一百零一歲，但根據戶口名簿上的記載，她只有八十八歲，居住在南澳鄉南澳村中，是一棟很常見的鋼筋加強磚造的二層樓房。

「沙巴‧奇巴姨」給人的印象是一個樂觀、熱比、親切的仁慈長者，她臉上有大面積的刺青，身上背著一個早晚不離身的藍色小背包、身子硬朗，雖快步疾行，不見喘氣，甚至能爬上二尺來高的階梯而不需他人扶持，她滿臉笑容，笑容中充滿慈和，不帶一點邪氣，和她並肩而行，並不覺可怕。

泰雅族的巫師，是族人和祖靈的中間人，溝通祖先和兒孫陰陽兩界，泰雅族人相信「祖靈」可以操縱兒孫生死，降下禍福與疾厄，所以族人遇有病痛百醫無效或疑難不解的事，都會來請教「奇巴姨」，她也從不拒絕，治人無數，是族人的精神依靠，是泰雅之寶，也是泰雅文化的傳承者。

為了親眼目睹這位聞名女巫師的法力，筆者懇請她施法，「奇巴姨」笑了一笑，爽然地答應了，她從藍色小背包裡取出一根細長的小圓木棍和一圓形不銹鋼管，小圓木棍長約二十公分，頭部較粗約直徑零點五公分，尾稍細。圓形不銹鋼管更細，長約五公分（據說圓鐵球亦可）；巫師唸動咒語，將小木棍從嘴邊一沾而過，夾在兩膝中間，放開手後，拿起小不銹鋼管，唸動真言，在空中揚了兩下，垂首閉目（應該是在召請「祖靈」），摒氣凝神，很專心地將不銹鋼管放在圓木棍的尾端，看不銹鋼管安然地躺在小圓木上之後，就完全放開雙手，「奇巴姨」又說了幾句泰雅族的話語，忽地，兩手左右猛煽，似乎企圖將不銹鋼管搧掉一般，邊搧嘴裡邊發出「赫、赫、赫、赫」的聲音，那聲勢有如天兵天將即將下凡，又如在為天神開道般，威猛無比，令人聽來有點心驚，左右搧罷，又上下猛搧。

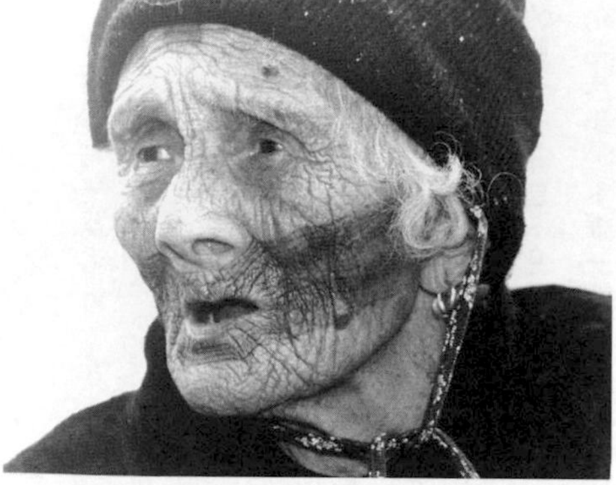

「沙巴·奇巴姨」陳彩嬌女士

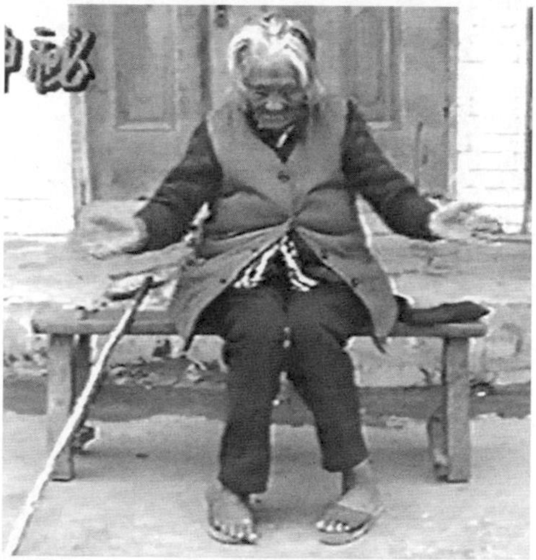

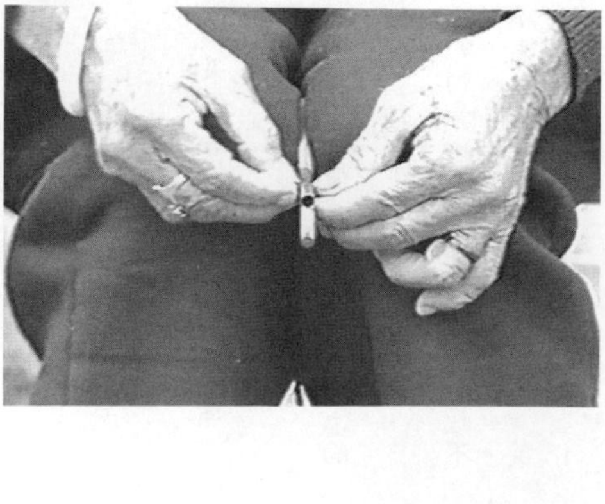

說來奇怪・那據說已一百零一歲的老人，走路發顫，兩手兩腿本已抖索不穩，拿煙斗裝煙絲，有一半要掉在地上，卻能將一個圓滾滾、光滑滑的小不銹鋼管放在一小圓木上，再加上雙手猛搧，兩腿晃動，嘴巴發出赫赫的聲音，只見那不銹鋼管有如黏在小圓木上一樣，紋風不動，就是不會掉下來。

太令人難以置信，我是個不信邪的人，壓根懷疑其中必有訣竅，因此大膽借過這小圓木和不銹鋼管，依樣畫葫蘆，比照她的姿勢和方法來作；但任憑我如何專心一致，如何勁貫雙腿，始終無法讓不銹鋼管安靜地在圓木上躺半秒鐘，總是每次都掉落地面；惹得旁觀的人一陣陣訕笑，也異口同聲的勸我放棄吧。

難得的機會，豈可輕言放棄，我企圖舉會咒語後再試，透過翻譯，原來「奇巴姨」剛才所講的一堆話，是請教鬼神，她今年內會不會死，如果不會，小不銹鋼管即可舒服地躺在小圓木上，至於咒語，譯者也不盡懂得，泰雅語更不是短期內學得來，就算學會了，「泰雅祖靈」承不承認，也是大問題，我只好失望地將道具雙手恭敬地奉還，不敢多試。

這位耄耋的巫師，慢吞吞地將道具收回藍色小布包內，取出煙斗，點燃香煙，突然，左手迅速地抓住我的右手，拇指和食指分別搭在我撓側的列缺和孔最穴上，這是她平常為人看病的手法，據說，只要她的手指一搭上，你的什麼祕密，她都知曉，包括任何不可告人之事。

我當時心想，這種淺顯捉小偷用的心理戰術，對本人而言，絕對起不了作用，這套手法，替人消災，撫平心靈壓力或許管用，但要說什麼祕密都知道，我打心底否定。

「奇巴姨」很快地道出診查結果，她說：「你已經結婚，有一個小孩！」，我一時聽不懂，未置可否，翻譯的那位先生自作主張，貼近她的耳朵，大聲告訴她：「有兩個小孩！」，「奇巴姨」昏濁的眼睜眨了眨，突然睜了開來，並伸出右手食指，堅定地表示：「有一個小孩！」。

隨後，她笑了笑，笑得有點曖昧，神祕兮兮地說：「你有三個愛人，對不對？」旁觀眾人都笑了起來，我有點不好意思，她繼續說：「太太多，不會幸福」；我指著為我帶路的前南澳鄉長的千金，開玩笑池說：「她就是我的愛人！」，奇巴姨立刻嚴肅的否定，「不，不是她」。

我確實已經結婚，有一個小孩，也曾有過知心的女朋友，不過，我徙沒有娶三個太太的打算，相信今後也不會有。趁機，我追問前途、事業、考試，巫師只告訴我：「命很好！」，至於事業、考試，以及到底命有多好，她並沒有做肯定的答覆。

原來抱著全盤否定的心，至此，也不得不有些信服。

這有什麼稀奇，「奇巴姨」五十一歲的姪女林麗秀說：「姑媽的法力人盡皆知，神奇的事蹟不勝枚舉，不只是泰雅族，其他各族和平地人也經常前來求教，甚至遠從高雄、台南雇專車請她去看病，直到六年前，在為人治病途中，車禍受傷，才不再出遠門。

林麗秀和旁觀的族人，分別述說了　一些奇巴姨為人治病的神奇事蹟：

南澳鄉老鄉長鄭乂里的叔父，年輕時，有一天，突然神志失常，又哭又笑、大聲歌唱，雖派醫診治，情況並日益嚴重，到處亂走，深夜高歌，歌聲淒厲、六親不認，病情一直不見好轉。

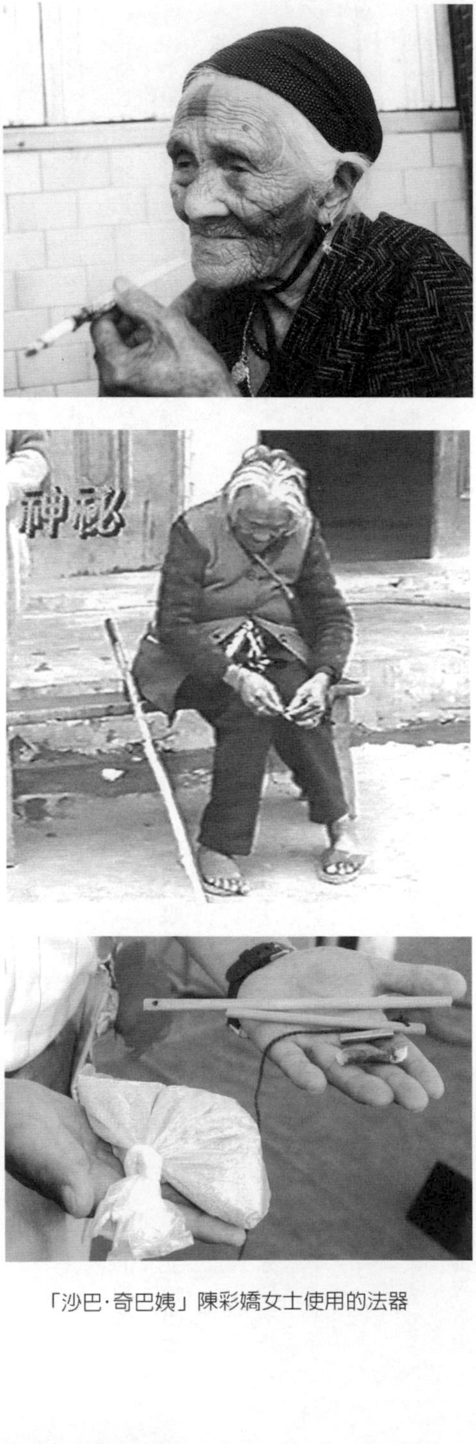

「沙巴·奇巴姨」陳彩嬌女士使用的法器

一天夜裡，忽告失蹤，家人萬分著急，發動親戚朋友，四處尋找，經過兩天兩夜，追尋不著，最後，想到「奇巴姨」，經過作法與鬼神溝通後，她說：不要往海邊，不要往左邊，不要往右邊，族人依言，往前直行，到一片峭壁前駐足，峭壁高懸，林木參天，阻住去路，眾人正沒作道理處，猛抬頭，赫然發現鄭家的兒子正坐在遠處一棵濃密的參天古樹上，咧嘴嘻笑，古木在懸崖之上，眾人無法攀登，又無道路可通。

正愁煞之際，「奇巴姨」到了，她對空禱祝：原諒他吧！孩子是無辜的，孩子很可憐，請讓他下來，請讓他回家，請讓他的病痊癒……奇怪的是，鄭家的孩子離「奇巴姨」甚遠，就算用喊話器喊話，也不一定聽得到，此時卻有如聽到她細聲的祝辭，乖乖地慢慢爬下來，仿佛神助一般，不需任何登山工具，一步步走下懸崖，族人都為之捏了一把冷汗。

原來，鄭家某代祖先未分家時，養了一條牛，兄弟分產時賣了出去，但錢分得不公平，一個兄弟的份硬是被霸佔了，死後不甘願，回來作弄霸佔者的子孫，以示報應。

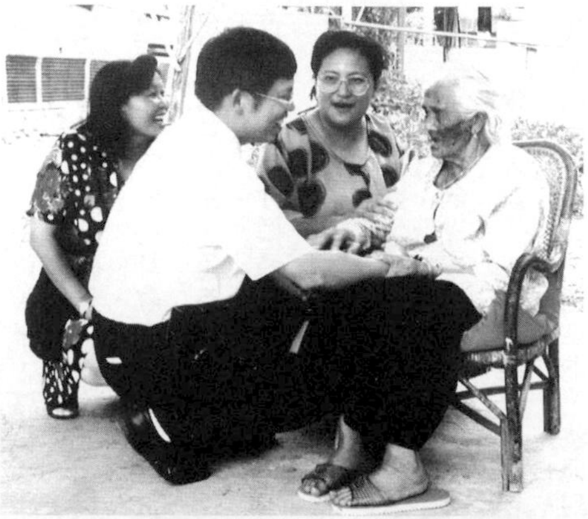

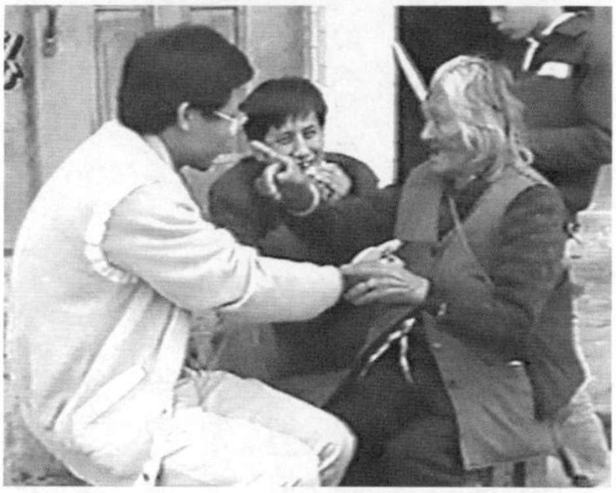

陳彩嬌女士用通靈方式為人算命

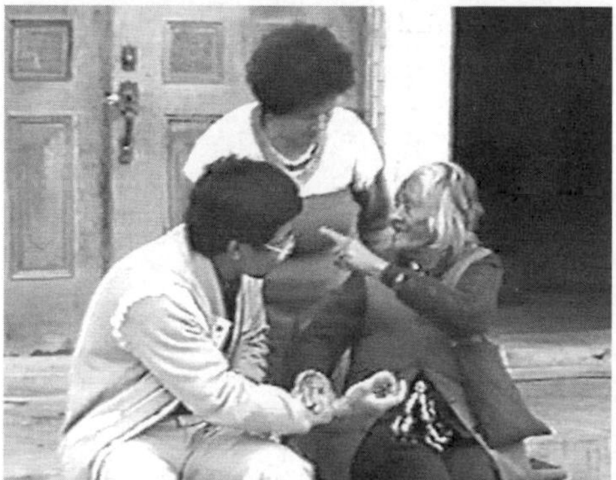

這是「奇巴姨」從鬼神處得到的消息，無巧不成書，這說法和從平地請求的乩童所言，一般無二。

於是，鄭家人依傳統儀式，殺豬祭祖，祈求祖靈寬恕，經過一番作法，果真不藥而癒，而且再也沒發病過，後來順利娶妻生子，綿延後代。

南澳村位於大南澳南北兩溪的□流處，依山面海，蘇花公路由此經過，公路的左邊是泰雅族部落的集村，屬南澳鄉公所管轄，路的左邊是靠海的沖積扇，早為平地人所開墾，良田數里，屬蘇澳鎮公所管轄，北迴鐵路從中而過，靠海的小丘，有一處平地人的墳場。

雖然行政區域不同，但平地人和原住民相處已久，互通有無。

林ㄨ英，廿四歲，平地人，有一天到園裡去割豬菜，挖地瓜，直到日落月出還沒有回家，家人以為去跳海，急的不得了，報警協尋，並出動親戚鄰人，找遍海邊、樹林，就是不見人影，當夜大雨滂沱，無奈，只好求助「奇巴姨」，「奇巴姨」聽完敘述，即刻作法，她說：往海邊，往海邊，大夥又往海邊來。她說：往右邊，往右邊；果然，在平地人的墳堆裏，曙光中，看到一名女子，走近一看，正蒙頭大睡。

此時的林小姐，痴痴呆呆，渾身濕透，兩手腕都有紫黑色瘀痕，好像被一雙強有力的手緊緊扼住所留下的痕跡，經作法清醒後，絲毫不記得昨晚的事，對何以兩手出現瘀痕，也莫名所以？

此外，有一位住在台北的平地人，正就讀大學，忽然患病不起，百醫不效，也來求助這位老巫師，經過一再地溝通，「奇巴姨」說出了生病的因由，原來其父已死，其母改嫁，拋下原夫所生子女，其夫怨其負義，因此，鬼魂回來懲罰。同樣的，經作法與祈求，這位青年不藥自癒，現在還經常從台北帶禮物來探望這位老巫師，以示不忘舊恩。這般曲折的家庭細節，在唸咒之後，能無誤地徐徐道來，著實令人稱奇。

還有一位年輕的計程車司機，喜歡摸太太的乳房，這是他的癖好，有一天碰到「奇巴姨」，奇巴姨望了他一眼，神秘地笑著隨口問他，是否性喜如此？這位青年啞口無言，只好老實承認，自此，十分信服奇巴姨的法力。

以上，是「奇巴姨」的姪女、孫女、外孫女和一些族人口述並作證的一小部份，另外諸如鄰家小孩被人偷走，經作法，不費吹灰之力在山下小路找到。某人的錢被偷，被何人所偷及藏在何處，「奇巴姨」帶人去找了出來。某男女私通被「奇巴姨」說破，連地點、次數都被點出來，只好坦承不諱，以及某某人即將死亡等等，真的是不勝枚舉，難以盡述。

巫婆是否真的會害人？筆者和「奇巴姨」數次相處，認為她溫和親切，不帶邪氣，當不致於害人，村民也證實她從不害人，但族人說：巫術分兩種：一種能害人，一種不會害人，奇巴姨的法術屬於後者。

為了探求可以害人的巫術，特地到大同鄉四季村訪問了巫師的後裔游ㄨ爐先生——

游先生說：由於工商業發達，科技文明之風吹遍山野，儘管深居高山深谷，也難免遭到新文明的洗禮，舊文化於是逐漸沒落，巫術也不為時下所重視，因此，這一派的巫術承傳有限，但游先生鐵定池指出，巫師可以害人，甚至殺人於無形。不過，你只要不得罪她，便相安無事，他說，如果不幸得罪了，那恐怕難逃噩運。

大同鄉老老少少，都知道四季村有巫婆，老一輩的人，甚至不敢隨便到四季村走動。

據說，如果不小心得罪了，女巫的眼睛會出現紅色血絲，那麼，對方還沒回到家，就會病發，病的種類不一而足。鄉民異口同聲的述說，當年在四季村舉行的全鄉運動會，幾個村帶來的運動高手，明明領先四季選手，但這些健將，不知何故，莫明奇妙地半途摔倒或病倒，最後四季奪得總冠軍。

經過這次教訓，沒有人敢到四季村去參加比賽。這或許只是傳說或巧合，因為我沒有找到被害人出來指證，不過，大同鄉民懼怕巫術的心態可見一斑。

其實，巫師治病怯災也有其局限性，並非百病皆靈，巫術式的治病方式與成功率和現代醫師是不能比的，泰雅族人承認，大部份的人，一旦生病都往醫院擠，除了和鬼神有關，諸如發育不良、久醫不效、神志失常、久婚不育、祖靈託夢等，才會去找巫師。

身為一個靈媒，「沙巴‧奇巴姨」有且憂傷的一面：她夢見山崩，知道噩耗將至，果然她母親年紀輕輕，好端端地上田工作，莫名其妙地死了。她算出丈夫的劫數難逃，只好事先把親朋邀請上山，來到田間，果然丈夫因急性腹痛死於田野。她死了的兒子、女婿、親人……

預卜未來，卻無力改變未來。

更遺憾的是：她這天生加上祖傳的法術異能，竟然找不到傳人，自己唯一的女兒嗜酒如命，不適合習巫，年輕一輩寧可相信耶穌，對這古老的信仰，完全失去興趣，這是新潮流，無法改變的事實。

小圓木、小不銹鋼管、咒語、菖蒲根，還能留傳多久？會不會有人發揚光大？這套神奇的法術是否就此失傳，永遠不再出現？

臨別時，奇巴姨還不忘叮嚀一句：「一個太大就好！」，我笑了一笑，揮手告別這三百多戶的泰雅族部落。

附：（一）巫師的日常生活與常人無異，不需打坐唸經，作法時，不焚香不燒紙錢。

（二）咒語繁複，各種病症有各種咒語，大致上都以和祖靈溝通為主，如請確實宣示於竹子，置小米以供養，使病況減輕吧！都減輕吧！讓小孩快慰，我將殺豬供你……等，有些咒語，連譯者也不明瞭。

（三）巫師作法的道具，除了小圓木、小不銹鋼管外，還有米、菖蒲根、竹片、芋頭等，不一而足，端視病症的種類而定。

（四）巫師為了祛災治病，不取報酬，如果你請她喝酒、抽煙，她也不拒絕-

（五）巫師「奇巴姨」自己很少生病，也不看醫生，遇有病痛，只在痛處搓揉，口裡唸咒，據說，病痛即可減輕。

（本書作者按：本文原作者為「簡浴沂」先生，為「中國時報」宜蘭駐地記者，為本書作者數十年好友，此文投稿刊登於 1987 年 2 月出刊的「神祕雜誌」，經同意轉載於本書中）

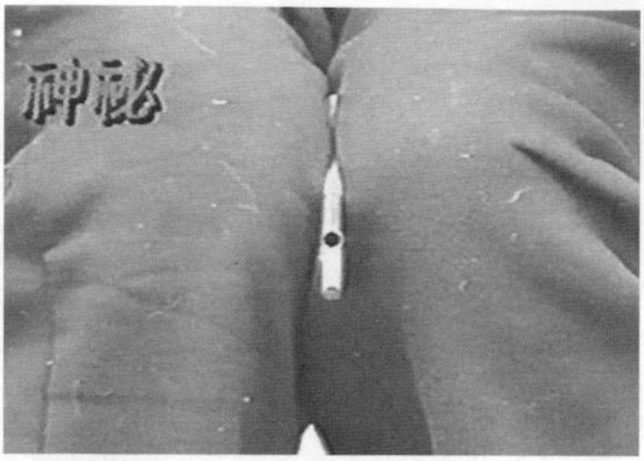

陳彩嬌女士的葬禮上，家屬示範她的通靈方式

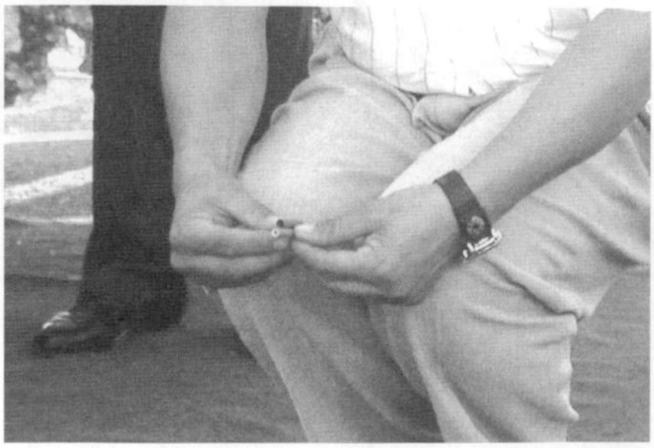

「奇巴姨」後記

以上這篇文章發表之後，筆者一直感到好奇與不可思議？因為簡記者是我二十多年的好友，他為人謹慎，下筆中肯，從來不會誇大其詞，故弄玄虛的，他住羅東，我打電話給他再次詢問，他一樣也是百思不得其解之中；也興起我想親自一探究竟的興頭；結果因為那時雜誌社業務太忙，一直無法成行，直到近兩年之後，剛好添購了「攝錄放影機」，所以就商請簡記者約定行程，專程前往「南澳」拍攝動態影像紀錄；

一些枝節不再贅述，單說「奇巴姨」招請祖靈的事；她把一支大約二十多公分長，一般香煙粗細的小竹棒，一端夾在雙膝之間，然後一手拿一截大約五、六公分長，同樣如香煙粗細的空心不銹鋼管，平行的放置在小竹棒向外的一端上；

她一面擺放一面口中小聲的唸唸有辭，而且右手有一種「召請」的動作；然後再雙手擺放並調整不銹鋼管的平衡，雖然，不是立即成功，甚至有掉到地面的情形，但是，一旦擺放平衡之後，她就立即放開雙手，然後向兩旁有如飛鳥搧動翅膀這樣劇烈而快速的擺動雙手，那個動作是很大的，大到全身都跟著震動，從攝影機的觀景窗中，以及肉眼都可以明顯看到她的膝蓋部份也不是「紋風不動」的，一樣受到震動，但是，那截不銹鋼管卻好像用「快乾膠」黏在小竹棒上，或者被強力磁鐵吸住了一般，就是不會掉下來……

她做了好幾次，筆者用攝影機拉近來拍攝特寫，在當時及事後多次反覆觀看，都可以明確感覺她的膝蓋確實有受到震動的，而不是因為「練就身體上半身動，只有膝蓋不動」的特技。

筆者不是容易輕信任何眼見現象的，就一面拍攝，一面請簡記者下場，把她的小竹棒和不銹鋼管借過來依樣畫葫蘆一番；但是，根本連保持平衡都做不到，因為太光滑了，我還請他塗點口水試試，結果一樣不行，簡記者搖頭說：用膠水都不容易黏住……

當然，我還是不會輕易接受的，就與簡記者調換位置，親自下去試驗，結果也一樣，根本不可能重疊平衡而不掉落，更不用說還要劇烈搧動雙手了；而且非常確定的是小竹棒和不銹鋼管兩者之中，沒有任何機關，沒有磁鐵或其他足以相扣的東西或卡口。

後來，「奇巴姨」透過翻譯強調說；她不是在表演特技來炫耀她的本領，這樣的儀式是在召請祖靈降臨，這樣做是用來驗證祖靈是否確定降臨了，因為，祖靈也有祖靈的個性，不是有請必到的，所以，一定要信而有徵的驗證，如果祖靈未來，不銹鋼管是無論如何也不能平衡在小竹棍上的，而一旦祖靈降臨，那就一定四平八穩的彷彿黏附在上面，怎樣晃動也不會掉下來。

後來，她又召請了一次，然後用更誇張更不可思議的動作來示範；同樣是把小竹棒夾在雙膝之間，等不銹鋼管擺放平衡之後，她慢慢站直起來，那支小竹棒幾乎和地面呈現大於45度的傾斜，她還是用力快速的搧動雙臂，而且連膝蓋也左右搖晃起來，那不銹鋼管就是牢牢吸附住一般，沒有掉下來。

雖然是目瞪口呆，大為驚異，心中卻還是有一絲絲的疑惑，走過去再次借過她的那兩樣「法器」，仔細檢查，還是沒有任何機關或有臨時動過手腳的任何證據；然後，我照樣試了一次用膝蓋夾著做，不行，無論如何都不行，最後，我把小竹棒平穩的放在她坐著的長條板凳上，把不銹鋼管小心翼翼的疊放上去……

根本放不上去，一直滑落下來，怎樣變換兩者的方向位置都一樣不能重疊成功，遑論是夾在膝蓋間，而且還能身體左右大幅晃動，那根本是天方夜譚。終於我不得不相信這是一個不可思議的現象。

後來，原資深記者眭澔平先生（他後來一直從事各種神祕現象和考古研究，也是樣樣都要親自嚐試的），在看到這篇報導的數年之後，循址前去「南澳」實證，也拍攝了錄影帶存證；事後有一次途經花蓮，順道來拜訪筆者，雙方交換了許多不可思議的經驗，在談到「奇巴姨」這個對象時，他也是大為驚歎；同樣也是親自下去嚐試，一樣完全無法成功，他說「奇巴姨」能夠站立起來，讓小竹棒和地面呈現超過60至70度的傾斜，不銹鋼管依舊牢牢的平衡在小竹棒上，不會掉落，他一樣是覺得不可思議而完全無法用常理或者科學來解釋？這也是唯一經由我們兩人唯一認可屬於「靈魂物理致動」的特例。

在「南澳村」當地的居民以及曾經去求教過「奇巴姨」的一些外地人，相信當然是見識過這種無法解釋的現象；但是，對於筆者而言；包括本身在內，至少有三個人證，還有兩捲錄影帶可以證明「奇巴姨」的特異能耐；這也是筆者大半生從事靈異事件及靈魂學研究經歷中，幾樣完全無解的事實之一。

實例之二

三毛的通靈自動書記

很偶然的在某報副刊上看到名作家倪匡先生開出了一個極其轟動的專欄——「靈界輕探」，在其中一篇探討通靈人的文章中，石破天驚地提到：「……具體的事實是：知道有兩個人，真正具有通靈的能力，但是，遺憾的是，不能把他們的姓名公佈出來。這兩位朋友，全是十分出名的人，一說出他們的姓名，人人會「哦」地一聲…是他！是她！也正由於如此，所以才不寫他和她的姓名身份，以免造成對她和他的一種侵犯，因為靈界的一切，畢竟還不是那容易被世俗的觀點所接受的，而且，其間也牽涉到許多當事人不願提起，更不願公開的私事在內，在這裡，迫不得已提起他和她，實在是由於他和她的確有通靈的能力之故。

再說她，也曾經過「碟仙」的階段，但一下子就跳了過去，飛步向前，當地要求和靈魂溝通的時候，她握著筆，會飛快地寫下她平時雖然了解，但不是太熟悉的文字；當然，和她溝通的靈魂是熟諳這種文字的。她會飛快地寫下和她原來的筆跡完全不同的字來。

那次，和她一起進行通靈活動，奇妙的是，一共有四方面參加，用代名詞來稱呼，比較容易明白一些，四方面是：我、她、他、靈。

主要的是我與靈之間的交談，我說，她寫。而當靈通過她的手寫出靈的想法、意見之際，奇妙的是，她並不像一般靈媒那樣，全然沒有知覺，全為靈所控制；她還是清醒的，甚至於在我和靈的交談之中，她間中也會參加一點意見她自己的意見，是說，而不是寫的，寫的，全是靈的意見。

而且，一場「交談」下來，她寫下的字，過萬，每一個字，都是靈生前的筆跡，和她原來的筆跡，是全然不同的兩種字體。

而更令人深信靈在那一段時間中確然通過地而在與我們溝通的是，從一開始，她所寫出來的對話，就老氣橫秋（靈生前是一位長輩）完全是靈生前教訓我的口吻，而這種口吻，談話的內容，她是絕對無法知道的。她年輕，又是女性，她的思想方法，和靈截然不同，事實上，在整個通靈過程之中，她已表示了和靈不同的意見。

（也就是說，不論我在想些什麼，靈是一清二楚的，全都知道的）

（所以，在和靈魂溝通的時候，也就是人一生之中最坦白的時候，任何謊言既然一無用處，自然不如說老實話了。）

而印象更深的是，靈所「說」的「話」，那種憤世的腔調，那種不同的意氣，和生前全然一樣，這又使靈魂學有了一個新的課題：生前的痛苦和煩惱，好像會在靈魂中長存，絕不是肉體毀滅了之後，隨肉體消失的，而且，那種苦惱，似乎更長久，更深刻！

那次通靈過程的全部紀錄；靈通過她的手寫下的一切，都由她帶走保存。她說，同類的紀錄，她有許多，在適當的時候，在人們對靈魂有較確切的相信，而不再一概認為迷信或無稽時，會結集出書。

……………………………………

到了一九八四年春節前，在某周刊上突然看到了一篇三毛與李濤的對談，紀錄者是馮青。在對談的話題中，赫然也包括了「通靈」，而在談到風水的問題時三毛說：「我對風水並不全信，但我可以通靈。」「我能和各種過路的靈魂交通。」

「我想，我們不要找荷西，不如找徐訏，徐訏是乾爹，我乾媽說，我乾爹生活清幽，要我沒事可多找他聊聊。」

然後三毛很快就用「自動書記」的方式和徐訏取得了連絡！徐訏說道：「孩子妳叫我嗎？我生活得很好，不要寫作，我想告訴妳孩子，你不要把爸爸當作玩具來打擾我的生活，爸爸是個可憐的靈魂，不可以開玩笑……」

這事發生在五月中旬（作者註：指一九八四年年五月十六日晚上）。

因為從四月份開始，我在皇冠雜誌策劃了一個「陰間之旅」的靈異活動，在雜誌社的支持之下，一連舉辦了五次，我們總共邀請了好幾十位當今文藝界的名人，在傳奇異人呂金虎老師的作法引領下，正式到陰曹地府去串門子。我故說這也是人類史上第一批正式去敲開陰間大門的活人。

但是，非常奇怪，也非常遺憾的，前三次一直沒有什麼重大的進展，甚至可以說沒有一個人完全成功。所以有不少報了名的「觀光客」，紛紛打了退堂鼓。這真的是很洩氣的，為了照相機和攝錄機都帶不進去，我們還特別請了好幾位名畫家來共襄盛舉，希望只要有一位成功，我們就能看到陰間的實景了，可惜還是沒有成功。

到了第四天，邀到了名作家三毛，當時我是既擔心又緊張，真怕萬一又失敗，「陰間之旅」的活動必然要宣佈停辦了，但是也仍然抱有一點小小的幻想；如果三毛成功了，以她的知名度，這一定是個天大的驚人消息！

結果，皇天不負苦心人，也多謝閻王開恩（說笑話），三毛真的成功了。那天我興奮的喝了個爛醉，差點回不了家，第二天酒醒了去上班，主編跟二個編輯守在身邊，逼著我動筆交稿，那篇文章差不多有一萬字，我簡直是在暈頭轉向，分不清東西南北的狀況下寫完的。由於社裡頭交代一定要取到三毛親筆的見證，所以，這篇文章勢必要讓她過目。當天晚上，我和社裡一位美工小姐先和三毛取得聯絡，約好晚上八點帶這篇稿過去。那時她住在民生東路圓環附近，我們準時到達；三毛很親切的招呼我們，泡了咖啡，也幸好三個人都抽煙，所以聊起來就更起勁了，她看完了稿，只更動了幾個字，可是她卻不喜歡用「三毛的陰間之旅」作篇名，商量了一下，就改成「三毛穿越了時空」，其實在作題而言，兩相比較，後者在氣勢上顯然弱了許多，不如前者震撼，不過為了尊重她的意見，加上我也急於順利刊出，就同意她選定的篇名，然後她也親筆寫了這次奇妙經歷的見證。到此為止，這次來訪的目的總算圓滿達成。（編按：由於三毛、徐訏、筆者的靈界通訊和筆者原作的「三毛的生死簿」一文有絕對的關連性，特附錄於後，為便於了解，特別建議讀者先閱讀該文，再從此處往下看，將更易於進入狀況。）

談完公事，九點還不到，三個人都沒有說再見的打算，這時我才好好打量她的居所；

雖然只是一般的大廈公寓，但是在她精心的佈置之下，竟然完全不見刻意經營的鑿痕，正如第一流的化粧；除了給人美的感受，卻完全看不出曾化過粧。從布罩的吊燈、老式壁櫃、桌椅、麻紗的手鈎桌巾、樸拙的壁飾……處處都是這樣的令人驚奇，除了給人一種溫馨、舒壓的感受，更令人覺得每樣東西都恰如其份的在它應有的位置，走進這兒，不止是走進了一個房間，更是一個真正的「家」，不論主人或客人都能在這不算大的容廳中真正的鬆弛下來，泡杯茶、抽根煙，享受一下生活中適性的那面。我知道三毛是個懂得用錢的人，這些出色的傢俱飾物實際的價位並不昂貴，有些甚至是她從舊貨店裡，懷著尋寶的心情，別具慧眼蒐羅而來。從西班牙風味的飾物，我們聊到了熟悉的南美，特別是阿根廷，大有「卻話巴山夜雨時」的時空感，雖然，當晚只是第二次見面，不過，氣氛卻一點也不生澀客套。尤其在場的三個人都很健談，話匣子一打開，就進入了無所不談的境地。

當話題轉入星相靈異時，同去的皇冠美工小姐就忍不住吹噓起我斗數的功力，其實我自己吃幾碗乾飯的本事還有誰比我更清楚，三毛也毫不遲疑的透露了她的生辰。恰好我隨身帶有斗數排盤的公式，雖然有些驚覺的懷疑即使她不是個中高手，至少也很在行，不過當時我實在太好奇了，所以就欣然開盤為她推算，她最關心的自然是未來，尤其是婚姻，而我在推盤的時候總要參看當事人手面相的，突然的，我在其中看出了一些奧妙，而三毛也並不隱瞞她對感情和婚姻的真正看法，甚至取出了一張男士的照片讓我參考，不過所談的內容實在太敏感了，不只是三毛本人，連我也堅信不宜披露，所以算命的事就此打住。表過不提。

算完了斗數，談到了通靈，三毛立刻從書房中取來了一塊甘蔗板質地的長方形板子，還不到八開大小，上面印了二十六個彩色的英文字母（註：就是所謂的「靈應盤」），她又拿了一隻玻璃的小酒杯倒扣在那塊板子上，要我們隨她一樣伸出一隻指頭，輕輕按在酒杯底部的一角，幾乎不到三秒鐘，這隻小酒杯就在板子上四處遊走起來，三個人就如此這般的玩起西洋碟仙來……

嚴格的說，我並不相信碟仙，雖然從初中開始，我自己玩過不下數十次，也看過別人玩過無數次，成功的機率幾乎接近九成，有些回答也確實妙不可言，但是，我總以為其中有極多時候是來自人為因素，有時只是某些人的潛意識，而有時候根本就是有人在暗中使勁推，存心製造玄異的氣氛而攪局。不過這次和三毛一起玩西洋碟仙的時候，我保證至少我沒有推那隻杯子。

小酒杯轉了幾圈之後，不知道什麼原因，三毛卻要我們兩人抽回手，由她一個人玩，只見酒杯還是轉個不停，而她也立即笑著反問我們：你們一定以為是我在推動杯子對不對？不等我們回答，她立即把手指反了過來。以指甲輕輕的觸在杯底，酒杯依然轉個不停，連速度也沒有減慢，然後她突然一抽手，讓酒杯停了下來，要我也反過手指，以指甲靠在杯底試著去推推看，我試了試，確實不容易將酒杯推得圈圈轉，而那位美工小姐也試試，依然不很順利，但是等三毛把手指頭重新反著靠上去時，杯子卻像裝了電池的玩具車似的又圈圈打起轉來。

不過，老實說，雖然我常報導靈異一事件，自己也有過實際的靈異接觸，但在性格上，多半時候卻偏是不信那，所以當時我並不很相信真的有外靈附在那隻杯子上。當然我並不是在懷疑三毛在玩魔術，只是有點懷疑那種超常力量會不會只是她自己的潛意識？

很快的，三毛就輕聲細語的提醒道：來了！來了！可以開始溝通了，幾乎毫無停滯的，酒杯就停在「G」上，停頓時間大約是一、兩秒，接著下來，按順序的，竟然拚出了「祖父」的英文，雖然家祖父已經過世，但是，我卻不以為會是他老人家，果然，三毛閉了下眼睛後立刻指著同去的美工小姐：「妳的祖父來了！」

這位小姐當然嚇了一跳，不過三毛只說：「她的祖父只是恰好在附近，過來跟她打個招呼罷了，並沒有談到什麼緊張的話題。」

雖然，這樣的溝通並不能使我深信不疑，可是，令人想不通的是，這位小姐的祖父確實已經過世。然而她的年齡還年輕，如果不是確實知道此事，相信任何人也不敢武斷的判定她的祖父已不在人世。而且事先三個人都不曾談到自己的家庭狀況，三毛與這位小姐也是第一次談天，對她祖父的存歿是不應該知道的。所以，我認為至少這次有「靈」附在杯子的可能性相當大，雖然這靈未必一定是那位小姐已過世的祖父，極可能只是一位在附近遊蕩的幽靈，因為這種情形在一般人玩碟仙時常發生，而且機率相當高，甚至連「扶乩」時也常發現有幽靈冒充各路神明來惡作劇的。

有了這樣的疑問？我問三毛她是否只用碟仙的方式在和靈界溝通，三毛搖搖頭，用手指了指頭部：「不！碟仙只是媒介中的一種，容易讓你們看到具體的溝通結果，我自己以心靈就可以跟靈界通訊。」

因為之前我已經知道三毛具有通靈的能力，還不致於太驚訝，不過當面親耳聽到她說出來，心中總算落實了。又問她：經常能達成溝通，都是些什麼樣的靈？

三毛把雙手攤開，比了個大圈子：「什麼樣的靈都有，外國人也不少，通常我都會指定特定的對象，像我丈夫荷西，還有我乾爸；就是寫風蕭蕭的那個老作家徐訏。」

我原本就知道三毛和荷西之間能作靈界的溝通，而前一天在進行「陰間之旅」活動時，她在靈界最先遇到的親友，就是乾爸徐訏，在這種面對面實際的溝通時三毛曾對在場的人們證明說：「乾爸現在在跟我說話，說以前他用那個靈附在我手上寫信給他的家裡人，他的家裡人都不相信，他說那是真的！」

我問她在與靈界如此頻繁的溝通中，有沒有什麼特別的遭遇，她毫不遲疑的說：「有哇！嗯，有一次，我跟幾位在國內科學界十分有名的朋友一起玩碟仙，請來的「靈」一上場就報告說；它是來自火星的一組電波。我們問它是以靈的形式存在的一組有思想電波嗎？它答說不是，只是單純的一組電波。起先在場這幾位學科學的朋友還有些懷疑是我在暗中動手腳，跟他們開玩笑。但是，隨即這些朋友紛紛提出了一些科學方面高深的問題，使用的全是只有搞科學的人才懂得的艱深術語，而碟仙卻對答如流，這時他們才開始顯得驚訝與不解？因為這些好朋友都知道我不可能會懂這麼多科學術語，更不可能用這些術語在字盤上跟他們做這麼流利的交談。而且「這組電波」在科技方面顯然比地球要先進得多，不但能合理地為他們解答問題，所提出的看法也超過地球人現階段科技的範疇極多。不過這組電波逗留的時間並不長，在離去之時，它並不照傳統碟仙先打幾個圈圈再回到原位的方式，而是直接「B」的一聲，以一條直線筆直的切入原位而停住，然後就消失了，而以後也不曾再有任何的溝通。玩碟仙竟然和來自火星一組電波溝通上，而一組明明有思想的電波卻否認自己有自主的思想，它究竟是什麼？那可真的是令人匪疑所思了？」

想了一會兒，實在找不出什麼合理的解釋，為了避免觸及「現今人類對宇宙的認知還少得可憐」的傷痛，只好暫且擱下不談。這時三毛也把話題轉到通靈與潛意識上來，她有一些困惑的說：我可以用「自動書記」的方式和乾爸徐訏溝通，也就是說：乾爸的靈可以附在我的手上，通過筆的書寫而表達意思。而我自己的話或問題只需通過我腦中的思想就可以傳遞過去。如果有任何第三者想跟我乾爸溝通，就會變成他說，我乾爸附在我手上以筆談，如果中途我要插入交談，只需用腦來想，但是我並不用言語來替乾爸傳達意見，他的意見全由筆談的文字來傳遞。不過，有時候我也會懷疑，「自動書記」時，驅使我手部動作的可能並不是我乾爸的靈，而只是我的潛意識，甚至有時候「自動書記」的文字嚴重抗議我不相信他，再三強調這真是我乾爸的靈，而我卻仍然會頑固的認為也有可能是自己潛意識的惡作劇。但是，奇怪呢？我也有反證啊；譬如徐訏雖然是我乾爸，可是，我從來沒有注意過他的簽名，在附靈時候他所簽的名形式很特殊，我特地去翻正中書局出版那套白色封面的「徐訏全集」，才發現兩個簽名竟然完全一樣，尤其是「訏」字最後那一勾，特徵是格外誇張，完全不同於一般人的寫法，連這點也完全相同，這些事我只是在對自己做保證，我完全沒有欺騙自己，我是真的從沒見過徐訏的簽名。

對於這一點我是非常相信她的，因為那種「夢中說夢」，頑空打不破的苦楚，我自己也嚐過，有時完全不是為了去說服別人或證明什麼，只是在自己的思維中掙扎求突破而已。

三毛確實是善解人意的，她直接了當的問我：醉公子，你想跟我乾爸溝通一下嗎？

這正是我期待已久的，興奮的答道：當然想啊！

「好！你們坐一下，我去拿稿紙！」

三毛很快地從書房中取來了一疊她專用的稿紙，顏色像初春的小草一樣嫩，很大張，大概是菊四開吧！正中橫印了她的名字「三毛」，但紙質普通，不是很好很好的。

她坐下來，隔著桌子，我坐在她的正對面，三毛輕輕吸了口氣，右手執起原子筆置於稿紙上，左手撐著額頭，因為有手掌遮著，我只能猜想她應該是閉上了眼睛，約摸過了幾秒鐘，只聽她口中喃喃地唸著：

「乾爸！乾爸……」

可以感覺得出來，她正集中意念在與徐訏溝通。原以為可能要花很長的時間，不想，不到五秒鐘，她執筆的右手已在稿紙上緩緩滑動起來，我注意了下她握筆的姿式；她用的力道相當輕，幾乎只是讓筆輕輕靠著而已，而且筆在紙面上的傾斜度相當大。

起先筆在紙面上畫了幾個圈，只見三毛沒有出聲，只輕輕點了點頭，我們都懂得她的意思：「溝通上了！」

這時，屋中的空氣好像立刻凝結了起來，顯得出奇的沉靜，連自己的呼吸聲都能清楚的聽聞到……

筆在紙上緩緩地寫出了明確的文字

「我是徐訏……」

三毛依然保持以左手撐額的姿式，卻出聲言語輕輕道：「乾爸！是我找你呢！」

我知道三毛要傳訊息給徐訏時是不用出聲的，她把意念「拷貝」成言語的目的，只是為了讓我們易於了解她確實對徐訏「說」了什麼？

隨即她又輕聲道：「乾爸！他是醉公子，他有些問題想請問您，您願意嗎？」

徐訏（以文字表達）：「願意的！」

不等三毛吩咐，我恭敬的報告了姓名，並問候道：「徐先生！您好！」

徐訏這位曾紅遍國內的老作家確實是很注重禮節的，他在紙上留下了文章：「張先生！你好！」

見他如此稱呼，心中實在是受寵若驚，愧不敢當。此時三毛也說道：「乾爸！醉公子也是位作家，他對靈異現象很有研究興趣。」

徐訏先生

徐訏：「很好！」

我：「徐先生！您在那邊好嗎？」

徐訏：「好！我很好！這裡很清幽」

我：「你還寫作嗎？」

徐訏：「我在這裡不用寫作。」

我：「徐先生！可不可以談談您現在的生活？」

徐訏：「我在這邊很好！過得很清幽，只是少有人說話，所以有時候很氣悶。」

我：「您和生活在靈界的人是以什麼樣的形態或方式存在？」

徐訏：「我不知道。」

我：「永遠住在那邊嗎？」

徐訏：「不是！我們在等待輪迴。」

我：「您也需要再輪迴？」

徐訏：「是的！」

我：「什麼時候？」

徐訏：「我不知道！」

我：「別的人知道嗎？」

徐訏：「也不知道，因為我們只是一群在等待輪迴的可憐靈魂罷了！」

這時我有些激動，也有一大堆的不解？竟然沉默了下來。三毛就接上去說：「乾爸！附在我手上寫字的真的是你嗎？」

徐訏：「是的！是我！你的乾爸徐訏。」

三毛：「可是別人都不相信呢？」

徐訏（顯然很激動，也有些生氣，下筆也越來越快）：「是我！真的是我！孩子！妳要相信，真的是我附在妳手上寫字！為什麼妳總是不相信呢？」

三毛：「真的不是我的潛意識？」

徐訏：「不是！」

三毛這時也沉默了一下，左手卻仍然保持撐住額頭的姿式，然後就把話題轉了過來：「乾爸！好的！我相信是你。」

乾爸！昨天我在進入靈界時，見到的也是你嗎？」

徐訏：「是的！妳見到的真的是我。」

三毛突然替我問道：「醉公子一直很想到靈界去經歷一下，為什麼他試了很多次卻過不去？」

徐訏：「我不知道。」

三毛：「他什麼時候可以進去？」

徐訏：「不知道。」

三毛：「乾爸！你在那邊可以幫他的忙嗎？」

徐訏：「我願意的？」

三毛：「他在那邊也能見到你嗎？」

徐訏：「只要他能過來，可以見到我的！」

我：「徐先生！我該怎做才能見到您？」

徐訏：「在要過來的時候，念著我就可以了！我會在這裡幫你的！」

我：「謝謝您！徐先生！」

徐訏：「歡迎你來這邊看我，這邊文人很少，沒有人談天也很氣悶，你過來跟我聊聊天很好！」

我：「我一定過去！」

徐訏：「好的！張先生！就讓我們做個生死之交吧！」

這「生死之交」四個字寫得很大，也很有力，讓我著著實實的嚇了一跳，又興奮、又激動，越想越覺得這四個字真是妙不可言；果然是一生一死，一個在陽世、一個在靈界，何況他更是文藝界的先進，在徐先生生前有幸瞻仰門牆已是幸運之至，在過世後，竟能幽冥相通，締結「生死之交」，怎不令人興奮莫名呢？

之後，我們又談了一些關於文學及中國文字方面的問題，但是，只要涉及未來的事時，徐訏總是謙卑的強調：「我無法預知未來的事，我是一個可憐的靈魂而已。」

當時，在我的認知中，我是相信鬼，幽靈的能力有限，對已發生的過去或能「瞭若指掌」，但對於未來卻是一無所知。因此在和徐訏的溝通中，又獲得相當直接的證實，使我對這一點自然有了更進一步的認知。

也由於接連一陣子，由我策劃的「陰間之旅」靈異活動一直在進行，為公（採訪）為私（研究）都急於能進入靈界一趟，此時，經由三毛「自動書記」的靈界通訊方式，不但和徐訏締結「生死之交」，徐先生更答應助我一臂之力，以便讓我順利進入靈界之後，能與他面對面的「聊聊天」。

這時我是充滿信心的，所以就把許多重要的問題保留，打算在進入靈界與他見面之後再「當面請益」。加上這次的「靈界通訊」已經進行了快一小時，不好意思再延長，就主動請三毛暫告一段落。雙方道了「再會！」，只見三毛的筆在寫完「再會」兩字之後緩緩在紙上畫了幾個連續圓圈，然後就靜止了，而三毛此刻也放下左手，鬆弛下來，休息一下，突然急急地問我：

「醉公子！這會是我的潛意識嗎？」

我著實想了很久，像偵探一樣抽絲剝繭的去回憶「靈界通訊」中的點點滴滴，良久才答說：

「我不知道！真的！我無法確定這一定是潛意識，因為其中太多關鍵性的特徵都不是潛意識所能涵蓋的，包括語氣和筆跡的截然不同，當然這也可用雙重人格來解釋，但是另一重完全不同人格的產生原因，在現今心理學上還是一道解不開的謎，誰敢說這另一重人格不是「外靈」呢？不過，剛才徐先生答應助我一臂之力，下次進行「陰間之旅」活動時，也許就能證明了！」

三毛有些童真的興奮：「希望你能成功，找到真正的答案！」

之後，我們一直聊到凌晨二點多才告辭。

「三毛穿越了時空」一文交了卷，隔兩天，我參加了第五次「陰間之旅的活動，但是在接受施法的過程中，雖曾不停呼喚徐訏先生，並攤開雙手作迎接狀，等候他的引領，可惜，雖有感應，卻十分十分的微弱，幾乎介於虛無飄渺之間，是故，我並不敢確定他真的曾來引領我，而且，另一個想法是自己太過愚鈍，感應太差，即使雙方都曾許諾要溝通，但卻未能溝通上，這就著實是件憾事。

後來，前後一共參加了數十次「陰間之旅」的活動，最後果然進入了靈界一次，卻仍然沒有見到這位「生死之交」的徐訏先生。不過，如果日後再有任何形式的「靈界通訊」機會，我仍然樂於嘗試下去的。

這篇文章與倪匡先生在「靈界輕探」所述的重點相較：

倪匡：「……問及靈現在的情形，是以一種什麼樣的方式存在時，靈的回答是無法說，因為靈的情形超越了人類語言，文字所能形容的範圍，勉強說了，也不會懂的。」關於這一點完全一樣。

倪匡：「而印象更深的是，靈所「說」的「話」，那種憤世的腔調，那種不平意氣，和生前全然一樣……」。如果倪匡所說的通靈神祕人物和前來溝通的長輩之靈確如我所猜想的，這點生前性格上的表現也完全一樣。

倪匡：「我後來也不知道她寫字的速度可以如此之快。試想，語言和文字，可以幾乎沒有間接地「交流」，這需要多快的速度？而我講話的速度，又是快如連珠的，我寫字的速度也極快，屢自詡『漢字寫作，速度之快，世界第一』，可是那天，她寫字的速度之快，令我也嘆為觀止。」由於筆者自己寫字速度雖不敢與倪匡「世界第一」的自詡相比，但也是被一些文藝界朋友公認的快筆，所以在和徐訏先生的「靈界通訊」過程中，並不覺得她寫字速度特別快，但與一般常人相比，確實是很快的，而且少有停滯。」

實例之三

三毛的「生死簿」

就緒之後，呂師父敲起法尺，唸起了「開路咒」；而眼光則不時關切地瞟向坐在後面的三毛，她真的很客氣，絕不肯妨礙原先坐定的眾人，所以另加了一張椅子坐在靠進門的後端。

開始之後，當別人尚無任何動靜之時，三毛就首先舉手道：「嗨！我看到光了！有一團白光！」

呂師父趕緊來到她面前，彎下身來。

「好！妳現在禱告一下，請神明現身看看！」

三毛雙手合十，默禱了一番，呂師父也配合著唸著「請神咒」□□

三毛今天第一次進入時，先是看到了有個大門似的小洞和不很亮的「光」，並且有身體搖擺的情形，可是這次卻沒有搖擺，只見到光團……

呂師父唸完咒再次來問她？

「嗯！沒有神，也沒有看到菩薩！還是那團光，不很亮，很柔和很柔和的！」□□

「好！好！好！沒關係！妳再祈禱一下，看看是哪位神明，請祂現身來引領妳！」

燒符紙，唸完並敲了一陣法尺……

三毛卻仍是搖頭：「還是只有一團光在面前，只是比剛才亮了一點，可是這團光一直停在面前不動，其他地方都是暗暗的，看不到什麼！」

一連施法進行了十幾分鐘，其他人雖然也有「所見」，但和三毛一樣，也都是停在原來的階段，沒有新的進展，呂師父只好宣布暫停。

三毛解下毛巾，眨了眨眼睛，對正關切地站在面前的呂師父說：「這次感覺比上次進入得要快，很快就看到光了，可是，為什麼除了光之外，就沒有再看到什麼了呢？」

呂師父也不知如何回答，還是鼓勵她：「沒關係，待會兒我們再做做看！」

第二次的施法時，三毛換了個位子，坐到中段來，但情況好像不太好，三毛表示連光團也不見了，一片灰暗暗的，什麼都沒有看見。

同樣努力了十幾分鐘，還是無功而不得不暫時作罷。

三毛一直向呂師父和周遭關切的人群道：「奇怪！會不會是我臨時起意，不夠誠心，所以菩薩不肯帶我進去？」

第三次施法時，三毛客氣了半天，才被請到第一排位子上來，是有人主動把位子換給了她。

呂師父還未唸完開路咒，她已經喊了起來：「有了！有了！那團光又出現了！哇！好白好白哦！好亮呢！」

不等呂師父提醒，她自己已經先合十祈禱起來，口中唸唸有辭卻未出聲，也不知她請的是何方神明？是上帝耶穌？是聖母瑪利亞、還是觀音佛祖？？？

呂師父提高聲調，不停地敲法尺唸咒……

「嗨！我怎麼好像在飄？身體變得好輕好輕，一直在飄！」三毛呼喊了起來，但聲音不大。

呂師父：「那團光還在嗎？」

「還在！還在，就在前面不遠的那裡！」三毛伸手比了比，表示距離不很遠。

「妳注意看看，那團光有沒有什麼變化？」

三毛很專注的「看了看」：「沒有！可是它好像在前面領路，一直帶我往前飄，往上飄，啊，好舒服，那種輕飄飄的感覺好舒服，好像全身都鬆開了，沒有重量，好像變得跟空氣成為一體那樣哩！」她笑得好愉快，雙手很自然而然的合十，好像在享受前所未有的無重力飄浮感覺……

呂師父立在一旁，一時也不忍打斷她的那種奇妙感覺，好一會兒工夫，才不得不提醒她：

「現在呢？有沒有看到什麼？」

「嗯！」三毛這時才像從夢中驚醒似的快快地道：「有雲哪！好軟好軟的雲哩！」

「那團光還在嗎？」

「還在呀，它一直在我前面，可是現在散開來了，就在你問我的時候，它就這樣散開來了，哇！越來越亮了，變得好亮、好亮哦！可是並不刺眼，就是那種很聖潔的感覺，我覺得好像有菩薩要出來了□□」

「哦！好！好！好！」呂師父一直點頭：「妳注意看看，究竟是哪位菩薩？」

「……」她雖然蒙著眼睛，卻顯然在注目凝視著，仰望向略高處□□

呂師父怕打擾了她，唸咒的聲音刻意地壓低下來，而那些一直沒有什麼進展的眾人，也紛紛自動停止下來，也有自行解開毛巾。

突然的！三毛呼喊了起來：「是一位穿白衣服的菩薩，從光裡顯現出來。」

「看得清楚是哪一位菩薩嗎？」

「很白很白，好亮的光呢？只看到是一位菩薩，看到了很白很白的衣服，真的像雲一樣，是那種會發光的白。」

呂師父這時燃起符紙，唸起了毫光咒……

「哇！我看見了，是觀世音菩薩，就是上次領我去的那位觀世菩薩，好美好美又好慈祥、好慈愛的樣子，一直對著我笑！」（她竟然高興得一面雙掌合十，一面不自禁地笑了起來……）

「還有其他人嗎？」

「還有一個小男孩，很可愛很可愛的小男孩，很頑皮的躲在菩薩後面，一直看著我，他也在笑。」

這時在場的眾人全圍了過來，只見三毛竟然伸手在打招呼，大家都知道，她是在跟那小男孩打招呼□□

「妳現在在哪裡呢？」呂師父問：

三毛向四周看了看：「嗨！我怎麼會站在雲上呢？哦！好軟！好軟，比地毯棉花還要軟，可是很厚也很結實，踩上去好舒服！」然後略一偏頭：「咦？我怎麼會來到天上呢？」

「妳確定是在天上嗎？」

「是啊？菩薩、小男孩還有我，都站在雲上面呀？」

「哦！很好，這機會很難得，妳可以請問菩薩一些妳最想知道的事。」

「我要問什麼呢？我不知道要問什麼呢？」她一時有些茫然：「我原來沒計劃要進來的呀！」

但隨即她又笑了起來：「菩薩還有那小男孩又笑了起來，祂們在笑我，好像在笑我怎麼這麼傻氣！」

呂師父卻好意提醒她：「妳可以問問目前最想知道的事啊？」

「嗯！那我可不可以問問我的未來！」她小聲請求呂師父，呂師父說：「可以呀！可以呀！妳可以求觀音菩薩帶妳去元神宮看看妳的流年簿啊！」

三毛點點頭，就轉頭望向一邊，那是菩薩站立的方向。見她沒有開口，呂師父又提醒她：「妳可以……」

但三毛卻主動說：「我沒有開口，可是祂已經聽到我們在說的話了，祂一直在跟我點頭。」

「哦！那很好！妳現在就請祂帶你去元神宮吧！」呂師父才剛唸了一句咒語，卻又被三毛的話打斷了：「不是！現在我的面前已經有一大本簿子，好厚好厚的一大本，是古代那種線裝本的，好亮好亮，不是新舊的亮，是會發光的亮哦！」

「噢？這麼快就到了！」

「沒有哇！我們還在雲上啊！剛剛師父說要我求菩薩帶我去元神宮看流年簿。菩薩答應了之後，簿子就自動出現在我面前了，我可以肯定這就是流年簿了，對的，菩薩也在點頭了，哇！祂好慈愛哦，一直在笑！」

「那妳就趕快打開來看吧！」

「正在打開呢！」

一會兒，她又說：「有了！有了！密密麻麻的都是字，可是好亮好亮，好像黃金打成的薄片那樣？」

「妳注意去看，看得清楚嗎？看看是不是妳的！」

「嗯！對了！對了！是我的了，上面寫了我的名字，很漂亮的字。上面還寫了我的生辰年月日時，對的，完全正確，是我沒錯了，還寫了我是哪裡人，出生的地點，有我爸爸的名字，是陳嗣慶（作者按：三毛尊翁的大名）家的第二個女兒，還有什麼星轉世，可是那個『什麼』星就很模糊了，看不清楚。下面就沒有了！」

「那妳再打開多一點，就可以看得更清楚？」呂師父提醒她，並開敲法尺唸咒□□

「……」她很快就開口了：「它說我要寫二十三本書，我現在只寫了十四本！哈哈哈！」

「哦！十四本？」

「嗯！它說我一生要寫二十三本書，可是我的命運都沒有出來？」

「噢？這樣嗎？」

「嗯！現在跳到四十五歲，四十五歲底下沒有字，有一朵紅花，那不是樹上開的花，就是像大自然開的花，就像玫瑰這樣一朵花，在四十五歲那欄的底下，有一朵裡面是白心，外面有點紅圈的這樣一朵花在四十五歲底下，一直有一朵花在四十五歲，不是一棵是一朵，是畫上去的，畫在紙上的，只有四十五歲有，前面四十四、四十三都沒有字，後來四十六、四十七都沒有字！」

「剛才有沒有談到前世的？」

「沒有，它只有說是『什麼』星轉世，說一生要寫二十三本書。」

「哦！哦！」

「可是那個『什麼』星！它就沒有，它就沒有……」

「看不清楚？」

「嗯！」

「那現在四十五歲以後有沒有再移動？」

「有啊！」三毛答道：「四十五歲在這裡，前後都是白的，四十四、四十三還有四十六、四十七全都是白的！沒有寫字？」

「哦！哦！哦！」

「是那種中國式的條子，就沒有看見了！」

「好！那就再往前或往後看一看？」

唸了一串咒語，三毛又開口了：「卅六歲……嗯！只有兩個字！」

「什麼？」

「喪夫！對！對！我就是卅六歲，我先生就死了！喪夫！沒有了！就是兩個字出來！」

「只是顯示一個年齡跟兩個字這樣？」

「對！下面有兩個字，是毛筆字的中國字！黑色的！」

「還是沒有整本打開來？」

「沒有啊！沒有整本打開來呀！可是現在已經看不到那個封面了！裡面好像十行紙那樣！」

「那已經打開了！」

「打開了啊？」

「對！它現在大概是一頁一頁在讓妳看！」呂師父憑多年的經驗推測著。

「哦！哦！」三毛應道。

「現在，卅六歲還有沒有？」

「沒有，還是兩個字—喪夫？」

「它就停在那裡？」

「對！就停在那裡？」

呂師父又唸咒，然後問：「現在呢？」

「都沒有了，一片空白！」

「還是停在卅六歲那兒？」

「沒有了！你不問就沒有，你一問它又出來了，還是停在卅六歲那兒！」接著她補充道：「是停在卅六和四十五歲之間，這裡有很多格子，統統都是白的！」

「都是白的？」

「是紅的線、白的底！」

「字是什麼顏色呢？」

「它是黑的！」

「哦！看得很清楚？」

「嗯！好清楚！好大的字，這麼大的字！」三毛伸手比了比：「就是『喪夫』，然後四十五歲就是一朵花，可是沒有字！」

「哦！」想了一會，呂師父對她說：「妳等會兒，我唸一下咒，妳試著用手去翻翻看！」

呂師父唸了一會兒咒再問她，她卻仍是搖頭。

「它不肯讓我翻，還是一直停在三十幾和四十幾歲之間，它不肯翻！」

「不肯翻？」

「嗯！可是呂老師在唸經的時候，它跟我說唱片很暢銷，這大概是我的心事！」

「妳唱的歌？」呂師父顯然對三毛的很多事都不很了解？才會這麼問。

果然三毛立即解釋：「不是我唱的歌，是我寫的歌詞！」

「哦！哦！祂跟我說唱片很暢銷！」隨即她又補充說：「可是這不是在紙上寫的，只是一個感應，祂告訴我說唱片很暢銷，就沒有了！」□□

荷西

「祂說一生命苦，敗在性情過分內向，外表看似明朗，內心煎熬，皆由性情所致，並非歹命之人。奇怪？用這個「歹」字？並非歹命之人。必須……下面還沒有出來！哦！盡可能放開胸懷，做一個開朗的人。奇怪？怎麼這麼白話？一生不為名利所束縛，為性情所苦，以至於健康不佳！皆因過分內向而起。」三毛逐字逐句地慢慢唸出來並順便解釋：「夫緣薄，就是丈夫的緣分很薄。父母極佳，一生衣食不愁。嗯！又來了！敗在個性孤僻傷感，亦是前生注定。多做善事，早消業報。盡可能開朗過日，於你有益，嗯，在我的個性上說得很對！」

「哦！」

「表面上看起來很開朗，其實不是！後面就沒有說什麼了！」

「那些字是一個一個浮出來的嗎？」

「嗯！是一個一個浮出來的，差不多有這麼大！」三毛伸手比了一下：「很清楚，是正楷字！」

……………………

「現在呢？」

「祂還在跟我講，祂現在說：『妳的業報，並非前世作惡』，這是菩薩在講，不是在寫，也不是講話，是我在感應，是腦波的……祂說：『妳的腦筋過分聰明，又不夠大智若愚！所以陷於自苦之地；每晚睡覺前靜心唸佛，於妳健康身體有益，事業不必看重；做完這張唱片可以暫時停筆，出國休息一下，會遇到未來的夫婿。』嗯！菩薩大概要走了！我想大概我也看到我要看的東西了！」

□□□

「現在我問祂要我做什麼？祂問我：『冷不冷？』我說不冷？我現在想問一件事，可我又不想公開？呂老師，怎麼辦？」

「那妳可以在心中默默地問！」

「好！」於是，三毛就在默默地問，但內容卻沒有人知道？？？

沉默了一會兒，她轉述菩薩的話：『時機未到！』什麼事時機未到呢？沒有人知道？

□□□

「作者按」：

一、一九九一年初，三毛遽然過世之後，我沉思良久，實在理不出一個頭緒來？實在說：她會自殺，我並不意外。因為以我所認識的她，早已具備了這種特質，可以說「冰凍三尺，非一日之寒」，只是沒想到她會用這麼「奇怪」的方式，又如此急切地結束了生命，這完全不像幾近完美主義的她。

在大家開始把矛頭指向她的神祕主義傾向時，讓我突然心血來潮地去翻尋一些往昔的資料；那些我們共同探討「靈異」問題的文字紀錄及錄音帶，其中有一卷是她第二次進行「觀落陰」的錄音紀錄，對我而言，幾乎是不記得它的存在了。

手拿文字稿，把兩卷錄音帶重聽一遍，赫然就在這卷帶子的開頭處，聽到了她在「天界」翻查自己生死簿時親口的描述，她讀出了所有的內容：

「它說我一生要寫二十三本書，可是我現在才寫了十四本！」

「觀世音菩薩說：如果我個性不改的話，連菩薩也救不了我！」

……………………………………

這是多麼毛骨悚然的紀錄啊？

錄音帶是一九八五年10月24日下午的現場錄音紀錄，三毛親口留下了這個不可思議的「靈異證據」。那時，她才寫了十四本書，還能寫多少？誰都不知道，以她的寫作速度，不停息地寫下去，一生也許是百本以上也說不定。如果某種因素或中途厭倦了寫作生涯而毅然停筆，很可能十幾本書之後就成了絕響，為什麼生死簿上會「鐵筆直斷」地寫著：「一生要寫二十三本書」的紀錄呢？

算算三毛從一九七六年的第一本處女作《撒哈拉的故事》問世以來，到最後一本《滾滾紅塵》劇作，橫算豎算正是二十三本書。

巧合嗎？幻覺嗎？還是冥冥中早已注定？

必須聲明的是：

一、這卷帶子是我在一九八五年十一月初就向施法的呂師父借得的，卻一直忘了歸還，所以三毛手上沒有，呂師父手上也沒有這卷「原版」帶，而且我有理由相信三毛本人恐怕也早已忘了「生死簿」中的內容，應該也沒有把「一生要寫二十三本書」的事放在心上。

二、三毛過世時，確實的年齡是四十八歲。但在這次「天界之旅」中顯現的生死簿中，竟然會有四十八歲以後的記載，豈不是荒謬得可笑？為什麼明知如此還原文照登呢？在目前只有我擁有這唯一的錄音帶證據時，我大可以刪掉那些四十八歲以後的條文，加油添醋一番，弄得更神奇一些，以聳人聽聞。

但是，第一個理由是：這不是我的作風，在探索「靈學」之際，求其真尚且不及，何能造假？為了保留其真實性，所有的錄音帶內容忠實的在此刊出，以供研究。第二個理由是：「自殺」是當事人完全自主的抉擇，不在命運的軌道之中。如果找十個命中注定「長命百歲」的年輕人來，一人倒一杯劇毒的巴拉松農藥讓他們喝下，保證立刻斃命，沒有一個還能長命。

再則，在佛道輪迴轉世之說中，一般人陽壽終了時，不論死因如何，都是由陰間的鬼差守候一旁，押往地府報到，根據的正是「生死簿」上的壽終時日按時拘拿。但「自殺」身亡者卻沒有鬼差拘拿，而是由家中灶神報請土地送往地府的，因為「自殺」是自主行為，與真正陽壽若干無關，生死簿上沒有記載，所以不可能事先派出鬼卒守候拘拿。

三、在此次觀靈法會的最後，觀音菩薩曾勸慰她要開朗起來，做完唱片（註：指「橄欖樹」）之後最好暫時停筆出國去休息一陣。然而三毛顯然沒有接受這樣的建議，六年來不肯停筆地寫完了23本書，就在最後一本『滾滾紅塵』的劇本問世之際，她在醫院中用最奇特的方式結束了這一生。

顯然的，她沒有開朗起來，也沒有再婚，沒有人能預言，或推測她如果早早停筆或再婚是否就可以長命百歲？如果她不是這麼快就寫完23本書，是否情況又會做什麼樣的改變？但是，最最重要的一點是，正如她在靈界的生死簿中所看到的一樣；她一生要寫23本書，而在看生死簿的當時（一九八五年十月廿四日）相信她並沒有這樣的計畫表，也可以肯定當時她自己也不確定自己一生能寫多少本書？然而，事實證明果真如此，究竟是「萬般皆是命，半點不由人」的命中注定，或者是其他原因呢？雖然如此，在三毛傳奇的一生中，除了為這世界留下了膾炙人口的文學作品，卻更留下了「靈魂學」最重要的證據，提供後人研究探索。

實例之四

台北車站前的「鬼屋官司」

註：本篇事件發生於1988年，為本書作者第二次，也是以主動方式的「見鬼」的實際經驗。

台北火車站前的「立人補習班鬼屋」事件，在坊間各類型雜誌的爭相報導下，成了今年開春以來最熱門的話題，尤其這又是國內第一宗鬧進公堂的「鬼屋官司」，因此更是倍受各界的矚目，不論相不相信有鬼，人人都等不及的想知道陽世的法官如何來斷此陰司之事。

對喜愛本刊（註：指筆者創辦的「神祕雜誌」）的讀者而言，恐怕也是相當納悶；為何一向以堅持現場報導各類神秘現象，向來總是把各地發生的靈異事件熱騰騰的第一手資料率先呈現給讀者的本刊，這回反而急驚風遇上慢郎中，四月號隻字不提，五月號才在慢條斯理的打預告，真是急煞人了。

事實上，這宗消息在國內所有的新聞媒體中，恐怕要數本刊最早得到線索；早在二月中旬，負受理這件「鬼屋官司」的被告律師李永然先生就曾針對此事與筆者研究並交換意見，當時，李大律師再三要求一切暫時保密，等案情明朗化後再作報導，因此筆者雖然心癢、手癢十分難過，但仍然答應了他的要求。

四月十六日，中視一個新聞性節目製作小組來電：希望透過本刊的關係，代邀一位通靈人或大法師前往現場協助，希望能藉由此種方式而與傳說中的鬼魂溝通，當然如果因此而能經由電視攝影機拍到一丁點「鬼影幢幢」的奇異畫面，則必然是件驚天動地的大事。

當時在腦海中的檔案庫裡，第一筆列出的資料就是國內目前權威的超心理學家—林　道先生。

四月十七日，星期三下午四點二十分，筆者率了本刊三位工作人員趕到現場，其中一位美工小姐由於具有特殊的感應力，所以特別要求到場協助，其他兩位則員責攝影及錄音，希望到時能派上用場。

在接受中視吳小姐的訪問中，李律師侃侃而談，真是條理分明、辯才無礙，而且引用條文，如數家珍，也就無怪這麼年輕就揚名法界，真是不可多得的奇才，令我們旁觀的「現場觀眾」也無不暗暗喝采。

在錄影的中途空檔，大家私下也交換了一下對這幢「鬼屋」的意見，當然這時各人所說的「相信！相信！相信」是絕不會在電視上播出，也不會被刊登在任何報章雜誌上的。畢竟這些話只能私下說說而已。但這也是必要的，因為這對待會實際進入那幢目標屋時，先前的了解，會有極大幫助的。

走出大廳時，一些在那幢屋子裡有過實際接觸，曾看到或甚至被打得鼻血直流的學生已候在那兒，林　道先生把握這機會詳細詢問他們當時的情形，這些學生大概已被記者問煩了，所以不但毫不畏懼，反而聳聳肩才有些無奈的逐一說出經過，但相同的是這幾位學生全都是信誓旦旦，而且態度懇切，絲毫看不出一點虛假或誇張之處。

筆者趁這空檔也與一位補習班中的人員攀談起來，據他偷偷告訴我：在去年八、九月間是鬧鬼鬧得最兇的時候，不只是學生，連工作人真也感應到了，在學生指出的現場，一位工作人員正要開口，只感到一股超強的力量衝入口中，直透腦部，弄得他痛苦萬分，更驚駭異常。

後來，為了平息這個人心惶惶的騷動，使學生能安心居住下去，不得不請來了一位據稱功力高強的法師，由他任橋樑來與那些鬼魂溝通，結果才知道這地方竟然是陰間的風月場所，鬼來鬼往，真是熱鬧非凡，但一下子住進來七十幾位血氣方剛，陽氣旺盛的男學生，難免影響了鬼魂們尋歡作樂的興緻，因此腦怒之餘就時常顯形顯影來嚇唬學生，希望因此而使學生不敢再住下去。

當時，補習班為了怕就此退租搬離，損失太大，所以不停的透過法師向鬼魂求情，但這些鬼魂顯然十分固執而不通「人」情，反而一口拒絕並下了最後通牒，要求補習班必須在九月底以前搬遷完畢，否則大家是陰陽兩界走著瞧。

這樣補習班可就抓瞎了，一時之際又要找房子安頓這些異地來的學生，一方面又心痛於大筆的損失，加上其他種種不易克服的原因，竟然對「鬼」違約，超過了最後期限仍未搬遷，結果，嘿嘿……

還真的發生了不可思議的怪事！整個十月份，竟然沒有一個學生上門來報名，令一向執各補習班招生牛耳的立人補習班全體工作人員在頭皮發麻，心理發毛的極度震驚之下，卻一個個噤若寒蟬，誰也不敢把這事說出去，但也絕對相信必然是那些鬼魂們搞的「鬼」，於是這時誰也不敢再等閒視之，只好無條件屈服，立即展開搬遷，並和房東協調，但房東卻不同意，更不接受鬧鬼的理由，於是官司就是這樣爆發的。不過更奇怪的事還在後頭呢……

自從「立人補習班」片面解約之後，學生全搬遷出去的第二天，好像所有要報名參加補習的學生全約好了一樣，全在這天湧向立人，整整比平常報名人數多出了十倍有餘，這時工作人員又是一陣頭皮發麻，真不得不相信那些好兄弟們真的是「鬼」通廣大，卻也實在猜不透他們是如何做列的，難道讓所有在當天來報名的都同時「鬼迷心竅」嗎？

正式進入大樓之後，攝影的卻只管攝影，絲毫不受影響，很快就拍完了外觀。包括中視公司的三人、本刊四人，林道先生，補習班的工作人員及四、五位學生，一個接一個魚貫的走上樓梯，三樓的左邊有一戶人家現時還住著，但正對著樓梯就是一條走道，裡頭就是一間間的學生宿舍，卻被一道木門緊緊鎖著，使我們不得其門而入。緩緩的走上四樓，怪的是，由於人多，我們一階階走上去的速度相當慢，但才上到四樓，就感到胸口十分沉悶，一時也弄不清楚走上樓太喘？是心理作用？或者真的是「山雨欲來風滿樓」？我們已確實闖入了低氣壓的中心，被一種特殊的能量緊緊籠罩住了？

五樓和六樓都是傳說中鬧鬼鬧得最兇的地方，但是補習班有過親身接觸經驗的學生卻把目標指向了五樓及六樓。由於這幢古舊大樓的本體結構只有五層，六樓是在陽台上加蓋的部份，有一半、是以相當簡陋的材料搭蓋的學生宿舍，密密集集，屋頂高度也低，真彷彿是一閒間的「鴿子籠」，另一半卻是陽台，從北面往下俯視，可以看到車水馬龍的忠孝西路和人山人海的台北車站，車聲與耀眼的霓虹燈在這裡交織成典型的大都市狂想曲，在這樣一個吵雜和五光十色的環境中，要想安心讀書準備聯考，實在不是件容易的事。而這時的宿舍中由於近半年沒有人住，四下都堆滿了垃圾和灰塵，桌上床上散亂著空的酒瓶和一些提神口服液的瓶子，也可看出學生頭頂上那股超強的聯考壓力，薄薄的三夾板牆上也有些自勉或發洩壓力的塗鴉，令人見了既好笑又十分同情這些痛苦的重考生，於是難免也懷疑起社會上對鬧鬼原因的另一種猜測：是否因遇度沉重的聯考壓力，所造成的學生身心失調，在精神恍惚的狀況下所產生的一種幻覺？

實在說，為了保持客觀的研究態度，筆者當然也有必要接納所有的推測，而不是先入為主的立刻認定此處一定有鬼？

然而就在此際，本社那位具有特殊感應能力的美工小姐卻站在陽台外面，一臉的驚愕之色，趕出去一看，她卻告訴旁觀的人道：「嗨！我的右手臂整個麻痺了，完全不能動，好像被什麼抓住了啊？」

有些人聽了嚇的就地一楞，筆者也免不了很是訝異，還以為她一定嚇壞了，問她以前有沒有類似的經驗？她答說從來沒有，問她怕不怕，她卻笑著答說：「不怕啦！不過這種感覺真奇怪！」

林　道先生聞聲而來，詳細問了一會兒，他閉目集中意念，以他自己的超能力來做感應，大約不到十五秒時間就肯定的指著她：「妳不要怕，『他們』正試圖在與妳溝通！」

等候了約五分鐘，這位有特殊感應的小姐除了右手臂麻痺外卻不再有進一步的感應，林　道先生只好運起他的超能力，幫助她脫離這樣的感應，只見他簡單的比了個姿勢，要這位小姐照著做，果然她的右手臂立刻就恢復了正常，在一旁觀看的其他人都是驚異之至，但由於筆者對林　道先生的超能力見識過極多次，知道他確實具有這樣的異能，所以並不感到意外。

這時，中視的人員已經把器材準備好，四處拍攝起來，筆者陪同林　道先生一起進入了他感應到存有特殊能量的兩個相鄰的房間，關上了門和所有的燈光，一手觸額，一手筆直向前，然後閉目凝神，先集中意念，不到二十秒，就全身緩緩的旋轉起來，目的在用超感應能力判斷特殊能量所貯藏的位置……

林　道先生顧著用他的超感應力在作追蹤偵測，根本沒有睜開眼睛，這時卻指著板壁道：「這裡！這裡！」

在相當暗的房間中，此刻在場的四、五個人全都有些汗毛直豎起來，彷彿達吸入的空氣都有些沉甸甸的，但很快就化作了一種捕搜的興奮，就在此時，林　道打開了門，候在外邊的中視人員立刻把鏡頭伸了過來……

接著，林　道先生則請來本社那位具有超感應能力的小姐依照她的方式或來作測驗，她閉上眼睛後，一連旋轉了十幾圈，在完全不能確定正確方向的情況下，只能憑自身的感應來指出特異能量最強的地方，結果，令人吃驚的是，她指出的地方卻和林　道先生確定的完全相同—正是同一塊三夾板材質的隔間板壁，在測試的過程是在眾目睽睽下進行的（包括攝影機），其中完全沒有加入任何人為的暗示或引導，事後問她，她卻說：只感到有股很強的吸力在牽引她的右手，彷彿在吸受她的能量，可以很明顯的感覺自身的能量從手臂流向指尖，然後從指尖流射出去，整個指尖都有麻辣辣的感覺：但只對同一個方位有反應，在雙眼緊閉的情況下，也只能憑直覺來判斷，身體每轉一團就會感應到一次，然後終於確定了自己感應出的方位。

經過反覆三次的感應確定之後，林道大師悄悄的指了指那個被我們當成了目標的房間，於是本社的兩位小姐及補習班的兩位學生，隨著我們進入，六個人擠在這小的房間中，實在很悶，但大家都屏息期待著，關上房門和電燈，只有牆上西向的一扇氣窗仍然有強烈的霓虹燈不停的閃光，對此刻正要進行的「降靈」儀式影響很大，學生們自告奮勇的找了些舊報紙把氣窗蒙上，總算整個房間更黑暗了，林　道先生先謙虛地告訴大家：靈魂的事不是我們現代人類所能完全了解的，因此我也沒有百分之百的把握各位每個人都能看得到，但是我一定盡力試一試，只不過希望各位一定要客觀冷靜，有就說有，沒有就說沒有，這才是真正客觀的研究精神！

說完他自己先運用超感應能力確定更精準的方位，指著門和板壁之間的直角處說：好！現在讓我們一起集中意念，請它顯現出來。來！大家一起集中意念，讓我們把能量供應給它……

當時，我相信在場所有的人都是跟我一樣，眼睛睜得大大的，一方面有些興奮的期待，一方面也多少有些戒備的緊張，因為誰也不知道在這漆黑一片陰森絕倫的房間裡，會出現什麼樣的怪事???

可是我比其他人都忙，為了怕錯過造可能是千載難逢的一次機會，端起了相機，徵得了林　道先生的同意，不停的用閃光燈或利用B快門做各式各樣組合的攝影，希望因為底片的感光區域與肉眼不同，而能涵蓋肉眼的不足。

雖然我一直提醒自己要專注，但一方面要憑觸覺去調整相機，一面又要注意牆角那兒的動靜，所以難免會分心，不過，我真不知道是我本身也具有特異體質，或者特別幸運，大約在過了十幾分鐘之後，突然的我瞥見牆角那兒有團模糊的鬼影，起先以為是自己眼花了，等凝神定睛再一看，果然有團淡如黑煙的影子，是人的形狀沒有錯，但實在太模糊了，分不出是男是女，只能看出它站立的方向、姿態，而印象最深刻的卻是在她的脖子上好像有條白色的東西，不知是衣領還是布條?這樣的景象並非一瞬即逝，據我自己的估計至少停留了四、五秒鐘，然而任憑我驚愕異常，拚命想看得更清晰，卻在一眨眼間就消失了，甚至未曾殘留任何影像（註：但是，只能說當時最後「感覺」到的是位女性）。

就在我還來不及開口的同時，林道大師一面開燈，一面問大家：誰看到了?誰看到了?它身體有什麼特徵?

本社那位美工小姐率先說她看到了一個模糊的剪影，位置就在牆角那兒，但其他什麼也沒有看到……

這時我正站在林　道先生身邊，我的左手一直指著脖子，不知怎麼的想說話卻說不出來，只是一直指著脖子想讓他知道，不料林　道先生卻也在這時用手往脖子上一劃：「她的脖子……」

「她的脖子上有一條白色的帶子！」這是我突然脫口而出接下去說的，聲音之大、之驚訝，連我自己都吃了一驚！

「對！對！對！沒錯了！」林　道先生也相當驚訝的看著我？

不等他再開口，我不顧一切的跑到牆角把我所看到那黑影的姿態模仿出來，又用手在牆上比了個高度，依我估計大約只有一百五十三到一百五十五公分左右的身高，林　道先生立即過來一拍我的肩膀：「對了！對了！我看到的跟你完全一樣，真沒想到你的感應力也這麼麼強！」

其實我根本不相信自己有什麼超感應能力；雖然十幾年前我曾有過更精彩的靈異接觸經驗，那次不但看到影像，更看到靈光，而且後來一連維持了近半年的第三類接觸。但我卻一直希望自己是個平凡人，對於靈異事件或一切神秘現象我確實懷有異常濃厚的興趣，而且迄今仍賡續從事迄方面的報導工作，但我卻從不曾嚐試去修煉或試圖通靈。所以我一生從不曾拜師，也不可能去收弟子，更沒有任何法力道行，經常也會在外間聽到有人說我是他的弟子或者以為我懂什麼法術，順便也趁此澄清，那只是一個傳說的笑話而已。

因此，我願意肯定的說；這次我確實看到了，至於是不是鬼？我想我應該持保留的態度，因為我實在不知道我看到的是什麼？且讓爾後更有研究的專家學者去解釋吧！

出了門中視人員再次圍了上來，卻等不及我和林　道先生細想，因為他們在門外都聽到了，雖然關了攝影機，我仍然以私下的態度與他們交談，我希望這些事不會被披露。

接著，應他們的要求，在同一個房間中，林　道先生照剛才的方式又作了一遍，我也跟了進去，但這次時間更長，卻什麼都沒看到，連林　道先生也沒有看到。中視人員的失望是可想見的，不過這種我們人類完全不了解的事，誰能保證每次都能看到呢？何況美國有個靈魂學研究機構曾懸賞一筆鉅款，只要誰能在眾目睽睽之下真正招來鬼魂讓大家親眼看看，這筆獎金就是他的。但據我所知，迄今這筆獎金尚未被領走，由此可見，鬼神誠難測，如果鬼魂可以招之即來、揮之即去，人人都可以隨時隨地看到，就像我們在路上看到一條狗、一隻貓那樣，那麼鬼魂就不稀奇了，也失去了原有的神秘感了。

這次，我一共拍了二捲底片，一捲彩色、一捲黑白的，等洗出來一看，其中竟然出現了不規則的跳格空白，怎麼想，也找不出原因，但，在房間中拍出來的部份卻完全正常而沒有異樣，但是唯一一張在陽台上拍的，卻在圖的中間部份出現了奇異的煙霧狀白光，很淡，不過可以看出十分怪異？因為這背景的牆面是水泥的，又是側面照的，照理說也不可能反光，何況現場有一大堆人，可以證明我拍這張照片時，現場並沒有任何煙霧或白光？經許多懂攝影的朋友鑑定，更證明這層光是浮在空中的。

四月十八日，星期四。晚上因為一次有關靈異方面的活動，與本刊顧問戴思客博士夫婦及影星宋岡陵小姐約好了在呂全虎大師位於富陽街的「慈善堂」見面。

因為知道戴思客博士來華是以研究乩童為重點，對鬼魂之事持的是科學客觀的態度，但這樣一個絕好的機會或許可以更深一層的去了解，相信他一定會有興趣的，那知道才開口，他已經按耐不住了，要求當晚立即去「夜探鬼屋」。早就了解他的急性子，卻沒想到竟然是這般嚴重？

其實，當時我是希望能請到呂大師親自出馬，以他對「觀靈大法」與靈異方面的研究認知，還有極其高強的法力，或許能導致更完美更深入的接觸。呂大師聽了欣然同意，不過他卻坦誠的表示，他雖然精通「觀靈大法」，但並非靈媒或通靈人，本身無法用肉眼看見亡靈或鬼魂，所以必須聯絡兩位住在中部的通靈弟子隨行前往，這兩位通靈弟子具有超強的眼通，平常間隨時都能看到一般人肉眼看不到的世界。

當然以我對呂大師的認知，他是一個實事求是的人，知之為知之，不知為不知，從不打誑語，更不善於自我吹噓，對於自己未擁有的能力，他絕不會充會充能，因為「觀靈大法」與通靈或靈媒並不相同，法師所扮演的角色只是引領生魂前往陰間的嚮導，本身幾乎清一色的不通靈，正如一個引領觀光客去海水浴場弄潮的嚮導：王要的是他熟悉路徑而能「引人入勝」，他本身未必會游泳。而引領觀光客在冬季前往合歡山滑雪的嚮導，本身也未必非要是滑雪高手。對於呂大師這點，我是非常欽佩的。他絕不像一些專門裝神弄鬼的術士，吹的是天花亂墜，好像上天下地，腳跨陰陽，沒有他不曉得的，也沒有他不精通的，明明不通靈，卻妄稱見神見鬼，真正是鬼話連篇。

不過呂大師卻告訴我們：通靈人住在中部，平常工作很忙，只有星期六才有空，到時會趕來台北。戴思客博士聽了，失望之色躍然臉上，我只好一攤雙手：「忍耐一下吧！等星期六晚上就能成行。」

在此同時，本刊的攝影顧問何先生，倒是聽了我們在星期三與林　道先生的靈異接觸之後，興緻勃勃，單槍匹馬的去了，一個人背了攝影器材，直闖上樓，真佩服他的膽大，不過那一次他卻毫無所獲，於是也在這時來電聯絡，希望能參加我們星期六的「接觸活動」。

好不容易熬到了星期六晚上八點半，各路人馬約好了在呂大師的「慈善堂」見面，到達之後，才知道今天只來了一位通靈人，另一位有事不能趕到，但跟隨呂大師學習「觀靈大法」的第子男男女女的卻有七、八位，同樣是興緻勃勃的想跟箸去「臨場實習」，點了點人頭，連我、戴博士、攝影何先生一共是十三人，突然心血來潮，就問戴博士：「這真是個巧合！你對十三這個數字會不會有什麼忌諱？」

他卻瀟灑的說了句中國成語：「我百無禁忌！」

各路人馬到齊之後，由我向大家解說了下現場狀況，並要求大家盡量注意秩序，保持鎮定。到時發生任何意料之外的事情，也全聽呂大師的吩咐叫相信以他的法力，必然可以保護大家平安無事的。

一行十餘人，分搭了幾輛車，在夜色中奔往了現場……到達現場之後，我才想起，本社有兩位美工小姐約好了在門口見，其中一位正是上次曾有過特殊感應的。

為了怕打擾其他住戶的安寧，一行人分成了兩批上樓，這時，我卻成了當然的嚮導，雖然以往見過的怪事頗多，自認膽子也不算小，但一馬當先，只靠手中一支鋼筆型的小電筒照亮去路，還要去打開一扇扇的門，憑良心說，難免還是有些不自在的，何況前一次我已曾見到過了！

好不容易，來到了六樓陽台，進入了前一次曾有過接觸的房間，幸好電燈是好的，開了燈，陰森的氣氛立刻減低了不少。

把器材等佈置好了之後，呂大師和那位從中部專程趕來的通靈人陳先生率先進入了那個編號六〇五的房間，其他人都在外邊等候。

很快的，通靈的陳先生就肯定的表示他看到了，有個女的站在外面陽台角落，但是她不肯進來。

呂大師：「你試試看，能不能跟她交談？」

陳先生沉靜了一會兒，搖搖頭：「她不理我，也沒有任何表示！」

呂大師：「還在那兒嗎？」

陳先生：「還在！」

我拉著何先生悄悄的走出陽台，四處仔細看了一下，卻什麼也沒看到。問那位有超感應的小姐，她也搖搖頭：「今天一直沒有什麼特殊感應哩！」

再次走進那個房間，一面準備相機時，身旁有位呂大師的弟子，是位和氣的中年婦女，她起先不肯隨大家上樓的，這時卻緊閉著雙目，一手舉掌，一手則從外面指向房間，這時通靈的陳先生卻道：

「來了！來了！現在在我背後，是個女的？」

呂大師：「你可不可以形容一下她的模樣？」

陳先生：「女的，個子很高哦！大概有一百六十八到一百七十公分左右，長得很漂亮，很像古典美人那樣……」

呂大師：「衣服呢？」

陳先生：「灰灰白白的，下半身看不清楚，但是她手上還抱了一個小孩兒哩！

在外面圍觀的人聽了卻是又驚又喜……

呂大師：「她現在站在那裡？能不能跟她交談！」

陳先生：「她出去了，還是沒有表示！」

沉寂了好一陣子，而我和何先生卻忙著向那些可能的方向不停地照相，希望能出現奇蹟讓我們拍到一張現場的靈異照片。又過了一會兒，陳先生指著他的背後：「你們拍這裡看看！」

由於他是靠著桌桌，桌子又貼進上回林　道先生指出的那塊隔間板牆，為了怕有所漏失，只好兩面都拍了幾張，而這時我才更深切的體會到所謂的「穿牆過壁」是什麼意思，事實上我們所謂的牆壁，對鬼魂而言根本是不存在的，它們完全視若無睹而來去自如，所以一下在東，一下在西，反倒是具有實體的我們卻受制於一面面的牆壁，而「行動不便」。

這時，陳先生又開口道：「來了！來了！」

很快的，他就指著正對面那雙層木板床的下層，口氣卻十分平靜的說：「她現在坐在那裡！」

這還了得，所有人都伸長了脖子、睜大了眼睛，想看看究竟有什麼異樣？可是卻依然是「視」而不見，什麼也沒看到，床還是床……

陳先生：「她現在正在給孩子餵奶！就靠在牆角那裡！」

嘩！這可更精彩了，但是，任憑我們這些肉眼凡胎之人把眼睛睜得再大，也一樣看不到？

呂大師：「你跟她說：我們是善意而來，問她為什麼會留在這裡，看看需不需要我們幫忙？」

陳先生：「她說話了！她說謝謝！」

呂大師：「問她為什麼會在這裡？」

陳先生：「她說她們一家人都住在這裡，一直都在這裡？」

呂大師‧：「問她為什麼不去轉世擠胎？」

陳先生：「她說她們一家人在這裡過得很好也很平安，也不知道什麼時候要轉世投胎？」

呂大師：「那你問她為什麼會常常現形而嚇到了住在這裡的學生？」

陳先生：「她說很抱歉，她並不是有意的，因為她的孩子太小，那些學生有時太吵鬧，她怕吵到孩子，一時情急就現了形……她一直在向我們說抱歉！哎！她實在真是善良啊！」

在場的聚人這時早已不再害怕，反而對這位善良的女子轉生無限的憐惜與關愛，真希望能幫她一些忙。唉！真不知這是這樣一位女鬼呢？

可惜，她顯然不太喜歡談自己的過去，只是要求我們能給她一點安靜，因為她的孩子快睡著了，希望我們不要驚醒了他。

呂大師向大家一使眼色，大家就輕手輕腳的往外退，只聽呂大師要陳先生轉告：「你問她需不需要用錢，我們燒一下給她好不好？」

陳先生：「她一直說謝謝哩！」

呂大師：「你跟她說，我現在沒有帶來，回到堂中再燒給她，她能不能收到？」

陳先生：「她說可以！」

呂大師：「好吧！跟她說我們要走了，回去一定燒紙錢給她！」

陳先生：「她又說謝謝，並且跟大家說再見！」

等我們退到陽台時，陳先生卻指著外面說：「她的孩子又醒了，跑出來了，現在在牆壁那邊。」說著他還去摸摸他的頭：「好可愛哟！」

當然，我們什麼都沒看到。

下了樓，人人都有些依依不捨，但看看錶，已經十一點了，呂大師要趕回桃園，陳先生要回台中，但陳先生這時才說：「其實四樓更多，我剛才下樓時看到了一大堆黑影呢？」

這一聽，大家與趣又來了，準備再到四樓去瞧瞧，陳先生一馬當先往回走，但呂大師卻搖搖頭說：「還是下次吧，不然再晚就沒車了！」

於是這次的夜探就到此告一段落，留下的是無盡的興奮。不過更令人興奮的還在後頭呢。

等第二天二捲彩色，一捲黑白的照片沖洗出來之後，卻在黑白的照片中發現了一張相當奇異的照片；在第一次和林道先生同去時，指出的那面三夾板隔間板壁，竟然浮現了一個女性的大半身的影像，而身高和體型卻和第二次「夜探」時，那位通靈的陳先生所敘述的相似，驚愕興奮之餘總算還保持了一點客觀的冷靜，取出底片仔細的觀察，再請沖洗店的人員加以鑑定，證實足畫面中原有的景象，而非底片表面未沖洗乾淨的水跡。

回來後，請來了當時所能聯絡到的靈異與攝影專家，經過再三的鑑定，都認為並不是底片或照片的問題，而在拍照的現場，當時有十幾位人證，可以證明板壁上沒有任何的圖像，反光、水跡，這點可與另一張照片作比對，當然身為一個靈學的研究者，求真尚且不及，更不可能去造假，不是雙重曝光，更非暗房手法，這點在底片上是很容易鑑定出來的。因此大家的結論一致認為不是偶然的巧合可以解釋。而這張照片也算是二次探究行動最有力的結論。

鬼魂；陰間的一種生命形態，生存在與我們完全相同的一個世界裡，只是次元的頻率不同，惟有偶然電光石火的交錯中，兩個次元因為頻率重疊，而使人類「看到」或接觸到了它們。還有就是，「鬼靈」有可能用「心念」能量影響我們的神經傳導系統，讓我們「看到」、「聽到」或者「意識到」。

當然，到目前為止，這只是一種假設，而沒有任何人能提出證明，或者曾提出證明而不被認可。因此「到底有沒有鬼」就成了見仁見智的問題。不過，信與不信的雙方都各有其立場，實在無需互相試圖去說服對方。但是在全人類中，絕對相信與絕對不信的人都還只是少數，絕大多數的人都介於信與不信、半信半疑之間，不論是否真的有鬼，至少大多數人在心中是貯藏了無數的相關傳說，因此對一個傳說鬧鬼的地方，大家總是盡可能敬鬼神而遠之，甚至連堅決不信有鬼的人，絕大多數還是不敢單獨在裡面過夜，為什麼呢？

因為，鬼魂的世界不同於我們現實的世界，不只是「看得到」和「看不到」的問題，而有時只是一種感應而已，常常我們對於一個地點，在沒有「看」到什麼的情況下，有時也會有種「陰森恐怖、毛骨悚然」的感覺。如果凡事都非要眼見為憑，那麼這具象的世界豈不太狹隘了？

實例五

乩童李坤玉

XX路XX巷XX號X樓，這房子不是妳的，是租來的對不對？

對的！對的！

你們也不是本地人，從南部搬來的，前後不會超過三年。

是啦，兩年多而已。

妳問的是家庭，怎麼？妳想去抓猴？

……

算了啦，妳想不想跟妳先生離婚？還是希望他老老實實的回來就好？

我……

如果妳想要離婚，那妳就帶警察去抓，保證馬上就離婚；如果妳不想離婚，最好就任由他去。可是他實在太過分了。說這話的是還不到卅歲的少婦，臉上的哀怨和不甘心。

丈夫會出去外面風流，妳也有責任呢！妳呀，心是不壞，也不會算計別人，但是就是性子急，太愛嘮叨，做丈夫的受不了，才會往外跑，何況他的外表又英俊，很有女孩子緣，不是他去找女人，是女人自己找上門來的，對不對？

少婦有些羞澀的點點頭，在這大庭廣眾之間，隱密的私事被毫無保留的公開出來，實在讓人有些承受不了。

對呀！妳丈夫人也不錯，他不愛人家，人家要愛他，這有什麼辦法！

少婦仍然難以釋懷，卻又欲說還休的……

別啦！不要想去「抓猴」啦，好不好？暫時再忍耐一下，明年三月以前一定會有結果，他和那女人一定會斷的！聽到這兒，少婦突然才眼睛一亮，迫不及待的開口問道：真的嗎？

當然，難道我還會騙妳，男人嘛！有時去風流一下，最後還是會回來的啦，安心啦，來！賜妳一道符，回去請土地公幫忙，我也會跟祂說的。

少婦還想問些事，一時卻又不知如何開口。

好，下一個！廿七！林X旺，阿旺！新竹來的阿旺在不在？

層層相疊，摩肩擦踵的人群中有人應了聲，緊張的排開人群，擠了進來，先前那位少婦只好點頭稱謝，側身退出了。

這兒不是醫院，但是一樣要掛號；這兒不是律師事務所，卻也替人排解婚姻上的糾紛；這兒不是一般江湖設攤的卜卦算命之處，卻能為人推論行運流年的吉凶禍福。

「五X宮」不大，位在一排連幢店鋪房子的四樓，窄窄的樓梯，陡斜幽暗，只在門上掛了方小小的壓克力牌子，藍底白字，上書太子爺三字，右面的牆上則用紅漆正楷的寫了「五X宮」和一個往上斜翹的箭頭，指示著慕名而來的善男信女；上頭正是能為人解決人世間各種疑難雜症的地方。上了樓，拐了兩個彎，繞過出售香燭金紙和辦理「掛號手續的櫃台，才見到一處卅坪不到的壇場，後半部三面貼牆設了幾張長條形的靠背木椅，供善男信女等侯之用，轉身回望，卻是一個中型的佛龕，合著供桌上，層層疊疊，供滿了大大小小、造型各有不同的神像，其中比較特殊的是，居然也供了兩尊「四面佛」，一大一小，靠近供桌的一邊，造型和泰國方面崇信的四面佛十分肖似，這在國內其他的佛廟道觀或者民間道壇中甚少見到，然而佛龕的正中供的卻是中壇元帥哪吒三太子的神像，持戟握環，擺出金雞獨立的架勢，十分威武，而佛龕中大大小小數十個神像中，仍有不少不同造型的哪吒三太子的神像，大概是各地善男信女奉獻的。

由於此處太子爺附身乩童，斷事釋疑，消災解厄，可說是靈驗無比，歷歷不爽，因此遠近馳名，享譽遐邇，於是延平北路太子爺的大名不脛而走，五賢宮的本名反倒不彰。求助之人，愈來愈多。延平北路五段，也就是「社子」地方，大街上還算熱鬧，但距離台北市中心鬧區還是遠了些，按著門牌號碼，找到了五X宮，順著陡斜的樓梯往上爬，上了三樓，已經是一片漆黑，只好掏出打火機來照路，好不容易到了四樓，卻見一堵鐵門深斂，看看錶已經三點多了，難道晚上才開壇嗎？敲了一會兒鐵門，也不聞回應，只好快快而返。

過了兩天，打電話一問，才知道此處每逢陰曆三、六，九（初三、初六、初九、十三、十六、十九、廿三、廿六、廿九，外帶陰曆廿）這些天是不開壇的，其他的日子，每天由下午二點至晚上八、九點都在為各界善男信女服務，唉！只怪自己沒弄清楚，才會吃了閉門羹。

但是據去過的朋友說，規矩還不只如此，由於這地方越來越出名，前往求助膜拜的人越來越多，現在每天只「看」一百五十到兩百個人，必須事先掛號，而且至少要掛上十天到十五天才能輪得上，同時也因為人多，所以每個人問事的時間只有三到五分鐘，絕不會長篇大論的侃侃而談，所以每個人的問題和得到的答覆，都只有儘量精簡。

在電話中，問清楚了開壇的日子，準備好錄音和攝影器材，抽了個空再度前往，到達時，早已開壇，只見黑壓壓一片，將乩童和供桌四周團團圍住，擠得水洩不通，踮著腳也看不出個所以然。但是瞧那些在場的善男信女虔誠和信服的神情，就發現果然是名不虛傳，所謂山不在高，有仙則名，水不在深，有龍則靈，像這樣小小的一個神壇，信徒之多，連許多人廟都難以望其項背，但，只要神明靈驗，香火必然鼎盛，這是很明顯的。

去櫃台那兒請教了一位叫陳小姐，並且表明了來意，她卻出乎意料之外的，面露難色，想了想就委婉的拒絕了筆者的採訪，並且也表示此處為了日後建廟事宜，所以才開壇服務各界，並不希望太露鋒芒，免得樹大招風，希望筆者暫時不要報導，待日後大廟建成之日，倒是十分歡迎的。

這樣的軟釘子，在別處倒是很少碰到的，可是剛才稍微聽了一下，果真十分神奇，簡直是神口直斷，毫無遲疑滯礙或模稜附會之處，絕不是一般江湖術士，或者搬神弄鬼的假乩童那套，什麼「好七壞三」、「半猜半編」的模式，也證實了長久以來，風聞到有關此處的種種，果真是所實不虛，所以這樣一個難得的線索和機會，怎能甘心就此放棄呢！於是就再三保證絕無惡意；而且採訪靈異事件，目的是在收集資料以供研究，而非為了工作職責之故。同時也誠摯的向她表示；將來報導的角度絕對客觀，雖無法美言粉飾，卻也絕不會無中生有，惡意中傷，只是把自己看到的、聽到的，冷靜客觀的作一表述而已。

結果，雖然費盡了唇舌，卻仍然未能得到她的同意，考慮再三，她才作了稍許的讓步，願意特別安排筆者優先問事，等親自體驗之後再談。既然如此，實在也不便再爭執下去，何況自己原本也有此意，只是怕掛號到十幾天之後，萬一臨時抽不出空，豈不是徒增悵然！所以一直沒有開口，聽她這一說，也就答應了。隨著在櫃台上填了張掛號單，只不過是姓名、住址、年齡和想問的事情而已，非常簡單，但是因為筆者老家在鄉下，所以就填了兩個地址。

掛號單一送到那位乩童面前的供桌上，筆者背著相機，在一連串的「借過」聲中，擠了進去，先聽到的就是本文開始的那段話，只見乩童端坐在一條長板凳上，左手抓了一疊掛號名單，右手不時用掌在供桌上使勁拍打著，一面向站在供桌旁的當事人解答，眼睛則半睜半閉，白多黑少，但是卻不像一般乩童，在神明附身後，本身意識完全隱沒，講起話來似偈似詩，含糊難懂那檬，他的回答相當果斷，用詞也十分俚俗易懂，完全不需第三者轉譯，也沒有任何奇特的舉止架勢，如果不注意看他的眼神，簡直可以說就像一般人在閒話家常。不過他卻很少去看和他對話的當事人，偶爾側過身子，也只是為了回答一些較為隱密的事項，甚至既不轉頭，也不抬頭，不時也會去整理一下手中的掛號名單，雖然是一大疊，卻也並非完全按照順序，偶爾也見到他會將中間的調到前頭來，不知是何原因？

待先前那位少婦一走，接下來的是位年輕人，問的是事業，他先喊年齡，再喊姓名、地址，而且有些性急的催促著當事人趕緊過來，等人一到桌邊，他毫不遲疑的就開口答話，也不先詳細的問上一巡，最令人感到驚異和不解的就是，他一開口，就會讓當事人楞住；

這個地址不是你的房子，你還沒能力買房子，現在寫的這地址是向人分租的，對還是不對？

只見那年輕人一直點頭稱是，他又道：想要自己當老闆啊！還沒到時候啦，眼前的工作都快保不住了，你還敢胡思亂想！別以為老闆好當，那些倒閉在「走路」的都是老闆，你曾聽說過做夥計的在「走路」嗎？年輕人有些囁嚅，不知如何回答，但表情卻同意了。

他卻毫不保留的接著說：不要嫌父母嘮叨，父母也是為你好，你現在呀是六神無主，現成的工作不肯好好的做，這山望著那山高，看別人當老闆，你也想當，卻沒有先問問自己有沒有那個本事來當？

年輕人有些不好意思的望了望四周盯著他瞧的人，低聲問：最近有朋友找我合夥啦，不知道好不好？

「要問我？」他把頭一搖：不好！人家是不是把老闆給你做？「是啦！」「你當得起嗎？你最近才剛換過頭路（職業）嘛！屁股都還沒坐熱，就不想幹了？」他的問話和動作都很滑稽，引來了旁觀者一陣不很大的笑聲，為的是怕當事人難堪。年輕人沒有回答，卻也像默認了。

「放心！只要好好幹，這頭路不會有問題，老闆不會叫你走路，你自己想當老闆，三年以後！」他伸出了三隻手指頭，肯定地說。

不等年輕人問答，他又斬釘截鐵的說了一遍：「三年，我保證你三年以後一定當老闆，你呀，只要回去把心靜下來，好好把現在的工作做好，朋友找你合夥的事不要再想了，不然半年之後，你要倒了再來找我，就趕不上車班了！」觀者相視，驚愕不已。

聽到自己最近當不成老闆，年輕人多少有些失望，但是見他真的是未卜先知，自己不曾說上幾句，他卻一件件事彷彿親眼見到一般，連朋友找他合夥，推他當老闆，自己剛換了職業，住的地方都絲毫不差的說出來，真是不得不信，就十分嘆服的出了人圍子，連旁觀者也個個面面相覷，驚愕不已。

眼尖的見他抽出了自己的單子，趕緊擠到供桌邊上，待他喊著年齡、姓名，就答應了；他正眼也不瞧一眼，就開口啦：這ＸＸ地方的房子是你原來的住所，這房子是你自己買的，不是父母的祖產，你現在住的這房子是借住的，不是你買的！

聽他這一說，前面的完全正確，我相信這絕不是用猜的，因為用猜的或推斷的，多半會說是祖產，但那幢房子的確是筆者自己買的，而非父母的祖產，但是後半段卻有些疑問：叫借住！不是啊！是花錢租來的啊！

什麼租的！他居然把臉一板，沉聲道：這房子是你朋友的，雖然付了房租，人家可算得很便宜，這算是意思意思，借你住呀！

對！對！對！是我朋友的房子沒錯！

哇！果然厲害，筆者倒無意去試探他，而是一時沒有會意，不料他竟然早已瞭若指掌！真是不可思議！「你不是本地人，父母是從唐山（大陸）來的！對不對！」對！對！對！除了點頭稱是，不知還能怎麼說？因為掛號單上是不必填籍貫的，而筆者雖然祖籍是大陸，但從小在此生長，閩南語說得此國語好得太多，平常說起國語，很多朋友都會戲稱是「標準台灣國語」，而說起閩南語，從來沒有本省籍的朋友會懷疑我不是本省人，不料，他可全知道，我也絕不認為這是「巧」。

筆者問的是事業，他的回答更妙：你不是老闆，你是拿薪水袋的！

對！

別人投機摸魚，上班瞎混，都照樣升級，你呢？再怎麼努力也不會升級，所以你很不服氣，對不對？

對！這點也沒錯，除了撰寫專欄，本身的職務也已幹到了頂，眼前是絕對升不了了，而且薪水也一直沒調整過，正是「如食雞肋，食之無味，棄之可惜」的尷尬時期，所以免不了就焦急的追問：何時才能自己創業？因為目前有個創業計劃也已在進行中，不久就可分曉。

明年三月！一樣是神口直斷，毫不猶疑，期限只比個人預計的遲了一個月，卻也無可見怪了，何況人算不如天算，這種決定在筆者本身也僅只是有些叫一廂情願似的預期自己，事實如何？自己也沒把握。

但是真正令筆者驚愕的，卻是他作的結論：

事實上，你嘔的也不是事業，而是你的家庭；你的牽手（太太）瘦瘦的，脾氣很急躁，常常會和你鬧彆扭，你很生氣，卻又發不出脾氣來，所有的不愉快，都藏在心中，常常覺得很嘔，對不對？

對！對！對！真是「一語中的」，分毫不差，他不但知道我已結婚，連配偶的長相、個性以及我自身的心態都百分之百準確無誤的說出來，這就真讓人無話可說，佩服得五體投地了，而且從頭到尾，沒有出一丁點差錯，沒有猜測、套話、察言觀色、模棱兩可，短短的三分鐘談話，語出連珠，別說「碰巧」，連考慮的時間都沒有，神口直斷，靈驗異常，我不知道「科學的大神」在這時侯又該如何解釋？

以往，雖然在報導各種靈異事件時，依舊秉持著儘量客觀、冷靜的態度來下筆，心中卻免不了擔心讀者會不會懷疑我有些偏頗或誇張？甚至誤以為我故意在危言聳聽，譁眾取寵，但是，卻完全沒有，依然是把自己看到的、聽到的，忠實的報導出來，從來也不會不負責任的來「信不信由你」、「姑妄之言姑妄聽之」，以搪塞推卸，好置身事外。但是，有過在「太子爺」那兒的體驗和佐證，我願意鼓起勇氣大聲說一句：這些都是事實。

當然，相信與不相信，都是主觀的一種意念，別人難以強求改變，但若要心平氣和談論：任何人在嗤之以鼻之前，是不是在體驗之後，再下斷語，會比較客觀一點？特別是那些一味強調科學的「普遍性」和「反覆驗證性」的人士，因為眼前正有個求證的機會。

最後，筆者也把話題轉到了當初的來意，希望他能准許我的採訪，他的回答是：「隨你的心，任你的意！」無疑的，這是貨真價實的「令箭」，欣然受領後，退出人群，去向陳小姐說明；她卻仍然有些為難，並且也不希望筆者在拍照時，閃光燈會騷擾到壇中的氣氛，所以筆者只好答應下次再來。

隔了四、五天，先在電話中和「五X宮」聯絡，但，對方表示：可以讓筆者和擔任乩童的李坤玉先生談一下，不過，最好不要攝影，只做文字報導就可以了。

見到李坤玉先生時，還未開壇附身，他約莫五十歲左右，十分的平易近人，感覺上反而有些木訥寡言，並沒有一般江湖中人的面貌。再度說明了來意，他也同樣是沉吟再三，才表示同意筆者將重點置於整個過程上，而暫時不要以他本人的事蹟或生平遭遇做為重心，這點尚可勉為其難，但是為了能否攝影一事仍然難以溝通，經筆者再三堅持，他才勉強同意讓筆者拍他背面或側面的鏡頭。

在達成協議之後，他就快步走入壇中，四周原本擁擠雜亂的人群，立即興奮起來，委實也讓他們等得太久了，何況這其中有許多是遠道專程而來的。

只見燒香的燒香，擲筊杯的擲筊杯，好不熱鬧，而李坤玉先生的長公子，已經在佛龕前焚符唸咒起來，那咒語似歌非歌，應該說是用唱的，由於他的位置正在一座數十層的大型叫光明燈的後方，任憑筆者如何努力，也拍攝不到他的特寫。

前後唸了二十幾分鐘，主角李坤玉先生才上場，並沒有換上任何道袍或一般乩童的裝束，仍是一件藏青的長袖休閒服，灰色西裝上褲，卻打著赤腳，雙手交抱胸前，坐在一張長條板凳上，背有些駝，定了下神，就閉目靜俟。過了十分鐘左右，只見他全身起了輕微的顫抖，並且逐漸左右搖晃起來，開始有了所謂的靈動現象，而立在他身後側邊的長公子仍然在唱著咒語，並不時焚化著三張一疊的符紙。

很快的，李先生的動作越來越劇烈，節奏也越來越快，偶爾也會有仰頭乾嘔作聲的動作，大約又過了幾分鐘，他的雙腳就不停地頓地作響，雙手也在膝蓋上拍著，身體左搖右晃，口中卻也吟哦有聲，聲音雖小，但可以聽出也是有腔有調的，慢慢地，聲音越來越大，可以聽出那不是用說的，而是用唱的，似偈似詩，吟哦有節，卻聽不出字句的內容，中間偶爾也見他彷彿在跟人對答，有時點頭，有時搖頭，也像在接受訓示之狀……。

這樣的情形前後至少有半個多小時，他突然站起了身子，邊上幫忙的人立即讓開，將供桌前的位置空出來，只見李先生仍未停止他口中的吟哦，眼睛半睜半閉的來到供桌前，別人早已將先前那條長板凳移了過來，聽他很清楚的唸了幾句彷彿詠嘆的偈語之後，就坐了下來，他的身後立即又被安置了一張方桌，免得被擁擠的人潮騷擾到。而此時原本散在壇中內外各角落的人們，立刻不約而同的擠了過來，很快就形成了五、六重層疊的人圍著，把前方的一張供桌和李先生團團圍住，有些人早早就準備好了錄音機，打算鉅細靡遺的留下詳細紀錄，留待日後印證。而李先生的長公子則在一旁書寫符籙。

第一個上場的是位中年婦人，談吐和裝扮都十分尋常，甚至近乎土氣，但是乩童的回答卻令人吃了一驚，原來這位婦人的先生是位高級官員，而且是本省籍，這點他絲毫無誤就說出來了，緊接著把那人的長相個性也說了八九不離十，因為當事人並未到場，是由他妻子代問事業方面的事，乩童的回答正確與否，只有從那位婦人的表情中揣摩，但是，她的一切應答和表情，都顯示了正確無誤。除了令人愕然，也更令人興起：真神奇！他怎麼會知道得這麼準確？甚至連當事人的本人都未曾見到？

接著的是位從桃園來的蔡小姐，問的是工作，乩童李先生一開口就道出她住處的特徵：妳住的地方不是向東，也不是向西。「對的，是坐南朝北。」

這屋子既不是買的，也不是租的，是妳暫時借住的，是嗎？

是啦，是我姑媽家。

妳呀！目前根本沒有在做事嘛！

當事人沒有再回答，只是輕輕一點頭。

眼前要找工作很困難喔，妳的個性太散漫，也很懶，在家裡什麼事都不肯做，甚至連自己的房間都懶得收拾，又愛漂亮……

女孩子面子有些掛不住：女孩子誰都愛漂亮嘛！

不！妳特別愛漂亮，以前每個月賺的錢，多半花在買衣服上，經常不夠用，對不對？

女孩聽他這麼說，也只好默認了。

要找工作，過年前是沒希望了，明年春天才有消息。

換上一位中年婦人，她問的是丈夫的健康情形。

乩童李先生看著掛號單，皺了下眉頭，就朗聲道：安啦！這不會有事的！

婦人顯然還是很擔心：可是……

他自己就是醫生，難道會弄不清楚什麼毛病？

可是別的醫生說可能是癌！

不是癌！他幾乎斬釘截鐵地說：長在這裏對不對？

圍觀的人都順著李先生手指的位置一看，是在左耳的下方脖子上，好奇的等著婦人回答，婦人竟真的點了點頭，使得所有在場的人差點驚呼出聲，卻也立即交頭接耳，議論紛紛起來，而緊跟著他卻又說：

這突起來的一顆不是圓的，是長長的一條，對不對？

對！對！對！

這一來，可就更加神奇了，令在場聽到的人們無不大為驚愕！

聽他說那不是癌之後，婦人如獲大赦般的作揖稱謝而去。

來此問事的，各階層的人都有，根據筆者簡短的詢問了一下已經問完事的人；竟然沒有一個有所懷疑，或認為得到的回答和印證是風馬牛不相及的，幾乎百分之百的準確，特別是一些只有當事人知道的隱祕私事，相對的，來此問事之人，在大庭廣眾、眾目睽睽之下也很難有所隱瞞，因為乩童李先生在神明附身回答問題時，是毫無保留的，不過也因為神奇準確，人人都知道不可能隱瞞得住，所以也只好曝光了。有時有些人在填掛號單時，在地址上忘了填寫自己住家的樓別，乩童居然也會喝斥道：這根本不是你的住所嘛！等當事人仔細再看一遍自己填寫的，往往立即驚呼失聲：對！對！我是住在X樓啦！

哇！可真不是蓋的，連這樣的小地方都難逃法眼，也的確是不可思議之至。

也有些人因為本人事忙，不能親自前來，所以請人代問，再以錄音機錄下紀錄的也很常見，這也絕對瞞不過他，立即就會說：這根本不是你本人，這個人現在不在現場！

以上這些筆者親見的種種，在「五X官」或者曾經去現場看過的人來說，根本就十分的尋常，只要開壇的日子，天天都是這樣，而不只是一件偶發事件。當然，如果要筆者中肯而不偏頗的將自己意見表達出來，那我願意這樣說：在我看過、聽過的各種神明附身為人解答疑難之事的案例中，若單就準確度、普遍性來說，五X宮的確是可名列榜首的，不過這些都是以當事人已知的「過去」為標準，對於「未來」，除了時間才能證明是否應驗，那就不是筆者所能事先預測，而武斷的妄加評論的了。

實例五

法醫楊日松的靈異經驗

臺北縣三芝和野柳之間，有個叫老梅的地方，二十餘年前一名婦人因為家人得了急病，不慎失足溺斃。楊日松追隨當時台灣省刑警總隊的法醫，也就是現在中央警官學校教授，葉昭渠博士前往相驗。同行的還有檢察官和書記官。驗了屍，他們到淡水吃過晚飯，喝了點酒，便在細雨霏霏的夜晚搭車回臺北。途中楊日松赫然發現，車廂裡不知何時多了一位年輕的女人。他以為是誰從淡水帶上車的，不好意思聲張，只用手肘碰碰書記官，書記官會意地微微一笑。車過士林的平交道，檢查哨柵欄竟然放下來擋住去路。眾人正感詫異，一名警員上前問明他們身分，即向檢察官報告，正在攔他們的車，因為臺北大橋下的淡水河邊，撈起一具女屍。請檢察官去驗屍。

這樣一折騰，車上的年輕女人，已趁別人不注意時悄悄離去。車到河邊停屍處，刑警伸手揭開草蓆，點亮手電筒，他們幾個倒吸一口冷氣，內心驚駭萬分，原來死者就是剛才出現在他們車廂的女子，先前幾個人都看到了。

警方初步調查，死者有個不務正業的姘夫，把她當搖錢樹，而她無法忍受，兩人為此爭吵。據她的姘夫告訴刑警，晚上她們乘車經過臺北大橋時，車行受阻，停了一下，她匆忙跳下車投水自盡，搶救不及。

可是死者，何以會在楊日松他們的車上現形呢？經檢察官交代刑警細心查證，後來果然查出，死者是被她姘夫推下河淹死的。

法醫楊日松相驗過一萬具以上屍體，解剖過其中六千多具，加上檢驗內臟的數量，總共和兩萬多個以上的死人打過交道，以這樣的經歷來看，法醫楊日松碰上奇怪的靈異事件也不足為奇了。

法醫楊日松曾經親口告訴記者的一個故事：

早年有一位法醫，一天夜半時分，家中電話鈴聲大作。她太太從被窩裡爬起來接電話，又把話筒交給他，迷迷糊糊聽到對方向他報告三峽發生一起命案，請他次日去相驗。

第二天確實有個案子。等他去驗過屍回來，夫妻倆一談，脊椎骨陡然一陣寒意。

因為他家根本沒有裝電話。

這個故事有名有姓、有地址。由於民間習俗，這種事不吉利，此後那位法醫絕口不提，因此楊日松法醫要求記者「姑隱其名」。

「神探法醫」楊日松先生

有一次，楊日松到宜蘭蘇澳榮民醫院解剖一具女屍，歸途中遇到莫名其妙的「迷魂陣」，車子繞來繞去，居然回到宜蘭，楊日松覺得事有蹊蹺，再驗一次，結果在女屍肺部找到毒藥侵蝕痕跡。

八十一年間，楊日松到淡水沙崙海水浴場相驗「無面女屍」，當晚夢見一名滿面鮮血的女子，楊日松二度相驗結果發現女屍臉部是遭人以利刃割除，並非先前判斷的遭螃蟹啃食。

和楊日松博士認識十多年的葉昭渠博士，不止一次向楊日松博士提出「有沒有鬼神？」這個問題，楊日松博士都嚴肅地搖搖頭，然後補上一句：「靈魂可能是有的。」楊日松博士這樣說，自然是有根據，我們平民小老百姓雖然無緣得見，但也這樣流傳下來這幾件讓人驚異的靈異事件了。

四十四年前，葉昭渠博士在高雄由小兒科改行當法醫，相驗的第一起命案，是一對母子在田野中一間小茅屋，因為失火而葬身火窟。

當天夜裡葉昭渠博士夢見，那個婦人向葉昭渠哭訴，說她和她罹患流行性腦膜炎的兒子，其實是被人謀害的。次日一早，葉昭渠博士到實驗室化驗，證明那個男孩雖然被火燒死，她卻不是。

警方根據葉昭渠法醫的相驗報告深入追查，終於破了案。兇手是她的丈夫。由於他有外遇，夫妻失和。那天他們在茅屋爭吵起來，他在盛怒之下，抓起瓶子把她砸昏，以為他死了，索性狠心縱火焚屋。

另一次葉昭渠博士午睡時，夢到一個女人請他雪冤，兩個小時後他到淡水河邊驗屍，死者就是託夢給他的女子。葉昭渠博士驗出她是「死後落水」，刑警隨後查出，她被人失手擊斃後，拋入河中。

還有一次，葉昭渠博士夢見一個男子向他點點頭，一晃而逝。事過三天，他到屏東縣的深山驗屍，死者赫然是這個人。

最後警方查明他在北部當教師，患有精神病，自殺而死。

「託夢」是讓人難以置信的靈異事件之一，但是從蒐集來的一些真實的靈異事件來看，「託夢」似乎又是讓人不得不信？

他相信靈魂，對於靈魂楊日松引用日本學者說的「FM」電磁波，解釋他的靈魂觀，有點像一般人說的「第六感」：宇宙間一種超越人類感官的現在和存在（being）。

楊日松說：「FM（調頻）電波在空氣中震盪，無形無色，但沒有人能夠否定它們的存在，FM電波被收音機接收後，就轉化為聲音撥放出來。」人腦細胞也是一台收音機，視覺、聽覺、嗅覺的訊息也都要經過大腦的接收，有些電波可以在意識層面裡察覺，有些電波卻在潛意識裡運作。

楊日松相信，人死後會有一段時間，腦波呈現游離狀態，要是在某些條件的配合下，和感應能力強的人腦接觸（就像收音機頻率調對了），或許就有些托夢或者其他的感應現象。

（關於「楊日松」：台灣著名法醫，被譽為「台灣的福爾摩斯」，也是台灣司法系統跟推理小說重要的象徵。讀書時期，楊日松對宋朝的『洗冤錄』，以及被傳到國外後的「宮廷法醫學」、「裁判醫學」等學問，就特別重視。所以他選擇冷門的基礎醫學，且成為絕無僅有的專攻「法醫學」學生。當時台大醫學院院長杜聰明（台灣首位醫學博士），對楊日松的學習大力支持，是楊法醫心中的恩人。民國39年（西元1950年），楊法醫從「台大附設醫院專修科」畢業，他著名的同學有楊振中先生、趙榮發醫師、何敦禮醫師等。而從民國37年，踏入台灣省警務處開始擔任法醫，在同一單位服務四十多年。

從民國37年（西元1948年），楊日松法醫到台灣省警務處實習始，數十年間檢驗過上萬具屍體。他為表示對死者的尊重，過程皆不戴口罩。瑠公圳分屍案、五股箱屍案、江子翠分屍案等等，都是他參與檢驗過的案件。法醫生活當中，楊日松接觸過各式各樣的死者大體，即連他撰寫解剖報告的辦公處所，也有一顆孫伯英氏的頭顱，那是民國四十年代新店屈尺案的死者，因未被家屬請回，故泡在福馬林液裡保存。

因為深厚的法醫資歷，民間許多有爭議性命案，都指名楊法醫參與，他因此承受相當重的壓力。在楊法醫的觀念中，不喜歡媒體及外界把「法醫」職業投以特異眼光。民國66年，電視公司想拍楊日松專輯，他很排斥，甚至不惜違抗上級，說出：「如果個人的權威過於建立，那麼地方法醫制度將逐漸形同虛設。」這樣鏗鏘有力的言語。平心而論，楊日松法醫的光環，並非他樂於接受的，他打心理不喜歡曝光在媒體前，只希望能專心從事自己的工作。

楊日松法醫面對國內法醫之斷層，頗感憂慮，民國68年（西元1979年）成立「法醫協會」，民國73年（1984年）成立「中華民國法醫學會」，目標在培植法醫人才、促進法醫交流，但後來因為經費短缺而面臨困境。此外，民國69年（西元1980年）楊法醫也曾協助法務部和國防部開設法醫訓練班。日本東京大學曾經頒授「榮譽法醫博士」予他。

楊法醫在民國87年（西元1998年）以法醫室主任職務退休，並獲總統府頒「特種領綬景星勳章」，合計法醫生涯共約50年。在他退休後，刑事局仍特別禮遇，幫他保留辦公室，法警後輩仍經常向他請益。2011年11月23日今天凌晨3點因為大腸癌併發肝衰竭，病逝在國泰醫院，享年84歲，而這天也剛好是楊日松的生日，）

（以上資料引用整理自網路新聞）

我的「靈異第三類接觸」

一九七五年，我剛從大學畢業，考上了預官，卻好死不死的去抽到了「海軍步兵」（就是海軍陸戰隊），第二梯次十月份入伍，開始了我為期一年十個月的服役生涯。

在左營的陸戰隊學校，接受了總共六個月的「軍官基礎教育」和「軍官養成教育」，結訓時掛上了少尉的槓槓，等著被分發下部隊。

老實說，預官也好，大頭兵也好，反正都是義務役，在心態上都同樣是數著饅頭等退伍，能混就混，那裡輕鬆就往那裡去。原本我一直認為當個預官，即使在任何軍種裡都會很輕鬆的，正好抽空讀點書，退伍時參加個國家考試之類的也挺不錯的。

誰知道會去抽到陸戰隊？而且那時候全陸戰隊正在搞什麼「立即作戰」演習，顯然是在玩真的，管你什麼預官不預官，一樣被操得七葷八素，所以一來那一陣子我正值嚴重的情緒低潮，二來是想混個輕鬆一點的地方去數饅頭。

於是我第一志願是去「南沙」、第二志願是去「東沙」，總之天高皇帝遠、越遠越好，而且我是一個不怕孤單寂寞的人。我認為我可以適應的。

不料，我分發的單位，不包括南沙和東沙的防務，唯一可選的外島就是「烏坵」，想挑也沒得挑，只好沒魚蝦也好的舉手志願去烏坵了，同梯的預官同學一直以為我發瘋了，抽到「海軍陸戰隊」已經很衰了，居然還志願去外島？

如果真有所謂的「鬼使神差」，我想這就算是了吧！

烏坵，這個一般地圖上找不到的小島，位在金門與馬祖之間的福建沿海，在緯度上看大約和新竹平行，直線距離並不遠，但是卻真正是前線，肉眼就可以看到福建本土以及沿海的湄洲（媽祖的故鄉）、南日、會步等島上的房子。

烏坵分大坵、小坵兩個島，都很小，沿著大坵環島戰備道跑一圈不到二千公尺，而小坵繞一圈，一根煙還抽不完。

從左營到烏坵的運補船每半個月才有一班，我下部隊時，船剛走了兩天，於是就這樣平空多出了十幾天假期，我到台北、台中玩了一陣子，等船期接近了才回去報到，這時有很多從烏坵回台灣休假、採買的官兵也陸續來了，同樣在等這班船回烏坵。

阿兵哥嘛，一回生兩回熟，很快就混到一起去了，沒事大家在一起打屁瞎扯，後來不知誰就把話題扯到「鬧鬼」這件事情上了，那些老烏坵在我們這些「菜鳥」面前個個是口沫橫飛，繪聲繪影的說著一個又一個的烏坵鬼故事。

老實說，當時我就如同現今愛看鬼故事的人一樣，反正姑妄言之妄聽之，刺激是很刺激，可沒把這事當真，總認為那不干我的事，我也壓根沒想到烏坵鬧鬼跟我會有什麼關係？更沒想到日後竟然會對我造成這麼大的震撼，幾乎改變了我的一生。

一九七六年四月十七日那天早上，我隨著清一色的阿兵哥上了「中字號」登陸艦；隨身的行李很簡單，但很重，至少有四、五十公斤的書，全是大部頭的古典小說和世界名著，聽說那邊晚上的生活很枯燥，阿兵哥們除了喝酒、打牌，就是瞎扯。想著：四年大學，讀的是文學，結果連部紅樓夢都沒看完，不得不趁這機會「補遺」一番。

原以為一百多公里直線距離，幾個鐘頭就到得了，誰知道「中字號」的速度之慢，比腳踏車走得還慢，經過了一天一夜，第一天早上才看到烏坵的影子。

說實在的，我一踏上那個鳥不拉屎、烏龜不上岸的小島就後悔了，原以為會是一片藍天碧海，銀沙白浪，椰林搖風，海鷗飛翔的世外桃源；但擺在眼前的卻是到處嶙峋的黑色怪岩，少得可憐的黃土如糞，偶爾能見到一些低等的爬藤類植物，全島連棵樹都沒有，幾戶打魚的村民，空氣中彌漫著令我作嘔的魚腥味（我從小就不吃魚，挾過魚的筷子絕不用），更令我想即時抽腿的是：這裡沒有電，晚上點的是最原始的油燈或蠟燭；這裡唯一的水源是一口帶鹹味的苦井，唯一的發電機是用來抽水的，汽油發電的成本很高，所以這口僅能供洗滌用的井水仍然有時間上的管制。而飲用的淡水必須靠船舶從本島運送，豈只是「清水貴如油」而已。

每一班船相隔半個月，載來的有米糧、罐頭、建材、彈藥、報紙、書信、日用品和清水，哦！還有蔬菜水果：（這裏種不活任何一種）。每班船在這兒只停四個小時，站在根本不像碼頭的碼頭上，望著從山坡上奔跑迎來接運的官兵，我才驚覺自己從此遠離了文明世界。

「烏坵」大坵碼頭及燈塔

「新娘房」據點遠眺

一位上等兵來接我，來到第四連報到，連上的軍官都到碼頭去指揮接運物資，我就在連部碉堡裡吃喝拉撒的混了一

天，下午等船一走，連長就率領全連弟兄回來了；連長說今晚算給我接風，所以加了菜，反正不外雞鴨魚肉，菜是豐而不盛，酒卻很令我「甩頭」，那一打打的全是「紅標老米酒」（閩南話俗稱「甩頭仔」），我最怕那玩意兒。後來連長看出了我的怕怕，好意去買島上唯二的酒—「雙鹿五加皮」。

由於還在等候指揮部那邊分發據點，所以當晚我被安排跟輔導長和政戰士「東枝」睡一間碉堡。第一個晚上，光是隨意也被灌了不少，所以連澡都沒洗就迷糊的睡下了。

第二天醒來，已是日上三竿，大夥早已出去幹活。吃完早飯，正打算出去走走，了解一下狀況，正巧「東枝」也要去指揮部，就跟著他一路過去。路上，他以「老馬」的姿態為我介紹著此地的一些事情，聊著聊著，突然，他沒頭沒腦的問了我一句：「排仔！你有信教拜拜沒？」

「沒啊？？」我不免有些納悶。（註：筆者先父為軍人，全家均無任何宗教信仰）

他神祕的笑了笑：「出外人，最好不要太鐵齒，沒事多拜拜，沒錯的！」

「拜誰？」

「隨便啊！」他似乎很訝異我的「見識淺薄」：「拜神，拜好兄弟，攏嘛要拜！」

待我想再問，他卻閉口了，原來是輔導長來了……

這一天總是很新鮮的，晚上沒燈，在燭光中的心情難免別有情調，可是也不想跟阿兵哥們一道喝酒、瞎扯，所以早早就睡下了。而「東枝」早上跟我說的，我一點也沒在意。

這一晚，不知是心情的關係還是外頭的吵雜，前半夜輾轉反側，極難入眠，從小我就很愛四處亂闖蕩的，自問適應力還算強，睡覺也沒有「認床認枕頭認棉被」的習慣。

迷迷糊糊入睡已不知是什麼時候了，接著是一個接一個短暫、雜亂而完全不連貫的惡夢，每一次都是很快的驚醒又很快的入夢……

待我最後一次驚醒過來時，立刻感覺到了異樣。我全身都無法動彈，想喊也喊不出來，彷彿被魔咒定住了，我記得當時心中仍然很清楚，意識到這是「夢魘」，以前也曾有過許多次類似的經驗，所以雖然極力想掙扎，卻不算太害怕。

這時，唯一能夠的是；眼睛仍能看，耳朵仍能聽。四周黑漆漆的，靜悄悄的，但是很快的，我就發覺到這回和以往「夢魘」的經驗完全不同，雖然是一片漆黑，仍然可以看出一個模糊的輪廓。一團黑色的影子，正端坐在我身上。沒有毛骨悚然，沒有心跳加速，沒有差點窒息，因為那種恐怖與震憾已經達到了我所能承受的臨界，我已失去了「感受」，我根本不知道自己是否曾有那一連串的「正常反應」？我的姿勢是仰躺著，雙手掌心向下交疊在胸部，筆直得彷彿正要下棺入殮，怪的是我一向習慣曲腿側睡，別的睡姿我是無法入眠的。而那團黑糊糊、毛茸茸的影子，卻是挺胸，面朝外，側坐在我的腹部。我的心裡頭十分清楚，但身體卻絲毫不聽指揮，連喊都喊不出來，本能的一直想掙扎，卻徒勞而無功，我是想動而不能動，而那團黑影卻是根本不動，就這樣一直僵持著，到底有多久時間，我根本無法精確的去意識。終於，那團黑影有了動靜……

「它」把頭部慢慢的轉過來，而我卻似乎被「它」給定住了，連想把眼睛閉上都不能，而我的掙扎是一直持續著沒停。心裡意識到的是一個最恐怖的結果，但當時完全不能在腦中組合或預料將要發生的任何事。但，我仍然没看到「它」的臉，依然是黑糊糊的一片，別說五官長相，連「它」的頭髮我都分辨不出來，甚至有沒有可能只是一隻野狗或其他野獸，我都無法肯定。接著的是；彷彿陷入了深度的惡夢，我在心中告訴自己：「這只是惡夢，待會我就會醒來，而且，我一定要讓自己醒來！」我仍然使盡了最大的努力在掙扎，但，出乎意料的是：「它」在我完全無法料想的情況下，緩緩的動了動，立即在我右手的手腕處抓了三下，這三下力量不算大，並沒有弄痛我，而且是有節奏的連續著。我無法意識這是否是「它」有所行動的前兆，或者是某種暗示。（註：即使三十六年後的今天，我仍然沒有解開這個謎，不知道「它」抓了我手腕三下是代表了什麼意思？）但，當時幾乎就在「它」抓了我手腕之後，我使勁將腹部一挺，左手十分困難的從右手掌覆蓋下抽了出來。第一個動作，就是順手反抓了一把，隔著被單，居然結結實實的抓到一隻腳掌，電光石火的接觸一剎，我可以明確的意識到；那是一隻類似人類的腳掌，我緊握住的正是整個腳背的中段，但，可能只有幾分之幾秒，那團黑影已經倏然消逝，速度之快，比電視關機時，影像的消失還快，反正就這麼不見了。

接著，我就像被解除了魔咒，全身都能動了，身上沒有任何痛楚或異樣，唯有神經仍然是繃緊的。我曲身坐起，在一片漆黑中，用盡了所有的感官，像雷達一般的在整個房間裏搜索著，來回看了幾遍，什麼也不見，耳中只有同事的呼吸聲和上鋪政戰士「東枝」的輕微鼾聲，還有就是自己狂烈的心跳，腦中卻是一片迷茫，到底出了什麼事？我完全沒弄清楚。摸索著，在床頭的小木箱上，找到了一包火柴，原本我應該去把空罐頭上的蠟燭點亮的，但是，迷糊中，我卻去摸到了香煙，趕緊塞了一支在嘴上，有些顫抖激動的去劃火柴，連擦了三、四次，火柴只冒了幾顆火星，沒有應聲而著，把火柴盒換了個面，又擦了三、四次，火柴才「嘶」的一聲，很慢很慢的著起來。火光小得出奇，我圈起手掌，讓火柴不致被風吹熄，那一點火光畢竟也夠我把香煙點著……深深吸了一大口煙，我像得到一點些微的安全感一般，把身體靠在床沿的壁板上，然後是不停的抽煙、吐煙，想把心情平靜下來，把紛亂無序的腦袋重新排列組合，整理出一個頭緒。我必須承認這時的心情是很激動的，（誰要碰上這碼子事，仍能心如止水，穩若磐石，那才怪！）但是，我敢說我絕不至於一遇上稀奇古怪的事，就會歇斯底里，甚至失去理智的，因此，雖然無法絕對的冷靜客觀，不過，我已經清醒過來在抽煙這可不會是假的。

於是，我極盡可能的在腦中組合剛才那似幻似真的印象，整理出三個假設：

「一、惡夢：剛才的一切，只是個夢境，雖然恐怖，但此刻我已完全清醒了。」

「二、幻覺：可能只是半睡半醒的狀態下，一個完全不存在的畫面顯現。」

「三、真實：所有的過程都是真的，剛才我碰上了一生中從未經歷過的事件。」

既然能假設得出來，必然三種的可能性都有，眼前最急切的是我必須去選擇一項做結論，不然，我是無法對自己的理智做交代的。於是，我開始不停的去重現剛才的整個經過，不停的去抽絲剝繭，互相比較。但是，可能才剛開始進行，一口煙噴出去的同時，不經意的瞥了天花板一眼，這一瞥可就足夠讓我楞住了！破爛巴滿水泥渣的天花板上有一圈棒球大的光，亮在那兒，彷彿像日光燈「斯卡多」啟動器那兩個小孔中洩出的光彩，白中帶紫，但不很亮，當然更談不上刺眼，卻也不能說是柔和。因為那團光突然出現在漆黑的小房間中，毫無理由的貼在天花板上，透著怪異十分的邪氣。起先我還「假設」那是一面小圓鏡子或地上的一灘圓形水跡的反光，但是我慌張的一搜尋；既沒有鏡子，也沒有水跡，也沒有月光射進來的破洞，甚至外頭也沒有月光？？？當我再次去凝視那團紫色的光時，不等我有絲毫遲疑與心理準備，「它」開始緩緩的移動起來……「它」毫無規律的、隨意的做著「S」形的移動，速度越來越快，光團也越變越小，而光度卻越來越亮，約莫移動了半分鐘的時間，「它」最後縮小到像現今一元硬幣大小的一團亮點，十分迅速的從天花板上下降了約兩尺的距離，以一個漂亮的「⌒」弧形自碉堡射口的夾縫中逸去……

現在回想起來，當然我的表情已無法知道，但是我猜想一定是傻在那兒，張著嘴，楞楞的盯著那一團小亮點，以一個漂亮的弧形自射口夾縫中逸去，而整個過程無聲無息，在那個小房間中睡了三個人，卻單單只我「欣賞」到。

在「它」下降做弧形運動的同時，我從「恐懼」轉成「憤怒」，再一變為「好奇」，千載難逢的一次接觸，讓我激動得想招手喚住「它」。我肯定這是真的，是我這一生從未有過的經歷，我也確信這整個事件絕非一個「偶然」，再想到「它」在我的右手腕上抓了三下，這又代表了什麼？是「它」試圖傳達某種訊息給我嗎？但是，我必須承認，我仍然是十分害怕的，只是幾秒鐘的遲疑，話在嘴邊的讓「它」在眼前逸去。

約莫保持著同樣的姿勢有半分鐘到一分鐘，這時才有些回神，只覺一陣寒意起自心底，寒毛好像一直是豎立的，心跳依然超過平常，呼吸也十分急促，於是，急忙的摸到火柴，指頭不太聽使喚的去劃著，又是一連劃了好幾次，火柴才像潮濕了一般，慢慢的燃燒起來，趕緊去湊近蠟燭，點著了芯，一點藍中帶黃的火苗如豆，並不像經驗中著得那麼快，加上有些搖曳，使得房間中一時「鬼影幢幢」，這時才算達到了「恐懼」的頂點。我弓起身，拚命的拍著上鋪的橫木，最後用雙手去搖，總算在燭光完全燃亮之際，叫醒了迷濛惺忪的「東枝」。（註：當時晚間九點以後不供電）

「幹什麼啦？」他十分的詫異與不耐煩，把上半身傾出床外瞧著我。

「我遇上了！」

「什麼？」

「我遇上了啦！」我可是再也按捺不住心裏的恐懼與緊張。

「遇上什麼？」他可能仍然沒醒。

「那個啦！」突然我也變得有些忌諱了！

他聽了楞了一下，居然笑了起來，朝我點點頭：「叫你不要鐵齒，你不聽，沒騙你吧？」

就好像他和「它」是串通好了來消遣我的一般，一時我感到十分無的無助，呆呆的望著他……

他卻一直微笑著，這讓我看來覺得他的笑有些不懷好意，不料，他卻點點頭，若無其事的說：「不要緊啦，你是新來的，他要和你熟識一下！」

聽他說得跟吃豆芽菜一樣輕鬆，非但沒能讓我放心，反而更加的恐懼起來，只差沒爬到上鋪跟他一起睡。

望望對面的輔導長，除了翻個身，依然睡得很香甜，完全沒有一絲不對勁的地方，一時我不免有些懷疑起自己是否過於大驚小怪？脫口而出的就是一股想敘述與找個冷靜的剖析者那種衝動，沒想到「東枝」卻把身子一縮，一手支頭的說：

「睡啦，什麼事明天再講！」說完指了指蠟燭，示意我吹熄。

嘴，我可是閉上了，人也縮回到下鋪床上，依然是背靠床沿，蠟燭可是一直沒敢去吹熄，這時如驚弓之鳥的我，即使是一支蠟燭的光亮，也彷彿是見到了救星。

我又點上了一根煙，拚命的狂抽，眼睛卻死盯著「它」剛才飛出去的那個射口裂縫，擔心「它」隨時又會再飛回來，而且不知道「它」再飛回來會是什麼個樣子？會對我怎樣？一時，大腦居然不聽指揮起來；越是不願去想，越是把一生中最恐怖的景象（包括幻想和惡夢）不停的顯現出來，那時真的像是要崩潰了，實在不敢去看那個裂縫，卻又不得不拚命睜大眼去盯著，深怕在一眨眼中「它」就鑽出來了，而且還得不停的去瞟著前後左右，害怕突然會有什麼東西出現在身邊，最後連以前看過的恐怖片全清晰的浮現在腦海中，如果不是盡全力強抑著，可能我就要大叫了。

這時，我差不多已經忘了什麼面子之類的問題，真想去把輔導長和「東枝」一起喊起來壯膽，或者擠到他們床上去，更恨不得馬上能打道回府，回到那個光明的世界裡去，把家中所有的燈全扭亮，把家人全叫起來……

恐怕連我自己也不相信，我居然能在這種情形下，迷糊的睡著了，雖然也不斷的驚醒，但，總算讓我捱到了東方第一道曙光乍亮的時刻，一整夜彷彿就是一場長長的惡夢，這時才是真的清醒，我一躍而起，衝出了鼾聲起落的碉堡，在微涼的晨風中，望著即將露面的太陽，長長的舒了一口氣，然後「放心」的點上一根煙。

等待是很難熬的，但，恐懼卻像朝露一般隨著夜色逐漸退去，突然的領悟到光明的可貴，我想到了上古時代住在山洞中的老祖宗，體會到「火光」在漆黑的夜裏對他們的意義。

沒有人注意到我反常的早起，這時雖然還是有些傾訴的衝動，但，我還是忍住了，一直等到「東枝」起床，等他梳洗完，沒等我開口，他就大聲的說啦：

「不只你啦，這裡碰上的人多了，有空去拜拜就沒事的，出外人嘛！」

這樣的答覆，我是絕不滿意的，最起碼我也想弄清楚昨晚我碰上的到底是什麼？

東枝被我纏得沒法子，只好招招手，帶著我到碉堡後頭，指著一個土堆：「無主的孤墳，古早古早囉！」

我一瞧，可不是，只差少了塊墓碑，地點正對著我住的碉堡小房間，隔著水泥牆，不到五步遠，手臂要長一點，隔著牆就可以跟「它」握手了。一想到居然與死人毗鄰而居，心裏不免十分的不自在，就問「東枝」：「當初為什麼會把碉堡蓋在這裏？」

「起先誰也不知道，等快蓋好了，挖排水溝，挖到棺材蓋才曉得，不過碉堡都蓋好了，總不能拆掉重蓋吧？」他一臉的理直氣壯。

「後來呢？」

「燒金拜拜呀！」

「有用嗎？」

他聳了聳肩，笑得很曖昧：「還是有好幾個人晚上被壓得哇哇叫，跟你一樣。」

「你呢？」

「沒有！」他有些得意，但看得出不是那種幸災樂禍

這時，我稍稍好過一些。

「最好笑就是「豬公」！」

「哦？怎樣？」

「東枝」欲言又止了半天，神祕的笑笑：「你不會去問他」他指著碉堡另一邊的一群人，有的在梳洗，有的光天化日之下，就大大方方的「撇起野條」來（在野地小便），裏頭有一個正是睡眼惺忪的軍械士「豬公」。

我正考慮著，「東枝」卻悶不吭聲，一個人往回走，我只好緊跟著回去。

終於讓我逮到了個機會，把「豬公」拉到沒人的地方好好的「請教」一番，沒想到「豬公」居然十分的吃驚：「誰跟你說的？」

「東枝。」

「雞婆！欠揍！」他白了一眼。

「昨晚我也碰上了！」

他毫無反應的看了我一眼：「排仔！你罕明啦！」（夢魘）。

「真的！」

「無影啦！」他顯然不太想談。

「我真的看到！」

「有可能嗎？」

「東枝才會叫我問你！」

「你聽他青菜公公！」（隨口胡扯）他卑夷的罵了聲，才笑著說：「別聽伊喂後蘭！」（別聽他胡扯！）

他這麼輕描淡寫的想帶過，我也不好再追問，只好再去纏住「東枝」，也不知打躬作揖，向「東枝」拜託了多少次，東枝最後終於拗不過我，伸了幾下舌頭，就把「豬公」碰上的那樁事告訴了我。

「豬公」原本就是個鐵齒嘴硬不信邪的人，來到島上之後，別的人接二連三的在半夜裏被「那話兒」消遣過，難免傳來傳去的，阿兵哥裡頭立時分成了三派：有的深信不疑，有的硬是不信邪，也有的保持中立，但多半還是寧可信其有，不可信其無。惟獨常跟「豬公」湊在一塊兒喝酒賭錢的那幾個，不但不信，嘴還硬得很，而「豬公」每回聽到這碼子事，就一臉的不以為然，非跟人辯得臉紅脖子粗不可，反正他要是沒親眼見到，打死他，他也不信的。

有一天卜大雨，沒法子和水泥灌漿，上午大家冒雨去把鋼筋模板加強了一番之後，下午連長就宣佈收工休息了，大家全擠到靠飯廳這邊的坑道裡打牌喝酒，不然就是瞎扯亂蓋。吃過了晚飯，牌局、酒局、話局依然分別持續著，「豬公」

大概多喝了幾杯，不免聲音又大了，正好聽到有幾個阿兵哥在談「那話兒」，一時仗著黃湯壯膽，先笑了人家一陣，跟著一拍胸脯說啦：「騙肖！要是真的有，為什麼只有你們遇著，哼！「它」為什麼不來找我？」

他這一嚷，比較膽小的頓時閉上了嘴，一副大禍臨頭的表情，大夥趕緊就岔開了話題，「豬公」卻毫不在意，繼續坐下去划拳喝酒，鬧得不亦樂乎……

夜裏，原本好好的，一點徵兆也沒有，「豬公」睡的是上鋪外邊靠進門的地方，但是第二天一早起床，卻有人發現他老兄直挺挺的躺在擺放鋼筋的黃土堆上，衣褲全教露水打濕了，發現他的時候，他還深睡不醒，滿口囈語，最後被大家弄醒來，他自己也莫名其妙，但是，他很快就找到了答案：喝醉了，迷迷糊糊的出去撇野條，後來醉得實在太厲害，就幕天席地，以大地為床的睡了個好覺，卻也好端端的，沒見到什麼怪事。不過阿兵哥裡一些相信的，卻開始竊竊私語的談著，認為問題絕不會那麼簡單。

第二天夜裏，「豬公」依然喝了酒，但並不算過量，天亮的時候，又在同一個地方被找到了，這回上身是赤裸的，全身上下只有一條內褲，上半身從脖子以下，直到肚臍，全被抓出了細細長長、紅色的指甲痕，傷痕並不重，也沒有皮破血流，但是傷痕的普遍均勻卻又完全不似偶然意外的刮傷，最離奇的是竟然連背後也一樣滿布這種傷痕（如果說是抓癢，也沒有人能把自己背後抓得這麼均勻，而且有些還是由上直下的），簡直就是刻意造成的。然而「豬公」狂拗的性子並沒有因此而收斂，反而有些惱羞成怒的亂罵起來。不但抖出了最惡毒的髒話，更挑明了要別別苗頭，說：「只要真的有那玩意兒，敢再來找麻煩，他一定要讓「它」好看！」

這一天半夜裏，有些比較警醒的，先是聽到「豬公」一陣唔唔唔唔的悶哼，跟著是夾雜不清的咒罵，接著他整個肥壯的身軀，筆直像箭一般從上鋪飛落地上，摔了個黃狗吃屎，接著是爬起來，手上緊握著一把美軍越戰時配用的開山刀，像著魔似的瘋狂的揮舞起來，有幾刀結結實實的砍在木板床沿上，這乒乒乓乓的一鬧，可把大家全給弄醒了，可是衝著他手上那把鋒利的大刀，卻沒有人敢去制止，甚至一個個全縮向了牆邊。直到他自己精疲力竭的跌坐在地上，才有人過去奪下他手的刀，重重幾巴掌把他從夢中拍醒，他眼神發直了好半天才完全恢復過來。第一件事不是講話大喊，而是去找了半瓶老米酒，一口氣灌了下去，但喝完了也沒有說出半個字，點燃了蠟燭，大家在他身上又找到一身新的血痕。這時連長來了，大罵了一頓，差點沒把他送去關禁閉。

後來，他有沒有聽從大家的意見去燒金拜拜，誰也不知道？但是，最後在一次喝多了老米酒，大家瞎扯之時，他終於忍不住的漏了出來：

那晚，碉堡裡不算太暗，半夜裏突然有人來拉他的棉被，起先他並沒有在意，直到一隻冰冷的手摸上他的腳底時，他才爬起來，隔著蚊帳，望見中間走道上浮著一個人影，原本他還迷迷糊糊的沒弄清楚狀況，問了聲：

「銜祥？」（做什麼？）

那團人影沒有回答，也沒有絲毫動靜。

原本他以為有人來叫他起床帶班去巡查，但是，時間還沒到啊？他有點火了了，睡眼惺忪的掀開蚊帳：「豬公」等稍微醒了一點，定睛一看。

我的媽！那團人影居然只有上半身，整個飄浮在半空中，是個六十開外的老頭子，面頰削瘦，滿頭白髮，兩鬢那兒正流著烏黑的血漿，一雙眼睛冰冷無言的盯著他……

「豬公」是縮在床上，那老頭兒居然衝著他「飄」了過來，又來拉他的蚊帳；他知道這回可是躲不掉了，鼓足了勇氣，一邊開罵壯膽，一邊去拍隔床而睡的「黑人」，可是「黑人」居然能睡得跟個死人一樣，怎麼拽、怎麼拍也弄他不醒，最後卻讓他摸到了「黑人」擺在床頭上的那把開山刀，他抽出刀、扔了鞘，狠狠的就砍了過去，那人影卻毫無表情一直往後飄，輕巧的躲閃著，最後化成了一道白色的光團，在「豬公」四周飄了一陣，就飛出碉堡。

整個過程即使在大白天聽起來，都不免有些涼颼颼的，心中十分的不自在。但，我把自己的「接觸」比較之下，後半段倒頗為符合，所以就更加相信絕不是「幻覺」或「惡夢」了，只是一時也不知道該如何是好？

「東枝」大概是見我半天不講話，就又勸起我，買些紙錢香燭到前頭不遠一個小土地公廟去拜一拜。我一時也沒了主意，就讓他陪著，去小店買了一些金銀紙錢和香燭，臨時去抱了抱佛腳，但我知道這樣依然不能令我釋懷，加上又聽了「豬公」的遭遇之後，反而更加深了心理的恐懼感。

中午吃午飯時，突然感到氣氛有些不太對，但沒有人表示什麼，只是這一頓飯吃得悶悶不樂。吃過了正在抽煙，輔導長把我拖到外頭，支支吾吾了好半天才說：

「聽說你昨晚沒睡好？」

「是啊！我……」我立刻猜到可能是東枝告訴了他。正打算把昨晚的事說出來，不料他卻搶先說啦：

「那些弟兄沒什麼知識，你別相信他們！」

「可是東枝……」

「他啊！最愛瞎扯！」

「可是我昨晚真的看到了！」我不得不說出來。

「不可能的，會不會是你做惡夢！」

「不會，我當時很清醒，看到一團白色的光在屋子裡飛了半天……」

「啊！那是螢火蟲啦！」他不等我說完，就胸有成竹的做了結論。

他一說，我不免動搖起來，可是怎麼回想都不像小時候在野外見到的螢火蟲，顏色根本不一樣，而且也沒有任何閃爍。加上前因後果，似乎也太牽強。

輔導長不停的為我釋疑，但是我仍然不太能接受他的說法，只是同樣也無法讓他相信。

他走後，我又去找「東枝」，他正在寫政戰報告，聽我轉述了輔導長的話之後，立即不以為然的冷笑說：「青菜公公，這裡除了藤，一枝草也沒有，怎麼會有螢火蟲？」

我聽了又一驚，心想果不其然，這兒絕不可能有螢火蟲的！

這下可好了，心中又開始七上八下起來，擔心著夜晚該怎麼辦？總不能守著蠟燭，一夜不睡吧？姑且不論是真是幻，昨晚那種經驗，我可不想再有第二次，但，誰知道今晚又會有什麼不可測的事要發生呢？

顧不得面子，晚飯前我去找輔導長，不巧卻讓我撞見了「東枝」在挨刮，正是為了我的事。輔導長怪他不該多嘴，弄得我疑神疑鬼的，而「東枝」卻依然是一臉的不在乎，就在他們見到我急忙顧左右而言他的一剎，突然我有種被人家蒙在鼓裡的感覺，不過，卻也知道：追問是不會有結果的。望著即將暗下來的天色，最難消受的是當我想到，晚上要和幾步外早已物化的「那話兒」毗鄰而睡，而中間只是一道的水泥板牆隔著，隨時「它」都可以來串門子，找我消遣，不禁頭皮發麻，寒毛凜凜。

就在這節骨眼，指揮官突然要召見我，我立即趕到指揮部去，指揮官看著我的資料，問了我的家世背景，知道我是軍人子弟，又怎麼看我也不像是個文弱書生，就問我有沒有膽識去接第一線據點的防務，我當然不會裝孬說不敢啦！於是他立即命令我去接任烏坵最前線的「新娘房」據點負責人，而我在晚飯前就前去走馬上任了。

「新娘房」這名稱還真怪？真沒想到國軍的據點裡居然會有這麼娘娘腔，脂粉味十足的名稱，沿路上，來接我的傳令一路向我介紹著。

「新娘房」基本上是一塊距離大坵本島將近二百公尺左右的龐大礁石，是以人工爆破形成了中凹外高的盆狀，碉堡就建在中央凹處，整個範圍約莫三個籃球場大，只靠一條長近一百公尺，寬約五公尺左右、離海平面高約一公尺的防坡堤與大坵本島聯絡，左前方是小坵島，距離七百多公尺處的大礁石是「新郎房」，兩塊礁石遙遙相對。

「新娘房」只住了二個班的兵力，我負責的第三排其中另兩個班則駐守距離五百多公尺外的「後澳」據點。來到哨所，認識了一下士官兵和狀況，心中卻很慶幸自己暫時逃離了連部那「鬼」地方。

「新娘房」是二層式的碉堡，士官兵睡上層的通鋪，排長室則在下層的碉堡單獨一間，射口幾乎貼近了海平面。因為沒有電，裡頭烏漆嘛黑的。

來到「新娘房」的第一晚，還是有些膽戰心驚的，找到了一個奶粉罐的鐵蓋，穿了幾個洞，我用細鐵絲將它吊掛在床頭，一口氣點了三支蠟燭，點亮之後，彷彿安全感也增加了不少。從書堆裡找了本屠格涅夫的「獵人日記」來看，起先還有些「心有旁騖」，但，慢慢的被書中的故事所吸引之後，就自然的定下心來。

排長室的地勢低，比上碉堡更接近海，浪潮擊在岩石上隆隆的聲音很大，好像連碉堡都會跟著震動，幸好我從小就在海邊長大的，那種濤聲十分的熟悉，彷彿也能減輕了一點心中的恐懼感。

吹滅燭火睡下時，雖然仍有些不自在，但，左顧右盼，疑神疑鬼了一陣之後，倦澀的眼睛就迫使我入睡了。夜裏不免還是驚醒了幾次，但，弟兄們的鼾聲帶給我不少助力，不像自己想像的那麼嚴重。

第二天醒來，一睜開眼，見到的是滿室的陽光，心中居然十分慶幸，昨晚一夜無事。

在烏坵的阿兵哥，除了守防，平常最重要的工作就是構築工事和輪班站街哨兵，一天下來也是蠻累的。至於我開始了夜讀之後，那些大部頭的書的確能令心中落實不少。一連七、八天都沒有什麼特殊狀況，讓我逐漸的不會再刻意的去想那件事。

本書作者攝於「新娘房」1976年

「海軍陸戰隊」及外島服役紀念

半個月後，運補船來了，新娘房補進了一個新兵黃X木，大家都叫他「阿博古」。

這一晚，我點起蠟燭，繼續看尚未看完的「唐、祝、文、周」，然後跟前幾晚一樣到眼皮乾澀得無法支持時，就熄掉燭火睡覺。半夜裏，突然被一陣吵嚷騷動吵醒來，直覺的感到了事非尋常（註：那時在烏坵，仍然處於高度戰備狀態，最怕半夜有狀況，要不是對岸蛙人水鬼來騷擾，就是有不明船隻逼近），點亮了蠟燭，跳下床，穿著拖鞋就衝了出去，卻見通鋪上的阿兵哥多半坐了起來，新來的「阿博古」卻面如白紙，雙唇哆嗦的縮在床沿那兒發抖，老兵「馬沙」正在拿煙勸他。

還沒來得及開口，只是用眼神詢問了一下，有個老兵偷偷把手圈成喇叭狀，用唇語告訴我：「遇上「拍康唉」！（不好的！）

這可真是沒料想到的事，讓我原本已日趨平靜的心中頓時又疊壓了一大塊鉛，但，我卻一句話也講不出口，不知道如何來勸解，楞了半晌，才挨在「阿博古」身邊的床沿坐下，四處徵詢著其他老兵的「高見」。

「馬沙」勸了他半天，「阿博古」卻只是一味的搖頭，一句話也不吭，神情依舊很激動，身體還在顫抖中。阿兵哥的耐性總是有限的，有些好夢方甜被吵醒，自然有些不悅，加上半天不見結果，於是怨聲四起：

「靠么！緊睏啦！透早還要作息。」（他媽的！快睡啦！一早還有工作！）

「卡早睏卡有眠，沒代誌啦！」（早睡早入眠，沒事的啦！）

原本我還想問他一下所遭遇的情形，但，「馬沙」看出了我的意圖，用眼神阻止了我。而最後，連他也呵欠連天的失去了耐心，但是，「阿博古」怎麼說也不敢再睡，更不肯讓其他弟兄吹熄燭火，僵持了一會兒，有幾個沉不住氣的弟兄開始用力的捶著床板抗議。我只好權宜的先把「阿博古」拉到下層碉堡去。

實在說，心裡雖然有些發毛，卻掩不住好奇，很想知道他的「接觸」跟我的是否類似？但，這節骨眼實在不是個談話的時候，所以兩人不停的抽了半個多鐘頭的煙，居然一句話也沒對上，最後支撐不住了，只好讓他點著蠟燭守在外間，我爬上床去睡了。

第二天，光天化日之下，大夥兒不約而同圍著憨直而些怯意的阿博古，聽他講述著昨夜的奇遇：

半夜裏，他從夢中驚醒過來，先是發覺全身絲毫動彈不得，定睛一看，居然有個女人睡在他身邊，還緊緊的扣住他的手腕，那女人的面容姣美；「阿博古」特別強調：他當兵以前做泥水工常四處搭班子，從台灣頭到台灣尾幾乎跑遍了各大城小鎮，也沒見過這麼美的女子，簡直是從畫裡頭走出來的一般，不過美歸美，卻是「豔若桃李，冷若冰霜」，神情冰冷得彷彿與他有著什麼深仇大恨，一雙烏黑的大眼充滿了殺氣積冤怨的瞪著他，而扣住他手腕的那隻「玉手」就如同一支大鐵鉗，任他怎麼掙扎都抽不回來。

最後的記憶是：依稀感覺到那女子好像是一身白不白、灰不灰的長裳，下半身以至腳卻沒有看清楚……

緊接著，有些阿兵哥吹起了口哨怪叫起來，有些下流的髒話也出籠了，跟著一些平常就鐵齒不信邪的居然消遣起「阿博古」來，叫他今晚再有這麼「好」的機會，可別獨享，先按住她，再叫大夥兒一起樂樂。

不單是「阿博古」，連緊鄰他而睡的另一個班兵「帕代」也遭到了池魚之殃，他昨晚卻睡得跟死豬一樣，一點動靜也沒有，別說睡覺，平常裡他也是迷迷糊糊的，所以綽號才會叫「帕代」（日本話，神智不清之意）。

大夥一味的追問他，有沒有摸到女人？有沒有看到好戲？弄得他臉紅脖子粗的。

接著，「阿博古」就慌忙忙的買了些香燭紙錢在門口焚燒膜拜起來，即使這樣，一整天還是瞧得出他的不對勁。吃過晚飯，他就一直湊在人多的地方，他好像並不會打牌，卻雜在人家的牌圍子裡湊熱鬧，所以我也沒再去管這樁事，自顧自的去睡了。

半夜裏，好夢方甜，不料一聲淒厲的慘叫，接著是乒乒乓乓東西落地的聲音又把大家吵醒了，跑出去一瞧，果不其然，又是「阿博古」，臉色發青的縮在通鋪上直打哆嗦，臉盆和搪瓷漱口杯全扔下了床。大家一問，「那話兒」又來了，他也不管別人的驚異或咒罵，一面發抖一面用眼神向望向他的人求救，那種無助的蒼白和鐵青，我倒頗能體會和同情，但是，大半的阿兵哥卻比先前叫罵得更兇狠了。

把他拉進了我那「小窩」，拎了半瓶上回沒喝完的五加皮，倒了半杯給他，他遲疑了一下，才茫茫然的接了過去，我自己對著瓶口先喝了一小口，朝他揚了揚，他依然是魂不守舍的，把酒當藥喝著……

好半天，兩人似乎都沒有聊上半句，無所事事的大眼瞪著小眼，實在也很尷尬，我從書堆那兒翻出了一本「幽默笑話」遞給他，原本是一番好意，但是，望著他更加尷尬的臉色，我立即就後悔了，只好趕緊指著書堆：

「大半是古書，你喜歡看什麼，自己挑好了！」

他怔了半天，好像懂了我的意思，默默的點點頭，緩緩的蹲下身子，歪著頭去瞧著，原本我可沒在意，可是突然他像發現了新大陸，一口氣抽了幾本書出來，我偷偷一瞄，居然是「易占卜卦」、「測字占法」和「萬法符咒秘笈」。沒等我整理出個頭緒，他急忙的翻了一下，跟著就皺起了眉頭，顯然是不太看得懂，其實我自己也就不很了解，除了一本「測字占法」因為和在學校裡讀的「文字學」有些關連，花了些時間之外，其他都只是隨意瀏覽過一遍而已，但是，很快我就了解了他此刻那種類似「溺水者」的心態，等他開始「很努力」去看的時候，我就沒再打擾他，自顧自的爬上床鋪去睡了，只交代他要小心燭火而已。

第二天傍晚收工時，「阿博古」居然自作主張的去小雜貨店裏買了一大堆香燭紙錢回來，也不管別人的嘲笑，八、九點鐘時一個人在下層碉堡的供桌那兒點起了蠟燭，拈了三炷香，口中唸唸有詞的叩拜起來。

必須說明的是，以前「反共救國軍」守防烏坵時代，據說島上每個據點都設有供桌，後來陸戰隊防守之後，上級為了破除迷信，下令一律拆除，但全島只有新娘房的下層碉堡還保留著，原因是到下層碉堡的樓梯太窄太陡，太濕滑太危險，上級長官來視察，從不去下層碉堡。

我怕其阿兵哥嘲笑他會惹出事故，只好也湊在一塊兒，睨著他的一舉一動。

更妙的是，他竟然不知從那兒弄了一副「杯筊」（像腰子形的卜木），十分虔誠的擲了起來，大家一聽到聲音全圍攏過來瞧他耍寶，結果連著三次都是「笑杯」（雙正或雙反叫做「笑杯」，必須一正一反才算「成杯」）。他不死心的又擲了一次，仍然不成，這時他可有些遲疑了，又求助的望著四周的人，可卻沒有那一個插手，他無奈的又去擲起「杯筊」，但，依然是「笑杯」，接著一連再擲了三次，居然一次「成杯」都沒有，這回，連看熱鬧的阿兵哥也感覺到事態的不尋常，因為這種或然率的確太不可能了，停了半晌，「阿博古」雙手合十，將「聖杯」夾在掌中，雙眼緊閉，嘴唇哆嗦的唸出了聲：「拜託！我跟妳無怨無仇，妳莫再來找我啦！拜託！拜託啦！」

跟著又去往地下一擲，嘿！還是「笑杯」……

這時，連我也有些心裏毛毛的起來，正楞著的時候，阿博古居然像風一樣的衝過來，把「杯筊」雙手遞給我，不停的打躬作揖求著：

「排長！拜託！你替我講啦！你卡會講話，請她不要再來找我好不好？拜託！拜託啦！」

還在莫名其妙當中，「杯筊」已在我的手中，好比是個燙手的番薯，怔了半晌，在「阿博古」只差沒跪下的懇求中，我只好泥菩薩過河自身難保的卯上了，心中可是七上八下的，重新點了三炷香，誠惶誠恐的代他求情了起來，求完了也學樣的擲起「杯筊」，第一次就是「笑杯」，再擲，還是！第三次，照樣……

接著，我那「不信邪」的老毛病可又犯了，一連擲了有十來次，老天，全是「笑杯」，兩片腰子形烏黑發亮的木頭，竟然反過來覆過去，全像有人在遙控操縱一樣，就是湊不出一正一反來。

猛然的抬頭一望四周，非常詭異的是，個個人臉色都佈上了一層青光，碉堡裡霎時不知怎的有些迷濛起來，很快的，我的寒毛就豎了起來，一股冷意從心底直冒……

此刻沒有一個人上有笑容，最害怕的莫過於「阿博古」，他早早就跪下了，不停的叩頭拜拜。沒輒的當兒，突然有著一股莫名其妙的「衝動」，真不知道是吃了什麼熊心豹子膽，竟然有種「硬拚」的打算，我回房去拿了支筆和一疊紙來，往供桌那兒一擺，把「阿博古」喚了起來，告訴他：「你隨便說個國字，我幫你測測看，也許能夠溝通！」

他一時沒弄清楚的楞在那兒，我急忙又說了一遍，他點點頭，一臉「得救」的感激表情，很快的想了會，脫口而出的說：「謝班長的『謝』！」（註：我現在還記得他的名字，叫做「謝X富，那是他直屬的班長）。

我在白紙上記下了這個字，才看了一眼，不待細想，心中立即暗叫一聲不好！

「阿博古」和四周的人立時也瞧出了我的臉色不對。全是一臉的問號？

我自己也是怕得不得了，指著白紙黑字那個「謝」字，又飛快的在紙上寫了兩個字「討身」，連解釋都不用，大家立即就懂了。「謝」字拆開了是「言」、「身」、「寸」。但是我第一個念頭就合成了「討」、「身」這兩個字。）

這下可真是夠瞧了，若說是巧合，簡直不可能，字是「阿博古」說的，什麼字不好選，偏說了這個字，而我什麼不好拆，偏偏會拆出這個結果，擺明了「對方」是要「討替身」；因為測字是觸機占法，就是以直覺的第一個拆法為準，也不可能再拆第二次。

不等「阿博古」開口，我也被自己逼著趕緊雙手合十的拜了起來，把杯筊又擲了起來，一連五、六次，竟然沒有一次「成杯」出現，最後，我可不自禁的說出了聲：「請妳高抬貴手，我們都是離家出外，到這兒服兵役的人，相信跟妳遠無怨近無仇才對，如果說我們初到貴寶地不懂規矩，有冒犯失禮的地方，也請多包涵。現在天晚了，我們也沒法子去準備祭品，明天我們一定去辦一些「誠意」來祭妳好不好？如果妳答應的話，請賜一個「成杯」。」

說完，把手中的「杯筊」三擲，居然還是「笑杯」，接著我又簡單的說了幾遍，擲了幾回杯，她硬是不肯答應。此刻，碉堡中的氣氛可真是陰森詭異，不單是我和「阿博古」，幾乎在場的每個人都可以感受到那種強大的壓力，我敢肯定的說：在我們四周明顯的有著一種「東西」存在，雖然我們看不見、聽不到、摸不著，但，「它」絕對在那兒，且所有在場的人心裡都明白：這回可真是「碰」上了！

「恐懼」，相信是每個人都有的經驗，在記憶深底，我們或多或少都會有些「怕見」的事物，也有些說不上來，莫名其所以的「恐懼」。

這時，如果我必須被逼著去選擇，我想我會毫不遲疑的去選擇一條最毒的蛇，一頭最兇猛的野獸；如果有相同的式器，我寧可選擇面對一個兇殘的職業兇手，不管是什麼樣的危險，甚至必須面對死亡，但是只要是實質的，最起碼我能知道我面對的「危險」是什麼！而且，我也至少還有千分之一或者萬分之一的存活機率，但是，現在面對的卻是根本不知道是什麼？

可是，這時卻不；在場的每個人幾乎都已確切的感覺到有「某種東西」存在，對的，「它」在這兒，「它」的的確確的在這兒，但，我們卻不知道「它」要幹什麼？會對我們怎麼樣？更不知道該如何面對？該如何解決？該如何擺脫？甚至我們根本不知道「它」是什麼？

而此刻天色並未全暗下來，完全不同於經驗中那種千篇一律「鬼故事」的氣氛，也可能是「恐懼」的震慄扭曲了我的感覺，眼中所見的景象，包括了一張張驚異未定的臉都隱隱的泛著青光，那是一種極其難看的顏色。

就這樣僵持著，我無法去顧及其他人的思想，但，至少我已在短短的剎那中所有經驗中最「恐懼」的部份全「嘔」了出來……

幾乎是很快的，人圈子逃難似的散了，個個縮上了床，縮進了被窩，有些還好幾個擠在一起，但一點聲響都沒有，眼前只剩下了我和跪在地上磕頭的「阿博古」，被那種無形的壓力緊緊的裡了起來，我們不知道那是什麼？但我知道「它」絕對就在我們身邊……

燭光把人影在牆上拋來拋去，胸口那股壓迫感彷彿置身在黝黑的海底深處，腦中卻像挨了一聲霹靂巨響後隆隆不絕的餘響，望著匍匐地上的「阿博古」，他顫抖的樣子是我畢生所僅見，而看到他才驚覺到自己原來也是在發著抖，原來也是同樣的無助。不過，心思的轉變是極其微妙的；當我無法忍受自己這種「孬」相時，一咬牙就把心橫了過來，反正橫豎是躲不掉了，乾脆頂硬上，一味的逃避恐懼比「危險」的本身更加難耐，我吸足了氣，就決心面對「它」，於是拉起了「阿博古」，緊搭著他的肩，我就開口道：

「我不知「您」是何方神聖？也不知道「您」想要怎麼樣？我是排長，奉國家的命令進駐此地，現在此地由我負責，「阿博古」是我的部屬，他的事就是我的事，有什麼事「您」就現身找我好了，不然用託夢的也行，只要我辦得到，絕對不推辭！」

當然我必須承認，講這些話的時候，我仍然沒有停止發抖，連聲調都很不自然，但，我卻是真心的鼓足了勇氣，而不是硬充英雄。

拾起「杯筊」，沒有再祝禱，只是靜默了一下，往地上一擲，老天！這回居然是一正一反的「成杯」，腦中又是轟然一聲，這是今晚幾十次不可能出現的或然率中唯一出現「成杯」的一次，而竟然是在此刻，如果這時有人膽敢在我面前說：「這個世界上沒有鬼！」我一定會一拳捶在他的鼻子上。

不想看卻還是看到了「阿博古」一臉的感激和囁嚅，兩人一起楞了一會，我才回神過來要他把供桌上七零八散祭祀用的東西收起來，回房時的心情就如同小時候闖了禍，被母親警告後，等著老爹回來修理一般，我想盡辦法的去平靜自己的心思，但，好像做什杯筊都不對，唯一正在進行的就是一等待！

把三支蠟燭一起燃著，靠在床上，大半瓶「雙鹿五加皮」已經下肚，依然沒有把膽壯起來，也不敢就此熄燈睡下，總免不了那種風聲鶴唳、草木皆兵的恐慌，卻驀然瞧見燭焰的正上方的天花板那兒，有張紙正隨著燭焰的熱氣飄呀飄的，支起身子一瞧，原來是張黃草紙畫的符，不很大，約莫三指寬，巴掌長，原本沒注意，倒是這幾天被燭焰一薰，乾枯捲縐得隨時會脫落下來。好奇的扭過脖子瞧了半天上頭的玩意，那符文很奇怪，完全不是一般中規中矩的那種什麼「敕令XX急急如律令」之類的行文，上頭一個看得懂的字也沒有，上半段是一些圈圈線線組成的不規則圖案，下半段卻像是毫無章法的塗鴉，一時有些心血來潮的去把那本「萬法符咒秘笈」找出來，一頁一頁的核對，至少花了半個多鐘頭的時間，不但沒有找到相同的，連一張類似的都沒有。據我所聞，符法分了許多的派別，所信奉的神靈也有正邪善惡之分，因此像我這門外漢根本不可能瞧出什麼端倪的。

看看錶，已經十二點多了，雖然心裡頭毛毛的很不是味道，也只好吹熄蠟燭睡下了。

雖然人縮進被窩裡，身上蓋了厚棉被，老是覺得頭皮發麻，不然就是裸露在外頭的手臂和腿有種涼涼、寒毛豎立的感覺，折騰了一陣子，逼得我不得不把外衣穿上「和衣而臥」。

許是持續性的緊張恐懼使得精疲力竭，許是酒精麻痺了感覺的敏銳，完全不知所以的居然睡著了（如果我能感覺自己是怎麼睡著的，我就根本不可能睡著）不過說是睡著也並不恰當，事實上也不曾熟睡，腦中一片糾亂，驚醒了幾次，全是汗水涔涔，搞不清楚是不是冷汗？

但是，捱到了天色發亮，卻倒真是「一夜無事」，心中只想到「鬼神難測」。等「阿博古」也起床時，兩人打了第一個照面，全是愣愣的，瞧他傻傻的苦笑，顯然也沒出什麼漏子。

這一天，突然的發覺到原本總有些隔閡的阿兵哥們態度上有了明顯的轉變，一個個出奇的熟絡；起先還沒弄清楚怎麼回事，後來細細一想，原來是昨晚那回事，我當時是逼不得已，結果卻誤打誤撞的投合了他們崇尚義氣的胃口，倒也實在是有點啼笑皆非。吃晚飯的時候，酒就喝到一塊兒去了。

帶著酒意上床時，瞧見了頭頂那張符，突然又有了追究的興趣，就叫「阿博古」來看。他瞧了半大也沒下文，正巧符的一角已捲翹起來，他大概是打算去攤平它，一伸手就把那張乾得像枯葉一般的符給「碰」了下來，我可不很在意，阿博古卻像闖了大禍一樣的惶恐，趕忙去找了漿糊來重新把符貼上……

許是酒意泛上來，迷迷糊糊的，倒不像昨晚那樣的如驚弓之鳥，可能很快就睡著了。

半夜裡，我想可能是酒醒了，口渴難當，原本還打算下床去倒杯水喝，不料，立時感到全身居然又是動彈不得，烏漆抹黑之中，什麼都看不見，只是直覺的意識到「它」果真來了，想掙扎絲毫無效，想喊也喊不出來……

（後來回想起來，當時除了本能的掙扎，我什麼思想都不存在了，這樣的情形持續了多少時間，我完全無法估計。）

先是打腳底那兒開始，一股遽然襲來的燠熱，彷彿在銀行、飯店那種強冷的冷氣房中待上了一陣，突然走上大門時，那種迎面襲來的熱浪一般，緊接著是立即全身發冷，那種奇寒徹骨的滋味，彷彿是落人了冰窖之中，可以感覺到全身所有的汗毛全豎立了起來，接著的是一種空前未有的震撼和壓迫感，而那種壓迫感十分的徹底，從頭到腳每一寸都被結實的壓住了。本能的我想掙扎，而我也一直試圖擺脫，那種恐懼勉強可以說是像直覺反應，揮手甩脫手臂上一條奇毒的蜈蚣或蝎子，或者是「黑寡婦」毒蜘蛛那樣，但是，此刻卻彷彿是被凍結在一方大冰塊中一般，任憑我使盡全身所有的力道，依然難以動彈分毫。那種壓迫感，比任何繩索的綑綁，任何重物的擠壓都要來得徹底，別說手腳不能動，連眼皮都沒法子眨，喉頭那兒也像被灌了一大口鉛，又像堵了個瓶塞，連悶哼都做不到，更別說是吶喊了。這和以往那種夢魘的經驗完全不同，以往那種「夢魘」至少還能感覺出四周的情況，其結果是什麼都沒有，最少醒過來之後，可真的是什麼都沒有，即使不同於「惡夢」，但至少知道（或可歸類）是「夢魘」，然而，此刻卻截然不同，我可以清楚的感覺到有「某種東西」平平的壓在我身上，的的確確是的：「它」來了！

當我真正「醒」過來時（可以動彈），我幾乎是跳下床的，一面去叫衛兵，一面向天花板和四周警戒著，我承認我非常的害怕、恐懼，幾乎是要崩潰了，但是，怪的是心中居然也有一種渴望：能如同上次一樣看到那團白色的「怪光」這樣，衛兵就是我最好的人證，至少也可以對我自己的理智有所交代。即使我永遠無法解開這個謎，最起碼我也能明確的知道，那不是虛幻的「惡夢」，不是我神智不清的幻覺，而是確確實實存在的一種現象，是我畢生最奇妙、最震撼的一種經驗，是我真真實實的一次靈異接觸。

但是，結果卻讓我很失望，這回什麼都沒有，至少是在衛兵被我嚇得手足無措，楞楞的望著我好幾分鐘以後的事，而且連帶的把外面通鋪上的一些阿兵哥們也吵醒了，待我稍稍回過神來，此刻心中只想到一句：「慘了！」那是猶如大禍臨頭的感受：「它」真的轉移了目標，找上我了。

沒心去研究外頭那些阿兵哥是同情？是好奇？是幸災樂禍？或者是？？？此刻連自己都快顧不了了，酒，大口大口的灌；煙，死命的抽……，「阿博古」一直陪我耗著，我根本不想聽他說什麼，也不希望他在這時候煩我，幸好，他還算識趣，一句話也沒吭。一連抽了三支煙之後，仍然沒有把心情平穩下來，腦中一片糾亂，望了「阿博古」一眼，同樣的無助，但是，突然有了一種「不忍」的感覺，事實上我也不該生他的氣的，人要倒霉才會碰上這種事，所謂「時衰鬼弄人」，的確，如果要談運氣的話，從服役起到現在半年多來，我的運氣實在很差，能碰上的倒霉事全讓我碰上了，人世間的事不如意也就罷了，此時居然連不該碰上的事也碰上了，真不知道還會有什麼比這更倒霉的？也不知道該怎麼辦？

一直到天亮，我都沒闔下眼，一心巴望到唯一的小店開了門，迫不及待的去買了一些香燭紙錢，逢廟就拜。原本我並不信教拜神，可是此刻臨時抱佛腳，我卻是誠心誠意的，然而，心中又有了強烈回家的念頭，衝動得差一點就想「逃官」了！

可是，我也不知道，回台灣是否就能擺脫掉，至少我不想再有同樣的事發生，甚至自己在心中起誓，回到台灣以後每天晚上開著燈睡覺，就算再有什麼怪事，也比點著飄飄搖搖的蠟燭要好。

下午，「阿博古」扭捏了半天，才紅著臉跟我說：昨晚他去重貼那張天花板上的符時，不小心把符給「碰」掉了一角，當時他很怕我會見怪所以沒敢說，但昨晚居然就出事了，他心裏很難過，一整天都不安，所以來道歉。

啐！這又是什麼呢，那張符我原先根本沒在意，昨晚的事真的跟那張符的破碎有關嗎？那到底是張什麼樣的符？是誰貼的？前一任的排長嗎？為什麼要貼？如果跟這件事無關，為什麼這麼巧？一個純粹的巧合？還是真有關連？如果說沒有關連，符那裏不好貼，偏貼在那地方？如果真有關連，那這地方原本就不很乾淨，早先睡這裡的是否也曾碰上過？

一大堆的問題弄得我又迷惘了，可是我還是安慰了阿博古幾句，告訴他那可能只是巧合，我不在意的，反正碰都碰上了，躲也躲不掉，看著辦好了。

不過，我還是找到了幾個老兵詳細盤問了一番，顯然消息還傳得真快，弟兄們全知道了昨晚我被「那話兒」消遣的事，即使是大白天，他們還是有忌諱的，不敢直呼，只稱之為「孟嬸唉！」（台灣南部的閩南語，前二個字都帶著很濃的鼻音。）以前從沒聽人這樣說過，多半是南部的俚語，更不知道典故和出處，不過我也跟著「隨俗」了。

當天晚上，輾轉反側了好久，什麼時候睡著的可也不曉得，但是，「它」又來了，情形跟昨晚完全一樣，當時什麼也沒看見，可是「它」壓在我身上的那種感覺卻是鮮活真實的，至少僵持了十分鐘以上，我才「醒」過來，一身的汗。

看看錶，十二點四十。如果推算得沒錯，那事是發生在十二點二十五分左右。而昨晚依稀記得好像也是這個時刻。可能此後我就一直沒睡著，以致等天色矇矇亮，我才精疲力竭，極睏極睏的睡著。

本書作者第二次「靈異接觸」現場：「烏坵新娘房」據點

本書作者攝於「新娘房」據點，右側即為「排長室」入口

第二天我整個人病歪歪的，虛脫乏力，只好勉強撐著去指揮部那邊的醫務室看病，年輕的醫官（大概也是預官；一口咬定我是感冒，逼得我差點脫口而出，但是我還是嚥了下去，我不想讓他以為我除了感冒還有精神分裂的「妄想症」，只是反問他：我又沒咳嗽、打噴嚏，也沒有發燒流鼻涕，這怎麼能算是感冒呢？他居然有些不悅起來（大概是火大我不信任他的醫術），義正詞嚴的告訴我：這種感冒是隱性的，不一定會有外表的症狀。這倒是我第一次聽說，只好暫時閉了口，但是，心中仍然很不服氣，想了一下，就拐個彎問他：晚上失眠，易驚醒，惡夢連連，冒冷汗，這又是什麼毛病呢？

他有些不耐煩的揮揮手說：這也是感冒的症狀之一，顯然有些嘲笑我連這麼普通的病理常識都不懂。這回我可真不想說了，結果他還要給我打針。我又沒發燒咳嗽流鼻涕，打什麼針呢？堅決的拒絕，他終於給我弄火了，吼了聲：「不打針，你的病就不會好！沒見過男子漢大丈夫這麼怕打針的！」

人！誰需要打針呢？我現在需要的不是醫生，而是一個像「大法師」裏的神父，或者一個法力高強專門捉妖拿邪的茅山道士。

不過，拗不過他的「盛情」，還是勉為其難的挨了一針，打完之後，他才告訴我是「維他命B」，難怪這麼痛，顯然他是存心的。拿了幾天黃黃白白的藥片和膠囊，半路上就被我扔進了垃圾堆。

突然靈機一動，就去找人問啦。結果很失望，這島上沒有教堂，也沒有道士，反正能在心理上給我一點支持的人一個也沒有。

這時，第四連換了個新連長，姓王，但他是個不太上道的傢伙，第一次聽到我碰上了那檔子事，居然就當著我的面說：「平生不做虧心事，半夜不怕鬼敲門。」，這不就等於指著我的鼻子說我做了虧心事？我當然不爽，立時就頂了回去，他居然也認了真，說了句：「心裡有鬼才會碰上！」

我聽了，心裡直冒火，但礙著官階，也不能把他怎麼樣，只好閉嘴不提了。

此後，整整半年，每天晚上，「它」一定準時報到，我仰著睡被壓！

側著睡被壓！

連趴著睡也被壓！

甚至有同一個晚上連續被壓十幾次的紀錄……

但是，除了被壓，「它」似乎並沒有其他的動作，令我百思不得其解？？？

一直到有天睡午覺，迷濛中一個念頭使我躍坐而起：莫非真的如同「阿博古」所見，「它」是個女的，一個「艷若桃李，冷若冰霜」的含怨女鬼？？？

一時，幾乎所有「聊齋」上的故事全湧上了心頭……

可是為什麼我什麼也沒見到呢？至少我該會有「阿博古」的經驗才對呀？也許此刻正是大白天，膽子比較壯些，加上這些日子來，事實上「它」或許是「她」也沒給我帶來什麼實質上的傷害，難道是「它」（「她」）正在試圖跟我溝通？想著，想著，無數的想法糾結衝激著，一時我居然有種想「看到」的渴望，希望「它」：「她」：能現身或者託夢來告訴我到底是怎麼一回事？

此時真的好像心中亮了起來也不再盲目的恐懼，心想：這是一段千載難逢的奇遇，不管怎麼說，至少可以讓我自己對「靈異世界」和「鬼神之說」有所了解，如果有具體的結果，公諸於世，豈不是一個一千磅的炸彈爆炸了？

我必須承認這是一個十分荒唐該死的念頭；我居然有了一百八十度的大轉變，居然能在這時候，渴望見到「它」（「她」）。

捱到晚上，我躲開了牌局，早早就睡下了，可是大概是心情的關係，一直睡不著，心中很火外面的嘈雜，尤其是那些阿兵哥的大嗓門。

人說「鬼神難測」，一點也沒錯，真的等著時，「它」居然「失約」了，反常的沒有來。起床時心中居然會有些失望，可是到了中午，就聽到大家傳訴著，有些是一臉驚懼，有些卻是幸災樂禍，但是等我知道內幕之後，也不知道該鼓掌還是……

鐵齒的連長昨晚終於被消遣了！

昨晚十二點多，他一個人拿著手電筒去上大號，蹲下之時，熄了手電筒，正在努力當兒，突然感到左手跟右手的光度不同，左右看了看，又比較了一下，正在納悶，一團白色的光團自他的左手背那兒飛出，在廁所中打了幾個轉才飛出去，把他嚇得拎著褲子就衝回連部。

等我去看他時，他正臉色發青的躺在床上呻吟，一臉的尷尬，可是我卻沒有絲毫嘲笑他的念頭，因為此時的心思全集中在想，這會不會跟昨晚「它」的「失約」有關？我又鑽進了牛角尖：是「它」單純的跟連長過不去，還是在幫我出口氣，消遣消遣連長？

黑夜來臨時，我又開始了我的等待，心中默禱著：拜託別再跟我打啞謎，有什麼事直截了當的說吧！

半夜裡，「她」果真來了（真的是「她」！這回我不再像以前那麼恐懼，而是細心的感受），沒錯，是個女的，那種壓迫感是柔軟徹底的，沒有溫度上的差異，不特別熱也不特別冷，跟我自己體溫相似，但是我可以意識到那重量不像是個「人男人」，（而且那種柔若無骨的感覺也不可能是「男」的。）「她」幾乎是全身子貼在我仰臥的身上，雖然我不能動，也不能作聲，可是我還是能「感覺」，在心中一直呼喚著，希望她別這樣，讓我坐起來，希望她能現身，我很願意跟她溝通……

但是，努力了很久，毫無反應，我仍然被子平的壓著，一直到「她」離去，一種倏然而逝的感覺，「她」一走，我就「醒」了，看看錶，十二點五十，明知道喚不回，可是我還是默默的喚了一會兒，心中有說不出的「悵然」。

第二天晚上，「她」又來了，依然是那種感覺，這是一個怎麼樣的女子呢？「她」遭到什麼樣的冤屈而無處申訴呢？她為什麼找上我呢？我能替她做些什麼呢？

心中默念了好久，卻一直沒有回應，「她」僅只是這樣柔柔的俯臥在我身上，我並不算很難過，卻絲毫無所作為。可惜，一直到「她」再度消失，依然沒能溝通得上。

……………………

之後，我一直在這島上待了九個多月。

每晚，那個時段，「她」一定會來，每回都只是同樣的感受，和「她」溝通的念頭始終沒有中止，但是，我必須承認我是失敗了。我託朋友和郵撥買了一大堆有關靈異方面的書，多半是空洞的報導和「據說」，沒有人願意站出來坦白他親身的遭遇。曾經我也有過訴說的衝動，或者用文字披露出來，但，我嘗試了無數次，其結果總是半途中輟，很難很難寫的。

一九七七年一月廿五日，我隨部隊移防回台灣，我帶著一片悵然和一個四百多年前發生的故事回來。

這個故事是我從當地居民濃濁的方言傳達中吃力的拼湊起來，翻出了正史、野史傳說和通俗演義自己整理出來的。

再之後，回到老家工作了兩年，出國再回來，我卻一直無法忘懷那段離奇的遭遇，讓我遺憾的是，我一直沒有見到「她」的模樣，或許，這是「她」有意這樣做，留給我一個永遠的遐思，唯有出於想像中的「她」才會是最完美無瑕的。

最後我必須再說明二件事：

一、這是一個真實的遭遇，雖然事隔三十六年了，但，對我一生有著相當大的影響，這也是為什麼我一直鑽在「靈異世界」中的真正原因。三十六年來我蒐集各種有關此類的書籍，拜訪過許多有超能力的人，試過各種「玄奧不可思議」的方式，試圖再與「她」溝通，但總歸是失敗了，如果要我說句真心話：「是的！我一直到現在都沒有放棄過。在這期間，讓我覺得收穫比較大的是：對命理玄學方面的研究有了一些心得，也能很快的看穿一些江湖騙術，同時也拜識了不少真正道行高深的異人，特別是在「靈魂學」這個幾乎罕有人願意鑽研的領域中有了非常重大的發現。

二、我必須承認：我只是個平凡人，我有著一切凡人的缺點，我不是一個坐懷不亂的君子，但是，我對這件事從頭到尾卻全是「誠心」的。有一位超心靈的學者曾告訴我，在他年輕時也曾有過短暫的類似經驗，而他「感受」到了無比暢快的「性」的感受，使他終生難忘。不過，我卻沒有，真的沒有。

（附註：關於地下碉堡排長室牆上的那張符；還有另一個插曲：我被派駐「新娘房」據點時，最重要的就是必須儘快熟悉據點環境和任務重點，因為這是前線的第一線守備區，都是真槍實彈，必要時是攸關國家安危和個人生死的大事，不是鬧著玩的。所以，按照規定，會和前任排長其中有半個月重疊交接任務的學習期，還要盤點所有武器彈藥，熟悉所有戰鬥位置和人員調度。前任排長姓「陳」，是因為要退伍，所以由我接手，他人很不錯，細心交代我很多規定的事，以及非規定卻需要特別注意的事；直到半個月之後，補給船來了，我們據點所有官兵要去搬運物資彈藥，「陳排長」則是要登船回台灣，臨開船前不到20分鐘時，他過來跟一身大汗髒污的我握手道別，但是，他突然沒頭沒腦的跟我說道：「你現在排長室的牆上有一張符，嗯……如果沒有必要的話，最好留在那裡，不要撕掉！」

「？？？」我一頭霧水？這是什麼意思？

但是，他卻淡淡地笑了笑：「天下事很難說，我也說不清楚，只是好意的建議啦！」

然後儘管我再怎麼追問，他都一直搖頭，沒有顯示任何跡象，不是擔心害怕，也不像是開玩笑，應該真的是「善意提醒」。但是，那時，我在「新娘房」據點還沒遇上「阿博古」那個事件，所以，並不是非常在意，一直到「符紙」被「阿博古」不小心弄破，我又「遇上了」，才驚覺前任這位「陳排長」只是個性比較內斂，所以不會輕易談論自己的私事及遭遇，但是，後來，我可以百分之百的相信；他一定也有相同的「靈異遭遇」，才會這樣突然在臨別時刻提醒我，我一直到現在還不知道那張符是他求來貼上的，或者也是更前一任或前幾任排長一路「傳承」下來的？不過，直到快要移防回台灣；離開烏坵前幾個月，因為在一次和營部軍官一起喝酒時，有資深老士官不小心說漏了嘴；我才知道我在「新娘房」排長室睡的那張陳舊的木板床，以前曾經有「反共救國軍」的中尉排長被對岸水鬼摸走了腦袋；我半信半疑的回去掀開鋪蓋仔細查看；果然還殘留了被木板吸收，無法清除乾淨的血跡，而我竟然就在這樣的床鋪上睡了將近一年，但是，這時，我早已從一個文弱書生；經過陸戰隊嚴苛磨鍊加上自我刻意鍛鍊膽識；轉化成一個不再害怕血腥殺戮，專長殺人放火的「戰爭機器」，熟練於跆拳道、空手搏擊，絞殺和刺殺、並且擔任「Ａ１馬克沁水冷式機槍」及「Ａ４機槍」教官，當時國軍制式的「５７步槍」也很精準；所以，一點也不忌諱和害怕，可以安然的睡在上面。）

附錄：古今傳奇

筆者最先讀到的是清朝大才子袁枚所著「子不語」古書，其中記載一個有關「生死命定」的小故事「北門貨」，原本只是姑妄言之妄聽之，從未深信，但是，後來又讀到友人「簡浴沂」先生這篇「廣興溪的水鬼傳奇」大作，古今輝映，兩相對照，倒是十分值得探索的奇事。

「北門貨」原文

紹興王某與徐姓者，明季在河南避張、李之亂，所過處屍橫遍野。一夕遇李兵，二人自度必死，避城內亂屍中。夜半，燈燭輝煌，自城頭而下，疑賊兵巡城。漸近，乃城隍燈籠。愈驚懼，不敢作聲。少頃，聞從者曰：「有生人氣。」又一吏呼曰：「一個北門貨，一個不在數。」神漸遠去。次早，賊兵出城，二人起走，緊記夜所聞，認南路而行。傍晚，又抵一城，恰是北門。突遇賊兵，徐被殺，王遁歸家。後子孫甚眾。

白話解譯：浙江紹興府有姓王和姓徐的兩人，明朝末年在河南地區逃避「張獻忠、李自成」的造反叛亂；那時兵荒馬亂，賊過之後，到處都是屍橫遍野的。有一晚，兩人不巧碰上了李自成的賊兵，心想這次真是死定了！就趕緊躲在城中一些屍體堆裡裝成死人。

到了半夜裡，忽然發現燈燭輝煌，從城頭下來，原本還以為是賊兵出來巡視？等到漸漸靠近，才發現竟然是「城隍爺」的燈籠，兩人卻反而覺得更加害怕，不敢出聲。過了一會兒，聽到有隨從說：「有活人的氣息！」，但是，又聽到另一名官吏大聲說道：「一個是北門貨，一個不在這次的劫數裡。」

清朝大才子「袁枚」

第二天早晨，那些賊兵出城離去了，兩人才繼續逃命，但是心裡卻牢牢記住昨晚的詭異經歷，所以一路只向南邊逃亡。當天傍晚，又抵達一座城池，一看竟然又是「北門」；正好又碰上了賊兵，結果姓徐的那個不幸被殺，姓王的僥倖逃過一劫，終於逃回到老家，後來也平安度日，還生了許多兒孫。（筆者註：假設從一座城的南門出去，一路往南走，如果再遇上一座城池，所見的第一個城門一定是「北門」，因為中國的城池一定都是按東南西北方向修建的，所以，「北門」一定是朝向正北方）。

（「神祕雜誌」特約記者簡浴沂先生實地採訪）

「萬般皆是命，半點不由人」、

「自古窮通皆有定，離合豈無緣」、

「閻王註定三更死、絕不留人到五更』。

這類的話，您相信幾成？且讓我來敘述一段往事，這段往事在宜蘭縣已流傳了將近百年。

百年前，原住民陋習未改，氣焰囂張，經常出草（到平地獵人頭），由於草萊初闢，平地人胼手胝足，二餐已是不易，住宅狀況自是極差，大多以茅草為蓋，蘆葦為壁，實在禁不起原住民搖撼撞擊，所以婦人孺子被殺不少。

其時，正是台灣割讓初期，日本政府已完全控制全島，遂行政治運作，日人為防止原住民濫殺，乃召募台籍壯丁，增強警力，協助警方辦案，圍堵並擊殺出馘原住民，稱為「愛勇」，「愛勇」相當於現在的義警。

當年，在宜蘭縣大同鄉寒溪村，住著一夥泰雅族原住民，非常兇狠，常常趁著月黑風高，循「打狗溪」河床而下，一路口嚼生薑，嘴吸草煙，臭聞數里，殺人放火，就是白天，由於到處荒蕪，蓁莽處處，原住民出沒無常，實在防不勝防，所以不論上山砍柴或下田耕作，都危機四伏，隨時有性命之憂。

因此，日人乃在打狗溪上游，兩山夾峙處，設樁埋伏，遇有出草原住民即予以擊殺。

原住民出來獵人頭，須經過「刺竹窩」、「小埤」與「鼻仔頭」等終處險要。

這天，日本警察率領「愛勇」共一百人，在「小埤」入口處埋伏。

不巧，被瞭望的原住民發現了，原住民暗地派人召集族人，商討因應之計，最後決定將計就計，先分派一批人馬，各攜強弓硬弩，在上游兩側山腰埋伏，然後以一小隊人馬，假扮成出草模樣，誘敵深入。

日方不疑有詐，看到原住民出現，發聲喊，個個奮勇、人人爭先，急急開槍射擊，原住民見狀，迅速分散，假裝撤退，「愛勇」們緊追不捨。

原住民看看日警已經落入圈套，完全陷入包圍之中，首領一聲令下，籍地形地物，從兩側包抄，萬箭齊發，矢如雨下，將一百人團團圍困。

「愛勇」和日警發覺中計，已嫌太遲，四周草木叢雜，巨石棋布，雖然知道後面躲著有人，卻不知躲在何處，雖然武器佔了優勢，卻無用武之地。

百個人背靠背，拚命還擊，無奈一失地利，再失先機，而且人數上也居劣勢，受傷的人越來越多，鮮血四濺，哀嚎不絕，漸漸支撐不下。

當大夥死的死、傷的傷，快要全軍覆沒之際，其中有一位家住壯圍的邵姓「愛勇」，此時也受傷倒地，昏昏欲絕，就在他將暈過去的當兒，突然聽到半空中傳來一人大喝道：「不可全部殺盡，裡面有一個是『廣興溪』的水鬼」，聲音宏亮，有如雷聲。

他聽完這句話，就暈了過去，不省人事。

也不知過了多久，醒來時，四週躺滿了同伴，數一數，恰好九十九具，除了自己，沒有一個倖存。

為了怕被原住民發現，他仍裝死，直到夕陽西下，才半爬半走地離開打狗溪，到小埤口，向人求援，經人救助，脫離險境。

歷劫餘生，對人生的看法起了很大的變化，他決心辭去「愛勇」的工作，回到壯圍的鄉下種田。

回到家裡，當日的情景，一幕又一幕，一次又一次地浮現眼前，他想，那如雷的聲音，明明說「裡面有一位是廣興溪的水鬼，不能死」，而自己是一百人中惟一僅存的人，這麼說來，廣興溪的水鬼，不是自己又是誰？

想了又想，越想越可怕，最後，他發誓絕口不提此事，也絕定不過廣興溪，甚至連附近鄉鎮也絕對不去。

這樣，總不可能被淹死在廣興溪吧！既不可能淹死在廣興溪，就不可能當廣興溪的水鬼了吧！

就這樣，他過起日出而作，日落而息的農夫生活，日子雖然平淡，倒也快樂充實。

光陰荏苒，轉眼幾十年過去了，他生兒育女，一如常人，惟一讓人感到怪怪的，是他從來不到廣興、三星一帶，就是住在這方面的至親好友有重大喜慶，再三堅邀，他也不肯參加，逼得急了，還會生氣，問他原因，死也不肯透露，連他太太也不知緣由。親朋友知道他過去的，以為該地靠近寒溪，或許怕觸景傍情吧！所以也不十分勉強。

又過了幾年，他最鐘愛的小女兒要結婚，親家住在「柯仔林」。一提到柯林，他從頭到尾，自始至終堅決反對，因為柯仔林同屬冬山鄉，與廣嶼僅廣興溪之隔，以後要到女兒家，除非過廣興溪，沒有第二條路；無奈，女兒堅持自己的選擇，他又說不出合情合理的反對理由，想留也留不住。

當時的廣興溪，沒有橋，夏季沒水，冬季有水但不深，涉水而過並非難事，遇水大時，有船可渡。

自提親之日起，十幾年，他從來就沒到過女兒家，有時女兒回娘家來，又撒嬌、又哭鬧，希望消消老爸怒氣，能接最疼她的父親到家裡奉養幾天，但儘管使盡渾身解數，得到的結果卻一樣，總是被無情地拒絕。這和他平常的慈祥作風，完全不一致。

直到他女兒的大兒子（也就是他的外孫）要結婚，這回，女兒下定決心，無論如何要請動老爸來「坐大位」，於是提早趕回娘家當說客，她說：阿爸，自從我嫁人後，您從來不去探望，女兒是死是活，好過歹過，您全不管，就算我有什麼不對的地方，這麼多年了，氣也該消了，再說，您不疼我也還罷了，外孫總是您的，有恨也不該記到他頭上，現在好不容易拿捏長大，要結婚了，這是大喜啊！您就是不肯來，自家人好說，公婆和鄰居問起，要我怎生回答……。一把鼻涕一把眼淚，哭得好不傷心。

他老人家心底，其實並不是這麼想，但要解釋，又不能啟齒，要搪塞，臨時找不到好理由，一時啞口無言以對。看到女兒一幅可憐相，心中老大不忍，女兒一再死纏活纏，也實在拗不過，他考慮再三，心想，事情已經過了這麼久，這個厄運，也許早已解脫，這些年來，著實愧對女兒，不如找老伴商量商量，想個好辦法。

找來老伴，他把在心底埋藏了終十年的大秘密公開，當年是如何遇敵中伏，如何受傷昏迷，如何聽到神明指示，如何立誓發咒等等，毫無保留，逐一說明，並把為何不到女兒家作了解釋。

沒想到，他太太一聽，哈哈大笑，一指自己先生罵道，你真是越老越糊塗，事情也要看時候，現在正是六月底，河床被烈日烤得就要裂開，過廣興溪，想找點水喝都找不到，怎麼會淹死人，況且你去，是乘轎，又不是走路；就算有一點水，十幾個同行，難道還讓你一個人做水鬼不成。

想了想，他開心地笑了，到底是自己怕死，沒想到這一點。

在孫兒結婚當天，一大早，女兒就僱轎來接，他穿戴整齊，率同親戚朋友，浩浩蕩蕩往柯仔林方向而去。

果如所言，河床光禿禿，也不知已乾涸幾時，而且早已走出一條平坦大道，路旁還有幾堆被晒得冒煙的牛糞。

他不禁暗自好笑，因為自己的膽小，幾十年來，不曾看過廣興溪。

到了女兒家，目睹女婿家業不小，樂得他眉開眼笑，十分歡欣。

中午入席，火毒的艷陽高照，賀客盈門，熱鬧是熱鬧，但老先生已是七十歲的人了，實在不勘旅途勞累，何況火傘高漲，不見一點風影，一入座，就感到有點不適，酒才一巡，他已昏昏沉沉，形同中暑。

孫兒女們見狀，急忙將他喚醒，並為他寬解上衣，脫去鞋襪，幾個人一陣忙亂，總算恢復了正常。

為了讓岳父充分休息，女婿將他一路扶持到竹林陰影下，高大的草堆旁，孫兒女們取來一張板凳，打了一盆清涼的地下水，拿了一條毛巾，讓外公擦臉，洗洗手腳，涼快涼快。

由於客人太多，裡裡外外都得招呼，幾個人實在忙不過來，眾兒女們看他精神已經恢復，個個藉故抽腿，各人去忙各人的，一下子走得不剩一人，大廳裡么五喝六，也正吃得興高采烈，誰也沒去注意有一個老人在後面竹林下納涼。

等到大家酒足飯飽，主人也忙得差不多時，才想起還有他老人家尚未進午餐。

女兒率同孫兒女們趕緊去請，興匆匆，一股勁兒跑到後院，要請這位第一次來家的大稀客。

「啊」！第一個趕到的大叫一聲，面色慘白，不知高低，後面趕來的也同聲驚叫，臉色大變。

只見他老人家整個臉埋在臉盆裡，兩手屈曲，上身俯伏，早已氣絕多時。

一陣嚎啕，多少悔恨，挽不回他的性命。

怎麼會死得這麼離奇？死得沒有掙扎，沒有人知道，沒有人看到。

他，還是做了廣興溪的水鬼。

唉！好像還真的應了那句古話：「紛紛世事無窮盡，天數茫茫不可逃。」

「廣義靈魂學」上冊　結束，請續讀下冊

為天地立心
為生民立命
為往聖繼絕學
為萬世開太平

北宋大儒　張載

廣義靈魂學 / 張開基著. -- 第一版.

臺北市 : 宇河文化出版 : 紅螞蟻圖書發行,
2013.01
冊 ;　公分. -- (新理性時代系列 ; 4-5)

ISBN 978-957-659-923-1　(上冊 : 精裝). –

1. 靈魂 2.靈界
216.9　　　　　　　101026880

廣義靈魂學　上冊

作　　者／張開基
發 行 人／賴秀珍
出　　版／宇河文化出版有限公司
發　　行／紅螞蟻圖書有限公司
地　　址／台北市內湖區舊宗路二段 121 巷 19 號
網　　站／www.e-redant.com
郵撥帳號／1604621-1　紅螞蟻圖書有限公司
電　　話／(02)2795-3656（代表號）
傳　　真／(02)2795-4100
登 記 證／局版北市業字第 1446 號
港澳地區／和平圖書有限公司
地　　址／香港柴灣嘉業街 12 號百樂門大廈 17F
電　　話／(852)2804-6687
法律顧問／許晏賓律師
印 刷 廠／福霖印刷有限公司
電　　話／(02)2221-6760
出版日期／2013 年 1 月　第一版第一刷

定價 600 元　港幣 200 元

ISBN 978-957-659-923-1　Printed in Taiwan